사회경제 민주주의의 경제학

— 이론과 경험

사회경제 민주주의의 경제학
— 이론과 경험

민주화운동기념사업회 기획 | 이병천 · 전창환 엮음

2013년 11월 18일 초판 1쇄 발행

펴낸이 한철희 | 펴낸곳 돌베개 | 등록 1979년 8월 25일 제406-2003-000018호
주소 (413-756) 경기도 파주시 회동길 77-20 (문발동)
전화 (031) 955-5020 | 팩스 (031) 955-5050
홈페이지 www.dolbegae.com | 전자우편 book@dolbegae.co.kr
블로그 imdol79.blog.me | 트위터 @Dolbegae79

책임편집 소은주 · 오효순
표지디자인 강영훈 | 본문디자인 이연경 · 이은정
마케팅 심찬식 · 고운성 · 조원형 | 제작 · 관리 윤국중 · 이수민
인쇄 · 제본 영신사

ISBN 978-89-7199-566-2 (93320)
이 도서의 국립중앙도서관 출판시도서목록(CIP)은 e-CIP 홈페이지
(http://www.nl.go.kr/ecip)에서 이용하실 수 있습니다.(CIP제어번호: CIP2013023312)

이 책의 기반이 된 연구는 프리드리히 에버트 재단Friedrich-Ebert-Stiftung의 부분적인 재정 지원을
받아 진행되었습니다.

책값은 뒤표지에 있습니다.

사회경제
민주주의의
경제학

― 이론과 경험

돌베개

차례

3부_ 중점 주제 연구

책머리에

이 책은 두 가지 사정이 어우러져 만들어졌다. 하나는, 나라 안팎에서 사회경제 민주화가 진작 시대적 화두로 떠올랐음에도 막상 이를 체계적으로 설명한 책을 찾기가 쉽지 않다는 것이다. 물론 부분적 주제들에 대해, 그리고 개별 국가별로 사회경제 민주화 주제에 대해 써놓은 연구는 적지 않다. 그러나 개별 국가나 부분적 주제를 넘어서 그 나름대로 체계를 갖춰 사회경제 민주주의를 논하고 있는 책은 의외로 적다. 이번 공동 연구를 수행하게 된 또 다른 이유는, 민주주의를 시민들의 사회경제적 삶과 접목시키려는 노력이 학계에서 미진할뿐더러 캠퍼스 안팎을 막론하고 교육의 장에서도 찾아보기가 어렵다는 것이다. '민주시민 교육'에 대한 허다한 책들을 뒤져보아도 사회경제적 민주주의에 대한 부분은 거의 주변화되어 있는 실정이다. 민주화운동기념사업회에서 추진해온 민주주의 연구와 교육 사업에서도 이 점은 크게 다르지 않다.

이상과 같은 두 가지 상황을 염두에 두면서, 이 책은 민주주의의 연구 및 교육 사업이 시대상황에 맞게 사회경제적 분야로 확대되도록 하는 기초 작업의 일환으로 만들어진 것이다. 여러 가지로 부족하고, 빠진 부분도 많다. 한 권의 책으로 사회경제 민주주의 경제학의 기본 체계를 세우면서 동시에 세계화 시대 민주적 자본주의의 변화까지 살펴는 것은 매우 힘겨운 일이었다. 무엇보다 사회경제적 민주주의의 기초 연구이면서 교육용 교재로도 활용할 수 있도록 쉽게 쓴다는 원래 취지가 잘 실현되었는지 걱정이 앞선다. 그렇지만 꼭 이 책의 원형 그대로가 아니라 적절히 절장보단絶長補短한다면 교육용으로도 쓰임새가 있을 것으로 생각한다. 독자들의 격려와 함께 애정 어린 비판을 바란다. 주로 유럽 자본주의의 사회경제 민주화를 대상으로 삼은 이번 연구는 2년차로 예정된 전체 연구 중에서 1차 연도 성과로 발간된 것이다. 후속 작업으로 2차 연도 한국편에 대한 연구가 진행될 예정이다.

이 공동 연구에는 해당 분야에 전문지식을 가진 13명의 연구자가 참여했다. 편집안을 만드는 과정에서는 이병천, 전창환, 유철규, 정준호, 신정완 교수 등이 머리를 맞대고 집단지성을 발휘했다. 특히 신정완 교수는 직접 집필에 참여하지는 못했으나 책의 전체 골격을 짜는 데 큰 도움을 주었다. 바쁜 와중에도 기꺼이 동참해주신 연구자들에게 감사드린다. 이 연구는 민주화운동기념사업회 부설 한국민주주의연구소와 프리드리히 에버트 재단의 지원으로 비로소 가능했다. 연구소의 김종철 부소장 및 전임 정근식 소장, 프리드리히 에버트 재단 한국사무소 소장을 비롯한 관계자 여러분들에게 진심으로 감사드린다. 원고를 수집하고 완성하는 과정에서는 김영정 박사가 일선에서 일을 도맡아 수고해주었다. 이 책은 출판 주인을 만나기까지 적지 않은 어려움을 겪었다. 돌베개 한철희 대표의 호의가 아니었더라면 이 책이 세상의 빛을 보는 데는 더 큰 인내가 필요했을 것이다. 어려운 환경에도 상업적 타산과 관계없이 이 책을 알아주고 더구나 열과 성을 다해 편집을 맡아주신 소은주 팀장과 돌베개 관계자분들에게 감사드린다.

2013년 10월
이병천 · 전창환 씀

역사적 자본주의와 사회경제 민주주의 경제학[1]

이병천 · 전창환

1. 두 가지 단순이론

"항산恒産이 없이는 항심恒心도 없다"는 말이 있지만, 먹고사는 문제를 잘 해결하지 못하면 아무리 고상한 마음을 가져도 오래 갈 수 없다. 먹고사는 살림살이 문제의 무게가 무거울수록 개인적 삶의 중심도, 해당 사회의 공적 관심도 그쪽으로 기울기 마련이다. 자본주의 시장경제는 역사상 그 어떤 경제체제보다 인간의 물질적 삶을 개선하는 데 높은 가능성을 제공한다. 먹고사는 문제를 해결할 수 있는 기술적 · 제도적 능력이 어떤 체제보다 거대하다. 그러나 불행하게도 그것은 어디까지나 가능성일 뿐이다. 이 체제를 주도하는 힘은 자본이라는 이름을 가진 독특한 경제권력이다. 또 이 체제는 그대로 내버려둘 경우 그 속성상 끝을 알 수 없는 승자독식 경쟁으로 치닫기 마련이다. 민주적 · 사회적 통제 없는 탈규제 자본주의 시장경제는 극도의 불평등과 빈곤을 초래할뿐더러 지속적인 성장조차 기대할 수 없다.

2008년 미국발 세계 경제위기는 자본주의 시장경제의 축적 논리와

---

1. 서장의 본문은 이병천이, 책 소개는 전창환이 집필했다.

자본의 방종적 자유를 그대로 방치할 때 어떤 비극적 결과가 초래되는지를 다시금 보여주었다. 오늘날 우리는 한편에서는 고삐 풀린 자본주의의 논리, 다른 한편에서는 그 고삐를 되잡으려는 민주주의 논리 간의 역사적 시소게임, 또는 둘 사이의 '이중운동'(폴라니)의 동학에 대해 새롭게 논의를 시작해야 하는 시점에 있다.

자본주의 시장경제는 갖가지 모순들로 가득 차 있으며 뚜렷한 한계를 가진 역사적 시스템이다. 그럼에도 그 모순과 한계를 통감하고 그것을 민주적·사회적으로 통제함으로써, 더구나 민주적 절차를 통해 그렇게 함으로써 더 나은 경제의 길로 나아갈 뿐만 아니라, 최종적으로 자본주의를 극복하려는 생각이 가능하다. 우리는 그런 민주적 개혁주의 입장에 있는 사상과 이론을 사회민주주의라 부른다. 또 그렇게 고삐 풀린 자본주의를 민주적·사회적 통제 아래 두려는 개혁주의 경제학의 사고를 사회민주주의 경제학이라 부른다. 그리고 자본주의의 최종적 극복 전망을 갖고 있건 아니건 간에, 자본주의를 '인간의 얼굴'을 가지게끔 민주화하는 모든 다양한 지향들을 포괄하는 경제학의 사고를 넓게 '사회경제 민주주의의 경제학'이라 부르고자 한다.[2]

이 공동 연구를 진행하면서 우리는 주류경제학 및 마르크스 경제학과 구별되는 이 제3의, 사회경제 민주주의의 경제학이란 어떤 모양새

---

2. 과문한 탓일 수 있지만, 우리는 사회민주주의 경제학이나 사회경제 민주주의 경제학에 대해 체계를 갖춘 저서를 찾기 어려웠다. 드문 예로 프리드리히 에버트 재단에서 사회민주주의 총서 제2권으로 발간한 『경제학과 사회민주주의』라는 책을 볼 수 있었는데(Vaut et al., 2009), 이 책은 사회민주당에서 기획한 것이긴 하지만 내용적으로는 사회민주주의 경제학이라기보다 사회경제 민주주의 경제학에 가까운 것 같다. 자본주의와 민주주의 간의 이중관계(공존과 갈등)론 그리고 조정자본주의와 비조정자본주의의 구분에 기반을 둔 자본주의 다양성론, 이 두 가지가 중요한 이론적 뼈대다. 사회민주주의의 가치는 대부분 조정자본주의를 채택한 나라에서 실현되며 사회민주주의의 관점에서는 조정자본주의가 가장 이상적인 모델이라고 보고 있다(64, 69쪽). 그리고 조정-비조정 시장경제의 구분에 입각해 미국, 영국, 독일, 일본, 스웨덴 모델의 특징을 설명하고 있다. 사회민주주의 총서 1권 『사회민주주의 기초』(Gombert et al., 2009)를 보면 사회민주주의를 매우 넓게 파악하여 일본도 '중간 수준의 포괄적 사회민주주의 국가'로 분류하고 있다(120~121쪽).

를 갖는 것일까에 대해 고민했다. 그리고 이 관심과 함께 당연히, 다양한 형태로 나타나는 민주적 자본주의의 모순적 구조와 역사적 동학은 어떤 것인지, 오늘날 우리가 대면하고 있는 문제 지점들과 개혁의 전망은 어떤 것인지에 대해서도 생각했다.

그런데 우리가 보기에, 자본주의 민주화의 역사적 실천의 진전과 민주주의 경제학 이론 세계의 발전 사이에는 큰 격차가 있는 것 같다. 물론 개별 국가 수준에서 이념이나 정책, 성장 모델에 대한 논의는 많다. 그렇지만 개별 국가나 정당 수준을 넘어 사회경제 민주주의나 민주적 자본주의 이론 일반에 대한 논의는 의외로 적다. 이렇게 된 데는 여러 요인이 작용하고 있다. 가장 중요한 요인은 아무래도 패권적 위치에 있는 주류 자유시장주의 경제학 또는 신고전학파 경제학의 힘이 너무 세다는 데 있을 것이다. 이 이론체계는 완전경쟁균형을 유토피아나 다름없는 준거 모델로 제시한다. 여기서 경제주체는 사익을 추구하는 고립된 원자적 개인, 즉 로빈슨 크루소적 사적 소유자들로서 모두 대등한 위치에 있다. 따라서 이런 '소상품 생산자 왕국'에서는 자본권력의 지배, 노동력 및 토지·금융의 상품화, 이에 따른 불평등과 삶의 불안, 거품 축적과 붕괴 등은 연구 무대에 올라가지도 못한다.

또 이 이론이 추구하는 가장 중요한 가치는 정태적 효율성이다. 경쟁시장의 가격기구를 통한 교환과 희소자원의 효율적 배분에 초점이 맞춰진다. 그리고 저마다 동등한 사적 소유자들이고 완전경쟁을 통해 '최적 균형'에 도달한다고 보는 체계에서 정치가 끼어들 여지는 없다. 이 이론체계에서 자본주의의 민주화 의제, 그리고 민주적 타협과 협력을 통해 더 높은 수준으로 나아가는 문제는 연기처럼 증발하고 만다.

주류 자유시장주의 경제학의 체계가 공허할뿐더러 자본주의 지배의 변호론적 성격을 가졌다고 불만을 느끼는 사람들은 흔히 마르크스의 『자본론』을 읽을 것이다. 『자본론』은 자본주의 비판경제학 체계를 제시한 대표적 저작으로서 기여한 바가 매우 크다. 그러나 우리는 여기서 또 다른 극단의, 단순이론 틀을 만난다. 『자본론』의 자본주의는 자본과 노동 간의 제로섬 갈등 체제로 짜여 있다. 이들 간에는 원천적으로 화해가 불가능하다. 이런 체계라면 자본주의의 혁명적 전복은 자연스러우면서도 불가피한 결론이다. 그리고 자본주의 비판 이후 대안체제란 주류 시장주의의 '완전경쟁균형'과는 또 다른 의미의 유토피아일 뿐이다.

중요한 점은 자본주의와 사회주의의 단순 이항대립 위에 서 있는 『자본론』의 이론 틀에서는 하나의 역사적 시스템으로서 민주적 자본주의라는 독자적 범주가 성립할 수 없다는 것이다. 자본주의의 맹목적인 축적 경향을 정치·경제주체들의 의도적 개입을 통해 민주적으로 통제한다거나 갈등관계 속에서 윈윈 타협을 이룰 수 있다는 생각도, 역사적 자본주의가 시간적 가변성과 공간적 다양성을 가진다는 발상도 끼어들 여지가 없다. 우리는 『자본론』에서 역사적 시스템으로서의 '현실자본주의'가 시공간적 복잡성을 가지면서 실제로 작동하는 방식도, 자본주의와 민주주의 간의 화해와 불화라는 이중운동의 동학도 학습하기는 어렵다. 자본주의의 제도적 다양성과 보완성, 그리고 이를 통한 수익체증의 창조라는 생각도 찾아보기 어렵다. 그것은 또 다른 단순이론이자 유토피아 경제학의 성격을 띠는 것으로 보인다.

주류 시장경제학과 『자본론』은 자본주의 변호론과 그것의 혁명적 비판론이라는 대척점에 있다. 그러나 단순이론이라는 점에서 공통점을 가진다. 시장경제학은 자본의 지배를 제거했을뿐더러 시장의 비합리성도 배제한다. 『자본론』은 시장자본주의의 비합리성을 비판한 큰 기여에도 불구하고 그 작동 방식을 해명하는 중요한 대목에서 거의 기계론적인 단순성을 보인다. 이는 '법칙'(예를 들어 철의 법칙)이라든가 '균형'에 대한 이해에서 잘 드러난다. 그리고 각기 완전경쟁균형과 '투명한 공산주의'라는 낭만적 유토피아를 추구한다는 점에서도 두 이론은 마찬가지로 단순하다.

2. 사회경제 민주주의 경제학, 역사적 시스템으로서 민주적 자본주의

1) 사회경제 민주주의 경제학의 길

사회경제 민주주의 경제학은 위와 같이 자유시장주의 경제학과 『자본론』의 비판경제학이라는 좌우 양극단의 단순이론을 넘어서는 길을 추구한다. 이 제3의 경제학의 길은 물론 『자본론』의 기여를 비판적으로 수용하지만, 그 단순이론적 한계를 뛰어넘어 자본주의 민주화의 역사적 실천 속에서, 그리고 현대 제도주의 경제학의 이론적 실천 속에서 축적된 풍부한 연구 성과 위에 설 것이다. 사회경제 민주주의 경제학은 역사적 시스템으로서 민주적 자본주의를 분석의 기초 범주로 설정한다. 이는 알고 보면, 시장경제학에도 『자본론』에도 없는 것이다. 이런 생각 위에서 사회경제 민주주의 경제학은 이 역사적 시스템이 자본주의와 민주주의 간에 어떻게 화해와 불화 또는 민주화 전진과 탈민주화de-democratization 후퇴의 이중운동을 보이는지, 또 어떤 복잡다단한 시간적 가변성과 공간적 다양성을 보이는지를 분석하고자 하는 것이다.

사실 사회경제 민주주의 경제학의 학술공간을 위한 이론적·정책적 자원은 매우 방대하게 널려 있다고 봐야 한다. 왜냐하면 좁게는 사회민주주의를 포함해서 넓게는 자본주의를 민주적으로 순치하기 위해 노력해온 세계적 규모의 실천의 역사는 단지 경험적 '실용주의'나 절충주의에 그치는 것이 아니었고, 그 실천을 뒷받침하는 이론적 기반 또는 근거에 대한 고통에 찬 모색과 창조의 과정이기도 했기 때문이다. 따라서 이 실천의 역사적 궤적 자체가 동시에 이론과 정책 패러다임의 보고寶庫라고 생각할 필요가 있다.

그럼에도 다양한 범위에 걸친 사회경제 민주주의 경제학의 이론과 정책들은 개별 국가 수준의 것으로 흩어져 있으며, 대개는 그 수준에서 논의되어왔다.[3] 또 나라에 따라 그 이론과 정책들은 상당히 다른 내용과 개성을 갖고 있다. 예컨대 우리가 그런대로 쉽게 접할 수 있는 스웨덴,[4] 독일,[5] 오스트리아,[6] 영국,[7] 미국,[8] 일본 등에서 사회경제 민주주의 정치경제학의 이론과 정책 패러다임은 상당히 다르다. 그뿐 아니라 이들 이론과 정책은 시대에 따라서도 큰 변화를 보여왔다. 이는 사회경제 민주주의의 정치경제학이라는 일반적인 학문 카테고리의 발전을 어렵게 만드는 중요한 요인들이다. 따라서 우리는 한편으로는 자본주의의 민주화 실천의 오랜 역사에 담겨 있는 이론적·정책적 성과들을 끄집어내어 그 일반론적 위상을 묻고, 또 다른 한편으로 정치적 실천과는 직접적 관계 없이 학문 영역에서 독자적으로 발전해온 사회경제 민주주의 지향을 갖는 진보경제학, 특히 제도주의 정치경제학의 성과를 수용하면서 사회경제 민주주의 경제학의 폭넓은 학술공간을 정립하고 확장할 필요를 느낀다.

사회경제 민주주의 경제학의 일반적 학술 범주를 확보하는 경로로는 두 가지 방식이 떠오른다. 하나는 귀납적 방법인데 국가별로 자본주의 민주화 실천 과정을 뒷받침한 이론적·정책적 요소들을 끄집어내, 국가별 이론적 계보들을 비교하고 대질하면서 일반론적 요소를 이끌어

---

3. 대표적 연구로는 전창환·조영철(2001), 옥우석 외(2012), Dullien et al.(2011) 등이 있다.
4. 기능사회주의, 렌마이드너 모델, 임노동자 기금제 등이 대표적이다.
5. 노동자 경영 참여, 사회적 시장경제 등이 대표적이다.
6. 오스트리아 마르크스주의, 오스트리아 케인스주의 등이 대표적이다.
7. 페이비언사회주의, 길드사회주의 등이 대표적이다.
8. 공화주의의 정치경제학, 뉴딜 개혁 등이 대표적이다.

내는 절차를 밟는 것이다(방법 A). 둘째, 연역적 방법이 있다. 이는 경제
학 체계를 구성하는 통상적인 방법과 마찬가지로 곧바로 사회경제 민
주주의 경제학을 구성할 뼈대를 생각해보는 것이다(방법 B). 둘 다 가능
하고 필요한 방법이며 보완재가 될 수 있다고 생각한다. 이 책은 방법
A와 B를 통합한 초보적 탐색이라 할 수 있을 것이다. 초보적 탐색인 만
큼 빈틈도 많고 무리도 따를 것이다. 앞으로 이 공동 연구를 디딤돌로
삼아 더욱 진전된 연구가 나오기를 기대한다.

2) 사회경제 민주주의 경제학의 기본 명제

우리가 추구하는 사회경제 민주주의 경제학의 세계는 네 가지 기본
생각에 기반을 두고 있다. 첫째, 이 경제학은 자본주의와 민주주의의
만남이 공존과 갈등, 민주화와 탈민주화의 이중성을 갖고 있다고 생각
한다. 따라서 그것은 두 논리 간의 이중운동을 포괄하는 통합경제의 경
제학이다. 둘째, 그것은 민주적 참여와 협력, 제도 형태 간의 보완성을
추구하는 경제학이다. 사회경제 민주주의 경제학에서 시장자본주의의
실패에 대한 비판은 공정한 경쟁시장의 규범을 수용하되 이를 훨씬 넘
어선다. 그것은 민주적 참여와 건설적 협력에 기반을 둔 조정 시장경제
를 추구한다. 셋째, 사회경제 민주주의 경제학은 민주적·사회적 통제
를 통해 자본주의의 점진적 개혁을 추구하는 역사적 진화의 경제학이
다. 최종 유토피아가 아니라 민주적 개혁과 진화 과정이 중요한 이유는
장구한 '전환의 계곡'을 건너감에 있어 민주성과 효율성의 측면에서 고
통을 줄이고 나아가 반동적 퇴행을 막기 위해서다. 넷째, 역사적 진화
과정이 중요한 또 다른 이유는 어떤 개별 주체도 최선의 결과, 유일한
경로를 미리 알 수 없기 때문이기도 하다. 점진적 개혁이란 동시에 실
험적 개혁, 발견적 절차의 과정이라는 생각이 필요하다. 우리는 시행착

오를 통해 학습하고 혁신하면서 더 나은 길을 찾아야 한다. 이런 의미에서 사회경제 민주주의의 경제학은 '민주적 실험주의'의 경제학이다. 아래에서 이 기본 생각들을 아홉 가지 명제로 더 풀어서 말해보겠다.

첫째, 사회경제 민주주의 경제학에서는 시장자본주의란 그대로 방치할 경우 그것에 고유한 계급적·계층적 갈등 그리고 불안정성 때문에 지속 불가능하다고 생각한다. 특히 인간 노동력, 화폐금융, 토지는 시장자본주의 유토피아를 깨뜨리는 원천적 '불순물'이 아닐 수 없다. 사회경제 민주주의의 경제학은 민주적·사회적 통제와 조절을 통해, 무엇보다 이해당사자들의 공평한 참여와 숙의 과정을 통해 그런 갈등과 불안정의 모순을 극복해야 한다고 생각한다.

둘째, 사회경제 민주주의 경제학은 시장자본주의의 계급적·계층적 지배와 불평등에 대항해 자유, 평등, 정의, 연대를 형식적인 것에서 실질적인 것으로 전환시키고자 한다. 이는 자본주의 시장경제가 사적 영역이자 자유의 영역이라고 강변하면서, 1인 1표 정치적 민주주의 원리의 확장에 만리장성을 쌓는 모순투성이 자유시장주의 경제학에 비해 원리적으로 일관되고 우월하다.

셋째, 사회민주주의 경제학은 국가주의적인, 나아가 '국가 독점적인 민주화' 경제학과도 다르며 그것보다 우월하다. 그것은 정치경제적 권력 집중을 거부하며 아래로부터 '사회적 권력'의 강화와 숙의의 제도화를 통해 자본주의의 이른바 '부정적 지양'이 아니라 '긍정적 지양'의 길을 추구한다.

넷째, 사회경제 민주주의 경제학은 자본주의와 사회주의의 단순한 이분법을 거부한다. 넓은 의미에서 '소유권'이라는 것 자체가 여러 권리들 및 의사결정권들의 집합이다. 그뿐 아니라 현대 법인자본주의는 이미 순수한 자본주의가 아니라 '경영자주의'와 혼합되어 있다. 이는

곤 현대 자본주의가 소유와 사용 조합의 다층적 원리 및 진화경로 앞에 개방되어 있음을 말해준다. 따라서 사회경제 민주주의의 경제학이란 이미 '불순한 자본주의'를 민주적으로 불순한 길로 이끌려고 하는 것이다.

다섯째, 자본주의와 사회주의의 단순한 이항대립을 거부한다 함은 또한 역사적 시스템으로서 자본주의에 어떤 필연적 진화나 단계가 있다고 바라보지 않는 것이다. 그보다 사회경제 민주주의 경제학의 우선적인 관심사는 갈등과 불안정, 불확실성으로 가득한 자본주의가 어떻게 민주적·사회적으로 조절될 수 있는가, 일관성과 규칙성을 가진 하나의 성장체제로서 작동할 수 있는가, 그리고 그것을 실현 가능하게 하는 원리와 제도적 조정 기제, 성장체제의 논리, 그 바탕에 있는 사회적 권력 및 계급관계의 구도란 어떤 것인가 하는 문제다. 따라서 민주적 조절의 제도 형태와 조정 능력, 계급 타협과 역사적 권력 블록에 유도되는 성장체제론은 사회경제 민주주의 경제학의 핵심 구성 요소가 아닐 수 없다.[9]

여섯째, 하나의 역사적 시스템으로서 민주적 자본주의는 자본주의와 민주주의 간의 다양한 형태의 혼성적 타협물이다. 그런데 타협도 타협 나름이다. 그것은 부정적 타협 또는 '나쁜 균형'으로 갈 수도 있고 긍정적 타협 또는 '좋은 균형'으로 갈 수도 있다. 사회경제 민주주의의 경제학은 시장자본주의에는 근본적인 갈등과 불안정성, 불확실성이 내재되어 있다는 인식을 바탕으로, 이해당사자들의 민주적 참여와 제도적 조정을 통한 상생적 타협과 수익체증의 창조를 추구한다. 그리하여 성장이 자기목적이 되는 것이 아니라 민주적 진보의 목표와 부합하는, 지속 가능한 성장체제의 길을 추구한다.

---

9. 이 분야는 제도주의 정치경제학의 역사에서 조절이론과 사회적 축적구조론이 가장 크게 기여했다. 성장체제 또는 축적체제라는 사고의 이론적 원천은 케인스, 칼레츠키 등에서 찾을 수 있을 것이다.

일곱째, 사회경제 민주주의의 경제학은 민주적 실험주의 경제학이다. 그것은 포스트왈라스적인, 성찰적 학습과 진화의 경제학이다. 미래의 사회주의는 불확실성 앞에 놓여 있으며 그것이 어떤 모양이 될지는 알기 어렵다. 그것은 단일한 것으로 상상할 수도 없다. 그럴수록 민주적 다원주의와 역사적 체험 학습 과정이 중요하다. 그리고 이는 소유 형태의 다원주의를 요구한다. 이 경제학은 국·공유경제, 참여자본주의, 사회 연대 및 협동경제, 이 세 축을 기본 형태로 하는 다양한 혼합경제, 그리고 그들 간의 상호의존, 심지어 경쟁적 실험도 개방한다.

여덟째, 민주적 자본주의의 형태는 역사적으로나 미래의 대안 형태에서나 시간적으로 가변적이며, 공간적으로 매우 다양할 수밖에 없다. 민주적 자본주의의 다양성을 규정하는 구성 요소에는 어떤 것이 있을까. 관점에 따라 여러 가지 접근 방법이 가능하다.

여기서는 네 가지 다이아몬드 구성 요소를 제기해둔다. 민주적 시민성democratic citizenship, 소유레짐과 계급 타협 형태, 거버넌스 양식, 그리고 경제와 복지의 혼합 양식이 바로 그것이다(〈그림 A〉 참조). 민주적 시민성이란 책임을 수반하는 사회경제적·민주적 시민권의 달성 수준을 말한다. 이는 보편적 시장 접근의 기회가 보장되는 공정한 경쟁, 구성원의 기본적 필요 충족, 생산물과 생산수단의 분배에서의 정의로움, 기업·산업·국민경제 운영에서 민주적 의사결정 참여 등을 포함한다. 민주적 시민권의 실현 형태 자체도 다양할 것이지만, 비슷한 사회경제 시민권의 수준에서도 소유레짐 및 계급 타협 형태는 시공간적으로 매우 다양할 수 있다. 국·공유, 민유, 사회적 경제라는 세 축의 혼합 방식, 그리고 산업자본·금융자본·노동의 삼각관계로 대표되는 계급 타협 형태는 어떤지가 중요하다. 거버넌스 양식이란 시장·위계·네트워크·결사 등 제도 형태들이 배열되는 방식을 말하는데 여기에는 기업 조직 형태, 국가 개입 양식이 당연히 포함된다. 조정 자본주의와 비

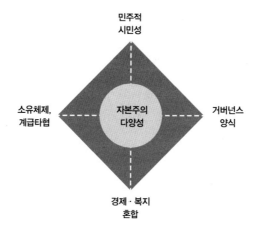

〈그림 A〉 민주적 자본주의의 다이아몬드

민주적
시민성

소유체제,
계급타협

자본주의
다양성

거버넌스
양식

경제·복지
혼합

조정 자본주의는 거버넌스 양식 측면에서 본 자본주의 다양성의 기본적 구분 방식이다. 해당 자본주의 성장체제의 작동 방식과 능력은 이거버넌스 양식에 따라 크게 규정된다. 여러 제도 형태들은 상호의존하는 보완성을 갖는다. 그러나 제도적 보완성을 너무 경직되게 생각해서는 안 되며, 여러 이질적 요소들이 융합되는―특히 이행기에는―혼성화hybridation의 시각을 가질 필요가 있다. 마지막으로 경제와 복지의 혼합 방식을 생각해야 한다. 이른바 1차 분배와 2차 분배의 혼합은 이것에 의해 좌우될 터인데, 같은 민주적 자본주의라 하더라도 경제의 시장화 정도, 그에 따른 2차 복지의 필요 정도에 따라 이 혼합 방식은 매우 다양해진다.

아홉째, 사회경제 민주주의 경제학은 자본주의와 민주주의의 타협물로서 민주적 자본주의를 하나의 역사적 시스템으로 파악한다. 이는 자본주의의 계급적·사회적 지배와 민주적 평등의 원리 간의 타협 및 공생을 통해 그리고 민주주의와 조정자본주의의 결합 발전을 통해 점진적으로 자본권력의 특권적 소유권과 통제권에 민주적 제약을 가하고

자 한다. 그리고 이 과정을 통해 최종적으로는 자본주의 체제를 넘어서고자 한다. 그러나 민주적 자본주의는 근본적 딜레마를 갖고 있다. 그 동학은 민주화 진전과 탈민주화 후퇴의 이중운동으로 불안정하게 흔들린다. 이는 사회경제 민주주의 경제학의 이론적 딜레마일뿐더러 민주적 자본주의 자체의 현실적 딜레마이기도 하다. 사회경제 민주주의의 경제학은 이 딜레마를 안은 채 자본주의의 민주화 실험 학습과 '잠정적인 리얼 유토피아'를 추구한다.

3. 책의 구성

이 책은 크게 3부로 구성된다. 1부는 소유·통제·축적, 시장·계획, 공유·협력, 연대·협동 등 사회경제 민주주의 경제학의 초석에 해당하는 핵심 주제들을 이론과 경험 양 측면에서 서술한다. 2부는 기업집단, 노동자의 경영 참여, 금융·재정·복지 등 주요 분야별로 사회경제 민주화 문제에 대한 자본주의 비교제도분석을 수행한다. 3부는 유연안정성 모델(덴마크), 뉴딜 개혁(미국), 워싱턴 컨센서스(개도국, 중진국) 등, 사회경제 민주주의의 시야를 확장하는 몇 가지 중점 연구를 담고 있다.

1부 1장(이병천)에서는 자본주의와 민주주의 간의 복잡미묘한 관계(양자 간의 화해와 불화)에서 시작해 신자유주의와 금융화가 지배적인 21세기 자본주의하에서 어떻게 새로운 민주적 자본주의를 구축할 것인가에 대한 문제까지 다루고 있다. 이를 위해 시장자본주의의 폐해를 극복할 수 있는 경제민주화 대안으로 어떤 다양한 길이 열려 있는지를 살펴본다. 나아가 여기서는 소유와 통제의 분리 및 그 다양한 조합으로 특징지어지는 현대 법인자본주의에서 산업적 축적과 금융적 축적의 '변증법'이 어떻게 나타나고, 그것이 경제민주화와 민주적 조정 시장경제의 길에 어떤 과제를 던져주는지에 대해 논의한다. 마지막으로 신자유주의 축적체제의 다양성에 대해 언급하면서, 경제민주화와 민주적 조정 시장경제의 길이 어떤 난관에 처해 있는지를 함께 고민할 과제로 제기한다.

2장(전용복)에서는 시장과 계획의 상대적 장단점에 대한 그동안의 이론적 논의를 재검토하고, 역사적 경험을 통해 나타나는 몇 가지 중요한 교훈을 이끌어낸다. 첫째, 순수한 시장 혹은 그 반대편의 순수한 계획 그 어느 쪽도 경제적으로나 정치적으로 우월하다고 주장할 이론적 근거가 없다는 점이다. 둘째, 역사적 교훈은 시장과 계획이 대체재가 아니라 보완재 관계라는 것이다. 즉 시장 혹은 계획의 한 극단보다는 양자의 적절한 조합이 더 우월한 성과를 낳았음을 보여주고 있다. 1950년대에서 1970년대 중반까지 서구 자본주의의 '황금기', 나아가 1970년대 말 이후 개혁·개방의 길로 나아간 중국 경제의 성공은 시장과 계획의 적절한 조화가 낳은 양호한 결과로 이해된다.

3장(최배근)에서는 주류경제학에서 보편적인 것이라고 유포하는 사유재산권과 자유경쟁 원리가 오히려 매우 특수한 문화적·정치적 조건에서 발생했다고 보고 공유와 협력의 대안 원리를 제시한다. 경제활동 중심이 자본집약적 방식(유형재의 생산과 소비가 경제의 중심)에서 아이디어 집약적 활동(무형재의 생산과 소비가 경제의 중심)으로 이동하고 있다는 것 또한 이 글의 중심적 생각이다. 그리하여 유형재 중심의 경제활동에서는 경쟁·사유의 원리 그리고 자유민주주의가 핵심 작동 원리였다면, 아이디어 집약적 경제활동이 중심인 경제에서는 반대로 공유와 협력의 원리 그리고 제3의 민주주의인 자율민주주의가 새로운 작동 원리로 등장할 것으로 본다. 따라서 탈산업화 시대에 아이디어 집약적 경제활동이 개화하기 위해서는 공유와 협력 그리고 호혜성이 제도화되고, 새로운 지배 문화로 자리 잡아야 한다고 역설한다.

1부의 마지막 4장(정태인)에서는 협동조합과 노동자 관리 기업을 중심으로 구성되는 사회적 경제에 초점을 맞춰 경제민주화 문제에 접근한다. 사회적 경제의 원리와 이론, 나아가 사회적 경제가 잘 뿌리내리고 있는 구체적 사례들을 통해 사회적 경제가 경제민주화에 왜 필수적 구성 요소인지를 보여준다. 여기서는 사회적 경제란 신뢰와 협동을 운영 원리로 삼으며 그 원형은 지역 공동체라고 정식화한다. 그리고 사회적 경제의 대표적인 세 가지 모델, 즉 협동조합의 수직적 통합 모델(몬드라곤), 중소기업과 협동조합의 수평적 네트워크 모델(에밀리아로마냐), 그리고 지방정부와 사회적 경제의 결합 모델(퀘벡)을 차례로 제시, 분석한다.

2부에서는 분야별로 어떻게 사회경제 민주주의가 이루어졌는지 자본주의의 제도를 비교·분석하고, 극복해야 할 과제를 제시한다. 기업집단 또는 재벌로의 경제력 집중이 많은 나라들의 역사적 자본주의 길에서 공통적으로 사회경제 민주주의를 위협한다는 점을 고려한다면 기업집단의 비교 자본주의 연구는 필수적이다.

5장(송원근)에서는 미국, 독일, 일본 세 나라를 대상으로 삼아 기업 및 시장 수준에서 다양하게 제기될 수 있는 경제민주화의 내용을 검토하고, 기업집단 개혁과 경제민주화 사이의 관계라는 측면에서 기업집단의 형성 과정과 특성, 그 장단점을 살펴본다. 여기서는 거대 기업집단 중심의 경제력 집중이 지배력 남용이나 불공정경쟁을 유발하고, 이것이 다시 경제력 집중을 심화함으로써 시장적 자유와 사회적 조정의 균형이라는 사회(민주)적 시장경제의 기본 정신을 위태롭게 할 수 있다는 점과 이들 나라에서 경제민주화는 이런 우려를 배경으로 삼고 있음을 지적한다.

6장(이상호)에서는 노동자의 경영 참여라는 주제에 대해, 주로 독일을 중심으로 살펴본다. 독일의 경제민주화와 독일 경제 발전 모델의 근간이라고 해도 과언이 아닌 공동결정제의 법적·제도적 기초를 명료하게 보여준다. 독일의 공동결정제도(의사결정 참여제도)는 일반적으로 소유권 유무에 따라 참여권이 보장되는 영미형 경영 참여와는 달리, 자본 및 재산의 소유 여부와 무관하게 '무산자'인 노동자에게 기업의 중요한 의사결정 과정에 참여하고 결정할 수 있는 권한을 부여한다는 점에서 이해당사자의 참여를 가장 잘 보장하고 있는 경영 참여 방식이다. 달리 말해 경제적 삶에서 '1인 1표 민주주의'가 선진적으로 구현된 사례라 하겠다. 또 이 글에서 주목할 점은 독일 공동결정제가 노사 간 유착에 빠지지 않고 '생산적 연대'로 나아갈 수 있었던 정치적·경제적·법적 조건을 제시한다는 것이다. 그리하여 독일의 산업별 단체교섭과 기업 내 노동자의 경영 참여가 생산성 향상과 노동의 인간화라는 두 마리 토끼를 동시에 잡을 수 있는 토대를 제공했다고 평가한다.

7장(유철규)에서는 신자유주의 시대를 지배한 금융자유화에서 금융민주화로 이행하는 문제를 다룬다. 2008년 미국발 세계 금융위기는 그 어떤 부문보다 금융시장에서 시장의 불완전성과 '시장 실패'가 극심함을 생생하게 보여주었으며, 금융의 재규제와 민주화의 과제를 던져주었다. 이 글은 무엇보다 민주적 의사결정을 통한 경제 개입과 운영 공간을 확보하는 일이 금융민주화의 길에서 결정적으로 중요하다는 점을 강조한다. 여기서는 금융민주화를 앞당기는 개혁 과제 중 가장 핵심적인 두 가지 과제로, 금융정책 결정의 권력구조를 개혁하는 것과 시장에서 나타나는 독과점적 의사결정과 지배력의 구조를 개혁하는 것을 꼽고 있다.

8장(오건호)에서는 재정의 정의와 역할을 명확히 정리하면서 개혁 방향의 문제를 다룬다. 먼저 재정의 규모, 구조, 공공적 역할에 대해 역사적 분석이 이루어진다. 이어 이 글은 재정의 공공성과 민주주의를 강화하기 위한 개혁 과제를 제시한다. 재정을 둘러싼 핵심 논점으로, 경제 성장과 복지 지출 간의 관계에 초점을 맞춰보면, 강한 복지가 경제 성장의 발목을 잡기보다는 오히려 복지국가들의 성장 친화적 재정정책을 통해 복지와 성장의 선순환을 성공적으로 달성한 것으로 평가된다.

9장(윤홍식)에서는 무상급식을 계기로 촉발된 한국의 복지국가 논의를 염두에 두면서 서구 자본주의에서 복지국가가 어떻게 실현되었는지, 그 조건에 대해 관심을 집중하고 있다. 나아가 이 글은 산업화된 복지국가 체제의 등장과 그 다양한 분기와 관련된 주요 논점들을 다룬다. 기능주의적 접근, 다원주의와 엘리트주의, 권력자원론, 자본주의의 다양성론 등 서구 복지국가의 기원과 다양성을 설명하는 중요한 이론들을 비판적으로 검토한다. 특히 복지국가 체제의 형성과 관련하여 주체 또는 동력의 문제와 정치제도 형태의 역할을 강조한다.

세대 간 형평과 세대 간 민주주의가 21세기 사회경제 민주화에서 중요한 요소로 부각하고 있다는 점에 대해서는 누구도 이의를 제기하지 않을 것이다. 9장에 이어 10장(주은선)에서는 바로 이 점에 착목하여 연금제도의 존립 근거이자 본질이라고 할 수 있는 사회적 연대의 문제를 중심에 놓고 연금제도의 발전 과정과 역할, 그리고 최근의 변화를 분석한다. 이 글은 신자유주의 시대에는 세대 간 연대를 약화하는 방식으로 연금제도 개혁이 이루어졌다고 진단하고 나서, 연기금에 대한 민주적 운영의 회복이야말로 연금개혁과 연기금 운용에서 가장 중요하다고 본다.

3부에서는 사회경제 민주주의와 관련하여 몇 가지 선구적인 연구를 모았다. 유연안정성은 노동시장의 유연화, 복지안전망, 지속적인 경제성장을 동시에 보장한다는 점에서 진보진영뿐만 아니라 보수진영에서도 많은 관심을 기울였던 세계적 화두 중의 하나였다. 11장(정준호)에서는 유연안정성의 롤모델로 평가받는 덴마크라는 역사적 공간을 배경으로 유연안정성의 개념과 유형, 덴마크 모델의 고유한 특성과 최근의 변모 과정을 살펴본다. 여기서는 유연안정성 모델이 덴마크의 생산과 복지체제의 결합에서 나온 것이며, 노사 간의 대립과 협력의 역사적 산물이라는 점을 잘 보여준다. 끝으로 이 글은 유연안정성 모델의 가장 중요한 함의로서, 고부가가치 성장체제로 경제를 구조조정하기 위해서는 튼튼한 사회적 안정성을 반드시 확보해야 한다는 점을 강조한다.

12장(전창환)에서는 미국의 민주적 시장경제 발전에 지대한 기여를 했다고 평가되는 1930년대 미국의 뉴딜정책, 특히 그중에서 '금융 뉴딜'의 본질적 성격과 현재적 함의를 검토한다. 이 글은 금융 뉴딜이 금융의 확장과 성장을 억제한 금융 억압이 아니라 금융 시스템의 안정과 그것에 대한 대중적 신뢰 회복을 도모한 것으로 파악한다. 또한 동시에 금융 뉴딜이 노동자 계급과 중산층의 금융 부문으로의 통합을 결정적으로 촉진하는 계기가 되었다는 것을 강조한다. 요컨대 루스벨트의 뉴딜 정부가 금융기관의 투기 억제 그리고 이해 상충 근절을 확실히 했으며, 이를 통해 금융이 생산성 제고와 소득 및 일자리 창출에 기여하도록 유도했던 것으로 이해한다.

마지막으로 13장(이강국)은 미국이 IMF 등 국제기구를 앞세워 세계적 규모로 확대, 강제했던 발전정책 패러다임으로서 '워싱턴 컨센서스'의 핵심 원리가 무엇인지, 그것이 현실에서 왜 안정적이고 지속적인 경제 발전을 가져오는 데 실패했는지를 잘 설명해준다. 나아가 이 글은 21세기 개도국 또는 신흥시장 국가의 새로운 대안적 경제 발전 모델이 어떤 원리와 정책에 기반을 두어야 하는지를 제시한다. 여기서 구상하는 개도국의 대안적 경제 발전 모델이란 발전국가 모델의 장점을 살리면서도 소득 분배의 형평성 제고와 사회복지의 확대를 동시에 추구하는 일종의 민주적 발전국가 모델이다.

1부
사회민주주의 경제학의 기초

1. 소유, 통제, 축적:
자본주의와 민주주의의 화해와 불화

이병천

1. 머리말

자본주의와 민주주의는 근대사회를 떠받치는 두 가지 체제적·이념적 기둥으로서 둘의 만남은 오랜 역사를 갖고 있다. 그런데 한쪽에서는 민주주의 원리를 받아들이기는 하되 한사코 이를 좁게 정치적 영역에만 가두어두려고 한다. 시장과 정치의 분리, 즉 공사公私 이분법은 시장자유주의가 휘두르는 전가보도의 논리다. 그뿐만 아니라 시장자유주의는, 자본주의 시장경제를 극복하려는 공유화 시도는 반드시 실패의 '비극'을 초래한다고 생각한다. 또 다른 한편에서 오래된 마르크스적 견해에 따르면 자본주의는 자본과 노동 간의 제로섬 갈등 체제이기에 원천적으로 화해 불가능한 모순을 갖고 있다. 또 바로 이런 이유로 혁명적·단절적 변혁이 불가피하다고 생각한다.

그러나 이처럼 자본주의와 민주주의의 관계에 대한 단순하고 닫힌 견해들은 일찍이 마르크스적 전통 안에서는 안토니오 그람시에 의해, 그 바깥에서는 특히 존 메이너드 케인스에 의해 깨뜨려진 바 있다. 그람시는 자본주의가 개량적 조치에 의해 노동자와 대중의 동의를 얻으면서 지배하는, '강제의 갑옷'으로 무장한 헤게모니적 정치경제 체제를 발전시킬 수 있음을 보았다. 그리고 케인스주의적 전통은 국가의 적극적인 거시경제 관리정책과 민주적 개혁에 의해 자본주의가 혼합경제 형태로 유지되고 발전될 수 있음을 보여주었다. 특히 케인스·마르크스적 전통의 종합은 자본주의 대 사회주의의 단순 이분법을 깨뜨리고 민주적 조정 시장경제론을 발전시키는 데 지대한 공헌을 했다.

그런데 자본주의와 민주주의가 만나 화해하며 계급적·사회적 타협 위에 성립하는 민주적 자본주의의 길은 그렇게 순조로운 것이 아니다. 둘 사이에는 불협화음 또는 불화가 심각하다. 둘은 경우에 따라 친구가 되고 심지어 '동침'까지 할 수 있지만 운명적으로 결코 해소할 수 없는 긴장, 갈등, 심지어 적대관계에 놓이고, 그래서 그들 사이에는 깊은 강이 흐른다. 물론 논자에 따라서는 민주적 평등의 원리가 자본주의의 계급적·사회적 불평등 원리를 약화, 순치하는 측면에 일면적으로 초점을 맞추는 경우도 볼 수 있다.[1]

그러나 자본주의와 민주주의의 만남은 화해의 공간을 갖고 있음과 동시에 태생적으로 긴장과 모순, 그래서 균열의 요소를 내장하고 있다.[2] 하나의 역사적 타협 형태로서 민주적 자본주의의 진화와 그 동학動學은 결코 단선적 과정이 아니며, 잠정적인 역학관계나 가치관 등의 변화에 따라 불안정하게 흔들린다. 성장과 복지의 두 발로 걸으며 선순환을 실현했던 2차 세계대전 후 '황금기'의 유럽식 선진 복지국가 또한 강한 노동의 힘 그리고 그 공공적·포괄적 시야 위에서 비로소 실현 가능했다. 복지국가는 공적 국가복지와 투자의 사적 자본제적 독

---

1. 시민성citizenship론으로 유명한 토머스 마셜(Marshall, 1950)이 대표적이다.
2. 대표적인 논의로는 칼레츠키(Kalecki, 1971), 볼스와 긴티스(Bowles and Gintis, 1986), 셰보르스키(Przeworski, 1988), 아글리에타(Aglietta, 1987), 부아예(Boyer, 1990)등이 있다. 최근의 논의로는 아글리에타와 로베리우스(Aglietta and Reberioux, 2005), 글린(Glyn, 2006), 부아예(Boyer, 2009), 스트레크(Streeck, 2011) 등을 참조.

점이 팽팽한 긴장과 갈등관계에 놓인 상태에서 움직였다. 사회민주주의에 피할 수 없는 '혁명과 개혁의 딜레마'가 존재하는 상황에서 절차적·실질적으로 자본주의를 민주적으로 길들이며 개혁하는 길이라 하더라도 자본주의가 원만히 작동하도록 '관리'하는 낮은 길로 계속 굴러갈 수도 있는가 하면, 현존 사회의 성질을 질적으로 전환하는 이른바 '비개혁주의적인 개혁'non-reformist reforms(Gorz, 1964) 또는 '구조개혁'[3]이라는 높은 길로 올라갈 수도 있다.

우리가 지속 가능한 성장, 양질의 일자리, 복지 확충의 문제와 함께 이들 과제와 밀접한 연관 속에서 자본주의 진화에서 생산수단의 소유와 통제 문제, 경제적 삶에서 의사결정권의 민주적 재분배 문제에 관심을 갖는 것, 그리고 법적 소유와 실질적 통제 양면에서 자본의 통합적 지배력과 그 파괴적인 경쟁적 투쟁에 고삐를 채울 민주적 대항력과 집단력이 어떻게 역능화되고, 제도화·공고화되는지에 관심을 갖는 것은 바로 이 때문이다.

소유, 통제, 축적을 중심으로 자본주의와 민주주의 간의 화해와 불화를 설명하려는 이 글에서는 먼저 주류 시장경제학에서 말하는 이른바 '공유지의 비극'론이 어떤 한계를 갖고 있는지에 대한 원론적 문제로부터 논의를 시작한다. 이어, 시장자본주의의 폐해를 극복하기 위한 경제민주화 대안으로 어떤 다양한 길이 열려 있는지를 살펴본다. 그리고 소유와 통제가 일정하게 분리되는 법인자본주의에서 자본축적의 이중화, 산업적 축적과 금융적 축적의 '변증법'이 어떻게 나타나고 있는지에 대해 알아볼 것이다. 마지막으로, 신자유주의 축적체제의 구조와 다양성에 대해 살펴보면서 경제민주화와 민주적 조정 시장경제의 길이

---

3. 이 관점에서 '사회민주주의 좌파' 및 민주적 사회주의 대안의 실패를 교훈적으로 추적하고 있는 국내 연구로는 장석준(2011) 참조.

어떤 난관에 처해 있는지를 언급할 것이다.

2. 공유지의 비극, 사유지의 비극

생산수단의 소유 방식은 경제 문제를 해결하기 위해 개별 경제주체들의 행동을 상호 조정coordination하는 방식과 함께 경제체제의 성격과 작동 방식을 결정하는 근본적 초석이다. 다음과 같은 생각이 가능하다. 소유권이 적절하게 정립되어야 소유자들이 경제활동의 자유를 가지고 그 재산을 효율적으로 사용할 유인을 갖게 될 것이다. 예컨대 기업은 자신의 투자에 대해 적어도 이윤의 일부를 획득할 수 있어야만 이윤 동기, 즉 비용을 낮추고 품질을 개선하며 연구개발에 투자하는 등 효율적 기업활동으로 이윤을 증가시킬 동기를 가질 것이다. 옳은 결정을 내렸을 때 얻게 되는 이윤과 잘못된 결정을 내렸을 때 감당해야 할 손실은 생산수단을 소유하고 통제하는 자에게 자신의 책임 아래 자기 결정에 주의를 기울이고 필요한 조사를 하도록 유인을 제공할 것이다(Stiglitz, 2002, 73~74쪽).

그렇다면 만약 소유권이 명확하게 확립되어 있지 않을 때는 어떤 일이 발생할까. 일반적으로 경제학자들은 어떤 경제체제가 경제주체들에 동기 부여와 정보 전달을 원활히 하지 못함으로써, ① 무엇을 얼마나 생산하는가, ② 어떻게 생산하는가, ③ 누구를 위해 생산하는가, ④ 어떤 절차를 통해 의사결정을 하는가 등의 경제 문제를 바람직한 방식으로 해결하지 못할 경우를 가리켜 '조정 실패'coordination failure라는 말을 사용한다. 그리고 주류 시장경제학은 소유권이 명확하게 정립되지 못함으로써 초래되는 조정 실패를 '공유지의 비극'tragedy of the commons이라는 현상으로 설명해왔다. 다음은 잘 알려진 가레트 하딘

Garrett Hardin의 논문(1968) 「공유지의 비극」에 나오는 이야기다.

어떤 마을에 공동으로 소유하는 목초지가 있었다. 마을 사람들은 이 목초
지에서 소를 키우며 살았다. 처음에는 모두 소를 한 마리씩 소유하고 있었
고 여분의 우유나 치즈를 인근 마을에 내다 팔아 많은 이윤을 얻기도 했
다. 그들에게는 공동의 목초지가 있었기 때문에 소를 키우는 데 큰 비용이
들지 않았다. 그런데 시간이 갈수록 사람들은 제각기 더 많은 이윤을 얻기
위해 키우는 소의 수를 늘리기 시작했다. 이에 따라 면적이 제한된 공동의
목초지로는 감당할 수 없을 만큼 소가 많아졌다. 그러자 무성했던 목초지
는 마침내 황무지로 변하고 말았다.

공유지 남용이 부른 비극에 대한 하딘의 논의는 개인의 사적 이익
추구 면에서는 합리적인 행동이 전체 공동체에는 비합리적인 결과를
초래할 수 있음을 잘 보여준다. 즉 사적 합리성과 공적 합리성 또는 사
회적·집단적 합리성 사이에 간극이 존재하는 것이다. 이 경우 공유지
는 남용되어 존속할 수 없게 된다. 그러면 우리는 '공유지의 비극' 현상
을 어떻게 극복할 수 있을까?

이 물음에 대한 지배적·주류적 해법은 공유지의 사유화라는 것이
다. 이는 주류 자유시장 경제학이 널리 유포한 견해로서 공유지 비극
현상이 일어나는 이유는 희소자원의 사유제가 결여돼 있기 때문이라고
본다. 이에 따르면 공유지를 분할해 각기 사적으로 가진다든지 어떤 한
사람 또는 한 기업이 소유하게 하면, 그 사적 소유자는 자신의 행동 결
과를 좋건 나쁘건 책임져야 한다. 만약 자신이 소유한 목초지라면 풀이
모두 사라지고 목초지가 황폐해질 정도로 소들을 마구 방목하지는 않
을 것이다. 그리하여 비용과 편익을 모두 '내부화'할 수 있으므로 불확
실성이 줄어들고, 환경에 대한 개인의 책임 소재가 명확해짐으로써 희

소자원의 효율적 배분이 가능해진다.

역사적으로 근대 자본주의 발생기 또는 시초 축적 시기 영국에서 진행되었던 인클로저 운동enclosure movement으로부터 1980년대 초 이래 약 30년을 지배한 글로벌 신자유주의 시기에 대대적으로 진행된 사유화 운동은 모두 이런 생각에 기초를 두고 있다. 공유지의 사유화는 경제사상사에서 매우 뿌리 깊은 발상이다. 일찍이 애덤 스미스는 개인의 사익 추구가 시장의 "보이지 않는 손"에 의해 공익을 실현한다고 보았다. 그리고 로널드 해리 코스는 사적 소유권을 적절히 설정하면 정부의 개입 없이도 외부효과external effect를 해결할 수 있음을 보여주었다. 물론 '코스의 정리'에는 거래비용(교환 상대를 찾거나 가격을 흥정하거나 계약이 이행됐는지 확인하는 등 교환에 따르는 비용)이 존재하지 않는다는 핵심 가정이 깔려 있지만 말이다.

공유지의 사유화는 이른바 '공유지의 비극'을 막는 한 가지 해법이 될 수는 있을 것이다. 그러나 그 해결책은 앞문으로 한 가지 문제를 해결하는 대신 뒷문으로 또 다른 심각한 문제들을 불러들인다. 공유지의 예는 언뜻 단순히 생활수단을 둘러싼 논란으로 보이기도 하지만 실은 생산수단의 성격을 가진다. 경제체제의 성격에서 결정적으로 중요한 문제는 생활수단이 아니라 생산수단의 소유 방식이다. 생산수단으로서 공유지의 비극을 막기 위해 공유지를 사유화해 사적으로 전유하게 하면 여러 새로운 비극들이 발생한다. 우리는 이를 '사유지의 비극'이라 말할 것이다.

- 공유하며 공동으로 사용하던 공유지를 사유화하는 것은 해당 사유자에게 엄청나게 큰 특권을 부여하는 것이다. 공유인들 commoners의 공공 이익을 배제하기 때문이다. 이제 그 마을은 특권적 내부자insider와 배제된 외부자outsider로, '갑과 을'로, 계급

적·사회적으로 분열된다.

- 공유지를 사유화할 때 적절한 대가를 받지 않고 사적 권리를 설정하는 경우가 허다하다. 사유화는 부당 이득을 낳기 십상이다. 심지어 자본주의 탄생의 시초 축적기는 물론 본래적 축적기에도 '탈취'에 의한 축적 방식accumulation by dispossession이 흔히 나타난다(Harvey, 2005).
- 사유화된 생산수단의 이용 방식에서 자본제적 사익 추구의 극대화와 독식 행동은 공유지 접근에서 배제된 무산자의 이해, 공공의 이익 및 민주주의와 끊임없이 충돌한다.
- 사유화된 생산수단의 자유방임 자본제적 이용은 사유자 및 그 시스템의 단기 시야short-termism 때문에, 1930년대 대공황 같은 과잉생산-대량실업이라든가 2008년 세계 금융위기 같은 거품 축적-붕괴 사태를 초래할 수도 있다.
- 공유지의 사유화-자본주의 길은 높은 효율성과 경제 성장을 가져올 수도 있다. 그렇다 해도 그것은 실현 가능한 집단적 공유-협력-연대의 길을 차단하고 구축crowding out한다.[4]

그런데 우리가 공유지의 비극론을 결코 액면 그대로 받아들여서는 안 되는 이유는 단지 사유화의 비극 때문만은 아니다. 공유지 비극론 자체에 논리적 빈틈이 있음을 지적하지 않을 수 없다. 먼저, 우리는 앞서 말한 하딘의 공유지 개념을 재검토해야 한다. 하딘의 주장대로라면 역사적으로 모든 공유지는 황폐화되었어야 한다. 그러나 이는 사실에 반한다. 멀쩡하게 잘 관리되면서 오래 지속된 공유지가 수도 없이 많

---

4. 더 상세한 설명은 알트파터(Altvater, 2007, 71~101쪽)를 보라. 또한 라이트(Wright, 2012, 73~135쪽)는 자본주의적 사적 소유의 비합리성을 열한 가지 명제로 정리하고 있다.

다. 왜 그럴까.

하딘의 공유지 개념에는 과잉 단순화에 따른 큰 혼란이 있다. 명시되어 있지는 않지만 그의 공유지 비극론에는 매우 중요한 전제조건들이 있다. 첫 번째는 개방된 접근open access 또는 모두에게 자유로운 이용free for all이라는 조건이다. 그러나 역사적으로 보면 대부분의 공유지는 결코 이런 전제조건을 충족하지 않는다. 특정 집단이나 공동체 구성원이 아닌 사람은 공유지에 접근할 수 없다. 앞서 말한 공유 목초지의 사례에서 소를 방목할 수 있는 권한은 그 마을 주민으로 제한된다. 즉 공유자원의 이용자가 폐쇄적으로 정해져 있다. 또 방목할 수 있는 소의 수는 겨울에 자신이 사육할 수 있는 수만큼으로 한정된다. 이는 과잉 방목, 공유지 남용에 따른 자원의 황폐화를 막기 위해 자원의 채취량이 정해져 있다는 의미다. 또 이 사용 규칙을 어기는 사람을 감시하는 관리자를 두어 벌금 등 제재를 가한다.

하딘식 공유지의 두 번째 전제조건은 행동주체에 대한 가정으로, 공유지를 이용하려는 사람은 전적으로 이기적 동기에 따라 행동하고, 항상 사적 편익을 극대화하기를 원하며, 사회적 행동규범 또는 공동체의 규약—암묵적이든 명시적이든—에 제약받지 않는다는 것이다. 주류경제학에서 말하는 경제인(호모 에쿠노미쿠스)의 가정이다. 그러나 이 가정도 적절하지 않다. 공유지를 이용하는 공동체 구성원들은 역사적으로 정해진 공유지 사용 규칙 또는 관리 규칙에 따라 행동하도록 요청받는다. 성공적으로 관리된, 지속 가능한 공유지에는 무분별한 남용을 통제하는 감시와 제재 기제를 두었음을 볼 수 있다(Ostrom, 1990). 이 규칙과 기제에 기반을 두면서 구성원들(공유인)이 공유-협력 전략을 통해 공유지의 비극을 극복한 역사적 사례는 허다하다.

실제로 공유지의 구체적인 사용 규칙은 무척 다양하다. 이는 각 역사적 사회경제 구성의 정치적 또는 문화적 조건에 의해 나타난다. 이렇게 보면 문제는 공유라는 소유 형태에 있다기보다 그것의 적절한 사용 방식 또는 통치 기제 여하에 달려 있다는 생각이 가능하다. 자원 또는 생산수단의 사용권에 중점을 두면서 가능한 한 그 사용권을 민주적으로 개방·확장하면서 이를 지속 가능하도록 뒷받침하는 통치·규율 기제를 갖추는 것이 중요하다. 더 나아가 공유지의 유지와 사용을 단지 효율성 가치 또는 공리주의 관점에서만 바라봐서도 안 될 일이다. 공유와 협력 그 자체가 좋은 삶을 위한 고유 가치, 내재 가치를 갖기 때문이다. 즉 공유지의 비극을 넘어서려면 효율성 극대화가 아니라 공동체의 유지·발전 및 구성원의 협력과 연대를 좋은 삶의 가치로 세우고, 효율성 가치도 그것에 부합하는 방향으로 추구해야 한다는 발상으로 나아가야 한다. 효율성 그 자체는 공유-협력 가치를 실현하기 위한 효과적 수단 가치가 될 수도 있지만, 그것을 파괴하는 자기목적적 가치가 될 주객전도의 위험도 안고 있다. 즉 양날의 칼이다.

결론적으로, 공유지의 비극 및 사유지의 비극 문제에 대한 해법은 어떤 새로운 첨단기술을 개발하거나 '창조'하는 문제가 아니다. 문제는 죄수의 딜레마를 넘어, 사적·단기적 시야를 넘어, 아래로부터 자발적인 참여-공유-협력-상생을 가능케 할 개방적인 윤리적·정치적·제도적 조건 또는 능력을 어떻게 창조하느냐에 있다.

3. 경제민주화의 다양한 경로, 사회민주주의의 두 가지 유형

우리는 공유지의 사유화 대안이 설사 공유지의 비극을 극복한다 하더라도 다시 뒷문으로 새로운 비극을 불러들인다는 것, 공유-협력의 다른 대안이 가능하다는 것에 대해 말했다. 그러나 어떻게 공유지를 지속 가능하게, 더구나 민주적으로, 또 효율적으로 사용하고 관리할 수 있을까 하는 문제는 여전히 존재한다. 단지 이론이 아니라 현실적으로 말이다. 이는 결코 쉬운 일이 아니다. 민주적 공유-협력의 대안은 그것을 떠받치는 윤리적·정치적·제도적 조건 또는 통치governance 능력이 갖추어질 때 비로소 실현 가능하다.

그러나 현실자본주의에서 그 조건들을 충족하는 것은 그리 만만한 일이 아니다. 어려움은 안과 바깥 양쪽에서 나온다. 한편으로는 시장자본주의의 지배논리 때문에 어렵다. 시장자본주의는 소득과 부의 불평등, 사회경제적 양극화를 조장할 뿐만 아니라 민주적 참여를 배제하거나 심각하게 제약한다. 우리는 역사적 사본주의 시대에 이 배제와 제약이 국민국가 수준은 물론 글로벌 자본주의 수준의 압박에서 작용함을 잘 알고 있다. 세계화 시대에 자본과 시장은 범세계적 운동을 하는 반면, 정치는 국민국가 수준에 갇혀 있다. 그뿐만 아니라 시장자본주의는 구성원들에게 성장 중심주의, 소비 만능주의 풍조, 소유 개인주의 또는 자산적 개인주의를 조장한다. 이런 부단한 '물신 숭배' 풍조와 일차원적 선호 또는 마인드의 재편을 통해 참여-공유-협력의 길을 주변으로 몰아낸다.

다른 한편, 참여-공유-협력의 길은 정치적으로나 윤리적·문화적으로 적극적인 집단적 역능화collective empowerment를 도모해야만 하는데, 이는 머리만 굴려서 되는 일이 아니다. 단기 시야와 기회주의 때문에 공유와 협력의 길이 열리지 못하는 경우가 허다하다.[5] 따라서 공동의 체험shared experience과 그것을 기반으로 하는 신뢰를 쌓아야 한다. 그런데 그 공동의 체험, 무엇보다 성공적인 공유 체험을 쌓아가는 길이 쉽지 않다. 공동의 민주적 경험 자산과 공유상징의 결핍은 공

---

5. 하비(Harvey, 2011)는 오스트롬의 공유지 접근 방법에 대해 규모scale의 문제를 경시한다고 지적한다. 즉 국지적 대안으로만 적용할 수 있는 논의라는 것이다. 공유지 통치를 둘러싼 여러 쟁점과 폭넓은 토론으로는 바단과 레이(Bardhan and Ray, 2008) 참조.

유-협력 대안의 길을 가로막는 심각한 장애물이다.

이렇게 공유지의 사유화 대안을 비판하면서도 공유-협력 대안이 안고 있는 어려움 때문에 여러 다양한 대안이 나타나게 되는 것이다. 우리는 사유화 대안, 더 정확히 말해 '자본화'에 의한 자유시장 자본주의가 아닌 어떤 다른 대안을 가질 수 있을까. 아래와 같이 다양한 대안들을 생각해볼 수 있다. 국가 소유와 관리를 지배적 형태로 삼는 국가사회주의 방안, 공유지의 평등한 소유와 시장적 조정을 결합한 시장사회주의 방안, 국유화를 기본 형태로 포함하는 민주적 자본주의 혼합경제 방안(사회민주주의 A), 사적 자본의 민주적 통제와 이를 통한 점진적 사회화 방안(사회민주주의 B), 그리고 소공동체 수준의 자치 관리 방안 등이 그런 대안들이다(〈표 1-1〉 참조). 이 대안들은 다시 단절적ruptural 전환 모델(2, 3), 틈새적interstitial 전환 모델(4), 공생적symbiotic 전환 모델 (5, 6)로 재분류해볼 수 있다[6](〈표 1-2〉 참조). 이들 전략에는 각기 역사적으로 뿌리 깊은 사상적 전통이 깔려 있다. 물론 이 대안들은 서로 혼합될 수도 있다. 그렇다 해도 중심적 전략은 있을 것이다.

〈표 1-1〉 공유지의 비극을 넘는 경제민주화 대안들

대안	내용
1. 자유시장 자본주의	공유지의 사유화＝자본화와 시장적 조정
2. 국가사회주의	공유지의 국가 소유
3. 시장사회주의	공유지의 평등한 소유에 시장적 조정 결합
4. 소공동체주의	공동체의 자치 관리, 사회적 경제
5. 사회민주주의 A	국유, 사유가 혼재하는 자본주의 혼합경제
6. 사회민주주의 B	사적 자본권의 민주적 통제와 점진적 사회화

---

6. 이 구분은 라이트(Wright, 2010, 273~365쪽)를 따른 것이다.

구분	단절대안	틈새대안	공생대안
	A. 국가사회주의 B. 시장사회주의	공동체 자치 관리	A. 국유, 사유 혼합자본주의 B. 자본 통제권의 사회화
사상적 전통	혁명적 사회주의	무정부주의	사회민주주의
국가에 관한 전략	국가 공격	국가 밖에서 대안 건설	국가의 이용 - 국가 영역에서 투쟁
자본가 계급에 대한 전략	부르주아지와 대결	부르주아지 무시	부르주아지와 협력

① 먼저, 단절대안부터 생각해보자. 국가사회주의 모델(단절대안 A)은 단절적 이행 전략의 지배적 모델이었으며 소련, 동유럽을 비롯해 장구한 실험의 역사를 갖고 있다. 이 대실험은 결국 실패로 끝났는데 다음과 같은 문제점을 안고 있었다.[7]

첫째, 효율성의 측면에서 이른바 '1/n 문제'가 있다. 즉 개인의 이기심이 인간성의 기본적—유일한 것은 아니라 해도—전제라고 한다면, 공동 노동과 공동 분배가 이루어지는 단위가 너무 커질 경우 경영자든 노동자든 구성원들이 공동체 전체의 이익과 개별 이익 간의 괴리를 크게 느끼게 되어 공동체 이익 증진에 헌신하기 어려워지는 문제가 발생한다. 물론 이는 연대의 가치(예컨대 능력에 따라 일하고, 필요에 따라 분배한다든가)를 추구하는 모든 포괄적 사회주의 구상에 해당하는 딜레마라고도할 수 있으나—심지어 사회민주적 길에서조차도—민주적 자발성을억압하는 국가사회주의에서 전면화된다.

둘째, 민주성의 측면에서 '주인-대리인' 문제가 있다. 이론적으로법률적 소유 측면에서 국유화된 생산수단은 전 인민의 소유라고 할 수

---

7. 주로 신정완(2002, 302~303쪽; 2012, 533쪽)을 참조했다.

도 있겠지만 실제로 국유 생산수단의 사용-통제 방식의 결정권을 갖는 것은 당과 국가의 관료다. 노동자와 일반 대중의 실질적인 민주적 참여-통제권은 배제된다. 국가사회주의에서 전면적 국유화는 전 사회적 수준에서 고도의 거시적 권력 집중과 권력 분배 불평등을 초래해 사용-통제권도 집중시킨다. 이른바 '사유재산의 부정적 폐지'[8]라는 현상이 발생한다. 자본제적 사적 소유의 폐지는 더 높은 '긍정적 폐지'의 길로 갈 수도 있겠지만 그렇게 된다는 필연적인 보장이 없고, 국가사회주의에서 보듯이 더 낮은 길로 부정적으로 폐지될 수도 있다. 결국 국가사회주의는 절차적·실질적 경제민주화를 모두 부정한다.

셋째, 국가사회주의가 대중의 물질적 욕구를 충족시키는 데 실패하는 것은 유인 문제나 민주화 문제 때문만은 아니다. 시장을 계획으로 대체했을 경우 수요와 공급을 조절하는 정보 전달은 어떻게 가능한지가 문제다.[9] 이는 이전 사회주의 경제 계산 논쟁 이래 국가사회주의가 해결하지 못한 난제였다. 그리고 근래 발전된 '불완전정보'의 경제학은 다시금 무엇을 어떻게 누구를 위해 어떤 절차를 통해 생산하는가 하는 정보 조절과 해결의 문제에서 국가사회주의의 무능력과 학습 실패를 적절히 짚고 있다. 계획과 자유시장의 이분법을 넘어서 복합적인 제도적 조절 기제와 능력을 찾는 것이 오늘의 대안경제학의 수준이다.

② 시장사회주의(단절대안 B)는 국가사회주의 붕괴와 중국의 개혁·개방 실험의 성공 등을 목격하면서 포스트자본주의 대안으로 가장 많이 거론되는 단절적 대안이다. 시장사회주의라 해도 모두 똑같지는 않다. 그러나 국가사회주의가 실패한 가장 중요한 원인을 시장의 부

---

8. 소련, 동유럽 모델의 실패에 대해 헬러(Heller, 1979, 111쪽)가 지적한 것이다.
9. 국유화와 시장경제를 결합하는 모델을 생각해볼 수 있다. 최근의 개혁 실험으로는 베네수엘라의 차베스 모델이 여기에 속한다. 이에 대해서는 조돈문(2013)을 보라.

재에서 찾으면서 모든 시민들이 생산수단을 평등하게 소유하는 체제를 추구한다. 적어도 논리만으로 본다면 시장사회주의가 시장자본주의의 대안이 될 수 있음을 부정할 이유를 찾기란 어렵다. 그러나 이 대안의 가장 중대한 약점은 이행의 논리가 결여된 구상에 불과하다는 것, 그 측면에서 역사적 시험대를 통과하지 못했다는 것이다.

둘째, 생산수단의 평등한 소유권은 분명히 사적 경제권력의 집중을 제거함으로써 민주적 통제 공간을 획기적으로 확대시키기는 하지만 그 것이 곧 경제에 대한 민주적 통제를 가져오지는 않는다는 문제가 있다. 즉 사회주의와 민주주의 간에 간극이 존재한다는 것이다. 이는 의외로 여겨질 수 있다.

시장사회주의는 분배적 정의—생산물의 분배를 넘어 생산수단의 분배 정의—와 효율성의 측면에서 시장자본주의와 국가사회주의를 모두 극복하는 대안이 될 수도 있겠으나 생산 과정, 경제적 삶의 민주적 통제와는 거리가 있을뿐더러 심지어 반목관계가 될 수도 있다.[10] 시장 사회주의는 생산수단의 소유를 사회화하는 사회주의이지만 경영자의 기능에 기반을 둔 특권적 권력 행사를 용인할 수 있다. 이는 시장의 도입으로 분권적 조절 기제를 갖지만 경영 관료가 주도하는 관료사회주의가 될 수도 있다. 우리는 국가사회주의에서는 물론 시장사회주의에서도 생산수단의 형식적 소유권과 실질적 통제권 및 민주적 통제 간에 큰 간극이 존재함을 알 수 있다. 넓게 보면 생산수단의 사유·공유의 수준만으로는 담아내지 못하는, 베버가 말한 사회주의적 관료제라는 문제가 존재하는 셈이다.

③ 공동체 자치 관리 대안이 존재한다. 이 대안에서 가장 뿌리 깊은

---

10. 라이트(Wright, 2012, 346쪽), 셰보르스키(Przeworski, 1993, 183~184쪽) 참조.

전통적 사상 조류는 혁명적 무정부주의anarchism로서 자본의 지배뿐만 아니라 그 못지않게 국가적 억압과 폭력을 혐오해왔다. 그래서 '국가 밖에서' 해방적 대안을 추구한다. 그렇지만 이와는 결이 조금 다른 것으로, 근래 공유지의 비극을 넘어 국지적 공동체 해법을 추구하는 지적 흐름이 존재한다. 또 실천적으로 사회적 경제나 연대경제의 대안도 꾸준히 제기되어왔다. 이들은 혁명적 무정부주의 흐름과는 달리, 점진적으로 개혁적 자치 관리 대안을 추구한다고 간주할 수 있다.

이 '틈새대안'은 다른 어떤 물질적 풍요보다 자발적인 시민-주민적 자치와 연대를 가장 소중한 가치로 여긴다는 점, 국가 독점적 사회주의나 국가 중심적 개혁주의와 대비해 아래로부터 민주적·사회적 해방의 길을 추구한다는 점에서 의미가 크다. 특히 사회민주주의처럼 '국가 안에서' 이뤄지는 자본주의 민주화의 길이 그 딜레마 때문에 난관에 봉착할 때 꼬인 매듭을 푸는 해방적 역할을 할 수도 있다.

그러나 이 대안의 가장 큰 약점은 앞에서도 보았듯이, 포괄적인 체제 대안이 아니라 국지적 대안에 머무르기 쉽다는 것이다. 그야말로 '틈새대안'으로서 체제 대안의 보완재로 그치는 경향이 있다. 따라서 국지적 공유-협력체들은 포괄적인 시장자본주의 안에 그 야만성을 완화하는, 구성원들이 숨을 돌리는 공간 역할 정도로만 남을 수도 있다. 또 국지적 공유-협력체들 사이에 살아남기 위한 경쟁이 치열하게 벌어질 수도 있다. 그런가 하면 구성원들 간의 관계 방식에서 건강한 시민적 거리를 유지하지 못하는 강한 결속strong ties에 늘 따라 다니는 난점으로서, 이들 공유체들이 끼리끼리 모임으로 전락하고 안으로 퇴화退化, devolution함으로써 자체 내 제도적 감시 및 조정 능력을 상실할 위험 또한 배제하기 어렵다.

요컨대 국지적 공유-협력체들이 과연 시장자본주의 체제 저편으로 넘어갈 수 있는 대안적 보루가 될 수 있을지(최대주의), 아니면 시장자본주의의 거친 야만성을 어느 정도 순치하는 보충물에 불과할 것인지(최소주의)는 예측하기 어려운 문제다.

④ 이제 사회민주주의적 '공생대안'에 대해 생각해보자. 이 대안은 부르주아지와 긴장을 유지하는 가운데 계급 타협 및 공생을 통해 점진적으로 특권적 소유권과 통제권을 제약하고자 하는 것이고, 이 과정을 통해 최종적으로는 자본주의 체제를 넘어서고자 하는 것이다. 역사적 실험으로 본다면 포괄적 체제 대안으로는 사회민주주의 대안이 민주성과 효율성 두 가치 기준에서 가장 높은 성과를 달성했음을 부정할 수 없다. 이 대안은 자본주의가 민주주의와 화해·공존하며 '인간의 얼굴'을 가질 수 있다는 것, 점진적 개혁을 통해 대중의 물질적 욕구와 복지를 충족하고 민주적 참여까지도 상당 정도 실현할 수 있음을 보여주었다.

그럼에도 공생대안에는 고유한 난점이 있다. 자본축적과 이윤 논리에 의존하면서, 특히 투자의 사적 자본제적 독점을 허용하면서 어떻게 '비개혁주의적 개혁'의 높은 길로 전진할 수 있는지, 그리하여 관리자본주의managed capitalism 저편으로 넘어갈 수 있는지 하는 근본적 딜레마가 바로 그것이다.[11] 하나의 역사적 타협 형태로서 민주적 자본주의는 원천적으로 긴장과 갈등, 균열의 요소를 갖고 있다. 그 진로는 앞뒤로 불안정하게 흔들린다. 민주적 자본주의의 진로는 '관리자본주의'로 영속화되는 길과 현존 사회의 성질을 질적으로 전환하는 '비개혁주의적인 개혁'의 길로 열려 있다. 그것은 후퇴와 전진을 거듭하게 되어 있다.

일찍이 칼레츠키(Kalecki, 1971)는 완전고용이 초래하는 정치적 변화에 주목하면서, 자본가들은 완전고용이 지속되어 해고 위협이 노동 규율 수단으로 기능하지 못하는 자본주의를 불쾌하게 여기고 이를 감

---

11. 셰보르스키(Przeworski, 1988)는 이 딜레마를 가장 예리하게 제기한 바 있다.

수하지 않으려 한다고 지적했다. 그는 민주적 자본주의의 부단한 진화 과정에서 이러한 모순을 타개할 제도 형태를 모색해야 하는 과제를 던졌다. 민주적 자본주의의 비개혁주의적 개혁 대안은 관리자본주의의 악순환에서 벗어날 수 있는 집단적 대항력의 구축과 사회적 역능화countervailing social empowerment를 추구해야 하는 과제를 안고 있다.[12]

그런데 사회민주주의는 각각의 역사적 조건과 이념적 전통에 따라 다양한 모습을 지닐 수 있다. 이 다양성의 인식은 사회민주주의의 역사적 경험과 현재 상황을 인식하고 새로운 미래 경로를 모색하는 데 매우 중요하다. 그런데 어떤 관점에서 본 다양성인가? 우리는 앞서 국가사회주의는 물론 시장사회주의에서조차 법적·형식적 소유권과 실질적이면서 민주적인 통제권이 결코 합치되는 것은 아님을 보았다. 형식적 소유권의 측면에서 자본의 특권을 폐기하는 것과 실질적 통제권의 민주적 사회화는 별개의 문제다. 물론 우리는 둘 사이의 얽힘과 복잡한 '변증법'을 놓쳐서는 안 된다. 광의의 경제민주화 또는 민주적 시장경제의 길이 자본 소유의 형식적 사회화와 실질적 통제권의 사회화, 이 두 지점을 모두 포괄하는 과제를 안고 있음은 아무리 강조해도 지나치지 않다. 이는 사회민주주의 다양성의 연구에서도 결정적 논점에 속한다. 우리는 여러 사회민주주의 정당들이 오랫동안 국유화 경로로 가기 위해 부심했음을 볼 수 있다(사회민주주의 A). 한편 이와 달리 주로 실질적 통제권의 점진적 사회화 경로를 개척한 모델도 존재한다(사회민주주의 B).

많은 역사적 경험들은 생산의 사회화 또는 경제민주화 대안을 국유화로 대표되는 공적 소유에서 찾았다. 국가사회주의의 길은 물론, 사회민주주의의 길 안에서도 그런 경우가 많다. 한국도 1948년 제헌헌법에

---

12. 이는 또한 비개혁주의적 구조개혁의 길이 의회정치, 정당정치에 기반을 두면서도 그 한계와 협소함을 넘어서 '투 트랙two track 민주주의' 길로 나아가야 함을 말해준다.

서 보듯이 자본주의적 사적 소유의 폐해를 국유화로 극복한다는 생각
이 뿌리 깊다. 그렇다면 사회민주주의에서 국유화 경로는 어떤 역사적
성과를 거두었는가? 국유화 경로는 나라마다 다양하며 그 성과도 일률
적으로 평가하기 어려운 부분이 있다. 대규모 국유화는 정치경제적 권
력 균형을 자본에서 노동과 서민 대중에 유리하게 이동시키는 소유적
기반이 될 수 있다. 그리고 사회(민주)주의 세력이 확고한 권력자원을
확보하고 있고, 유능한 경제 운영 능력을 발휘할 경우 노동자를 비롯해
대중의 물질적 삶의 조건을 개선하고 지속적 성장을 이루는 성공적인
사회민주주의 경로가 될 수도 있다.

유럽의 경우 오스트리아가 대표적인데, 이 나라는 2차 세계대전 후
선진 자본주의 세계에서 일본 다음으로 높은 성장률과 세계 최고 수
준의 1인당 실질소득 증가를 기록했다(Kaldor, 1980; Katzenstein, 1984,
136~137쪽). 프랑스도 미테랑 집권 이전까지 국유화 성적은 결코 나쁘
지 않았다. 그러나 미테랑 정부의 대대적인 국유화 시도는 인플레이션
및 국제수지 적자, 글로벌 시장 압력으로 인해 실패로 끝났다.[13]

영국은 이념적으로 전통적인 국유화 노선을 가장 오랫동안 고수했
다. 그러나 현실적으로 광범한 국유화 추진에는 소극적이었을뿐더러
공사 방식의 운영으로 노동자 참여를 배제했다. 영국은 대처 정부의 출
현과 보수당의 장기집권으로 선진 혼합경제 국가군 중에서 가장 급진
적으로 신자유주의에 굴복한 나라가 되었다(이우진, 1991; 고세훈, 1999;
장석준, 2011). 또 영국은 수정주의 우파의 흐름이 강세를 보였는데, 이들
은 자본주의의 변화를 과장해 사회주의가 소유권·통제권의 근본적 변
화 없이 이른바 '케인스 더하기 베버리지' 정책으로 도래할 수 있을 것
처럼 생각했다.[14] 블레어가 주도하는 신노동당은 결국 국유화 강령을

---

13. 자세한 내용은 장석준(2011, 217~273쪽) 참조.

폐기했는데, 이보다 더 큰 문제는 국유화 노선을 대체하는 대안 비전과 로드맵이 보이지 않는다는 것이다. 영국의 경우는 사회민주주의 경로 안에서 형식적 사회화와 실질적이고 민주적인 사회화 사이의 간극이 얼마나 큰지를 잘 보여준다는 점에서 교훈적이다.

사회민주주의 경로가 국유화만 추구했던 것은 결코 아니다.[15] 통상적인 사유·국유의 이분법을 넘어 소유 문제의 핵심을 통제 또는 기능에서 찾으면서 주로 통제권의 사회화를 통해 민주적 시장경제를 추구한 경험이 존재한다. 2차 세계대전 이후 많은 나라들이 국유화 대안을 폐기했는데, 1951년 사회주의 인터내셔널의 프랑크푸르트 선언과 1959년 독일사회민주당의 바트 고데스베르크 강령이 분수령이었다. 독일에서는 공식적인 국유화 대안 폐기가 늦게 이뤄진 셈이다. 사실 독일의 라인 모델은 2차 세계대전 후 사회적 시장경제—이는 원래는 보수 측의 담론이었다—와 노동자 경영 참여를 통한 공동결정, 그리고 케인스주의를 기본 축으로 통제권의 사회화 길을 추구했다고 볼 수 있다. 이 경험은 스웨덴과 함께 선진 현실자본주의 역사에서 가장 높은 민주성을 달성한 모델이라 해도 좋을 것이다. 이른바 '라인 강의 기적'을 이룬 제도적 기초도 여기에 있었다.

스웨덴 모델에서 국유화는 2차 세계대전 이전에 일찌감치 부차적 이슈로 격하되었다. 1930년대 대공황기에 사회화위원회는 사회화를 두 유형으로 구분하면서 획일성과 전체성에 치우치는 국가사회주의 유형에 대비해, 부분적인 사회화, 다양한 경제 형태를 용인하는 사

---

14. 이에 대한 비판은 다음을 보라. Stephens, 1979, 69~72쪽; Esping-Andersen, 1985, 23~24쪽.
15. 길드사회주의 흐름에 대해서는 김명환(2006, 2009)을 참조하라. 이 흐름은 독자적인 역사적 실천으로서 큰 족적을 남기지는 못했으나 오늘날 '결사체 민주주의'associative democracy론으로서 민주주의론의 중요한 한 귀퉁이를 차지하고 있다. 그뿐만 아니라 스웨덴의 대표적인 이론가이자 실천가인 에른스트 비그포르스, 『거대한 전환』의 저자 칼 폴라니도 길드사회주의로부터 큰 영향을 받았다.

회화, 공기업과 민간기업이 공존하는 민주적 사회화를 옹호했다. 그 이론적 기초에는 소유권을 분할 가능한 여러 기능 또는 권리들의 집합으로 파악하고, 자본의 실질적인 특권적 기능들을 점진적으로 사회화하는 길로 나아간다는 기능사회주의론이 있었다. 이후 스웨덴의 사회민주주의는 공동결정제, 더 나아가 기능사회화 수준을 넘어 임노동자 기금제를 도입하는 데까지 진전했다. 임노동자 기금제는 연대임금제의 모순, 그리고 통제권의 점진적 사회화를 추구한 기존의 기능사회화론의 한계를 극복하고 소유의 사회화와 집단적 자본 형성을 추구한 시도였다(Whyman, 2003, 67쪽; 홍기빈, 2011, 264~267쪽; 신정완, 2012, 49·112~114·180·609·670쪽). 스웨덴의 공동결정제는 독일에 못 미치는 것이었지만 임노동자 기금제는 독일의 길을 넘어서는 유례없는 실험이었다.[16]

스웨덴의 임노동자 기금제 실험은 비록 실패로 끝났으나 스웨덴의 경험은 독일과 함께, 국유화 노선을 취한 사회민주주의 A 모델에 비해 실질적 통제권의 점진적 사회화 노선을 택한 사회민주주의 B의 경로가 더 높은 성과를 달성했음을 보여준다. 그렇지만 동시에 스웨덴의 경험은 자본주의적 사적 소유의 민주적 사회화 길이 어떤 형태이건 간에 법률적 또는 형식적 소유의 사회화 문제를 우회할 수 없다는 엄연한 현실도 보여준다. 자본주의에서 형식적 소유와 실질적 통제의 '변증법'은 민주적 사회화 또는 경제민주화 길에서도 그에 상응하는 변증법을 요구한다. 이 대목에서 우리는 국유화 노선을 다시금 생각하게 된다. 그렇지만 유감스러운 점은 절차적 민주주의 아래 자본주의와 게임을 벌이면서 국유화 경로가 성공할 수 있는 문이 여러 면에서 넓지 않다는 것이다.[17]

16. 자세한 내용은 신정완(2012) 참조.

4. 소유자 자본주의에서 법인자본주의로

1) 『자본론』의 기여와 빈틈

우리에게 자본주의라는 용어는 매우 친숙하다. 이 용어는 이미 오래전에 학계에서나 공론의 공간에서나 시민권을 얻었다. 근대 경제체제는 자본주의 체제라는 이름을 갖고 있으며, 특히 국가독점 사회주의가 붕괴한 후 지구상의 대다수 사람들이 좋든 싫든 자본주의 체제에서 살게 되었다. 이는 거의 상식에 속한다. 그런데 이 자본주의는 정확히 무엇을 가리키는가. 일반적 통념으로는 자본주의는 사유재산과 시장경제에 기반을 둔 체제라고 알려져 있다. 그러나 이런 단순한 정의는 현대자본주의의 복잡다단한 얼굴과 마주하면 어려움에 봉착한다. 우리는 매우 분명해 보이는 자본주의라는 말이 의외로 간단하지 않음을 알게 된다.

카를 마르크스는 자본주의라는 용어가 지식 세계, 현실 세계에서 보편적 시민권을 얻는 데 가장 크게 기여한 사람이라고 해도 과언이 아닌데, 그는 자신의 주저 『자본론』에서 자본주의를 사유재산제를 중심으로 보는 생각과 다른 지점을 드러냈다. 마르크스는 『자본론』에서 자본주의의 핵심을 두 가지 지점에서 포착했다. 첫째, '노동력의 상품화'라는 현상이다. 『자본론』은 살아 있는 인간 노동의 생산수단 및 생활수단의 소유로부터 분리, 그에 따른 노동력의 상품화, 노동과 노동력의 차이, 그리하여 생산 과정에서 소유＝통제자('갑' 계급)에 의한 비소유

---

17. 국유화의 '성공' 모델로 볼 수 있는 오스트리아, 대만, 싱가포르, 그리고 개혁·개방의 중국도 초기 정치경제 체제의 정초 과정에서 국유화가 단행된 경우다. 라틴아메리카 베네수엘라의 차베스 모델은 이와는 또 다른 경우인데, 이 흥미로운 변혁실험의 '불가역성'은 불안정하며 더 지켜볼 필요가 있다(조돈문, 2013).

노동자('을' 계급)에 대한 지배와 잉여가치 착취를 보여준다. 둘째, 법률적 의미의 소유자본과 실제적인 경제적·사회적 관계에서 수행하는 기능/통제 간의 간극이다. 『자본론』은 자본의 법률적 소유보다는 그 실질적 기능 및 기능에 기반을 둔 통제권력 주도의 '자본주의 생산양식'을 해명하는 연구다. 그래서 마르크스는 '기능자본(가)'이라는 말을 즐겨 사용한다.

그러나 이런 큰 기여에도 불구하고 우리가 『자본론』을 가지고 현대 자본주의를 분석하려고 하면 큰 어려움에 부딪히게 된다. 마르크스의 『자본론』에는 중대한 빈틈이 있다. 제도주의 정치경제학의 관점에서 보면 『자본론』은 자본주의 일반이론이라기보다 오히려 단순이론적 측면이 있다.[18]

첫째, 『자본론』에는 현실자본주의에서 생산의 기본 제도적 단위이자 행위주체인 기업이 등장하지 않는다는 점에 주목할 필요가 있다. 그리하여 기업가적 기능을 비롯해 '기업경제'와 관련한 제반 문제를 매우 단순하게 처리했다.[19] 달리 말해 『자본론』의 자본주의론은 기업가를 구조의 '담지자'로 파악하는 구조주의적 거시경제 접근법을 취하고 있으며, 미시적·행위론적 기초가 취약하다(Michaelides and Milios, 2004). 따라서 우리는 『자본론』을 넘어 능동적 활동과 제도, 권력의 복합체로서 기업을 이론적으로 포착해야 한다.

둘째, 분석 단위―행위주체는 아니다―가 있다면 그것은 기업이라기보다 공장이다. 이는 『자본론』의 자본주의론의 강점인 동시에 약점이다. 강점이란 특히 주류 시장경제학에서 사람들이 보지 못하게 숨기는 자본주의의 '지하 비밀'을 드러낸다는 것이다. 반면 약점은 잉여

---

18. 이 점에 대해서는 이병천(2007, 41쪽)에서 이미 지적한 바 있다.
19. 이는 마르크스 『자본론』의 근본적 맹점의 하나이며, 이 맹점을 해결하는 것이 사회민주주의 (혼합)경제학 발전의 한 가지 중요한 목적이기도 하다(Carlsson and Lindgren, 2009, 20·88쪽).

가치 생산 및 착취에 초점을 둔 나머지 전체 부가가치 창조의 이론이 매우 단순하고 저발전되어 있다는 것이다(Lazonick, 1990, 68~77쪽). 수익체증의 외부경제론이 빠져 있음은 물론 내부경제론도 취약하다. 그리고 경영자를 단지 기능자본가라고만 간주하는 것은 너무 단순한 논법이다. 심지어 생산양식으로서 자본주의라는 개념조차 너무 단순하다. 경영자는 독자적인 기업가의 속성 및 새로운 지배계급의 속성을 갖고 있다. 이 문제는 국가사회주의의 체제전환 과정에서도 핵심이슈로 부각되었다. 나아가 잉여가치 착취를 둘러싼 노자 간 갈등에 치우침으로써 사적 소유의 자연권에 대한 비판이 주변화되고 자본과 공동체 전체에 걸친 공공의 이익 간의 갈등이 후경으로 밀려나는 경향이 있다.

셋째, 두 번째와 관련된 문제인데 『자본론』에서 이론적 관심의 초점은 공장에서 노동 과정 및 가치 증식 활동에 맞춰져 있고, 미시 기업경제 및 거시 국민경제 수준에서 투자 결정의 이론 그리고 투자가 국민생산 및 국민소득(국부가 아니라)의 전반적 수준에 미치는 영향과 조건에 대한 이론을 찾아보기 어렵다(Kalecki, 1968, 465쪽; Sebastiani, 1994, 109쪽; Halevi and Taouil, 2002; 이병천 외, 2008)는 점이다.[20] 이런 '유량의 경제학'의 공백은 케인스-칼레츠키류의 거시경제론 및 성장체제론의 공백으로 나타난다.

넷째, 『자본론』에는 법적 소유와 실질적 사용/통제의 분리 및 그 연관의 복합체로서 통합된 자본주의의 지배구조와 성장체제, 그 다양성에 대한 이론화가 진전되어 있지 않다. 명시되어 있지는 않지만 주식회사를 이행 형태로 파악하는 사고(3권 23장, 27장) 등으로 볼 때, 『자본론』

20. 조절이론은 마르크스의 생산양식론을 넘어 축적체제와 조절 양식을 새롭게 개념 구성했는데 축적체제의 개념에는 '자본의 가치 증식의 시간 지평'이 들어 있다(Boyer, 1990). 부아예는 조절이론에서 특히 칼레츠키적 유산을 강조한다. 마르크스적 투자이론을 재구성하고 있는 다른 시도에는 크로티(Crotty, 1993)가 있다.

의 자본주의는 소유자와 경영자(마르크스의 표현으로는 '기능자본가')가 일체
화된 소유-경영자(오너경영자)가 주도하는, 고전적인 개인 소유자 자본
주의를 대상으로 한다고 봐야 한다. 따라서 『자본론』은 기본적으로 주
식회사 법인자본주의[21]의 구조와 축적 동학에 대한 이론이 아니다. 현
대 법인자본주의의 구조와 축적 동학은 마르크스 이후, 특히 루돌프 힐
퍼딩(Hilferding, 1923), 소스타인 베블런(Veblen, 1904, 1923), 커먼스(1924,
1934, 1950), 아돌프 벌리와 가디너 민스(Berle and Means, 1932), 마사히
코 아오키(Aoki, 1984, 2010) 등이 새롭게 발전시켰는데, 우리는 오늘날
이들의 연구 성과를 계승, 발전시킬 필요가 있다.

2) 법인자본주의의 제도적 구조

먼저, 법인자본주의가 고전적인 소유자 자본주의와 다른 중요한 지
점은 법적 소유와 사용/통제control 간에 분리―절대적 분리는 아니
다―현상이 일어난다는 것이다. 이는 이론 계보가 다른데도 이 주제의
대표적인 연구자에 속하는 힐퍼딩, 베블런, 커먼스, 벌리와 민스 등이
공통적으로 지적하고 있는 부분이다.

그러면 법인자본주의에서 소유와 통제가 분리된다는 것은 무슨 뜻
인가. 이전의 소유자 자본주의에서는 소유와 통제가 소유-경영자의 수
중에 일체화되어 있었다. 그래서 소유에 기초한 통제가 이루어진다. 그
리고 출자자는 기업 경영에 관련된 모든 위험을 부담하고(무한책임) 잔
여수익으로서 이윤을 모두 가진다. 기업활동에서 창출되는 이윤은 소
유-경영자의 개인 소득이 된다. 즉 소유자산의 처분권, 수익의 수취권
(잔여수익청구권), 실질적 통제권(잔여통제권)이 개인 또는 가족에 통합되

---

21. 이하 서술에서 '주식회사 법인자본주의'는 '법인자본주의'로 줄여 적는다.

어 있는 것이다. 반면 법인자본주의에서는 소유와 통제, 잔여수익청구
권과 잔여통제권이 분리되면서 기업 경영의 책임은 제도적으로 소유자
로부터 분리된 경영자의 몫이다. 여기서 투자자인 주주의 소유권은 크
게 제한된다. 이 같은 소유권의 제한은 주식회사 제도와 주식 소유의
대중화가 발전시킨 '대중자본주의' 아래 자본의 새로운 책임 형태인 '유
한책임'이라는 책임 제한에 상응하는 것이다. 즉 책임을 적게 지면 그
만큼 권리도 적어야 공정하다. 주주의 소유권은 노동에 근거해 사적 소
유권을 정당화한 로크적인 자유주의적 소유론을 따른다 해도 제한되어
야 마땅하다. 만약 우리가 자본주의적 사적 소유제를 소유에 기초한 지
배라고 본다면, 법인자본주의의 이러한 구조는 사유재산제와 일체화되
어 있던 자본주의 성격 자체의 중대한 변모가 아닐 수 없다. 또 법인자
본주의는 이런 방식으로 '위험을 사회화'하는 제도 형태를 통해 사회적
자본을 대규모로 동원하고 대대적 산업투자를 감행할 수 있었다.

우리는 법인자본주의 기업의 구조를 일본 학자 미야모토 미쓰하루
(宮本光晴, 2005, 329쪽)의 생각에 따라 〈그림 1-1〉과 같이 알기 쉽게 나
타낼 수 있다. 그림에서 기업은 '법인(격)'으로서의 존재와 '회사 그 자
체'로서의 존재로 이중화되어 있다.[22] 주주는 기업의 법적인 소유자다.
그러나 주주의 법적 소유권은 사람, 물재, 화폐자금 등 회사 자산의 사
용-통제권에는 미치지 못한다. 그런 면에서 형식적 소유에 그친다. 사
람, 물재, 화폐자금에 대한 실질적인 사용-통제권은 회사의 운영 책임
을 맡은 경영자 그리고 노동자의 수중에 놓이게 된다.[23] 그리하여 법인

---

22. 독일에서 회사 그 자체 또는 기업 자체unternehmen an sich라는 사고의 발전 과정에 대해서는
이원석(1982), 남기윤(2001), 오오스미(大隅建一郎, 1987, 241~315쪽)를 보라. 독일학자 라테나
우Rathenau에서 비롯된 기업 자체의 사상에서는 미야모토 미쓰하루보다 더 넓게 기업의 공적·사회
적 제도로서의 성격이 강조된다.
23. 미야모토 미쓰하루는 사용-통제권자에서 노동자는 제외하고 있다.

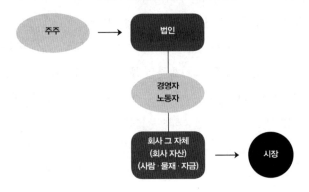

〈그림 1-1〉 법인자본주의의 제도적 구조

기업은 이해당사자들이 갈등을 조정하면서 공동의 미래 기대 아래 움직이는 영속적 활동체going concern라는 성격을 갖게 된다(Commons, 1934). 여기서 형식적 소유자와 실질적 사용-통제권자는 '불완전계약' 관계에 있다. 경영자와 노동자의 계약 또한 불완전성을 갖는다.

　　그런데 법인기업에서 주주가 제한된 소유권만을 가지고 실질적 사용통제권을 포기하는 식으로 소유권의 성격에 중대한 변화가 일어났다면, 그 사용통제권은 누가 갖게 되는가, 아니 가져야 하는가. 이제 기업은 주주가 아니라 경영자를 위한 것인가. 이는 '경영권'의 부당한 남용이며 어떤 논거도 이를 정당화할 수는 없을 것이다. 그렇다면 규범적으로 법인기업은 누구를 위해, 어떤 목적으로 운영되어야 하는가라는 문제가 제기된다. 이 대목에서 일본 학자 아오키(Aoki, 2010)는 주류적 주주 주권론 또는 하트(Hart, 1995)류의 소유 기반 통제권론에 대항해 부가가치 생산활동에 종사하는 1차 이해당사자(경영자, 노동자)의 사용-통제권use control rights의 자율적 주권에 초점을 두는 이론 구성을 추구했다. 아오키의 이론화는 특히 재벌체제 해체, 주거래은행제도, 종업원의 종신고용 및 개방적 승진 등을 특징으로 하는 일본식 조정 시장경제를 염두에 두고 있다. 그렇지만 우리는 오래전에 미국 자본주의를 대상으로 한 벌리와 민스(Berle and Means, 1932; 1947)의 연구가 있음을 알고 있다. 이들은 당대 미국 법인자본주의 기업 조직은 이미 주주의 것도, 그렇다고 경영자의 것도 아니라고 하면서 다음과 같이 말한다.

제3의 가능성이 존재한다. 한편으로 수동적 재산의 소유자들은 능동적 재산에 대한 통제와 책임을 포기함으로써 기업이 오로지 그들을 위해 운영되도록 하는 권리를 포기했다. 즉 소유자들은 엄격한 사유재산권 원리에 내포된 완전한 정도까지 그들의 이익을 보호할 의무로부터 공동체를 해방시켰다. 동시에 통제 그룹들은 기업권력을 확대해 그들 자신의 이익을 위해 기업이 오로지 수동적 재산의 소유자 이익을 위해 운영되어야 한다는 전통의 장애물을 무너뜨렸다. 그러나 수동적 소유자의 독점적 이익을 제거한다고 해서 반드시 새로운 권력이 통제집단의 이익을 위해 사용되어야 하는 기초가 만들어지는 것은 아니다. (……) 어떠한 명제도 이를 지지하지는 않는다. 오히려 통제집단은 소유자나 통제자보다 더 넓은 집단의 권리를 향한 길을 열었다. 공동체는 현대 주식회사로 하여금 소유자만도 통제자만도 아니고, 전 사회에 대해 봉사하도록 요구하는 위치를 갖게 되었다. 이 제3의 대안이 기업활동에 대해 완전히 새로운 개념을 제공한다. 소유권의 주장, 통제권의 주장 그 어느 것도 공동체라는 최상의 이익에 반할 수는 없다. (……) 설득력 있는 공동체의 의무체계가 만들어지고 일반적으로 받아들여지게 되면, 오늘의 수동적 소유권은 사회의 더 큰 이해를 위해 길을 내어주어야 한다. 예컨대 기업 지도자들이 수동적 소유자로부터 이윤의 일부를 전환해 공정 임금, 종업원 복지, 공중에 대한 합리적 봉사, 사업의 안정화 등을 포함하는 계획을 수립한다면, 그리고 공동체가 일반적으로 그 계획을 논리적이고 인도적인 산업 문제 해결책으로 승인한다면, 수동적 재산 소유자들의 이해는 거기에 길을 내어주어야 한다(Berle and Means, 1932, 311~312쪽).

1. 소유, 통제, 축적: 자본주의와 민주주의의 화해와 불화 57

위에서 벌리와 민스는 주식회사 법인기업체라는 것이 소유자 자본주의 시대를 지배한 사고처럼 소유자=주주의 전유물(주주 주권론)이 아니며, 그렇다고 새로 실질적 통제권을 장악한 경영자가 전횡권을 행사할 수 있는 것도 아니라고 지적하고 있다. 그것은 성격상 소유의 대상 object of property이 아니라 국가와 유사한 하나의 공적 집단체, 사회적 제도social institutions이기에 그 활동에 영향받는 모든 공동체 구성원들의 이해에 종속되어야 한다고 보고 있다. 법인기업의 성격과 목적에 대한 벌리와 민스의 규범적 해석은 오늘날에도 여전히 소중하며 큰 의미를 지닌다. 그들의 견해는 기업의 직접적(내적) 이해당사자의 이해까지도 넘어서는 법인기업의 공공적 사회제도로서의 성격을 짚어내고 있다. 여기에서 우리는 법인자본주의의 경제민주화를 위한 중요한 규범적 근거를 제공받을 수 있다.[24]

그렇지만 벌리와 민스의 경제민주화론은 주로 규범적 수준에 머물러 있다. 주주자본주의 또는 경영자 전횡 자본주의에 대한 그들의 비판은 경제적 분석보다는 많은 부분 법률적 분석에서 나온 것이다(Aglietta and Reberioux, 2005, 262쪽). 우리는 그들에게서 아오키에서 보는 바와 같이 기업의 가치 창출 과정에 대한 미시적 분석을 보기는 어렵다. 또 소유자 자본주의에 비해 법인자본주의 체제가 어떻게, 얼마나 거대한 새로운 정치경제 지배체제를 작동시키고 있는지를 해명해주지 못한다. 많은 경우, 특히 유럽에서 소유구조는 매우 집중되어 있으며, 소유와 통제의 분리 및 미국식의 '강한 경영자' 자본주의의 발전은 제한적이다. 유럽이 아니라 해도 일반적으로 자본의 집중과 소수 주주에 의한 지배minority control가 진행된다. 주식 소유가 분산될수록 작은 지분으

---

24. 최근 벌리와 민스의 기여를 적극적으로 평가하고 수용하는 진보적 제도경제학 쪽의 연구로는 아글리에타와 로베리우스(Aglietta and Reberioux, 2005)를 들 수 있다.

로도 얼마든지 실질적 지배가 가능해진다. 주식 소유가 분산되고 비인격적·기관적 소유가 확대되는 경우에도 '이해집단 연관에 의한 지배' control through a constellation of interests가 나타난다.[25]

마지막으로, 벌리와 민스는 법인자본주의 지배체제를 경영자의 사익 추구 또는 경영자와 주주의 이해 결탁에 맡겨두지 않고 절차적으로나 실질적으로 민주화하는 구체적 개혁 방안과 경로는 어떤 것인지에 대해서는 논의하지 않았다. 그들의 제안은 대기업의 통제가 '순수 중립적인 기술체'로 발전해야 한다는 것으로 결론을 맺는다. 이러한 문제들에서 우리는 벌리와 민스의 논의를 넘어서야 한다.

5. 법인자본주의에서 자본축적의 이중화와 그 두 얼굴

1) 힐퍼딩의 기여

그러면 법인자본주의의 구조에 대한 위와 같은 기본 이해를 바탕으로, 이제 자본축적의 구조가 어떻게 달라지며 그것이 갖는 의미는 무엇인지에 대해 논의를 진전시켜보자.

우리는 법적 소유와 실질적 사용통제의 분리 그리고 법인과 '기업 그 자체'의 이중화에 대해 말했지만, 힐퍼딩에 따르면 이 이중화는 다시 자본축적의 구조 측면에서 풀이해볼 수 있다. 즉 법인자본주의에서 자본축적의 구조는 주식자본 또는 '의제자본'fictitious capital과 부가가치 창조 활동에 들어가는 '현실자본'real capital으로 이중화된다. 이 자

25. 스콧(Scott, 1997)은 정치사회학 분야에서 벌리와 민스의 한계를 넘어서고자 한 대표적 연구로 손꼽힌다.

본 형태의 이중화 또는 이층구조화에 따라 자본축적의 구조도 산업적 축적과 금융적 축적이라는 두 가지 중심축과 그것들의 얽힘에 의해 재배열된다. 연구사적으로 법인자본주의에서 이러한 자본 형태와 축적구조의 이층구조화를 선구적으로 잘 이론화한 사람이 힐퍼딩(Hilferding, 1923)이다.[26]

〈그림 1-2〉 자본축적의 이중화

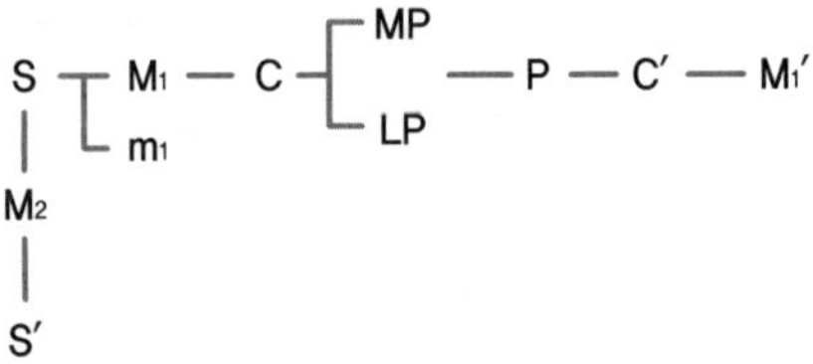

$$S \begin{array}{c} \text{—} M_1 \text{— } C \begin{array}{c} \text{—MP} \\ \text{—LP} \end{array} \text{— } P \text{— } C' \text{— } M_1' \\ \text{—} m_1 \end{array}$$
$$M_2$$
$$S'$$

〈그림 1-2〉는 바로 힐퍼딩의 대표 저작 『금융자본론』에서 가져온 것이다(Hilferding, 1994, 152쪽). 여기서 현실자본의 운동＝산업적 축적은 [M_1-C(MP, LP)... P...C-M_1']으로, 소유(주식)자본의 운동＝금융적 축적은 [S-M_2-S']로 표시되어 있다. 좀더 구체적으로 살펴보면, 법인기업에서 주식(S)이 발행되어 화폐로 판매된다. 이 화폐의 한 부분(m_1)은 창업자 이득을 형성해 창업자에게 귀속되어 자본순환에서 이탈한다. 또 다른 부분(M_1)은 '생산자본'으로 전환되어 산업자본의 순환에 들어간다. 한편 발행된 주식은 자신의 특수한 유통시장에서 가격 등락을 거치면서 매매된다. 이는 현실자본의 순환과 별개의 순환운동을 구성한다.

나아가 힐퍼딩에 따르면, 법인자본주의는 사회주의로의 이행이라는 관점에서 두 얼굴을 가지는 것으로 파악된다. 하나는 소유자 자본

---

26. 현대자본주의론에서 힐퍼딩의 금융자본론을 계승, 발전시킨 대표적 흐름으로는 일본의 우노학파가 있다. 이에 대해서는 이병천(2011)을 참조.

주의에 비해 우월한, 더 높은 형태로 조직된 자본주의(Hilferding, 1994, 429쪽)이며, 다른 하나는 소수의 대규모 자본가에 의한 고도의 '독점적 지배' 자본주의다. 힐퍼딩은 다음과 같이 말한다.

주식회사의 경영자들은 가능한 한 큰 이윤을, 가능한 한 빨리 얻으려는 자본소유자의 관심, 모든 자본가의 정신에 깃들어 있는 횡재에 대한 열망을, 어느 정도까지는 생산의 순기술적 요구 다음으로 고려할 수 있다. 경영자들은 개인 기업가들보다 정력적으로 공장을 발전시키고 낡은 설비를 근대화하며 새로운 시장을 개척하는 경쟁에 참여한다(비록 이러한 목적을 달성하는 과정에서 주주들이 피해를 입는다 하더라도). 타인 자본을 관리하는 사람들은 자기 자신에 대한 고려에서 좀더 자유롭기 때문에 더 정력적이고 더 대담하며 더 합리적인 정책(특히 이 정책이 영향력 있는 대주주들의 동의를 얻는 경우)을 추구한다. (……) 이처럼 주식회사에서는 순전히 경제적 상황과 요구가 개인적인 요구 조건(이것은 어떤 경우에는 기술적·경제적 요구와 모순될 수 있다)에 우선한다는 점에서 개인 소유 기업보다 우월하다(Hilferding, 1994, 175~176쪽).

위의 인용문에서 힐퍼딩이 경영자(또는 소유경영자)가 '자기 자신에 대한 고려에서 좀더 자유롭다'라고 한 부분은 현실과 크게 다르지만,[27] 전반적으로 법인자본주의의 기술적·조직적인 합리화 추구 경향과 제도적 능력을 잘 짚고 있다. 그렇지만 힐퍼딩은 또 이렇게 말한다.

기업의 주식회사 형태의 확대에 따라 자본가적 소유는 점점 더 제한된 형

27. 멀리 갈 것도 없이 민주화 이후 한국 재벌집단에서 총수가 자행하고 있는 사익 추구 행위와 온갖 횡포를 생각해보라. 힐퍼딩의 진술은 독일 기업집단과 한국 기업집단의 차이를 보여준다고 생각할 수도 있다.

태의 소유로 된다. 동시에 이러한 소유권의 제한은 다수주 소유자에게는 소주주에 대한 무제한적인 지배권을 주는데, 따라서 대부분의 소자본가들이 생산에 대해 소유권과 무제한적인 통제권을 행사하는 것은 제거되며, 생산을 지배하는 사람들의 범위는 끊임없이 좁아진다. 자본가들은 하나의 결합체를 형성하는데 그것의 방향에 대해서는 대부분의 자본가들이 아무 말도 할 수 없다. 생산적인 자본에 대한 현실적인 통제권은 (실제로 그 자본의 일부밖에 기여하지 않은) 사람들의 수중에 들어간다(Hilferding, 1994, 177쪽).

더 나아가 산업의 은행 의존도가 더욱 심화되고 은행이 자기자본을 점점 더 산업에 투자함으로써 '현실적으로 산업자본으로 전환되는 은행자본', 이른바 '금융자본'(322쪽)이 발전하게 되는데 이에 따라 '국민 총자본에 대한 통제권'은 더욱 집적·집중된다(323쪽). "금융자본은 사회적 생산의 통제권을 소수의 대규모 자본가 연합의 수중에 점점 더 많이 넘겨주며, 생산의 경영을 소유로부터 분리해 생산을 (자본주의 아래에서 가능한 정도까지) 사회화한다."(519쪽) 그리하여 금융자본은 "적대적 형태의 사회화"(519쪽)를 고도로 진전시킨다. 금융자본은 소수 자본가의 수중에 경제력은 물론 정치적 통제력도 집중시키는 최고 단계이자 절정에 달한 대자본가들의 독재다(523쪽). 그리고 이 자본 형태와 축적의 경향은 자본 투자 및 시장의 새로운 영역의 개척과 대외적 팽창을 부단히 추구한다.

이처럼 법인자본주의에서 자본축적의 이중화 구조 그리고 '적대적 형태의 사회화' 또는 '독점적 조직화'에 대한 힐퍼딩의 이론화는 마르크스의 『자본론』 이후 전개된 비판적 현대자본주의론의 중요한 성과가 아닐 수 없다. 그것은 현대 법인자본주의에서 자본의 소유/통제 구조와 축적구조를 자본의 이중화, 산업적 축적과 금융적 축적의 이중화로 파악하고, 그 새로운 생존·성장 능력과 함께 구조적 모순 및 축적 경향을 동시에 간파하는 이론적 기초를 제공했다. 크게 보면 힐퍼딩의『금융자본론』은 마르크스가『자본론』에서 전개한 자본주의의 비판적 거시경제학을 계승하는 가운데 거기에 비어 있는 미시경제학을 새로이 접목시켰다(Michaelides and Milios, 2004). 그리하여 자본주의의 미시-거시 통합론을 법인자본주의의 축적구조와 모순적 경향론으로 구체화했다고 볼 수 있다.

2) 힐퍼딩을 넘어서

그러나 법인자본주의의 축적구조와 모순적 경향에 대한 힐퍼딩의 이론화는 큰 기여와 함께 분명한 한계 또한 갖고 있다.

먼저, 힐퍼딩의『금융자본론』에서는 마르크스가『자본론』에서 발전시킨 노동 과정과 가치 증식 과정에 대한 분석이 주변적으로 처리되어 있다. 나아가 그가 제시한 자본의 이중화 구도, 특히 '현실자본'의 축적운동에는 현실자본에 의한 노동 지배 및 착취라든가 노사 간의 계급 갈등이나 타협, 협력 같은 것이 분석의 중심 무대에 등장하지 않는다. 이 문제는 자본의 집적, 집중과 은행자본, 산업자본의 결합에 따른 '금융자본'의 발전과 그 모순을 해명한다는 저작의 목적과 관련되어 있지만, 중요한 결함임은 분명하다.[28] 따라서 자본축적의 이중화는 새로이 '현실자본'과 노동자의 관계를 끌어들이는 방식으로 재개념화되고 이론화되어야 한다.

둘째, 힐퍼딩은 산업자본이 은행자본에 종속되는, 양자의 관계에 대한 독일의 특수한 형태를 지나치게 일반화하며 자본주의 단계론으로

---

28. 이 이론적 공백 부분은 특히 조절이론이 발전시켰는데 법인자본주의의 축적구조와 조절 양식에 대한 종합적 이론화는 이 성과를 가져와야 할 것이다.

고정화하는 경향이 있다. 이런 일반화는 더 이상 유지되기 어렵다. 특히 동아시아 자본주의의 경우는 독일과 달리 은행자본의 자율성과 지배력이 매우 낮다.

셋째, 이 글의 주제와 관련하여 매우 중대한 이론적 문제가 있다. 힐퍼딩이 마르크스『자본론』의 생산양식론과 축적론의 사고 틀을 충실하게 따름으로써 항상 산업적 축적이 금융적 축적보다 우위에 있는 것으로 보았다는 점이다. 물론 힐퍼딩이 법인자본주의에 투기적 축적 요소가 내재되어 있음을 간과한 것은 아니다. 그렇지만 그의 산업적 축적 중심론, 나아가 축적의 미래 시간 지평 및 자산의 자본화(미래 기대치의 현재 가치화)에 대한 인식이 빠진 이론 틀로는 결코 오늘날 미국과 같은 금융 주도형 자본주의나 '금융화'financialization 현상을 설명할 수 없다.[29] 따라서 자본의 이중화 축적구조론은 산업적 축적을 금융적 축적 논리에 종속시킬 뿐만 아니라 노동 대중의 삶까지 시장화하고 금융 주도 축적체제에 포섭하는 금융화 현상을 설명할 수 있도록, 힐퍼딩의 한계를 넘어 개방적으로 재구성되어야 한다.

넷째, 위와 밀접하게 관련된 것으로 힐퍼딩은 마르크스를 넘어 현대자본주의 미시경제학의 길을 내디디면서 거시론과 접목시키긴 했으나 이 또한 여전히 미숙한 수준에 머물러 있다. 앞서 아오키, 벌리와 민

---

29. 한편 조절이론은 금융 주도 축적체제론을 선도적으로 발전시켰으나 그것의 축적체제나 조절양식론에는 자본의 소유 및 축적구조에 대한 총체적 이론화가 빠져 있다(이병천, 2000, 19~20쪽). 축적체제의 구성 요소인 '자본의 가치 증식의 시간 지평'이라는 소중한 생각은 내가 이 글에서 제시한 자본축적의 이중화론으로 발전되지는 못했다. 이 대목에서 자본과 자산 개념 자체를 새롭게 재구성한 베블런(1923)과 커먼스(1924, 1934, 1950)의 혁신적 기여를 인정할 수 있다. 베블런에 기초한 금융화 현상의 이론화 및 힐퍼딩에 대한 비판은 홍기빈(2008; 2009, 152, 177쪽)을 참조하라. 그러나 베블런의 자본 이해는 영리활동business과 산업활동industry의 이분론에 기초해 있으며 이는 함께 구제도주의 경제학파에 속하는 커먼스도 비판하는 대목이다. 베블런 식 이분론에 따르면 자본은 산업의 생산적·기술적 과정을 사보타주하며 부재지주처럼 기생하는 존재로만 인식될 것이다. 이런 일면적 이해는 산업적 활동 자본의 축적 및 그것에 응축된 권력-계급관계, 그 모순적 동학에 대한 논의를 어렵게 한다. 자본의 축적은 단지 산업에 기생할 뿐 아니라 그 자체 산업적 해법industrial fix을 추구한다.

스의 연구에 대해 지적했듯이, 현대 법인자본주의는 이미 순수한 자본주의가 아니라 경영자주의와 혼합되어 있다. 이는 곧 소유와 사용-통제의 조합이 결코 순수한 자본 형태의 이중화가 아니라 다층적 원리 및 진화경로 앞에 개방되어 있음을 말한다. 따라서 주주주권론 및 경영자주권론에 대항해 경영자, 노동자를 중심으로 하는 여러 이해당사자의 사용통제권, 그들의 공정한 참여와 협력, 성과 공유에 기반을 둔 기업지배구조론과 이해당사자 혁신자본주의론을 발전시켜야 한다. 여기에는 오늘날 크게 진전된 미시적 통치governance 양식(시장, 위계, 네트워크, 결사 등)론을 수용해야 한다. 그리고 비판적 미시-거시 통합경제학을 구성하는 경우, 특히 기업경제 및 거시경제의 투자수요 결정론을 어떻게 구성할 것인지가 중요한 문제로 제기되는데, 케인스-칼레츠키-조절이론적 계보에서는 투자 결정에서 장래 예상 수익을 고려한 시간 지평이 결정적으로 중요하다. 조절이론에서 말하는 축적체제란 바로 이 지점을 포함하는 개념이다.

다섯째, 『금융자본론』 시기의 힐퍼딩은 '금융자본'의 지배를 자본주의의 적대적 모순과 위기가 심화되는 자본주의의 최종 단계로 간주했다. 그리하여 혁명을 통한 사회주의로의 이행을 전망했다. 이는 자본주의의 민주적 개혁의 다양한 경로와 그 가능성을 보지 않은 것이다.

따라서 우리는 법인자본주의에서 자본축적의 이중화와 그 모순적인 두 경향(조직화와 독점적 지배)에 대한 힐퍼딩의 이론 성과를 계승하되 이상과 같은 한계들을 넘어서야 한다. 이와 관련해 주목할 것은 후기 힐퍼딩이 견해를 수정하여 '조직자본주의'론을 제기했다는 사실이다. 조직자본주의론은 국가독점 자본주의론처럼 자본주의의 혁명적 타도론과 국유화론이 아니라 점진적 민주개혁의 담론이다(Kocka, 1974). 이는 나프탈리F. Naphtali에 의해 수용되어 경제민주주의론으로 발전한다. 또 이후 스웨덴에서 기능사회주의론과 결합하는 등 사회민주적 개혁 담론의 일부로 수용된다.[30] 나아가 법인자본주의에서 법적 소유권이 실질적 사용-통제권과 반드시 일치하지 않고 사용-통제권의 행방이 자본축적 동학 및 경제민주화의 진로에 지극히 중요한 의미를 갖게 된 이상 통제권 및 통제관계의 발전을 이론화할 필요가 있다. 경제민주화는 형식적 소유권의 민주화와 더불어, 실질적 사용-통제권의 민주화와 권력 재분배라는 경로를 요구하기 때문이다.[31] 스웨덴 사회민주주의자들과 그 친화적인 학자들은 소유권이 한 덩어리가 아니라 일련의 권리 다발들로 구성되어 있으며 따라서 분할 가능하다는 생각, 그리고 실질적 통제권이 일련의 정책 결정권으로 구성되어 있다는 생각을 발전시켰다. 이런 이론화는 자본주의와 사회주의 간의 단순이분법을 넘어, 자본주의의 사회민주주의적 개혁론을 구성하는 핵심 요소가 아닐 수 없다 (Stephens, 1991, 329~332쪽).

6. 자본축적의 이중화, 계급 타협 그리고 신자유주의

1) 축적체제의 다양성

지금까지 우리는 법인자본주의가 고전적인 소유자 자본주의와 달리 소유와 통제의 (상대적인) 분리에 기반을 두고 산업적 축적과 금융적 축적의 이중화 축적체제로 구조화된다는 것에 대해 살펴보았다. 그러

---

30. 조직자본주의론은 당시에 대공황과 나치즘이라는 현실에 대응하지 못한 한계를 보였다. 또 이 이론은 기업 간 개방적인 네트워크 협력과 학습, 이를 통한 수익체증의 외부 경제 발전 문제를 이론화하지 못하고 있다. 미국식 반독점 공정경쟁 정책도 당연히 이 이론의 시야 밖에 놓여 있다. 이는 흥미롭게도 마르크스, 힐퍼딩, 슘페터에게 공통된 중대한 결함이기도 하다. 그들에게서는 중소기업론을 찾아보기 어렵다.
31. 이 대목에서 이 글 3절의 논의를 다시 참고할 필요가 있다.

나 이제 우리는 단지 법인자본주의의 자본축적 이중화 또는 두 갈래 구조에 대한 인식에만 멈출 것이 아니라 '이중화의 다양성'으로, 즉 이중화의 역사적·국민적 다양성과 그 상이한 경로에 대한 인식으로 나아가야 한다.[32] 이를 위해서는 앞서 검토했듯이, 여러 대목에서 힐퍼딩적 자본 이중화론의 지평도 넘어서야만 하는데 우리의 생각으로는, 법인자본주의의 역사적·국민적 형태들은 자본축적의 이중화가 구조화되는 상이한 방식들 그리고 그 기초로서 계급 타협을 중핵으로 하는 헤게모니 블록과 제도적 조절 양식에 따라 다양하게 나타날 것이다.

새롭게 재구성된 법인자본주의 이중화론에 따를 때, 자산을 실질적으로 사용 통제하는 가장 중요한 이해당사자인 경영자와 노동자의 관계 및 이해조정은 법인자본주의를 떠받치는 핵심적 사회관계다. 그렇지만 투자자와 경영자 간의 관계 또한 법인자본주의 축적구조에서 중심을 이루는 기본적인 사회관계라는 것도 분명하다. 이 관계는 경영자-노동자 관계에도 지대한 영향을 미친다. 더 나아가 경영자도 소유자본에 상대적 자율성을 갖고 있지만 그 기반 위에 서 있다고 봐야 하며 그 자신이 소유자본가로서 혼합적 성격을 가진 경우도 많다. 따라서 노동자 및 서민 대중은 단지 경영자만이 아니라 소유자-경영자 지배복합체와 마주하게 된다. 그리고 자신들을 일방적으로 지배, 착취하며 법인기업을 냉혹한 영리추구 기구로 만드는 치열한 시장경쟁과 금융접근을 비롯한 선별규율의 부단한 압력을 받는다. 이 때문에 경영자가 노동자를 고용하고 잔여통제권을 갖는 형태—그 반대가 아니라—가 지배적이게 된다. 이 지점을 놓쳐서는 안 된다. 바로 이렇게 세 가지 축의 복잡한 연관 방식과 열린가능성으로부터 힐퍼딩적 시야를 넘어서는 이중화 축적체제의 역사적·국민적 다양성에 대한 설명 틀을 이끌어낼 수

---

32. 이는 조절이론에 고유한 사고 틀이기도 하다.

있다. 법인자본주의에서 자본축적 이중화와 민주적 자본주의의 다양성은 그 핵심 기초에서 주주, 경영자, 노동자 3자의 역학관계와 계급 타협 방식의 다양성에 의해 규정된다고 볼 수 있다.[33] 다소 도식적으로 말하면, 우리는 이중화 축적체제의 다양성과 관련하여 아래와 같이 대표적인 두 가지 축적체제 유형과 계급 타협 유형을 제시할 수 있다.

A. 주주 자본의 자유, 더 일반적으로 자본의 상품화에 고삐를 물린 관리 금융체제 아래, 경영자-노동자의 계급 타협 및 산업적 축적을 중심으로 하는 생산주의형 축적체제.[34] 그러나 같은 생산주의형 축적체제 유형이라 해도 경영자-노동자 타협 방식 그리고 관리 금융의 형태에 따라, 은행 기반 합의주의형(A-1: 독일, 스웨덴), 자본시장 기반 뉴딜형(A-2: 미국), 은행 기반-성장 지향 개발주의형(A-3: 일본, 한국) 등으로 다양하다.

B. 주주-경영자의 지배적 계급 타협 아래 금융체제의 자유화와 자본의 시장화가 개화됨으로써 산업적 축적이 금융적 축적에 종속되고 노동시장이 유연화된 금융 주도형 축적체제 또는 간단히 '금융화' financialization된 축적체제. 이는 글로벌 신자유주의 시대 미국, 영국 모델이 대표적이다.

---

33. 이 유형론에서 우리는 법인기업이 사람(자연인)과 동일한 권리를 가짐으로써 초래되는 반민주적 효과 문제에 대해서는 논의하지 않고 있다. 계급 타협 형태를 중심으로 한 자본주의 유형화는 뒤메닐과 레비(Dumenil and Levy, 2011), 잉햄(Ingham, 2008)에 크게 의존한다. 그런데 이들에게서 조절이론이 발전시킨 축적체제론 또는 성장체제론을 보기는 어렵다. 또 스웨덴 사회민주주의자들이 발전시킨 기능사회화론이나 임노동자 기금제 같은 민주개혁주의 이행론을 보기도 어렵다.
34. 자본주의 유형을 생산자본주의와 금융자본주의로 대비시킨 연구로는 라이너트(Reinert, 2007), 라이너트와 다스톨(Reinert and Daastol, 2011), 허드슨(Hudson, 1998) 참조. 이런 사고 틀은 일찍이 베블런(Veblen, 1923)에서도 볼 수 있다. 더 소급해 라이너트와 라이너트(Reinert and Reinert, 2005, 3쪽)는 중상주의자에도 '생산주의자'와 '화폐주의자'라는 두 유형의 대조적인 이론가들이 있었음을 보여준다.

독일, 스웨덴을 비롯하여 유럽 자본주의가 합의주의-생산주의형으로 나아간 데는 여러 요인이 있지만 강한 노동조합과 사민당 등 좌파정당의 힘이 크게 영향을 미쳤다. 경영자와 노동자 간의 민주적 계급 타협 위에서 사민주의는 역사적으로 주주가치를 통제하는 경향을 보였다. 반면 일본, 한국 등 동아시아의 자본주의가 개발주의-생산주의형으로 나아간 것은 중장기 성장을 우선시하는 성장 지향 추격발전형이라는 점에 주로 기인한다. 한편 미국의 뉴딜형은 강력한 자본시장 금융체제 속에서도 이를 일정하게 관리하고 대기업 집단이 발전함으로써 유럽이나 동아시아와는 또 다른 민주적 생산주의형을 발전시켰다. 그러나 미국에서 약한 노동과 결합된 자본시장 중심의 금융체제는 생산주의형 축적체제의 중대한 약한 고리이기도 했다. 이후 미국이 금융 주도형 축적체제로 전환하게 된 데는 역사적으로 이런 요인이 작용했던 것 같다.[35]

2) 전후 황금기와 생산주의형 축적체제

2차 세계대전 이후 금융세계화 시대가 도래하기 이전에 세계 자본주의는 성장과 분배·복지의 두 발로 걷는 보기 드문 '황금기'를 연출했다. 이 시기에 유럽, 미국, 아시아 나라들을 관통한 축적체제의 공통된 핵심 특성은 위에서 말한 생산주의형에서 찾을 수 있다. 물론 그 축적체제들은 합의주의형, 뉴딜형, 그리고 개발주의형 등으로 매우 다양하다. 특히 독일, 스웨덴으로 대표되는 유럽 모델은 합의주의-생산주의형 축적체제를 실현했는데 이는 적어도 다음과 같은 세 가지 계급

---

35. 전창환(2013)은 뉴딜의 금융개혁이 금융의 확장과 성장을 억제한 금융 억압이 아니라 금융 시스템의 안정과 대중적 신뢰 회복을 도모한 것으로 파악한다. 또 '금융 뉴딜'이 노동자 계급과 중산층의 금융 부문으로의 통합을 촉진하는 계기가 되었음을 강조한다.

적·제도적 조건에서 가능했다.

첫째, 노동의 요구를 대폭 수용했다. 황금기 자본주의의 중심축은 자율적인 경영자 주도 아래 노동자와 계급 타협을 이룬 것이었다. 그 바탕에는 강한 노동의 역량이 존재했으며, 이에 따른 민주적 타협과 건설적 협력의 임노동 관계가 포드주의적 성장체제, 즉 노사 협력 → 생산성 상승 → 실질임금 상승 → 내수 확대 → 투자 증가 → 일자리 창출의 선순환을 작동시켰다.

둘째, 또 다른 조건은 관리 금융체제다. 금융자본의 자유에 고삐를 물리고 그 지배를 억제함으로써 비로소 법인자본주의의 자본축적 이중화 또는 두 갈래 구조에서 금융적 축적의 지배를 누르고, 재량권을 확보한 경영자가 장기적 시계視界를 갖는 산업적 축적 주도 성장체제가 작동할 수 있었다. 또한 경영-노동의 '생산주의 동맹'도 성립할 수 있었다.

셋째, 세계적으로 전후 황금기는 브레턴우즈 체제(브레턴우즈 '타협'이라고도 한다)의 기본 기조였던 '착근된 자유주의'embedded liberalism에 기반을 두었는데, 그 핵심은 금융자본의 이동을 국경 안에 묶어둔 것이었다. 유동적인 금융의 요구는 국민경제 수준에서뿐만 아니라 세계적 수준에서 통제되었다. 그 결과 글로벌 수준에서 금융적 축적에 대한 산업적 축적의 우위, 경영-노동의 민주적 계급 타협과 협력, 성과 공유가 가능했으며 유럽 선진 복지국가를 꽃피울 수 있었다. 나아가 한국을 포함해 동아시아의 권위주의적, 성장 지향 개발주의도 글로벌 수준의 이 제도적 기초 위에서 발전할 수 있었다.

3) 신자유주의와 그 다양성

(1) '권력이 시장으로 넘어가다'

1980년대 초 이래 사람들은 신자유주의가 지배하는 시대에 살게 되었다. 이 시대는 앞서 지적한, 황금기를 떠받쳤던 국내외 기둥이 모두 무너짐으로써 도래했다. 국내에서는 경영자가 주도했던, 관리된 금융 하의 경영자-노동자 타협이 해체되었다. 고삐가 물려 있던 금융체제가 국민국가 수준은 물론 전 지구적 규모에서 자유화됨으로써 금융세계화 시대가 도래했다. 자본-노동 간의 계급 균형이 급속히 자본 쪽으로 이동하면서 지배적 계급 타협은 주주-경영자 타협으로 변모했다. 위기는 성장의 정체뿐만 아니라 인플레이션이 심화되는 형태로 나타났다. 스태그플레이션 현상이 바로 그것이다.

주목할 점은 미국, 영국이 세계 자본주의의 신자유주의화 재편을 주도했다는 사실이다. 이들 두 나라는, 영국의 경우 노동당이 존재한 다는 중요한 차이가 있지만, 금융의 축, 노동의 축 모두에서 큰 취약점을 가지고 있었고 황금기 성장체제를 지속적으로 끌고 갈 산업 경쟁력도 약했다. 레이건의 미국, 대처의 영국의 향방은 단지 그들의 일을 넘어 전 세계적으로 심대한 파급력을 미쳤는데, 특히 패권국 미국이 금융 자유화와 세계화를 선도하고 다른 나라들이 이를 경쟁적으로 추종하며 글로벌 신자유주의 시대에 휩말려 들어갔다.

신자유주의 정치경제를 비판하는 것만으로는 부족하다. 우리는 그것이 황금기 자본주의의 위기를 타개하기 위한 보수적 대안의 성격을 띤다는 점에 유의해야 한다. 나라 안팎으로 관리된 금융의 고삐가 완전히 풀리고, 일하는, 그리고 인간답게 일하고 싶은 대중의 삶이 야만적인 '유연한 시장'의 바다로 침몰하고, 공공 부문이 대대적으로 사유화되고, 감세와 복지 축소가 단행되고, 혹독한 재정 금융적 긴축정책이 강행되는 등 계급적·사회적으로 거대한 보수혁명의 물결이 일어났다. 그야말로 '권력은 시장으로 넘어갔다'. 그리하여 신자유주의는 심각한 빈곤과 배제, 불평등의 심화, '두 국민 분열'로 이야기되는 경제력 집중과 양극화를 초래하면서 부채경제와 금융·부동산 거품에 기반을 둔 위태로운 축적체제를 작동시켰다.

그럼에도 이런 일들이, 노동 세력을 비롯해 진보 세력이 적절한 위기 극복 능력을 보여주지 못하는 상황에서 공급 측면supply-side에서 경쟁력을 강화해 위기를 극복하고 경제를 활성화한다는 이름 아래 진행되었다. 또 신사유주의는 노동시장의 유연화 속에서도 금융과 부동산 분야의 시장화를 통해 '자산적 개인주의' 또는 대중적인 재테크 욕망 추구를 추동했다. 이것은 신자유주의가 상당 정도 대중적 동의 기반—신자유주의자들이 말하는 이른바 '대중자본주의'와는 거리가 멀지만—을 가지는 데 기여했다.

(2) 신자유주의의 다양성

신자유주의 체제는 새로운 반민주적 축적체제임과 동시에 계급 타협의 형태이기도 한데, 이는 종래 관리된 금융하의 경영자-노동자 타협을 심각하게 '오른쪽'으로 이동시키는 것이었다. 이전에 경영자-노동자 및 경영자-주주 관계로 대표되는 두 타협의 보수적·반동적 재편의 한가운데에는 노동자를 비롯한 서민 대중의 삶의 조건의 시장화, 그에 따른 바닥을 향한 삶의 추락과 불안이 존재한다.

그런데 여기서 신자유주의의 이해 방식과 관련하여 한 가지 중요한 논점을 제기할 수 있다. 우리는 흔히 신자유주의적 축적체제와 계급 타협을 금융 주도형 또는 금융적 축적의 우위형으로 간주하는 견해를 본다(〈그림 1-3〉, B). 한국 학계에서는 장하준 등(2007: 2011)이 대표적이다. 그러나 이런 견해는 국제학계에도 널리 퍼져 있다. 확실히 신자유주의 시대를 선도한 미국과 영국이 금융 주도 축적체제 형태를 보였고, 그들은 금융의 세계화를 통해, 또 국제기구를 통해 자신들의 모델을 '글로벌 스탠더드'로 승격시킴으로써 이를 전 세계에 강제했다. 이 점에서 자유화된 금융권력이 주도권을 가지면서 경영자와 지배적 계급 타협을 이루고 노동자는 유연한 자유시장 속에 집어넣는 금융 주도형 자본주의를 신자유주의의 '주도적' 형태로 파악하는 것은 적절하며 특별히 이의를 제기할 것이 없다.

그러나 신자유주의를 반드시 금융 주도형으로 고정시켜 바라볼 필요는 없을뿐더러 그렇게 해서는 안 된다는 것이 나의 생각이다(이병천, 2012, 128~137쪽). 그것은 의식하든 의식하지 않든 간에 영미형 모델 중심주의 또는 영미형 일극 수렴의 사고에 빠져 있으며, 축적체제, 계급 타협, 제도 형태 등에서 신자유주의의 다양성을 무시하는 사고다.

영미형 신자유주의는 자본의 유동화와 노동의 유연화가 모두 극단으로 치우쳐 있다. 금융 주도형은 미국이 세계 자본주의 패권국의 위치에 있기 때문에 주도적 유형이긴 하나 극단적 유형이며, 전형적 형태라기보다 오히려 특수한 유형이라는 생각이 필요하다. 생각해보자. 미국이나 영국 같은 금융 주도형 체제가 전 세계적으로 얼마나 일반화되었

〈그림 1-3〉 경영자, 주주, 노동자 간의 계급 타협 형태

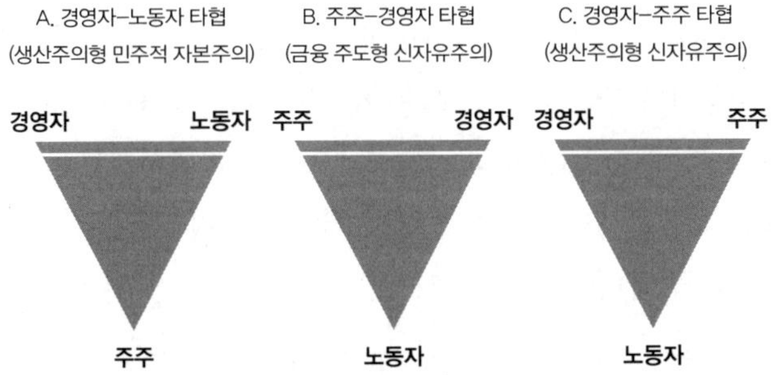

A. 경영자-노동자 타협	B. 주주-경영자 타협	C. 경영자-주주 타협
(생산주의형 민주적 자본주의)	(금융 주도형 신자유주의)	(생산주의형 신자유주의)

경영자	노동자	주주	경영자	경영자	주주

주주	노동자	노동자

는지, 그리고 하나의 지속 가능한 체제로 작동하도록 뿌리를 내렸는지. 아이슬란드, 아일랜드, 헝가리 등이 미국, 영국 등 지배적 금융형을 좇아 종속적 금융형을 추구하긴 했지만 세계적으로 이런 유형은 예외에 속한다(Boyer, 2011, 340·349쪽). 이 물음과 관련해서는 대표적인 조절이론가 부아예의 지적이 적절하다.

> (미국 방식을 채용하려는) 이 구상은 소박했다. 왜냐하면 미국 경제의 구조는 결국 매우 특수한 것이며 미국의 구도에 가까운 것은 영국뿐이기 때문이다. 실제로 다른 모든 나라, 특히 일본, 독일, 프랑스에서 우세한 것은 비금융기업에 의한 부가가치의 창조라는 생산주의 논리다. 그곳에서는 주주 가치나 금융화보다 생산주의 논리 쪽이 경제활동을 규정하고 있다. (……) 이들 나라는 미국 모델을 채용해도 이익을 얻을 수 없었다. 왜냐하면 이들 나라들의 성장과 국제경쟁력의 원천은 다른 곳에 있기 때문이다(Boyer, 2011, 224쪽).

이처럼 부아예는 생산주의가 우세한 나라가 곧바로 성장체제의 성격을 금융 주도형으로 바꿀 수는 없는 노릇이라고 지적하고 있다. 그는 심지어 '미국 예외주의'라는 말까지 한다(Boyer, 394쪽). 성장체제 또는 축적체제 측면뿐만 아니라 계급 타협의 측면에서도 마찬가지다. 황금기 자본주의가 그러했듯이 신자유주의도 다양한 혼성 형태를 띨 수밖에 없다(Brenner and Theodore, 2002; Peck et al., 2012). 산업자본과 금융자본은 노동자와 서민 대중의 삶을 재상품화하는 기획에 대해 총자본의 관점에서, 지배계급으로서 이해관계를 같이하면서도 그들 간의 역학관계에 따라 상이한 방식으로 타협 형태와 전략을 가질 수 있다. 이 타협 형태와 헤게모니 기획은 각국의 계급적·정치적·사회적 조건, 성장체제의 특성, 그 경로 의존적 힘과 관성 등에 따라 달라진다.

세계 자본주의 역사에서 금융적 축적이 영미형 자본주의 모델처럼 깊이 진전된 형태는 일반적이라기보다 오히려 특수한 경우다. 금융 주도형 신자유주의는 자본시장 중심형의 오랜 전통을 가진 미국, 영국의 경로로 출현한 것이다. 위에서 말한 것처럼 독일, 스웨덴 같은 유럽의 은행 기반 합의주의형(A-1)이나 일본, 한국 같은 은행 기반-개발주의형(A-3)은 생산주의형의 경로 의존적 관성이 강하게 지속되고 있다. 따라서 생산주의형의 신자유주의화 경로를, 금융 주도형과 별개로 설정해야 한다.[36] 유럽의 경우는 특히 강한 노동의 힘을 기반으로 민주적 견제력이 주주가치의 전면적 개화를 저지했고,[37] 일본이나 한국은 개발주의적 성장 지향과 기업 조직 형태가 고삐 풀린 금융 주도형의 전면적 개화를 억제했다. 성장-생산주의 관성이 강하면서도 노동의 힘이 약한 아시아 나라들의 경우는, 금융자유화·개방화 속에서도 여전히 경영자/산업적 축적의 우위 아래 경영자와 주주가 지배계급 타협 또는 유산계급 동맹을 이루는 형태를 취할 수 있다. 그런 형태로 노동자 및 서민 대중을 자유시장 속에 밀어넣고 삶의 불안을 일반화하는 경로를, 우리는 '생산주의형 신자유주의' 체제로 개념화할 필요가 있다(〈그림 1-3〉, C). 이는 신자유주의 B형이라 불러도 좋을 것이다.

그러나 다른 한편으로, 신자유주의는 포괄적 축적체제로 전면화될 수도 있지만, 부분적 경향으로만 나타날 수도 있다는 생각이 필요하다(Peck et al., 2012 참조). 독일을 비롯한 유럽 대륙이나 스웨덴을 비롯한 북유럽의 경우, 신자유주의는 포괄적·전면적 체제라기보다는 부분적

---

36. 국제학계에서 신자유주의의 대표적인 연구에 속하는 뒤메닐과 레비(Dumenil and Levy, 2011, 96쪽)에서도 '신경영자 자본주의'에 대해서는 언급하고 있으나 생산주의형 신자유주의에 대해서는 언급하지 않고 있다.
37. 로우(Roe, 2003)에 따르면 사회민주주의는 경영자에게 주주가치를 억제하고 노동자와 이해관계를 같이하도록 압력을 가한다. 즉 사회민주주의의 길에서는 기본적으로 주주가 감수하는 대리인 비용이 높다.

경향으로 파악하는 것이 적절하다. 특히 중심적인 민주적 견제력인 조직된 노동의 강한 역량, 오래전에 뿌리내린 복지국가 체제라는 사회구성적 특징들이 신자유주의 시장화 경향을 포괄적 체제로 개화하지 못하도록 제어했다고 볼 수 있다.

부아예(Boyer, 2011, 337~349쪽)는 2008년 미국발 세계 금융위기 이후 각국의 진로를, 지배 금융형(미국, 영국), 종속 금융형(헝가리, 아이슬란드, 아일랜드), 혁신·수출형(독일, 일본), 지대형(러시아, 베네수엘라, 사우디아라비아), 대륙 경제형(중국, 인도, 브라질), 불리한 국제적 편입으로 제도 형태들이 탈구화된 유형(아르헨티나, 멕시코), 세계시장 단절형(아프리카)으로 나누고 있다. 여기서 지배 금융형과 종속 금융형을 제외한 다수 유형에서 신자유주의적 특성은 전면적 체제라기보다 부분적 경향으로 보아야 하지 않을까 한다.

7. 맺음말

2008년 미국발 세계 금융위기를 분수령으로 신자유주의는 위기를 맞이했다. 월스트리트 점거운동이 상징하듯이 국내외적으로 사회경제 민주화가 새로운 시대정신으로 떠올랐다. 그러나 신자유주의는 괴물처럼 쉽게 죽지 않고 있다. 지금은 신자유주의 이후 시기가 아니라 '재조정' 시기처럼 보인다. 일찍이 칼 폴라니가 통찰한 대로 고삐 풀린 시장사회의 개혁은 '뉴딜적' 길만이 아니라 '파시즘적' 길로도 열려 있다.

대처는 죽었다. 그러나 사람은 죽어도 이름을 남긴다고 했다. 그런데 사후의 대처는 이름뿐만 아니라 '불후'의 이념과 시스템 효과를 남겼다. 대처 혁명이 남긴 상처는 넓고도 깊다. 그것은 시스템뿐만 아니라 인간 및 대중의 의식과 가치관까지 변화시켰다. 신자유주의 혁명을 겪은 사람들은 각자 도생을 도모하는 '시장인간'의 세례를 받았다. 여기에 노동자의 이질성과 분산화 심화, 탈근대적 개인화·다원화 경향이 결합되고 있다.

영국의 경우, 18년 만에 재집권에 성공한 신노동당은 '제3의 길'이라는 노선을 내세웠다. 한국 민주진보 세력의 상당 부분도 이 흐름에 동조한 바 있지만 대처주의의 유산은 여기에도 짙게 배어 있다. 신노동당이 간신히 재집권에 성공한 것 자체는 다행한 일이라 하겠으나 문제는 그들이 앞으로 나아갈 길을 잃어버린 것 같다는 점이다. 그들이 선거에서 다수표를 얻고 '자본주의 관리자'로서 길을 가는 것 말고 어떤 진보적 정체성과 대안적 비전을 가지고 있는지 하는 문제가 중요하다. 게다가 2008년 위기 국면에서 신노동당은 보수당에 정권을 넘겨주어야 했다. 2008년의 세계 경제위기는 단지 대처, 부시식 신자유주의의 위기일 뿐 아니라 그 유산 위에 올라탔던 블레어식 제3의 길의 위기이기도 했던 것이다. 신노동당의 비전과 정책은 레이건의 유산에 올라탔던 미국 클린턴식 신민주당과 꽤 유사하다. 어떤 사람들은 그것을 '좌파 신자유주의' 또는 '인간의 얼굴을 한 대처주의'라고 말하기도 한다.

다른 한편 유럽 대륙과 북유럽의 사회민주주의는 영국과 같은 '거대한 퇴각'을 하지는 않았다. 영국에 비하면 그 나름대로 질서 있게 후진하면서 이른바 '현대화'를 추구하는 모양새인 것 같다. 최근에는 흥미롭게도 다시 메르켈이 이끄는 독일의 '라인 모델'이 주목을 끌고 있다. 독일, 스웨덴, 덴마크 등의 나라가 비교적 잘 버티는 것은 계급적·정치사회적 조건이나 이념적 지평, 그리고 성장 경쟁력 등이 영국보다 훨씬 튼실하기 때문일 것이다. 그렇지만 이들 나라에서도 민주적 평등주의의 길은 고단하다.[38] 돌이켜보면 지난 시기 전후 황금기는 오히려 세계 자본주의 역사에서 예외적 시기라고 보아야 할지도 모른다 (Streeck, 2011). 포스트사회주의 시대에, 신자유주의에 능동적으로 재반격을 가하는 '비개혁주의적 개혁'의 길 앞은 안개가 짙다.[39] 오늘날 우리가 서 있는 자리는 신자유주의 보수혁명이 크게 '오른쪽'으로 옮겨다 놓은 체제적·이념적 지형에서 썩 자유롭지 못한 것이다.

38. 신정완(2009)은 세계화 시대 스웨덴의 정책 기조에 대해 '통화주의적 사민주의'라고 명명하고 있다. 통화주의는 대처리즘은 물론 블레어 신노동당의 핵심적 거시정책 기조이기도 했다.

39. 민주적 대안과 관련된 개괄적 논의로는 블랙번(Blackburn, 2011)을 참조할 만하다. 신자유주의를 극복하는 대안적 민주적 조정 시장경제의 길에서 산업과 노동 세계에서의 노동자 참여와 민주적 통제권은 여전히 필수적 중요성을 가진다. 그러나 전통 사회민주주의에서 대자본과 강한 노동의 타협이 초래한 폐쇄적 경직성과 기업구조, 노동시장 구조에 걸친 '이중화' 문제에 대한 해법이 요구된다. 또 새롭게 돌파구를 열어야 할 필수적 관문은 금융 분야다. 단기화·투기화된 금융의 재규제를 통해 산업 발전에 헌신하게 하는 제도 틀을 구성해야 한다. 이와 함께 연기금 등 집단적 임노동자 기금 운영이 주주가치에 지배되어 자본화하지 않고, 노동자를 비롯한 이해당사자들이 참여 발언권을 갖는 민주적 거버넌스 틀을 구축하는 것이 중요한데 이와 관련해서는 아글리에타와 로베리우스(Aglietta and Reberioux, 2005, 268~272쪽)를 참조하라. 나아가 개인적 자율성과 공동체적 연대성 간의 긴장과 갈등문제가 사회민주주의의 새로운 진화를 위해 큰 도전이 되고 있는데 이에 대해서는 Beck(1992), Stjerno(2004)를 참조하라. 마지막으로 사회민주주의의 새로운 재창조론으로는 Unger(2006), White and Leighton(2008), Meyer and Rutherford(2011), Dullien et al.(2011), 이병천(2004, 2013) 등의 논의를 보라.

2. 시장과 계획:
이론과 경험

전용복

1. 머리말

2007년 미국에서 시작된 경제위기는 진정되기는커녕, 최근에는 유로존 경기위기로 확산되면서, 세계적 경제위기로 발전했다. 지금의 세계 경제위기는 그 심각성과 규모 면에서 1930년대의 대공황을 능가할 것이라는 우울한 전망도 제시되고 있는 형편이다. 하지만 역사적 관점에서 볼 때, 경제위기는 전혀 새로운 현상이 아니다. 자본주의가 등장하고 시장이 지배적인 경제 운영 원리로 자리 잡은 이래로 세계 경제는 주기적으로 크고 작은 위기를 반복해왔다. 단지 위기의 형태와 정도에서만 차이가 있었을 뿐이다.

경제위기는 자본의 위기이기도 하지만, 그 위기 비용은 매번 노동자와 시민에게 매우 불공평하게 할당되었다. 개별 자본의 입장에서 보면 경제위기는 큰 손실을 유발하거나 파산에 이르게도 하지만, 경제 전체적으로 보면 해당 경제가 가진 불균형을 제거하고 그 시스템의 약점을 일소하여 자본 전체에는 좀더 세련되고 발전된 형태로 이윤을 추구할 수 있는 환경을 제공한다. 경제위기는 이러한 방식으로 자본 전체의 관점에서 긍정적 기능도 수행하는 것이다. 이와 반대로 노동은 항상 경제위기가 유발하는 비용을 분담하도록 강요받는다. 경제위기 이후에는 예외 없이 진행되는 구조조정과 노동시장 재편, 그에 따른 실업의 증가와 실질임금 압박이 노동자들이 부담하는 경제위기 비용의 대표적인 예다.

　최근의 세계 경제위기에 직면하여 시장의 기능과 효율성을 의심하는 견해가 관심을 끌기 시작했다. 이러한 관점에 따르면, 과도한 규제 완화와 시장의 지배 강화가 경제위기를 유발한 근본 원인이다. 시장은 결코 완벽하지 않으며 경제적 문제를 스스로 해결할 자정 능력이 결여되어 있다는 것이다. 시장의 전일적 지배가 경제위기를 유발하는 기제일 수 있고, 따라서 이러한 의미에서 매우 비효율적일 수 있다는 견해는 대부분의 경제학자와 경제 관료, 심지어 주류 경제 담론만을 접해온 일반 시민들에게도 매우 도발적인 주장으로 들린다. 왜냐하면 주류경제 담론에 따르면, 시장은 자원을 가장 효율적으로 배분하는 기제이고, 인위적으로 개입하지 않는 한 경제적 문제를 야기하는 불균형이 발생했을 때 균형으로 되돌릴 수 있는 회복 기제가 내재된 체제이기 때문이다. 이러한 담론의 관점에서 보면, 경제위기 같은 '비정상적인' 경제 현상은 오히려 정부 개입과 같은, 시장의 자연스러운 작동을 방해하는 인위적인 시장 왜곡에 의해 야기된 것으로 이해된다.

　이처럼 서로 대립하는 시장에 대한 맹목적 믿음과, 다른 한편의 회의는 전혀 새로운 것이 아니다. 시장의 전면적 도입과 경제위기의 연관성을 지적하는 논의는 이미 자본주의가 태동하던 시기부터 존재해왔다. 이러한 논쟁은 주류경제 담론을 가르치는 교육과정에서 배제되었을 뿐만 아니라, 언론 등 공론의 영역에서도 무시되어왔을 뿐이다. 하지만 이론의 영역에서 상정되는 종류의 순수한 시장은 그 어느 곳에서도 결코 존재한 적이 없을 뿐만 아니라, 앞으로도 그럴 가능성이 극히 희박하다. 왜냐하면 시장은 인류 사회를 구성하는 한 부분으로서, 기타 수많은 구성 요소로부터 완벽히 격리된다는 것은 불가능하기 때문이다.

시장이 모든 경제적 문제를 해결하는 전지전능한 기제가 아니라고 할 때, 그에 대한 대안을 상상하는 일은 너무나 자연스러운 과정이 될 것이다. 하지만 시장을 대체할 수 있는 대안에 관한 지금까지의 논의는 매우 비생산적이었다. 생산적 의제에도 불구하고 소모적인 논쟁이 지속되어온 것은 논쟁의 구도가 잘못 설정되었기 때문이다. 시장에 대한 대안과 관련하여 지금까지 진행되어온 논쟁의 지배적 구도는 경제 운영 원리로서의 시장과 계획(혹은 정부) 사이의 양자택일의 문제였다. 하지만 시장이 불완전한 만큼 정부 역시 불완전하며, 시장의 실패 사례만큼이나 정부의 강력한 실패 사례 또한 무수하고 다양하다. 이러한 논쟁 구도에서는 시장 실패와 정부 실패가 각각 유발할 수 있는 비용의 상대적 크기를 계산하는 문제나, 혹은 각각의 경제 운영 원리에 적합한 경제(혹은 산업) 부문을 선별하는 문제가 연구의 주된 대상이 될 수밖에 없다.

이 글은 이 같은 비생산적이고 지루한 논쟁을 생산적인 방식으로 전환하기 위해 쓰였다. 이 장은 시장과 계획에 대한 원론을 비판적으로 재검토하고, 역사적 경험을 통해 대안 모델을 위한 생산적 교훈을 도출하는 데 목적이 있다. 시장과 계획을 이분법적으로 구분하고, 각각이 가진 상대적 장점과 단점을 일방적으로 강조하여 주장하는 논의 구도에서는 생산적 논의가 진행될 수 없다. 이 경우 절충안을 모색한다 하더라도, 그것은 기껏해야 시장과 계획 사이의 적정한 '황금비율'의 문제로 귀착할 가능성이 높다. 하지만 그런 황금비율의 존재 자체를 증명하는 일이, 끝내기 어려운 지루한 논쟁의 시작이다. 또한 지금까지 인류가 경험했던 역사가 가르쳐주는 바는 시장과 계획 그 어느 쪽도 완벽할 수 없다는 것이다. 더군다나 이러한 대안 논의에는 더 중요한 질문, '왜 시장 혹은 계획인가?'라는 논점이 결여되어 있다. 나는 이러한 시장과 계획 사이의 이분법이 낳은 비생산적 논쟁 구도를 좀더 생산적이고 바람직한 방법으로 전환할 수 있는 논쟁의 틀로서 민주주의의 문제를 제기할 수 있다고 믿는다.

이 글은 다음과 같이 구성된다. 2절에서는 시장과 계획이라는 이분 법적 사고가 발생하게 된 역사적 과정을 검토한다. 3절에서는 신고전 학파 경제학의 논리를 비판적으로 검토하여, 현재 시장과 계획이 상호 대체재처럼 인식되지만 각각의 주장이 기반을 두고 있는 인식론적 뿌리는 같음을 보인다. 이를 통해 시장과 계획 사이의 논쟁이 시장과 계획 사이의 황금비율처럼, 비생산적인 결론만을 낳을 수밖에 없었던 이유를 설명한다. 4절에서는 시장과 계획 중 어느 일방의 과잉이 실패한 역사적 사례를 제시하고, 5절에서는 시장과 계획이 적절히 조화를 이루어 성공한 경험을 검토한다. 이를 통해 우리는 시장 혹은 계획에 일방적으로 치우칠 경우, 경제뿐만 아니라 인간의 삶 전반을 개선하는 데도 실패한다는 역사적 교훈을 얻을 것이다. 마지막으로 6절에서는 이상의 논의에서 도출할 수 있는 대안적 경제체제의 원리로서 시장을 활용하는 민주적 (혹은 참여적) 계획을 생각해본다.

2. 시장에 대한 우화

1) 사회주의와 계획

1970년대 말부터 신자유주의 경제사상이 헤게모니를 획득하게 되는 데는 역사적으로 존재했던 소위 '사회주의 경제체제'의 몰락이 크게 기여했다. 지금도 그러하지만, 경제체제론적 관점에서 사회주의 경제의 운영 원리는 시장(그리고 가격)이 아니라 계획으로 이해된다. 실제로 역사상 존재했던 사회주의 경제들도 시장보다는 계획을 주요 경제 운영 원리로 채택했고, 계획의 주체는 정부였다. 시장주의자들은 사회주의 경제체제의 몰락을 계획경제, 또는 정부 개입의 비효율성을 입증해 주는 근거로 인용하곤 한다. 역사적 사회주의 체제의 전개 과정에서 시장을 도입하려는 시도가 없었던 것은 아니지만, 그것은 오히려 시장에 대한 중앙당국의 어떠한 개입도 비효율적임을 간접적으로 인정한 것으로 해석되었다. 시장 대신 정부의 계획에 기초하고 있던 사회주의 경제체제의 몰락이 정부의 대척점에 위치하는 시장의 우월성을 반증하는 것으로 비쳤던 것이다.

경제사상사적 관점에서 보면, 시장과 계획 사이의 논쟁과 대립은 사회주의 경제사상의 발전과 밀접한 관련이 있다. 흔히 사회주의 사상의 창시자는 마르크스라고 여겨진다. 하지만 아이러니하게도 정작 마르크스 자신은 자본주의가 몰락하고 도래할 사회주의 사회의 운영 원리, 특히 사회주의 경제가 어떻게 운영될 수 있는지에 대한 구체적인 상은 제시하지 않았다. 사회주의 경제의 작동 방식에 대한 구체적인 모델은 마르크스 추종자들이 만든 것이다. 이들은 사회주의 경제가 중앙집중적 계획centralized plan을 통해 운영되어야 한다고 주장했다(Lenin, 1918). 구소련이나 동유럽 국가들처럼 현실에 존재했던 역사적 사회주의 국가들이 시장 대신 중앙집중적 계획의 방식으로 경제를 운용했던 것도 사실이다(Eckstein, 1977; Kornai, 1980; Nove, 1993). 따라서 사회주의 경제와 정부에 의한 개입과 계획이라는 관념은 단지 몇몇 사회주의적 경향에 적대적인 사상가들의 편향과 왜곡에 의한 것만은 아니다.

사회주의 경제의 상에 대해 가장 구체적으로 그리고 최초로 기술한 사람은 마르크스의 친구이며 재정적 후원자였을 뿐만 아니라, 그의 유고를 정리하여 출판해주기까지 한 엥겔스였다(Engels, 1877). 또한 레닌은 러시아 혁명을 이끌면서 엥겔스와 동일한 사회주의 경제 비전을 제시했고, 실제로 혁명에 성공한 후 이를 러시아 경제에서 실행했다. 이들에 따르면, 자본주의가 발전함에 따라 생산은 점점 더 사회적인 방식으로 이루어지는 반면 그 결과에 대한 결정권은 사적인 방식으로 귀착되어간다. 다른 말로 하면, 자본주의가 발전하면 할수록 여타의 생산과정과 독립하여 독자적으로 생산할 수 있는 가능성은 줄어드는 반면, 그 결과물에 대한 제반의 권리는 자본가에게 배타적으로 귀속된다는 것이다. 레닌은 이러한 불일치가 자본주의 사회의 가장 근본적인 모순이며, 궁극적으로 이 불일치와 모순은 자본가와 노동자 사이의 계급 대립으로 나타난다고 믿었다(Engels, 1877 ; Lenin, 1918).

다른 한편으로, 자본가들 사이의 경쟁이 점점 더 치열해지면서, 생존 경쟁이 강화되고 여기서 패배한 자본은 승리한 자본에 통합된다. 자본들 사이의 경쟁은 주로 시장을 통해 작동하기 때문에, 시장은 매우 강력한 규율 기제다. 이러한 시장에서의 경쟁은 자본 간 통합을 촉진하여 생산의 사회적 성격을 강화하는 기제이기도 하지만, 주기적으로 발생하는 경제위기처럼 경제 전체적으로 무정부적인 상황을 연출하기도 한다. 경제사적으로 주기적인 경제위기는 자본 간 통폐합을 강화하는 결과를 낳곤 했다. 경제위기란 사회적 결과를 고려하지 않는 개별 자본의 이윤 극대화 전략의 결과이므로, 이는 자본 간 경쟁의 극단적 형태에 지나지 않는 것으로 이해된다. 실제로 경제위기에서 살아남은 자본이 패배한 자본을 흡수하곤 했다.

사회주의자들은 사회주의 경제의 목표가 생산의 사적 전유를 폐지하는 데 있으며, 이는 생산의 사회적 성격을 전면적으로 확대하는 방식으로 달성될 수 있다고 믿었다. 따라서 자본 간 경쟁의 격화와 경제위기, 그에 따른 자본 간 통폐합과 생산의 사회적 성격 강화 등의 일련의 역사적 발전 과정은 어쩌면 사회주의를 향한 진보로 이해될 수도 있다. 하지만 이러한 생산의 사회화 확대가 생산과 교환의 자본주의적 본질을 변화시키는 것은 아니라고 간주된다. 왜냐하면 생산과 교환이 자본주의 가치 증식 운동에 복무하는 한, 그것의 발전이 사회적 복지의 개선과는 필연적 관련이 없기 때문이다. 자본주의가 이미 달성한 생산력의 증대가 사회복지의 증대에 봉사하게 되는 것은 오직 노동자 계급이 국가권력을 장악하고 이를 사회 전체의 관점에서 의식적 계획에 활용하는 경우뿐이다. 따라서 자본주의 내부에 존재하는 생산의 사회화 경향은 국가권력을 통한 계획이 가능하기 위한 물적 토대로 이해된다.

이러한 기본적 관념으로부터 사회주의 경제의 운영 원리가 구체화될 수 있다. 사회주의는 노동자 계급이 국가권력을 장악한 사회이고, 사회주의 경제는 자본 간 경쟁을 통해 이미 사회화된 생산을 노동자 국가가 계획적으로 경영하는 경제다. 그것은 단일한 경영진에 의해 계획되는 투명하게 사회화된 하나의 거대한 공장과 동일한 방식으로 경영되는 체제일 것이다. 즉 자본주의 내부에서 등장하여 성장한 거대한 기업 형태가 전국적으로 확대된 형태가 될 것이다. 이를 통해 시장의 불균형 생성 과정을 미연에 방지하여 불필요한 낭비를 제거하는 동시에, 자본주의의 무정부성에 따른 비용이 노동자에게 전가되는 것을 막을 수 있을 것으로 기대된다. 따라서 중앙 차원의 계획은 사회주의 경제의 핵심적 특징으로 간주되는 것이다.

2) 계획의 불가능성 그리고 시장

만일 시장이 그렇게 비효율적이고, '계획'이 대안이라면, 계획은 어떻게 가능할까? 사회주의자들의 중앙집중화된 계획에 대응하여, 미제스와 하이에크를 위시한 오스트리아 경제학자들은 사회주의자들이 제시한 중앙집중적 계획이 현실적으로 불가능하다고 주장했다(Mises, 1921; Hayek, 1949). 더 나아가 그들은 계획은 시장만이 해결할 수 있는 독특한 정보 문제를 해결할 수 없다고 주장하여, 계획이 극단적으로 비효율적일 수 있음을 주장한다. 계획의 불가능성을 주장하고, 그 논리적 연장선상에서 시장이 가장 효율적이라는 주장이 제기되는 소위 '사회주의 계산 논쟁'은 이처럼 고전적 마르크스주의 사회주의에 대응하여 등장했다. 하지만 이들의 논리는 지금도 매우 강력한 영향력을 행사하고 있다. 그 이후부터 현재까지 이는 시장을 옹호하는 가장 강력한 경제철학적 기반을 제공하고 있고, 특히 근래에는 정부의 개입 일반을 거부하는 논리로 활용되고 있다. 따라서 이를 여기서 재검토하는 것도 의미 있는 일이라 생각한다.

20세기 초 전 유럽에 사회주의 열풍이 불었다. 1917년 러시아에서 사회주의 혁명이 성공하여 사회주의 계획경제가 도입되었고, 독일을 비롯한 당시 선진적인 유럽 자본주의 국가들에도 곧 사회주의 혁명이 성공할 것이란 전망이 우세해졌다. 이렇게 유럽 전역에 걸쳐 사회주의 낙관론이 팽배해 있던 시기에 오스트리아의 경제학자 미제스는 사회주의자들은 혁명 이후 경제를 운영할 능력이 없다고 비판했다. 당시에는 사회주의자들에게 유리한 정세가 형성되어 있음에도, 그들은 여전히 사회주의로의 이행이라는 정치적 문제에만 집착할 뿐 도래할 사회주의 경제 자체에 대한 문제는 고려하지 않거나 회피하고 있다는 것이다.

미제스와 그를 따르던 오스트리아 경제학자들의 관점에서 보면, 경제생활의 과정은 특정한 욕구와 다른 욕구들 사이의 선택 과정이다. 이 선택을 결정하는 기준으로 작용하는 것은 개인들의 가치 판단이다. 따라서 경제생활의 과정은 가치 판단의 연속이기도 하다. 물론 이러한 정의에는 무한한 욕구에 비해 자원은 상대적으로 희소하다는 가정이 숨어 있다. 가치 판단의 과정은 소비와 생산 모두에서 일어나는데, 이것은 서로 분리될 수 없다. 자신의 기호와 선호를 알고 있는 소비자의 소비 선택은 생산에 반영되어야 하기 때문이다. 이것은 소비재에 대한 개인들의 가치 평가가 소비재의 생산에 투입되어야 하는 생산재의 가치 평가로 이어져야 함을 의미한다. 이것이 경제적 합리성이다. 소비자들이 선호하여 높은 가치를 부여하는 소비재가 있으면, 그 소비재를 생산하기 위해 투입되는 생산재의 가치 또한 높게 평가되어야 경제적 합리성이 달성된다고 할 수 있다.

그렇다면, 경제적 합리성은 어떻게 달성할 수 있는가? 로빈슨 크루소 경제처럼 소비자가 곧 생산자이기도 한 단순한 조건에서는 문제가 매우 간단하다. 개인은 소비재에 대한 자신의 선호 정도를 생산수단에 대한 가치 평가에 직접 반영하기 때문이다. 예컨대 자신이 더 선호하는 소비재가 있다면, 그것을 생산하는 데 필요한 생산재 또한 높게 평가할 것이다. 하지만 소비자와 생산자가 분리되어 필요한 소비재를 타인의 생산으로부터 얻거나, 생산 과정이 복잡하고 생산 기간도 길어지게 되면, 개인의 특정 소비재에 대한 선호 정도가 생산수단에 직접 반영될 가능성이 낮아진다. 따라서 교환경제에서 생산수단의 가치를 정확하게 평가하기 위해서는 좀더 정교한 수단들이 도입되어야 한다.

교환경제에서 생산수단의 가치를 평가하는 방법은 크게 두 가지다. 첫 번째는 경제 전체를 하나의 계획으로 조직하고, 계획 주체가 어떤 기준에 따라 생산수단의 가치를 정하는 방법이다. 그 기준이란 그 경제에 존재하는 개인들의 선호를 최대한 반영하는 것일 수도 있고, 또는 어떤 경제 발전 전략을 추진하기 위한 필요일 수도 있다. 두 번째는 시장에서의 자유로운 교환을 허용하고, 교환 당사자들이 그것을 정하도록 하는 것이다. 이러한 개인들의 자유로운 교환을 통해 가격이라는 '객관적 교환 가치'가 결정된다. 교환을 통해 형성된 가격은 다시 교환 당사자들이 교환 조건의 준거로 활용하게 된다. 즉 개인들은 자신의 이익을 최대화하는 방식으로 교환에 참가할 것이므로, 가격은 경제적 계산의 단위가 되는 것이다.

교환을 위한 가치 평가의 준거로서 가격은 몇 가지 중요한 장점을 가지는 것으로 주장된다. 첫째, 교환에 대한 참여에 제약이 없으므로 가격은 모든 거래 참여자들의 평가를 경제적 계산에 포괄할 수 있도록 한다. 가격 자체가 거래 참여자들의 상호작용을 통해 결정되기 때문이다. 둘째, 따라서 가격은 어떤 개인이 자원을 경제적으로 사용하고 있는지를 판단할 수 있게 하여, 자원의 효율적인 사용을 통제한다. 다른 사람보다 더 많은 수익을 내는 생산자는 자원을 더 경제적인 방법으로 사용하고 있는 것이다. 이러한 계산이 가격을 기준으로 이루어지게 되므로, 가격의 변화가 자원 활용을 변화시키는 방식으로 가격이 자원의 활용을 통제하게 된다. 마지막으로, 가격은 경제 전체에 적용되는 단일한 계산 단위를 제공함으로써 경제 전체를 통합한다. 가격을 통해 통합된 경제에서는 자원의 산업 간 이동이나 현재와 미래 사이의 자원 배분이 가능하게 된다.

그런데 가격이 형성되어 잘 작동하기 위해서는 먼저 두 가지 조건이 충족되어야 한다. 첫째, 모든 교환관계를 공통의 분모로 환원할 수 있게 하는 교환의 매개물, 즉 화폐가 존재해야 한다. 둘째, 소비재뿐만 아니라 생산재도 자유로운 교환의 대상이 되어야 한다. 이렇게 소비재와 생산재 모두가 각자의 객관적인 화폐가격을 가지고 교환될 때, 소비와 생산 모두에서 효율적인 의사결정이 가능하게 된다.

하지만 계획이 지배하는 사회에서는 화폐가 존재하고 소비재의 교환이 허용되지만, 생산재의 자유로운 교환은 폐지된다. 계획경제의 가장 극적인 형태를 보여준 인류 역사상 최초의 경제는 다름 아닌 구소련이다. 1917년 러시아 혁명에 성공한 혁명정부가 취한 첫 번째 경제 조치는 생산수단을 국유화하고, 계획경제를 운영할 국가경제 경영 조직을 설치한 일이었다. 어떤 면에서는 생산수단의 국유화는 경제를 계획에 따라 운영하기 위한 전제조건이었을지도 모른다. 이렇게 생산재에 대한 사적 소유가 부정되고 시장에서 결정되는 가격이 사라지게 되면,

소비자의 선호 변화와 그에 따른 소비재 가격의 변화는 더는 생산재의 가격 변화에 영향을 미칠 수 없게 된다. 또한 생산재를 효율적으로 사용하기 위해 필요한 경제적 계산의 가능성도 사라지게 된다.

다른 한편, 어떤 경제가 효율적으로 운영되기 위해서는 가격은 반드시 시장 참여자들에 의해 자율적으로 결정되어야 한다. 왜냐하면 가격이 전달해야 하는 정보는 객관적인 무엇이라기보다는, 각각의 경제 주체가 각자 처한 현실에서 발견하고 느끼는 주관적인 정보가 더 중요하고 흔하기 때문이다. 시장경제에서 이러한 지식의 발견과 확산은 경쟁과 가격을 통해 이루어진다. 사적 소유가 보장되는 시장경제에서 이윤 동기에 추동되는 기업가는 다른 기업가가 인식하지 못한 기회를 포착하거나, 더 나은 지식을 확보하려는 경쟁을 통해 이윤을 얻는다. 이때 기업가들 사이의 경쟁은 가격 경쟁으로 나타난다. 예컨대 더 효율적인 생산방법(지식)을 포착한 기업가는 더 낮은 가격을 제공하는 방식으로 다른 기업과 경쟁하여 더 많은 이윤을 획득하게 된다. 다른 한편 더 낮은 가격을 제시하는 경쟁자가 나타날 경우 기업가는 상대의 지식을 모방하거나, 나아가 경쟁자보다 더 나은 새로운 생산방법(지식)을 찾으려 한다. 이러한 경쟁의 과정이 새로운 지식을 발견하게 하고, 새로운 지식은 가격을 통해 경제 전체에 확산된다.

가격이 주관적이고 파편화된 정보를 발견하고 경쟁을 통해 확산되는 과정은, 생산 영역뿐 아니라 소비와 소비-생산의 연계에서도 작동한다(Lavoie, 1985: Ioannides, 1992). 우선 각각의 소비자는 자신의 주관적인 욕구를 만족시키기 위해 관련 소비재의 가격과 비교하여 선택하게 되고, 이러한 선택의 변화는 가격에 반영된다. 다음으로 소비자의 선호는 매우 주관적이고 파편화되어 있어 자료 수집 등의 계획을 통해 그것을 객관적인 방식으로 유통시키는 일은 거의 불가능에 가깝다. 하지만 소비자의 선택과 교환 활동이 자유롭게 허용되면, 이는 곧 가격에 반영되기 쉽다. 예컨대 특정 소비재에 대한 선호가 증가할 경우 가격이 상승할 것이기 때문이다. 또한 생산자들은 해당 소비재 가격의 변화를 소비자들의 선호가 변화했음을 보여주는 신호로 인식해 그 소비재의 생산을 늘리려 할 것이고, 그에 필요한 생산재의 가격도 변화하게 될 것이다. 결국 소비자의 선호 변화는 소비재와 생산재 가격의 변화를 거쳐 생산재의 변화를 유도하게 되는 것이다. 이렇게 파편화되고 주관적인 소비 정보를 생산 영역에 쉽게 전달해준다는 의미에서, 가격은 효율적인 것으로 이해된다.

3) 시장 혹은 낭만

역사적으로 사회주의를 꿈꾸고 실천했던 혁명가들은 사회주의 계획경제란, 마치 한 사람의 경영자가 지휘하는 기업처럼, 국가의 계획기구가 경제 전체를 경영하는 체제로 이해했다. 이러한 일사불란한 지휘와 실행을 위해서는 우선 소유권을 국가로 귀속시켜야 했다. 사적 소유권을 인정하면, 이해당사자들이 국가의 경영에 수시로 반대할 것이기 때문이다. 역사적으로 존재했던 사회주의 국가들은 모두 이러한 경제체제를 만들기 위해 노력했다.

그렇다면 이러한 계획경제가 어떻게 사회주의적 이상, 즉 실질적 민주주의를 달성할 수 있다는 것일까? 그것도 국가를 통해서다. 계획을 담당하는 국가가 대다수를 차지하는 노동자를 대표하는 민주적인 국가이므로, 국가에 의한 국가경제의 계획적 경영은 민주적인 경제체제가 된다는 것이다. 이렇게 보면, 어쩌면 소유관계(국유제)도 사회주의적 가치를 위해서라기보다는, 국가경제 경영의 '편의'를 위한 것이었을지도 모른다.

그것이 사회주의 가치를 위한 것이었든 아니면 편의를 위한 조치였든, 국가를 통한 사회주의 계획경제는 기대했던 성과를 내지 못했다. 첫째, 잘 알려진 것처럼 계획경제 체제에는 계획을 주관하는 국가가 민주적 기구로 작동할 수 있는 기제가 존재하지 않았다(Kornai, 1992). 권력이 노동자와 농민 등 인민으로부터 나온다고 선언하고 있기는 하다. 하지만 그것을 담보할 수 있는 구체적인 기제를 갖추고 있지 않은 한, 그 선언은 모든 주권은 국민으로부터 나온다는 그 흔하디흔한 자본주의 국가의 헌법 제1조만큼이나 공허하다. 실제로 사회주의 국가들의 계획기구는 권력기구로 전락했고, 자본주의 체제의 자본가처럼 관료가 지배하는 국가사회주의로 막을 내리고 말았다. 둘째, 국가 계획기구는 기대했던 것보다 그렇게 효율적이지 않았다(Eckstein, 1977; Nove, 1993; Kornai, 1980; 1992). 시장경제에서처럼 계획 실패에 따른 경기 변동이 있었고, 전반적으로 경제 성장도 더뎠다. 이는 근본적으로 한 국가의 경제를 계획으로 운영한다는 것이 그렇게 간단한 문제가 아니었음을 보여준다. 실제로 구소련이 최후의 순간을 맞이하던 시점까지도 계획은 경제 전체의 약 30퍼센트만을 담당할 수 있을 뿐이었다. 파편화된 정보를 수집하고 처리할 능력이 없었기 때문이다.

이러한 의미에서는 계획에 대비해 가격이 우월하다고 주장한 오스트리아 경제학자들의 예언이 옳았다. 이론적으로도, 오스트리아 경제학자들의 가격에 대한 관점은 몇 가지 중요한 함의를 내포하고 있다. 첫째, 그들은 경제를 '과정'으로 이해하고, 경제적 문제도 이러한 동학 的動學的 관점에서 이해해야 한다는 접근 방법을 제안하고 있다(Lavoie, 1985; Ioannides, 1992). 이는 경제가 도달할지도 모를 어떤 가상 혹은 최상의 상태를 설정하고, 그 성격을 설명하려는 현대 주류경제 담론에 대한 가장 강한 비판이 될 수 있다. 둘째, 경제와 경제학이 풀어야 할 문제의 핵심에 정보의 취합과 처리의 문제가 자리 잡고 있음을 지적하고 있다. 경제 과정에 참여하는 개별 주체들의 의사결정이 사회적 결과를 낳는다. 그런데 이들 개별 경제주체들이 가진 정보는 파편화되어 있고, 때로는 언어나 그 무엇으로 객관화되어 전달될 수 없는 것들이다. 적어도 이러한 문제의식은 매우 올바른 통찰이라 평가할 수 있다.

이러한 올바른 문제의식에도 불구하고, 그들이 맹신한 시장은 현실에서 기대만큼 문제를 잘 해결해주는 기제가 아니었다. 가격과 시장, 그리고 경쟁은 이와 같이 묘사되는 이상적인 역할을 충분히 수행해왔는가? 자본주의 시장경제의 역사를 살펴보면, 딱히 그렇다고는 할 수 없다. 시장과 가격에 의존한 자본주의 역사에서는 경제위기가 주기적으로 반복되어왔다. 더구나 사람들에게 자유로운 선택과 조화를 제공한 것도 아니었다. 그것이 낙관적인 이론적 예상과는 반대로 온통 위기와 혼란, 그리고 인간의 삶을 피곤하게 만든 데는 몇 가지 이유가 있다.

첫째, 가격을 통한 시장 과정은 개별 경제주체들의 '원자화된 의사결정'으로부터 야기되는 불확실성 문제를 해결하지 못한다. 경쟁관계에 있는 두 생산자(A, B)로만 이루어진 가장 단순한 경제를 상상해보자. 생산자 A는 투자를 통해 생산재를 재분배하는 결정을 내릴 때, 생산자 B에 대한 추측에 근거하게 된다. 생산자 B 또한 생산자 A에 대한 추측에 의존할 것이므로, 생산자 A의 생산자 B에 대한 추측에는 이것을 포함해야 한다. 이러한 추측은 수렴 없이 무한히 반복되고, 궁극적으로는 완벽하게 순수한 추측에 도달하게 되고, 기껏해야 이러한 순수한 추측의 반복만이 중요한 의사결정의 근거가 될 뿐이다. 이렇게 모든 경제주체들이 무한히 반복되는 추측 게임을 벌이는 상황에서, 경제 전체적으로 모든 결정이 조화를 이루는 결과를 기대하기란 어려울 것이다. 즉 '구성의 오류'가 발생할 가능성이 높다.

둘째, 가격을 통한 조정은 사후 조정에 지나지 않는다. 정의상, 가격은 개별 경제주체들의 의사결정을 반영한 '결과'이지, 미래의 경향을 보여주는 안내자가 아니다. 즉 가격은 과거의 의사결정들이 낳은 현재의 상황을 표현해주고 있을 뿐이다. 그런데도 경제주체들은 이 과거의 정보에 기초하여 미래에 대한 결정을 내려야 한다는 모순이 있다.

셋째, 시장에서 형성된 가격이 허구적일 가능성이 있다. 독점체에 의한 임의적인 가격 조작 가능성을 차치하고라도, 가격은 환경 오염 등과 같은 외부효과를 전혀 반영하지 못하거나 또는 반대로 과시적 소비처럼 외부효과를 과도하게 부풀리는 경향이 있다. 하지만 개별 경제주체들은 부정확한 가격에도 반응한다. 왜냐하면 그 가격이 정확한지 아닌지를 보여주는 또 다른 지식이 존재하지 않기 때문이다. 이렇게 가격이 허구적이고 그에 따른 결과에 대한 조정이 사후적인 것이라면, 그것이 사회 전체적으로 바람직하지 않은 결과를 다른 방향으로 조정할 능력을 갖고 있다고 믿을 만한 근거는 사라지게 된다. 실제로 가격에 의한 조정 방식이 순수한 형태에 가까울수록, 일방으로의 과도한 쏠림과 불균형이 더욱 보편적인 현상이 된다고 할 것이다.

마지막으로, 규범적 관점에서 가격은 계급 중립적이지 않다. 가격에 대한 낙관론자들은 개인의 선택을 가장 중요한 미덕으로 여기고, 가격이 그러한 가치를 가장 잘 보장해주기 때문에 바람직한 것으로 믿는다. 즉 개인의 선택을 보장하는 세계가 이들이 믿는 '경제적 민주주의'가 실현되는 세계다. 개인의 선호와 선택의 보장이라는 개념을 의심할 이유는 없다. 하지만 문제는 개인의 선택이 보장되는 전제조건에 있다. 개인의 선택이 경제적 민주주의의 원리가 되려면, 개인들의 선호가 독립적이어야 하고 개인들의 경제적 권력 또한 완전히 평등하게 분배되어야 한다. 하지만 가격이 지배하는 시장에서 개인의 선호는 부유 계층이 주도하는 유행이나, 소비를 특정한 방식으로 유도하려는 자본이 만든 광고에 쉽게 영향을 받는다. 또한 부와 소득의 차이에 따라 선택의 범위도 제한된다. 또 소득과 부가 완전히 평등한 사회라면, 가격에 의한 평가와 정보 전달이 무의미해진다. 왜냐하면 노동이 비용으로 계산되는 자본주의 사회에서 똑같은 보수가 주어진다면, 노동이라는 생산요소의 가격이 무의미해지기 때문이다. 이렇게 선택의 자유와 그 조건은 서로 모순적이어서 병존할 수 없다. 소득과 부의 불평등이 존재하고, 그것이 개인의 선택 범위를 규정하는 엄연한 현실에서, 가격은 그렇게 낭만적인 것이 아니다.

3. 시장 실패인가, 정부 실패인가라는 우문

1) 시장에 대한 새로운 신화

오스트리아 경제학적 전통에서 시장을 지지하는 논리는 어떤 면에서는 지나치게 이데올로기적이다. 이들은 생각할 수 있는 가장 이상적인 두 경제체제를 가정하고, 가장 이상적으로 작동하는 두 가지 메커니즘을 대조하고 있다. 더구나 여기에서 활동하는 경제주체들의 성격과 행태를 설명하는 그 무엇도 존재하지 않는다. 이러한 이념형 경제체제에 대한 논의는 소위 신고전학파 경제학으로 대체되었다. 이하 논의에서 입증되는 것처럼, 신고전학파 경제학자들은 오스트리아 경제학자들과 동일한 결론에 도달하지만, 이들의 이론적 배경과 결론 도출 과정은 크게 다르다.

신고전학파 경제학자들은 우선 대표적인 경제주체, 즉 소비자와 생산자를 가정하고, 이들의 경제적 행태를 규정하는 원리를 상정한다.[1] 즉 이 체계에서 소비자와 생산자 모두는 '주어진 조건'에서 자신의 '이

---

1. 신고전학파 경제학은 현재 대부분의 대학에서 경제학 교육의 표준으로 채택되어 유포되고 있다. 이하의 논의에 대한 구체적인 예로는 '미시경제학' 교과서들을 참조하라(예: 이준구, 2008).

익을 극대화'하는 지극히 합리적으로 행동하는 경제인들이다. 소비자는 주어진 소득을 소비하여 최대한의 만족(효용)을 향유하려 하고, 생산자는 주어진 예산을 활용하여 최대한의 이윤을 확보하려 한다. 따라서 소비자와 생산자가 자신의 '이익'을 정확히 정의할 수 있다면, 객관적으로 주어진 가격과 소득 및 예산을 이용하여 최적의 소비와 생산량을 결정할 수 있게 된다.

첫째, 소비자들은 각 소비 품목의 소비량과, 소비행위에 따라 증감하는 만족의 정도 사이에 존재하는 정확한 관계를 알고 있다고 가정된다. 또한 소득도 객관적으로 주어져 있다. 그리고 각 소비자들은 소비 상품 시장에 큰 영향을 미치지 않는 미미한 구매자이기 때문에, 시장에서 형성된 가격을 주어진 것으로 받아들인다. 주류경제학에서는 이것을 '완전경쟁시장'이라고 부른다. 소비와 그로부터 얻는 효용 사이의 함수관계를 정확히 알고 있는 소비자는 이제 제한된 소득과 시장에서 형성된 가격이라는 객관적 정보를 이용하여, 효용을 최대로 하는 소비 상품의 조합을 선택하게 된다. 이러한 소비자 개개인이 모여 특정 상품에 대한 전체 수요를 결정하게 된다.

둘째, 생산자 또한 소비자와 유사한 방식으로 자신의 이익, 즉 이윤을 극대화하는 생산을 결정하게 된다. 생산자에게는 제한된 예산이 주어져 있고, 그 예산을 이용하여 생산에 필요한 생산요소를 투입한다. 이때 개별 생산자는 생산요소 시장에서 매우 작은 부분만을 차지하고 있으므로, 생산요소에 대한 시장가격에 영향을 미칠 수 없고, 그것을 주어진 객관적 조건으로 받아들인다(생산요소의 완전경쟁시장). 이렇게 예산과 투입 생산요소의 가격이 주어지면, 생산자는 이윤을 극대화하는 방식으로 생산요소와 생산되는 상품의 조합을 결정하게 된다. 그리고 개별 생산자의 생산량이 모여서 경제 전체의 공급을 형성한다.

셋째, 이제 소비자들의 수요와 생산자들의 공급이 시장에서 만나게 되면, 균형가격이 결정된다. 잘 알려진 것처럼, 수요가 공급보다 많으면 가격이 올라갈 것이고, 반대의 경우에는 가격이 하락할 것이다. 이렇게 수요와 공급이 일치하지 않을 경우, 가격이 변하게 되고, 이를 확인한 소비자와 생산자는 각자 수요와 공급을 조정하게 된다. 더 나아가 여러 상품들과 생산요소 가운데 어느 하나라도 가격이 변동하게 되면, 단지 그 상품 혹은 생산요소에 대한 수요-공급만 변동하는 것이 아니라, 전체 상품 및 생산요소의 수요-공급에도 영향을 미치게 된다. 왜냐하면 개별 소비자와 생산자 모두 전체 상품의 구성을 변화시켜야 하기 때문이다. 이런 의미에서 이 경제 모델을 일반균형모델이라 부른다. 일반균형가격이 형성되었다는 것은 이미 소비자와 생산자 모두 자신의 이익을 최대화하고 있다는 의미이며, 이 점에서 가격은 효율적인 것이다.

그렇지만 문제는 그렇게 효율적이라 평가되는 균형을 '어떻게' 달성할 수 있느냐는 것이다. 일반균형 상태는, 앞서 제시한 모든 전제조건이 충족되고 경제주체의 합리적 판단이 아무런 문제 없이 매끄럽게 실현될 경우 나타나게 될 어떤 가상의 경제적 상태를 의미한다. 그러나 그러한 일반균형점이 현실에서 실현된다는 보장은 없다. 또한 그것이 실현되기 위한 조건에 대한 논의는 신고전학파 경제학 이론의 구성요소도 아니다(Stiglitz, 1994). 좀더 구체적으로 살펴보면, 여기서 말하는 일반균형이란 어떤 조건이 변하거나 충격이 왔을 때 그것을 해소하고 새롭게 형성되는 최종적인 상태이고, 그런 변화와 충격을 새로운 균형으로 이끄는 유일한 메커니즘은 가격의 변화다. 하지만 현실에서는 그러한 가격을 중개해주는 어떠한 메커니즘도 존재하지 않는다. 예컨대 경매에서는 경매인이 그 역할을 수행하지만, 현실에서는 경매인과 같은 역할을 하는 기구가 존재하지 않는다. 경제주체는 그 가격이 최종 낙찰 가격인지, 아니면 '과정 중의' 가격인지 알 수가 없으므로, 어쩌면 일반균형에 도달하기 위한 조정 과정은 끝나지 않는 경매 과정일 수도 있다. 물론 앞서 지적한 것처럼, 가격이 실제를 반영하는 것이 아니라 허구적인 것일 수도 있다(백영현, 1996).

결국 신고전학파 일반균형모델은 존재한다고 가정되는 시장 과정의 최종 상태를 설명하는 데는 유용할지 모른다. 그러나 새로운 경제 모델을 설계하는 데 문제가 되는 지점은 그것이 어떻게 달성될 수 있는가, 즉 조정 과정의 문제다(Hayek, 1949). 왜냐하면 현실세계는 변화와 불균형이 일반적이기 때문이다. 이것은 경제학(혹은 사회과학 일반)이 설명해야 하는 대상은 균형 상태의 특징이 아니라 그것에 도달하는 과정이어야 한다는 의미다. 이러한 새로운 문제 설정(조정 문제 중심)의 관점에서, 완전경쟁시장과 목적함수, 제약 조건으로부터 도출되는 신고전학파의 균형은 이미 균형을 상정하고 있는 폐쇄 체계다. 불균형을 야기하는 조건과 조정 과정 등의 설명 대상은 목적함수와 제약 조건 그리고 완전경쟁시장이라는 가정으로 단지 '해소'되고 있기 때문이다. 이는 사회과학이 아니라 '선택의 순수논리학'일 뿐이다. 그것도 현실 설명력이 매우 떨어지는 형이상학이다.

2) 시장 실패인가, 국가 실패인가?

일반균형이론에 대한 또 다른 측면의 비판은 그것이 상정하는 비현실적 가정들에 대한 것이다.[2] 첫째, 완전경쟁시장에 대한 가정이다. 완전경쟁시장이란 진입과 퇴출이 완벽히 보장되고, 개별 경제주체들이 해당 시장에서 차지하는 비중이 극단적으로 작아 가격에 영향을 미칠 수 없는 시장의 형태를 말한다. 하지만 현실은 이와는 너무나 다르다.

---

2.   이하 신고전학파 경제학을 정보의 불완전성과 시장의 불완전성(즉 시장이 제대로 작동하기 위해서 필요한 모든 거래의 대상이 모두 각각을 위한 시장을 가지고 있지 않다)에 기초하여 매우 구체적으로 비판하고 있는 논의로는 스티글리츠(Stiglitz, 1994)를 참조하라.

우선 진입과 퇴출의 자유가 완벽하게 보장되지 않는다. 물론 시장경제를 도입한 대부분의 국가들은 자유로운 경제활동을 제도적으로 보장하고 있다. 하지만 경쟁을 위해 필요한 초기 투자비용이 크거나, 국가의 전략적 목적 등에 따라 진입하는 데 실질적인 제약이 존재하는 경우가 적지 않다. 또한 개별 경제주체가 차지하는 경제적 비중이 매우 작은 무수히 많은 개체들로 이루어지지 않는 산업이 대단히 많다. 경쟁력을 갖춘 기업이 경쟁에 승리하면서, 자연적으로 독점을 형성하는 경우가 한 가지 예가 될 수 있다. 또한 수도, 전기, 도로 등과 같이 공공의 성격이 매우 강하거나 국가 전략적 관점에서 매우 중요한 부문은 국가가 관리하는 것이 일반적이다. 이렇게 진입과 퇴출에 실질적인 제약이 존재하고 산업의 특성상 해당 시장의 참여자 수가 제한되면 경쟁은 불완전해진다. 그 결과 불완전한 경쟁이 양산되고 그로부터 도출되는 가격도 불완전한 것일 수밖에 없다.

둘째, 모든 정보가 완전하며, 추가 비용 없이 이용 가능하다는 가정이다. 현실에서 정확한 의사결정을 내리기 위해서는 가격 정보뿐만 아니라 기타 제반의 정보가 필수적으로 요구된다. 하지만 종종 시장가격에 대한 정보조차도 큰 비용을 요구한다. 예컨대 최저 가격의 동일 상품을 찾아내기 위해서는 많은 노력과 시간이 필요할 뿐만 아니라 직접적 비용을 발생시키며, 소비자 선호 조사나 시장 현황을 파악하기 위해서도 많은 비용이 요구된다. 즉 정보는 공짜가 아니라 가격을 지불해야 얻을 수 있는 '상품'이다. 이렇게 가격에 비용이 동반되면, 개별 경제주체들은 최소의 정보만을 소비하려 할 것이고, 정보비용 절감 행위로 인해 판단을 오도할 수 있다. 더 큰 문제는 시장에서 활용할 수 있는 정보가 불완전하다는 점이다. 일반균형이론에서 요구되는 정보는 경제적 계산에 직접적으로 활용해야 하는 성질의 정보들이다. 예컨대 소비자는 자신이 무엇을 좋아하는지, 최소한 우선순위를 정할 수 있어야 한다. 하지만 정보의 많은 부분이 정량적이거나 주관적이어서 객관적으로 활용할 수 없거나 실제를 불완전하게 나타낸다. 이렇게 정보가 불완전하고 비용이 드는 문제로 인해 개인이 합리적인 판단을 하는 데 제한을 받는다면, 그로부터 도출되는 결과 또한 이론적으로 이상적인 경제 상태에 도달하기란 불가능할 것이다(더 정확히 말하자면, 해당 결과가 최적인지 아닌지 평가할 준거를 확립하기가 어렵다).

마지막으로, 경제행위의 독립성 가정이다. 일반균형이론에서는 개별 경제주체의 행위가 여타의 시장 참여자들에게 아무런 영향을 미치지 않는다고 가정한다. 하지만 현실에서는 반대의 경우가 더 일반적이다. 가장 대표적인 예는 외부성이다. 요컨대 일반균형은 현실이 아니라 이론적으로 상상되는 이상적인 경제 상태를 의미한다(백영현, 1996). 따라서 신고전학파 일반균형이론은 현실의 경제 과정을 묘사하는 것이 아니라 그렇게 상상된 균형 상태의 특성을 설명하는 이론이므로, 경제의 운영 원리로서 시장을 평가하는 기준은 되지 못한다. 실제로 현실에서는 일반균형이론이 예측하는 상황과는 많은 차이를 보인다.

현실의 시장이 이론적 시장이 기대하는 결과를 낳지 못할 때 이를 시장 실패라 하는데, 오히려 실패 상황이 더 일반적이다. 하지만 신고전학파 경제학자들은 이론을 재검토하거나 폐기하지 않고, 이론적 틀을 유지하면서 보완하고자 한다. 이들에 따르면, 이론적 시장이 예측하는 결과와 현실의 시장에서 나타난 결과가 다른 이유는 이론이 기초하는 가정들의 비현실성에 있다. 그래서 예컨대 완전경쟁시장 가정, 완전정보 가정, 외부성 부재 가정 등을 완화하고자 한다. 물론 이러한 핵심적 가정들을 현실에 더 근접하는 방식으로 완화할 경우, 일반균형과 같은 이상적인 결과에 도달할 수 없다.

만일 일반균형이론의 과도한 가정을 완화하고, 그 결과 시장의 결과가 만족스럽지 않다면, 그 정책적 함의는 무엇인가? 신고전학파 일반균형이론 신봉자들은 시장의 능력을 믿는다. 따라서 시장 과정을 왜곡하고 방해만 할 뿐인 국가의 개입은 적을수록 좋다. 극단적인 경우, 이들은 현실에서 관찰되는 시장의 무능을 정부의 개입으로 야기된 인위적인 시장 실패라고 주장하여 시장의 실패 자체를 부정하기도 한다. 하지만 일반균형이론의 가정을 완화하게 되면 이론적으로도 시장의 실패가 상시적일 수 있다. 따라서 그보다 순화된 일반균형론자들은 시장 실패를 보정하는 수단으로 국가의 개입을 부분적으로 옹호한다. 이렇게 신고전학파 일반균형이론의 틀 안에서 정부의 역할을 논의하게 되면, 논쟁은 시장 실패와 정부 실패 사이의 상대적 크기에 집중할 수밖에 없다.

하지만 정부 실패의 비용이 더 큰가, 아니면 시장 실패의 비용이 더 큰가에 대한 논쟁은, '신고전학파 경제학이 기초하고 있는 가정들을 현실에 맞게 수정하려면 어디까지 완화해야 하는가'라는 절망적인 이슈를 제기할 뿐이다. 우선 '일반' 균형이란 해당 경제에 소속되어 있는 모든 경제주체들이 자신의 선택을 완료하고 모든 변화와 충격이 그들의 선택으로 해소된 상황이어야 한다. 하지만 이는 결코 달성할 수 없는 상태다. 왜냐하면 하나의 변화가 새로운 균형 상태를 이루기 전에 또다시 새로운 변화가 일어나는 등, 경제에서 변화와 충격은 상시적이고 지속적으로 발생하기 때문이다. 이렇게 되면 결국 비교의 준거가 존재하지 않는다. 경제는 영원히 조정의 '과정'에 있을 것이므로, 최선의 상태가 어떤 것인지 알 수 없게 된다. 이 때문에 시장 실패와 정부 실패 각각의 비용을 계산하는 것은 불가능한 일이 된다.

마지막으로, 설사 비교 준거가 존재한다 하더라도, 현실에서는 모든 것이 서로 영향을 주고받는 과정에 있으므로, 정확한 비용의 추계는 거의 불가능에 가깝다. 이는 계산 모형 설정이 어렵기도 하거니와, 설사 계산 모형이 설정된다 하더라도 그렇다. 왜냐하면 그 모형의 계산에 필요한 정보를 완벽히 수집할 수 없기 때문이다.

요컨대 신고전학파 일반균형모델이 기초하고 있는 가정들의 비현실성을 인식하고, 좀더 현실적인 가정을 도입하게 되면, 시장의 실패라는 결론에 도달할 수밖에 없다. 그렇다고 시장 실패를 보정하기 위해 정부의 개입을 주장하면, 정부 실패의 문제에 봉착하게 된다. 결국 시장 실패와 정부 실패 논의는 모두 신고전학파 일반균형이론이라는 동일한 이론적 배경에서 출발한다. 하지만 양자 사이의 논쟁은 결코 합리적인 결론에 도달할 수 없을 것이다. 왜냐하면 양자 모두에게 정확한 준거가 존재하지 않을 뿐만 아니라, 상대적 비용을 계산하는 것도 불가능하기 때문이다. 이는 신고전학파 일반균형이론이 가진 고유한 속성에 기인하는 문제이며, 따라서 이러한 틀을 벗어나지 않는 한 정부 실패냐 혹은 시장 실패냐라는 질문은, 이 이론의 본질을 이해하지 못하고 던지는 우문愚問일 뿐이다.

4. 시장의 과잉 혹은 계획의 과잉: 역사로부터의 교훈

이와 같은 이론적 관점이 역사와 현실에서는 어떻게 나타났을까? 과거부터 현재까지 순수하게 시장 혹은 계획으로만 운영된 경제체제는 결코 존재한 적이 없다. 다만 계획이 지배하는 부분과 시장이 지배하는 부분의 비율 변화가 있었을 뿐이다. 하지만 각각의 경우 경제적 성과만을 기준으로 삼을 때, 시장과 계획 가운데 어느 한쪽에 극단적으로 의존한 경제는 지속 불가능하다는 사실이 역사적으로 밝혀지고 있다.

1) 시장의 과잉: 세계 경제위기

우선 시장에 극단적으로 의존하는 경제체제의 실패에 대한 가장 훌륭한 역사적 예는 1980년대 이후 신자유주의 경제정책을 채택한 경제들일 것이다.[3] 서구 자본주의는 1970년대 중반에 이르러 자본주의 황금기를 끝내고 침체에 빠져들었다. 1973년과 1979년 두 차례의 오일쇼크라는 우연적인 외부 충격이 영향을 미친 것은 사실이지만, 이것만으로는 이후의 경제 침체를 모두 설명하기 어렵다. 왜냐하면 이 시기의 세계 경제 침체는 외부 충격으로 인한 일시적 침체가 아니라 장기적 침체였을 뿐만 아니라, 과거에는 경험하지 못한 디플레이션과 생산성 하락 그리고 실업 급증을 가져왔기 때문이다. 이렇게 세계 경제, 특히 서구 자본주의 경제가 위기에 빠지자 시장 옹호론이 강력히 주창되었다. 이들은 당시 경제위기 근본 원인이 국가의 과도한 개입에 있다고 주장하며, 국가가 후퇴하고 시장의 작동에 의존하는 경제체제로 전환해야 한다고 주장했다.

경기 침체를 배경으로 이러한 주장이 대중적 설득력을 갖게 되자, 전반적으로 시장의 작동을 보호하는 포괄적·정책적 조치들이 취해지게 된다. 이 정책들 가운데 자본에 대한 규제의 완화 혹은 폐지와 노동시장 유연화 정책(쉽게 풀어서 말하자면, 고용과 해고의 무한한 자유)이 시장 의존적 경제체제로의 개편에서 핵심을 이룬다. 이러한 정책 기조는 각국에서 파편적으로 채택된 것이 아니라 선진 자본주의 경제를 중심으로 세계 전반에 걸쳐 동시다발적으로 채택되었을 뿐만 아니라, 저발전 경

---

3. 신자유주의가 등장하게 된 정치적 과정에 대해서는 하비(Harvey, 2005)를, 신자유주의 시대의 거시경제 변화와 보수적 경제정책을 다룬 논의는 엡스타인과 긴티스(Epstein and Gintis, 1995)를, 그리고 자본주의 황금기의 몰락 과정에 대한 설명은 브레너(Brenner, 1998)와 글린 외(Glyn et al., 1991)를 참조.

제들에도 강요되었다(Baker et al., 1998; Gray, 1998; Stiglitz, 2002).

하지만 이러한 급진적 시장화 정책이 침체에 빠진 경제를 구출할 것이라는 기대와 달리, 그 결과는 파국적이었다. 1970년대 3.7%였던 OECD 국가 전체의 연평균 경제 성장률은 1980년대와 1990년대 각각 3.0%, 2.7%로 지속적으로 하락하는 경향을 보였을 뿐만 아니라, 2000년대에 들어와서는 1.6%로 더욱 추락했다. 전일적 시장의 지배가 보여준 파국적 결과는 최근의 세계 경제위기에서 정점을 이루고 있다. 2008년 미국발 서브프라임 모기지론 사태를 계기로 발발한 세계 금융위기로 2009년에는 OECD 대부분의 국가가 마이너스 성장률을 기록했고, 2008년에서 2011년 사이 연평균 성장률은 겨우 0.3%에 그쳤다. 더욱이 미국 경제가 회복되고 있다는 증거는 아직 발견되지 않는 가운데, 2010년 남유럽 국가(포르투갈, 아일랜드, 이탈리아, 그리스, 스페인 등)들을 중심으로 불거져 나온 재정위기의 해결은 현재로서는 요원해 보인다. 세계 금융위기와 그에 따른 실물경제의 추락은 시장의 작동에 과도하게 의존한 데 그 원인이 있다. 특히 금융시장에 대한 규제 완화는 탐욕스럽고 무책임한 투기적 금융자본의 과도한 팽창을 조장했고, 그 결과 세계 경제는 걷잡을 수 없는 수렁에 빠지게 된 것이다.[4]

2) 계획의 과잉: 중앙집중적 계획경제

최근의 파국적 세계 경제위기가 시장의 과잉이 낳은 비극이라면, 역사적으로 그 반대편에는 계획의 과잉이 낳은 비극이 있었다. 바로 역사적으로 존재했던 사회주의 계획경제들(구소련·동유럽의 계획경제들, 중

---

4. 2008년 미국의 서브프라임 모기지론 사태에 대한 포괄적인 설명은 라잔(Rajan, 2010)과 루비니·미흠(Roubini and Mihm, 2010)을 참조.

국·북한 등)이다.[5] 이들은 사회주의의 이상(경제적 해방과 실질적 민주주의)을 실현하는 데 계획경제가 가장 유리하다고 믿었다. 하지만 의도와는 다르게 계획경제는 참담한 실패로 끝났고, 지속 불가능한 경제체제임을 스스로 입증했다. 사회주의 혁명에 성공한 대부분의 나라들은 산업 발전이 낙후된 경제들이었음에도 초기에는 괄목할 만한 성과를 거두기도 했다. 예컨대 구소련은 1960년대까지 경제 성장률이 서구를 능가하여, 머지않아 서구를 따라잡을 것이라는 기대가 형성되기도 했다. 하지만 이후 소련 경제는 1991년 최종적으로 해체될 때까지 지속적으로 몰락의 길을 걸었다(Nove, 1993). 1970년대까지 중국도 이와 유사했다(Eckstein, 1977). 서구와 일본의 침략, 그리고 이어진 내전의 폐허 속에서 1949년 건국된 중화인민공화국은 1952년 전후 복구를 완료했고, 1952년부터 1959년 사이에는 실질 GDP가 연평균 11% 성장하기도 했다. 하지만 이후 중국 경제는 급격한 경기 변동(최저는 1961년 -27.3%, 최고는 1970년 19.4% 기록)을 겪으며 고전하게 된다. 이에 따라 인민들의 생활은 낮은 수준에서 정체되었고, 애초 공산주의 혁명이 약속한 이상 사회에 대한 기대도 실망으로 바뀌었다.

이들 계획경제는 사회주의적 이상을 목표로 혁명을 통해 성립되었고, 그 이상을 실현하기 위해서는 (다소 정도의 차이는 있었지만) 시장을 배격하고 중앙집중적 계획에 따라 운영되는 경제체제가 필요하다고 믿었다. 계획경제에서는 중앙 계획기구가 생산할 제품의 종류와 규모를 정하고, 그에 필요한 자원도 배분했다. 이러한 결정에는 경제 전체의 발전 전략과 소비자들의 요구 등도 분명 고려되었을 것이다.

설사 그 선의를 인정한다 하더라도, 계획경제의 효율성은 크게 떨

---

5. 역사적으로 존재했던 국가사회주의를 진정 '사회주의'라고 부를 수 있는지에 대해서는 반론이 있을 수 있다. 여기에서는 다소 가치중립적이고 경제체제의 형태를 지칭하는 계획경제라는 용어를 사용한다.

어지는 것으로 판명 났다.[6] 첫째, 중앙 계획기구의 계획 능력에 한계가 있었다. 인간 사회가 필요로 하는 최종 생산물의 종류를 모두 고려하는 것은 거의 불가능하다. 더구나 다양한 산업 연관관계를 고려할 때, 중간재와 원료의 흐름을 정해진 목표를 위해 일관성 있게 배분한다는 것은 거의 불가능에 가까워 보였다. 실제로 1970년대 중국에서 계획적으로 배분되는 상품의 수는 겨우 600종이었고, 소련은 6만 종에 불과했다. 이러한 한계에 대해서는 분명 이들 경제의 중앙 계획기구들도 인지했고, 이로 인한 공백은 임의적인 가격 설정과 통제를 통해 간접적인 방식으로 메우고자 했다. 하지만 그 가격 또한 중앙 계획기구가 결정한 것이어서, 자본주의 시장경제에서의 가격과는 상이했다. 즉 중앙 계획기구는 전략적 목적에 부합하는 산업을 육성하기 위해, 해당 산업에 유리한 방식으로 상대 가격을 결정했다. 예컨대 농업보다는 공업의 우선적 발전을 위해 농업 생산물 가격은 낮게 책정하고 공업 생산물 가격은 상대적으로 높게 책정했다. 공업 부문 중에서도 중공업 우선원칙에 따라 중공업 생산물 가격은 높게 책정하는 한편, 경공업 제품과 중공업 제품 생산에 필요한 중간재의 가격은 상대적으로 낮게 책정했다. 이처럼 계획경제에서 생산물의 가격은 실물 단위로 계획할 수 없는 영역에 대한 원격조정을 위한 수단이나 계획을 위한 측정 단위에 불과했다. 그 결과 생산물 가격은 해당 산업 혹은 생산 단위의 효율성을 나타내는 것이 아니었고, 가격의 자원 배분 역할은 기대하기 어려웠다. 가격의 임의적인 설정은 실질적으로는 경제적 의미의 생산 기술을 지정하는 것과 동일한데, 문제는 그러한 생산 기술에 대한 정보 없이 임의적으로 책정했다는 점에 있었다. 즉 실물적 계획과 마찬가지로 원격조정을 위

6. 계획경제 체제의 운영 실태에 대한 비판적이면서 고전적인 설명은 코르나이(Kornai, 1980; 1992)를 참조. 이 저작들은 주로 동유럽 국가들에서 운영된 계획경제 실태를 묘사하고 있지만, 중국에도 동일하게 적용할 수 있다.

한 가격 설정 또한 '모든 것'을 고려한 것은 아니었고, 그 결과 현실을 왜곡하게 되었다.

둘째, 계획에 의해 운영되는 경제에서는 개별 기업들의 혁신을 유도하는 것이 사실상 불가능했다. 중앙 계획기구는 개별 기업들의 생산 능력을 파악하여 적정한 생산량을 할당하고 그에 필요한 중간재와 원재료, 운영 자금 등을 배분해야 했다. 하지만 계획기구는 해당 기업에 대해 제한된 정보만을 보유할 수밖에 없으므로, 미시적 계획은 개별 기업과 협상을 통해 결정되었다. 하지만 개별 기업의 경영자는 계획기구와는 상이한 목적함수를 가진다. 경영자 혹은 노동자들의 사적 인센티브가 허용되지 않는 상황에서, 개별 생산 단위는 할당된 생산 목표만을 달성하면 그만이었다. 그 결과 경영자는 기술 및 제품 개발 등 혁신 활동에 관심을 기울이기보다는, 자신의 기업에 할당되는 목표 생산량을 최소로 하기 위해 생산 능력을 고의로 숨기거나, 할당된 목표를 쉽게 달성하기 위해 투입해야 할 자원의 양을 과장하여 요구하는 등 자원 낭비 행태를 보였다. 더구나 경영자들은 고용된 노동자들에게 환심을 사기 위해 선심성 복지 및 상여금을 과도하게 지급하기도 했다.

마지막으로, 그렇지만 가장 중요한 점으로, 중앙집중적 계획경제는 사회주의 경제체제의 명분이었던 민주주의도 달성하지 못했다(Kornai, 1992). 계획으로 모든 권력이 집중되었고, 인민들은 계획에 참여할 권한을 박탈당했다. 인민은 단지 위로부터 내려온 결정에 순종하기를 강요받았다. 계획경제 체제를 채택한 사회주의 사회에서는 지배자가 계획의 주체(국가)로 바뀌었을 뿐, 지배-피지배의 관계는 어쩌면 더 원시적인 형태로 강화되었던 것일지도 모른다.

5. 시장과 계획의 결합

1) 자본주의 황금기

자본주의 역사에서 그나마 가장 뛰어난 경제적 성과를 낳은 것은 계획과 시장이 적절히 조합된 경우였다. 가장 먼저 떠올릴 수 있는 역사적 예는 자본주의 황금기라 불리는 1950년대와 1960년대의 서구 자본주의 국가들이다. 하지만 이 시기 서구 자본주의 경제의 부흥을 이끈 것은 국가가 생산 영역에 전반적으로 관여하여 지도한다는 의미의 계획이 아니었다. 오히려 이 시기 국가의 개입은 소비 등 총수요를 유지하기 위해 제반 '사회제도적 토대'를 마련하는 데 집중되었다. 흔히 말하는 '포디즘'Fordism 체제가 그것인데, 이는 국가가 제도적으로 '대량소비'가 가능하도록 보장했고, 그에 맞추어 생산 분야에서도 대규모 투자를 통해 대량생산 체제를 형성한 덕분에 가능했다.

일반적으로 자본주의 사회에서는 생산에 비례해서 소비가 늘어날 이유는 없다. 생산의 과실을 대자본이 독점하는 경우가 더 흔하고, 그렇게 독점된 이윤이 투자나 자본가의 소비로 모두 지출된다는 보장이 없기 때문이다. 하지만 2차 세계대전 후 서구 국가들은 생산이 소비로 이어질 수 있는 제도적 장치를 마련하여 강력히 시행했다. 대량생산으로 규모의 경제가 발휘되어 생산성이 증가하면, 그 열매를 자본이 독차지하는 것이 아니라 그에 부합하는 실질임금 상승으로 이어질 수 있도록 노동의 교섭력을 국가가 나서서 보장해준 것이다. 또한 국가는 완전고용을 정책의 우선순위에 두었고, 복지제도를 확충하여 대중의 소비가 유지될 수 있도록 했다. 이렇게 늘어난 수요의 확대는 투자 유인을 낳고, 다시 투자는 생산성 향상으로 이어지는 선순환 고리가 만들어졌다. 이렇게 전후 황금기는 계획이 생산을 직접 통제한 것이 아니라 주로 분배제도를 통제하여 달성된 것이었다.

1930년대의 대공황과 두 번의 세계대전은 사람들에게 엄청난 트라우마를 남겼고, 그 결과 새로운 시도와 사고에 개방적인 자세를 취하도록 했다(Marglin and Schor, 1990; Cornwall and Cornwall, 2001). 이 새로운 시도와 사고 가운데, 우선 지적할 수 있는 것은 강력한 복지국가에 대한 대중적 (정치적) 지지와 제도화였다. 대공황 시기의 끔찍한 실업과 빈곤은 개인의 성실성 부족으로 책임을 떠넘기기에는 너무나도 광범위하고, 그래서 명백히 구조적인 것으로 대중에게 인식되었다. 또한 독일과 소련의 적극적 고용정책과 완전고용(설령 선언에 불과한 것이라 하더라도)의 달성은 서구에 강한 정치적 압력으로 작용했다. 대중은 물론이거니와 자유주의적 정치인들 또한 젊은이들을 전쟁터로 내몰면서, 그들의 인생이 시장의 부침에 좌우되도록 방관하는 것은 매우 부당한 일이라고 믿었다. 그 결과 국가는 실업과 최소 생활수준 보장에 대해 일정 부분 책임을 져야 한다는 새로운 생각이 등장했다. 실업과 빈곤에 대한 국가의 책임이라는 새로운 사상은 이후 뉴딜정책을 거치면서 발전하고 구체화되었다. 제도로 구체화된 복지국가의 내용은 다양한 문화사업, 청년 일자리 창출, 사회간접자본 건설 등 대규모 공공사업을 통한 일자리 창출, 사회안전망의 강화 및 확대 등이었다. 다른 한편, 국가는 유효수요 관리를 통해 거시경제를 안정적으로 유지할 의무가 있다는 관념이 확산되었다. 역사적 맥락에서 보면, 정부의 유효수요 관리 정책과 거시적 안정성 유지라는 관념은 좀더 적극적인 형태의 복지국가라고도 부를 수 있는데, 이는 대공황 같은 경제적·사회적 재앙을 미연에 방지한다는 예방적 복지의 관점에서 제시되었기 때문이다.

대공황과 전쟁을 거치면서 서구에 등장한 또 하나의 조류는 노동의 조직화다. 이로써 자본과의 협상이 효과적으로 이루어질 수 있는 조건이 마련되었다. 하지만 당시에 등장한 노동조합은 작업장 조직, 생산

통제, 투자 결정 등 경영에 참여할 것을 요구하지는 않았다. 유럽과 미국 대부분의 지역에서 노동조합은 주로 직장안정성과 임금 협상에 집중했다. 그러다 보니 자본주의 황금기 초반 실질임금은 낮은 수준에서 안정화되었다. 그 결과 자본가는 경영권을 보장받는 대신에, 노동조합은 임금과 고용에 대한 협상력을 갖게 되었다.

복지국가의 등장으로 소비 수요가 안정되고, 정부의 적극적인 유효수요 관리 정책은 투자를 극적으로 촉진했다. 일반적으로 말해, 투자는 미래 이윤의 함수다. 새로운 투자를 통해 창출될 미래의 생산물이 판매되어 이윤으로 돌아올 것이라고 확신할 수 있을 때, 자본은 투자를 결정하게 된다. 복지국가의 등장으로 안정화된 소비 수요와 정부의 유효수요 관리 정책은 이러한 투자 결정의 이상적인 조건으로 보였다. 더구나 정부의 거시경제 관리 의지가 점점 더 믿을 만하다는 신뢰가 형성되면서, 투자가 대규모로 활성화되었다. 이는 다시 고용을 촉진하고, 실질임금을 상승시켰으며, 궁극적으로는 투자를 통해 새로 창출된 생산물에 대한 수요로 이어지는, 선순환 구조를 형성했다.

요컨대 계획과 시장이라는 관점에서 보자면, 1950~1960년대 서구 자본주의 황금기는 시장을 억압하거나 제한한 것은 아니지만, 그것을 잘 활용한 계획의 결과였다. 정부가 생산 측면에서 전반적으로 개입하여 계획을 실행한 것은 아니었지만, 다양한 제도 장치를 마련하고 사회적 합의를 통해 투자와 생산을 유도했다. 전후 서구의 자본주의 황금기를 이끈 것은 시장이 해결하지 못하는 문제에 대해 정부가 적극적으로 개입했기 때문에 가능했다고 판단할 수 있다.

자본주의 황금기의 서구 자본주의 경제와는 다르게, 국가의 계획이 생산 영역에 적극적으로 개입하여 성공한 경우도 있다. 대표적인 예가 동아시아 신흥공업국(일본, 대만, 한국, 홍콩, 싱가포르 등)과 1978년 이후의 중국 경제다. 동아시아 신흥공업국의 성과는 전체 자본주의 역사에서 기념비적인 기록으로 남아 있고(〈표 2-1〉 참조), 서구의 경제사가들은 이를 '아시아의 기적'이라 칭송하기도 했다.[7] 그렇다면 여기서 시장과 계획의 역할은 무엇이었나?

〈표 2-1〉 동아시아 신흥공업국의 경제 성장률(단위: %)

국가 \ 시기	1960년대	1970년대	1980년대
일본	10.5	5.1	4.0
한국	7.6	9.3	7.8
대만	9.1	10.2	8.1
홍콩	8.7	8.9	7.3
싱가포르	8.7	9.4	7.3

자료: IMF.

각국의 지리적·사회적·역사적 배경이 다르기 때문에 이들을 하나의 이론으로 설명하기는 어렵지만, 국가의 계획적 개입이라는 공통점이 있다. 즉 이들 국가들은 공통적으로 생산 영역을 기획하고 통제했다. 첫째, 이들 국가들은 선별적 산업정책을 취해 국가경제를 장기적으로 계획했다. 이들 나라에서는 경제 발전 전략을 총괄하는 소위 '선도기구'(일종의 계획기구)를 두고, 장기적인 경제 발전 전략을 기획했다. 이들 계획기구는 장기 발전 계획에 따라 우선적으로 발전시켜야 할 산업을 선정하고, 국내외의 자원을 동원하여 우선순위로 선정된 산업에 집중적으로 투자했다. 또한 이 과정에서 선호되는 기업 형태 및 산업구조가 결정되기도 했다. 예컨대 한국의 재벌과 일본의 게이레츠系列 등의 기업집단이 이러한 선별적 계획으로 탄생했다. 둘째, 효율적이고 집중

---

7. 정치학적 관점에서 국가의 역할을 강조하는 논의로는 암스덴(Amsden, 1989), 존슨(Johnson, 1982), 웨이드(Wade, 1990) 등을 참조.

화된 경제 발전 계획을 실행하기 위해 자원의 배분을 담당하는 금융을 국가가 통제했다. 이들은 다양한 방식으로 내외부의 자원을 동원하고, 국가의 계획에 부합하는 방식으로 선별적으로 금융 자원을 분배했다. 셋째, 이들은 모두 효과적인 자원 동원 메커니즘을 구축하고 활용했다. 우선 노동을 동원하고 기업들이 효율적으로 활용하도록 하기 위해 노동을 극단적으로 통제했다. 또한 농업으로부터 공업 부문으로 자원을 이전하기 위해 농산물에 불리한 방식으로 차별적인 가격 통제를 실시하곤 했다.

그렇지만 이 체제에서의 계획은 사회주의 계획경제에서와는 매우 다른 방식을 취했다. 첫째, 계획의 영역이 발전 전략 수립과 자원 배분 등 거시적 수준의 계획에만 국한되었고, 생산 단위 수준의 경영에는 직접 개입보다는 경쟁 방식을 유지했다. 이들 계획기구들은 자원 배분에서 수혜를 받는 기업과 일종의 계약관계를 맺고, 수혜 기업들에게 일정한 성과를 요구했다. 정해진 목표를 달성하는 우수한 기업에는 추가적인 지원을 약속했지만, 그렇지 못한 기업은 과감히 퇴출했다. 따라서 추가적인 지원을 획득하기 위해 개별 기업들은 부단한 혁신을 강요받았고, 이러한 혁신의 압력하에서 개별 기업들은 새로운 생산 방법과 기술을 개발하고, 시장을 개척하기 위해 경쟁을 벌여야 했다. 이는 사회주의 계획경제에서의 기업 행태와는 매우 다른 것이었다. 둘째, 이들 계획기구들은 독특한 수요 관리 정책을 갖고 있었다. 이들 동아시아 국가들은 발전 초기에는 대부분 가난한 나라였고, 국내 기업과 산업의 수익성을 보장하고 경쟁력을 높이기 위해 임금을 통제했다. 그 결과 생산이 증가한다 하더라도 수요가 따라주지 못했다. 이를 타개하기 위해 계획기구는 선별된 기업들에게 수출을 강요했다. 그 결과 이들 대부분의 경제는 수출 주도형 성장체제를 구성하게 되었다. 즉 자본주의 황금기 동안 서구에서의 유효수요 관리 방식(국내 유효수요 관리)과는 달리, 이들은 수출을 통해 유효수요를 창출하고, 수출 촉진 정책을 계획기구의 중요한 업무로 삼았다. 발전 초기에는 저렴한 노동력에 따른 가격 경쟁력에도 불구하고, 낮은 품질 때문에 세계시장에서 경쟁력을 갖지 못했다. 이러한 약점은 당시 냉전체제하에서 선진 자본주의 진영(특히 미국)의 도움으로 어느 정도 극복할 수 있었다. 서구 자본주의 국가들은 이들 저발전 국가들을 자본주의 진영으로 포섭하기 위해, 이들에게 호혜적으로 시장을 개방하여 수출을 도왔던 것이다.

2) 새로운 성공 신화, 중국

시장과 계획의 적절한 조합으로 경제적 성공을 거둔 또 다른 사례는 중국이다. 하지만 중국은 계획경제로부터 시장경제로 전환하는 과정에서 눈부신 성과를 낳았다는 점에서 동아시아 신흥공업국들의 사례와는 달랐다.[8] 종종 계획경제의 몰락을 시장의 우월성을 입증하는 역사적 사례로 인용하지만, 이러한 견해는 사실과 매우 다르다. 왜냐하면 계획경제를 포기하고 시장경제로의 전환을 시도했던 모든 경우들이 우수한 경제적 성과를 낳은 것은 아니었기 때문이다. 예컨대 구소련과 대부분의 동유럽이 계획경제를 포기한 지 20년 이상 지났지만, 이들 대부분이 동아시아 신흥공업국처럼 뚜렷한 경제 성장을 이룬 것은 아니

---

8. 1978년 개혁·개방정책이 채택된 이후 중국 경제의 발전 과정에 대한 일반적인 논의로는 브란트와 로스키(Brandt and Rawski, 2008), 그리고 노튼(Naughton, 2007) 참조. 중국의 급속한 경제 성장에 대한 대부분의 설명은 개혁을 통해 도입된 시장과 인센티브 제도에 배타적 중요성을 둔다(Lardy, 1998; Lin et al., 2003). 즉 생산 측면에서 시장으로의 개혁을 강조하는 것이다. 하지만 동아시아 신흥국들에서 발견되는 국가의 개입과 유사한 중국식 계획이 존재했다는 주장(Oi, 1999; Xia, 2000; Whiting, 2001)이 제기되기도 하고, 다른 한편으로 전용복(Jeon, 2008)은 중국의 경제 발전에서 수요 측면이 매우 중요하게 작용했음을 계량경제학적 통계 분석을 통해 실증적으로 보여주고 있다. 브래몰(Bramall, 2000) 또한 중국 정부의 유효수요(주로 내수에 초점) 관리 정책이 매우 왕성하게 실시되었음을 입증해 보이고 있다.

다. 이런 의미에서 중국의 실험, 즉 계획경제에서 시장경제로 전환하여 엄청난 성공을 거둔 사례는 유례가 없는 것으로, 참고할 만한 가치가 높다고 하겠다.

중국은 1949년 건국 이래 30년 동안 계획경제 체제를 유지하다가, 1978년 말 개혁·개방정책을 채택하면서 시장경제 요소를 적극적으로 도입하여 활용하기로 결정한다. 이후 시장이 지배하는 영역을 확대한다는 정책 기조는, 그 속도와 정도에서 다소 부침을 겪었지만, 꾸준히 추진되어왔다. 그 결과 현재 중국 경제는, 과거 동아시아 신흥공업국들이 그랬던 것처럼, 정부의 계획이 중요한 역할을 담당하고는 있지만, 기본적으로 시장에 기반을 둔 경제체제로 전환했다고 평가된다. 더구나 중국 경제는 개혁·개방정책이 시행된 후 30년 동안 실질 GDP가 연평균 약 10%씩 성장했다. 또한 최근의 세계 금융위기 시기에도 연 9%대의 경제 성장률을 기록하는 등 외부 충격에 강한 안정적인 모습을 보여주고 있다. 중국의 인구와 경제 규모, 그리고 그 지속 기간을 고려할 때, 이러한 성과는 동아시아 경제 성장의 기적조차 뛰어넘는 슈퍼 기적이라 부를 만하다.

중국 경제의 기적적인 성공에서 계획과 시장은 어떠한 역할을 수행했을까? 먼저 중국이 전일적 계획경제에서 벗어나는 과정이 구소련과 동유럽 계획경제의 그것과는 달랐던 점을 지적해야 한다. 구소련과 동유럽 국가들은 계획경제 시기에 존재하던 계획 영역을 신속히 해체하고 그 자리에 시장을 도입하는 방식을 채택했다. 과거의 국유기업들은 즉각 민영화되었고, 자유로운 가격 기제가 (그야말로) 하룻밤 사이에 전면적으로 허용되었다. 이러한 개혁정책은 시장의 효율성을 믿는 경제학자들과 세계 경제기구들의 권고에 따른 것이었다. 하지만 기대와 달리, 이들 경제들은 고인플레이션, 실업 증가, 물자 부족, 소득과 부의 극단적인 양극화 등 혼란을 겪어야 했고, 이는 쉽게 진정되지 않았다. 이와 반대로 중국의 개혁·개방정책은 점진적으로 추진되었다. 중국은 구소련과 동유럽 계획경제의 개혁 방식과는 달리, 기존 계획 영역을 해체하고 그 자리에 시장을 이식한 것이 아니라, 기존의 계획 영역을 한동안(대략 1990년대 중반까지) 유지함과 동시에, 이윤 동기에 기반을 두고 시장의 조정 메커니즘을 따르는 영역을 '추가로 허용'하는 방식을 택했다. 말하자면 계획의 외부에서 시장이 성장할 수 있도록 한 것이다 (Naughton, 2007). 그 결과 계획 부문의 해체가 가져올지 모르는 혼란과 정치적 저항을 피함으로써 경제적 안정성을 유지할 수 있었을 뿐만 아니라, 시장의 영역이 맹렬히 확대되면서 급속한 경제 성장도 가능했다. 실제로 중국의 눈부신 경제 성장은 이렇게 계획 외부에 존재하는 시장의 영역에서 활동하는 민간 부문의 급속한 발전의 결과였다고 해도 과언이 아니다.

그렇다고 중국이 생산 영역에서의 계획을 포기한 것은 아니었다. 중국 당국은 기존의 계획 부문을 유지하고 발전시킴은 물론이거니와, 민간 부문의 발전에도 지속적으로 개입했다. 대표적인 예가 향진기업鄕鎭企業의 발전이다. 향진기업은 중국 농촌 지역에 설립되어 성장한 기업으로, 개혁·개방 이전에는 지방정부가 소유하고 경영하고 있었다. 중국은 개혁정책의 일환으로 지방정부에 향진기업의 자율적 운영을 위임했는데, 일부 지역에서는 여전히 지방정부가 경영했고 일부 지역에서는 민영화되었다. 이러한 차이에도 불구하고, 향진기업 부문은 1980년대와 1990년대 중반까지 연평균 약 25%씩 성장하는 등 매우 빠르게 성장하여, 중국 경제 전체의 급속한 성장을 이끌었다. 이러한 성장을 이룬 데는, 그 소유구조와 경영주체의 다양성에도 불구하고, 계획의 역할이 매우 컸다. 개혁정책의 결정에 따라 향진기업의 이윤은 과거처럼 중앙정부에 전액 상납하는 것이 아니라 지방정부가 자율적으로 처분할 수 있었는데, 지방정부 대부분은 이를 활용하여 관할 지역 내에서 적극적인 산업정책을 실시했다. 예컨대 지방정부는 향진기업들이 창출한 유보이윤을 모아 특정 기업에 집중적으로 투자하는 등 재투자를 위한 자원 분배에 계획적으로 참여했다. 또한 고속 성장기의 동아시아 국가들이 그랬던 것처럼, 지방정부들은 자신의 지역에 대한 발전 전략을 세우고 선순위 발전산업과 선도기업을 발굴해 집중 지원했다. 이들은 관할 지역 내의 선별 기업들에 대한 지급보증을 제공한다든가, 지역 금융기관에 압력을 행사하여 금융적 지원을 이끌어내기도 했다. 물론 지방정부의 적극적인 산업육성 정책은 지방경제의 발전이 관료들 자신의 이해관계와도 일치했기 때문이다. 즉 관할 지역의 경제적 성과가 관료들의 평가와 승진에 결정적인 영향을 미쳤던 것이다(Oi, 1999; Whiting, 2001).

중국의 중앙정부도 중국 경제 전체적인 관점에서 발전 계획을 수립하고, 적극적으로 개입했다. 중앙정부는 또한 국가적 차원의 발전 전략을 세우고 선별적 산업정책을 수행해오고 있다. 이를 위해 첫째, 거시경제를 조정해왔다. 환율 관리가 대표적인 예다. 1990년대 초반부터 중국 경제는 수요의 원천을 내수에서 외수로 전환하고 수출 주도형 성장체제를 채택하게 되는데, 정부는 이를 위해서 자국 통화인 위안화 가치를 낮은 수준으로 유지했다. 위안화 저평가 전략은 국내 수출 기업들의 가격 경쟁력을 높여 수출을 촉진하고, 중국에 대한 해외 직접투자(주로 수출 부문에 투자되었다)를 유치하는 데 큰 도움이 되었다. 또한 이는 간접적으로 비수출 부문과 소비자로부터 수출 부문으로 자원을 재분배하는 효과를 가져오기도 했다.

중국의 중앙정부는 또한 전략 산업을 직접 관리하고 있다. 1990년대 후반에 중국은 그때까지 유지해오던 국유기업들(계획 부문)을 대규모로 민영화했는데, 전략 산업에 속한 국유기업들은 오히려 투자를 강화하는 등 관리를 강화해오고 있다(Nolan, 2001). 중국은 현재 장기적 전략

차원에서 중요하다고 판단되는 산업을 육성하기 위해 과거의 국유기업들을 중심으로 기업집단으로 묶어 집중적으로 관리하고 있다.

예컨대 최근 중국 정부가 가장 집중적으로 육성하고 있는 산업은 7대 신성장 산업으로 불리는 신에너지(풍력, 태양력, 스마트그리드), 전기자동차(하이브리드 차, 순수 전기자동차), 신소재(희토자성 소재, 리튬전지 소재, 환경 보호 소재, 화공 신소재), 차세대 IT(사물 간 인터넷, 3망 융합, 집적회로, 신형 디스플레이), 에너지 절감 및 환경 보호(에너지 서비스, 3건축 에너지, 대기 오염, 수질 오염, 고형 폐기물), 바이오(바이오약품, 예방진단시제, 현대 한약, 바이오의약, 생물육종, 해양생물), 첨단장비(항공기 제조, 우주공학, 해양플랜트, 철도교통, 해양담수) 산업들이다.

여기에 포함된 기업들 대부분은 장기 전략적인 관점에서 반드시 필요하지만, 장기적으로 대규모 투자가 요구되고 단기수익이 나지 않아 민간기업이 담당하기에는 곤란한 산업에 속해 있다. 이러한 산업정책은 실제로 이미 괄목할 만한 성과를 나타내고 있다. 신에너지 산업 가운데 태양광 산업을 예로 들어보면, 2010년 현재 중국은 세계 태양전지의 절반을 생산하고 있고, 세계 10대 태양광 업체 가운데 5개 사가 중국 기업이다. 더구나 중국 정부는 2012년부터 2015년까지 태양광 산업에만 3조 1,000억 위안(한화 약 557조 원)을 투자한다는 계획을 세우고 착실히 실행하고 있다. 또한 중국은 우주개발 분야에서 미국, 러시아에 이어 세계 3위의 기술력을 인정받고 있다.

중국 정부의 유효수요 관리 '계획'도 있다. 언론과 학계에서 자주 지적되는 것은 아니지만, 중국의 개혁·개방정책은 항상 유효수요 창출을 위한 대책을 고려했던 것으로 보인다. 생산 영역에서 아무리 기술이 발전하고 생산성이 향상되어 생산이 늘어난다 하더라도, 생산된 제품이 판매되지 않으면, 경제는 성장할 수 없기 때문이다. 중국의 개혁·개방정책은 농촌에서 시작되었고, 농가소득을 파격적으로 높여주는 정책부터 추진되었다. 이는 개혁 초기에 경제 성장의 밑거름이 되었는데, 앞서 지적한 향진기업의 생산물을 소비해주는 역할을 했기 때문이다. 향진기업들은 농촌 지역에 위치하며 대부분 경공업 부문에 종사했는데, 농가소득의 향상으로 향진기업이 생산한 제품을 흡수해주었기에 그토록 빨리 성장할 수 있었던 것이다. 또한 국유 부문이 유지됨에 따라 고용도 지속되었는데, 이는 내수의 중요한 원천이었다. 그 비용은 이들에 대한 은행의 부실채권 누적으로 나타났는데, 1998~2001년에 정부에서 이 부실채권을 인수했다.

하지만 1980년대를 지나면서 중국 전반의 생산 능력이 중국 내 소비 능력보다 월등히 빠르게 성장하자, 내수에 의존하는 성장체제는 더 유지되기 어려워졌다. 이에 중국 정부는 수출 촉진 정책을 강력히 시행하여 수출 주도적 성장체제로 전환하게 된다. 실제로 중국의 수출 의존도는 1993년을 기점으로 급격히 증가했다. 하지만 1997~1998년의 아시아 금융위기와 2000년대 초 미국 경제의 침체 등 외부 충격이 있을 때마다 수출에 의존하는 중국 경제의 취약성이 드러나자, 중국 정부는 2004년을 기점으로 내수 주도적 성장체제로 이행할 것을 천명하고, 이에 필요한 제반 '계획'을 실행해오고 있다. 대폭적인 임금 상승 허용, 민영화에 따라 붕괴된 사회복지제도 확충, 농민에 대한 세제 감면 및 면제, 서부 대개발 계획 등이 이러한 계획의 일환으로 추진되고 있다. 실제로 2004년부터 2010년까지 도시 실질임금은 연평균 약 10% 이상 증가(20% 이상 증가한 해도 있다)했는데, 이는 정부의 승인 없이는 불가능한 일이다.

3) 교훈

이 절에서는 계획과 시장에 대한 역사적 경험을 살펴보았다. 여기에서 얻을 수 있는 교훈을 정리하면 다음과 같다. 첫째, 역사적으로 순수하게 시장 혹은 계획으로만 구성된 경제는 존재하지 않았다. 둘째, 시장 혹은 계획 가운데 어느 일방에 극단적으로 의존하는 경제는 성공하지 못했다. 오히려 역사가 보여주는 바는 시장과 계획이 적절하게 결합될 때 경제적 성과가 더 좋았다는 사실이다. 물론 시장과 계획의 '황금비율'은 존재하지 않는다. 이는 해당 경제에 주어진 역사적 배경을 고려하여 결정할 일이다.

계획의 내용과 관련해서도, 그것은 생산과 수요 모두에 적용되어야 한다는 사실을 발견하게 된다. 시장과 계획의 관계에 대한 기존 논의들은 흔히 생산 영역에만 집중하는 경향이 있다. 이는 생산은 곧 소비로 이어진다는 주류 담론의 영향일 가능성이 크다. 하지만 이론적으로 생산이 자동적으로 수요로 이어질 이유는 없다. 역사적으로도 경제 성장에 성공한 사례들은, 그것이 내수였든 수출이었든, '계획'적으로 수요 창출 방안을 마련한 경우였다. 동아시아 경제와 1990년대 초반 이후의 중국이 수출에 의존했다면, 자본주의 황금기의 서구 경제들과 1980년대의 중국은 내수에 의존해 성공한 사례일 것이다.

하지만 진짜 문제는 계획의 개입이 반드시 성공을 보장하는 것도 아니라는 점이다. 동아시아 신흥공업국들과 개혁·개방 이후 중국의 사례가 국가의 계획이 경제 발전에서 결정적인 역할을 수행했다는 점을 보여주긴 하지만, 국가의 적극적인 계획 활동에도 불구하고 경제 발전에 실패한 사례가 세계적으로 더 많다. 더구나 국가 계획이 경제적 성공으로 이끈 사례나 혹은 국가의 계획에 지나치게 의존해 곤경에 빠진 경제들은 정치적 민주주의를 달성하는 데도 실패했다. 사실 이는 엄청난 사회적 비용을 초래한다는 점에서 과연 진정한 성공 모델로 평가할 수 있는지, 의문이 제기되기도 한다. 예컨대 경제 발전 기간 동안 형성된 비민주적 관행이 이후 부패로 이어지거나 사회 통합을 어렵게 해,

지속 가능한 발전을 가로막을 수도 있다. 이에 대해 신속한 의사결정과 일사불란한 실행을 통한 빠른 경제 발전을 위해서는 민주주의는 어느 정도 포기해야 한다는 의견이 제기되기도 한다. 하지만 다른 한편으로는, 역사적으로 보면 독재체제가 경제적 성공을 보장하는 것도 아니고, 지속 가능한 경제 발전 모델로서는 한계가 있다는 사실을 지적해야 한다. 예컨대 국가의 계획이 강력했고 또 경제 발전에 성공한 경우라도, 계획의 실패로 주기적인 경기 변동을 겪은 게 사실이고, 국가의 후퇴를 강제하는 요소들이 이들 체제 내부에서 발전한다는 점에서, 경제 발전을 위한 민주주의 양보론은 설득력이 없다.

6. 맺음말: 경제적 과정으로서의 참여민주주의

이상의 논의로부터 우리는 새로운 경제체제를 구성하기 위해서는 과거의 이론적 틀을 대체할 수 있는 창조적 접근법이 필요하다는 것을 알 수 있다. 또한 이를 통해 새로운 경제체제를 모색할 때 두 가지 문제를 고려해야 함을 확인할 수 있었다. 첫째, 중앙집중적 계획은 가능하지도 않고, 바람직하지도 않다. 정보와 유인의 문제로 인해 어떤 중앙계획기구가 경제 전체를 통제한다는 것은 불가능하다. 또한 중앙집중적 계획이 본래 의도하는 '실질적 민주주의'를 보장하는 것도 아니며, 오히려 경제 성장 없는 독재로 귀결될 가능성이 더 커 보인다. 둘째, 시장은 과정으로 존재하며, 그 자체로 이상적인 경제 상태를 보장해주지 않는다. 가격이 이론적 예상처럼 작동하기 위한 이상적인 전제조건은 현실에서는 달성되기 어렵고, 그러한 현실적 조건에서 가격이 어떻게 현실세계를 조정해나가는지에 대한 의문은 이론적으로 설명되지 않고 단지 '가격은 그러할 것이다'라는 가정으로 해소되고 있다. 그렇다면 시장과 가격의 결과가 어떤 이상적인 균형 상태를 보장하리란 믿음은, 과학적인 결론이라기보다는 종교적 믿음에 더 가깝다.

역사적으로 보면, 경제적 성과가 우수했던 사례들은 대부분 계획과 시장이 적절히 조합된 경우였다. 여기서 계획은 생산 영역에서의 계획뿐만이 아니라 수요 영역에서의 계획을 포함한다. 그런데 이러한 계획이 가능하려면 일정한 '사회적 합의'가 필요하다. 예컨대 충분한 수요를 위해서는 정부의 재정 운영에 대한 정치적 동의가 있어야 한다. 특히 현대 자본주의 국가에서 수요 가운데 가장 큰 비중을 차지하는 소비 수요를 위해서는 다양한 형태의 사회안전망과 복지제도, 그리고 노동에 대한 좀더 관대한 보상체계를 제도적으로 구축해야 한다. 이러한 제도적 기초를 마련하고 발전시키기 위해서는 반드시 사회적 합의를 도출해야 하고, 사회적 합의를 도출해가는 과정을 우리는 '정치'라 통칭할 수 있을 것이다. 따라서 정치의 영역 또한 안정적이고 지속 가능한 발전을 낳는 경제체제를 위해 반드시 필요한 '경제적 조건'으로 간주할 수 있다. 이러한 관점에서 보면, 역사적 교훈이 보여주는 것처럼, 민주주의는 더 나은 경제적 성과를 위한 전제조건이다.

과거 계획경제 체제들이 입증한 것처럼, 계획이라는 형식적 요소 자체로는 민주주의를 보장해주지 않는다. 계획은 필연적으로 계획기구(국가)로의 권력 집중을 수반하는데, 이는 민주적인 운영 메커니즘을 자동적으로 탑재하지는 않는다. 또한 역사가 반복적으로 증명하고 있듯이, 민주주의가 빠진 그 어떤 사회·경제 모델도 지속 가능하지 않다. 비민주적 체제와 경제적 발전은 장기적으로 양립할 수 없는 것이다. 이러한 논리에서 우리는 자연스럽게 '시장을 활용하는 민주적 계획'을 대안적 경제체제를 구상하기 위한 핵심 관점으로 상정할 수 있을 것이다. 경제적 성과를 위해서는 시장을 적극적으로 활용해야 한다. 시장을 활용하는 것은 분산된 정보를 제대로 수집하고 활용해야 함을 의미한다.

즉 개별 경제주체들이 가진 정보들을 스스로 활용하고 확산할 수 있도록 보장해야 하는 것이다. 아울러 이 경우 개인의 자발성에 기초한 창조와 유인의 문제도 자연스럽게 해결될 것이다. 그렇다고 개별 경제주체들의 이익 추구 행위를 무한정 허용할 수도 없다. 왜냐하면 개인의 최적의 선택이 곧 사회 전체적으로도 최적의 선택일 이유가 없기 때문이다. 어떠한 형태로든 계획은 필요한 것이다. 하지만 그 계획이 권위주의적인 계획일 필요는 없다. 오히려 시장을 활용하는 계획 자체가 권위주의적인 중앙집중적 계획과 양립하지 않을 것이다.

따라서 대안적 경제체제는 실질적 민주주의의 가치를 보장하는 방식으로 계획과 시장 모두를 체화한 체제가 되어야 할 것이다. 우리는 여기서 분권화된 참여민주주의를 고려하게 된다.[9] 앞서 우리는 중앙집중적 계획은 가능하지도 않을뿐더러 민주적 의사결정 과정을 포용할 수도 없음을 지적했다. 그것은 계획의 규모가 커짐에 따라 처리해야 하는 정보의 양이 많아지고, 또한 직접적인 참여가 제한될 수밖에 없다는 현실적인 사정에 연유한다.

그렇다면 현장에서 특정 사안과 직접적인 이해관계를 가진 당사자가 해당 문제에 개입하는 방식의 계획을 상정해볼 수 있다. 이해당사자는 해당 문제에 대해 가장 많은 정보를 보유하고 있을 가능성이 크기 때문에, 계획의 효율성도 극대화할 수 있을 것이다. 또한 이는 이해당사자들에게 자신의 문제를 스스로 해결할 수 있는 참여의 기회를 제공함으로써, 실질적인 민주주의에 더욱 근접할 수 있게 한다. 결국 민주주의는 정치적 범주의 문제일 뿐 아니라 경제적 범주에 속한 문제일 수 있는 것이다.

---

9. 분권적(혹은 참여적) 계획과 시장이 공존하는 다양한 대안체제들에 대한 논의로는 앨버트 (Albert, 2003), 디바인(Devine, 1988), 켈리 외(Kelly et al., 1997), 그리고 사회과학 학술지 『사이언스 앤드 소사이어티』*Science & Society*, 2002년 봄호(특집호)에 실린 논문들을 참조할 수 있다.

3. 공유와 협력:
지속 가능한 경제와 제3민주주의

최배근

1. 머리말

　세계 금융위기 이후 세계 경제는 성장의 구조적 둔화라는 중대한 도전에 직면해 있다. 세계 금융위기는 사실상 '자유시장 시스템의 종언'을 의미한다고 할 만큼 중대한 사태다. 예를 들어 금융위기 이후 시장가격의 핵심에 해당하는 시장 금리를 선진국의 중앙은행이 결정하고 있음에도 선진국의 시장 시스템은 좋은 일자리를 만들어내지 못하고 있다. 탈공업화로 좋은 일자리와 소득을 창출했던 제조업을 대체할 새로운 경제활동이 부재한 가운데 금융위기 이후 금융(부채) 주도의 성장도 불가능해졌기 때문이다. 사실상 자유시장 시스템의 사망은 이미 1990년대 초에 그 모습을 드러냈다. '고용 없는 성장'이나 '청년실업' 문제 등은 자유시장 시스템의 실패에서 비롯한 것이기 때문이다.

　따라서 향후 세계 경제의 핵심 과제는 좋은 일자리와 성장 추진력을 마련하는 것이 될 수밖에 없다. 특히 '고용 없는 성장'과 '청년실업'을 고려할 때 성장을 통한 일자리 마련이 아니라 좋은 일자리 만들기를 통해 성장도 달성하는 방식이 필요하다. 이는 자본 집약적 방식에서 아이디어 집약적 방식으로 경제활동이 이동하는 추세에서도 확인할 수 있다. 후자의 경우 제품 개발 과정에서는 양질의 노동력이 필요한 데 비해 제품 개발 이후에는 생산량을 늘려도 노동력이 필요하지 않기 때 문이다.

그런데 아이디어 집약적 경제활동(무형재 경제)에서의 가치 창출은 사유와 경쟁보다 공유와 협력이 효과적이다. 이는 무형재인 아이디어 의 특성에서 비롯한다. 경쟁과 사유재산권을 절대시하는 주류경제학과 자유시장 시스템이 탈공업화에 대해 무기력을 드러내는 이유다.

2. 사유와 경쟁의 신화

1) 사유와 경쟁의 역사적 배경과 이론

주류 사회과학, 특히 주류경제학(시장이론)에서 사유재산권과 (자 유)경쟁의 원리는 자본주의 혹은 시장경제의 핵심 요소다. 그런데 자 본주의와 시장경제에는 다양한 유형이 존재한다. 그리고 유형의 차이 를 결정짓는 요인에 경쟁과 사유재산권의 강도强度도 포함된다. 사실 많은 교과서에 소개되는 경쟁과 사유재산권의 내용은 영미형 시장경 제, 이른바 앵글로색슨 자본주의의 경제 운영 원리와 재산권 체계에 가 까운 것이다. 즉 영미형 시장경제는 '시장에 의해 통제, 조절, 지시되 는 경제 시스템', 이른바 '자기 조정적 시장 시스템'self-regulating market system(Polanyi, 1957)이다. 시장이론이 자원의 효율적 배분을 저해한다 는 이유로 경제에 대한 국가 개입을 반대하고, 경제학이 정치학·철학 등과 분리된 배경이다.

무엇보다 영미형 시장경제는 생산의 3대 요소로 불리는 토지(자연), 노동(사람), 자본(화폐)이 가장 상품화된 시장경제다. 참고로 상품은 시

장 판매(영리)를 목적으로 만든 생산물로 제한된다. 폴라니가 토지와
노동 등을 "본래 상품이 아닌, 혹은 상품이 될 수 없는 것이 상품이 된"
"허구적 상품들"fictitious commodities이라고 표현했듯이 자연과 사람과
화폐의 상품화는 자연스러운 과정이 아니었다. 예를 들어 15세기 이후
주로 영국에서 지주계급에 의해 공동 이용이 허용되었던 토지에 울타
리나 담을 둘러쳐 사유지화했던 인클로저enclosure와 신구빈법New Poor
Law(1834) 등은 토지와 노동의 상품화에 결정적인 역할을 했다. 즉 영
국에서 가장 먼저 등장한 시장 시스템은 인간의 교환 성향(본능)에 의해
자연적으로 형성된 것이 아니라 상품이 아닌 것을 상품화하고 이 시스
템을 하나의 체제로 확립하기 위해 부단히 국가가 개입하는 과정을 거
쳐 출현했다. 그리고 이러한 과정에서 자연스럽게 개인주의가 성장했
다. 그 결과 가족관계나 소유제 등의 변화가 수반되었다. 예를 들어 생
산과 소비가 분리되지 않았던 자연경제가 시장 영역의 확장에 의해 부
식되는 과정은 사회의 단위가 집단에서 개인으로, 폭넓은 범위의 가족
관계에서 개인주의적 가족 시스템으로, 그리고 공동적·제한적·조건부
적인 소유제에서 개인적이고 절대적인 소유제 등으로 이행하는 과정이
기도 했다.

마찬가지로 개인주의는 영국의 정치체제에서부터 사상 등 모든 분
야에 영향을 미쳤다. 예를 들어 "모든 법이 왕으로부터 나오고 인민은
왕의 복속물"이라는 프랑스의 절대왕정과 달리 영국은 인민의 자발적
묵인에 기초한 제한된 왕정을 가졌고, 왕은 일반 평민과 마찬가지로 동
일한 법에 구속받았다. 즉 영국 국가는 상호 계약으로 결합된 자유인
의 결사체였던 것이다(Macfarlane, 1978, 165·180쪽). 자연적 권리를 전제
로, 주체와 객체를 엄격히 구분하는 영미형 자유주의의 권리가 '배타
성'을 내포하고 있는 배경이다. 예를 들어 존 로크는 인간의 신체에 대
한 절대적 권리를 그 신체적 활동의 결과로서 획득하는 물건에 대한 지

배로 유추하고 확장한다. 마찬가지로 영국 최고의 사회주의 단체인 페이비언 협회Fabian Society의 활동, 그리고 종종 마르크스주의 사상의 영국식 변형으로 불릴 정도로 영국 사회주의 이념에 커다란 영향을 미친 페이비언주의의 밑바탕에는 개인주의가 자리 잡고 있다. 즉 제러미 벤담과 존 스튜어트 밀 등으로 이어진 영국 급진주의 전통과 실증주의적 사고를 마르크스적 정신에 접목하려 했던 영국 페이비언들의 자본주의 경쟁체제에 대한 신랄한 비판과 개혁에 대한 열정은 개인의 윤리성 완성을 전제로 한 것이었다(고세훈, 1999, 55~58쪽). 이처럼 인류 역사에서 수천 년간 하나의 제도로 존재해왔던 시장이 영국에서 '자기 조정적 시장 시스템'으로 발전하기까지는 시장 멘털리티에 의한 정치·경제·사회·문화 등 사회 제 관계의 재구조화가 필요했다.

영국의 개인주의 배경을 이해할 때 영국에서 만들어진 주류경제학(시장이론)이 이기심에 기초한 호모 에코노미쿠스homo economicus와 집단행동을 대표하는 허구적 개인(대표 개인)을 나타내는 '대표 행위자' representative agent 그리고 경쟁 및 사유재산권의 원리에 기초하는 것은 자연스러운 결과였다. 시장이론이 모든 선택의 기준으로 삼는 효율성은 사회적 차원의 문제임에도 개인적 선택의 문제로 해결하고자 한다. 즉 시장이론에서 효율성은 "한 사회가 가진 제한된 자원으로 최대의 효과(이익)를 만들어내는 것"으로 정의하면서, 이는 각 개인의 이익 극대화를 통해 가능하다고 본다. 이는 개인의 합리적 선택 사이에 충돌이 없다는, 즉 독립적으로 최적화가 가능하다는 것을 전제로 한다. 사회를 '경쟁'의 원리로 운영할 때 최적의 결과를 만들어낼 수 있다는 주장은 여기에서 비롯한다. 이처럼 시장이론에서 사회는 이기심에 의해 선택하는 각 개인들로 이루어진 구성물에 불과하며, 사회 현상의 하나인 경제 현상은 개인들의 행위의 결과 혹은 총합으로 간주한다. 전체 혹은 복잡한 현상들을 개체로 분리해 사고가 가능하다고 보고, 따라서 개체들은 전체를 구성하는, 즉 상호 독립적인 것으로 이해하는 이른바 '방법론적 개인주의'methodological individualism다(Menger, 1985, 62쪽).

그런데 매우 복잡한 경제 현상은 직접 접근하기가 어렵기 때문에 이해를 돕기 위해서 최대한 단순화 설정을 하게 되고, 단순화의 한 가지 방법은 모든 개체들이 같은 종류라고 가정하는 것이다. 그리고 경쟁이 제대로 작동하기 위해 사유재산권이 필요하다고 본다. 즉 '상호 배타적인 목표 달성'으로 정의되는 경쟁의 원리가 작동하기 위해서는 경제 가치가 있는 희소한 자원을 가장 잘 사용하는 사람이 자원을 사용하고, 경쟁의 승자가 그 결과를 독점적으로 소유할 권리, 즉 사유재산권 체계를 제공해야만 희소한 자원으로 최대의 이익(효과)을 만들어낼 수 있다고 보기 때문이다.

이처럼 개인주의의 쌍생아인 경쟁과 사유는 '경쟁'이 번영할 조건을 갖춘 영국의 특수한 역사와 문화에 그 뿌리를 두고 있다. 개인주의 사회로의 이행이 모든 국가나 지역에서 영국과 동일하게 진행된 것이 아니었듯이, 자본주의가 영국 이외의 지역으로 확산되기 이전까지 절대적·독점적·배타적 차원의 사유재산권은 제한적으로 성립되었다. 사실 사유재산권은 인류 역사에서 보편적 소유권이 아니었다. 상대적으로 개인적 자유가 확보되었던 서구 사회에서도 사유는 부정적으로 인식되거나 제한적으로 적용되었다. 이는 '(누구에게서, 무엇을) 빼앗다'라는 부정적 의미를 갖는 라틴어 '프리바레'private가 '사유'private의 어원이라는 점에서도 확인할 수 있다. 즉 사유재산이 신성시된 것은 영국에서 사유재산권이 등장한 근대 이후로, 그 역사가 매우 짧다.

인류 역사에서 경쟁과 사유가 제한적으로 작동하고 적용되었음에도 불구하고 주류 사회과학에서 경쟁과 사유재산권은 효율성을 담보하기 위한 필요충분조건으로 설정되어 있다. 즉 주류 사회과학의 표준적인 재산권 이론은 재산권이 명확하게 규정되지 않을 경우, 예를 들어 소유권을 공동으로 가지는 공유자원의 경우 효율성이 담보되지 않는다고 주장한다. 미국 생물학자 가레트 하딘이 『사이언스』(1968년 12월 13일자)에 발표한 논문의 '공유지의 비극'Tragedy of the Commons 개념이 그것이다. '공유자원common pool resources의 경우'는 지하자원, 초원, 공기, 호수에 있는 물고기와 같이 공동체 모두가 사용해야 할 '희소한' 자원이 사적 이익을 주장하는 시장의 기능에 맡겨두면 공유자원을 그 세대에서 남용하여 자원이 고갈될 위험이 있다는 내용이다. 경쟁의 원리가 작동하는 환경을 전제로 한 '공유지의 비극'은 종종 '사유=선' 대 '공유=악'이라는 이분법으로 과잉 해석되곤 한다. 경제학 교과서에서는 공유자원의 경우 경쟁의 원리 속에서 작동할 경우 최악의 결과(공유지의 비극)를 만들어낼 수 있음을 보여준다.

예를 들어 두 석유회사가 인접한 유전을 소유하고 있고, 이 유전 아래 매장된 원유는 서로 연결되어 있다고 가정해보자. 유전의 가치는 총 1,200만 달러, 석유를 채굴하는 데 들어가는 비용은 유공 1개당 100만 달러다. 공유하고 있는 매장 원유로부터 석유를 채굴하는 두 회사의 이윤은 자기가 뚫은 유공의 개수뿐만 아니라 상대 기업이 뚫은 유공의 개수에도 좌우된다. 이제 두 회사가 자신들의 이기심(이익 극대화)에 기초해 선택할 경우 어떠한 결과가 나타나는지 살펴보자. 유공을 1개씩만 뚫을 경우 두 회사의 수입과 이윤은 똑같이 600만 달러와 500만 달러가 된다. 그런데 한 기업이 유공을 추가로 뚫을 경우 그 기업의 수입과 이윤은 800만 달러와 600만 달러로, 이윤이 100만 달러 증가하기에 1개씩 유공을 뚫는 데 그치기 어렵다. 다른 기업도 1개만 뚫는 것보다는 2개를 뚫을 경우 이윤이 300만 달러에서 400만 달러로 증가한다. 결국 각 기업이 이익 극대화를 추구할 경우, 즉 합리적 선택을 할 경우 각 회사는 유공을 3개씩 뚫어 각각 300만 달러씩 총 600만 달러의 이익을 실현하게 된다. 한 기업이 4개를 뚫을 경우 이윤은 300만 달러 미만으로 감소하기 때문이다. 이처럼 각 기업이 자신의 이익 극대화를 경쟁적으로 추구할 경우 최악의 결과를 만들어낸다(〈표 3-1〉 참조).

〈표 3-1〉 공유자원의 효율성: 경쟁과 협력의 비교 (단위: 달러)

		기업 A의 선택		
		유공 1개	유공 2개	유공 3개
기업 B의 선택	유공 1개	기업 A 이윤: 500만 기업 B 이윤: 500만	기업 A 이윤: 600만 기업 B 이윤: 300만	기업 A 이윤: 600만 기업 B 이윤: 200만
	유공 2개	기업 A 이윤: 300만 기업 B 이윤: 600만	기업 A 이윤: 400만 기업 B 이윤: 400만	기업 A 이윤: 420만 기업 B 이윤: 280만
	유공 3개	기업 A 이윤: 200만 기업 B 이윤: 600만	기업 A 이윤: 280만 기업 B 이윤: 420만	기업 A 이윤: 300만 기업 B 이윤: 300만

2) 경쟁은 사유재산권의 전제조건

앞에서 보았듯이 시장이론에서 '공유'는 비효율적인 결과를 초래한다. 주류경제학에서는 이 문제를 해결하기 위해 재산권 설정, 즉 '소유권 찾아주기'를 주장한다. 그러나 이 주장은 경쟁 환경이 확보될 때만 정당성을 가진다. 만일 경쟁이 아니라 협력하는 환경이 존재한다면 공유를 사유로 바꿀 이유가 없게 된다. 앞에서 예시한 공유자원의 경우 협력이 경쟁보다 효율적인 결과를 만들어낼 수 있음을 보여준다. 즉 두 회사가 서로 협력하여 1개씩 뚫을 경우에는 각각 500만 달러씩 총 1,000만 달러의 이익을 실현한다. 더 나아가 두 회사가 공동으로 운영하고 전체 비용과 이익을 똑같이 배분할 경우에는 각각 550만 달러씩 총 1,100만 달러의 이익을 실현할 수 있다. 경쟁하는 것이 협력하는 것보다 나쁜 결과, 즉 자원의 비효율적 배분을 초래하는 것이다. 이처럼 공유자원이 남용된다는 주장은 경쟁의 문화를 가진 사회에서만 적용될 뿐 협력의 문화를 가진 사회에서는 적용되지 않는다. 이런 점에서 재산권이 정확히 배정될 때만이 경제적 효율성이 보장된다는 주류 사회과학의 재산권 이론은 영국의 예외적 경험을 보편화한 하나의 신화 혹은 이데올로기에 지나지 않는다.

이와 관련하여 중국 경제의 고도성장의 주역 중 하나인 향진기업의 경제적 성과는 협력과 문화적 규범의 중요성을 잘 보여준다. 흔히 서구형 시장경제에 익숙한 사람들은 '재산권이 불명확하고 지방정부와 분리되지 않은 점'을 향진기업의 문제점으로 지적한다. 그런데 실증 연구를 보면, 향진기업의 성장률이나 생산성은 국유기업보다 훨씬 높고 민간기업과 별 차이가 나지 않으며 기술적 효율성은 오히려 민간기업보다 높은 것으로 보고하고 있다. 경제학의 재산권 이론은 재산권이 명확히 규정되지 않을 경우 효율성을 담보할 수 없다고 주장한다. 하지만 집체소유(공동소유제)가 생산 효율성과 부합하지 않는다는 이른바 '표준적' 재산권 이론의 주장과 달리, 많은 연구자들은 사실상 중국의 지방정부가 소유하는 향진기업의 '모호한' 소유권이 생산 효율성에 문제를 초래하고 있지 않음을 보여준다. 연구자들은 그 근거로 정교한 사적 소유권을 불필요하게 하는 '협조 문화'의 존재를 지적한다. 즉 향진기업의 효율성은 지속적인 관계로 묶여 있는 공동체 구성원 사이에 암묵적 계약을 통한 협조를 이용하여, 독립적인 법체계의 부재 속에서 공동체의 장기 거주민 간의 최적의 소득 공유 형식을 창출한 데 있다.

이처럼 문화의 차이는 사물을 바라보는 관점의 차이를 만들고, 이는 사람들의 행태나 사회조직, 제도 등에 영향을 미친다. 공유와 협력(연대)의 문화가 강하게 작동했던 유럽, 특히 북유럽에서 절대적·독점적·배타적 사유재산권이 제대로 발현되지 못한 배경이기도 하다. 유럽, 특히 북유럽의 전통사회에서 공유와 협력은 일반적인 현상이었다. 예를 들어 중세 유럽의 농업 경영 방식은 (쟁기와 연축 등) 생산도구의 공동 확보와 (파종부터 수확 과정까지) 공동 작업을 수행한 관습적 공동 경작제에 기초했을 뿐 아니라 중세 장원에는 영지 내 모든 구성원이 공동권을 행사하는 '공동지'common field가 존재했는데, 이러한 공동 작업과 생산도구의 공동 확보 그리고 공동지 제도는 토지 생산성(=생산량/경지면적)을 극대화하기 위한 제도였음이 입증되고 있다(Fenoaltea, 1991).

이러한 공유와 협력(연대)의 전통은 북유럽 사회민주주의와 복지국가 모델의 문화적 뿌리로 작용하고 있다. 북유럽의 사회민주주의자들은 소유권을 분리할 수 없는 하나의 실체가 아니라 소유자가 소유 대상물을 사용할 수 있는 권리의 다발, 즉 소유권(O)을 단순히 추상적 의미에서의 하나의 소유권이 아니라 a, b, c 등 다양한 기능으로 합쳐진 것($O=a+b+c+\cdots+n$)으로 이해했다. 예를 들어 토지의 소유권은 사용권, 용익권, 처분권으로 구분할 수 있고 이들 세 권리를 모두 가진 경우가 사유재산권 체계에 해당하지만, 많은 국가에서 처분권을 제한하고 사용권과 용익권만 부여하곤 했다. 이는 북유럽의 사회민주주의자들이 전면적인 사회화 추진을 폐기한 이유이기도 하다. 소유권 기능의 일부분을, 즉 a와 b는 포함하고 c는 제외하는 식으로 사회화를 추진하는 것만으로도 사회주의적 가치 추구가 가능하며 경제적으로도 유리하기 때문이다(Adler-Karlsson, 1970, 14~15쪽).

특히 아시아나 그 밖의 많은 지역에서 공유와 협력은 서유럽보다 강력한 인센티브를 가졌다. 공유와 협력이 농업생산력을 끌어올리는 가장 중요한 수단이었기 때문이다. 유럽과 달리 아시아 미작米作사회가 '경쟁'과 '사유'보다는 '협업'과 '공유'의 전통이 강한 사회로 인식되는 배경이다. 앞에서 소개한 중국 향진기업의 역동성은 이러한 문화적 뿌리에 바탕을 두고 있다. 이처럼 절대적·독점적·배타적 사유재산권은 다양한 소유권의 한 유형에 지나지 않는다. 즉 사유재산권은 근대적 발명품의 하나로 천부적 절대권이 아니다(황경식, 2006). 개인의 자유에 기초하고 있지만, 역설적으로 다수의 자유를 침해할 가능성이 높은 절대적·독점적·배타적 사유재산권은 기껏해야 경쟁의 문화가 뒷받침하는 경우에만 정당성(예: 효율성)을 확보할 수 있는 소유권 체계다. 사실 인류 역사에서 완전한 사유와 그 반대편에 있는 완전한 공유가 존재한 경우는 매우 드물다. 대부분의 경우 공유와 사유, 협력과 경쟁이 서로 얽혀서 상호의존적으로 존재하고 작동해왔다.

3. 탈공업화와 시장 시스템의 붕괴 그리고 사유재산권 과잉의 덫

세계 금융위기가 발발한 지 6년이 되었지만 미국과 유로존 그리고 일본 등 주요 선진국 경제는 '사실상의 침체' 상태에서 벗어나지 못하고 장기 저성장 국면으로 빠져들고 있다. 선진국 경제가 좀비경제나 몽유병 환자 등에 비유되는 배경이다. 한마디로 '세계 금융위기' 이후 선진국 주요 경제의 체질은 구조적으로 취약해졌고, 미래는 매우 불확실하다.

그런데 이 구조적 취약성과 미래의 불확실성은 단순한 '금융위기'의 결과가 아니다. 세계 금융위기는 오히려 탈공업화 이후 제조업을 성장시킨 시장 시스템들의 역동성이 약해진 결과다. 주요 선진국을 중심으로 1970년대부터 본격적으로 진행된 탈공업화가 수반한 일자리 및 소득 양극화, 사회 이동성 약화, 빈곤의 대물림, 채무 노예화 등이 그것이다. 예를 들어 산업화를 달성한 국가들의 경우 대체로 1인당 국민소득이 1만 달러를 넘어선 이후부터 제조업의 고용 비중이 감소할 뿐만 아니라 일자리 증가율도 하락하는 경향을 보였다(McKinsey Global Institute, 2011, 19쪽; 2012, 8쪽). 그 결과 일자리와 소득 양극화 그리고 부채에 의존하는 성장이 진행되었다. 즉 산업화 이후 사회경제의 진보가

지체 혹은 정지된 결과가 이른바 '신봉건제'neofeudalism로의 회귀 현상이다. 탈공업화 이후 부채 주도의 성장, 이른바 금융화에 가려져 있던선진국 주요 시장 시스템들의 취약성이 '세계 금융위기'로 표출되었을뿐이다. 해결이 간단하지 않은 이유다. 즉 사실상 한 시대가 막을 내리고 인류 세계가 '거대한 변환기' 혹은 '역사의 대이행기'에 진입했음을의미한다. 선진국 주요 시장 시스템들의 역동성 약화는 경쟁의 원리와사유재산권 체계가 사회경제적 진보를 만들어내지 못하고 있다는 것을의미한다. 과거와 미래가 공존하는 역사 이행기에는 낡은 것(과거)과 새로운 것(미래)이 공존한다. 경쟁과 사유에 기초했던 제조업과 달리 탈공업화의 새로운 물결은 공유와 협력이 주도하고 있다.

아래에서는 산업화 완료와 주요 시장 시스템들의 역동성 약화의 관계를 간단히 살펴보고, 이 과정에서 새로이 싹트고 있는, 즉 공유와 협력에 기초한 호혜 경제의 모습을 소개할 것이다.

1) 탈공업화와 과잉금융 그리고 금융위기

주요 선진국에서 산업화의 완료는 두 가지 주요한 변화를 수반했다. 첫째, 주요 선진국에서 산업화의 확산에 따른 제조업의 공급 과잉과 경쟁 격화 그리고 자본수익률의 하락으로 민주주의-경제 성장-복지사회를 가능하게 했던 '노동과 자본의 타협'은 막을 내린다. 수익률하락에 대해 자본은 감세, 긴축, 공기업 민영화, 탈규제, 시장 개방 등이른바 신자유주의 처방으로 대응한다. 둘째, 산업화의 확산은 미국 경제력의 상대적 약화, 즉 경제력의 다원화(일극체제의 붕괴)를 의미했다.그 결과 미국 경제력에 기초한 브레턴우즈 체제(금태환제)는 지속 불가능해졌다. 화폐의 상품화를 의미하는 변동환율제는 그 산물이다. 변동환율제는 국제 자본시장의 통합 대 국가별 통화정책 간의 비대칭성 문제를 야기했다. 변동환율제를 도입한 이후 은행 위기나 외환위기의 빈도가 크게 증가한 배경이다. 또한 달러에 대한 신뢰도 하락 대 달러 헤게모니의 지속 간 비대칭성 문제를 초래했다. 기본적으로 달러 가치 하락에서 비롯한 대인플레이션Great Inflation 시대(1965~1984)가 도래한 배경이다. 즉 1960년대 후반부터 인플레이션이 시작됐고, 여기에 1971년 8월의 금태환 정지 선언으로 금 가격이 폭등했으며, 1973년에는 석유파동이 일어났다. 한 나라에서 화폐가치 하락이 물가 상승을 의미하듯이, 국제 결제통화인 달러 가치의 하락은 모든 생산물의 기본 투입요소인 석유, 원자재 등 상품 가격의 상승을 의미하기 때문이다.

한편 인플레이션은 금리와 주가 등 금융시장의 변동성(불안정성)을 크게 증가시켰다. 차익거래가 증가하면서 자본시장 활성화의 계기가 마련된 것이다. 미국은 1970년대 국내 및 국제 환경을 자본흐름의 자유화에 부합하도록 바꾸고, 1980년대부터는 금융을 새로운 성장 동력으로, 즉 탈공업화의 출구로 선택했다. 1980년대 이후 전체 경제활동에서 금융산업의 지배력과 기업 경영에 대한 금융의 통제가 증가하는, 즉 경제 중력의 중심이 생산에서 금융으로 이동하는 '금융화'가 급속히 진행된 배경이다.

예를 들어 2010년 기준 GDP 대비 금융 부문의 비중은 경제학의 성장 모델이 제시하는 규모보다 약 2% 높은 수준이다. 즉 과잉금융은 수익성 경쟁을 격화시키면서 미국의 금융 시스템을 파괴시킨, 즉 "은행이 아니기에 은행 규제의 대상에 포함되지 않지만, 사실상 은행의 기능을 수행하는 비통화 금융기관 혹은 수단들"인 '그림자 금융 시스템'shadow banking system을 만들어냈다. 즉 그림자 금융 시스템은 전통적 은행 시스템과 달리 비공식 세계이듯이 미국 금융 시스템은 스스로 무질서와 혼돈 그리고 이해 불가능한 세계를 창출함으로써 금융위기를 자초했다. 이처럼 지난 30년간의 과잉금융과 금융화가 산업화 완료 이후 산업구조의 업그레이드 및 산업체계의 다양화로 이어지지 못한 결과라는 점에서 금융위기는 탈공업화 이후 미국 시장 시스템의 역동성 약화에서 비롯한 것이다.

또한 '금융화'는 세계화와 컴퓨터 기술을 중심으로 한 기술 변화 그리고 '일자리 양극화' 등으로 이어졌다. 즉 시장 개방(세계화)과 생산의 자동화 등은 제조업 분야에서 일상적이고 정형화된 중간 숙련 노동자에게 타격을 입힌 반면, 사람이 직접 수행해야 하는 저임금 서비스 일자리(예: 건물 청소 노동자 등)는 자동화와 세계화의 충격을 받지 않았다. 즉 중간 숙련 일자리의 감소가 저임금 서비스 일자리의 증대로 이어졌다. 그 결과 임금 불평등이 심화되고 사회 양극화가 진행되었다. 게다가 탈공업화 이후 제조업을 대체할 새로운 산업의 미비로 일자리 창출 역량은 1980년대 이후 지속적으로 감소했다. 예를 들어 미국의 경우 1970년대 10년간 일자리가 26% 증가했지만 1980년대 20%, 1990년대 15%, 2000년대 2%로 지속적으로 하락했다.

게다가 월스트리트와 워싱턴의 유착으로 1980년대부터 본격적으로 금융에 대한 규제가 철폐되고, 공공영역에 대한 금융자본의 영향력이 증대하면서 조세, 무역, 통화정책, 정부 지출 우선순위 등이 자산가와 기업에 유리하게 변화함으로써 노동자에 대한 사회보장과 노동조건, 노동조합 교섭력 등을 약화시켰고, 그 결과 (유연성을 특징으로 하는) 미국식 노동시장이 확립되었다. 자본흐름의 자유화에 따라 글로벌 차원에서 기업 경영에 대한 금융자본의 영향력이 증대하고 기업 구조조정이 상시화되면서 전 세계 노동자 소득의 비중은 (생산성 증가에도 불구하고) 1980년에서 2010년 사이에 7%나 하락했다. 예를 들어 미국에서 1973~2007년의 생산성 증가율은 83%인 반면, 남성 노동력을 기준으로 한 실질임금의 상승률은 5%에 불과했다. 한편 노동자 소득의 억압은 국내 시장(수요)의 확장을 제약함으로써 다시 시장 개방 확대의 명분으로 작용했다.

유연성을 자랑하는 미국식 고용 시스템은 1990년대 초 경기 침체부터 나타나기 시작한 '고용 없는 성장'(경기 회복)으로 위기를 맞는다. 즉 고용과 연계되는 의료보험과 최대 6개월로 제한한 실업급여 등은 노동자에게 적극적으로 구직 활동을 하게 하는 추진력으로 작용했다. 1980년대 미국의 실업률이 유럽보다 낮아진 배경이다. 그런데 미국식 사회보장제도는 '고용 없는 경기 회복'에서 무력감을 드러냈다. 위기에 빠진 미국식 사회보장제도에 대한 정치권의 대응(예: 클린턴 행정부의 '국민주택 보유 증대 전략'과 부시 행정부의 '소유자 사회'론)이 무주택자와 저소득층에 대한 주택금융 지원이라는 이른바 '신자유주의 포퓰리즘'이었다. 즉 월스트리트와 시민, 정치권 모두가 환영했다. 월스트리트는 새로운 비즈니스 수익원에 환호했고, 시민은 주택 가격의 상승과 주택 소유의 가능성 때문에 지지했다. 월스트리트 및 시민의 지지와 더불어 주택 경기의 활성화 및 주택자산 가치의 증가에 기초한 경기 부양과 고용 증대에 대한 기대로 정치권에서도 모두 찬성했다. 1990년대 후반, 특히 2000년대 주택 가격은 과잉금융의 산물들—탈규제와 그림자 금융 그리고 금융 혁신 등—과 결합하면서 폭등했고, 그 결과는 '금융위기'로 나타났다. 즉 탈공업화 이후 시장 시스템의 고용 창출 역량의 약화와 그에 따른 과잉금융이 금융 시스템의 탈선과 사회보장제도의 탈구로 이어졌고, 그 결과가 부채 기반(주도)의 경제 운영과 금융위기였다.

2) 사유재산권 과잉과 혁신의 실종

미국 사회는 미국에서 21세기 들어 혁신이 실종되었다고 말한다. 미국의 혁신 시스템이 21세기 이후 더는 작동하지 않고 있기 때문이다. 사실 1980년대 이후 컴퓨터 기술의 발전은 금융화와 관련이 있다.

금융화는 IT 혁명 없이 불가능한 것인 만큼 국제 자본시장의 통합은 IT 혁명으로 가능했다. IT 기술의 변화는 1990년대 가속화되었고, 금융화와 더불어 1990년대 미국의 장기 호황을 견인했다. 그 결과 1990년대 후반 미국 사회는 21세기에 대한 장밋빛 전망으로 가득했다.

그러나 미국 사회는 21세기 첫 10년을 혁신이 실종된 시기로 부른다. IT 붐이 절정에 이르렀던 1998년 말부터 금융위기 직전인 2007년 말 사이에 제약, 바이오테크, 생명과학 관련 기업의 S&P 500 주가지수는 32%, IT지수는 29%나 하락했다. 혁신의 원천인 벤처자본의 투자액은 닷컴버블이 붕괴한 후 거의 6분의 1 수준으로 떨어졌다. 혁신이 실종된 이유로는 기술 혁신 방식의 변화와 기존 금융 모델의 부적합성 등이 지적된다.

첫째, 산업화 시대 제조업의 기술 혁신을 주도했던 연구개발R&D 방식이 새로운 부문에서 더는 혁신을 만들어내지 못하고 있다. 실제로 연구개발 지출과 기업 실적의 관계는 크게 약화되었다. 예를 들어 2010년 글로벌 혁신 기업으로 선정된 애플은 연구개발에 전체 매출액의 3.1%를 투자했는데, 이 규모는 컴퓨터와 전자산업 평균의 절반에도 미치지 못하는 수준이다. 그런데 애플의 재무 성과를 보면 5년간 주주수익률total shareholder return(TSR)은 63%로 최고 수준이었다.

둘째, 새로운 분야의 기술 혁신에 벤처자본 모델이 유효하지 않은 것으로 밝혀졌다. 예를 들어 IT 혁명의 동력이었던 벤처자본 모델은 친환경 (산업) 기술 분야인 클린테크CT 분야에서는 작동하지 않았다. IT에 비해 투자 규모와 리스크가 너무 크기 때문이다. 예를 들어 구글이나 아마존은 약 2,500만 달러의 투자로 만들어질 수 있었으나, 차세대 태양광 전지나 디지털 조명, 전기차 배터리 등은 수십억 달러가 소요된다. 실제로 닷컴버블이 붕괴한 이후인 21세기에도 페이스북이나 유튜브 등 새로운 IT 기업은 등장했으나 바이오연료 등 클린테크 분야는 만족스러운 성과를 거두지 못했다. 바이오연료와 전기차 등의 부진도 기본적으로 마찬가지다. 금융위기 이후 에너지와 기후 문제 해결, 새로운 성장 동력의 확보라는 세 마리 토끼를 잡기 위해 오바마 행정부가 제시한 '그린뉴딜'이 실패한 이유이기도 하다. 게다가 새로운 기술 혁신과 연계한 산업 만들기가 반드시 좋은 일자리 창출로 이어진다는 보장이 없다. 대표적인 경우로 퇴적암층에서 생산하는 천연가스인 셰일가스는 경제성은 있지만 일자리 창출에는 크게 기여할 수 없다. 게다가 셰일가스 탐사 및 생산 과정에서 사용되는 화학물질로 인한 지하수 오염, 수압파쇄 공법으로 인한 물(용수) 부족, 메탄가스 누출로 인한 지구 온난화, 수평 시추로 인한 지진 가능성 등의 환경 문제가 제기되고 있고, 특히 이산화탄소 배출량이 기존의 가스에 비해 많아 셰일가스는 그린에너지라 부르기도 어렵다. 미국에 비해 유럽이 기술개발이나 생산 등에서 뒤처진 이유도 환경 문제 때문에 셰일가스 개발을 규제하고 있기 때문이다.

사실 1990년대 이후 지속적으로 (핵심 자원의) 공유와 협력이 비즈니스 모델에서 강화되어왔듯이 새로운 혁신은, 특히 아이디어 집약적 부문에서 공유와 협력, 호혜성의 원리가 견인하고 있다. 앱스토어 모델, 소셜 매뉴팩처링social manufacturing, 이타자리利他自利형 비즈니스 모델, 협력적 제조collaborative manufacturing, 크라우드소싱 crowdsourcing('대중'crowd과 '외부자원 활용'outsourcing의 합성어) 등에서 볼 수 있듯이 '공동 창조'co-creation가 혁신의 키워드가 되고 있다. 문제는 개인주의 문화에 기초한 미국 사회에서 호혜성의 원리가 확산되고 제도적으로 뿌리내리기 쉽지 않다는 점이다.

이와 관련하여 두 가지 사건을 주목할 필요가 있다. 1990년대 후반 클린턴 행정부 시절 소프트웨어 공급의 지체 현상을 해결하기 위해, 즉 이른바 '소프트웨어 격차'software gap(소프트웨어에 대한 수요 불충족의 정도)

문제를 해결하기 위해서 '대통령 정보기술 자문위원회'의 결과물이 사장된 일이 있었다. 당시 위원회는 미국의 저작권 보호환경에서는 소프트웨어의 다양한 수요를 따라잡을 수 없기 때문에 소프트웨어 격차를 좁히는 유일한 대안으로 소프트웨어의 개발과 운영체제를 소스 공개형으로 전면 전환할 것을 주장했다. 그러나 대부분의 위원회 보고서가 실현되는 데 어려움이 없었던 반면, 이 보고서는 부시 주니어 행정부에 의해 묵살되었다. 소스 공개의 법제화는 미국의 개인주의 문화에서 받아들이기 어려웠기 때문이다. 경쟁의 원리와 사유재산권 체계 위에 건설된 미국식 시장경제가 지식의 공유를 받아들이는 것은 미국식 가치체계와 문화를 부정하는 일인 것이다.

실제로 시장 경쟁을 강화할 목적으로 도입한 미국식 사유재산권과 가치체계는 오늘날 역으로 경쟁을 훼손하고 있다. 2012년 7월 애플과 구글이 인수한 모토로라 무선사업부의 특허 분쟁에서 사건을 기각해 주목을 받았던 미국의 연방판사 리처드 포스너가 "특허 기술을 개발하는 데 들어간 비용을 보전하기 위한 목적에서 만들어진 미국의 특허 시스템이 특허 남발을 초래하여 특정 산업(아이디어 집약적 부문-인용자)에서는 경쟁자의 시장 진입을 가로막음으로써 경쟁을 제한하고 '특허를 위한 특허'를 노리는 '특허 괴물'을 잉태하는 악영향을 미치고 있다"라며 미국 특허제도의 문제점을 지적한 배경이다. '사유재산권 과잉'이 미국 사회의 혁신을 가로막고 있는 것이다.

이처럼 미국식 시장 시스템은 탈공업화 이후 제대로 작동하지 않고 있다. 특히 미국 경쟁력의 상징으로 언급되던 혁신과 금융 시스템이 더는 작동하지 않거나 크게 훼손되었다. 21세기 이후 미국에서 혁신의 실종은 일시적 현상이 아니라 미국식 시장 시스템의 피할 수 없는 운명이다. 아이디어 집약적인 무형재 경제가 공유와 협력을 요구하는 반면, 개인주의와 경쟁, 사유재산권은 미국 자본주의의 핵심 특성이기 때문이다. 마찬가지로 금융 시스템의 심각한 훼손은 산업화 종료 이후 제조업 경제를 대체할 대안 경제의 출현이 지체된 결과였다는 점에서 구조적 문제다. 산업화 완료 이후 영미형 금융 시스템의 단기 실적주의가 핵심 기업들의 역량 약화와 은행 실패를 낳은 배경이다(The Kay Review of UK Equality Markets and Long-term Decision Making, 2012). 금융위기 이후 도드-프랭크법Dodd-Frank Rule으로 상징되는 미국의 금융 개혁이 '시스템 리스크'의 재발 방지를 해결하지 못한 이유도 금융의 포로가 된 미국 경제의 현실을 보여준다.

이처럼 미국의 핵심 시스템들이 제대로 작동하지 않게 되면서 '미국식 사회계약'이 붕괴하고 있다. '아메리칸 드림'을 상징하던 기회의 평등과 계층 이동의 사다리는 더는 존재하지 않는다. 게다가 미국의 조세 시스템과 의료 서비스 시스템, 군대기구 등을 이해하면 미국의 국가부채는 사실상 해결 불가능해 보인다. 조세 분야 등 시스템의 개혁을 위한 정치 리더십은 실종되었다. '정지된 정치'와 '극단으로 분열된 정치'에서 보듯이 오히려 정치가 역동성을 상실한 시스템에 갇혀 있다. 미국의 장기 저성장 요인으로 지적되는 국가 재정의 악화, 달러에 대한 신뢰 상실, 인구구조의 악화, 노동력의 교육수준 및 생산성의 정체 등은 시스템 약화의 현상일 뿐이다.

4. 공유와 협력 그리고 지속 가능한 경제

탈공업화는 '경제의 서비스화'로 이어졌듯이 산업화 완료 이후 경제 활동에서 무형가치는 지속적으로 증가하여 오늘날 대부분의 선진국 경제에서 절대적 비중을 차지하고 있다. 선진국에서 GDP의 50% 이상이 지식산업에서 발생하고 있는 것은 이미 오래전의 일이다. 예를 들어 미국 경제에서의 무형자산의 투자 규모를 추정한 한 연구에 따르면 미국 경제는 이미 1990년대 초반부터 무형자산에 대한 투자가 유형자산에 대한 투자 규모를 상회하기 시작했으며, 2000년대 후반에 이르러서는 거의 2배 가까운 수준을 보이고 있다(Corrado et al., 2009). 예를 들어 무형재 산업의 하나인 콘텐츠 산업의 시장 규모는 2008년 1조 7,015억 달러로 제조업의 꽃으로 불리는 자동차 산업(1조 7,000억 달러)을 추월했다. 즉 경제학에서 3대 생산요소를 토지, 노동, 자본으로 규정하듯이 산업화 시대의 가치 창출은 상대적으로 유형 혹은 물적 생산요소에 의존했던 반면, 오늘날 경제에서는 아이디어·지식 등의 무형사산이 절대적 역할을 수행하고 있다.

선진국에서 제조업의 고용 규모는 1998년 6,300만 명에서 2008년 5,050만 명으로 19%나 감소했다. 일본이 21%, 미국이 26%, 유럽연합 15개국에서 15% 감소했다. 한국도 1992년부터 제조업 종사자가 상대적 비중뿐만 아니라 절대 규모에서도 계속 줄고 있는데, 1991년부터 2010년 사이에 약 22%가 감소했다. 특히 제조업 일자리 감소는 청년층 취업자 감소 추세로 이어지고 있다. 이는 제조업이 중요하지 않다고 얘기하는 것이 아니다. 농업의 중요성이 사라지지 않았듯이 제조업 역시 여전히 중요한 산업이다. 단지 더 적은 노동력으로 인간이 원하는 양을 만들어낼 수 있을 뿐이다.

시장경제가 기업을 중심으로 돌아가듯이 무형가치의 증가는 1970년대 이후 기업의 무형자본에 대한 투자가 급증한 데서 확인할 수 있다(Marrano et al., 2007). 한 추정에 따르면 비즈니스의 주요 가치의 동인動因으로 무형자산의 비중이 1978년 5%에서 1998년에는 72%, 2004년에는 90%로 급증했다(www.valuebasedmanagement.net/). 실제로 오늘날 많은 상품들의 가격 차이는 무형 투입물의 가치 차이에서 비롯한 것이며, 가격 구성에서 유형자산이 차지하는 비중은 감소하고 있고,

자본은 무형자산으로 이동하고 있다.

예를 들어 미국의 PC산업의 자본가치(시장가치)는 1991년 4/4분기에 609억 달러에서 1999년 2/4분기까지 9,370억 달러로 15배 이상 증가했다. 그런데 자본가치의 증가는 PC산업의 세부 분야에 따라 상이한데, 1991년의 경우 마이크로프로세서 분야가 41%, 소프트웨어 분야가 31.2%, PC 제조업이 26.3%, 유통업이 1.5%의 분포를 보였다. 반면 1999년에는 소프트웨어 분야 51.3%, 마이크로프로세서 분야 28.9%, PC 제조업 분야 18.6%, 유통업 분야 1.2%로 구성되었다. 이는 기업별 실적에서도 확인할 수 있다. 1991년부터 1998년까지 로직을 판매한 마이크로소프트는 이윤이 39.4%에서 56%로 증가했고, 로직 칩을 판매한 인텔은 31.4%에서 43.2%로 증가한 반면, 제조업체인 컴팩의 이윤은 14.2%에서 6.2%로 감소했다(*Fortune*, 1999, 160쪽).

산업화 확산의 결과 제조기술에 대한 보편적 이용이 가능해지면서 제조업은 누구나 접근할 수 있는 일종의 기초 인프라로 성격이 변화하고 있고, 가격 경쟁력이 뒷받침되지 않는 제조업은 더는 수익을 내기 어렵게 되었다. 제품에 대한 아이디어만 있으면 생산자를 글로벌 차원에서 선택할 수 있는 시대가 된 것이다. 게다가 3D 프린팅과 로봇 등 기술의 발전으로 사람들은 자신이 원하는 것을 만들 수 있게 되었다. 특히 3D 프린팅은 기업과 사람들이 물건을 만드는 방식을 변화시키고 있다. 3D 프린팅은 모든 물건을 다르게 프린트할 수 있기 때문에 규모의 경제를 추구하고, 단위 노동비용을 축소하는 제조업의 전통적 법칙을 무너뜨리고 있다. 즉 제조업에서도 사람들의 다양한 수요를 충족시킬 수 있는 아이디어가 관건이 되었는데 이것은 오래전부터 '제조업의 서비스화'가 진행된 배경이다. 흔히 탈제조업은 '경제의 서비스화'로 등식화하는 경향이 있다. 그런데 서비스를 "물질적 재화를 생산하는 노동과정 밖에서 기능하는 광범위한 노동"으로 정의하듯이, 서비스는 제조업을 보조하는 역할로 규정되었다. 즉 서비스는 제조업이 경제의 중심 역할을 했던 산업사회의 개념이다. 그 결과 무형재 산업의 개념이 제대로 정의되지 않고, 하나의 독립된 산업 부문으로 유형화되어 있지 않은 상태다. 이 분야의 연구자들은 무형자산을 대개 물리적으로 만질 수 없는 비물질적 가치로 이해하고, 물리적 혹은 재정적 실체는 없지만 경제적 편익을 가져다주는 속성을 가진 것으로 정의한다. 따라서 엄밀하게 말하면 서비스는 제조업의 대체산업이 될 수 없다. 서비스 산업이 일자리 위기, 특히 청년실업 문제를 해결해주는 수단이 되지 못하는 이유다. 서비스 산업과 달리 무형재 산업의 핵심 특성은 아이디어 집약적이라는 점에 있다.

1) 사유와 경쟁에서 공유와 협력의 세계로 이행

무형재 경제는 농업사회와 산업사회의 차이에 비교될 정도로 제조업 경제와 질적 차이를 보인다. 무형재 경제가 시장경제의 원리에서 개화開花하지 못하는 배경이다. 오히려 제조업 시대의 종언과 IT 혁명, 경제의 아이디어 집약화 등으로 사유와 경쟁의 기반 및 영역이 축소될 가능성이 높아지고 있다. 예를 들어 하딘의 '공유지의 비극' 개념을 정형화한 '죄수의 딜레마' 게임(Dawes, 1973: 1975)은 모든 참가자가 불완전한 정보를 가지고 있는 비협동 게임으로, 참가자들은 서로 의사소통이 금지되어 있거나 불가능한 것으로 간주한다.

그런데 스마트 혁명 등으로 소통과 공유의 장애물은 제거되었다. 무엇보다 경제활동의 새로운 흐름을 주도하는 무형재intangible goods는 경합성rivalry과 배제성excludability을 특성으로 하는 '사적 유형재' tangible goods와 정반대로 반경합성antirivalry과 포괄성inclusiveness을 가지는 '협력재'collaborative goods의 성격을 띤다. 여기서 반경합성과 포괄성은 비경합성non-rivalry 및 비배제성non-excludability과는 구분된다. 비경합성과 비배제성이 한 사람의 소비가 다른 사람의 소비를 감소시키지 않는 성질과, 대가를 치르지 않은 사람을 소비(사용)에서 배제할 수 없는 특성을 의미한다면, 반경합성과 포괄성은 공동 창조의 기여자나 참가자에게 접근(사용)을 적극 허용하고 확대하는 특성과, 모두에게 개방하여 수익 창출의 기회를 제공함으로써 가치 창조의 집단을 적극 확대하는 특성을 의미한다. 즉 비경합성과 비배제성에 비해 반경합성과 포괄성은 개방과 공유와 협력을 중요시한다. 이러한 협력재의 특성은 '공유지의 비극' 문제나 '집단행동의 딜레마'collective action dilemma(Olson, 1965)를 해결한다.

'공유지의 비극' 문제는 다수의 사람들이 희소자원을 공동으로 이용할 때 예상되는 환경 악화를 우려하는데, 무형재의 경우 희소성의 제약을 받지 않는다. 또한 '집단행동의 딜레마'는 개인이 집합재의 편익에서 배제될 수 없을 때 집합적 편익의 생산에 자발적으로 기여할 아무런 인센티브를 갖지 않는 '무임승차 문제'free rider problem를 제기한다. 즉 어떤 한 사람을 다른 사람들이 마련한 편익의 향유에서 배제할 수 없을 때, 각 개인은 공동의 노력에 기여하는 대신 다른 사람들의 노력에 무임승차하려는 동기를 가진다는 것이다. 이는 '공유지의 비극' 문제와 더불어 개인의 합리적 선택이 집합적으로는 비합리적 결과에 이르게 된다는 '구성의 오류'를 야기한다.

그러나 협력재의 경우 협력과 네트워크(관계)의 지속이 개인의 이익 극대화에 부합하므로 협력과 관계의 지속을 불가능하게 하는 무임승차의 문제가 발생할 가능성은 낮다. 즉 기회주의 태도의 잠재적 이득은 협력 행위가 실패하면 소멸하기에, 협력은 예외적 현상이 아니라 하나의 규칙으로 자리 잡을 가능성이 높다. 즉 사유재산권 세계에서는 무임승차 때문에 협력을 기피하는 경향이 문제가 되는 반면, 반경합성과 포

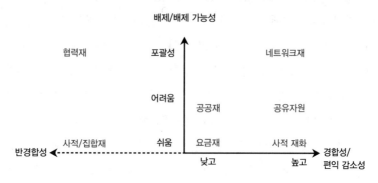

〈그림 3-1〉 반경합성과 포괄성 그리고 협력재

배제/배제 가능성

| 협력재 | 포괄성 | | 네트워크재 |

| | 어려움 | 공공재 | 공유자원 |

| 사적/집합재 | 쉬움 | 요금재 | 사적 재화 |

반경합성 ◀------- | 낮고 | 높고 | 경합성/편익 감소성

괄성을 특성으로 하는 협력재의 경우에는 생산자가 공유한 이득을 향상시키는 혁신에 대해 적극적으로 지원하려는 의지를 가진다.

이처럼 경제의 아이디어 집약화나 경제활동에서 무형가치의 비중이 증대할수록 개인주의와 경쟁의 원리 그리고 사유는 그 입지가 제한될 가능성이 높다. 실제로 시장 시스템은 무형재와 관련해서 자원 배분의 효율성 등 주요 경제 문제에 무력감을 드러내는 반면, 공유와 협력은 해결에 필요한 대안을 제시하고 있다.

2) 무형재와 시장의 딜레마 그리고 협력의 경제학

앞에서 지적했듯이 무형재는 그 속성상 경합성이 없다. 아무리 사용해도 소모되지 않고 이전할 수 없다. 따라서 주류경제학이 경제 문제로 설정하는 '희소성의 제약'을 받지 않는다. 그 결과 추가 생산에 따른 비용 증가, 즉 한계비용 체증 혹은 수익체감이 작동하지 않는다. 즉 희소성의 제약에서 해방된 무형재는 기술적으로 수익체증의 영역만 존재한다. 즉 유형재(예: 제조업)와 달리 영화·게임·음원·소프트웨어 등은 상품이 개발되는 과정에서 자본과 노동력 등이 투입되는 반면, 상품 개발 이후 상품의 생산·공급은 개발된 상품(무형재)의 단순한 복제로 해결되기에 추가 비용이 거의 발생하지 않고 노동력도 요구되지 않는다. 무형재의 이러한 특성 때문에 사유와 경쟁의 방식으로는 개인이나 사회 모두 경제적 이익을 극대화하지 못한다.

첫째, 무형재는 비소모성으로, 상품 개발에 성공할 경우 높은 수익을 보장해준다. 예를 들어, 제조업의 경우 우량기업이라고 해도 10% 안팎의 (매출액 대비) 영업이익률을 보여주는 반면 상품화에 성공한 무형재는 보통 30%대 이상을 실현한다. 예를 들어 현대자동차의 영업이익률은 2011년 10.3%, 2012년 9.9%이고, 삼성전자의 영업이익률은 2011년 9.8%, 2012년 15%를 기록한 데 비해 2012년 넥슨(일본법인)은 44%, 애플은 35%, 엔씨소프트는 20%, NHN은 29% 등을 달성했다. 아이디어가 가치 창출의 기반인 무형재의 경우 제품 개발과 상품화 이후 매출은 추가 비용이 거의 발생하지 않고 대부분 수익으로 잡히기 때문이다. 이처럼 무형재의 경우 상품 개발, 즉 아이디어의 상품화가 수익 극대화의 핵심 조건 중 하나다.

그런데 무형재는 협력재이기에 참여자가 많을수록 '협력의 경제성' economy of collaboration을 만들어낸다. 즉 시장 참여자를 적극 유도함으로써 포괄성의 이득을 추구할 수 있는 재화다(최배근, 2013). 이는 무형재의 주요 특성 중 하나인 가치 결합성과 관련이 있다. 즉 무형재의 경우 (가치를 결정하는) 희소성은 양질의 아이디어다. 양질의 아이디어는 일반적으로 다양한 아이디어의 상호작용(결합)의 결과물이다. 즉 양질의 아이디어는 그 자체가 하나의 협력재다. 집단 지성을 활용하는 개방형 협력적 혁신open collaborative innovation, 소셜 매뉴팩처링, 협력적 제조, 앱스토어 같은 이타자리 혹은 크라우드소싱 경영 등 새롭게 부상하는 수익 모델들의 공통성은 협력에 기초한 '공동 창조'에 있다. 이처럼 많은 분야에서 협력이 혁신의 핵심 원리로 확산되는 추세는 경제주체 간 무한한 상호 협력을 만들어내는 것이 가치 창출과 극대화에 필수 조건이 되고 있음을 보여준다. 생산에 있어서 '경쟁의 경제학'이 아니라 '협력의 경제학'collabonomics이 필요한 이유다.

가치 창출 방식의 변화는 산업화 시대의 혁신 모델인 연구개발 방식의 효과성 약화에서도 확인할 수 있다. 제조업의 경우 신제품은 뛰어난 기술과 훌륭한 인재 그리고 충분한 자본 지원의 조합으로 가능했던 반면, 무형재의 경우 다양한 아이디어와 소비자의 감성에 대한 이해의 결합에서 나오고 있다. 전통적인 연구개발이 폐쇄적 혁신 방식이라면 무형재의 혁신은 개방과 협력에 의존하고 있다.

둘째, 무형재의 경우 수익체증이 발생하는, 즉 (생산 규모가 증대할수록 평균 비용이 감소하는) 규모의 경제를 갖는 산업이기에 시장이 경쟁적이 되기 어렵고, 따라서 시장에 의한 거래는 독과점의 비효율성을 피할 수 없다. 즉 사회 전체의 경제적 이익을 극대화할 수 없다. 그렇다고 사회 전체의 경제적 이익을 극대화할 정도로 공급량을 늘리려면 공급자가 수익을 실현하기 어려운 정도로 가격을 낮추어야 한다. 즉 사회 전체의 경제적 이익을 극대화할 정도로 공급량을 증대시키려면 추가 생산·공급비용(한계비용)의 수준으로 가격을 내려야 하는 반면, 무형재는 높은 초기 개발비용과 거의 0에 가까운 추가 생산, 공급비용으로 손실을 볼 수밖에 없기 때문이다. 이처럼 공급자 기업의 이익 극대화와 사회 전체의 경제적 이익 극대화가 양립할 수 없는, 이른바 '무형재의 딜레마'에 직면하게 된다(최배근, 2013). 사회적 후생의 측면에서 부정적 효과를 낳는 독점시장의 폐해를 막기 위해 전통적으로 국유화, 가격 통제, 경쟁 촉진 정책 등 정부 개입으로 해결하곤 했다. 그러나 제조업과 달리 아이디어 집약적인 무형재 산업의 경우 독과점 문제를 정부 개입으로 해결하는 것은 간단하지도, 바람직하지도 않다. 오히려 정부 개입이 저작권에 대한 과도한 강화로 이어지며 경쟁을 저해하고 있다. 즉 아이디어에 대한 과도한 재산권 설정이 새로운 문화 창출 및 재창작을 가로막고 있다. 무형재의 경우 가치 창출은 아이디어의 희소성이 아니라 확산성에서 비롯한다.

노동, 토지, 화폐와 더불어 또 하나의 '허구적 상품'인 아이디어의 상품화는 미국이 주도했다. 미국은 1980년대 우루과이라운드에서 지적 재산권을 새로운 교섭 대상으로 제기하기 전에 국내 상황을 정비했다. 즉 1980년 '베이-돌 법안'Bayh-Dole Act, 즉 '특허 및 상표수정법안'이 제정되면서 지식, 아이디어 등이 사적 소유권을 획득하게 되었다. 지식과 아이디어 등이 상품화된 것이다. 그 결과 미국은 지적 재산권으로 거액의 수입을 챙겼지만, "새로운 아이디어의 본산generator of the next big idea이라는 위상을 점차 잃어가고 있다."(Guardian, 2011년 12월 28일)

사실 산업사회에서 특허제도는 일반 대중의 복지를 증진시키기 위한 경제 원리에 기초하여 만들어진 정책의 산물이다. 예를 들어 슘페터는 특허제도가 발명가의 독점적 지위를 제도적으로 강화하여 기술 혁신을 통한 경제 성장을 촉진하는 경제정책의 일환으로 채택된다고 생각했다. 경제활동을 수행하는 주체들이 가지는 규모가 경제성을 보장해준다는 것이 슘페터의 주장이었다. 그리고 규모의 경제에는 새로운 기술이 등장하면 이 기술에 대한 투자를 통해 충분한 이윤을 얻을 때까지 다른 새로운 기술이 나타나지 않는다는 전제가 있었다. 산업사회가 규모의 경제를 추구했다면 범위의 경제, 즉 고도로 분화된 네트워크를 통해 엄청난 정보를 빠르게 획득할 수 있는 사회·경제구조가 등장함에 따라 슘페터가 전제하는 안정에 대한 생각은 중요한 도전에 직면하게 되었다. 정보의 확산이 빠른 속도로 이루어지는 현대사회에서는 환경변화에 대한 정보를 획득하고, 이를 통해 나타나는 기업이나 개인의 지속적인 변화가 중요하기 때문이다.

따라서 과거 지식과 아이디어의 확산 속도가 더뎠을 때는 특정한 지식과 아이디어를 소유하고 이를 통해 생산 규모를 확대하여 새로운 지식과 아이디어가 나타날 때까지 독점의 효과를 누릴 수 있었지만, 지식과 아이디어의 확산 속도가 빨라지면서 지식과 아이디어의 독점보다는 새로운 지식과 아이디어를 획득하여 변하는 것이 중요해졌다. 즉 공유된 지식과 아이디어는 과거보다 훨씬 효율적으로 활용되어 생산성의 획기적 향상으로 연결될 수 있다. 미국 경쟁력의 상징 중 하나로 지적되어온 혁신 시스템이 '사유재산권 과잉'으로 21세기 들어 작동하지 않는 근본적인 이유다. 이는 지식과 아이디어에 대한 미국의 재산권 체계가 혜택보다 비용이 더 크다는 것을 의미한다. 따라서 공유의 역동성을 살리고 경제 효율성을 높이기 위해서는 지식과 아이디어에 대한 장기간의 배타적·독점적 소유권은 최소한으로 억제해야 한다.

사실 무형재의 경우 배타적·독점적 소유권으로 획득하는 지대rent가 기업(공급자)이 기대할 수 있는 최대 이익 수준이라 할 수 없다. 기업은 소비자의 협력을 얻어냄으로써 소비자는 물론이고 기업의 이익도 증대시킬 수 있기 때문이다. 즉 소비자의 협력을 통해 수요를 추가로 창출함으로써 '무형재의 딜레마'를 해결할 수 있다. 이는 무형재의 경우 추가 생산·공급비용이 사실상 0이기에 추가적인 수요 창출은 수익 증대로 연결되기 때문이다. 다시 말해, 매출액 증가에 비례해 비용이 증가하지 않기에 매출 극대화가 수익 극대화의 관건이 된다.

한편 새로운 수요를 창출하려면 광고 같은 전통적인 방식보다는 소비자의 협력을 이끌어내는 것이 최선의 방법이다. 그런데 소비자의 협력을 얻어내려면 소비자의 신뢰와 충성도를 확보하고, 심지어 참여를 이끌어내야 한다. 기본적으로 소비자는 공급자인 기업을 신뢰하지 않는 경향이 있기 때문이다. 반면 같은 목표를 공유하는 소비자 사이에는 상대적으로 신뢰가 구축되어 있기 때문에 소비자에게 판매 역할을 맡기는 것이 수요를 창출하는 데 효과적인 방법이 될 수 있다. 게다가 소비자는 유형재와 달리 무형재로부터 비물질, 즉 경험을 소비한다. "고객을 끌어당기고 싶다면 제품이 아닌 기억에 남는 '체험'을 팔아라" 혹은 "비즈니스는 마음을 훔치는 연극"이라는 마케팅 구호가 이러한 흐름을 대변한다. 그만큼 소비자와 상호작용하는 것이 중요해졌다.

이처럼 고객들과의 접점이 중요해지면서 시장 참여자들 사이의 소통 방식도 페이스북, 트위터, 유튜브 같은 소셜 네트워크 서비스SNS 혹은 소셜 웹 서비스 등을 통해서 그 어느 때보다 직접적이고 친밀한 관계를 형성하게 되었다. 즉 소비자들의 체험(정보) 공유가 용이해지면서 소비자들의 협력을 이끌어내는 것이 기술적으로 가능해진 것이다. 실제로 기업과 제품에 대한 소비자들의 평가가 후속 구매자들에게 가장 중요한 정보가 되면서 판매 극대화 전략은 '협력적 소비'에 의해 결정되고 있다. 소셜커머스가 부상한 이유다. 소셜커머스는 공급자가 수익 극대화를 위해 소비자의 협력을 이끌어낸다는 점에서 '협력적 소비'의 개념이다. 소비에 있어서 '협력의 경제학'이 필요한 이유다.

기업에 대한 부정적 이미지를 극복하고 소비자의 신뢰를 얻는 방법 중 하나가 '기업의 사회적 책임'Corporate Social Responsibility(CSR) 개념이다. 기업의 사회적 책임은 기업이 지속적으로 존속하기 위한 이윤 추구 활동 이외에 법령과 윤리를 준수하고, 기업의 이해당사자의 요구에 적절히 대응함으로써 사회에 긍정적 영향을 미치는 책임 있는 활동을 말한다. 그러나 환경친화적 생산이나 수익금 일부를 자선단체에 기부하는 등 기업이 이윤을 사회에 환원하고 공익사업에 적극적으로 참여하는 경우 기업의 비용 상승이나 수익 감소는 불가피하므로 사회적 책임과 수익성 확보의 동시 달성은 쉽지 않고, 그 결과 큰 성과를 내지 못하고 있다. 따라서 기업의 사회적 책임 추구가 수익성 확보와 양립하기 위해서는 해당 기업 제품에 대한 고객의 관심과 구매 증대가 수반되어야 한다. 하지만 기업에 대한 불신과 고객의 수동적 참여(거래) 구조로 인해 제품에 대한 고객의 관심이나 구매 증대로 연결되지 못하는 것이 현실이다.

소비자의 자발적 참여(거래)를 이끌어내려면 소비자의 신뢰 회복을 통해 기업의 사회적 책임과 수익 실현을 결합시켜야 한다. '사회적 책임 공유'shared social responsibility 개념이 한 예다. 예를 들어 무형재의 경우 가격 하락에 따른 판매량(수입)의 증대가 기업 수익을 보장할 가능성이 높은 반면, 판매량이 크게 증가하기 위해서는 기업에 대한 고객의 불신을 해소하고 소비자의 자발적 참여를 유도할 필요가 있다. 후자를 해결하는 최선책은 소비자가 스스로 가격을 결정하는 방식을 택하는 것이다. 이때 문제는 무임승차의 가능성을 최대한 차단해야 하는 점이다. 이 문제와 관련하여 '사회적 책임 공유' 개념은 자발적 참여와 무임승차의 문제를 극복하기 위해 수입(가격)의 일정 비율(예: 1/2)을 사회적 책임의 실천을 위한 지출로 연결시킨다. 즉 소비를 통해 사회적 책임을 일정 부분 공유한다는 인식을 소비자에게 심어줌으로써 무임승차 문제를 어느 정도 해소할 수 있다.

니지 등은 개별 소비자의 지불 의사에 맞춰 가격을 다르게 책정하는 '자발적 가격 지불 전략'pay-what-you-want pricing(PWYW)과 자선기부charitable giving를 결합한 '사회적 책임 공유' 모델의 현장 실험 결과를 잘 보여준다(Gneezy, Gneezy, Nelson and Brown, 2010). 즉 놀이공원에서 롤러코스터를 타는 고객의 사진을 찍어주고 사진 현상을 원하는 고객에게 네 가지 조건을 제시했다(표 〈3-2〉 참조). 첫 번째 방식은 12.95달러를 받고 사진을 판매하는 경우, 두 번째 방식은 첫째 방식의 가격을 제시하되 가격(판매 수입)의 2분의 1을 자선단체에 기부하는 경우, 세 번째 방식은 자발적 가격 지불 전략의 경우, 네 번째 방식은 자발적 가격 지불 전략과 그 절반의 수입을 기부하는 경우였다.

실험 결과, 자발적 가격 지불 전략과 자선 기부를 결합하는 방식이 판매 수입이나 기업의 수익 모두 가장 높았다. 자발적 가격 지불 전략은 기업이 일방적으로 책정한 가격 방식보다 상품 구매율을 7배 이상 높인 반면, 사회적 책임을 공유해 조건 없는 자발적 가격 지불 전략보다 구매율은 떨어졌지만 평균 사진 가격을 5배 이상 획득함으로써 무임승차 문제를 크게 완화할 수 있었다. 이처럼 소비자의 자발적 참여를 확보할 경우 공급자 기업과 소비자 모두가 이익 극대화를 실현할 수 있음을 보여준다.

〈표 3-2〉 사회적 책임의 공유에 대한 현장 실험

사진 가격(평균)	구매율	사진 판매 수입	이용 고객	고객당 이윤
12.95달러	0.50%	1,823달러	2만 8,224명	
12.98달러+기부	0.59%	2,331달러	3만 592명	0.071달러
PWYW→0.92달러	8.39%	2,175.80달러	2만 8,263명	
PWYW+기부→5.33달러	4.49%	6,224.22달러	2만 5,968명	0.198달러

주: 실험 참가자 수=11만 3,047명
자료: Gneezy, Gneezy, Nelson and Brown, 2010, 325~327쪽.

5. 공유와 협력 그리고 제3민주주의

무형재 경제에서는 생산과 소비활동 모두에서 공유와 협력이 핵심 원리로 부상하고 있다. 무형재 경제에서 관계가 중요한 개념으로 부상하는 이유도 관계가 지속적인 혁신과 협업이 될 수 있도록 만들어주는 핵심 고리이기 때문이다. 또한 무형가치가 경제에서 절대적 비중으로 증대하고 있는 무형재 경제에서 '호혜성의 원리'가 부활하는 이유다. 그럼에도 공유와 협력에 기초한 공유경제의 싹이 만개하려면 오랜 시간이 걸릴 것이다.

현재 공유경제의 싹은 시장경제 내에서 새로운 수익 모델에 굶주린 자본의 본능적 발현의 성격이 짙다. 공유와 협력의 경제로 이행하기 전 까지는 제러미 리프킨의 표현대로 '사유재산형 수직적 자본주의'와 '공 유형 협력적 자본주의'가 공존할 것이다(Rifkin, 2011). 이는 이행기의 특 징이다. 아이디어 집약적 경제활동이 만개하려면 공유와 협력, 호혜성 이 제도화되고, 하나의 문화로 자리 잡아야만 한다. 앞에서 지적했듯이 미국이 IT 혁명을 주도했음에도 더 지속되지 않고 21세기에 들어 혁신 이 실종된 배경이다. 스티브 잡스가 떠난 후 애플이 제조업으로 전락한 이유 역시 아이디어 집약적 가치 창출이 특정 개인에 의존하는 성과였 기 때문이다. 위계적 생산관계, 폐쇄적 기업 조직, 공장제 통제 방식 등 자본주의 요소들은 무형재 경제로 이행하는 데 걸림돌이 되기 때문이 다. 즉 무형재 경제로의 이행은 생산관계와 생산 방식, 소유구조, 교육 방식 등이 무형재의 주된 속성인 공유, 협력, 호혜성과 조응할 때 비로 소 만개할 수 있다.

이처럼 시장경제에서 공유경제로 이행하는 데는 기본적으로 공유 와 협력에 기초한 사회 시스템, 자본의 보조자가 아닌 창조자creator형 의 노동력, 호모 에코노미쿠스형 인간이 아닌 파트너형 인간을 만들어 내는 교육 방식과 협력의 문화 등이 뒷받침되어야만 한다.

시장 시스템과 공유경제의 비대칭성이 지속되는 한 탈공업화 사회 가 직면한 문제를 해결하기 어렵다. 오히려 경제에서 무형가치의 비중 이 증대함에 따라 현재의 사회 시스템과 교육 방식, 문화에서는 '고용 없는 성장'이 심화될 가능성을 배제할 수 없다. '청년실업'이 대표적인 문제다.

실제로 오늘날 대학 졸업자의 업무와 대학교육의 관계가 약화되고 있다. 예를 들어 미국에서는 2000년 이후 대학 졸업 노동자의 업무에서 수학과 과학기술의 중요성이 낮아지고 사회적 기술이 중요해지고 있음이 밝혀졌다(Beaudry, Greeny and Sand, 2013). 현재의 교육(방식)이 문제 해결 능력을 개발하는 데 별로 도움이 되지 않기 때문이다. 이 점에서 공유와 협력의 경제에 대한 이해 없이 정부 주도로 창조형 서비스 산업을 만들겠다는 한국 박근혜 정부의 '창조경제'도 구호에 그칠 수밖에 없다.

무엇보다 공유와 협력은 협동조합에서처럼 자발적 조직화 및 자치 과정을 통해 제도화하는 것이 가능해진다. 실제로 2009년 노벨경제학상을 수상한 엘리너 오스트롬(Ostrom, 1990)은 지속 가능한 자발적·자치적 공유자원 체계의 다양한 사례를 보여준다. 장기간에 걸쳐 공유자원을 사용한 사례들은 그들이 사용하는 자원을 자치적으로 관리하기 위한 노력의 산물이었다. 즉 성공적인 공유자원 사용의 사례들은 자발적으로 조직화되고 자치가 이루어지는 협동 노력에 기초했다. 공유와 협력의 모델은 주택조합에서부터 마을기업 등으로 다양하게 확산되고 있다. 개인적 요구와 공유-협력의 시너지 효과의 결합이 시장과 국가가 제공할 수 없는 것을 해결해주기 때문이다. 공유자원의 성공적인 사용이나 공유-협력의 모델은 무임승차나 기회주의적 행동 등을 그릇된 것으로 규정하는 규범(사회적 자본) 또한 공유하고 있었다. 즉 공유자원 사용의 제도화를 위해서는 자치 규율이 필요한 것이다. 여기서 자치란 자유의 극치極致인 '자율'과 통제의 이상형인 '협동'의 원리에 바탕을 둔다. 이는 자유민주주의(제1민주주의)나 인민민주주의(제2민주주의)와 다른 '제3민주주의'로 평가할 수 있다. 이를 '자율민주주의'라 부를 수 있을 것이다. 즉 기존의 인민민주주의가 통제를 통해 평등을 지향했다면 자율민주주의에서는 협력의 필요성이 증대하면서 시민들이 스스로를 규율하며 자율적으로 책임을 다할 수밖에 없게 된다.

또한 오늘날 세계 경제에서 필수불가결한 요소가 된 초국가적 협력은 민주주의를 자율민주주의로 업그레이드할 것을 요구하고 있다. 산업사회의 민주주의는 자유민주주의든 인민민주주의든 개별 국가의 정책 독립성을 전제로 한 것이다. 그러나 탈공업화가 세계화로 이어졌듯이 경제의 네트워크화로 개별 국가의 정책 독립성은 크게 훼손되었고, 초국가적 협력이 불가피해졌다. 민주주의가 세계화 앞에 무기력을 드러내며 1990년대 이후 전 지구적 반동이 진행된 배경이다.

초국가적 협력의 필요성은 세계 금융위기 이후 명백해졌다. 세계 금융위기 이후 새로운 글로벌 거버넌스로 G20이 만들어진 배경이다. 그러나 선진국의 제로금리 정책이 신흥국의 통화정책을 위협하며 통화전쟁으로 비화했듯이 현실의 초국가적 협력은 매우 빈곤하다. 초국가적 협력의 필요성에도 불구하고 자국 중심주의가 충돌하고 국제 협력보다 갈등이 지속되는 이유는 민주주의가 개별 국가 단위에 머물러 있기 때문이다.

이처럼 경제의 네트워크화는 새로운 민주주의를 요구한다. 이는 산업사회가 만들어낸 민주주의를 복원하는 것이 아니라 개별 국가의 자율성을 전제로 한 초국가 협력을 만들어낼 수 있는 새로운 거버넌스를 의미한다. 그리고 이는 앞에서 지적한 개별 국가 내에서의 협력의 필요성 증대와 맞물려 있다. 개별 국가 내 그리고 국가 간 협력의 필요성 증대는 사회 구성원의 자율성과 개별 국가의 자율성을 전제로 한다는 점에서 이는 새로운 민주주의를 의미한다. 개인의 자유를 강조하는 자유민주주의(제1민주주의), 통제를 통해 평등을 지향하는 인민민주주의(제2민주주의)와는 다른 자율민주주의(제3민주주의)라 할 수 있다. 자유민주주의를 자율민주주의로 업그레이드하는 길만이 세계화와 민주주의 그리고 국민국가 사이의 트릴레마(삼중고), 즉 세계화를 추진하려고 하면 민주주의나 국민국가 가운데 하나를 포기해야 하고, 민주주의를 제대로 하려면 세계화나 국민국가를 포기해야 하고, 또 국민국가로서 민족

자결권을 수호하려면 민주주의나 세계화 가운데 하나를 포기해야 하는 삼자택이의 곤경을 해결할 수 있다. 만약 민주주의와 세계화를 제대로 추진하려면 철저히 민주적인 국제정치 공동체가 있어야 하는데, 국민국가들 사이의 차이점을 고려할 때 이는 환상에 지나지 않는다. 특히 오늘날에는 금융의 세계화로 인해 경제 파탄이 일상적으로 일어나고 있다. 사회공동체 구성원의 자율과 협력을 바탕으로 삼는 제3민주주의만이 트릴레마를 풀어나갈 수 있다.

4. 사회적 경제와 경제민주주의

정태인

1. 머리말

경제민주화와 보편복지가 시대적 화두가 되었다. 경제민주화란 도대체 무엇일까? 한국에서는 "국가는 균형 있는 국민경제의 성장 및 안정과 적정한 소득의 분배를 유지하고 시장의 지배와 경제력의 남용을 방지하며, 경제주체 간의 조화를 통한 경제의 민주화를 위하여 경제에 관한 규제와 조정을 할 수 있다"는 헌법 제119조 제2항(일명 김종인 조항)이 그 근거다. 즉 헌법은 소득 재분배(복지)와 독점 규제(재벌 개혁)를 허용하고 있는 것이다. 제헌헌법에는 '이익균점권'이 있었으니 우리 헌법은 유구한 경제민주화의 전통을 지니고 있는 셈이다.

그런데 경제민주화란 경제민주주의를 향해 간다는 뜻일 텐데 경제민주주의라는 목표는 어떤 모습일까? 불행하게도 이 질문에는 한국뿐만 아니라 세계적으로도 명확한 답이 없고 그야말로 백화제방의 상태다. 대부분의 경제학자들은 "시장이 곧 민주주의"라는 밀턴 프리드먼의 강변 이래 별 관심이 없었고 정치학자들만 띄엄띄엄 의견을 개진했을 뿐이다.

경제민주주의 하면 떠오르는 학자는 정치학자 로버트 달이다. 그는 적어도 선진 사회의 정치에서는 '1인 1표'라는 (형식적) 민주주의가 규범인데, 경제에서는 왜 '기업 괴물'corporate leviathan의 전제주의가 규범인지에 대해 의문을 제기했다. 따라서 정치와 경제가 대칭적이기 위해서는 작업장 민주주의workplace democracy가 필수적이다. 이런 문제의식은 1980년대 진보적인 경제학자들에게서도 나타나는데 새뮤얼 볼스 등의 '민주적 기업'이 그것이고, 리처드 프리먼은 30년 넘게 이 문제에 천착해서 '공유자본주의론'shared capitalism을 완성했다.

기업 내 민주주의를 넘어 존 롤스는 경제에도 자신의 정의론을 적용한 결과 '재산소유 민주주의'property-owning democracy를 이상적인 사회로 내세우기에 이르렀다(또 하나의 대안은 '자유주의적 사회주의'). 놀랍게도 롤스는 스웨덴의 복지국가를 강하게 비판했는데 복지국가가 자산소유('생산 자산'production assets)의 양극화를 용인해서 정의의 원칙인 기회 평등의 원칙, 차등의 원칙을 위반했기 때문이라는 것이다(자유의 원칙도 위반했다고 해석하는 학자도 있다). 결국 롤스는 자산 및 자본 재분배를 주장한 것이다.

우리 헌법은 사실상 독점의 시정(즉 산업구조의 문제)을 중심으로 '경제주체 간의 조화'를 국가가 추구해야 한다는 것이고, 달과 프리먼은 기업의 민주화를, 롤스는 재산 소유의 민주화까지 주장한 것이다. 이 모두를 일반화한다면 자신의 삶과 자유에 영향을 미치는 모든 차원의 의사결정에 시민들이 참여할 수 있는 상황이 경제민주주의라 할 수 있을 것이다.

주류경제학은, 주주(투자자)를 제외한 다른 이해당사자들이 노력과 보상에 대한 계약을 맺었으므로 잉여(또는 잔여residual)에 대한 아무런 권한도 없고, 따라서 그들은 투자자(또는 그 대리인인 경영자)의 지휘와 통제에 따라야 한다고 믿는다. 또한 그럴 때만 이윤 극대화라는 기업의 목표가 확실해져서 효율성을 높일 수 있다고 주장한다. 실제로 우리 주위는 이런 믿음과 실천으로 가득 차 있다.

하지만 주류경제학의 시각에서 보더라도 모든 계약의 불완전성(모든 상황을 미리 낱낱이 계약서에 반영할 수도 없으며 완벽한 감시와 처벌도 불가능하다) 때문에 이해당사자의 목소리를 반영해야 한다. 더 근본적으로 최근의 행동경제학/실험경제학에 따르면 인간의 상호성 때문에 기업도 이해당사자의 목소리를 반영해야 더 높은 효율을 달성할 수 있다고 주장한다. 따라서 이해당사자들이 자기 목소리를 내거나voice, 정 안 되면 회사나 하청관계에서 빠져나갈 수 있도록exit 힘을 부여하는 것이 경제민주주의의 핵심 과제가 된다.

노동조합은 자본주의적 기업 안에서 그런 역할을 하는 조직이다. 노동조합의 네트워크인 산별노조나 전국노조는 일부 유럽의 경우 노동자 정당과 결합하여 복지국가를 형성하는 데 결정적으로 기여했다. 즉 전국적 노조와 사회민주주의 정당은 경제민주주의를 달성하는 유력한 수단이 될 수 있다. 이 점에서 민주노총의 조직률이 5% 수준에 머물고 그들이 지지하는 통합진보당이 자중지란에 빠진 현실은 한국에서 경제민주화의 앞날이 매우 어둡다는 것을 뜻한다.

한편 이 글의 주제인 사회적 경제는 기업 바깥에서 시작되었으며(소비자 협동조합), 그것이 생산자 조합과 금융 부문 조합(협동조합 전문 은행이나 보험 등)으로 발전하여 스페인 몬드라곤이나 이탈리아의 에밀리아로마냐, 캐나다의 퀘벡 등에서는 사회적 경제의 범주가 주민의 삶을 규정하는 네트워크가 형성되었다. 말하자면 협동조합을 포함한 사회적 경제는 자본주의 시장경제 바깥에 존재하는 경제민주주의의 보루라고 할 수 있다. 협동조합은 1원(1주) 1표가 아닌 1인 1표 원칙에 따라 중요한 의사결정을 하기 때문에 경제민주주의를 처음부터 내장하고 있는 조직이라고 하겠다. 그러나 한국에서는 사회적 경제 역시 이제 막 첫걸음마를 내디뎠을 뿐이다.

노동조합은 시장경제에서, 그리고 협동조합은 사회적 경제에서 경제민주주의를 실현할 핵심 주체인데 그들이 아직 미약하니 한국에서 경제민주주의는 먼 미래의 꿈에 불과한 것일까? 그렇지 않다. 우리는 이미 수십 년간의 피땀 어린 노력을 통해서 정치적 민주주의를 일정하게 달성했다. 정치적 민주주의는 그 자체로 경제민주주의의 토대다. 무임승차자에 대한 응징과 구성원 간의 소통이야말로 협동을 이루는 지름길이다. 민주주의가 곧 소통이라는 사실을 우리는 이명박 정부를 통해 절절하게 깨달았다. 또 민주주의 사회에서 선거는, 아무리 미흡하다 할지라도 강력한 응징 수단이다.

2. 사회적 경제란 무엇인가

21세기 들어 '사회'에 대한 관심이 부쩍 고조되고 있다. 기업의 사회적 책임이라든가 사회적 기업 등 경제 용어에 사회라는 수식어가 나붙고 진보 언론에서 이들 주제를 특집으로 다루고 있다. 그뿐만 아니라 2008년 광우병 쇠고기 수입을 반대하는 촛불집회의 가장 큰 수혜자는 생협(생활협동조합)이라는 말도 있듯이 한국에서는 싹이 말라버리다시피 했던 협동조합 운동도 서서히 기지개를 켜고 있다.

한국뿐만 아니라 전 세계에서 비슷한 움직임을 보이는 것은 물론 우연이 아니다. 1980년대 신자유주의 이래 사회 양극화가 급진전되면서 나타난 현상이다. 특히 최근의 세계 금융위기는 협동조합 등 사회적 경제social economy에 대한 관심을 더욱 고조시키고 있다. 이탈리아 등 협동조합이 활발한 나라의 역사를 보더라도 경제위기 시에 협동조합의 수나 규모가 증가했던 것이 사실이다.

유럽연합이 1990년대부터 사회적 경제에 관심을 집중한 직접적인 이유는 복지국가의 한계에 있다. 즉 세계화에 대한 압력과 경제의 서비스화에 따른 생산성 저하, 출산율 저하와 노인 인구의 증가로 인한 고령화, 이 모든 현실의 귀결인 전후 사회 시스템의 위기는 사회, 그리고 사회적 경제의 '부활'과 밀접한 연관이 있다. 첫째, 가난과 사회적 배제 문제를 해결해야 했고, 둘째, 시장과 국가가 아닌 영역에서 새로운 기회를 창출해야 한다는 점에서 사회적 경제가 각광을 받고 있다. 한국은 실업과 재정 적자 면에서는 서구보다 낮지만 기본적인 복지도 갖추지 못한 상황에서 양극화가 극단으로 진행되었고 그 결과 세계 최저의 출산율을 보인다는 점에서 마찬가지 처지에 놓여 있다.

또한 1980년대 이후 활발해진 시민 주도 운동도 연관이 있을 것이다. 공동체 운동, 여성운동, 환경운동, 문화 및 지역 공동체 운동을 이끄는 다양한 결사체가 국가 및 시장에 새로운 관계 정립을 요구했다. 아래로부터의 자조적bottom-up, self-help 발전이 새롭게 추구되었다.

특히 최근의 금융위기는 칼 폴라니의 진단을 돌아보게 한다. 시장 만능의 정책으로 인해 사회가 분열되면 이에 대응하는 운동이 발생한다. 결국 21세기 들어 더욱 활발해진 사회적 경제(운동)는 신자유주의로 인한 '완전한 파괴'에 대한 대응이라고 볼 수 있다. 한국에서도 최근 진보 운동에 대한 반성이 일고, 특히 지역 공동체라든가 생활정치라는 말이 자주 오르내리면서 협동조합 등 사회적 경제에 대한 관심이 폭발적으로 증가하고 있다. '다이내믹 코리아'라는 말이 다시 한 번 실감날 정도다.

1) 시장경제 – 공공경제 – 사회적 경제, 그리고 생태경제

1970년대 중반 유럽에서 사회적 경제라는 용어가 다시 등장한 것은 앙리 드로슈와 클로드 비네가 오랜 전통의 협동조합, 상호회사와 결사체들의 공통점을 이론화하려는 데서 비롯됐다고 할 수 있다(Laville et al., 2004). 사회적 경제는 나라와 지역에 따라 다양한 모습을 띠기 때문에 이 작업이 그리 쉬운 일은 아니다.

그러나 사회적 경제의 핵심 요소인 협동조합에 대한 논의는 간헐적이지만 역사가 매우 깊다. 마르크스, 레닌, 그람시 등 좌파 이론가들은 전통적으로 협동조합에 많은 관심을 가졌다. 엥겔스는(따라서 마르크스도)「공상적 사회주의에서 과학적 사회주의로」에서 협동조합 운동의 의의와 역할을 명시적으로 부정했지만, 마르크스는『자본론』곳곳에서 협동조합을 유력한 이행 대안 중 하나로 상정했다. 레닌도 신경제정책 이후 협동조합의 중요성을 강조했으며, 그람시는 협동조합이 강한 이탈리아의 상황에 영향을 받아 진지전陣地戰의 유력한 물적 토대로 협동조합을 상정했다.

자유주의 경제학자들도 마찬가지였는데 길드사회주의 등의 영향을 받은 존 스튜어트 밀, 개혁적 케인스주의자인 제임스 미드는 물론 한계혁명의 레옹 발라까지도 협동조합에 커다란 의미를 부여했다. 예컨대 밀의 다음과 같은 문장에서 협동조합에 대한 당시 경제학자들의 태도를 엿볼 수 있다.

(협동조합 등─역자) 결사체 형태the form of association는, 인류가 계속 발전시킨다면 결국 세상을 지배할 것임에 틀림없다. (……) 노동자 자신의 결사체가 평등, 자본의 집단적 소유를 기초로, 스스로 선출하고 또한 바꿀 수 있는 경영자와 함께 자신의 일을 수행하는 형태다(Mill, 1871 ; Meade, 1989, p. ix에서 재인용).

따라서 사회적 경제라는 개념을 어떤 이데올로기적인 전통과 곧바로 연결시킬 수는 없다. 국제협동조합연맹International Cooperative Alliance(ICA)은 어떤 정치적 성향도 거부했고, 한국의 생협 운동 또한 정치적 중립을 표방하고 있다. 협동조합의 이런 측면은, 최근 중국의 협동조합 운동이 시민사회를 만들어내는 중요한 역할을 하면서도 되도록 정부나 이데올로기와 부딪히지 않고 온건한 자유주의적 성향을 보이는 데서도 찾을 수 있다(Zhao, 2009). 이는 협동조합을 품고 있는 사회적 경제라는 범주, 그리고 그 배경이라 할 만한 시민사회의 외연이 대단히 넓다는 것을 의미한다.

이탈리아에서 주로 쓰는 시민경제civil economy(Zamagni, 2004; 2005; Porta ed., 2004 등 참조)와 프랑스의 연대경제solidarity economy 역시 사회적 경제를 설명하는 데 널리 쓰인다. 이탈리아의 시민경제는 대체로 사회적 경제와 시장경제의 분리에 반대한다. 시장경제 역시 인간의 상호성이 개입되어 있다고 보기 때문이다. 반면 프랑스의 연대경제는 공공경제와 사회적 경제의 관련을 강조한다. 이에 비해 세 영역을 구분하려는 시도는 좀더 직접적으로 사회적 경제 영역을 독자적으로 키워서 사회 통합과 지역 발전을 꾀하려는 정책, 나아가서 이들 영역에 기초한 전체 경제의 민주화를 노린다고 할 수 있다. 캐나다의 사회적 경제 이론가들이 이 입장에 가깝다.

이상의 논의를 거칠게 요약한다면 시장경제와 공공경제, 그리고 사회적 경제는 다음과 같이 정리할 수 있다(이에 대한 자세한 설명은 정태인·이수연, 2013과 〈표 4-1〉 참조).

즉 사회적 경제는 인간의 상호성에 기초하여 공정성의 원리에 따라 연대라는 가치를 달성하도록 조직된 경제 형태다. 자본주의 사회에서는 시장경제가 인간 사이의 관계를 규율하는 유일한 원리인 것처럼 받아들이고 있지만 역사에 나타난 순서로 보면 사회적 경제가 가장 오래된 시스템이다. 인류 역사에서 가장 긴 시간대를 차지하는 수렵채집 시대에 신체적 능력이 가장 연약한 인간이 살아남기 위해 협동의 사회를 만들었기 때문이다. 이후 사회적 딜레마[1]를 해결하기 위해 국가가 생겼

〈표 4-1〉 시장경제, 공공경제, 사회적 경제, 생태경제의 구분

	인간 본성(가정)	상호작용의 기제	가치(목표)
시장경제	호모 에코노미쿠스 homo economicus 이기성	경쟁(등가교환)	(파레토)효율성
공공경제(국가)	호모 푸블리쿠스 homo publicus 공공성	합의(민주주의)	평등
사회적 경제(공동체)	호모 리시프로칸 homo reciprocan 상호성	신뢰와 협동(공정성)	연대
생태경제(자연)	호모 심비우스 homo symbious 공생의 본능	지속 가능성	공존

으며 이어서 인간 간의 관계를 시장가격으로 단순화함으로써 원격과 익명의 교류를 가능하게 만든 시장이 출현했다고 할 수 있다.

인간은 신뢰와 협동을 어떻게 이룰 수 있을까? 마린 노박은 게임이론을 이용해 협동이 일어나는 다섯 가지 조건을 추출했고(Nowak, 2006; 2012), 엘리너 오스트롬은 전 세계의 공유자원(공동으로 이용하는 숲이라든가 강) 관리 사례를 경험적으로 연구해서 여덟 가지 규칙을 찾아낸 공로로 노벨경제학상을 받았다(Ostrom, 2010). 국제협동조합연맹의 일곱 가지 원칙은 1840년대 로치데일 협동조합의 경험 이래 그동안 쌓인 수많은 성공과 실패의 경험을 정리한 조직 운영 원리다. 〈표 4-2〉는 이들을 병렬한 것인데 자세히 들여다보면 논리와 경험에서 추론된 여러 차원의 지혜가 일맥상통한다는 것을 발견할 수 있다.

---

1. 개인의 이익과 사회적 이익이 일치하지 않아 이기적 인간이라면 해결할 수 없는 사회적 문제를 말한다. 공공재, 공유지의 비극, 죄수의 딜레마 등이 유명하며, 인간 사회에는 이러한 사회적 딜레마가 가득하다.

<표 4-2> 신뢰와 협동에 관한 규칙들

협동조합의 일곱 가지 원칙(ICA)	공유자원 관리의 여덟 가지 규칙(오스트롬)	인간 협동 진화의 다섯 가지 규칙(노박)
① 공유와 공동 이용 ② 민주적 의사결정 ③ 참여 ④ 자율성 ⑤ 교육 ⑥ 협동조합의 네트워크 ⑦ 공동체에 대한 기여	① 경계 확정 ② 참여에 의한 규칙 제정 ③ 규칙에 대한 동의 ④ 감시와 제재(응징) ⑤ 점증하는 제재 ⑥ 갈등 해결 메커니즘 ⑦ 당국의 규칙 인정 ⑧ 더 넓은 거버넌스의 존재 • 추가 연구 협동 촉진의 미시 상황 변수 ① 의사소통 ② 평판 ③ 한계수익 제고 ④ 진입 또는 퇴장 능력 ⑤ 장기 시야	① 혈연 선택 ② 직접 상호성=단골 ③ 간접 상호성=평판 ④ 네트워크 상호성 ⑤ 집단 선택 • 추가 연구 이후 행동/실험경제학, 진화 생물학이 찾아낸 협동의 촉진 수단 ① 소통 – 민주주의 ② 집단 정체성 ③ 사회 규범의 내면화

즉 이 표는 협동에 관한 인류의 지혜를 총집결한 것이라고 하겠다. 예컨대 협동조합의 제1원칙인 공유와 공동 이용은 협동조합에 오스트롬의 여덟 가지 규칙이 적용된다는 것을 의미한다. 민주적 의사결정(그리고 참여와 교육) 원칙은 자본주의적 기업의 경영에 비해 굼뜨고 중구난방이 되어 비효율적일 것 같지만 오스트롬과 노박의 규칙에서 협동을 촉진하는 필수 수단이라는 것을 알 수 있다. 협동조합이 돈과 사람의 동원에 취약하다는 점을 보완하는 데 필수적인 제6원칙, 협동조합의 네트워크는 오스트롬의 더 넓은 거버넌스의 존재, 그리고 노박의 네트워크 상호성 및 집단 선택(집단 정체성)과 긴밀하게 연결되어 있다. 물론 공유자원 관리의 핵심 주체인 지역 공동체는 혈연 선택과 집단 선택이 일어나는 공간이기도 하므로 협동조합의 생존에 필수적이다.

2) 사회적 경제의 구성

사회적 경제는 나라와 시대에 따라 다양한 모습으로 나타났다. 자본주의 경제가 만족시킬 수 없는 인간의 본성이 표현된 것이며, 현실적으로는 자본주의의 원리로 사회가 일원화할 때 발생할 수밖에 없는 '완전한 파괴'(칼 폴라니)에 대응하는 것으로서 형성되고 발전했다고 할 수 있다. 또 국가 부문과 관련해서 사회복지 유형론은 각국이 사회적 경제와 관련해서 강조하는 바가 서로 다르다는 점을 이해하는 데 일정한 도움을 준다.

니낙스(Ninacs and Toye, 2002)에 따르면 사회적 경제의 각 구성 요소를 〈그림 4-1〉과 같이 배치할 수 있을 것이다. 영미권에서는 협동조합이나 상호공제회 등을 제외하고 순수한 비영리단체로 구성된 제3부문을 하나의 실체로 여기는 경향이 있다. 이것은 자유주의형 사회복지 체제에서 재단이나 자선단체의 자발적 행위가 상대적으로 중요했음을 의미한다. 그림의 오른쪽 부분이 영미권의 제3부문 또는 비영리NPO 부문에 해당한다. 반면 사회적 경제는 프랑스어를 사용하는 유럽과 캐나다에서 더 중요한 의미를 가지며(Laville et al., 2004), 특히 대륙이나 북유럽에 비해 사회복지 시스템을 제대로 갖추지 않았던 이탈리아나 스페인에서는 협동조합과 신용조합, 상호공제회가 상대적으로 중요한 역할을 수행하고 있다. 흰 부분의 왼쪽이 유럽의 사회적 경제에 해당한다. 현재의 의미에서 사회적 경제는 경제적 목표와 사회적 목표를 동시에 수행하는 모든 조직을 포괄한다. 한편 흰 부분의 가운데는 비교적 최근에 생겨난 사회적 기업과 사회적 협동조합이 차지하고 있는데, 이를 '신사회경제'new social economy라고 부르기도 한다.

신사회경제는 1980년대 이래 유럽의 경제 침체, 이에 따른 국가 복지의 한계를 극복하기 위해 주로 교육·보육·의료 등 사회서비스 분야

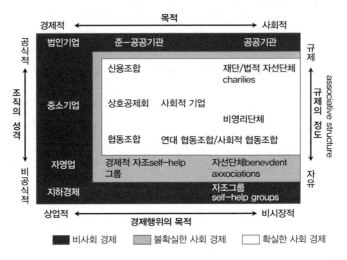

〈그림 4-1〉 사회적 경제의 구성

자료: Ninacs and Toye, 2002에서 작성.

에서 생겨난 새로운 사회조직(예컨대 이탈리아·스페인의 '사회적 협동조합', 포르투갈의 '사회연대 협동조합', 캐나다의 '연대 협동조합', 스웨덴의 '보육 협동조합', 덴마크의 '프로젝트 개발', 영국·미국의 '사회적 기업'·'지역개발 기업')들로, 과거의 사회적 경제에 비해 더 다양한 이해당사자들(회원, 노동자, 소비자, 지역공동체)이 의사결정에 참여한다는 특징을 지닌다.

유럽의 경우 국가가 제공하던 사회적 서비스를 '민영화'하면서 시장이 아니라 협동조합이나 사회적 기업이 담당하게 되었다. 예컨대 이탈리아의 볼로냐 시에서는 민영화 서비스의 70%를 협동조합이 이어받았다. 사회적 기업(영미권)이나 사회적 협동조합(유럽)은 장애인이나 노인 같은 사회적으로 배제된 사람들을 위한 일자리를 만드는 동시에 지역공동체에 필요한 사회적 서비스를 제공했다. 한국의 2007년 사회적 기업법, 2012년 협동조합 기본법 역시 이런 서비스를 대상으로 삼았다.[2]

신사회경제가 제공하는 사회적 서비스는 관계재relational goods, 연대서비스solidarity service, 친밀서비스proximity service로 불리는데, 이들 서비스는 시장경제나 공공경제가 제공하는 것보다 사회적 경제가 더 유리할 수 있다. 많은 경우 이런 서비스는 수요자가 돈이 부족하거나 공급자의 수익률을 맞추지 못해서(수요곡선에서 균형가격 아래 오른쪽 부분) 시장경제에서는 아예 공급이 이뤄지지 않는데, 나는 이를 '시장의 근원적 한계'라고 부른다. 한편 공공경제는 관료적 속성을 갖고 있어 서비스 전달에서 경직성을 보이므로 지역 공동체에 뿌리박은 사회적 경제가 더 유연하고 공정하게 공급할 수 있다. 사회적 협동조합이나 사회적 기업에 관한 각종 통계는 신사회경제가 사회적 서비스(교육, 보육, 의료, 노인 요양), 환경 관련 서비스(재생 에너지, 쓰레기 처리, 조림 등), 문화서비스 등에 집중되어 있다는 사실을 보여준다.

이상의 사회적 경제의 정의와 구성 요소를 종합하여 이 글에서는 다음과 같은 실용적 정의를 사용할 것이다. "사회적 경제는 다음과 같은 원칙과 운영 규칙에 따라 운영되는 행위와 조직들을 일컫는다. ① 이윤보다 회원과 공동체를 위한 운영, ② 국가로부터의 자율성, ③ 민주적 경영(1인 1표), ④ 자본에 대한 개인과 노동의 우위, ⑤ 참여의 원칙과 개인 및 집단의 권력화empowerment. 따라서 사회적 경제는 모든 협동조합과 상호부조 움직임과 결사체를 포함한다. 사회적 경제는 주민과 공동체의 필요를 충족시키기 위한 모든 부문에서 발전할 수 있다."

(퀘벡 사회경제위원회)

---

2. 한편 최근 영국의 보수당 정부도 '큰 사회'big society를 표방하면서 사회적 경제를 강조하고 있다. 과거에 좌·우파 경제학자가 모두 협동조합을 예찬한 것처럼 위기의 시대를 맞아 사회적 경제가 각광을 받고 있는 것이다. 국가와 시장의 이분법을 넘어 지역의 자산과 에너지를 바탕으로 하는 것이라면, 그리고 영국의 국가의료체계NHS 같은 기본 복지 시스템을 무너뜨릴 전략이 아니라면 보수당의 이런 정책 역시 거대한 흐름에 편승하려는 것으로 볼 수 있다. 하지만 기업의 중요한 의사결정을 1인 1표로 하는 등 민주적 의사결정은 현재의 신자유주의 이념과는 전혀 어울리지 않으므로 보수당의 현 정책은 자중지란을 일으킬 가능성이 높다.

3) 협동조합은 왜 희귀한가

협동조합과 사회적 기업은 세계적 위기가 닥칠 때마다 급증하곤 했다. 협동조합은 왜 위기에 강한 것일까? 사회적 경제라는 범주 자체가 사회적 딜레마를 해결해온 오랜 지혜이기 때문이다. 예를 들어 맹수의 공격으로부터 부족을 보호한다거나 품앗이로 모내기를 한다든가, 스스로 강물이나 공동 숲을 관리하는 규칙을 만들고 지켜온 것이 모두 사회적 경제에 속한다.

그런데 왜 협동조합은 지배적 범주가 되지 못한 것일까? 지금까지 역사에서는 상황이 좋아지면 사람들은 언제 그랬냐는 듯 더 많은 단기적 이익을 약속하는 자본주의 기업을 선택해왔다. 경제학자들은 협동조합이 왜 희귀한가를 해명하려 했다. 물론 이론적 수단은 주류경제학이었고, 결론은 언제나 협동조합은 일정 규모 이상으로 성장할 수 없다거나 성장하더라도 주식기업으로 '타락할 것'이라는 예언이었다. 이들의 모델에서 협동조합은 노동자 관리 기업Labor-Managed Firm(이하 LMF), 즉 노동자가 자신의 이익을 극대화하는 조직체로 나타난다.

인간이 전적으로 이기적인 것은 아니지만 많은 경우에 인간은 물질적 이익을 추구한다. 따라서 호모 에코노미쿠스 가정에 입각한 경제학자들의 협동조합 비판은 충분히 현실이 될 수 있다. 또 어떤 이유로든 현실에서 협동조합 또는 LMF가 자본주의적 기업 또는 투자자 관리 기업Kapital-Managed Firm(이하 KMF)에 비해 희귀한 것은 움직일 수 없는 사실이다.

KMF인가, 아니면 LMF인가는 투자자가 기업을 소유하는가, 아니면 노동자가 기업을 소유하는가에 달려 있다. 바꿔 말하면 투자자가 노동을 고용하느냐, 노동자가 투자를 고용하느냐의 문제다. 그레고리 다우(Dow, 2000)는 "경제학은 자본주의 기업의 우위에 관해 납득할 만한 설명을 내놓지 못하고 있다"고 단언한다. 폴 새뮤얼슨은 경쟁시장 모델에서 자본이 노동을 고용하느냐, 아니면 노동이 자본을 고용하느냐는 아무런 차이가 없다고 말한다. 실로 경제원론 수준에서 단지 기술을 표현하는 생산함수와 비용함수에는 노동 또는 자본의 통제가 나타나지 않는다.

현실에서 이 둘의 근본적 차이는, 물리적 자산의 소유권은 언제든 바뀔 수 있지만 인간에 대한 소유권은 쉽게 이전될 수 없다는 점이다. 한마디로 "노동서비스를 공급하는 능력은 양도alienable될 수 없다" (Dow, 2000; 2003; Ellerman, 1997; 2004). 또한 노동이라는 요소는 상당한 이질성을 보이지만 금융자산은 그렇지 않다. 즉 자본은 화폐의 양으로 환원할 수 있지만 노동은 인간의 속성이어서 하나의 양으로 환원할 수 없다는 점에 문제의 근본이 있다.

먼저 자본 동원의 면에서 KMF는 주식시장을 통해 유한책임의 소유권을 자유롭게 이전할 수 있기 때문에 어떤 이유로든 시장에서 인정을 받으면(또는 단순하게 거품이 생긴다 해도) 대규모 자본을 동원할 수 있다. 반면 LMF의 경우는 조합원의 가입비up front fee와 비분리자산indivisible reserve(협동조합에 유보되는 자산은 조합이 해산한다 하더라도 개인에게 양도될 수 없다)이라는 제약 속에서만 자본을 동원할 수 있으며, 소유권의 이전은 노동자 구성의 변화를 전제로 한다. 주식시장에 해당하는 회원권 membership(조합원권) 시장이 존재한다 하더라도 전통적인 협동조합의 경우 회원권을 구매하는 것은 조합에 가입하는 것을 의미하므로 KMF에 비해 매매가 쉽게 일어날 수 없다. 또 탈퇴자(판매자)가 높은 가격을 받으려고 한다면 조합원 노동력의 질이 떨어질 수도 있다. 높은 가격을 지불하려는 사람일수록 노동력의 질이 낮을 수 있기 때문이다(역선택). 또한 집단적으로 소유한 자산에 대해서는 무임승차 문제(여기서는 오용이나 남용)가 발생할 수 있다. "모든 사람의 소유는 아무도 소유하지 않은 것과 마찬가지"(Alchian and Demsetz, 1972)이므로 감시의 태만이 일어날 수 있다.

흔히 금융기관은 LMF에 대해 대출하는 것을 기피하는데, 가장 평범하지만 일반적인 이유는 은행이 LMF의 구조에 익숙하지 않아서 적절한 평가를 할 수 없다는 것이다. 은행이 상대적으로 통제하기 용이한 비민주적 기업을 선호하거나(Gintis, 1989), 만일 LMF가 고도로 특화된 자산을 가지고 있다면 담보로 사용되기 어려우며(Williamson, 1988), 은행의 역선택에 대해서 신뢰할 만한 신호를 보내기 위해서는 스스로 투자를 늘려야 하는데 이 또한 추가로 지불해야 하는 비용이라는 이유도 덧붙일 수 있다. 또한 민주적 결정 원칙을 지키면서 자본을 동원하기 위해서는 무의결권 우선주를 발행해야 하는데 이때도 투자자를 안심시키기 위해 프리미엄을 제공해야 한다(Putterman, 1993).

한편 1주 1표에 의한 의사결정은 최대 주주에 의해 신속한 의사결정이 가능하지만, 1인 1표에 의한 의사결정은 노동자 간의 갈등을 야기할 소지가 있다. 노동자의 구성이 이질적이고 규모가 클수록 갈등의 가능성이 높아진다(Hansmann, 1990; Kremmer, 1997). 다수결에 따라 의사결정이 이뤄진다면 평균적 노동자들이 생산성이 높은 노동자의 임금을 낮추려 할 것이므로 능력자는 LMF를 기피할 것이다(Kremmer, 1997).

이상 1980년대 이후에 발전한 계약이론이나 신제도주의 이론에 의한 비판 외에도 고전적인 워드-도마-바넥(W-D-V firm)의 비판이 있다. LMF는 노동자/조합원 1인당 순수입의 극대화를 목표로 하기 때문에 공급 대응에 비탄력적이며, 심지어 수익성이 좋을 때 고용을 줄이거나 비조합원 노동자를 고용함으로써 KMF로 타락할 것이다(이른바 워드효과). 또한 은퇴에 가까운 노동자일수록 미래의 투자수익을 누릴 수 없으므로 현재의 투자에 반대할 것이다(Jensen and Meckling, 1979; Pejovich, 1992). 따라서 과소투자의 문제가 발생하거나(시야 문제horizon problem), 새로운 조합원을 받지 않으려 할 것이다(공동 소유 문제common property problem). 또한 소규모 협동조합은 기술 혁신에도 불리할 가능성이 크다.

이상의 문제는 두 가지 범주로 나눌 수 있을 것이다. 하나는 어떤 이유로든 현재는 KMF가 지배적인 사회라는 데서 비롯된 문제다. 모든 제도가 지배적 범주인 KMF의 성격에 따라 구성된다면 LMF가 점점 더 불리해지는 경로 의존성이 작용할 것이다. 예컨대 평가의 어려움에서 비롯되는 대출 기피라든가, 불신을 해소하기 위해 지급해야 하는 프리미엄이 그러하다.

반면에 추론의 결과가 사실에 비추어 기각되는 경우도 많으며, 한쪽의 단점이 다른 쪽의 장점으로 보완되는 사안도 있다. 이것은 기본적으로 협동조합의 조합원들이 이기적으로 행동하지 않기 때문에 발생한다. 예컨대 LMF가 대규모 자본을 동원하는 데 불리한 것은 사실이지만 시야 문제나 공동 소유 문제 때문에 과소투자가 발생한다고 보기는 어렵다. 일반적으로 협동조합 정신이 잘 스며든 조합의 구성원들은 장기적인 시야를 가지고 조합 내에 자본을 축적하여 장기 투자를 한다든가, 상위 기관에 기금을 조성하는 데 반대하지 않는다. 비분리자산의 축적이 일정한 비율(몬드라곤의 경우 이윤의 30%를 재투자)로 이뤄지는 것은 합판협동조합에서 보듯, 경기 변화에 대한 신속한 대응은 어렵다고 하더라도 안정적 축적을 돕는다. LMF는 경기 상황에 대해 주로 임금의 변화로 대응하기 때문에 고용안정성(Craig and Pencavel, 1992; Navara, 2009)이 보장된다.

따라서 W-D-V 모델이 예측하는 워드효과는 현실에서는 좀처럼 찾아볼 수 없다. 비분리자산은 경기 변동에 대해서 일종의 자동 안전장치의 역할을 하며 이것이 노동자에게 보험을 제공하는 것이다. 또한 상당 규모의 조합 가입비(노동자 협동조합의 경우 월급의 일정액을 나눠서 내고 퇴직 시 일정한 이자를 붙여 돌려받는데, 이는 사실상 퇴직금과 유사하다)와 협동조합 금융기관의 설립(몬드라곤의 노동금고, 퀘벡의 데자르댕 은행, 에밀리아로마냐의 우니폴 등), 상위 조합의 기금 조성(이탈리아의 경우 단위 조합은 수익의 3%를 기금으로 낸다)은 금융의 한계를 극복하기 위한 현실적 제도다.

감시와 응징이라는 면에서도(이는 협동의 필수 조건이다) 잔여 청구권을 가진 감시자가 도덕적 해이를 막을 수 있다는 앨치안Amen Alchian과 뎀세츠Harold Demsetz의 주장과 달리 동료 간의 상호 감시가 더 효율적이어서 감시 비용을 줄일 수 있으며(Putterman, 1984), 노동자 간에 합의commitment와 신뢰가 존재한다면 훨씬 더 효과적인 상호 감시가 이뤄진다. 한편 감시에 관한 한, 주주의 도덕적 해이가 현실에서 더 심각하므로 감시 비용은 늘어날 수밖에 없고, KMF 역시 계약의 불완전성 때문에 노력effort의 양을 완벽하게 조절할 수 없으므로 언제나 노동자에게 추가 유인을 주어야 하며, 실업의 위험에 대한 보험에 해당하는 추가 프리미엄도 제공해야 한다(스티글리츠의 암묵계약이론). 현실에서 LMF는 적은 감시자와 이윤 공유로 높은 생산성을 누리는 경우가 많다(Kruse, 1993).

다우(Dow, 2000)는 LMF의 장단점을 고려하여 LMF가 성공할 조건을 제시하는데, 대체로 자본의 규모가 작고, 자산특수성이 적으며, 동질적 노동자가 팀워크와 정보 공유의 장점을 활용할 수 있는 분야를 든다. 이외에도 LMF의 경제적 효율성을 높이기 위해 기업공시에 준하는 사회 회계표준을 마련할 수 있으며 회원권의 자유로운 매매는 불가하더라도 입회비를 가상의 균형가격에 맞추려고 노력할 수 있을 것이다.

3. 공공경제, 시장경제와의 관계

사회적 경제가 발전하는 데 시장경제 및 공공경제와의 관계는 결정적으로 중요하다. 사회적 경제는 그 비중이 작으므로 시장가격의 영향을 강하게 받을 수밖에 없다. 그러나 사회적 경제의 비중이 커지는 경우 시장가격을 억제하는 역할을 할 수 있다. 사회적 경제는 사회적 자본을 공급하므로 시장경제의 생산성을 높일 수 있다. 소비자 협동조합은 제품의 질을 보장함으로써 소비자 교육과 보호의 역할을 수행할 수 있다. 즉 사회적 경제는 가격 면에서 시장경제에 의존할 수밖에 없지만 시장경제에 대해 대안적 경영의 준거가 될 수 있다. 실제로 유럽의 소비자 협동조합은 대단히 강해서 월마트나 까르푸, 테스코 등이 약탈가격 등을 통해 발붙이기 어렵다.

한편 자본주의 역사가 증명하듯 강력한 이윤동기는 여러 측면에서 혁신을 이뤄낸다. 이에 비해 '연대동기'는 새로운 수요, 새로운 상품의 창출이라는 측면에서는 시장경제에 뒤질 수 있다. 따라서 시장경제에서 일어난 기술 및 제도 혁신을 사회적 경제로 수용하는 일은 대단히 중요하다. 에밀리아로로마냐나 몬드라곤이 연구개발과 교육을 강조하고 네트워크의 핵심 조직으로 대학과 연구소를 세우는 것은 이런 점과 무관하지 않다. 즉 사회적 경제는 시장경제와 분리된 존재가 아니라 동행하거나 보완하는 존재이며 시장경제의 양극화 작용을 억제할 수 있다.

앞에서 보았듯이 사회적 경제의 규모와 형태는 나라에 따라 매우 다양하며, 공공경제와의 관계도 마찬가지다. 특히 복지국가 유형은 각국 사회적 경제의 차이를 일정하게 설명해줄 수 있을 것이다. 복지 시스템과 사회적 경제의 관계에 관해서는 세 가지 가설이 있다(Salamon and Anheier, 2000).

첫째는 이질성 이론heterogeneity theory으로, 시장 실패와 국가 실패가 동시에 발생한 곳에 비영리 부문(사회적 경제)이 존재한다는 주장이다. 국가 실패란 다수결 원리에 의해 선택되지 못한 부문에 복지가 제공되지 않을 가능성을 의미하며 따라서 이질적으로 구성된 사회에서 소수자에 대한 복지는 적을 것이고, 동시에 비영리 부문은 클 것이라고 추론할 수 있다. 그러나 사회적 경제의 존재에는 다양한 요인이 작용할 수 있으므로 이런 추론은 실증적으로 기각된다(Salamon and Anheier, 2000; Salamon, Sokolowski and List, 2003). 이 주장은 일단 미국을 염두에 둔 것이겠지만 인종 문제가 심각한 후진국에는 두 가지 실패가 모두 존재하면서도 비영리 부문 또한 거의 존재하지 않는 경우가 많다.

둘째, 상호의존론interdependence theory은 비영리단체가 국가의 영역에서 활동하지만 국가보다 속도가 빠르고 국가의 개입을 촉진하는 역할을 한다고 주장한다. 그러나 '자발성의 실패'voluntary failure 때문에, 즉 동원 가능한 자원의 부족(자선의 부족philanthropic insufficiency이나 자선의 가부장성philanthropic parochialism) 때문에 비영리 부문의 규모에는 한계가 있으므로 국가는 여전히 필요하다.

셋째, 사회적 기원론social origin theory이다. 이 가설은 배링턴 무어의 민주주의론, 에스핑-앤더슨의 복지국가 유형론을 전거로 삼아 각국 사회계급과 제도의 역사적 궤적에 따라 국가와 비영리 부문 간의 관계를 유형화한다(〈표 4-3〉 참조).

대체로 유럽 국가들은 사회적 경제의 전통이 강해 국가의 사회복지 전달체계로 남아 있는 경우가 많고(역사적 이유), 사회복지 지출이 많아도 소득 수준이 높아서 사회적 경제의 재원 조달이 일정한 규모를 유지할 수 있으며(경제적 이유), 종교와 시민정신에 따라 자선 등이 활발한 것으로 볼 수 있다(사회적 이유). 사회민주주의 모델보다 조합주의 모델의 비영리 부문이 더 큰 것은 20세기 초중반에 노동계급 정당에 의해 철저한 복지 개혁이 이뤄지기보다 각 계급의 타협에 따라 전통적 사회적 경

정부의 사회복지 지출	비영리 부문의 규모	
	작음	큼
낮음	국가주의statist 일본, 라틴아메리카 국가	자유주의liberalist 미국·호주 등 영미형 국가
높음	사회민주주의social democratic 핀란드, 오스트리아	조합주의corporatist 독일, 프랑스, 네덜란드

자료: Salamon, Sokolowski and Anheier, 2000, 15쪽(〈표 3〉)과 18쪽(〈그림 7〉)에서 재구성.

제(구사회경제)가 '잔존'해서 복지의 전달체계 역할을 했기 때문일 것이다. 미국으로 대표되는 자유주의 모델은 정치적·이데올로기적 요인에 따라 정부의 개입을 최소로 억제한 가운데, 개인의 자발성에 의존해 사회 문제를 일정하게 해결하는 경우로 사회복지와 비영리 부문이 일정 정도 대체관계를 보인다.

물론 한국은 국가주의 유형에 속한다. 1960~1980년대 중반의 개발 시기에 국가는 경제 발전에 재원을 집중했고 사회복지를 공동체(1960년대)와 가족(1970~1980년대)이 떠맡은 결과 지역 공동체가 붕괴 상태에 이르렀고, 국민소득이 일정 수준에 다다른 후에는 신자유주의 물결 속에서 여전히 사회복지가 최소한으로 제약되는 동시에 사회적 경제 역시 거의 존재하지 않는 경우다. 나는 1970년대의 새마을운동이 한국의 자생적인 사회적 경제를 완전히 뿌리 뽑았다고 생각한다. 일제 강점기인 1920~1930년대에 스스로를 보호하기 위한 공동체 내의 각종 협동조합, 상호공제회, 두레 등이 조선총독부와 관제 협동조합에 의해 해산되었고, 1960년대에 부활한 민간 협동조합(신협, 소비조합) 운동은 새마을운동(새마을금고 포함)에 의해 사실상 제거되었다.

한편 한국의 교육이나 의료복지의 확대는 공적 보조금을 받아 시장

경제가 전달하는 경로를 따랐다. 1990년대 중반 이래의 '시장화' 기조 속에서 병원이나 학교 등 사적 조달의 주체들은 자신들의 이익 추구를 위해 미국식 제도를 요구하면서도 국가의 보조는 지속되거나 확대되기를 원하는 일견 모순된 입장을 보이고 있다. 반대 진영은 공교육, 공공 의료기관의 확대와 함께 학부모나 환자 등 수요자의 참여를 요구하고 있다. 만일 사적 방식이 사회적 경제의 방식으로 바뀔 수 있다면(또는 사회적 경제의 비중이 높아진다면) 공공성과 수요자의 참여를 동시에 높일 수도 있을 것이다. 즉 한국에서는 사회민주주의 유형과 조합주의 유형을 동시에 추구하는 것이 바람직해 보인다.

특히 한국의 취약한 사회적 경제는 기능적으로 공공경제에 의존할 수밖에 없다. 특히 공공보조금으로 운영되는 사적 기관의 문제가 심각한 사회서비스 분야(의료, 보육, 교육 등)에서 새로운 관계를 만들어낼 수 있다. 예컨대 공공 부문 민영화의 일종이었던 PPP(Private Public Partnership)을 다른 의미의 PPP(People Public Partnership) 또는 CPP(Citizen Public Partnership)로 바꿀 수 있다. 또한 독일의 2차 노동시장의 역할이 그렇듯, "사회적 경제 영역의 잠재적 고용 능력이 남아 있다는 점에서 적극적 노동시장 정책의 주요 주체"(Birkholzer, 2006)다. 사회적 경제는 정의상 일자리의 창출에 적합한 것이다.

결론적으로 "제도설계를 잘하면 공동체, 시장, 국가는 서로 대체적인 관계가 아니라 보완적인 관계를 형성할 수 있다."(Bowles and Gintis, 2002) 따라서 사회적 경제의 제도화(예컨대 한국의 협동조합법 제정)는 두 영역과의 보완성을 중심으로 이루어져야 한다.

4. 세계의 사회적 경제: 몬드라곤, 에밀리아로마냐, 퀘벡의 비교

오늘날 국제협동조합연맹ICA에는 전 세계 91개국의 227개 협동조합 연합체가 참여하고 있다. 협동조합이 가장 강한 나라는 핀란드, 스웨덴, 아일랜드, 캐나다인데 이들 국가에서는 인구의 절반이 조합원이다. 국민소득에서 협동조합이 차지하는 비중이 가장 큰 나라는 핀란드, 뉴질랜드, 스위스, 네덜란드, 노르웨이였다. 최근 ICA는 전 세계 300대 협동조합을 선정했는데, 여기에 포함된 협동조합이 가장 많은 나라는 미국, 프랑스, 독일, 이탈리아, 네덜란드였다(Zamani and Zamani, 2009).

여기서는 스페인의 몬드라곤, 이탈리아의 에밀리아로마냐, 캐나다의 퀘벡을 살펴보려고 한다. 물론 활동가나 연구자에 따라 다른 지역을 모범으로 삼을 수도 있다. 예컨대 서울시의 사회적 금융 분야 정책은 영국을 모범으로 삼고 있다. 이 세 지역은 TV 다큐멘터리 프로그램 등을 통해 대중에게 꽤 많이 소개되었을 뿐 아니라 한국의 사회적 경제 형성 전략, 나아가 경제민주화 전략에 있어 서로 다른 함의를 가지므로 특별히 관심을 가질 만하다(물론 세계의 서로 다른 유형에 대해서는 앞으로도 계속 연구해야 할 것이다).

이들 세 지역은 조금 과장하자면 공통점을 찾을 수 없을 정도로 독특한 모습을 보여준다. 이를 정리하면 〈표 4-4〉와 같다.

1) 스페인의 몬드라곤

스페인 바스크 지방에는 몬드라곤 협동조합 기업이 있다. 1956년 5명의 노동자에서 시작한 이 협동조합은 현재 111개의 협동조합과 120개의 자회사 등 총 255개의 사업체를 거느리고 연간 매출액 150억 유로(약 21조 1,600억 원)를 기록하며 스페인에서 매출 7위의 대기업이 되

	몬드라곤 모델	에밀리아로마냐 모델	퀘벡 모델
중심 도시	몬드라곤	볼로냐	퀘벡시티
면적		2만 2,446Km²	154만 2,056Km²
인구		443만 명(2010)	790만 명(2010)
1인당 GDP		약 3만 1,900유로(2008)	약 3만 7,278CD(2009)
특성	수직적 협동조합 기업집단(한국 재벌의 이상적 개혁 모델)	수평적·사회적 경제 네트워크(중소기업 네트워크의 이상적 모델)	정부-시민단체의 협업적·사회적 경제 네트워크(사회서비스의 이상적 공급 모델)
업종	제조업(전기전자), 금융, 유통, 사회서비스	제조업(기계), 유통 사회서비스, 금융	사회서비스, 금융, 유통
금융의 성격	협동조합 내부 기금, 협동조합 은행 및 보험	협동조합 네트워크 내부 기금, 협동조합 보험, 정부예산	공동체 기금, 정부예산, 협동조합 은행
역사와 정치	바스크 분리주의와 가톨릭 사회주의	좌파의 장기 집권과 시민인본주의, 가톨릭	퀘벡 분리주의와 사회민주주의(퀘벡당)
장점	규모 및 범위의 경제와 세계화	네트워크 외부성, 일반 신뢰와 협동	시민의 참여민주주의
단점	특수성과 상대적 폐쇄성	문화적 전통과 모방의 어려움	제조업 부재로 인한 고용의 한계

었다. 삼성과 같은 거대 재벌이 협동조합의 형태로 만들어진 것이라고 생각하면 된다. 2009년 말 기준 8만 5,000여 개의 일자리를 공급하고 있다.

2008년 세계 금융위기가 닥쳤을 때 몬드라곤도 타격을 입었다. 그

---

3. 정태인·이수연, 『협동의 경제학』, 레디앙, 2013, 13~16장 발췌 요약임.

해 제조업 부문의 총매출은 전년대비 12% 하락했고, 다음 해에는 전년 대비 20%까지 하락했다. 이로 인해 제조업 부문에서 8,000명에 이르는 일시 휴직자가 발생했다. 하지만 이들은 몬드라곤 협동조합 기업 내부에 갖춰진 사회보장기금을 통해 80%의 휴직급여를 받았으며, 이후 몬드라곤 협동조합 산하의 다른 협동조합으로 이직했다. 주 5일에서 주 4일로 근무시간을 줄이고, 임금의 5%를 삭감하는 등의 노력과 함께 그동안 쌓아둔 비분리자산과 협동조합 금융기관 및 자체 기금이 있었기에 가능한 일이었다. "자본은 주인이 아니라 하인"이라고 외치는 몬드라곤에서는 탈퇴하거나 정년이 되어 은퇴하기 전까지 실업이 존재하지 않는다.

단위 협동조합들이 삼성과 같이 수직 통합적으로 조직되면 당연히 관료제의 문제가 발생한다든지, 조합원의 의사와 상관없는 전략적 의사결정이 이뤄질 가능성이 높아진다. 몬드라곤에서도 그런 문제가 발생한 것이 사실이다. 특히 에로스키 같은 유통망을 바스크 지역 외부로 확대할 때, 또 제조업의 경쟁력을 위해 해외 지사를 만들 때 협동조합의 원칙을 지키는 것이 지극히 어려웠다. 이에 따라 "협동조합이 일정 규모 이상 성장하면 타락하게 마련"이라는 주장이 예측했던 현상이 실제로 나타나기도 했다. 한 사업장 내에 비조합원 노동자가 늘어나거나 (에로스키) 아예 주식회사 형태의 자회사(해외 공장)가 생기기도 했다. 하지만 몬드라곤의 조합원 총회는 일정 비율 이상으로 비조합원이 늘어났을 때 일정 기간에 걸쳐 협동조합으로 만들거나 조합원으로 가입시키는 정책을 성공적으로 수행해왔다.

판매액으로 보면 SK와 현대자동차 정도인 거대한 기업군이 1인 1표의 원칙을 지키면서도 세계 경제에서 경쟁력을 유지하고 오히려 확대한다는 것은 경이로울 정도다. 한국에서도 이런 수직 통합적 협동조합이 불가능한 것만은 아니다. 예컨대 대기업이 부실화해서 정부의 구조

조정 자금이 투입되어 국유화된 후, 재민영화의 방법으로 노동자 소유 협동조합을 만들 수도 있다. 실제로 참여정부 때 옥포 대우조선의 노동자들이 시도했던 방식이다. 즉 몬드라곤은 한국 재벌 개혁의 가장 이상적인 본보기일 수 있다.

2) 이탈리아의 에밀리아로마냐

이탈리아는 1854년 토리노 노동자들이 만든 소비자 협동조합을 시작으로 150년의 협동조합 역사를 가지고 있다. 헌법에 협동조합 조항이 있을 정도로 협동조합이 매우 강한 나라다. 특히 에밀리아로마냐 주에서 협동조합은 눈부신 성과를 거두어, 이탈리아의 약 4만 3,000여 개의 협동조합 중 1만 5,000여 개가 에밀리아로마냐 주에 집중되어 있다.

에밀리아로마냐는 이탈리아 20개 주 중 하나로 이탈리아 북동부를 가로지르는 곳이다. 면적이 약 2만 2,000제곱킬로미터이며, 인구는 430만 명 정도다. 우리나라 경기도와 비교하면 면적은 2배 정도이고, 인구는 3분의 1이 조금 넘는 수준이다.

2010년 이 지역의 1인당 GDP는 4만 달러로 이탈리아 국가 평균의 2배에 달했다. 최근에는 유럽의 경제위기로 유로화가 평가절하되면서 이보다 낮아졌을 것이다. 한국의 1인당 GDP는 2012년 기준 2만 3,000달러 수준이다.

중소기업만으로 이뤄진 이 지역 산업 네트워크의 놀라운 경쟁력을 두고 1982년 이탈리아 경제학자 브루스코Sebastiano Brusco는 '에밀리아 모델'이라는 이름을 붙였다. 이후 많은 학자들이 지역을 연구하며 '제3이탈리아', '유연 전문화'flexible specialization 등의 용어로 이 지역을 묘사했다. 이탈리아는 남북의 경제적 격차가 커서 남부 이탈리아와 북부 이탈리아의 경제가 매우 다르다. 그런데 남부와 북부의 구분에서 벗어나 높은 경제 성장을 이룩한 12개 주를 가리키는 말이 제3이탈리아였다. 제3이탈리아 지역은 10인 이하의 중소기업 네트워크가 수요의 변화에 유연하게 반응하면서 세계적인 경쟁력을 확보하고 있는데, 이를 피오르Michael Piore와 세이블Charles Sabel은 유연 전문화라고 이름 붙여 포드주의 시대 이후의 모델로 삼았다.

이 지역의 기업 수는 40만여 개인데 에밀리아로마냐의 인구가 약 430만 명이므로 기업 하나당 구성원 수는 10명이 조금 넘는 정도다. 노인과 어린아이를 빼면 5~6명이 하나의 기업을 구성하고 있는 셈이다. 즉 이곳에는 대기업이나 수직 통합 기업이 존재하지 않는다. 수많은 중소기업이 내수와 수출을 담당하며 경제를 떠받쳤다. 이중 1만 5,000개가 협동조합이며, 이들은 대기업에 속한 경우가 많다. 에밀리아로마냐의 삶 자체가 협동조합이라고 할 수 있다. 소비자 협동조합부터 농업, 건설 등 각종 분야에서 협동조합이 운영되고 있기 때문이다.

학계에서는 에밀리아로마냐의 성공 요인으로 산업지구industrial district를 꼽는다. 가장 선구적인 학자인 베카티니Giacomo Becattini, 세이블 등에 따르면 이탈리아의 산업지구는 전통적인 장인기술에 바탕을 두었다는 점, 유연한 생산기술과 생산방식을 접합하여 소비자들의 기호 변화와 기술 혁신에 신속히 대응했다는 점이 추가적인 특징으로 꼽힌다. 특히 이탈리아 학자들은 독특하게도 산업지구를 "기업과 주민의 공동체"로 정의한다. 이는 공동체 내의 신뢰가 단순한 부수 요인이 아니라 필수 요인이며 주민들의 동의, 다시 말해 민주주의가 동반되어야 함을 의미한다. 이 점에서 이탈리아와 산업지구는 우리가 아는 클러스터와는 상당히 다르다.

산업지구가 발전한다는 것은 동시에 그 지역 주민의 삶의 질이 높아지는 것을 의미한다. 물질적 성장과 함께 그 지역의 가치와 문화 역시 고양되어야 한다. 에밀리아로마냐에서는 정치와 경제의 분리, 사회와 경제의 분리라는 경제학적 이분법이 적용되지 않는다. 시장경제가 사회 안에 단단히 뿌리내린 상태이자 상호성의 원리가 경쟁의 원리를 제약하는 상태다. 이탈리아 경제학자들이 '시민경제'라고 부를 때 이는 시장경제와 사회적 경제가 결합한 상태를 뜻하는데 그 역시 이런 현실을 반영하고 있는 것이다. 중소기업 네트워크로 파악하는 기존 연구에서 강조하는 신뢰와 협동은 곧 협동조합의 정신이다. 실제로 이 지역 공무원이나 일반 시민은 협동조합과 일반 기업을 구분하지 않으며 법적 형태를 바꾸는 기업도 많이 있다.

에밀리아로마냐에는 9개의 현이 있는데 각각 특화된 산업지구가 존재한다. 카르피는 섬유 및 의류 산업지구, 모데나와 레조넬에밀리아는 세라믹 및 농기계 산업지구, 라벤나는 신발 산업지구, 리미니는 목재 생산기계 산업지구, 폴리세세나는 실내장식과 가구 산업지구, 파르마는 식료품 산업지구, 페라라는 바이오메디칼 산업지구, 볼로냐는 포장기계 산업지구로 유명하다. 우리로 치면 도를 이루는 각 시와 군에 각각 서로 다른 산업이 특화되어 있는 것이다.

산업지구 내의 중소기업들은 정보, 장비, 사람, 주문을 공유한다. 수많은 중소기업을 지원하기 위해 시장 조사, 기술 훈련, 인력 관리, 연구개발 등의 사업서비스 기업과 금융서비스 기업이 등장했다. 마케팅과 유통을 돕는 기업도 생겨났다. 전문화된 소기업들이 지속적이고 효율적인 네트워크를 형성하고 있는 것이다. 각 기업의 기술과 노하우는 산업지구 내에서 자유롭게 공유하면서 지역 공동의 지식과 제도로 존재하게 된다. 또한 장기 반복 거래와 평판 효과로 쌓인 신뢰는 각종 거래비용을 획기적으로 낮출 수 있다. 공식적 계약이나 제도보다는 비공식적 관계가 저비용 고신뢰의 공유자산이 된다. 만일 공동체의 규범을 어긴다면 지역사회에 발붙이기 어렵다. 지역의 고유문화와 역사는 구성원들의 정체성으로 자리 잡는다. 규범과 정체성은 다시 상호성을 강화하여 협동을 촉진한다. 이 모든 것이 이 지역의 사회적 자본이다. 사회적 자본이란 말을 유행시킨 퍼트넘Robert Putnam이 처음 염두에 둔 것도 이 지역이었다.

그중에서도 사업서비스를 제공하는 조직들이 눈에 띈다. 1980년대 이후 에밀리아로마냐의 고용 증가를 주도한 것은 서비스 산업이다. 이는 또한 중소기업으로 구성된 이 지역이 한 단계 더 발전하기 위한 필수 조건이었다. 협동조합들의 협동조합으로 불리는 레가코프Legacoop(협동조합전국연합)와 중소기업연합회CNA는 회계, 금융, 법률, 정부 로비 등 일반적인 사업서비스를 제공한다. 1970년대 말에 지방정부는 협동조합과 중소기업이 변화하는 경제 환경에 대응할 수 있도록 산업진흥공사인 에르베트Emilia Romagna Valorizzazione Economica del Territorio(ERVET)를 세웠다. 에르베트에서는 각 지역마다 실질서비스센터real service center를 세워 각각 전문화된 산업에 필요한 구체적 정보와 서비스를 제공했다. 흔히 금융, 마케팅, 기술개발 같은 사업서비스는 중소기업의 지속적 발전 앞에 놓인 죽음의 계곡으로 불린다. 하지만 에밀리아로마냐에서는 이러한 사업서비스가 네트워크를 통해 공유자산으로 형성되어 있다.

기업을 운영하는 데 필요한 사회적 자본이 충만하다는 조건은 기업가 정신의 고양으로 이어진다. 지역의 공유자산을 이용하여 언제든지 기업을 창립할 수 있기 때문이다. 따라서 노동자와 기업가라는 계급적 차이 또한 절대적이지 않다. 사장과 노동자가 같이 공산당(현재 민주당)에 가입해서 활동한다. 에밀리아로마냐는 이탈리아에서 노동조합이 가장 강한 지역이지만 동시에 노동자들이 기업가 정신에도 익숙하여 노동조합이 나서서 기술 변화와 구조조정에 유연하게 대응한다.

공산당(현재 민주당)이나 지방정부와 같은 공공 부문의 뒷받침도 에밀리아로마냐의 성공 요인이다. 1950년대 국제공산당인 코민테른에서는 '반독점 테제'가 결정되어 각 국가와 지역으로 내려왔다. 하지만 에밀리아로마냐에는 독점적인 대기업이 없었다. 이 때문에 이 지역 공산당과 지방정부는 반독점을 중소기업 육성으로 해석하고 실천에 나섰다. 당시 기술은 있지만 돈이 없는 중소기업에 놀고 있는 땅을 개발해서 시장가격 이하로 제공했다. 또한 산업지구의 인프라 건설과 금융 지원에 나섰다. 이후 1970년대에는 앞에서 본 대로 에르베트와 실질서비스센터 등을 설립하여 사업서비스 지원에 나섰고, 1980년대에는 공동 브랜드를 개발하고, 해외 마케팅을 지원하는 등 수출 촉진 정책을 폈다. 1990년대에는 혁신지구 프로젝트에 나서 에밀리아로마냐의 중소기업 네트워크는 최신 기술의 혁신 클러스터의 면모까지 지니게 되었다. 특히 주정부는 사회적 합의를 이끌어내는 데 탁월하여 공동체 내에서 신뢰와 협동이 유지되도록 했다.

집단 네트워크의 단점 중 하나는 폐쇄성을 가질 수 있다는 것이다. 학자들은 이를 잠금효과lock-in effect라고 부른다. 잠금효과는 산업기술적 측면에서도 나타나고 사회문화적 측면에서도 나타날 수 있다. 기존 기술체계의 성공에 집착하다 보면 외부의 변화를 제때에 알아차리지 못할 수 있다. 또한 변화를 인식했다 하더라도 수많은 중소기업들이 상호작용하는 상황에서 새로운 기술체계로 전환하는 것이 어려울 수 있다. 구성원 간의 친밀성이나 유대감은 외부인에 대한 배타적 태도로 나타나거나 새로운 구성원을 유입하는 데 걸림돌이 될 수 있다. 산업지구의 성공을 가져온 요인들이 역설적으로 위기를 불러올 수 있는 것이다.

이뿐만 아니라 대외 환경의 변화 속에서 과연 에밀리아로마냐 모델이 건재할 수 있을 것인가에 대한 의문도 제기되고 있다. 세계화와 IT 혁명 속에서, 중국이 세계의 공장으로 부상하는 환경에서 에밀리아로마냐의 중소기업들도 몰락하지는 않을까? 보통 치열한 국제 경쟁으로 자산특수성과 시장의 불확실성이 높아지면서 중소기업들은 수직적으로 통합되거나, 하청기업으로 전락하거나, 해외 이전 등의 길을 걸을 수밖에 없다는 것이 경제학자들의 일반적인 예측이었다.

하지만 이런 우려는 아직까지는 현실로 나타나지 않고 있다. 먼저 에밀리아로마냐가 가진 강력한 시민 인본주의의 전통이 사회문화적 잠금효과를 방지하고 있는 것으로 보인다. 인구 40만 명의 소도시 볼로냐에서는 다양한 인종을 만날 수 있으며, 최대 노동조합인 CGIL(이탈리아의 좌파 계열 노동조합총연맹)은 외국인 노동자의 권리를 증진하는 데도 힘쓰고 있다.

에밀리아로마냐의 중소기업들은 서로 연계된 기계제조업을 바탕으로 하고 있어 외부 환경 변화에 쉽게 흔들리지 않았다. 앞서 사업서비스를 담당하는 중소기업들이 널려 있다고 했지만 전체 비중으로 보면 서비스업에만 치중되어 있지 않다. 특화된 상품을 만들기 위해서 필요한 모든 기계장비를 해당 지역에서 생산하고 있기 때문이다. 예컨대 타일을 주로 생산하는 세라믹 산업지구에서는 역시 세계 1, 2위를 자랑하는 세라믹 기계산업이 발전해 있다. 세라믹 생산 과정에서 필요한 모든 기계가 세라믹과 함께 그 지역에서 만들어진다. 농업 산업지구에서 우유를 생산하는 농가가 있다면, 그 주위에는 우유팩을 생산하는 기업이 있고, 우유팩 생산에 필요한 기계를 만드는 기업도 존재한다. 세계적인 스포츠카 페라리나 람보르기니, 세계적인 오토바이 두카티도 에밀리아로마냐에서 생산되는데 이 역시 마찬가지다. 최종적으로 부품을 조립하여 자동차와 오토바이를 만드는 중소기업, 그에 필요한 수많은 부품을 만드는 중소기업, 또 그 부품을 생산하는 기계를 만드는 중소기업이 함께 존재한다.

변화하는 경쟁 환경에 적응하고자 외부와의 연계를 강화하고 내부의 기술 혁신을 촉진하기 위한 노력도 다양하게 이루어지고 있다. 이 지역의 독특한 개방성도 이런 변화에 일조하고 있을 것이다. 물론 변화도 있다. 브랜드, 마케팅, 연구개발 등 전략 부문에 집중하면서 산업지구 전체의 기술 및 조직 변화를 주도하는 선도기업과 지구그룹district group이 등장하고 있다. 선도기업이란 말 그대로 새로운 기술과 체계를 가장 먼저 도입하여 변화하는 기업을 일컫는다. 이런 기업이 있으면 긴밀하게 형성된 네트워크를 통해 혁신과 변화의 성과를 전파할 수 있다. 지구그룹은 몇 개의 중소기업들이 법적 독립성을 유지한 채 주식의 교차 소유를 통해 하나의 집단을 이룬 것을 말한다. 쉽게 말해 여러 기업이 뭉쳐서 선도기업의 역할을 하는 것이다. 과거에는 친밀함이나 연대감을 바탕으로 한 비공식적 관계가 계약을 통해 공식적인 관계로 변하고 있는 것도 사실이다. 이들은 소기업이 담당하기 어려운 마케팅, 금융, 신기술 개발 등 전략 분야를 담당한다. 고용 규모가 클수록, 글로벌 경쟁에 노출되는 기업일수록 그룹화의 경향이 강하게 나타난다.

그렇다고 이들을 한국의 재벌이나 일본의 게이레츠(계열) 같은 대기업의 폐쇄적 네트워크로 볼 수는 없다. 제품 차별화를 강화하기 위한 수평적 네트워크와 함께 품질 향상을 위해 수직적 네트워크를 강화하는 것은 사실이지만, 기존의 중소기업 네트워크가 대기업에 흡수된 것은 아니기 때문이다. 오히려 중소기업 간의 네트워크는 더욱 강화되고 있다. 중소기업 간의 인수 역시 합병보다는 기존의 브랜드와 시설은 그대로 유지한 채 소유지분을 통합하는 방식으로 이루어지고 있기 때문이다. 즉 중소기업 간 네트워크와 유연한 체계라는 산업지구의 특징은 지금도 여전하며 위기와 정보의 공유가 얼마나 경쟁력이 있는지 실증하고 있다.

3) 캐나다의 퀘벡 지역

퀘벡은 캐나다 10개 주 가운데 하나로 캐나다 남동부에 위치하며, 미국과 국경을 맞대고 있다. 면적은 154만 제곱킬로미터로 서울의 2,000배가 넘지만, 인구는 790만 명으로 서울보다 적다. 퀘벡은 아메리카 대륙에서 협동조합이 가장 발달한 곳이다. 3,000개의 협동조합이 존재하며, 조합원 수는 880만 명이 넘는다. 조합원 수가 퀘벡의 전체 인구보다 많은 것은 한 사람이 2개 이상의 협동조합에 가입해 있기 때문이다. 협동조합이 창출하는 일자리는 7만 8,000개에 이르며, 연간 매출은 180억 달러(약 19조 8,000억 원), 자산은 1,000억 달러(약 110조 원)를 기록하고 있다. 협동조합을 포함한 사회적 경제는 퀘벡 주 전체 경제의 8~10%를 차지하는 것으로 알려져 있으나 공식적인 통계는 없고 기관마다 조금씩 차이가 난다.

퀘벡 역시 에밀리아로마냐처럼 사회적 경제가 발전할 수 있는 독특한 역사와 문화를 가지고 있다. 캐나다는 1500년대까지 프랑스 식민지였다가 1700년대에 영국의 식민지로 넘어간 역사가 있는 만큼 프랑스계와 영국계가 300년 이상 함께 살고 있는 나라다. 외부의 적이 있으면 내부의 집단 정체성은 더 명확해지게 마련이다. 프랑스계가 모여 살던 퀘벡 역시 강한 독립성과 자치성을 갖게 된다. 퀘벡은 캐나다에서 유일하게 프랑스어만을 공식어로 인정하고 있는 주다.

퀘벡의 변화는 1960년대부터 시작되었다. 프랑스계의 사회적 경제의 위치를 개선하기 위한 정치·경제·문화 개혁이 추진되었다. 사람들은 이를 '조용한 혁명'이라고 불렀다. 1974년 프랑스어가 퀘벡의 공식어로 지정되었고, 1977년 퀘벡당이 프랑스 언어법을 선포했다. 프랑스인이 차별받지 않도록 만인의 평등을 보장하는 종교·교육·사회복지 제도의 개혁이 진행되었다.

정말 중요한 변화는 1980년대에 일어났다. 당시 서구 자본주의가 그랬듯이 캐나다도 심각한 경기 침체를 겪었다. 연방정부의 재정 적자로 인해 정부 주도 발전 전략마저 한계에 부딪히면서 사회복지 지출도 줄어들었다. 돌이켜보면 당시 두 갈래의 대응책이 있었다. 하나는 우리도 익히 아는 민영화, 즉 시장에 맡겨서 효율성을 높이는 길과 지역 공동체의 사회적 경제를 활용하는 길이었다. 전자는 값비싼 고급 서비스를 만들어냈을지는 몰라도 가난한 사람들의 복지를 축소하는 결과를 낳았다. 후자의 길 끝에는 비용 감축과 동시에 만족도 증가라는 두 마리 토끼가 기다리고 있었다. 퀘벡은 후자를 선택했다.

경제위기 앞에서 퀘벡은 노동운동 내의 논쟁, 정부와 공동체 간의 시끄러운 논쟁을 거친 끝에 시민들이 적극적으로 참여하는 사회적 경제를 통해서 지역경제를 개발하기로 결정했다. 지역개발은 보통 국가나 정부의 일로 여겨진다. 하지만 퀘벡에서는 협동조합 같은 사회적 경제를 중심으로 민간과 공공 부문이 공동의 주체로 나섰다. 중앙정부와 주정부는 재정을 담당한 것은 물론, 필요한 법과 제도를 만드는 방식으로 사회적 경제를 지원했다. 지역운동, 여성운동, 환경운동, 노동운동과 같이 다양한 시민사회운동은 협동조합의 장점을 살리기 위해 주도적으로 나섰다.

이렇게 퀘벡의 사회적 경제는 위기 극복이라는 정책적 의도를 가지고 시민운동과 지방정부에 의해 형성된 합작품이다. 바로 이 점 때문에 이제 막 사회적 경제가 형성되기 시작한 우리나라에 시사하는 바가 크다. 퀘벡의 특징을 가장 잘 보여주는 것이 사회적 경제의 연합체인 샹티에Chantier다. 프랑스어로 '작업장'이라는 뜻을 가진 샹티에는 1995년에 만들어졌다. 당시 퀘벡은 12%에 달하는 높은 실업률로 애를 먹고 있었다. 이때 퀘벡의 여성운동 단체는 경기 침체와 실업에 대한 대책을 요구하며 거리로 나가 '빵과 장미를 위한 행진'을 벌였다. 이어서 퀘벡 주정부와 협동조합, 사회적 기업, 각종 시민단체들이 빈곤과 실업을 해결할 대책을 찾기 위해 연석회의를 가졌다. 그 결과 「자, 연대로 나아가자」라는 보고서가 나왔는데, 여기에는 퀘벡의 사회적 경제에 대한 정의에서부터, 각종 사업 프로젝트 등 구체적인 경제위기 해결 방안이 담겨 있었다. 주정부는 이 보고서를 받아들였고 보육·주거·환경·문화 분야에서 각종 사회적 기업과 협동조합 설립 등을 적극 지원했다.

샹티에의 실험을 통해 이후 10여 년 동안 탁아서비스 부문에서 2만 5,000명의 일자리가 만들어졌고, 저소득층을 위한 주택 1만 호가 새롭게 지어졌다. 쓰레기 재활용 등을 위한 사회적 기업 수십여 개가 만들어졌고, 이 과정에서 실업자 등 사회적 약자의 취업도 이루어졌다. 각종 문화 사업을 위한 협동조합 등도 생겨나면서, 일자리 역시 크게 늘었다. 단순한 연대 조직에서 출발한 샹티에는 상설기관으로 자리를 잡았다. 이 같은 실험은 캐나다 연방정부에까지 영향을 미쳤다. 2004년 폴 마틴 총리는 사회적 경제를 핵심 사회정책으로 선언했고, 이 정책은 캐나다 전역에서 사회적 경제 열풍을 불러일으켰다. 물론 이후 보수 성향의 정권이 들어서면서 주춤하는 모습을 보이기도 했지만 퀘벡을 비롯한 캐나다 각 주에서 사회적 경제는 여전히 발전하고 있다.

〈그림 4-2〉는 퀘벡의 사회적 경제 지원체계를 보여준다. 샹티에를 중심으로 퀘벡 시민사회의 모든 역량이 총동원되어 있는 것을 한눈에 볼 수 있다. 퀘벡의 사회적 경제가 지닌 가장 강력한 장점은 기금이 풍부하게 조성되어 있다는 것이다. 주정부도 재정을 지원하지만, 금융협동조합인 데자르댕 은행과 퀘벡 노동조합총연맹이 기금의 두 축을 형성하고 있다. 이와 관련하여 특히 강조할 것은 퀘벡 노동운동의 역할이다. 노동조합은 1980년대 초부터 노동자 연대기금을 만들어서 사회적 경제에 기여하고 있다. 노동자들은 노후연금을 마련하기 위해 조성한 기금 가운데 60%를 사회적 경제를 통한 일자리 창출과 보전에 사용하도록 하는 데 합의했다.

샹티에 위원장 낸시 님탄Nancy Neamtan은 2010년 '인간 중심 경제에 관한 캐나다 전국회의'에서 "노동조합과의 통합이 사회연대 경제 성

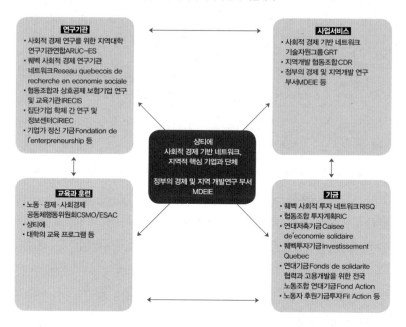

〈그림 4-2〉 퀘벡의 사회적 경제 지원체계

연구기관
- 사회적 경제 연구를 위한 지역대학 연구기관연합ARUC-ES
- 퀘벡 사회적 경제 연구기관 네트워크Reseau quebecois de recherche en economie sociale
- 협동조합과 상호공제 보험기업 연구 및 교육기관IRECIS
- 집단기업 학제 간 연구 및 정보센터CIRIEC
- 기업가 정신 기금Fondation de l'enterpreneurship 등

교육과 훈련
- 노동·경제·사회경제 공동체행동위원회CSMO/ESAC
- 샹티에
- 대학의 교육 프로그램 등

상티에
사회적 경제 기반 네트워크, 지역적 핵심 기업과 단체

정부의 경제 및 지역 개발연구 부서 MDEIE

사업서비스
- 사회적 경제 기반 네트워크 기술자원그룹GRT
- 지역개발 협동조합CDR
- 정부의 경제 및 지역개발 연구 부서MDEIE 등

기금
- 퀘벡 사회적 투자 네트워크RISQ
- 협동조합 투자계획RIC
- 연대저축기금Caisee de'economie solidaire
- 퀘벡투자기금Investissement Quebec
- 연대기금Fonds de solidarite 협력과 고용개발을 위한 전국 노동조합 연대기금Fond Action
- 노동자 후원기금투자Fil Action 등

자료: Mendell, Some Initiatives that Enabled the Institutionalization of Quebec's Social Economy, 2004.

공의 열쇠"라고 말한 바 있다. 데자르댕 은행과 노동조합이 제공하는 것 외에도 매우 다양한 형태의 기금이 존재하며, 필요에 따라 계속해서 새로운 기금을 만들어내고 있다. 일자리 마련을 목적으로 하는 노동자 후원기금투자FilAction가 그런 사례다. 정부는 기금투자에 대해 각종 세제 혜택을 주고 대부분의 경우 직접 출자하며 해마다 운영비도 지원한다. 퀘벡의 사회적 경제 기금은 매우 다양해서 전체 규모나 범주를 정리하기 어려울 정도다.

또 사회적 경제가 발전하는 데 꼭 필요한 각종 사업서비스를 제공하는 네트워크가 생겨났고, 이들은 특히 교육과 훈련에 힘을 쏟는다. 이뿐만 아니라 대학과 연구소들은 협동조합을 위한 각종 정보 수집, 캐나다의 사회적 경제에 대한 연구를 수행하여 단기 컨설팅뿐 아니라 장기 계획을 수립하는 데 자료를 제공한다. 해마다 평균 15개의 협동조합을 설립하고 협동조합들이 겪는 크고 작은 문제의 해결을 지원하는 지역개발 협동조합CDR이 대표적 단체다.

이처럼 퀘벡에서 탄생한 협동조합이나 사회적 기업이라면 주변 곳곳에서 사회적 경제를 지원하기 위한 각종 제도와 자금을 만날 수 있다.

5. 맺음말

지금까지 협동조합의 수직적 통합 모델(몬드라곤), 중소기업과 협동조합의 수평적 네트워크 모델(에밀리아로마냐), 지방정부와 사회적 경제의 결합 모델(퀘벡)을 차례로 살펴보았다. 과연 우리는 어떤 모델을 전거로 삼아야 할까? 물론 이는 차후의 과제이지만 현재까지의 문헌 연구와 방문을 통한 느낌을 맺음말로 삼으려고 한다.

2011년 에밀리아로마냐를 둘러보고, 또 관련 논문을 읽으면서 나는 절망에 빠졌다. 에밀리아로마냐는 영세 중소기업들과 협동조합으로 이뤄진 경제로 세계적인 경쟁력을 자랑한다. 그 네트워크의 힘은 신뢰와 협동에서 나온다. 기업 수의 99%를 차지하는 우리의 중소기업이 에밀리아로마냐처럼 조직될 수 있을까 하는 희망을 누구라도 떠올리게 될 것이다. 문제는 어떻게 이런 기적적인 일이 가능했는지 물을 때마다 내가 들은 답이었다. "우리는 원래 그래." "우리 문화야." 한마디로 복제할 수 없다는 얘기다.

퀘벡에도 이런 문화의 뿌리가 상당히 깊지만 우리가 주목한 것은 1990년대 중반 이후 퀘벡에 불어온 사회연대 경제의 열풍이다. 님탄이라는 걸출한 여성운동가를 비롯한 시민운동 그룹은 퀘벡 지역의 여성

운동, 문화운동, 환경운동 등 각종 시민운동과 기존의 공동체 경제 발전 운동CED을 연결해냈다. 주정부는 이들과 협정을 맺어 지역 발전 전략을 수립하고 실천했는데 그 수단이 협동조합이나 사회적 기업이었다. 즉 시민운동과의 결합이 퀘벡에서 사회적 경제가 발전할 수 있었던 핵심 요인이다.

협동조합의 네트워크는 이들 세 지역에서 공통적으로 발견하게 되는 요소다. 스페인의 몬드라곤과 이탈리아의 레가Lega로 대표되는 협동조합 네트워크에서 우리는 실리콘밸리와 같이 성공한 클러스터의 여러 요소들을 거의 모두 발견할 수 있다. 또한 에밀리아로마냐 지방(인구 450만 명)은 레가와 함께, 400만 명에서 900만 명 규모의 북유럽 복지국가가 하는 역할을 지방 차원에서 훌륭하게 수행하고 있다. 예컨대 북유럽 국가의 적극적 노동시장 정책을 협동조합 네트워크가 수행한다. 협동조합 하나가 문을 닫게 되는 경우 노동자들은 네트워크의 재교육기관을 거쳐 다른 협동조합에 취직할 수 있다.

규모가 작은 협동조합이 네트워크를 더욱 필요로 할 것이라는 점 또한 사실이며, 네트워크는 자본 동원이나 대출의 어려움 등 협동조합의 취약성을 극복하기 위해서도 꼭 필요하다. 이탈리아의 레가는 산하 협동조합 이윤의 4%를 적립함으로써 개별 협동조합 능력의 한계를 극복하기 위한 돌파혁신break-through innovation도 수행하고 있다. 협동조합이 협동조합 간의 협력을 강조하고 교육과 훈련을 원칙으로 삼은 것도 네트워크화의 효과를 증폭시킬 것이며, 무엇보다도 협동조합 네트워크 내에 가치의 공유에 따른 신뢰가 쌓이고 조합원의 만족도가 높아진다면 고급 노동력의 충원도 가능하다. 네트워크는 경제학이 추론하는 협동조합 고유의 약점을 대부분 극복하는 역할을 할 수 있다.

사회적 경제는 신뢰와 협동을 운영 원리로 삼으며, 그 원형은 지역 공동체다. 우리는 노박의 인간 협동진화의 다섯 가지 규칙이나 오스트롬의 공유지 관리 일곱 가지 원칙을 지역 공동체에서 관철할 수 있다는 점에 주목한다. 결국 사회적 경제와 공동체 발전 전략의 결합이란 협동조합 등이 스스로 공동체의 문제를 해결하는 방법을 찾아내는 것을 말한다.

여기서 공동체가 스스로 자산을 형성하고 관리하는 것은 매우 중요하다. 캐나다에서도 각 공동체 자체, 그리고 각종 조직들은 크고 작은 기금을 형성하고 있으며 정부는 기본 기금을 형성하거나 매칭펀드를 부여하고, 또는 세제나 금융을 이용하여 공동체 자산 형성을 돕고 있다. 캐나다 퀘벡 주의 노동조합 연대기금, 1억 달러 규모의 인내자본 형성기금patient capital fund, 공동체 대출기금 등이 대표적이다. 공동체의 자산 축적을 자본 증식보다 더 중요하게 여기는 것은 유럽 전체의 현상이다(Laville, Lévesque and Mendell, 2004).

한국은 서구의 이런 경험을 참고로 삼아 어떻게 사회적 경제를 구성해야 하는가? 서구에서는 1980년 말 이후 재정위기에 빠지자 많은 복지 프로그램을 민영화했다. 공공성을 지닌 사업을 시장에 맡기면 당연히 요금이 폭등하고 값싼 서비스가 사라진다거나 대형 사고가 발생한다. 특히 의료, 보육, 교육, 문화, 교통 등 사회서비스 분야가 그러한데 협동조합이나 사회적 기업은 이런 문제를 효과적으로 해결할 수 있다. 이제 본격적으로 복지사업을 설계해야 할 한국 정부는 처음부터 사회적 경제를 마지막 복지 전달의 주체로 삼을 수 있을 것이다. 특히 지역 공동체의 필요를 충족시키는 사업을 하면서 지역 내, 지역 간 네트워크를 형성해야 한다는 것도 잊지 말아야 한다.

앞으로 해야 할 연구가 태산이지만 이 글의 잠정적인 결론은 이렇다. 우리는 먼저 퀘벡 모델을 따라 지방자치단체의 사회정책과 사회적 경제를 연계하는 사업을 진행해야 할 것이다. 지역의 필요를 사회적 경제가 충족시키는 일은 공동체의 복지를 달성하면서 동시에 지역 네트워크를 형성하는 길이기도 하다. 이미 상당한 성공을 거둔 전라북도 완주나 거대한 실험 중인 서울 역시 퀘벡 모델에 가깝다.

다음으로 현재 하청계열에 있는 절반의 중소기업을 세력화하는 한편, 독립적인 중소기업들도 산업별·지역별로 네트워크화하는 사업을 진행해야 할 것이다. 이 부분은 지방자치단체와 더불어 중앙정부가 각별히 신경을 써야 한다. 과거 중소기업에 대한 지원을 중소기업 네트워크에 대한 지원으로 바꾸고 현재의 첨단산업 중심 클러스터 정책을 기존 산업의 네트워크화로 방향 전환할 필요가 있다. 이런 구상에 에밀리아로마냐는 이상적 모델이 될 수 있을 것이다.

마지막으로 아주 먼 얘기로 들리겠지만 한국의 재벌이 몬드라곤처럼 되지 말라는 법도 없다. 총수 일가의 의사결정에서 1인 1표의 의사결정으로 나아가는 길이 우리의 최종적인 경제민주화 여정이 될 것이다.

2부

주요 분야별 비교·분석

5. 기업집단 개혁과 경제민주화:
미국, 독일, 일본의 비교

송원근

1. 머리말

시장경제에서 자원을 배분하고 생산의 결과물을 분배하는 방식으로서 경제민주화는 시장 규칙을 존중하고, 공정한 경쟁과 분배를 하며, 규칙을 지키지 않을 경우 법적인 책임을 지는 것이다. 그리고 시장 과정의 결과 발생하는 경제적 불평등이 기득권을 강화하거나 정치사회적 불평등으로 확대되는 것을 막는 것이다. 그러나 '시대정신으로서 경제민주화'라는 담론에도 불구하고 경제민주화는 기업활동을 과도하게 제한하는 규제 또는 재벌이나 기업집단을 해체하자는 주장으로 왜곡되거나 폄훼되기도 한다. 이것은 경제민주화가 내포하는 '정치' 개입의 불가피함 때문이기도 하지만, 과거 재벌 개혁을 포함한 경제민주화에 대한 성찰적 반성을 촉구하는 것이기도 하다. 그런데 문제는 경제민주화란 무엇인가, 경제민주화는 과연 무엇을 위한 것이며, 어떤 가치를 지향해야 하는가? 하는, 경제민주화에 대한 대중적 관심 너머에 있는 이러한 질문들에 답하기가 쉽지 않다는 데 있다.

이러한 논의와 별개로 경제민주화라는 이름으로 진행된 다른 나라의 기업집단에 대한 규제가 기업집단의 형성과 진화에 어떠한 영향을

5. 기업집단 개혁과 경제민주화: 미국, 독일, 일본의 비교 197

미쳤는지를 먼저 고찰할 필요가 있다. 다른 나라들에서 경제민주화는 대체로 거대 독점화와 이를 토대로 한 기업집단 현상이 초래한 경제력 집중에 대한 규제를 통해서 구체화되었다. 이 규제는 자본시장의 발달 정도나 법적 규제의 전통 등 해당 나라의 제도적 환경과 상호작용하면서 다양한 형태로 진화, 발전했고, 따라서 다른 나라의 개혁 경험들은 어디까지나 참고 사항일 수밖에 없다.

한국의 재벌 '총수' 혹은 총수 일가의 지분 소유와 계열사 간 주식 소유에 기초한 다수 기업의 연합인 재벌은 개발도상국에서 볼 수 있는 특수한 현상인 만큼 이에 대한 규제 혹은 경제민주화의 방식이나 과정도 다를 수밖에 없다. 그럼에도 각국의 기업집단, 거대 독점기업 및 경제력 집중에 대한 규제와 이를 통한 개혁에 대한 재검토는 경제민주화의 내용을 더욱 분명하게 드러낼 수 있다. 또 각국의 기업집단 개혁에 대한 비교 분석은 그동안 진행된 경제민주화에 대한 평가와 향후 경제민주화에 시사점을 제공해줄 것이다.

이 글은 먼저 정치 영역의 민주화 개념을 경제적 영역으로 가져올 경우, 그 개념은 무엇이며, 또 기업 및 시장 수준에서 다양하게 제기될 수 있는 경제민주화의 내용을 검토해본다. 이어 기업집단 혹은 재벌 개혁과 경제민주화의 관계라는 측면에서 기업집단의 형성과 장단점, 그리고 경제력 집중이 낳는 폐해를 방지하기 위한 규제의 중요성을 살펴본다. 다음으로 미국과 독일, 일본, 유럽연합의 기업집단 개혁 과정 및 그 귀결을 살펴보고자 한다.

미국은 트러스트에 대한 규제로써 경제력 집중을 방지하는 독점금지법을 최초로 만들어 운영하고 있고, 지주회사holding company에 대한 강력한 규제법을 가지고 있다. 이에 비해 독일은 기업집단을 단일한 경제적 실체로 인정하는 일명 콘체른법을 통해 기업집단을 규제하고 있다. 일본은 2차 세계대전 이후 재벌 해체와 독점금지법 제정을 통해서 재벌에 의한 경제력 집중을 완화하는 정책을 시행하고 있고, 경제력 일반 집중에 대한 규제책을 독점금지법에 명시하고 있다.

지배적인 기업집단 형태가 무엇인가라는 점에서 보면, 미국과 일본은 대기업 본사가 거대 사업부제 기업으로 산하에 여러 자회사를 거느린 사업지주회사가 주된 형태다. 물론 미국의 자회사들은 일정 사업 부문을 담당하는 독립된 중핵회사로 구성되어 있고, 일본은 본사의 사업 부문을 지원하는 성격의 자회사들이 주축을 이룬다는 점에서 차이가 있다. 반면 독일은 다른 유럽 국가들과 마찬가지로 순수지주회사 형태가 많다.

또 다른 측면에서 보면, 기업의 자유경쟁을 축으로 삼는 자유 시장 경제liberal market economies 체제(Hall and Soskice, 2001)를 대표하는 미국이 주주 중심의 기업 지배구조를 형성하는 과정에서 거대 독점기업이나 기업집단에 대한 규제를 변화, 발전시킨 데 비해, 독일과 일본은 외부에서 강제된 개혁 조치들이 '조정 시장경제'coordinated market economies 체제에서 이해당사자 중심 혹은 협력자본주의(Windolf and Beyer, 1996) 시스템을 형성하여 발전시킨 경우다. 그러나 일본은 시장에 대한 조절과 개입이 정부 주도로 이루어진 반면 독일은 사회적 합의에 의존하고 있다. 이 점에서 독일은 합의주의 조정 시장경제를 대표하며, 일본은 국가 주도형 혹은 발전주의형 조정 시장경제를 대표한다. 이런 차이점들을 고려하여 이들 국가의 기업집단 개혁을 비교, 검토함으로써 시장 조절 방식을 둘러싼 제도 환경이 기업 및 기업집단의 진화에 어떤 차이를 초래하는지를 살펴보는 의미가 있다.

마지막으로, 이 장의 결론에서는 각국의 사례 연구들을 평가해보고 이를 통해 우리나라 경제민주화에 주는 시사점을 발견해보고자 한다.

2. 경제민주화와 기업집단 개혁

1) 경제민주화의 의미

흔히 경제민주화라 하면 1인 1표주의, 기회의 균등, 공정한 경쟁과 이를 보장하는 대중적 참여와 통제, 경제력 집중 억제, 공평한 소득(재)분배 등을 떠올린다. 혹자는 이를 좀더 추상화하여 '시장에 대한 민주적 통제'라고도 하고, 또 '자신의 삶과 자유에 영향을 미치는 모든 차원의 의사결정에 시민들이 참여해서 결정할 수 있는 상황'을 의미하는 것으로 받아들인다.

이러한 다양한 의미들에도 불구하고 경제민주화는 기업 수준에서, 그리고 시장경제의 작동과 그 결과라는 측면에서 구분해 논의해볼 수 있다. 특히 자본주의가 경쟁자본주의 단계에서 생산과 자본의 집중을 배경으로 독점자본주의 단계로 이행해가는 동안 기업 규모가 확대되고 거대화되어 독점이 심화될수록 기업 내 권력 집중화는 불가피해진다. 이런 점에서 흔히 경제민주화는 기업 내 집중화된 권력을 완화하거나 제한하는 의미를 가지는 것으로 이해된다. 노동 개혁, 민주적 기업, 산업민주주의, 작업장 민주주의 등으로 표현되는 기업 내 경제민주주의와 관련한 논의들은 전제적인 자본-노동 관계와, 기업 내 집중화된 권력을 완화하거나 제한하는 데 초점을 두고 있다. 태생적으로 위계나 명령으로 유지되는 조직(Coase, 1937)인 기업 내에서 민주주의가 실현되려면 적어도 이론적으로는 '1인 1표주의'에 의한 참여가 보장되어야 한다. 그러나 근대 주식회사의 등장과 자본시장의 발달로 기업 민주주의 원리는 '1주 1표주의'라는 원리로 대체되었다.

그럼에도 이를 떠받치고 있는 소유와 경영의 분리는 기업 경영자와 주주 사이의 정보 비대칭을 낳고, 이는 경영 감시의 공백 상태를 만들었다. 또 자본시장 유동화로 기업 경영에 수반되는 위험을 다양한 방식으로 회피할 수 있게 됨으로써 주주들이 기업을 통제하고 감시할 유인은 더욱 줄어들었다. 감시 유인이 줄어든 주주들은 고용 조정과 같은 '주주가치 극대화' 행동을 묵인함으로써, 참여가 제한된 기업 내 다른 이해당사자들의 이해를 위협한다. 따라서 자본시장이 발달한 영미권 국가들에서 일반적으로 받아들여지고 있는 1주 1표주의에 따른 경제민주주의는 절차적 주주민주주의의 원리에는 충실할지 모르나, 기업 경영을 규율하지 못하는 형식적 통제와 다른 이해당사자의 참여를 배제하기 때문에 제한적인 참여를 의미할 뿐이라는 점에서 한계가 있다(송원근, 2008).

경제민주화는 시장경제의 작동과 그 결과라는 측면에서도 중요한 의미를 가진다. 자유 시장경제는 ① 자유로운 선택과 그 결과에 책임을 지는 개인들이 ② 시장에 참여하여 공정한 게임 규칙이나 절차에 입각하여 경쟁을 하고, 나아가 ③ 그 게임의 결과 역시 효율적이라는 것을 전제로 한다. 만약 자유 시장경제가 이런 식으로 작동한다면 시장은 그 자체로써 민주주의를 구현한다. 따라서 개인의 선택을 제한하거나 공정경쟁 규칙을 훼손하는 정부의 간섭이나 사전적인 개입은 필요하지 않다. 나아가 참여자들의 공정한 게임 규칙이 보장된 시장 과정의 결과로 출현하는 거대 기업과 독점은 '효율적인 것'으로서 굳이 경제민주화를 위한 규제나 개혁을 필요로 하지 않는다. 거대 기업과 독점의 출현이 자본주의 기업 조직의 자연스러운 진화 과정, 그리고 기업 간 경쟁을 통한 '시장 선별' 결과일 수도 있지만, 그렇다고 해서 그것이 반드시 공정한 시장 경쟁의 결과라는 것을 의미하지는 않는다. 만약 그렇다면 이렇게 형성된 독점은 다시 공정경쟁을 저해하고, 경제력 집중을 심화하며, 소비자 희생이나 부의 불공정한 분배를 초래할 가능성이 높다.

칼 폴라니가 이미 자기조정적 시장경제가 초래하는 위험과 불안정에 대해 경고했듯이(Polanyi, 1957) 일찍부터 자본주의 시장경제가 발달한 국가들은 시장경제의 폐해와 이로 인한 경제적 독점에 대해 다양한 규제와 개입을 통해서 그 폐해를 줄이고자 했다. 여기서 정부 개입은 사회를 벗어나버린disembedded 시장경제의 작동을 제어하고, 이를 사회적 조정과 타협이라는 기제로 보완하는 일이다. '조정 시장경제'라고 부르는 이 경제체제는 정부의 개입뿐만 아니라 기업 간 협력, 노사 간 타협 같은 비시장적 기제에 의해 보완된다. 나아가 이러한 비시장적 기제는 회사법, 고용제도, 노동시장, 금융 시스템 등 시장경제의 다른 제도와도 상호보완성을 가진다.

특히 자기조정에 실패한 시장에서 독점과 경제력 집중이 다수 기업들의 결합인 기업집단을 형성함으로써 생긴 것이라면 그 폐해는 더욱 심각해진다. 독점과 경제력 집중을 방지하기 위한 경제민주화는 역사적으로 경제 규모의 거대함bigness에 대한 우려와 규제 입법화로 구체화되었다. 특히 경제적 독점이 다시 불공정한 시장을 만들어내고, 규율 공백 상태에서 생기는 경제력 독점의 심화와 집중이 자본주의의 민주주의적 기초를 위협하는 상황은 사회적 관심과 우려를 낳기에 충분했다. 기업의 거대화와 독과점화가 필연적으로 초래하는 경제력 집중을 방지하기 위한 정부 규제와 관련하여, 1890년대에서 1930년대로 이어지는 미국의 독점금지법 제정과 관련한 이른바 '진보시대'의 논쟁[1]은 경제민주화 목표와 그것이 추구해야 할 가치를 논의하는 데 좋은 참조가 된다.

당시 논쟁은 크게 두 가지 방향에서 진행되었다. 하나는 독점 대기업에 집중된 권력을 탈집중화하여 민주적 통제 아래 둠으로써 자치를 유지하는 것이었다. 공화주의적 전통이라고 부르는 이 방향은 당시의

---

1. 당시의 논쟁에 대해서는 샌델(Sandel, 1996)과 박경로(2012) 참조.

독점과 트러스트를 토대로 한 거대 경제권력이 정치권력화하고, 이것이 민주주의 정부를 위협한다는 위기의식에서 비롯되었다.

다른 하나는 경제력 집중을 돌이킬 수 없는 현상으로 보고 국가적·민주적 제도의 역할을 확대함으로써 경제력 집중을 통제하려고 했던 것으로, 신민족주의 전통에 입각하고 있다. 이러한 차이가 있음에도 독점과 경제력 집중을 방지함으로써 시민권을 회복해야 한다는 점에서 두 입장이 일치했고, 이것이 독점금지법 제정으로 이어지게 되었다. 탈집중화를 통해서 지키고자 했던 이 시민권은 이후 소비자 연대를 통한 민주주의, 그리고 전후 성장과 분배 정의를 주 내용으로 삼는 정치경제학에 자리를 내주고 말았다. 그러나 이 두 가지 전통은 규제되지 않는 독점과 경제력 집중이 경제적인 데 머무르지 않고 정치·사회 영역에도 파괴적인 영향력을 행사할 수 있음을, 그리고 이에 대한 규제나 경제민주화가 지향해야 할 궁극적 가치와 목표가 시민권을 복원하는 것이 되어야 함을 말해준다.

기업집단 형성을 통한 거대 독점과 경제력 집중이 민주주의의 기초를 위협한다는 측면 외에도 기업집단은 경영자의 사적인 이익 추구에 이용될 수 있다는 점에서도 경제민주화의 대상이 된다. 경영자의 사적 이익 추구 행위는 소속 기업의 종업원, 소수 주주에게 피해를 입힌다. 또 소속 기업 간 부당 지원 행위는 시장의 공정경쟁 기반을 훼손하여 중소기업의 성장을 저해할 수 있다. 그뿐만 아니라 기업집단은 경우에 따라서는 기업에 대한 시장 규율, 예를 들면 경영권시장(M&A시장)에 의한 경영자 통제를 어렵게 한다. 나아가 기업집단은 소속 기업들의 동반 부실과 연쇄 도산을 초래할 수 있고, 이 위험이 현실화될 경우 국민경제 전체를 위기에 빠뜨릴 수 있다. 이 같은 폐해를 방지하기 위한 조치들은 '시장의 규율'을 강조한다는 공통점이 있고, 시장의 자기조정 기능에 대한 믿음을 바탕으로 한다는 점에서 한계가 있다. 그러나 기업집단의 형성이 시장의 자기조정 기능마저 위태롭게 한다는 점에서 보면 시장 중심의 기업집단 개혁과 경제민주화도 전혀 의미가 없는 것은 아니다.

2) 기업집단의 형성과 진화의 다양성

다수 기업의 결합으로 정의되는 기업집단은 하나의 법인기업에 의한 다른 법인기업의 주식 소유를 기초로 이들 기업을 결합한 형태다. 이러한 의미의 기업집단이 만들어지기 시작한 것은 1890년대부터다. 그러나 기업집단이 출현하게 된 경제적 배경과 그 기능, 정치사회적 규제와 이에 대한 대응, 기업집단의 존재 형태는 시기별·국가별로 매우 다양하게 나타난다(Colpan et al., 2010). 달리 말해 각 기업집단의 형성은 자본주의 발전 과정에서 효율 증대를 위한 기업 조직의 진화, 시장, 특히 자본시장의 발전 정도, 정부 규제 혹은 법적 규율체계에 대한 대응의 산물이다.

먼저 기업집단이 형성된 경제적 배경 혹은 기업집단의 기능에 관해서는 여러 가지 이론적 설명이 가능하다. 그러나 일반적으로 다수의 사업 부문을 가진 기업 혹은 수개의 독립 기업으로 이루어진 기업집단은 산업 발전 및 경제 규모 확대와 함께 기업의 성장 과정에서 생기는 자연스러운 결과로 인식된다. 즉 기업은 처음에는 단위 조직에서 출발하여 시장 확대와 함께 점차 규모를 키우며, 일정 규모에 도달하면 전문 기능별로 분화하는 기능 조직을 형성해간다. 이후 규모가 더욱 확대되면서 지역이나 제품 다각화를 통해 다수의 사업부를 거느린 조직 형태로 발전한다. 이 다수 사업부 조직의 대표적인 사례가 바로 U형 기업이라고 알려진 다기능 사업부 조직이다.

경영사학자인 앨프리드 챈들러 주니어는 대규모 다기능 사업부를 갖춘 미국 법인기업들의 역사를 분석하면서, 이러한 조직 형태를 가진 기업을 U형 기업unitary firm이라 부르고, 이것을 효과적인 특화와 분업, 규모의 경제economy of scale를 실현할 수 있는 조직 형태로 보았다. 규모의 확대는 기존 사업 부문의 확대뿐만 아니라 다른 기업의 인수나 합병을 통해서 이루어진다. 그런데 기업 인수나 합병은 처음에 제조단계상 연관 기업들 사이에서 이루어지고, 이 역시 다수 기업들 사이의 통합을 가져온다. 챈들러는 또 기존 사업 부문의 확대와 기업 통합을 가능하게 한 근본 동인이 기업의 '조직 능력'(Chandler, 1992, 487쪽)이라고 보았다.[2] 이 조직 능력은 기업이 범위의 경제economy of scope를 실현하는 과정에서 개발되어 발전하며 과점체제의 치열한 경쟁을 거쳐 더욱 심화된다. 거대 기업들은 이 조직 능력을 바탕으로 기존 시장에 진입하고 신제품 시장에서 선점을 시도함으로써 기업의 규모를 더욱 확대한다. 달리 말해 기업 능력을 형성하고 확대하기 위한 생산 설비, 마케팅 혹은 제품 분배 조직, 중간 혹은 하위관리 계층에 대한 투자 등 세 가지의 동시 병행적인 투자(Chandler, 1990; 1992)와 기능적·전략적 경쟁 과정에서 꾸준히 단련된 기업의 조직 능력이 기업 성장의 원동력이라는 것이다.

그런데 이 같은 기업 확장은 의사소통이나 부서 간 조정, 정보 전달 등에 있어서 기업 내 여러 가지 비효율을 초래하는데, 이러한 문제를 해결하기 위한 방안으로 각 부서의 전략적 의사결정 권한을 확대하는 이른바 M형 기업M-form firm이 출현했다. 사업부제 조직이라고도 불리

---

2. 앨프리드 마셜에게 경제적 진보는 신고전학파적 의미의 규모의 경제 문제뿐만 아니라 지식과 조직을 개선하는 것까지 포함한다. "laws of increasing return"은 노동과 자본의 증가는 일반적으로 개선된 조직을 발생시키고, 이것은 노동과 자본의 작동 효율이 증가함을 의미한다(Marshall, 9판, 318쪽). 기업의 자본, 조직, 경영능률이 초래하는 효과를 가리켜 내부경제internal economy라고 하는데, 이 내부경제와 외부경제가 어떤가에 따라 수익체증 현상이 발생할 수 있다.

는 M형 기업은 ① 기업 내 경제활동을 수개의 단위로 확연하게 구별하여, ② 각각의 활동에 대하여 별개 사업부를 설치하고, ③ 각 사업부에 영업 책임을 부여하여 분권화하는 한편, ④ 전체 기업 차원의 전략, 개별 사업부에 대한 평가, 전반적인 재무 관리 기능은 기업본부로 집중하는 구조를 가진다(Williamson, 1985). M형 기업의 자연스러운 진화 형태가 바로 거대 복합기업conglomerate이다. M형 기업이나 복합기업 조직은 기업본부에 의한 자본 조달과 배분이라는 측면에서 내부 자본시장internal capital market과 같은 역할을 수행한다.

영국과 미국에 비해 자본주의 출발이 늦은 독일에서는 열세를 극복하려고 시도했던 카르텔과 상호 출자를 통한 수평적·수직적 결합이 기업집단을 형성하는 주된 원인이었다. 또 산업화 과정에 대한 국가의 적극적인 개입, 노동계급에 대한 조합주의corporatism적 통제도 이러한 기업 결합을 가능하게 했다. 따라서 독일에서는 설립 초기부터 2차 세계대전 종전 이전까지도 카르텔에 대한 법적 구속력을 인정했다. 기업 간 협력관계에 기초한 카르텔을 토대로 독일은 규모가 작은 내수시장을 벗어나 세계시장으로 진출할 수 있었다(박노영, 1999). 1차 세계대전 이후 기업 결합의 활발한 진행과 제국주의 확장을 위한 국가의 주요 산업 통제, 집중화는 기업집단의 존립 근거를 더욱 확실하게 만들었다. 이와 같은 협력적 자본주의 성격은 이후 콘체른Konzern의 형성과 발전에도 영향을 미쳤다.

일본의 경우, 메이지유신 이후 상업자본가들이 증권 발행을 통해 산업화에 필요한 자금을 조달하고 일본 경제를 지배하는 피라미드형 재벌(자이바츠zaibatsu)을 형성했다. 특정 가족이 지배하는 거대 기업집단을 의미하는 일본의 구舊재벌은 정부 면허로 독점적 지위를 구축하고, 1차 세계대전을 통해 규모를 확대해갔다. 그 결과 많은 신흥 재벌이 탄생했는데, 이들이 바로 19세기 말 회사제도의 도입과 함께 지주회사를 정점으로 하는 콘체른 형태의 기업집단이다. 이들 지주회사는 산하의 자회사 주식을 보유하고, 각 사업회사에 대한 종합적인 총괄 기능을 수행하면서 내부 자본시장을 이용하여 다양한 사업 분야에 진출하고 이를 폐쇄적으로 지배했다(이재형, 2007). 독일, 일본 같은 후발국에서 기업집단이 형성된 원인은 우리나라와 같은 후발 산업국에서 기업집단이 형성된 이유를 설명하는 데도 유용하다. 후발 산업국들에 보편적인 시장의 실패, 특히 자본시장의 실패(Stiglitz, 1989)는 기업집단의 형성이 불가피하게 된 배경이 되었다. 즉 후발국에서는 일반적으로 시장이 형성되어 있지 않거나 잘 발달하지 못해서, 시장거래의 비용이 높고, 따라서 거래 내부화가 필연적으로 발생하는데, 이것이 바로 거대 기업집단이 형성된 주요 원인이라는 것이다.

기업집단의 형성이 시장 실패에서 연유한다는 설명 이외에 후발 산업국의 산업정책과 같은 국가의 개입도 기업집단이 형성된 주된 원인이었다. 대표적인 사례가 바로 한국이다. 개발도상국이었던 우리나라는 이른바 '압축 성장' 과정에서 희소자원의 선택적 배분을 통해서 특정 산업과 기업을 우선적으로 육성하는 산업정책이 불가피했고, 이것이 재벌이라는 기업집단을 낳은 직접적인 원인이라는 것이다. 후발 산업화 과정에서 형성된 거대 기업 조직은 핵심 기술을 가지고 관련 산업으로 사업 영역을 확장하는 선발 자본주의 국가의 기업과 다르다. 즉 후발 산업국의 기업들은 핵심 및 관련 기술 능력이 없기 때문에 기술적으로 무관하거나 동떨어진 분야에서 다각화된 사업 경영을 한다는 것이다. 그리고 이 비관련 사업의 다각화 경향은 이른바 '선도차 효과' band wagon effects에 의해 더욱 강화된다. 즉 하나의 과점적 다각화 집단이 새로운 산업에 진입하면, 다른 기업(집단)도 전체 집단의 규모나 힘의 균형을 이루기 위해, 경쟁 집단이 도입한 기술과 대체적으로 동일하지만 조금은 다른 기술들을 도입해 사업을 영위하는 다각화 전략을 추구할 수밖에 없다는 것이다(Amsden and Hikino, 1993). 이런 식으로 다수 사업 부문에 진출한 거대 기업집단이 형성되었다.

역사 배경과 시장 발달 정도에 따라 다양한 형태로 형성된 기업집단은 이후에도 정부 규제에 대한 대응이나 자본시장의 발전 정도에 따라 그 존재(소유 형태와 결합 방식)와 진화 방식이 달랐다. 예를 들면 영미권 국가들에서는 기업집단이 초기의 트러스트 형태에서 지주회사 형태를 취하면서 발전했고, 독일에서는 콘체른으로 대표되는 기업 결합이 확산되었다. 미국에서 수평 결합을 통한 매수·합병으로 기업집단이 출현한 것은 셔먼법Sherman Act이 제정되면서 카르텔이나 트러스트가 금지되었기 때문이다. 이후 기업 간 수평 결합을 금지한 1914년의 클레이튼법Clayton Act에 대응하여 미국의 기업들은 수직 결합을 통한 매수·합병을 시도했다. 이후 1950년에 제정된 셀러-케포버법Celler-Kefauver Act 등으로 수평 결합 및 수직 결합이 금지되자 다른 업종의 기업들을 인수·합병했다. 이 과정에서 대규모 복합기업이 형성되었다. 그리고 미국의 4차 인수·합병 물결은 1980년대 미국 기업의 경쟁력 약화를 배경으로 시행된 독점금지법 완화, 지적소유권 강화, 법인세 감면 등의 상황에서 나타났다.[3] 이 과정에서 대규모 복합기업 형태의 기업집단이 성장했고, 전문경영인 체제가 등장했다. 여기에 주식 유동화는 소유와 경영의 분리를 더욱 촉진했다.

일본의 경우에도 2차 세계대전 후 외부로부터 강제된 재벌 해체는 금융기관과 대기업 간, 그리고 대기업과 대기업 간 주식 상호 보유에 입각한 기업집단인 계열(게이레츠keiretsu)을 형성하는 결과를 낳았다.

---

3. 이 과정에서 1980년대 중반까지 과잉 다각화된 미국 기업들은 비주력 사업을 매각하고 핵심 사업에 집중하기 위한 탈다각화 또는 구조조정을 광범위하게 실시했다. 당시 피인수 기업의 총 자산은 13조 달러 중 4.5%만이 비관련 다각화를 위한 인수·합병이었다(Markides and Williamson,1994, 152~153쪽).

또한 점령군의 재벌 해체 이후 주식 매입을 통한 경영권 탈취 시도들이 이루어지면서 일본 기업들은 기업 간 상호 주식 보유를 선호하게 되었고, 그 결과 기업 간 거래관계와 결집력을 바탕으로 한 기업집단이 발전하게 되었다.

기업집단의 형성과 진화에는 각각의 법적 규율체계와 이에 따른 기업 지배구조의 차이도 영향을 미쳤다. 이는 주로 채권자, 주주 등 투자자에 대한 법적 보호의 차이에서 연유하는데(Porta et al., 1997 ; Shleifer and Vishny, 1997) 관습법common law 체계로 알려진 영국이나 미국은 소액투자자에 대한 법적 보호장치가 잘 마련되어 있을 뿐만 아니라 법 집행이 엄격하게 이루어지고 있다. 이들 나라는 기업 소유가 분산되고 주식시장이 발달해 인수·합병을 통한 경영권시장이 효율적으로 기능한다는 특징이 있다.[4]

반면에 독일, 프랑스, 이탈리아 등 시민법civil law 체계를 가진 국가들은 소액투자자들에 대한 법적 보호가 상대적으로 미흡하다. 따라서 투자자들은 법적 보호를 대신할 수 있는 자기 보호장치를 마련해야 했는데, 그 방법 중 하나가 소유를 집중하는 것이었다(Becht, 2005). 또한 내부시장을 통해 필요한 자금을 조달하기 때문에 주식시장의 발전도 더딜 수밖에 없었다. 대표적인 예로 독일 기업들은 부채 자금 조달 비중이 높을 뿐만 아니라 채권자인 은행 금융기관들이 기업 지배구조에서 중요한 역할을 한다. 나아가 경영권을 장악하는 방법 중 하나로서 기업 간 투자에 의한 피라미드화pyramiding가 일반화되어 있다.

---

4. 그러나 관습법 체계를 가진 캐나다, 호주, 뉴질랜드에서는 소유가 집중되어 있고, 기업 간 주식 소유를 통해 기업집단을 형성하는 경우도 많다. 따라서 단순히 법체계의 유형만으로 기업집단이 형성된 요인을 찾는 것은 한계가 있다.

3) 기업집단의 효율과 그 부정적 효과

거대 기업집단의 형성과 진화에 관한 논의를 통해 알 수 있는 기업
집단의 순기능은 규모나 범위의 효율성만은 아니다. 즉 기업집단 형성
을 통해 특정 제품이나 서비스 공급에 필요한 다양한 요소를 내부화하
여 시장 조달에 수반되는 지체hold-up 문제를 최소화할 수 있다. 관련
분야에 수직 계열화된 다수 기업들이 동일한 기업집단에 속해 있을 경
우 이들 계열사 간 상품과 서비스 거래는 거래비용을 낮춤으로써 효율
성을 높여주는 장점을 가진다.

동일한 맥락에서 제품이나 서비스 거래 외에도 자본조달 시장에도
적용될 수 있다. 특히 자본시장이 발달하지 않은 개발도상국의 경우 내
부 자본시장을 통해 자금 조달을 더 쉽게 할 수 있고, 자금 조달 비용도
낮춤으로써 기업집단 조직의 효율을 증진할 수 있다(Khanna and Yafeh,
2005). 이뿐만 아니라 기업집단은 다수 계열사를 이용한 사업 다각화가
가능하고, 이를 통해 위험을 분산할 수 있다는 장점을 가진다(Amihud
and Lev, 1981). 이처럼 기업집단은 개별 독립기업으로는 불가능한 다양
한 시너지 효과를 제공하는 조직 형태이며, 이것이 개별 기업집단 차
원에서는 물론 국민경제 차원에서도 경쟁력의 주된 원천이 될 수 있
다. 이런 점에서 많은 국가들에서 기업집단의 존재가 확인되고 있고
(Claessens et al., 2002), 또 기업집단 자체의 존재나 합법성을 부정하는
나라는 없다.

그러나 다른 한편으로 보면 기업집단은 개별 기업 차원에서는 존재
하지 않는 부정적인 측면도 동시에 가지고 있다. 이미 잘 알려져 있듯
이 중층화된 소유구조를 통해 형성된 기업집단에서 지배주주 및 그 일
가에 의해 통제권이 행사될 경우 기업 지배구조가 왜곡되고, 이는 기업
민주주의를 저해할 수 있다. 나아가 지배주주에 의한 직접적인 회사 자

산 유용, 지배주주에 이득이 되는 내부 이전 가격 결정, 사업 기회의 편취, 과도한 임원 보상, 채무 보증 등 부富의 이전 행위tunneling는 지배의 사익 추구 가능성을 높인다(Johnson, Porta et al., 2000). 특히 지배주주의 사익 추구가 가능한 취약한 지배구조를 가진 국가들은 경기 침체기나 경제위기 시에 더 큰 어려움을 겪는다(Johnson, Boone et al., 2000). 이 같은 현상은 개별 법인격 및 유한책임이라는 회사법의 기본 원리를 오남용하는 데서 비롯되는 것으로서(김상조, 2012), 지배회사 또는 지배주주의 기회주의적 행동은 종속회사의 소액주주·채권자·노동자 등의 권익을 심각하게 침해함으로써 경제민주화에 역행하고 경제 전반에 부정적인 결과를 초래할 수 있다.

4) 독점 및 기업집단 규제 논란

왜곡된 기업 지배구조를 개혁한다는 의미의 기업 민주화 논의와 별개로, 거대 독점이나 다수 기업의 결합체인 기업집단에 대한 규제는 무엇보다도 기업집단이 거대 독점기업을 중심으로 형성되고, 이것이 역으로 시장 불공정, 경제력 집중을 초래함으로써 민주주의의 기초를 위협한다는 우려에서 출발했다. 이러한 우려는 독점이나 경제력 집중에 대한 대중적 반감을 불러일으켰고, 반독점 입법 환경을 조성했다. 이 같은 규제 논리를 포퓰리즘이라고 부르기도 하지만(Roe, 1994; Atkinson and Audretsch, 2011), 독점과 경제력 집중에 대한 판단과 이에 관한 규제의 순수경제 논리는 그렇게 간단하지 않다. 또 규제가 지향하는 목표역시 시대나 상황에 따라 계속 변해왔다.

규제 논리 측면에서 볼 때, 미국 건국 초기 원자적 경쟁, 경제적 민주주의 등의 개념을 둘러싼 제퍼슨과 해밀턴의 논쟁을 비롯하여 반트러스트 정책을 둘러싼 원인금지주의와 폐해규제주의 간 견해 차이,[5] 당연위법perseillegal과 합리원칙주의rule of reason 간의 대립,[6] 하버드학파와 시카고학파의 대립 등은 독점과 경제력 집중에 대한 판단, 정책 개입 여부에 관한 견해 차이와 충돌을 잘 보여준다. 이러한 논거와 견해 차이는 결국 규제 당국의 권한을 확대시키기도 하고 다른 한편으로는 법적 규제의 실효성을 떨어뜨리는 결과를 낳기도 했다.[7]

경제력 집중의 부정적 효과는 시장 지배력과 다각화가 초래하는 폐해다. 거대 기업에 의한 시장 독점, 다른 기업의 사업 기회 박탈, 불평등한 기업 간 관계 등이 대표적인 예다. 일본에서는 '사업 지배력' 집중이라는 개념이 경제력 집중 억제 논서로 활용되있고, 미국에서는 경제력 집중 결과 나타난 다각화가 경쟁에 미치는 부정적인 효과가 규제의 주된 논거였다. 부정적 효과란 거대 복합기업을 통한 상호 거래 reciprocal dealing, 잠재적 경쟁potential competition 배제, 약탈가격 설정predatory pricing, 경쟁의 상호 자제mutual forbearance, 지렛대 효과 leverage effect[8] 등을 말한다.

그러나 이에 대한 반론도 만만치 않다. 가장 심각한 것은 경제력 집중이 시장 지배력으로 곧바로 이어지지 않으며, 다각화로 인한 폐해도 과장이 많다는 반론이다. 이에 따르면 독점은 일반적으로 관찰되기 어려운 특수한 상황이며, 설사 독점의 폐해가 나타난다 해도 일반적인 경

---

5. 원인금지주의는 독점 또는 독점화 자체를 부인하고 경쟁 제한 행위를 당연위법으로 간주함으로써 독점 폐해의 발생 원인을 제공하지 않으려는 정책 원칙을 말하며, 폐해규제주의는 독점으로 인한 폐해가 나타날 경우에 한하여 정부 규제가 필요하다는 정책 원칙을 일컫는다.

6. 당연위법은 어떤 행위 존재 자체를 위법으로 간주하는 법 적용 원칙을 말하며, 합리원칙주의는 특정 행위가 나타나게 된 합리적 이유를 인정하는 법 적용 원칙을 말한다.

7. 대표적으로 미국의 독점금지법 집행을 포함한 반독점 정책의 철학이나 원리가 하버드학파의 구조주의에서 시카고학파를 중심으로 한 행태주의로 변화하여 1980년대 이후 연방의 분할 명령 건수가 급격히 줄어든(AT&T와 아메리칸 스토어 사건 등 2건) 것을 들 수 있다(김두진, 2006).

8. 지렛대 효과는 주 상품시장의 독점력을 보유한 기업이 자신의 독점력을 지렛대로 삼아 부 상품시장을 독점하고, 여기에서 추가적인 독점 이윤을 획득하는 것을 말한다. 이에 대해서는 윤창호·장지상·김종민 편(2011) 참조.

쟁 정책으로 충분히 대응할 수 있다는 것이다. 그뿐만 아니라 다각화 역시 정상적인 기업활동으로서 지극히 당연한 현상이라는 것이다.

특히 시장 불공정경쟁의 위법을 판단하는 데 있어서 "경쟁법의 목적은 경쟁자를 보호하는 것이 아니라 경쟁을 보호하는 것이다"라는 시카고학파의 명제는 다각화가 경쟁에 미치는 부정적 효과에 대한 판단을 더욱 어렵게 한다. 이에 따르면 어떤 거래행위가 경쟁자를 배제하는 불공정성을 내포하고 있다고 해서 바로 위법 행위가 되는 것이 아니라, 그 행위로 인해 해당 시장의 경쟁이 제한되고 궁극적으로 소비자 후생이 침해될 경우에만 경쟁법의 제재 대상이 된다는 것이다. 미국의 경우 경쟁가격보다 높게 가격을 고정시키는 담합 행위, 기업 결합을 통한 독점화 시도 등 극히 제한된 범주만을 당연위법으로 취급해야 한다. 그외 대다수의 불공정거래 행위는 엄밀한 경제 분석을 통해 시장 경쟁 정도와 소비자 후생에 악영향을 미친다는 것이 확인된 경우, 그것도 악영향이 경제적 효율성의 이익을 넘어서는 경우에만 제재를 가한다(김상조, 2012, 246쪽).[9] 다른 한편으로 기업 대형화는 기업 자체의 문제라기보다 산업 특성에 따라서 달라질 수 있기 때문에 기업 규모만을 가지고 경제력 집중의 판단 기준으로 삼을 수 없다는 주장도 있다(Benston, 1980).

반독점 규제를 둘러싼 또 다른 논란은 규제가 지향하는 목표에 관한 것이다. 최초의 반독점법은 독점으로 인한 경쟁 제한 행위를 규제함으로써 경쟁을 촉진하려는 것이었다. 오늘날 반독점 정책 또는 경쟁 정책의 출발점이라 할 수 있는 셔먼법을 탄생시킨 미국의 반독점법 원리들은 경쟁의 보호·촉진을 통한 효율성 증대뿐만 아니라, 소비자 후생 증대 또는 소비자 보호, 중소기업 보호, 경제력 분산, 혁신과 생산성 증

---

9. 유럽연합의 경우 미국 경쟁법의 원리로 수렴되는 양상을 보이고 있는 것도 사실이지만, '지배력 남용'에 대한 판단에서 좁은 의미의 효율성 기준만을 적용하고 있는 미국과 달리 약탈적 행위, 차별 행위, 불공정 행위 등에 대해서도 폭넓게 규제하는 경향을 보이고 있다(김상조, 2012, 247쪽).

대 등의 여러 목표가 혼재되어 발전해왔으며 시대에 따라 그 우선순위
도 바뀌었다(Atkinson and Audretsch, 2011).

이처럼 반독점 및 경제력 집중을 둘러싼 논쟁이 계속되고, 반독점
관련 규제의 변천 과정에서 여러 목표들이 생겨나는 것은 규제의 이면
에 경제력 집중이 시대별로 다양한 정치적·사회적 의미를 가진다는 것
을 의미한다. 즉 논쟁의 전면에는 경쟁 제한, 지배력 남용으로 인한 피
해, 소비자 후생, 중소기업 보호 등 경제적 측면에서 시장 지배력 남용
이 독점의 결과인지 아니면 효율성의 결과인지를 판단하는 문제가 있
지만 그 이면에는 거대 기업 조직이 갖는 정치적·사회적 영향에 대한
경계와 정치적 고려가 내재되어 있는 것이다(Jensen, 1993).

경제력 집중이 거대화된 독점을 기초로 한다면 이 경제적 독점은
경제적 측면을 넘어 정치적·사회적 권력으로 전환되고, 이것이 전반적
인 민주주의를 침해함으로써 시민사회를 위태롭게 할 수 있다. 이 같은
정치적·사회적 요인을 비경제적인 것으로 치부해버리는 것은 반독점
입법과 이를 통해 경제력 집중을 규제하려는 정치적 합의의 기초를 무
시하는 것이다(Pitofsky, 1979). 이처럼 경제권력에 의한 정치권력의 침
해를 막고자 했던 사례가 미국의 초기 반독점법이다. 일본의 경우에도
군국주의가 재벌 체제를 기초로 한 것이었고, 따라서 재벌 해체는 곧
군국주의 부활의 물적인 토대를 없애는 것이라는 인식이 반독점 규제
의 논거로 작용했다.

3. 각국의 기업집단 개혁 비교: 미국, 독일, 일본

1) 미국의 반독점 규제와 지주회사 개혁

(1) 반트러스트anti-trust 규제

19세기 후반부터 미국에는 철강, 철도, 석유 등은 말할 것도 없고 소비재인 위스키, 설탕, 담배, 가축 사료, 철사못, 양철, 성냥, 육류, 우유 등 거의 모든 상품 영역에서 시장을 독점하는 기업 형태인 트러스트들이 우후죽순처럼 생겨났다. 이처럼 트러스트가 유행하게 된 것은 관습법 체계를 가진 다른 국가들처럼 미국도 한 회사가 다른 회사의 주식을 취득 또는 소유하는 것을 금지했기 때문이다. 초창기 소규모 기업들이 번성하던 시기를 넘어 대량생산 체제로 이행하면서 트러스트를 통한 경제력 집중 현상은 더욱 심해졌고 이에 따라 시장도 소수 대기업 체제로 재편되었다. 그 결과 1904년 300여 개에 이르던 거대 트러스트들은 미국 전체 산업자본의 3분의 2를 통제하고, 미국 주요 산업의 5분의 4를 자신들의 영향권 아래에 두었다. 이들은 독점가격을 부과해 막대한 부를 축적했고, 심지어 정부 관료와 정치인들을 매수하기도 했다.

이들 독점 트러스트들을 견제하거나 해체하려는 주정부와 연방정부 차원의 시도는 1890년 반트러스트법이라고 알려진 셔먼법의 탄생을 계기로 시작되었다. 셔먼법은 거래를 제한하는 계약이나 트러스트, 그리고 독점화하거나 독점을 기도하는 것은 위법이라고 선언하고 이에 관한 벌칙을 규정했다. 이에 따라 연방정부는 당시 석유시장의 90%를 차지하던 스탠더드오일 트러스트Standard Oil Trust에 대해 해산 명령을 내렸다.[10] 이 같은 엄격한 법 적용에 대해 미국 기업들은 기업 결합을 통한 기업집단의 형성으로 대응했다. 이것이 바로 트러스트의 지주회사화였다. 비록 지주회사를 통한 기업 결합이 성행한 주된 원인은 주정부들 사이의 세수 확대 경쟁이었고, 또 셔먼법이 지주회사 자체를 직접적인 규제 대상으로 삼았던 것은 아니지만, 연방정부는 이 같은 시장 지배력 남용을 적용하여 1911년 스탠더드오일의 자회사 74개 중 33개 회사를 분리했고, 미국 담배시장의 95%를 장악하고 있던 아메리카타바코를 16개 회사로 분리했다. 또한 1904년 연방정부 대 노던시큐리티 Northern Securities Co. 사건의 판결을 계기로 미국 연방정부는 기업 분할과 매각 명령권을 확보하게 되었다.

이어 1914년에는 셔먼법을 보완해 경쟁 제한적 가격 차별을 금지하는 클레이튼법이 제정되었고, 연방거래위원회Federal Trade Commission 가 설립되었다. 클레이튼법은 거래를 불법적으로 제한하는 일이 무엇인지를 더욱 분명히 정의했다.[11] 그리고 경쟁을 제한하는 어떠한 종류의 합병이나 행위도 금지했다. 정부가 아닌 개인이 독점 행위로 인한 손해배상 소송을 제기할 수 있는 길도 열어놓았다. 독점 행위로 손해를 본 개인이 소송에서 승리할 경우, 손해액의 3배에 해당하는 금전적인 보상과 소송 관련 비용을 기업이 부담하도록 했다. 금전적인 보상과는 별도로 법원으로부터 관련 독점 행위에 대한 금지 처분을 받아낼 수도 있었다. 다른 한편 연방거래위원회법은 불공정하고 반경쟁적인 기업 행위를 감독하는 정부위원회의 설립에 관한 법이다.[12]

초기의 산업 독점과 집중에 대한 규제법은 금융규제법으로 보완되었다. 대공황 이전 미국 경제는 금융자본주의라 불릴 정도도 금융자본의 힘이 막강했다. JP 모건으로 대표되던 금융자본은 산업자금 조달뿐

---

10. 셔먼법은 최초에 스탠더드오일 트러스트를 겨냥한 것이었고, 이 트러스트의 행위를 규제하려고 했기 때문에 반트러스트라는 용어가 사용되고 있다.

11. 클레이튼법의 핵심은 제7조와 제2조인데, 제7조는 시장에서의 경쟁체제를 약화시키거나 독점권을 확보하려는 의도로 진행되는 인수·합병을 금지하고 있고, 제2조는 시장에서의 가격 차별 행위를 금지하고 있다.

만 아니라 기업 통제권을 장악함으로써 경제의 최상층에 올라섰다. 이러한 상황에서 대공황이 발생하자 은행, 증권, 보험 간의 분리를 원칙으로 하는 글래스-스티걸법Glass-Steagall Act과 증권거래법(1934)이 제정됨으로써 금융 규제의 틀이 완성되었다. 이 두 법의 제정으로 미국은 집중화된 금융권력을 약화시키고, 소유 집중을 통해 경영자 권력이 비대해지는 것을 방지할 수 있었다. 또한 1936년에는 대형 체인점으로부터 개인 소매업자를 보호하는 로빈슨-패트먼법The Robinson-Patman Act이 제정되었다.[13] 2차 세계대전 이후에도 연방거래위원회와 법무부 독점규제국은 계속해서 반독점 판결을 내림으로써 경쟁 질서를 위협하고, 소비자에게 피해를 주는 잠재적 독점 행위를 감독하고 합병 행위를 방지하고자 했다.

글래스-스티걸법, 증권거래법과 함께 기업집단의 규제에 커다란 영향을 미친 것은 1935년 세입법Revenue Act에 기업 간 배당에 대한 과세를 포함시킨 세법 개정이었다. 셔먼법은 제정된 후에도 약 10년간의 표류기policy of drift를 거쳤고, 이를 보완하는 클레이튼법 역시 지주회사 규제에 대한 법 적용 요건이 명확하지 않아 큰 효과를 발휘하지 못했다. 이러한 상황에서 프랭클린 루스벨트 정부는 기업 간 배당에 과세하여 기업 간 주식 소유의 동기를 약화시켰다. 동시에 공익산업의 경우에는 지주회사를 엄격히 규제했다. 이러한 일련의 규제책들은 이후 집단소송제의 강화와 함께 미국에서 다층구조를 가진 지주회사 형태의

12. 연방거래위원회는 셔먼법 위반 행위를 기소할 수 있는 독점적인 권한을 가졌다. 또한 법무부와 함께 기업의 인수·합병 행위가 클레이튼법과 뒤에 제정된 하트-스콧-라디노법The Hart-Scott-Rodino Act(1976)를 위반하는지를 조사할 수 있는 권한을 가졌다. 특히 연방거래위원회는 연방거래위원회법 제5조에 의거해서 반독점법을 위반한 기업에 대해 행정 처분을 내릴 수 있다. 그러나 반독점법 위반에 관한 형사처벌 권한은 부여되지 않았다.
13. 클레이튼법 제2조의 수정을 골자로 한 로빈슨-패트먼법은 다양한 형태의 차별적 상행위를 정의하고, 제2-a조를 신설해 동일하거나 또는 비슷한 품질의 물건에 대해 소비자들에게 차별적인 가격을 설정하여 자유시장 경쟁 원리를 훼손하는 것을 금지하고 있다.

기업집단을 사라지게 했다(Morck, 2004; 홍종학, 2008). 이는 연방대법관 브랜다이스Louis D. Brandeis가 추구했던, 단순한 부의 재분배를 넘는 경제권력의 재분배deconcentration라는 목표를 추구하기 위한 조세 개혁의 일환이었다.

물론 독점이 시장 지배력을 강화하며 이것이 시장 질서를 교란하는가에 대한 반론이 끊이지 않았고, 어떤 소송은 반독점 판결을 받아내지 못했다.[14] 그럼에도 일련의 정부 규제 속에서 독점에 대한 미국 연방정부의 규제 권한은 더욱 확대되었고, 이를 통해 상당수의 독점기업들이 해체되기에 이르렀다. 당시 '날강도 귀족들'robber barons이라고도 불렸던 철강산업의 카네기와 석유산업의 록펠러 등 창업주들은 경영 일선에서 물러나 자선사업가로 변신했다. 이와 함께 20세기 전반까지 극단적으로 벌어졌던 빈부 격차도 완화되기 시작했다. 특히 2차 세계대전이 끝난 후부터 1970년대까지 미국 경제는 빠른 성장과 함께 빈부 격차가 크게 줄어들었고 국민 대다수가 중산층의 삶을 누리는 '대압착great compression 시대'로 나아갔다.

(2) 공익사업 지주회사법을 통한 지주회사 규제

트러스트 규제에 더하여 지주회사에 대한 규제도 강화되었다. 1910년 이후 미국에서 대표적 기업 조직 형태로 지주회사가 등장, 발전한 곳은 공익사업 분야였다. 1930년대 미국 전체 전등 및 전력 사업의 약 4분의 3이 순수지주회사 혹은 사업지주회사의 지배를 받는 10대 집단이 장악하고 있었고, 가스 생산량의 45%를 16개 지주회사 집단이

---

14. U. S. 스틸에 대한 1912년의 반독점 판결과 관련한 소송은 1920년까지 계속되었다. 그러다 1920년에 대법원은 U. S. 스틸이 '불합리하게' 거래를 교란하지 않았다는 점을 근거로 독점이 아니라는 획기적인 판결을 내렸다. 그 근거는 시장 지배력이 크다는 것과 독점 사이에는 미묘한 차이가 존재한다는 것이었다.

지배하고 있었다.

공익사업 분야의 지주회사 지배는 ① 비효율적·비경제적 기업 결합을 통한 반경쟁적 행위, ② 주식의 물타기, 자본의 과장에 따른 소비자 및 투자자 피해 초래, ③ 비공개 회계를 통한 자회사의 장부 조작 용이, ④ 자회사 상품과 서비스를 주주에게 특혜로 제공하고 그 부담을 일반 소비자에게 전가하는 행위 등의 폐해를 초래했다. 이뿐만 아니라 지주회사를 통한 소액 자본의 대기업 지배는 지주회사 도산이나 경영 불안정을 초래하는 경우도 많았다. 미국 정부는 반트러스트법이나 단순한 회사법을 적용해서는 개혁이 불가능하다고 판단하고, 1935년 연방법으로 공익사업 지주회사법Public Utilities Holding Company Act(PUHCA)을 제정해 엄격하게 규제했다. 이 법은 전기와 가스사업 회사에 국한하여[15] 일정 요건을 갖춘 지주회사에 등록을 의무화하고, 이들에게 하나의 통합된 공익사업만을 운영하도록 했다. 또 불필요하게 복잡한 구조를 가진 지주회사를 단순화할 수 있는 권한을 연방증권거래위원회SEC에 부여했다. 이에 따라 연방증권거래위원회는 공익사업 지주회사에 대한 포괄적인 규제 권한을 가지게 되었다.

공익사업 지주회사법은 1930년대 대공황이라는 특수한 경제 상황에서 나왔다는 점에서, 또 이후 에너지 산업의 경쟁 심화, 증권거래법 개정에 따른 투자자 보호제도 발달 등 규제 환경이 변화[16]하면서 그 필요성이 약화되었다. 그러나 공익사업 지주회사법을 통해 미국은 자회사 수익을 이전받아tunneling 경영권을 확보한 대주주, 즉 지주회사 경

---

15. 통신·철도·수상운수 사업에 적용하지 않은 것은 이 법이 연방거래위원회의 전기 및 가스지주회사의 남용에 관한 조사 보고에 근거하고 있었고, 또 전기통신 사업에 대해서는 이미 1934년에 통신법이 제정되어 있었기 때문이다(이재형, 2000).

16. 증권거래법 개정을 통한 투자자 보호제도의 발전, 금융 관계법, 회사법, 증권거래법의 제도적 보완, 주州공익사업위원회와 연방에너지규제위원회에 의한 소비자 보호 기능 강화 등이 변화의 내용이다.

영자들이 이해당사자들의 권익을 훼손하면서 부당한 권력을 행사하는 기업 경영에 제동을 걸 수 있었다. 또 이 규제를 통해 경영 부실로 전기 및 가스 공급이 원활하게 이루어지 못하는 사태도 방지할 수 있었다.

(3) 은행지주회사에 대한 규제

연방주의federalism 정치 이념이 다른 어떤 분야보다 더 직접적이고 강력하게 투영되어 있는 것이 바로 은행업에 대한 규제다. 실제로 이 연방주의는 이원은행제도와 단일은행제도를 탄생시킨 배경이 되기도 했다. 미국 은행들은 상업은행의 지점 설치를 금지 또는 제한하고 주 경계를 넘는 지점 설치를 금지한 맥파든법Mcfadden Act(1927) 규제를 피해 진출하고자 하는 주에 별도로 은행을 설립하거나 기존 은행을 인수하기 위한 방편으로 은행지주회사Bank Holding Company(BHC)를 활용했다. 1920년대 말 322개 은행지주회사가 2,165개의 상업은행을 산하에 둘 정도로 그 수가 많았고, 은행 총자산의 약 25%를 차지할 정도로 규모가 막대했다.

복수 은행을 단일 소유·지배체제하에 편입한 은행지주회사 체제에서는 한 은행의 도산이 다른 은행의 도산으로 이어져 예금자 피해가 발생할 가능성이 높았다. 또 금융자본과 산업자본의 분리라는 원칙을 훼손하고 경제력 집중을 심화하는 문제가 내재되어 있었다. 이에 따라 1933년 은행법을 통해 은행지주회사를 규제하기 시작했다.[17] 그러나 이 규제는 단일 은행지주회사[18]를 규제 대상에서 제외하고 은행 자회사

---

17. 이 법은 규제 대상이 되는 은행지주회사를 연방준비제도이사회FRB에 가입한 복수 은행의 의결권 있는 주식 50% 이상 직접 또는 간접적으로 소유하는 회사 및 기타 법인으로 정의하고, BHC가 그 자회사의 이사 선임에서 의결권을 행사하는 경우 사전에 FRB의 승인을 받도록 했다.
18. 지주회사가 하나의 은행만을 지배하는 경우를 단일 은행지주회사, 복수의 은행을 지배하는 경우를 복수 은행지주회사라 부른다.

의 지주 비율이 50% 미만인 법인은 은행지주회사로 간주하지 않았으며, 연방준비제도이사회FRB에 가입하지 않은 은행을 자회사로 둔 은행지주회사를 규제할 수 없다는 문제점이 있었다.

이러한 문제가 1956년 은행지주회사법 제정과 1970년 동법 개정에 반영되어, 규제 대상이 은행지주회사에서 단일 은행지주회사로까지 확대되었다. 동시에 은행지주회사의 영업활동 범위는 더욱 넓어졌다. 그럼에도 1972년 미국의 은행지주회사 수는 1,607개, 1984년에는 6,068개에 이르렀고, 1994년에는 은행 주식의 74%, 총자산의 93%를 차지할 정도로 확대되었다. 이후 은행의 지역 간 규제가 철폐되었고, 1999년에 금융서비스현대화법(일명 그램-리치-블라일리법 Gramm-Leach-Bliley Act)이 제정되어 은행지주회사의 겸업 제한 규제가 폐지되었다. 그러나 이 법에서도 일반 기업의 저축대부조합 설립 및 인수를 통한 금융업 진출을 금지하여 금산분리 원칙은 더욱 강화되었다.

(4) 시장에 의한 기업 규율의 귀결

이상에서 살펴본 것처럼 미국은 거대 독점기업과 이를 통한 경제력 집중에 대한 규제가 가장 발달한 국가이며, 셔먼법 등 반독점 3법은 이후 다른 국가들의 반독점 입법이나 법 적용에도 커다란 영향을 미쳤다. 또 미국의 반독점 규제는 금융 규제 관련법 제정과 세입법 개정, 그리고 엄격한 금산분리 원칙 유지 덕분에 실효성을 높일 수 있었고, 황금기의 성장 발판을 마련할 수 있었다. 그러나 이러한 성과에도 불구하고 거대 복합기업이나 독점체를 탈집중화하여 시민권을 지켜내고 민주주의를 유지하고자 했던 초기 공화주의의 이상은 소비자들의 연대를 통한 민주주의, 그리고 전후 성장과 분배 정의를 중심으로 한 정치경제적 담론에 자리를 내어주고 말았다(Sandel, 1996). 이 같은 한계는 경제민주화가 1주 1표주의에 입각한 기업 내 민주주의에 갇혀 있고, 시장에 의한 기업 규율이 계속되는 한 피할 수 없고 해결하기 어려운 문제다.

2008년 세계 금융위기 이후 목격되고 있는 거대 금융독점체에 대한 통제 불능 사태와 대마불사too big to fail식의 정부 지원, '살찐 고양이'들의 탐욕은 미국뿐만 아니라 전 세계적으로 경제적 불평등을 더욱 심화시키고 있다. 이런 점에서 "월스트리트를 점령하라"는 구호는 월스트리트와 소수 금융권력에 대한 반발을 넘어 경제민주화에 대한 전 세계적인 열망의 표현이다. 이는 앞서 살펴본 대로 경제 규모의 거대함이 초래한 민주주의에 대한 심각한 위협과 이에 대한 사회적 우려와 위기의식, 그리고 이를 규제해야 한다는 정치사회적 압력의 다른 표현이다. 따라서 독점과 경제력 집중에 의해 침해되고, 대량소비주의에 함몰되어버린 시민권을 회복하고, 이를 통해 민주주의를 부활시키는 것이야말로 미국이 거대 기업집단과 금융독점체에 대한 규제를 통해 달성해야 할 경제민주화의 최우선 목표다.

2) 독일의 콘체른 규제를 통한 협력자본주의

(1) 경제력 남용 방지령

하나의 모기업을 중심으로 이 모기업이 소유하는 여러 자회사들이 수직적 상호 소유를 통해 결합된 기업집단 형태를 흔히 콘체른이라고 하는데, 이때 자회사들은 법률적으로는 독립된 실체들이다. 독일, 스위스, 오스트리아 등 독일식 법제도를 가진 나라에는 수많은 콘체른이 존재한다. 폴크스바겐, 다임러, 지멘스, 도이체방크 등 대표적 회사들이 다수의 자회사를 거느린 콘체른으로, 이중 상당수가 지주회사였다. 역사적으로 보면 미국과 영국의 기업집단이 주로 지주회사 형태로 존재했다면, 독일은 콘체른이라 불리는 기업 결합으로 존재했다. 후발 자본주의 나라였던 독일은 열세를 극복하고자 카르텔과 상호 출자를 통해 수평적·수직적 결합을 강화했던 것이다. 1920년대 후반 석탄과 철강 산업의 경우, 전체 주식자본의 95.5%가 콘체른에 속할 정도로 콘체른은 막강했다. 또 1927년 당시 독일 100대 기업 대부분이 콘체른이었다 (O'Sullivan, 2000, 239쪽). 1930년대 대공황과 함께 나치는 전시경제 체제에서 1933년 7월 15일 카르텔 강제법Zwangskartellgesetz을 제정하여 카르텔을 경제 관리 수단으로 삼았고, 그 결과 콘체른은 더욱 커졌다.

독일의 콘체른에 대한 규제는 경제력 남용 방지령(이른바 카르텔령)이라는 이름으로 이미 존재하고 있었다. 그러나 이 규제는 1923년 여름 이후 현저해진 인플레이션과 이로 인한 극심한 위기에 대처하기 위함이었다. 또한 카르텔은 기업의 존립을 위태롭게 하는 가격 경쟁으로 인해 발생하는 시장 불안정을 통제하는 수단으로 인식되었다. 이뿐만 아니라 2차 세계대전 이전까지 독일은 기업 간 협력이나 담합 행위에 상당히 관대한 편이었다. 결국 카르텔령은 애초부터 독점 방지를 목적으로 한 것이 아니었던 것이다. 여기에 화폐 개혁에 대한 준비 문제가 더해져 최초의 독일 카르텔법이 1923년 10월 13일의 수권법에 기초한 법규 명령으로서 제정되었다. 그전까지 독일은 민법 제138조와 제826조, 1909년에 제정된 부정경쟁방지법UWG[19] 제1조의 일반 규정에 근거해 경제력 혹은 독점적 지위의 남용을 규제하고 있었다.

(2) 경쟁제한방지법에 의한 독점 규제

2차 세계대전이 끝난 후, 연합국은 패전국 독일의 경제에 대해 분권화로 대표되는 경제정책을 사용했고, 카르텔과 콘체른은 해체 대상이 되었다. 이 해체는 점령국 미국의 '독일 과도 경제력 집중금지법 제

---

19. 이 법은 부당한 표시·광고의 금지, 피라미드 영업 금지, 재고정리 판매의 제한, 피용자의 매수 금지, 영업비밀의 누설 금지 등을 규정하고 있다.

56호 및 명령 제78호'(1947)에 토대를 둔 것이었다. 미국의 반트러스트 법을 근거로 한 이 정책은 상당히 이상적인 형태를 띠었지만, 포츠담 협정에 입각한 경제 분산화는 독일이 과거 잘못을 되풀이하지 못하도록 한다는 군사적·정치적 고려에 입각한 것이기도 했다. 이에 따라 경제력 집중에 대한 규제가 시작되었고, 이는 주요 독점기업의 자산 몰수, 해체, 철거 등으로 구체화되었다.

연합국의 독점 해체 정책에 더하여 경쟁 질서를 유지, 촉진할 독점금지법의 제정이 요청되었다. 반독점 정책이 외부로부터 도입되었고, 이 분산화 정책을 통해 경제적·정치적 자유를 확보한다는 고전적인 반독점 사고에 토대를 두고 있다는 점에서 독일의 콘체른 해체는 일본의 경우와 유사하다. 그러나 일본과 달리 독일에서는 프랑크푸르트학파의 독자적인 반독점사상의 전통이 있었고, 경쟁 질서에 대한 국민적 지지가 상당히 광범했다는 중요한 차이가 있다. 이 때문인지 경쟁제한방지법GWB 초안(1952)은 종래의 카르텔법 체계의 경험, 특히 1923년의 독일 카르텔법이나 미국의 반트러스트법 중 어느 것과도 연관되어 있지 않으며, 오히려 질서자유주의 이론에 입각한 것이었다(박노영, 1999).

이후 국내적으로도 진보 세력의 힘이 강해지면서 '사회적 시장경제 social market economy'라는 지배 담론이 형성되었다. 이 담론은 경쟁 질서 확립을 강력히 요구했으며, 이 요구는 경쟁제한방지법의 제정으로 구체화되었고, 연합국 세력의 콘체른 해체 정책에도 부합하는 것이었다. 이와 같은 담론은 뮐러-아르막Alfred Müller-Armack이 "사회적 시장경제의 핵심을 시장적 자유market freedom와 사회적 균형social balance의 결합"이라고 표현한 것에서나, 오이켄의 다음과 같은 언급에서 잘 드러난다. 이는 독일의 사회적 시장경제 체제가 독점 문제에 대해 얼마나 철저히 경계했는지를 잘 보여준다.

한 국가에서 일단 독점이 번성하기 시작하면 그것은 곧 상당한 정치적 영향력을 확보하게 되고 결국 그 영향력이 너무 커서 국가 스스로도 효과적으로 통제할 수 없게 된다는 점을 강조할 필요가 있다. 따라서 경제정책은 기존의 독점 세력에 의한 권력 남용을 목표로 삼기보다는 오히려 그러한 독점 세력의 존재 자체를 목표로 삼아야 할 것이다(Eucken, 1951, 31쪽).

독일 연방경제장관이었던 루트비히 에르하르트는 오이켄의 정책 원리를 현실에 적용했는데, 그 내용이 상당히 엄격해 산업계의 강한 반발을 불러일으켰다. 그래서 1957년 7월에는 상당히 완화된 형태의 경쟁제한방지법이 제정되어 다음 해 1월부터 시행되었다. 제정 당시 경쟁제한방지법의 주요 내용을 보면, 카르텔 금지 및 예외적 허용 요건, 재판매 가격 유지 행위 금지, 시장 지배적 지위 남용 금지, 차별대우 및 부당 방해 금지, 불매동맹 금지, 가격이나 기타 거래 조건 권고 금지, 기업 결합 규제 등이며, 여기에는 독점위원회, 연방카르텔청에 관한 규정도 포함되었다.

그 후 동서 냉전 격화에 따른 국제 정세가 급속히 변하면서 독일 경제를 재건하여 미국 납세자의 부담을 덜어야 한다는 여론, 유럽 경제를 부흥시키는 데 독일의 공업력을 활용하자는 제안 등을 이유로 연합국에 의한 배상 계획을 필두로 생산 제한, 카르텔 해체, 집중 배제 등 일련의 반독점 정책이 완화되었다. 그러나 그 이후 독점금지법을 강화해야 한다는 요구가 제기되었고, 1990년대 이전까지 모두 다섯 차례에 걸쳐 법 개정이 이루어졌다.[20] 이 같은 일련의 규제 강화 조치에도 불구하고 합병 등에 의한 기업 집중을 막을 수 없다는 문제는 여전히 남아 있었다. 카르텔에 대한 금지 규정이 있었고, 1965년의 법 개정으로 특정

20. 1965년, 1973년, 1976년, 1980년, 1989년.

유형의 카르텔에 대해서만 적법성을 인정했기 때문에 기업들은 카르텔 금지 규정을 피해 합병을 시도했다. 그 결과 일시적으로 해체를 겪어야 했던 산업과 기업에 재집중과 재편성이 일어났다. 1973년의 2차 개정은 이러한 경향에 대처하기 위해 기업 집중에 대한 규제를 신설하고, 1980년에는 기업 결합 통제와 시장 지배적이고 시장력이 강한 사업자의 남용에 대한 감독을 강화했다(김병권, 2012). 예를 들면 법 개정 후 전기, 자동차, 의약품, 가솔린 등의 가격 인상에 대해 시장 지배적 지위 남용을 경고했고, 그중 몇 개는 철회되기는 했지만 어쨌든 법 개정이 없었다면 도저히 실현될 수 없는 성과였다.

콘체른 해체는 화학, 석탄·철강, 금융, 영화 등 4개 부문에서 집중적으로 이루어졌고, 각각에 대해 해체를 명시한 특별법을 제정하여 해체가 추진되었다. 그러나 산업별 해체 경과는 상당히 달랐다. 예를 들어 석탄, 철강산업의 콘체른은 장기간에 걸쳐 해체되었으나 다시 집중되었다. 반면에 석유산업의 콘체른은 비교적 성공적으로 해체되었다. 은행산업의 경우에는 해체 대상인 3대 거대 은행이 지역별 영업 제한 방식으로 해체되었으나, 이후 지역 저축은행 등의 점유율이 다시 높아지는 경향을 보이자 영업 제한을 해제하기도 했다(김병권, 2012).

이처럼 독일의 콘체른 해체는 상당히 제한적으로 이루어졌다. 또 콘체른이 해체된 영역에서조차 새로운 집중화가 발생했다는 점에 비추어볼 때, 그 실효성에도 의문을 제기할 수 있다. 게다가 콘체른은 기업 조직의 유력한 방식으로 지금도 여전히 기능하고 있고, 그 추세가 앞으로도 계속될 가능성이 높다. 예를 들어 1993년 분석 자료에 따르면, 주식회사의 73.6%, 자본의 96.4%가 콘체른에 참여하고 있다. 1998년의 경우 독일에 본거지를 둔 콘체른 가운데 다임러 벤츠, 지멘스, 폴크스바겐, 알리안츠, 베바 등 5개 콘체른은 세계시장 매출액 기준 50위 안에 들 정도다. 그럼에도 현재의 콘체른 구조는 그 의의와 기능 면에서

2차 세계대전 이전의 콘체른이 해당 산업을 지배하고 통제하던 것과는 분명한 차이가 있다. 그런 점에서 전후 독일에서 이루어진 콘체른 해체에 대한 긍정적 평가의 가능성을 찾을 수 있다(김병권, 2012).

(3) 콘체른법과 그 의의

콘체른법으로 불리는 독일의 성문 기업집단법은 1965년에 제정된 주식회사법Aktiengesetz(약칭 AktG)상의 콘체른 관련 규정을 의미한다.[21] 콘체른은 이 주식회사법 제15조에 규정되어 있는 결합기업Verbundene Unternehmen의 한 형태지만, 이 결합기업의 대표 유형으로 자리 잡고 있다.[22] 콘체른은 ① 소속 기업들의 법적 독립성, ② 통일적 지위, ③ 결합이라는 세 가지 요건을 갖추어야 한다. 그런데 콘체른은 주식회사법이라는 이름이 지칭하듯 지배기업이나 종속회사가 주식회사 또는 주식합자회사KGaA인 경우에만 적용되는데, 경제 규모에 비해 이 주식회사 수가 매우 적다.[23] 따라서 콘체른법은 독일 기업집단의 상당 부분을 직접 규율하지 못한다는 한계가 있다.

한편 종속회사의 대부분을 차지하는 유한책임회사GmbH[24]와 관련된 성문화된 기업집단법은 존재하지 않는다. 독일은 유럽대륙법의 전

---

21. 주식회사법AktG 총론 제15조부터 제19조까지는 개별 주식회사가 아닌 주식회사 사이의 관계를 정의하고 있는데, 그중 제18조는 "하나의 지배적인 회사가 있고 하나 혹은 여러 회사들이 그 지배회사로부터 행사되는 통일적인 지휘 아래 있을 경우 그들은 하나의 콘체른을 구성한다고 정의하며, 이때 개개의 구성회사를 콘체른 회사라고 부른다"라고 정의하고 있다. 또한 동법 제3부의 제293조에서 제327조에 걸쳐 별도로 결합 기업에 대한 규정을 두고 있는데, 콘체른법이라고 하면 이 부분들을 지칭하는 것이다.

22. 콘체른에는 세 가지 유형이 있다. 첫째, 지배회사가 피지배회사 주식의 100%를 보유하는 경우: 통합 콘체른. 둘째, 지배회사와 피지배회사 간에 지배계약 체결로 성립한 경우(대개의 경우 이윤이전 계약): 계약적 콘체른. 셋째, 지배회사와 피지배회사 간에 어떤 계약이 체결된 바는 없지만 양자 간에 실질적인 지배관계가 존재하는 경우: 실질적 콘체른. 이 세 가지 중 가장 큰 비중을 차지하는 것은 실질적 콘체른이다.

23. 독일에는 1만 5,835개의 주식회사가 있는데, 이중 상장주식회사는 666개 사에 불과하다(Hopt, 2005).

통을 대표하는 나라이지만, 기업집단에 대한 규율은 의외로 유한책임회사에 대한 연방대법원의 판례를 통해 발달했다고 할 수 있다. 이처럼 독일에 유한책임회사에 대한 성문 기업집단법이 없는 것은, 그것이 무의미해서가 아니라 판례가 그 역할을 충분히 대체하고 있다고 평가하기 때문이다. 유한책임회사를 대상으로 한 판례상의 원리를 주식회사에 유추 적용하는 경우도 많다.

대표적인 예가 유한책임회사를 포함하는 '계약그룹'contractual group을 콘체른으로 인정한 것이나, '자격을 갖춘 사실상의 콘체른'qualified de facto group에 대한 연방대법원 판결이라 할 수 있다. 이러한 유형의 콘체른은 100% 지분 또는 압도적 지분을 보유한 지배회사가 명시적 계약 없이 유한책임회사 종속회사에 대해 통합된 그룹 경영전략을 시행하는 것을 말한다. 1970년대 말 독일 의회가 유한책임회사에 대한 성문 기업집단법 제정 시도를 포기하면서부터 연방대법원은 이와 관련한 판례를 적극적으로 만들어내기 시작했다. 1985년 아우토크란Autokran 판결이 대표적인 예인데, 이 판결은 지배회사가 광범위한 영역에서 상시적으로 종속회사의 경영에 개입했다는 것이 확인되면 종속회사의 독립적 이익과 자율성을 존중하지 않았다는 추정이 성립하고, 지배회사가 이에 대해 항변하지 못하면, 달리 말해 지배회사가 입증 책임을 다하지 못할 경우 이 지배회사가 자회사의 채무에 대해 책임을 져야 한다는 것이다. 이 판결은 주식회사법의 '계약그룹'과 '사실상의 그룹'de facto group이라는 원리를 혼합한 것으로, 지배회사의 경영 개입이 드러났다는 사실만으로도 종속회사의 손해에 대한 인과관계 및 손해액의

---

24. 유한책임회사GmbH는 제한된 수의 주주만 존재하는 집중된 소유구조를 가지며, 주주가 경영에 적극 개입하는 경향이 있다. 그래서 GmbH는 유한책임회사 형태를 띠고 있지만 실제로는 비공개 주식회사에 가깝다고 할 수 있다. 1980년의 조사에 따르면, 전체 GmbH의 약 40%가 기업집단 소속이고, 이들은 전체 GmbH 자본 합계의 90%를 차지했다(Reich-Graefe, 2005).

계산과는 무관하게, 지배회사의 무한책임을 인정하겠다는 것이다. 이 원리는 주식회사로 구성된 '사실상의 그룹'에도 유추 적용되었다(김상조, 2012).

비록 헌법재판소로부터 합헌성을 인정받았지만, 이 '자격을 갖춘 사실상의 콘체른' 원리는 뜨거운 논란이 되었다. 독일에서 유한책임회사 기업집단의 경영 현실을 감안하면, 어떤 거래도 종속회사에 불리하지 않았음을 지배회사가 입증하는 것은 사실상 불가능하기 때문에, 이는 개별 법인격 및 유한책임의 원리를 부정하는 것과 같고, 따라서 지배회사에 너무 과중한 부담을 지운다는 비판을 받았기 때문이다. 결국 이 원리는 폐기되었고, 종속회사의 법정 자본금 유지 의무를 위배할 정도로, 즉 종속회사의 존립을 위협할 정도로 지배회사의 행위가 남용된 경우로 그 적용이 제한되었다(Reich- Graefe, 2005).

독일 콘체른법은 지배기업의 종속기업에 대한 불이익한 지시의 금지, 지배계약에 의한 기업집단 형성과 지배회사의 책임, 지배계약에 의한 기업집단에 대한 종속회사 및 채권자의 보호를 핵심 내용으로 한다. 달리 말해 개별 회사 단위의 책임 관계가 가지는 한계를 넘어 기업집단을 형성하고 있는 기업들 사이의 지배-종속관계를 인정하고, 이러한 지배-종속관계의 범위와 한계를 정하고 이에 따른 법적 책임을 부과하여 종속기업의 이해당사자들을 보호함으로써 기업집단을 규율하는 법인 것이다.

그러나 주식회사법은 성문 기업집단법의 가장 대표적인 사례일 수 있지만, 회사법적 전통이 다른 나라들에게 모델이 되기에는 많은 한계가 있다. 주식회사법의 계약그룹 관련 규정은 단일체 접근법에 입각한 기업집단법의 핵심이지만, 정작 독일에서도 이 계약그룹은 그렇게 많이 이용되지 않고 있고, 이용될 경우에도 그룹 경영의 편익보다는 조세상의 이익, 즉 연결 납세이익이 더 중요한 동인이라는 것이 일반적인 평가다(Windbichler, 2000). 또한 모회사와 관련된 모든 거래를 기록하도록 한 의존보고서dependency report와 개별 보상의 원리에 입각한 '사실상의 그룹' 관련 규정은 실효성을 확보하기 어렵다는 것이 중론이다(김상조, 2012).

그럼에도 기업집단 규율법으로서 독일 콘체른법은 경제민주화와 관련하여 몇 가지 의의를 가진다. 첫째, 1910년대부터 시작되어 두 번의 세계대전 기간 중에 집중적으로 논의된 기업집단법의 핵심적 이념이 바로 프라이부르크학파의 질서자유주의ordo-liberalism였다는 점이다.[25] 기업집단이 주도하는 경제 현실에서, 권한과 책임을 일치시키는 기업집단법이 자유를 파괴하는 것이 아니라 자유를 지키기 위한 수단으로 제시된 것이다. 둘째, 콘체른법이 주주 및 채권자가 직면할 수 있는 위험에 대응하기 위해 보상금, 손실조정교부금ausgleichzahlungen을 지불하도록 규정하고 있다는 점이다. 이 위험은 콘체른 지도부가 콘체른의 이익을 위해 종속기업의 손해를 감수하거나, 지시 혹은 영향력을 행사해 콘체른 내부의 이익과 손실을 종속기업에 분산할 경우에 발생한다. 또 콘체른의 부담금과 콘체른의 청산금, 종속기업이 가진 라이선스의 무상 제공, 종속기업을 특정 시장에서 퇴출하거나 콘체른 내부의 영업거래로 제한하는 행위, 종속기업 고유의 연구 부문을 폐쇄하는 것 등도 이 위험의 대표적 예다. 콘체른법은 이러한 위험에 대한 직접적 규율에 의존하기보다는 '콘체른 형태에 따른 특유한' 보상 시스템으로 해결한다는 특징이 있다. 위험에 대한 보상에는 종업원도 예외가 아니다. 종업원의 위험에 대한 대응의 산물이 종속기업 콘체른상의 공동결정제도(콘체른 종업원평의회konzernbetriebsrat)이며, 이는 기업집단에 대한

---

25. 오이켄은 지배에 따른 권한과 책임을 일치시키기 위해 기업집단 내에서는 유한책임 원리를 폐기할 것을 주장했고, 이것이 1965년 주식회사법에 반영되었다(Bicker, 2006, 3쪽).

규율이 이해당사자의 참여와 보호를 통해서 이루어지고 있음을 말해준다. 마지막으로 성문법 국가를 대표하는 독일에서도 기업집단법 원리는 성문 법규보다는 오히려 판례를 통해 발전하고 진화해왔다는 점이다. 이는 성문화를 통해서든 판례를 통해서든 변화하는 기업집단의 현실에 맞게 규율체계를 발전시켜나가는 것이 중요하다는 사실을 말해준다.

(4) 협력자본주의의 이상과 실제

권한과 책임을 일치시키는 질서자유주의 이념에 기초한 성문화된 규정으로서 독일 콘체른법, 그리고 이를 보완하는 판례법은 전후 점령 군이 시도했던 반트러스트법과는 철학적으로 다른 기반을 가진 것이 었다. 이와 같은 기업집단 규율체계의 진화는 은행의 주식 소유를 통한 은행-기업 간 장기 협력관계, 공동결정제도를 통한 노동자의 경영 참여와 함께 독일 협력자본주의의 근간을 이루고 있다.

그러나 1990년대 들어 독일 협력자본주의에도 변화가 생기기 시작했다. 그 계기는 홀츠만과 메탈게젤샤프트의 파산 과정에서 드러난 은행-기업 간 담합, 1990년대 후반 주가 폭등에 따른 주식 투자 인구의 폭증이었다. 특히 공기업이던 도이치 텔레콤의 국민주 방식 민영화는 수백만 명의 독일인을 주식 투자자로 만들었다. 장외시장Neuer Markt 설립과 정보통신 신경제 거품이 결합된 1997년부터 2000년 사이의 주가 폭등은 이러한 추세를 더욱 가속화했다.

이와 함께 은행과 보험사가 앞다투어 주식 투자와 결합된 은행 및 보험상품을 개발하여 판매하면서 자산운용산업이 급격히 발전했다. 게다가 은행들의 투자은행업 확장은 경영권 방어 등 기업 지배구조에서 은행의 전통적인 역할을 후퇴시켰다. 40%에 이르던 자본소득세 대폭 인하 등의 세법 개정은 은행뿐만 아니라 다른 기업들에 대해서도 타 회사 및 계열사 지분을 매각하도록 부추겼다. 1965년의 주식회사법에 근본적인 변화를 가져온 1998년의 기업 경영과 투명성에 관한 법률 KonTraG은 '라인 모델 해체의 법적인 표현'이라 말할 정도로 기존의 은행-기업 간 관계를 거리 두기 관계로 변화시켰다.[26] 이 과정에서 은행, 증권, 보험 등에 대한 규제를 단일 감독기관BAFin으로 통합함으로써 연방정부의 권한도 강화되었다.

이러한 변화는 이해당사자 자본주의의 전형으로 알려져 있던 독일에서는 상상할 수 없는 일이었다. 이를 놓고 협력자본주의의 장점이던 헌신적인 자본committed capital과 종업원에 의한 장기 투자 및 숙련 형성 메커니즘이 손상되었다는 평가도 있지만, 독일에서 진행된 주주자본주의와 관련된 제도의 도입과 이에 따른 은행-기업 간 관계, 기업 지배구조의 변화는 어디까지나 '약한 미국화'(Vitols, 2002) 혹은 '타협된 주주가치'(Vitols, 2004)의 단면이라고 할 수 있다. 왜냐하면 산업별 노동조합이 중심이 된 조절된 임금 협상, 노동자들에게 경쟁시장의 압력을 견딜 수 있는 보호와 안전망을 제공하는 실업보험과 공적연금 체계, 운송과 유틸리티 분야에 대한 공적 소유, 기초산업에 대한 세제 혜택 부여 등 사회적 시장경제의 요소들이 함께 독일 경제의 성장 기반으로 작용하고 있기 때문이다(Eichengreen, 2007). 또 다소 역설적이기는 하지만 자본시장의 현대화와 주주가치 중심의 주식시장 자유화 등 시장 친화적 개혁이 집권 독일사민당SPD의 오랜 이상이자 목표였던 '경제력 집중 방지와 기업권력의 민주화'를 실현하는 전략의 일환이었다는 평가도 주목할 필요가 있다(Deeg, 2005).

---

26. 이 법에 따르면 은행은 5% 이상의 주식을 보유한 기업의 주주총회에서 위임장으로 의결권을 행사(대리의결권제)할 수 없다. 이와 함께 독일 정부는 차등주식제와 의결권 제한을 폐지하고 '1주 1표제'를 실효화함으로써, 독일 기업들의 주식을 '거래 가능한 매력적인 상품'으로 변화시켰다. 1998년에는 주식 발행을 촉진하는 자본조달촉진법KapAEG이 제정되었고, 동시에 자본시장 규제 강화를 주된 내용으로 하는 투명공시법TransPuG도 제정되었다.

그럼에도 2008년 미국발 금융위기와 유럽 재정위기 이후 더욱 거세진 금융자본의 규제 완화 요구에 직면하여 협력자본주의를 지탱하던 제도들이 어떻게 변용되고 발전해갈 것인가, 그리고 질서자유주의에 기초한 경제민주화의 이상理想이 달라진 경제 환경에서 어떤 방식으로 실현될 수 있는가 하는 문제는 조정 시장경제의 지속 가능성 여부를 판단하는 기준이 될 것이다.

3) 일본의 재벌 해체와 경제력 일반집중 규제

(1) 전후 자이바츠zaibatsu의 해체

일본의 재벌(자이바츠zaibatsu)이 형성되기 시작한 것은 1800년대부터다. 이후 사업 규모가 확대되면서 재벌은 근대적인 조직 개편이 필요했고, 이에 부응하여 지주회사의 형식을 띤 근대적인 기업집단으로 변모하기 시작했다. 원래 부호들의 모임이라는 뜻으로 사용되었던 '재벌'은 1870년대부터 1880년대 사이에 출신지가 같은 부호들이 협력하여 여러 회사를 설립하거나 주식을 매집하여 사업계에서 두각을 나타냈다. 이 출신지를 함께하는 자본가들의 그룹을 재벌이라 불렀다. 1890년대부터는 출신지나 그룹 여부에 상관없이 경제에 막강한 영향력을 행사하는 개별 부호들을 재벌로 부르게 되었다. 재벌은 동족이 여러 종류의 사업을 가업으로 운영하고 폐쇄적으로 지배하면서 다른 사람들과의 공동출자를 가능한 한 회피했다. 따라서 상당한 부호가 아니면 재벌을 형성할 수 없었다.

1930년대 대공황기와 군부집권기를 거치면서 이 재벌 지배구조의 문제점과 부정부패에 대한 사회적 비판 여론이 높아지자 군부는 재벌의 가족 지배 약화를 모색하기도 했다. 그러나 재벌에 대한 본격적인 규제는 2차 세계대전 후 점령군에 의해 이루어졌다. 점령군 사령부는 일본의 경제 운용 방안을 ① 경제의 비군사화, ② 경제의 민주화, ③ 평화 경제의 유지로 설정하고 재벌 해체를 단행했는데, 이는 '산업 민주화' 정책의 일환이었다. 점령군의 재벌 해체 이전 기업집단에 대한 법적 규제는 주로 1899년에 제정된 상법Commercial Code에 따라 이루어졌는데, 이 법은 독일의 시민법civil law에 근거한 것이었다. 1945년 11월 '지주회사의 해체에 관한 건'이라는 점령군 사령부 최고사령관의 각서에서 재벌 해체의 기본 방향이 제시되었고, 1947년 '원시독점금지법'으로 알려진 법령에 의거하여 순수지주회사가 전면 금지됨으로써 재벌은 해체 수순을 밟게 되었다.

1947년 7월에 제정된 이 '사적 독점의 금지 및 공정거래 확보에 관한 법률'은 지주회사의 계열회사에 대한 지분 소유를 25%로 제한하고, 금융회사의 제조업 기업에 대한 지분 소유도 5%로 제한했다. 또 제조업 기업이 다른 제조업 기업의 지분을 보유하는 것을 제한함으로써 재벌 해체를 유도했다. 또한 과도한 경제력 집중 배제, 통제단체 제거 등 과도적 조치의 성과를 장래까지 유지하여 독점적 기업 결합과 카르텔에 의한 경쟁 제한 행위를 방지하는 항구적인 조치도 마련했다. 1948년 7월에는 이 법을 보완하는 사업자단체법을 제정하여, 사적 통제단체 정리 개편 이후 사업자 단체의 장래 활동 방향을 명시함으로써 이들 단체가 수급 및 가격을 통제하거나, 가입자의 자유로운 행동을 구속하는 것을 방지하고자 했다.

이 같은 법이 제정된 배경은 다음과 같다. 먼저 지주회사를 통한 경제력 집중을 우려했기 때문이다. 1909년 지주회사로 전환한 일본 최고 최대 재벌 미쓰이三井를 포함해 지주회사에 기초한 조직을 갖춘 일본의 재벌은 지속적으로 성장해 1920년대에 이르면 일본 산업의 대부분을 지배하게 되었다. 당시 미쓰이 재벌의 자회사는 120개에 달했으며 미쓰이, 미쓰비시三菱, 스미토모住友, 야스다安田 등 4대 재벌은 은행업까지 영위하고 있었다. 이 은행들을 통해 자회사나 관계 회사에 자금을 무제한 공급함으로써 산업 활동을 확장해나갔다. 그 결과 10여 개의 대재벌들이 일본의 상업, 금융업, 제조업 등에서 거의 대부분의 경제활동을 지배했다. 또 재벌들은 카르텔 조직을 형성하여, 재벌 간 경쟁을 최소화하고, 전 산업에 걸쳐 사업자 단체를 만들어 재벌의 경제적 위상을 보강하고자 했다.

둘째, 재벌들이 중화학공업까지 지배하게 되자, 재벌을 해체하지 않을 경우 군국주의가 부활할 수 있다는 우려가 높았다. 2차 세계대전 이전까지 일본 재벌은 가족-지주회사-직계기업-계열사 등으로 이어지는 수직 구조를 취하는 동시에 친족의 지배 아래 있었다. 또한 재벌은 거의 모든 산업에 진출하여 지배적 지위를 누리고 있었고, 특히 금융업과 중화학공업에서 두드러졌다.

이뿐만 아니라 재벌의 출발이 '정상'政商에서 비롯되었다는 점도 해체 원인 중 하나였다. 정상이란 정치권력에 유착하여 어용 사업에 종사하는 사업자로서, 이들은 낮은 비용으로 고수익을 달성했다. 미쓰이, 미쓰비시, 야스다, 오쿠라大倉, 후지다藤田 등이 여기에 속한다. 이외에 스미토모, 후루카와古河 등의 재벌은 광산 사업에서 출발했다. 이들 정상은 정치권력에 밀착하여 독점 이윤을 축적하고 재벌 형성에 필요한 부富를 집중시켰다. 이 부를 기초로 다각화를 시도했는데, 초기에는 은행·광산·탄광으로, 나중에는 제조업 분야로 진출했다. 이 과정에서 일본 정부의 관업官業 불하와 이후 1차 세계대전은 재벌이 성장하는 데 커다란 영향을 미쳤다. 이와 함께 신흥재벌도 상당수 탄생했고, 재벌들은 지주회사를 정점으로 하는 콘체른으로 발전했다.

이러한 규제는 1997년 지주회사제도를 금지한 조항(제9조)이 폐지될 때까지 지속되었다. 결국 지주회사의 해체, 재벌 가족의 기업지배 배제, 주식 소유의 분산화, 경제력 집중 배제를 주된 내용으로 하는 점령군의 '산업민주화' 정책은 거대 산업 지배력의 출현에 따른 경쟁 제한 행위를 방지함으로써 경제적 효율성을 높인다는 목적이었다. 여기에 일본의 군국화를 방지하고 거대 자본의 민주주의 체제에 대한 위협을 제거함으로써 민주주의를 정착시키고 보호한다는 정치적 목적도 있었다.

(2) 새로운 형태의 기업집단: 게이레츠keiretsu

점령군의 재벌 해체, 경제력 집중 배제 등의 과도기적 독점 금지 정책이 다소 미진한 상태로 끝났다는 평가에 대해서는 대체로 공감대가 형성되어 있다. 재벌 해체를 위한 경쟁 촉진 정책은 일본의 전통적인 경제 이념에 비추어볼 때 이질적일 뿐만 아니라 미국의 독점금지법보다도 이상적인 것으로 간주되어 처음부터 이를 완화하려는 움직임이 있었다. 게다가 1947년 말부터 동서 냉전이 격화되면서 미국은 일본에 대한 정책의 목표를 철저한 비무장화에서 생산력의 유지 배양과 경제의 부흥 자립으로 전환했다. 이에 따라 일본 기업들의 경제활동이 점차 활발해졌고, 기존의 독점금지법의 규정이 상당히 엄격하다는 인식이 대두되었다.

특히 과도경제력 집중 배제법에 의한 지정 기업이 대폭 축소된 후 독점금지법을 완화하는 움직임이 나타나면서 1949년에는 이를 개정하기에 이르렀다. 여기에 경제 자립을 달성하기 위한 각종 산업 보호 및 육성 조치가 실시되면서 1952년의 독점 금지 정책은 크게 위축되었다. 이런 상황을 반영하여 1953년에 독점금지법이 전면 개정되었다. 전후에 도입된 사적 독점금지법의 엄격한 규제를 다수 삭제하여 독점금지법의 기본 골격을 수정한 것이다. 그러나 사업회사의 주식 보유 제한에 관한 엄격한 규제를 완화했음에도 지주회사의 금지와 금융회사의 주식 보유 제한은 기본적으로 유지되었다(김두진, 2006).

또한 1960년대 고도성장을 거치면서 이에 따른 물가 상승, 과점기업에 의한 관리 가격, 소비자 보호 문제가 나타나면서 독점금지법의 적극적 운용에 대한 일반적 합의와 기대가 조성되었다. 이에 따라 1962년에 부당경품류 및 부당표시방지법을 제정했으며, 재판매 가격 유지 행위의 인가를 대폭 축소하는 한편 1964년을 고비로 카르텔의 허용도 엄격히 제한했다. 그러나 이 기간 중 독점 금지 정책의 또 다른 특징은 개방화를 계기로 통산성 주도 아래 기업 합병과 통합, 생산의 집중과 계열화 등 산업이 재편성되었다는 점이다. 이는 기업 합병과 통합을 통한 산업 성장이라는 현실적 필요와 이러한 통합이 초래할 과도한 경제력 집중에 대한 규제의 당위성 사이의 모순과 긴장을 단적으로 보여준다.

이러한 긴장감의 표현이 새로운 형태의 기업집단kigyo-shudan 체제, 즉 게이레츠keiretsu(계열) 체제다. 이전 재벌은 지주회사를 정점으로 이 지주회사가 직계회사 주식을 소유하고, 직계회사는 다시 손자회사를 지배하는 피라미드형 조직으로서, 재벌에 소속된 주요 기업의 주식은 대부분 그룹 내부에서 보유했다. 이에 비해 새로운 기업집단인 계열은 광범위한 주식 상호 보유를 바탕으로 '사장회Shacho-kai 회원 기업'이라 불리는 소속 기업들이 수평적 관계를 형성하고, 각 기업은 독립적으로 경영된다. 각 사장들은 자기 기업이 보유하고 있는 동료 계열사들의 지분을 대표하므로, 사장회는 대주주들의 이사회와 비슷하다. 각 계열은 은행, 신탁은행, 보험회사 등 금융기관을 소유하고 있는데, 소속 기업들의 수평적 관계에서 대규모 시중은행들은 기업집단의 최대 주주로서 기업 간 상호 주식 보유의 핵심을 이룬다. 이들 금융기관은 회원사의 재정적 필요를 충당할 뿐만 아니라 계열사의 사업에 대한 평가와 지원, 문책 기능을 수행함으로써 계열회사가 부실하게 될 경우 이를 구제하는 역할을 맡았다. 또 계열 소속 무역회사 또는 종합상사Sogo shosha는 회원사가 생산한 상품을 거래하는 주요 창구의 기능을 한다. 이러한 특징을 가진 새로운 기업집단의 출현과 함께 전문경영인 체제가 등장한 것도 재벌과 다른 점이다. 전전戰前의 구재벌 가문들은 경영에 적극적으로 참여하지 않고 고용자들의 대표로 상징되는 전문경영인이 그 자리를 대신했다. 이로써 소유와 경영의 분리는 재벌 해체 이후의 기업집단에서 더욱 명확해졌다.

전후 고도성장기를 거치는 동안 독점금지법 규제 완화가 추진되었음에도 지주회사를 중심으로 한 거대 재벌의 해체와 새로운 기업집단인 계열의 등장은 전후 일본 경제의 부흥과 성장에 중요한 역할을 담당했다. 구재벌이 해체된 후 미쓰이, 미쓰비시, 스미토모, 산와三和, 다이이치간교第一勸業, 후요芙蓉의 6대 기업집단을 중심으로 한 계열은 1950년대와 1960년대의 고도성장과 함께 급속히 성장하여 적어도 경제력 면에서는 전전의 구재벌에 필적할 만큼 막강한 영향력을 발휘했다. 그러나 거의 모든 산업에서 발생한 이러한 변화에도 엄밀한 의미에서의 구재벌의 부활은 일어나지 않았다. 이는 강력한 금융 계열 그룹이 형성되지 못했을 뿐만 아니라, 구재벌 본사와 같은 지주회사를 금지한 독점금지법의 결과라 할 수 있다.

(3) 일본의 경제력 일반집중 규제

일본은 경제력 일반집중에 관한 규제를 명문화하고 있는 국가다. 일반집중 규제는 전후 점령군의 주도 아래 경제민주화 계획의 일환으로 진행된 재벌 해체 작업이 독점금지법 속에 제도화된 것이다. 그러나 지주회사 관련 규제가 완화되면서 경제력 일반집중 규제도 완화되었다. 완화일변도를 걷던 일반집중 규제는 1차 오일쇼크로 인한 '광란 물가'의 원인이 계열과 같은 기업집단에 있다는 인식이 퍼지면서 다시 강화되기에 이른다.

그 내용을 보면 먼저 대규모 회사의 주식 보유 제한 제도를 도입하고 있다(독점금지법 제9조의 2). 이는 기업집단의 중핵이 될 수 있는 종합 상사 등 대규모 회사의 주식 보유에 일정한 제한을 두어 사업 지배력의 과도한 집중을 막고, 기업 계열화나 기업집단 형성에 제동을 걸기 위한 것이다. 또한 금융회사의 주식 보유 제한을 강화하여(제11조) 금융회사 의 주식 보유 제한 비율을 19%에서 다시 5%로 축소했다.

그러나 1990년대 이후 경제 환경의 변화로 일반집중에 대한 규제 는 크게 완화되었다. 독점금지법 제정 당시나 1970년대 독점금지법 강 화 당시 우려했던 일반집중의 폐해가 발생할 가능성이 낮아졌다고 본 것이다. 이를 통해 기업의 자유로운 경영 방식 및 투자활동을 촉진하는 것도 규제 완화의 목적 중 하나였다(이재형, 2007). 1997년 독점금지법 을 개정해 순수지주회사 설립을 허용한 것이 대표적인 예다. 다만 "사 업 지배력이 과도하게 집중되는 지주회사"는 설립을 금지하고, 지주회 사의 기준도 "회사의 총자산에 대한 자회사 주식의 취득가액의 비율이 50%를 초과하는 회사"로 정의했다. 이 같은 규제 완화는 지주회사가 더는 재벌을 규율하는 수단으로 기능할 가능성이 크지 않다는 점, 지주 회사의 긍정적 기능을 활용할 수 있도록 기업들에게 지주회사 체제를 선택할 여지를 줄 필요가 있다는 점 등을 고려한 것이다. 그 결과 지주 회사의 일률적 금지에서 사업 지배력이 과도하게 집중되는 경우에 한 해서만 예외적으로 규제하는 방식으로 변경된 것이다.

지주회사 허용에 이어 2002년에는 '주식 보유총액 제한 제도'를 폐 지하는 대신 '사업 지배력 집중 지주회사'의 개념을 '사업 지배력 집중 회사'로 확대하여 이 회사의 설립 또는 전환을 금지했다. "사업 지배력 이 과도하게 집중되는 회사"는 첫째, 과도한 일반집중을 초래할 수 있 는 지주회사로서 주로 구재벌에 의한 기업집단을 포함한다. 두 번째는 거대 금융지주회사 및 금융자본의 산업자본 지배를 위한 지주회사, 세 번째는 상호 관련된 유력 기업을 소유함으로써 경쟁을 제한할 수 있는

지주회사를 포함한다.

2005년에 이 법은 또다시 개정되었는데, 기존의 규정을 유지하고, 특정 시장에 악영향을 미치는 기업 결합을 규제하는 시장 집중 규제 조항들을 포함하고 있다. 다른 한편으로 국민경제 전체에 대해 상위 소수자에게 경제력이 집중되는 것을 방지하는 일반집중 규제에 관한 규정을 포함시켰다. "사업 지배력이 과도하게 집중되는 회사의 설립 등의 제한 신고 의무"(제9조), "은행 또는 보험회사의 의결권 보유 제한"(제11조) 등이 그것이다.

이 경제력 일반집중 규제에 대해서는 논란이 계속되고 있다. 즉 시장 집중 규제만으로도 일반집중 규제의 목적을 달성할 수 있고, 또 사업 지배력을 과도하게 집중시키는 기업 그룹은 사후적으로 규제해도 충분하다는 입장과, 일반집중 규제는 시장 집중 규제 기능을 보완하기 때문에 존속되어야 한다는 상반된 견해가 존재한다(이재형, 2007). 또한 일반집중 규제는 성공한 기업에 사후적으로 징벌적 규제를 가하는 것일 뿐만 아니라 일률적인 규제라는 점에서 문제가 있다(이상승, 2008). 그러나 일반집중 규제를 완화했다고 해서 그것이 내포하는 위험성마저 부정할 수는 없다. 따라서 시장 집중 규제로 충분히 대처할 수 없거나 경제력 일반집중이 공정한 경쟁을 저해하는 경우, 이 규제는 존속될 필요가 있다. 여기에는 소수자에 의한 산업 지배와 경제력 집중이 계속되는 한 정치적으로도 민주주의를 유지할 수 없다는 인식이 중요하게 작용했다(김두진, 2006).

(4) 메인뱅크의 해체와 금융지주회사 출현

일본의 새로운 기업집단 체제는 계열 거래나 주식 보유에 있어서 장기 거래관계뿐만 아니라 장기 고용관계, 메인뱅크main bank 시스템 혹은 주거래은행 제도 같은 장기적이고 통합적인 자금 조달 체계와도

제도적으로 조응한다는 특징을 가진다. 제도 간 상호보완성을 특징으로 하는 이 새로운 시스템을 통해 일본은 경제 효율을 높이고, 경제 발전에도 유리한 환경을 조성했다. 나아가 이 계열체제는 기업들의 국제 경쟁력을 높이는 데도 핵심 요인으로 작용했다. 기업집단의 계열구조는 1990년대 초반까지 오히려 강화되었고, 기업집단에 의한 경제력 집중도 여전히 지속되었다(Gerlach, 1992).

그러나 1990년대 들어서면서 이 제도 간 보완성이 이완되고 해체되기 시작했다(Aoki, 1997). 이는 1980년대 중반 이후 금융자유화와 규제 완화, 그리고 거품 붕괴 이후 구조조정 과정에서 전통적인 은행 중심 금융 시스템의 사회적 기초가 점차 붕괴되고 있음을 의미했다. 즉 1980년대 금리자유화는 은행 이익을 급격히 감소시켰고, 자본시장 규제 철폐는 증자와 사채를 통한 자금 조달 기회를 확대함으로써 기업들의 은행 의존도를 크게 약화시켰다. 그 결과 대기업의 은행 이탈이 가속화되고, 신규 융자기업을 향한 메인뱅크 간 경쟁이 격화되었다. 금융 자유화는 이 경쟁을 더욱 가속화했다. 여기에 메인뱅크에 대한 규율 약화는 은행 경영에 대한 감시 공백을 만들었으며, 이는 다시 은행의 융자기업에 대한 규율을 약화시켰다. 메인뱅크로 조직된 금융 거래의 변화가 메인뱅크가 담당해왔던 기업들, 그리고 이들이 중심 역할을 하고 있던 기업집단들의 지배구조의 변화를 불가피하게 초래했다.

메인뱅크 시스템 해체로 공백에 처한 기업 지배구조에 변화가 생긴 것은 1990년대 후반, 특히 1996년 도쿄를 국제금융센터로 발전시키기 위해 추진한 '금융 개혁' 이후다. 이 일본판 '금융 빅뱅'의 핵심은 자본시장, 특히 증권시장의 활성화였다. 주요 내용은 가계 저축을 자본시장으로 유입하기 위한 주식매매 위탁수수료의 전면 자유화, 투자신탁상품의 상업은행 창구 판매 허용, 외환 거래 자유화 등이다. 특히 주목할 것은 1998년에 도입한 금융지주회사 제도다. 1997년 6월에 개정된 이 법은 기존 은행업으로는 더는 생존할 수 없는 은행들의 규제 완화 요구, 거품 붕괴 후 과잉 자본의 처리와 신속한 금융 재편을 위한 것으로, 금융기관의 통합을 원활하게 하여 거대 금융지주회사 출현을 허용했다. 이렇게 탄생한 거대 금융그룹이 바로 미쓰비시 금융지주회사 MUFG, 미즈호 금융지주회사MFG, 미쓰이스미토모 금융지주회사SMFG 다(권우현, 2009).

신자유주의 금융 규제 완화로 탄생한 금융지주회사는 서로 다른 계열에 속한 대형 은행 간 합병으로 생겨난 것이기 때문에 경제력 집중을 더욱 심화함으로써 경제력 집중 폐해가 커질 수밖에 없을 것이다(전창환, 1998). 이 금융지주회사(공동지주회사) 역시 5% 소유 상한의 규제를 받게 되고 따라서 기업과 은행 모두 초과 소유 지분을 매각해야 했다. 그 결과 계열 내 은행의 기여도나 소속 기업들의 은행 의존도가 낮아지고, 기존의 계열구조가 약화되었다. 여기에 외국 은행과 일본 은행의 합병, 새로운 회계방식 도입은 더 높은 투명성을 요구함으로써 기존의 회원사 간, 모기업과 자회사 간, 은행과 회사 간 거래 관행에 큰 영향을 미치며 기업집단의 결속력을 약화시켰다.

이러한 변화가 기업집단의 해체로까지 이어질지는 더 두고 볼 일이지만, 금융개혁 조치를 통해 거대화되고 집중화된 금융권력이 일본의 경제민주화를 제약하고 있는 상황에서 이를 어떻게 규율하여 기존의 제도들과 조응하게 할 것인지는 앞으로 일본이 풀어야 할 숙제다.

4. 평가와 시사점

다수 기업들의 결합체인 기업집단이 형성된 시기는 국가마다 다르며, 경제적 배경과 규제 환경에 따라 달라질 수밖에 없는 상황에서 기업집단의 존재는 나름대로 근거를 가진다. 또 대기업 혹은 대기업 집단은 기업의 자연사적 발전 과정에서 생기는 기업 조직의 효율을 위한 진화의 결과라는 면도 가지고 있다. 게다가 후발 산업국이 선발국을 따라잡으려는 과정에서 국가 주도의 산업정책 등을 통해 대규모 기업집단을 정책적으로 육성해야 하는 불가피함도 있었다. 여기에 최근 글로벌 경쟁이 더욱 치열해진 상황까지 고려하면, 대규모 외국 기업의 경쟁적 도전에 대응하고 경쟁우위를 확보하기 위해 집적·집중을 강화할 필요가 있다는 주장(Lazonick, 1994)도 일리 있게 들린다.

그러나 분명한 점은 거대 기업을 축으로 한 경제력 집중이 지배력 남용이나 불공정경쟁을 유발하고, 이것이 다시 경제력 집중을 심화할 경우 어떤 형태로든 이를 규제할 필요가 있다는 것이다. 물론 규제 목표나 근거가 되는 시장 남용 행위나 불공정 거래의 판단 기준에 대해서는 논란이 있다. 그러나 문제의 핵심은 거대 기업집단의 경제력이 단순히 경제권력을 넘어 정치사회적 권력으로까지 전환하면서 전반적인 민주주의를 위협하고 시민사회를 위태롭게 한다는 점이다. 독점력을 가진 기업집단이 입법 과정에서 로비 등을 통해 정치를 부패시켜 국민의 정치적 자유까지 억압하는 사태는 지금도 계속되고 있다.

경제권력에 의한 정치권력의 침해를 막고자 했던 대표적 사례가 바로 뉴딜 시대 미국의 반독점법이다. 이 우려와 대응은 포퓰리즘이라는 평가에도 불구하고 미국 반독점 규제의 중요한 논거를 제공했다. 이후 미국은 금융 관련법과 세입법 개정, 그리고 금산분리 원칙 준수를 통해 경제민주화를 보완함으로써 경쟁적 경영자자본주의managerial capitalism를 확립했다. 1주 1표 주의에 따른 기업 내 절차적 민주주의라는 한계에 머물렀고, 시민권 부활이라는 오랜 공화주의 이상을 포기한 것이긴 하나, 이 개혁으로 미국은 전후 황금기의 초석을 다질 수 있었다(Chandler, 1990).

독일도 전후 콘체른 해체와 콘체른법 제정 등 나름의 기업집단 규제의 역사를 가지고 있는데, 거기에는 독점이 시장적 자유와 사회적 조정의 균형이라는 사회적 시장경제의 기본 정신을 위태롭게 할 수 있다는 우려가 깔려 있다. 조정 시장경제 체제에 부합하는 경제민주화의 일환으로서 기업집단 및 독점에 대한 규제가 시행되었다는 점에서 독일의 경제민주화는 자유 시장경제 체제에서 기업 내 민주주의를 지향했던 미국의 경제민주화와 다른 측면이 있다. 이를 잘 보여주는 것이 바로 종속기업 콘체른상의 공동결정제도를 명시한 콘체른법이다. 물론 이 차이는 시장의 발달 정도와 법석·제도적 환경 차이, 나아가 경제민주화에 대한 철학적 기반의 차이에 기인한다.

일본의 경우에도 외부로부터의 개혁을 통해 재벌(자이바츠)이 해체됨으로써 정치와 유착한 재벌 체제 대신 계열 체제가 등장하여 일본적 시스템의 장점을 발휘할 수 있는 토대를 만들었다. 일본의 재벌들은 미군정을 거치면서 오너 가족이 소유한 지분 등을 몰수당하고 경제계에서 추방되었다. 이렇게 해체된 일본의 재벌들은 이후 계열(게이레츠)이라는 기업집단 형태로 바뀌어 기업 간 느슨한 협력 체제를 유지하지만, 특정 가족의 소유지배가 지양되고, 기업 소유와 경영이 분리됨으로써 전문경영인 체제가 확립되었다.

비록 외부 요인이 있었지만 일본과 독일 모두 독점 대기업이 해체되고 형성된 새로운 기업집단이 건전한 경제구조를 만들고 경제민주화의 기틀을 마련했다는 공통점이 있다. 여기에 기업집단이 가지는 긍정적 효과, 예컨대 기업 간 자본 유대와 협력이 경쟁력으로 이어져 경제 성장을 지속할 수 있었다. 이것이 바로 '잃어버린 20년' 이전의 일본 기업과 일본 경제의 경쟁력이었다는 점에 대해서는 큰 이견이 없을 것이다.

한편 미국, 독일, 일본 세 나라 모두 경제력 집중을 억제하기 위한 초기 반독점 규제가 점차 증권 관련법, 회사법 같은 기업 지배구조 관련법으로 규제 방향이 진화했다는 점에서는 공통적이다(Roe, 1996). 이러한 경향은 외환금융위기 이후 한국이 경험하고 있는 기업 지배구조 개혁 방향과 궤를 같이하는 것이기도 하다. 이는 또한 기업에 대한 시장 규율을 강화함으로써 시장 규율이 가지는 한계를 스스로 드러낼 수도 있다. 그럼에도 규제 대상이 기업에서 기업집단으로 그 범위가 확대되고 있다. 대부분의 유럽 국가들에서 기업집단을 하나의 경제적 실체로 보고 정당성을 부여하면서도, 동시에 경영 투명성 및 이해당사자 권리 보호, 이해 갈등의 조정, 지배주주의 전횡 방지에 관한 규제를 강화하고 있는 것이 그 대표적인 예다.

물론 이 추세는 금융자유화와 규제 완화의 물결 속에서 주주자본주의의 폐해를 더욱 가속화하는 촉매제가 될 수도 있다. 또 통제 불가능할 정도로 확산된 금융자유화 및 규제 완화는 새로운 금융권력을 형성하고 기존의 산업 집중을 통한 거대 권력을 대체함으로써, 경제민주화의 기초를 위협하고 있다. 이런 현실은 기존의 기업집단 개혁 방법과 그 효과에 대한 엄밀한 반성을 촉구하고 있다. 이러한 성찰은 기업집단에 대한 규제에 선구적인 역할을 했으며, 관련 규제도 가장 발달했다는 미국의 기업집단 개혁이 이후 시민들의 참여를 통한 진정한 의미의 공화주의 전통을 살려내지 못하고 소비 중심주의 혹은 이른바 '대중적 자본주의'에 머무르고 있는 이유를 설명해주는 출발점이 될 것이다. 그뿐만 아니라 그 성찰은 금융세계화로 협력자본주의의 제도적 연계가 느슨해졌고, 주주자본주의의 성과에 비해 미약했다는 평가를 받았던 독일의 사회적 시장경제 모델이 세계 금융위기 이후 다시 부상하고 있는 이유를 설명해줄 수 있을 것이다. 마지막으로 한때 도요티즘Toyotism으로 대변되던 일본의 효율적 경제 시스템이 어떤 이유로 '잃어버린 20년'을 초래했는지에 대한 답을 찾는 데 하나의 단서를 제공해줄 수 있을 것이다.

6. 노동자 경영 참여와 노동민주화:
독일을 중심으로

이상호

1. 머리말

노동자의 경영 참여는 경제민주주의의 중요한 방식 중의 하나다. 경제주체의 민주적 참여와 결정을 보장하기 위한 가치와 이념을 경제민주주의라고 정의한다면, 노동자의 경영 참여는 기업민주화의 핵심적 제도다. 그래서 노동자의 경영 참여는 자본주의의 역사와 함께 발전해왔을 뿐만 아니라, 각국의 노사관계 체제 및 노동제도에 따라 다른 형태를 취하고 있다.

특히 독일의 공동결정제도mitbestimmung/codetermination는 노동자의 경영 참여 방식 중 하나인 의사결정 참여를 논의할 때 중요한 사례로 언급된다. 소유 및 자본 참여와 이익 및 분배 참여와 달리, 의사결정 참여는 자본주의 체제의 소유권 및 재산권의 점유 없이 기업의 중요한 의사결정에서 핵심적 이해당사자인 노동자의 이해와 요구를 반영한다는 점에서 독특한 성격을 지닌다. 일반적으로 소유권의 유무에 따라 참여권이 보장되는 영미식 경영 참여와 달리, 자본 및 재산의 소유 여부와 무관하게 기업의 중요한 의사결정 과정에 참여하고 결정할 수 있는 권한을 노동자에게 부여한다는 점에서 독일의 공동결정제도는 이해당사자의 참여를 가장 잘 보장하고 있는 경영 참여 방식이라고 평가할 수 있다.

한편 공동결정제도는 지난 수십 년간 독일의 경제 발전 모델을 구성하는 핵심적 제도로서 인정받아왔을 뿐만 아니라, 사회적 시장경제의 중요한 조정 기제로도 평가받았다. 고임금-고숙련-고생산성-고부가가치로 이어지는 '고진로 전략'high road strategy의 대표적 국가인 독일이 경제 발전 과정은 물론, 경제위기 상황에서도 산업 평화를 유지할 수 있었던 주요 동인으로 공동결정제도가 주목받았다.

하지만 독일의 공동결정제도는 1990년대 이후 구조 환경적 조건이 변하면서 도전을 받고 있으며, 새로운 발전 방향을 둘러싼 논의가 21세기에 들어서면서 본격화되고 있다. 노동자의 의사결정 참여는 물론, 노사 동수의 최고 의사결정 기구에 대한 참여가 금융화된 신자유주의 체제에서 작동할 수 있는지, 새로운 도전에 대해 어떻게 적응하고 있는지는 '이해당사자 자본주의'stakeholder capitalism의 지속 가능성에 대한 논의로 확장되기도 한다.

이러한 문제의식을 가지고 이 글은 먼저 노동자의 경영 참여의 역사적 배경, 이론적 쟁점 및 제도 유형을 살펴보고, 의사결정에 대한 노동자 참여의 대표적 사례인 독일 공동결정제도의 구조와 내용이 어떻게 형성되고 변화해왔으며, 현재 어떤 도전에 직면해 있는지를 논의하고자 한다. 이를 통해 현재 한국에서 경제민주화의 주요 기제로서 다시 주목받고 있는 노동자의 경영 참여 제도의 발전 방향에 대한 시사점을 찾고자 한다.

2. 노동자의 경영 참여와 공동결정제도

1) 기업 민주주의와 노동자 경영 참여

(1) 기업 민주주의의 의미와 방식

기업의 주인은 누구인가? 기업의 중요한 의사결정에 참여하는 자격은 소유권의 유무로 결정해야 하는가? 기업 차원에서 이해당사자의 참여와 결정을 담보하는 민주주의 실현은 과연 가능한가? 이러한 문제제기는 참으로 오래된 경제민주주의의 핵심석인 화두다. 신고진학파는 물론, 주류경제학에서 기업은 시장 메커니즘에 복무할 수밖에 없는 경제주체이기 때문에, 가격과 수익의 시장결정 원칙을 따라야 한다고 주장한다. 결국 시장에서 민주주의 원리의 실현은 불가능하다는 결론에 이르게 된다. 하지만 기업과 시장은 다르다. 기업은 자본주의의 중요한 경제적 조직체다. 모든 조직은 민주주의 원칙을 일정하게 가지고 있으며, 이는 기업에서 민주주의적 운영과 관리 또한 가능하다는 것을 의미한다. 더 나아가 기업의 집합체인 동시에, 다른 경제주체들과의 연관관계로 구성되는 산업 차원에서 민주주의의 실현은 더욱 복합적인 조건과 변수를 고려해야 하지만, 민주주의 원리의 실현이 불가능하다고 주장할 근거는 없다(안승국, 1995, 82쪽).

한편 현대화된 기업에서 인적 역량, 노동자의 몰입과 헌신은 기업 경쟁력의 핵심 요소다. 20세기 산업자본주의를 거치고 21세기 지식기반 경제에 들어선 현재의 시점에서 기업 민주주의의 실현은 시장경제의 한 주체인 기업에서 이해당사자의 참여와 결정을 보장하는 민주주의 원리를 도입하고 운영 과정에 이를 반영한다는 것을 의미한다.

기업 민주주의를 실현하는 방식은 다양하지만, 일반적으로 두 가지가 주로 언급된다. 그중 하나가 자본주의 체제에서 노사 간 힘의 불균형을 조정하기 위해 법제도적으로 보장하고 있는 노동기본권과 단체교섭이다. 다른 하나는 생산 및 노동 과정에서 나타날 수 있는 위계적 기업구조와 통제 메커니즘을 조절하고 제어하기 위한 노동자 경영 참여 제도가 있다(조우현 외, 1995, 13쪽).

지난 수백 년간 노사관계의 역사적 발전 과정을 고려할 때, 노동기본권과 단체교섭은 어느 정도 제도적으로 안착했다고 평가할 수 있다. 이와 달리 대부분의 사용자, 경영자와 관료들은 오래전부터 기업 민주주의는 물론, 산업 민주주의에 대해서 부정적이거나 적대적인 태도를 보여왔다. 이들은 기업활동의 자유, 소유권의 행사, 경영전권이라는 명목 아래 기업과 산업 차원에서 이루어지는 민주적 조치를 또 하나의 '국가 개입'(규제)으로 파악한다. 그래서 그들은 기업 경쟁력의 강화와 재산권의 자유로운 행사를 명분으로 기업, 산업과 경제 차원의 민주주의적 조직 운영을 일관되게 반대한다(박해광, 2006).

2) 노동자의 경영 참여에 대한 이론적 쟁점

한편 자본주의 체제에서 노동자의 투쟁이 전개되면서 기업 민주주의의 한 형태인 노동자의 경영 참여를 둘러싼 논쟁이 첨예하게 전개되었다. 사용자의 입장에서 노동자의 경영 참여는 경영권의 '침해 수단'으로 해석되었고, 노동자의 입장에서 경영 참여는 노동권의 '보호제도'로 인식되었기 때문이다(안승국, 1995, 117쪽).

그렇다면 쟁점이 되는 경영권에 대해 어떻게 해석해야 하는가? 경영권은 사용자가 최종적으로 또는 독단적으로 결정할 수밖에 없는 '무소불위'의 권리로 보아야 하는가? 아니면 구조조정이나 폐업 같은 기업의 구조 변동 문제에 대한 노동자의 '정당한' 방어수단으로 인정해야 하는가? 법률적 해석에 따르면, 대체로 사용자의 경영권을 재산권 행사의 한 형태로 인정해야 하지만, 노동조건과 고용 변동에 중대한 영향을 미치는 경우, 경영 참여와 단체교섭의 대상이 되어야 한다는 견해가 지배적이다. 그러나 어느 경우에 재산권의 일부로서 경영권을 존중해야 하는지, 그리고 고용 및 노동조건의 변화를 초래할 경우 노동권을 어떻게 고려해야 하는지에 대한 최종적인 판단은 분명하지 않다(유정식, 2012, 120쪽).

이 문제를 더 깊이 파고 들어가면 소유권을 어떻게 정의할 것인가라는 문제와 관련이 있다는 것을 발견하게 된다. 즉 소유권을 인간의 절대적 권리로서 다른 권리에 우선해서 인정하는가, 아니면 시대적으로 그 의미가 변하는 상대적 개념으로 해석하는가에 따라 결론이 달라질 수 있다. 바로 이러한 이유로 노동자의 경영 참여를 둘러싼 논란은 소유권의 소재와 해석에 대한 논의로 발전한다(조우현 외, 1995, 31쪽).

소유권을 전제로 한 경영권의 주요 영역으로 인정되는 기업가의 의사결정권과 법적으로 보장된 노동기본권이 충돌하는 경우 어떻게 판단해야 하는가에 대한 논란은 오랫동안 지속되었다. 경영권을 소유권으로 환원한다면 '소유권이 노동권보다 우선한다'는 논리로 귀결될 수 있다. 하지만 여기서도 다양한 해석이 나올 수 있다. 가장 일반적인 해석은 소유권이 노동권을 일정한 조건에서 '배제할 수 있다'라는 말로 귀착된다. 이 경우에도 경영권은 소유권과 같은 의미로 규정되어야 하고, 기업의 소유권은 사용자에게 있다는 사실이 분명히 확인되어야 한다. 또한 기업 소유권은 노동권보다 우선한다는 추가적인 원리가 공인되어야만, 기업 소유권을 이유로 노동권을 배제할 수 있다(유정식, 2012, 123쪽).

하지만 자본주의의 현실에서는 소유권이 노동권에 우선한다는 해석을 확정할 수 없는 다양한 변수가 존재한다. 결국 소유권과 노동권이 충돌하는 상황에서 최종적인 판단은 상황변수와 함께, 이해당사자의 세력 관계가 더 큰 영향력을 행사한다는 사실을 명심해야 한다.

3) 노동자 경영 참여 제도의 유형

노동자 자주관리 기업, 공동결정제도와 이윤공유제도 등 노동자의 경영 참여 제도의 유형은 매우 다양하다. 국제노동기구ILO에 따르면, 노동자 경영 참여는 임금과 근로조건, 고용과 해고, 기술적 변동과 생산방식의 조직 및 사회적 영향, 투자 및 경영 계획 등 여러 문제에 관해 기업 수준에서 제반 결정을 내리거나, 이를 준비하고 실행하는 데 있어서 노동자의 영향력을 행사하는 것이다. 여기에는 공정혁신 차원에서 개별적으로 이루어지는 목표 관리 등을 통한 개인적 참여에서부터 자본 참여, 성과 참여, 의사결정 참여를 조직적으로 추구하는 집단적 참여에 이르기까지 그 유형이 매우 다양하게 나타난다(김영두, 2002).

하지만 노동자 경영 참여의 핵심적 방식은 의사결정 참여다. 의사결정 참여는 노동자 대표 참여(노동자 이사제), 노동자 대표조직 참여(노사협의제), 작업장 수준에서의 노동자 참여(현장 참여) 등의 유형으로 나눌 수 있다. 또한 경영 참여를 노동자 참여의 강도 측면에서도 나누어볼 수 있다. 가장 단순한 형태인 정보청구권에서부터 조금 더 강화된 제안권, 이보다 더 높은 수준의 협의권, 그리고 최종적으로 노동자의 동의를 전제로 하는 공동결정권이 있다. 〈그림 6-1〉은 노동자 경영 참여의 유형을 보여준다.

결국 노동자의 경영 참여의 실제 내용은 단순히 참여 여부가 아닌, 참여 수준의 정도와 범위의 문제로 볼 수 있다. 이때 쟁점은 누가, 어떻게 경영 사항을 결정하는가에 달려 있다. 이를 유형으로 나눈다면 크게 다원주의적 영미형과 조합주의적 유럽형이 있다. 다원주의적 영미형은 기업 소유권이 사용자에게 있다는 것을 인정하고, 품질관리 차원에서,

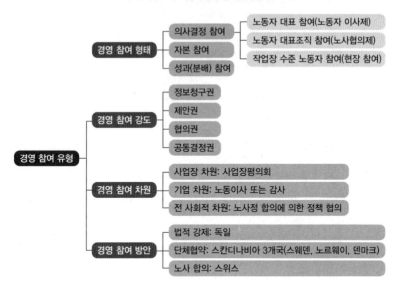

〈그림 6-1〉노동자 경영 참여의 유형

- 경영 참여 형태
  - 의사결정 참여
    - 노동자 대표 참여(노동자 이사제)
    - 노동자 대표조직 참여(노사협의제)
    - 작업장 수준 노동자 참여(현장 참여)
  - 자본 참여
  - 성과(분배) 참여
- 경영 참여 강도
  - 정보청구권
  - 제안권
  - 협의권
  - 공동결정권
- 경영 참여 차원
  - 사업장 차원: 사업장평의회
  - 기업 차원: 노동이사 또는 감사
  - 전 사회적 차원: 노사정 합의에 의한 정책 협의
- 경영 참여 방안
  - 법적 강제: 독일
  - 단체협약: 스칸디나비아 3개국(스웨덴, 노르웨이, 덴마크)
  - 노사 합의: 스위스

자료: 유정식, 2012, 129쪽 참고.

혹은 생산성 기여 차원에서 주로 경영 참여의 문제를 다루고 있다. 부분적으로 우리사주제도나 종업원지주제도 등을 통해 노동자가 자신이 소유한 지분을 반영하여 주주총회에서 주요 의사결정 사항에 대한 노동자의 입장을 반영할 수 있지만, 이 또한 극히 제한적이다.

이와 달리 조합주의적 유럽형 경영 참여는 자본의 소유 유무와 상관없이 경영 및 인사에 관한 중요 사항에 대해 기업 내 의사결정 기구에서 노동자의 입장을 밝히고 이해관계를 요구할 수 있다는 점에서 유럽 자본주의의 독특한 성격을 반영한다고 볼 수 있다. 특히 독일의 공동결정제도는 최고 의사결정 기구인 감독이사회에 노동자 대표자가 참가하고 노동이사에 대한 추천권을 행사할 수 있다는 점에서 '라인형 기업 지배구조'의 성격을 가장 잘 보여준다.

그래서 진정한 의미에서 노동자 경영 참여 제도는 주요 의사결정에 대한 참여를 중시하는 유럽형 모델이라고 볼 수 있으며, 대표적인 사례가 바로 독일이다. 이러한 노동자의 의사결정 참여 방식은 크게 조합주의적 정책 협의, 노사 대표조직에 의한 중앙집중적 단체교섭, 사업장(기업) 차원의 경영 참여로 구분할 수 있다.

우리의 관심은 주로 사업장과 기업 차원의 노동자 경영 참여에 있는데 독일의 공동결정제도는 의사결정에 대한 참여, 높은 참여 수준, 넓은 참여 범위, 법적 강제에 기반을 둔 노동자 경영 참여 유형에 속한다(조우현 외, 1995, 123쪽; Niedenhoff, 2002, 54쪽). 아래에서 독일의 공동결정제도를 좀더 자세히 살펴보자.

4) 노동자의 의사결정 참여로서 독일의 공동결정제도

(1) 공동결정제도와 경제민주주의

모든 사회제도의 형성과 발전 과정의 이면에는 그 사회를 구성하는 각 계급계층들의 이념적 지향이 내재되어 있다. 이러한 이념적 지향은 그들의 세력 관계와 사회구조적 조건 변화에 따라 그 중심 방향과 내용이 바뀐다. 이와 마찬가지로 독일의 노사관계 또한 역사적 발전 과정에서 나타난 노사 간 이념 갈등과 세력 관계 속에서 그 의미와 기능의 변화를 겪어왔다. 바로 이 점에서 공동결정제도는 독일 노사관계의 변화 과정에서 봉착한 주관적·객관적 요인의 상호작용에 의한 제도적 결과물로 평가할 수 있다.

독일의 공동결정제도는 기본적으로 민주주의에 대한 이론적 논의와 현실 적용에서 나온 역사적 산물이다. 공동결정제도의 이념적 기초는 사회주의 사상은 물론, 가톨릭교회의 사회윤리적 교리, 자유주의 사상 등에 근거하고 있다. 이러한 다양한 이념적 기반에서 확인되는 공통점은 대등한 노사관계 속에서 사회가 발전할 때만이 당시 급속하게 확산되던 급진적이고 혁명적인 사회주의를 막아낼 수 있다는 인식이다. 정치적 영역은 물론, 사회 전반의 영역에서 민주주의를 실현하기 위해 노력한 독일 노동조합 운동은 경제적 영역에서 '경제민주주의' wirtschaftsdemokratie의 확대라는 목표를 가지고 자신들의 노선과 활동을 구체화했다(고양곤·임반석, 1992, 151쪽).

독일에서 노동운동의 발전은 후발 자본주의 국가가 겪게 되는 급격한 산업화와 이로 인해 발생하는 계급 갈등의 심화로 인해 정치 지향적 성향이 강했다. 당시 노동운동의 주된 목표는 그들의 경제적 이익을 보호하는 동시에, 시민권bürgerrecht에 의해 보장된 일반민주주의를 실현하는 것이었다. 산업화 과정에서 형성된 시민사회에서 노동자의 정치 참여는 일반민주주의를 실현하는 데 중요한 요소였다. 선거권의 확보로 대표되는 정치 참여 요구가 지니는 의미는 계급적 관점에서 볼 때 양면성을 띤다. 정치 참여의 확대는 기존의 지배구조에 변화를 초래할 수도 있으며, 거꾸로 이질적으로 대립하는 다양한 계급계층을 사회체제 내로 포섭하는 장치로 작용하기도 한다. 자본주의 체제에서 일반민주주의는 사회계급 간 이질성과 이해관계의 다원성을 전제하고 시장의 자유경쟁 원리와 국가의 조정자 역할을 강조한다(Kissler, 1992, 16쪽). 이러한 일반민주주의 개념에서 볼 때, 참여의 역할은 정치적 의사결정 과정에서 배제된 사회계층의 불만과 저항으로 인해 발생할 수 있는 국가체제의 불안정성을 해소하는 통합적 요소로 기능한다.

일반민주주의를 실현하는 데 참여가 새롭게 문제시되는 이유는 민주주의적 규범 형식과 사회적 현실 사이에 존재하는 괴리 때문이다. 민주주의라는 이념적 기초의 실현은 총체적인 사회 영역의 의사결정 과정에 모든 계급·계층이 참여하고 그들의 이해와 요구가 반영될 때 비로소 가능하다. 이것이 바로 실질적 민주주의다(Kissler, 1992, 20쪽). 이러한 실질적 민주주의의 실현은 유럽의 선진 복지국가의 다양한 사회제도에서 명확하게 확인할 수 있는데, 그 핵심적 내용이 바로 경제민주화다. 경제민주주의의 확대는 각 계급계층의 '아래로부터의 참여'를 전제로 한다. 제도 자체가 지닌 규범적 형식의 협소성을 극복하고 실질적인 참여가 이루어질 때 비로소 실질적 민주주의, 즉 경제민주주의를 실현할 수 있다.

(2) 공동결정제도의 역사적 배경과 기원

독일의 공동결정제도는 오랜 역사적 배경을 가지고 있다. 1920년 2월 4일에 제정된 사업장평의회법은 좌파 경향을 뚜렷이 보이던 노동자평의회운동의 급진화를 막고 사업장 내 노동조합의 영향력을 유지하기 위해 도입되었다고 평가할 수 있다. 사업장평의회는 기업 내 노동자의 경제적 이익을 위해 일하는 동시에, 경영 목표를 달성하기 위해서 기업가를 지원해야 하는 이중적인 임무를 부여받게 된다. 물론 사업장평의회는 회계자료의 열람, 감독이사회 참여 등의 권리를 부여받았지만, 그들에게 부여된 이중적 임무 때문에 노동자의 이해를 대변하는 조직의 역할을 충실히 수행하기란 쉽지 않았다. 이러한 문제 때문에 자유노조 내부에서도 이 법안을 반대하는 움직임이 거세게 일어났다. 하지만 기업 내 노동자 대표조직으로서 사업장평의회를 규정하고, 이들에게 독자적인 노동쟁의권을 부여해야 한다는 노동조합 내 좌파의 안은 기각되고 자본주의적 소유관계를 인정한 상태에서 기업 내 사업장평의회와 사용자의 협력을 수용하는 우파의 안이 다수결로 통과되었다 (Schneider, 1987, 300쪽).

한편 1925년 자유노조는 바이마르공화국의 사회경제의 실질적인 민주화를 위한 프로그램으로 '경제민주주의'를 채택하게 된다. 이 개념에 따르면, 경제민주화는 자본주의에서 사회주의로 전환하도록 촉진하고 사회주의를 실현하는 물적 토대를 마련할 수 있다는 것이다. '민주주의를 통한 사회주의'라는 노동조합의 개혁노선은 사민당 내 수정주의와 그 맥락을 같이하며, "주어진 상황에서 최대한의 성과"라는 현실주의적 정치노선을 대변하고 있었다. 이러한 독일노총DGB의 경제민주주의 노선은 사회정책은 물론, 기업 경영의 공동결정, 지역의 자치관리, 공공기업과 협동조합에 대한 지원이라는 핵심적 요구로 발전했다 (Grebing, 1985, 176쪽; Schneider, 1987, 374쪽).

이러한 역사적 배경에서 2차 세계대전이 종결된 후 독일 사회의 기본 질서를 어떻게 재형성할 것인가에 대한 논쟁은 국가경제의 탈나치화, 공동소유, 공동결정, 계획경제에 기반을 둔 기간산업의 사회화 방안에 집중되었다. 하지만 연합국 군정과 보수정치 진영은 초기부터 소유관계의 사회화 논의 자체를 부정했다. 또한 국가경제 차원에서는 물론, 산업 및 기업 단위에서도 노동자의 공동결정을 법제화하는 것을 강력하게 반대했다. 이는 바이마르 후기 사업장평의회가 공산주의자들에 의해 노동자와 병사 소비에트로 변질되었던 역사적 경험이 있었기 때문이다.

하지만 노동조합이 경제민주화를 위한 핵심적인 전제조건으로서 공동결정제도를 강력하게 요구했고, 기업가들 또한 군정당국의 콘체른 해체 정책을 비켜가기 위한 방안으로 노동자의 기업 내 공동결정권을 인정하는 데 큰 반대를 표시하지 않았다. 즉 군정당국은 초기업적 차원의 공동결정제도 도입은 독일의 사회주의화로 발전할 수 있다고 보고 용인하지 않았지만, 노동자와 노동조합의 사회화 요구를 완충하기 위한 방편으로 기업 단위의 공동결정제도를 법적으로 용인하게 되었다. 노사는 물론, 정치권의 이해가 일치하면서 가장 먼저 영국 점령 지역의 탄광 및 철강 부문의 사업장에서 노사 간 동등권에 기초한 공동결정법이 1947년 3월 1일에 입안되었다(Schneider, 2000, 258쪽).

이렇게 해서 1951년에 제정된 몬탄공동결정법Montanmitbestimmungsgesetz은 '새로운 사회질서를 향한 제3의 길'이라고 평가할 정도로 노동조합의 입장에서, 큰 성과로 인식되었다. 하지만 현실적으로는 새로운 사회로 향한 문을 열고, 노동에 대한 자본의 지배 굴레를 극복하기에는 역부족이었다. 즉 몬탄공동결정법의 입안 투쟁을 통해 탄광 및 철강 부문 일부 대기업으로부터 동등한 공동결정권의 보장이라는 성과를 얻어냈음에도 불구하고, 노동조합은 사회경제 강령의 핵심이었던 '경제민주주의와 사회화'를 실현하기가 얼마나 어려운지를 실감할 수밖에 없었다(Müller, 1990, 109쪽; Schneider, 2000, 275쪽).

이와 같이 2차 세계대전 이후 독일노총은 기업 민주주의뿐만 아니라, 산업경제의 민주화를 위해 노동자의 경영 참여를 전체 경제적 차원으로 확장하는 방안을 모색했다. 하지만 당시 노사정 세력 관계의 영향으로 인해 이러한 모색은 무산되고 사업장과 기업 차원의 공동결정만이 제도화될 수 있었다(Briefs, 1984, 64쪽).

(3) 공동결정제도의 참여 수준과 유형화

독일의 공동결정제도는 경제 단위별로 노동자의 경영 참여의 내용과 영향력에서 일정한 차이를 보인다. 일반적인 의미에서 생산 현장에 근접할수록 노동자 대표와 사업장평의회의 영향력이 상대적으로 강하고, 기업집단 차원으로 갈수록 노동이사와 사업장평의회의 권한은 약해지는 추세를 보인다(Niedenhoff, 2002, 10쪽).

독일의 공동결정제도에는 사업장 차원의 사업장평의회를 통한 참여와 기업 차원의 감독이사회와 집행이사회에 대한 참여, 두 가지 방식이 있다. 이러한 분류는 기업 규모와 소속 산업, 법 적용의 대상과 범위에 따라 다르게 적용되는 관련법 규정에 따른 것이다. 첫째, 사업장평의회를 통한 노동자의 경영 참여는 노동자가 스스로 조직을 만들어 자신들의 이해와 관련된 기업 경영 사항을 경영진과 협의하는 기업 내 노동자 대표조직에 의해서 이루어진다. 사업장 차원의 공동결정은 1952년 기업기본법의 제정에 따라 처음 시행되었으며, 1972년 개정, 2001년 재개정을 거쳐 현재에 이르고 있다. 산업현장의 구체적인 문제와 노동자의 인적·사회적 사안을 주로 다루며, 노사 간의 합의 사항은 기업 협정betriebsvereinbarung을 통해서 공표된다.

둘째, 기업의 최고 의사결정 기구인 감독이사회와 최고경영진으로 구성된 집행이사회에 노동자 대표가 참여하여 경영 사항을 직접 결정하는 기업 차원의 공동결정제도가 있다. 이에 대한 법률은 다양한데, 탄광과 철강산업 소속 기업에 적용되는 몬탄공동결정법이 1951년에 제정되었고, 1952년 기업기본법, 1956년 적용 기업의 범위를 확대한 공동결정보완법, 1976년 공동결정법을 통해 기업 차원의 공동결정제도가 독일에 전면적으로 실시된다. 여기서 유념할 점은 기업 차원의 공동결정제도는 노동자 대표를 선임하는 경우 종업원 대표뿐만 아니라, 노동조합의 선임에 의해 파견된 외부 대표도 인정한다는 사실이다(Nutzinger, 1989, 166쪽).

한편 공동결정제도는 민간기업뿐만 아니라 공공 부문에도 적용된다. 하지만 노동자의 경영 참여권은 민간 부문보다 약해 주로 협의권 정도에 머물러 있다. 1955년 연방공무원대표법Personalvertretungsgesetz이 제정되어 연방 차원의 공공 부문에서 노동자의 공동결정제도가 시행되고 있으며, 개별 주의 경우 기본 골격은 동일하지만, 내용과 수준에서 조금씩 다른 독자적인 법을 가지고 있다.

한편 공동결정제도에서 노동자의 경영 참여 수준은 기업의 사안에 따라 다르다. 참가 수준과 내용은 세 가지로 나눌 수 있다. 첫째, 정보청구권, 청문권 및 협의권은 가장 약한 참여권이다. 기업의 중요한 정책 결정에 대한 신속하고 정확한 정보 제공은 노동자의 이해를 대변하는 조직의 활동과 대응에 중요한 역할을 수행한다. 그러나 이러한 권리가 주로 경영 측의 보고, 노동자 측의 질의와 답변에 한정된다. 강제성이 없기 때문에 기업의 의사결정에 실질적인 영향력을 행사하기 어렵다. 다만 기업이 의사결정을 하는 데 노동자의 정보청구, 청문과 협의를 거친 후에야 비로소 어떤 조치를 행사할 수 있기 때문에, 경영자는 시간 지연을 초래하는 무리하고 일방적인 의사결정을 자제하게 된다.

둘째, 이보다 좀더 강한 경영 참여 수준은 동의권이다. 이는 법적으로 강제된 공동결정 이외에 일정한 사안에 대해 노동자의 동의를 얻어야 추진할 수 있는 참여권이다. 노동자의 동의를 얻지 못하는 경우 조정위원회의 결정 혹은 노동법원의 결정에 의해 노동자의 동의를 대체할 수 있다.

셋째, 법적으로 강제되는 공동결정권이다. 공동결정을 통한 노동자의 경영 참여는 노동자 측이 사용자 측과 대등한 결정권을 가지는 참여 방식이다. 이 경우 노사 간 이견이 있는 문제를 기업이 실행하기 위해서는 반드시 노동자 측의 동의가 있어야 한다. 즉 다양한 참여 방식 중에서 노사의 동등한 결정권을 가장 잘 보장하는 방식이다. 다시 말해 이러한 공동결정권을 통해 일정한 사안에 대해 노동자 측이 주도권을 행사할 수 있는 기회를 가지게 된다(Adamy and Steffen, 1993, 28쪽).

3. 독일 공동결정제도의 구조적 특성과 경영 참여의 현실

1) 공동결정제도의 구조와 내용

(1) 사업장 차원의 공동결정제도

독일에서 공동결정제도는 중요한 몇 가지 법을 통해 실체화되고 있다. 사업장 차원의 공동결정제도의 법적 근거는 1952년에 처음 제정되어, 1972년 1차 개정, 2001년 2차 개정을 거친 기업기본법 betriebsverfassungsgesetz이다. 이 법은 비영리기관을 제외한 5인 이상 상시노동자를 고용하고 있는 영리적 민간기업에 적용된다. 이 법은 기업 조직의 최소 단위로서 사업장 또는 공장을 대상으로 하며, 노동자의 이해를 대변하고 기업 경영에 참여하기 위해 다양한 형태의 산하 조직을 규정하고 있다.

노동자의 이해 대변 조직

독일에서 기업이 사업장평의회를 설립하는 것은 강제 사항이 아니다. 2001년에 개정된 기업기본법에 따르면, 노동자는 사업장평의회의 설립을 요구할 수 있으며, 사용자가 사업장평의회 선거를 방해하거나 선거에 영향을 미치는 행위를 한 경우 처벌하는 규정이 있지만, 사업장평의회를 설립하지 않는 것을 처벌하는 규정은 없다. 그래서 5인 이상 민간기업이라면 사업장평의회를 설립할 수 있지만, 실제로 소규모 사업장에서 노동자의 적극적인 노력 없이는 사업장평의회를 만들기가 쉽지 않다. 사업장평의회는 해당 사업장 내 선거권을 지닌 모든 피고용인에 의해 선출되는 위원들로 구성된다. 이때 피선거권은 선거권을 가진 자로서 적어도 6개월 이상 해당 사업장에서 근무한 노동자에게 부여된다. 해당 사업장에 속하지 않는 노동자와 최고경영진은 선거권과 피선거권을 가지지 못한다(Adamy and Steffen, 1993, 11쪽). 최근에 파견노동자의 권익 문제가 불거지면서 동일 사업장에서 일하는 파견노동자에게도 사업장평의회 위원에 대한 선거권을 부여하고 있다. 다만 피선거권은 기업 소속 문제로 인해 여전히 허용되지 않는다.

또한 사업장평의회는 피고용인 중 소수자의 이해를 보호하기 위한 특별 규정을 두고 있다. 기본적으로 평의회 위원을 구성하는 경우 사무직과 생산직을 분리하여 각각의 대표성을 반영한다. 평의회 위원은 4년마다 선출되며, 이들의 자유로운 활동을 보장하기 위해 해고 보호에 대한 특별 규정을 두고 있다. 사업장평의회의 선거, 운영 및 활동에 대한 비용은 전적으로 기업이 부담한다. 만일 사업장평의회가 9인 이상으로 구성될 정도로 사업장이 대규모이면, 집행조직을 구성하게 되며, 이들이 사업장평의회의 일상업무를 수행한다. 의장은 사업장 내 전체 노동자를 대표하고 평의회의 소집, 개최를 관할하며 안건을 상정한다. 다만 최종 결정은 평의회의 다수결 원칙에 따라 이루어진다. 집행 조직은 산하에 각 사안을 관할하는 각종 위원회를 구성할 수 있다.

일반적으로 사업장평의회는 작업시간에 소집되며, 평의회 위원들에게는 임무를 원활히 수행할 수 있도록 유급으로 전임시간이 부여된다. 평의회 활동에 대한 추가적인 보상은 없다. 다만 기업은 사업장평의회 활동으로 인해 발생하는 임금 감소분을 보전해주고 있다. 또한 사업장평의회의 운영과 활동에 필수적으로 요구되는 교육 및 훈련에 따른 비용은 기업이 부담하고 있다(Adamy and Steffen, 1993, 13쪽).

한편 기업이 여러 개의 사업장을 가진 경우, 각 사업장의 평의회 위원들로 구성되는 총사업장평의회가 설립된다. 총사업장평의회는 사업장평의회의 상급 조직은 아니며, 각 공장에서 개별적으로 해결할 수 없는 문제나 기업 차원에서 종합적인 판단이 요구되는 사안을 주로 다룬다. 또한 개별 기업 차원을 넘어서 하나의 기업집단 내 사업장평의회 전체를 포괄하는 그룹사업장평의회도 존재한다. 그룹사업장평의회는 각 기업의 총사업장평의회의 결의에 의해 만들어지는 임의적 기관이며, 주로 그룹 차원에서 사업장평의회가 공동으로 대처할 문제를 다룬다(고준기, 1990, 74쪽).

한편 전체 노동자들을 대상으로 사업장평의회가 논의한 사업장 문제를 토론하고 정보를 교환하는 자리가 사업장총회다. 이때 안건은 사업장 및 노동자와 직간접적으로 관련된 협약정책, 사회정책, 경영 문제

등을 포괄한다. 총회 참석자는 소속 노동자는 물론, 사용자 또는 그 대리인, 노동조합 대표자 등이다. 총회는 연 4회 이상 개최해야 한다.

기업기본법에 따르면, 사업장평의회의 산하 기구로서 가장 중요한 조직이 경제위원회다. 100인 이상 상시노동자를 고용하고 있는 기업은 경제위원회를 의무적으로 설치해야 한다. 경제위원회 규모는 기업의 규모에 따라 다르지만, 보통 사업장평의회에서 선출된 3인에서 7인으로 구성된다. 위원회를 구성할 때는 최소 1인의 사업장평의회 위원이 참가해야 하고, 적어도 한 달에 한 번 이상 소집되어야 한다. 경제위원회는 회사의 경영 사항에 대해 사용자 혹은 그 대리인과 협의하고, 그 결과를 적시에 사업장평의회에 보고해야 한다. 그러나 경제위원회는 공동결정권이 없는 권고 기관이기 때문에 강제적 집행권은 가지지 않는다(Adamy and Steffen, 1993, 17쪽).

그럼에도 경제위원회는 사업장평의회가 기업의 경영 사항에 대한 포괄적인 정보를 얻는 데 중요한 창구 기능을 한다. 이때 경영진과의 의견 교환과 정보 제공이 의미 있는 이유는 노사 간의 실질적인 협력을 위해서는 기업이 처한 경제적 조건에 대한 인식 공유가 필수적이기 때문이다. 특히 경영진은 기업의 재정 상태, 생산과 거래 현황, 생산과 투자 계획, 합리화 계획, 신기술 도입에 따른 생산기술과 작업 방식, 작업공정의 변화와 축소, 사업장의 변동(이전, 분리, 폐쇄, 합병 등), 사업장의 조직 및 목적 변화, 노동자의 이해에 영향을 미치는 조치 및 사업 등의 정보를 제공할 의무가 있다. 만일 기업이 정보 제공을 거부하는 경우 사업장평의회는 조정위원회에 제소하거나, 노동법원에 제소할 수 있다. 그래서 정보 제공의 내용이 기업의 영업비밀이 아닌 경우 기업은 반드시 사업장에 정보를 제공하는 것이 원칙이다(Adamy and Steffen, 1993, 18쪽).

마지막으로 노사 합의가 이루어지지 않을 때 중재하는 기구로 조정

위원회를 두고 있다. 기업기본법에 따르면, 사업장평의회가 공동결정권을 가진 사안에 대해 노사가 합의하지 못하는 경우 조정위원회를 통해 해결하도록 규정하고 있다. 조정위원회는 경영진과 사업장평의회가 각각 선임한 동수의 대표자와 양측이 동의하는 중립적인 위원장으로 구성된다. 만일 위원장의 선출에 있어 합의하지 못하면, 위원장의 선출은 노동법원에서 결정한다. 노동자 대표로 기업 내 인사가 아니라, 사업장평의회의 선임을 받는 외부 노조간부나 실무자가 임명되기도 한다 (Niedenhoff, 1990, 40쪽).

사업장평의회의 권한과 역할

사업장평의회의 목적은 기본적으로 사업장의 내부 노동자의 이해를 대변하고 권익을 보호하는 것이다. 노동자는 경영진과 체결하는 기업 협정을 통해 작업시간 중 일정 시간을 사업장평의회와 의견을 나눌 권리를 지닌다. 그리고 사업장평의회는 노동자의 이해를 대표하여 경영진과 교섭할 임무를 부여받는다. 이때 공동결정권이 부여된 사안은 사업장평의회의 동의 없이 경영진이 단독으로 시행할 수 없다. 즉 공동결정권은 법적 강제력을 지닌다. 노동자의 이해를 대변하는 조직으로서 사업장평의회의 임무는 다음과 같다.

첫째, 노동법, 산업안전법, 단체협약과 기업 협정 등의 효과가 노동자에게 도움이 될 수 있도록 활동해야 한다. 둘째, 기업과 노동자를 위해서 필요한 조치를 기업에 권고할 수 있다. 셋째, 일반노동자의 제안이 합당하다고 판단되면, 이러한 조치의 실현을 위해 경영진과 협상해야 한다. 넷째, 장애인, 청소년, 노인, 외국인 노동자 등 특정한 도움이 필요한 소수자의 이해와 요구를 고려해야 한다. 다섯째, 경영진은 사업장평의회가 그들의 임무를 제대로 수행할 수 있도록 포괄적인 정보를 제공해야 한다. 사업장평의회는 임무를 수행하는 데 필요한 시간이 보장되어야 하며, 노동자의 임금 자료를 검토할 수 있는 권한을 가진다. 여섯째, 기업 협정을 체결한 후에도 임무 수행에 필요하다면 전문가의 조언을 요구할 수 있다(Frick and Sadowski, 1995).

한편 사업장평의회는 노동자의 이해뿐만 아니라, 기업의 이익을 고려하고 이를 위해 평화 유지와 비밀 보장의 의무를 지닌다. 이는 사업장평의회가 노동조합과 달리, 단지 노동자의 이해만을 추구하는 조직이 아님을 의미한다. 다시 말해 사업장평의회는 노동자 이해를 위해서 활동하는 데 중대한 제약을 받는다는 의미다. 평화 유지의 내용은 기업기본법 제2조 제1항에 명시되어 있는데, '경영진과 사업장평의회는 단체협약을 성실히 준수하면서 노동조합 및 사용자 단체와 협력하여 기업과 노동자의 복지를 증진하는 데 노력한다'는 내용이다. 즉 안정적 노사관계가 침해되고 노사 갈등이 심각해진 경우를 산업 평화가 깨진 것으로 해석한다.

사업장평의회는 일상적인 기업활동에서 발생하는 다양한 문제에 대해 의사결정 과정에 참여하고 공동결정할 권리를 가지고 있다. 이러한 권리는 현안 문제의 내용에 따라 영향력 정도가 달라진다. 가장 영향력이 큰 공동결정권을 행사할 수 있는 사안은 '사회적 사항'이다 (Niedenhoff, 1990, 25쪽).

하지만 사업장평의회의 공동결정권은 중요한 한계도 가지고 있다. 해당 사업장에 적용되는 단체협약이 이미 존재하거나, 해당 사항이 단체협약의 규율 사항인 경우 사업장평의회는 이 문제에 대한 공동결정권을 상실한다. 즉 단체협약에 의해 기업 내 노사 간에 공동결정된 합의 내용이 무효화될 수 있다. 또한 사업장평의회와 경영진이 사회적 사항에 대한 합의를 이루지 못하면, 조정위원회에 해결을 위임하고 그 결정에 따라야 한다. 조정위원회의 판결은 경영진과 사업장평의회가 합의한 기업 협정에 준하는 효력을 가진다.

한편 인사에 대한 사업장평의회의 참여는 크게 일반적 인사 사항, 직업교육, 인사에 관한 개별 조치 등으로 나누어 살펴볼 수 있다. 첫째, 일반적 인사 사항은 인사 계획, 직장의 결원 모집, 개인적 인사 사항에 대한 설문과 평가 원칙, 직원 채용에 관한 기준 등을 포함한다. 이러한 인사 사항에 대해 사업장평의회는 참여할 권한이 있지만, 경영진이 거부하면 강제할 수 없다. 둘째, 직업교육에 대한 참여권이다. 이것은 노동자가 기술적·경제적 변동에 적응하는 데 필요한 직업교육의 중요성과 함께, 인사정책과 직업교육의 내적 연관성에 의해 부여되었다. 경영진과 사업장평의회는 노동자의 직업교육에 대한 의무를 지고, 이에 필요한 시설, 공간 및 제도의 도입에 있어 사업장평의회의 협의권이 인정된다. 셋째, 인사에 관한 개별 조치로서, 신규 채용, 배치 전환, 직무 재편성, 해고 통보 등이다(고준기, 1990, 84쪽). 경영진은 개별적 인사 조치에 대해 사업장평의회에 보고하고 동의를 구해야 한다. 그러나 이 경우에도 사업장평의회가 동의 혹은 거부할 수 있는 포괄적 권리를 가지고 있음을 의미하지는 않는다. 다만 기업기본법에 규정된 절차를 밟아야 하며, 기준을 준수해야 한다. 이러한 개별적 인사 조치를 사업장평의회가 거부하면 경영진은 노동법원에 동의를 대체할 수 있는 조치를 신청할 수 있다. 이 때문에 사업장평의회의 거부권은 경영진의 자의적 결정을 지연시키는 효과를 발휘한다고 볼 수 있다(Adamy and Steffen, 1993, 33쪽).

한편 경제적 사항에 대한 사업장평의회의 참여권은 제한적이다. 경영 조직, 경영 방식 등과 같이 기본적인 사업 변동에 관한 경제적 사항의 협의권만을 인정하고 있다. 이는 기업의 재정 및 경제적 사항에 대한 경영진의 자율적 결정권이 근본적인 차원에서 제약받지는 않는다는 것을 의미한다. 여기서 사업 변동이란 기업 및 사업장의 조업 단축과 직장 폐쇄, 이전과 합병, 기업 조직의 재편 등을 말한다. 즉 기업의 사업 변동 실시 전에 그것의 수행 여부 및 시기와 방법에 관해 사업장평의회와 협의해야 한다. 또한 이러한 절차와는 별도로 사업 변동으로 인해 발생하는 노동자의 피해를 보상해야 한다. 이러한 피해보상 절차는 노동자를 보호하기 위한 중요한 사회적 수단이다(고준기, 1990, 89쪽).

이와 같이 사업장 차원의 공동결정제도는 기업에 비교적 덜 중요한 노동조건과 관련된 사항에서는 사업장평의회에 대해 공동결정권을 부여하지만, 재정 및 경제적 사항에 대해서는 경영진의 독자적 결정을 인정하고 있다. 이는 결국 제도적으로 부여된 공동결정이 원인의 해결보다는 사후의 치유 수단으로 격하되는 것을 의미한다. 그래서 사업장평의회는 단지 경영진이 내리는 일방적 결정이 미치는 부정적 효과를 어느 정도 완화하거나, 결정 과정을 지연시키는 역할을 한다고 평가하기도 한다. 하지만 노동자의 입장에서 볼 때, 사업장평의회는 주요 노동조건의 내용을 기업 내에서 보호하고 통제하는 중요한 역할을 수행한다.

(2) 기업 차원의 공동결정제도

기업 차원에서 노동자의 경영 참여를 보장하는 것은 노동자들이 기업의 의사결정 과정에 참여함으로써 그들의 이해관계를 사업장평의회를 넘어서는 차원에서 실현하는 것을 의미한다. 즉 기업 차원의 공동결정제도는 의사결정 과정에서 해당 기업의 주주 이해는 물론, 노동자의 이해관계를 반영하는 제도다. 이때 공동결정제도의 수준과 영역은 주주로 대표되는 자본소유주와 노동자의 세력 관계를 반영한다. 이러한 힘의 역관계는 감독이사회와 집행이사회를 구성하는 데 영향을 미치며, 경영권 사항의 결정 방식과 그 결과에 대해 노동자의 입장을 보호하는 조항 속에 투영된다.

기업 의사결정 구조와 법적 규정

기업 차원의 공동결정제도의 운영체계를 이해하기 위해서는 대부분의 대기업에 해당하는 주식회사의 법 규정을 살펴보아야 한다. 일반적인 주식회사의 의사결정은 크게 주주총회, 감독이사회, 집행이사회로 구성되는 세 가지 기업 의사결정 조직에서 이루어진다(아다미·슈테판, 1994, 65쪽; Niedenhoff, 2002, 529쪽). 독일의 경우 주식회사의 구조가 영미형 주식회사와 다르다. 영미형 주식회사는 주주총회에서 선출된 이사들로 구성된 이사회에서 기업의 주요 경영 사항이 결정된다. 사실상 주주 외의 이해당사자는 기업의 의사결정 과정에 전혀 영향력을 행사할 수 없다.

이와 달리 독일의 주식회사는 이중 이사회 구조를 가지고 있다. 주주총회에서 선출된 주주 대표자와, 노동조합의 추천과 사업장평의회에서 선출된 노동자 대표가 최고 의사결정 기구인 감독이사회를 구성하고, 여기서 기업 경영을 실질적으로 수행하는 집행이사회의 이사를 선출한다.

여기서 주주총회hauptversammlung는 주주들의 모임이다. 1년에 1회 소집되고 투표권은 1인 1표가 아니라, 소유한 주식 수에 비례하여 투표권이 할당된다. 기업의 해체와 이윤의 분배, 회사정관 변경 같은 기업의 중요한 사안은 물론, 가장 중요한 기능으로서 감독이사회의 대표자를 선출하고 해임할 수 있다. 감독이사회에서 의결된 사항도 주주총회에서 4분의 3이 찬성할 경우 이를 변경할 수 있다.

실제 기업활동에서 감독이사회aufsichtsrat는 주주총회 못지않게 중요한 역할을 수행한다. 감독이사회의 중요한 권리는 집행이사회의 업무 감독과 이사의 선임이다. 또한 감독이사회는 그들 자신의 동의가 필요한 사안을 입안할 수 있다. 이러한 사안들은 특정한 재정 규모를 넘어서는 투자와 기업 확장 계획, 최고경영진의 선출과 해임, 일정한 한도를 넘어서는 차용과 대부 등을 포함한다. 감독이사회는 직접 통제할 수 있는 영역이 적고 집행이사회의 일상적 업무에 간섭할 수 없지만, 기업 경영의 주요 결정에 상당한 영향력을 행사한다고 볼 수 있다. 이들의 임기는 5년이다(이상호, 1995, 39쪽).

집행이사회vorstand는 그들에게 부여된 책임 아래 기업의 일상적 경영을 수행한다. 이들은 일반적 경영 업무를 수행하는 것은 물론, 피고용인의 고용주라는 역할을 수행한다. 경영진은 기술, 노동, 영업, 재정 같은 특정한 영역에 대해서 경영 책임을 지는 이사들로 구성된다. 이러한 역할 분담에도 불구하고 이들은 기업의 전반적인 경영정책과 활동을 공동으로 책임지고 있다.

1976년 공동결정법의 사례

기업 차원의 공동결정제도는 기업의 업종과 규모별로 크게 세 가지 법률에 따라 다른 규정을 적용받는다. 여기에서는 가장 대표적인 1976년 공동결정법이 적용되는 사례를 살펴보고자 한다(이상호, 1995, 44쪽). 1976년 공동결정법Mitbestimmungsgesetz은 탄광·철강산업에 속하는 기업을 제외한 2,000명 이상 상시노동자를 고용하고 있는 주식회사, 합자회사, 유한회사, 동업자조합, 영리상업협동조합 등을 포함하는 모든 영리 민간기업에 적용된다.

노동조합은 애초에 이 법을 1951년 몬탄공동결정법과 같이 노사 동수의 동권적 공동결정제도를 관철시키려 노력했다. 하지만 당시 사민당과 자민당 연립정부의 견해 차이로 노사 동수는 이루어졌지만, 실질적인 동등권을 확보하는 데 실패했다. 2008년 현재 약 694개 기업이 이 법의 적용을 받고 있다. 공동결정법은 1976년 입법화된 후 2009년 1월에 한 차례 법 개정이 이루어졌다.

감독이사회의 인원은 기업 규모가 1만 명 이하이면 12명, 1만~2만

명은 16명, 2만 명 이상이면 20명으로 구성된다. 감독이사회의 절반은 주주총회에서 선출된 주주 대표이고, 노동자 대표는 기업 내에서 선출된 대표와 외부 인사, 즉 노동조합 대표 또는 외부 전문가로 구성된다(HBS, 2004, 25쪽).

노동자 대표를 구성할 때는 다른 경우와 마찬가지로 기업 내 생산직과 사무직의 비율을 고려한다. 또한 사무직 대표에는 소위 관리사무직의 대표가 포함된다. 이런 방식을 통해 최고경영진을 제외한 기업 내 모든 노동자 그룹에서 적어도 1명의 대표가 감독이사회를 구성하는 데 참여하고 있다. 이러한 노동자 대표의 구성 특징은 감독이사회의 의사결정 과정에서 주주 측의 우위를 보증하기도 한다.

한편 8,000명을 초과하는 규모의 기업은 선거인단을 통해 노동자 대표를 간접적으로 선출하고, 8,000명 이하인 경우에는 직접선거로 선출한다. 물론 이러한 선출 방식은 노동자의 다수결 투표에 의해서 변동될 수 있다. 생산직과 사무직의 선거를 분리하거나, 아니면 연합할 수도 있다. 선거 방식에 대한 논란은 비노조 출신의 노동자 대표가 선출될 가능성이 적은 선거인단 방식을 선호하는 노동조합에 의해서 자주 제기된다. 사실 선거 절차는 상당히 복잡하다. 특히 간접선거인 경우 더욱 그렇다. 그러나 일반적인 절차는 전체 노동자의 직접선거에 따른다. 감독이사회에 참여할 노동자 대표를 선출하는 과정은 생산직 노동자의 대표 선출, 사무직 노동자의 대표 선출, 관리사무직을 포함하는 관리직 대표 선출, 노동조합 대표 선출 등 네 가지 유형으로 분리되어 선출된다(HBS, 2004, 40쪽).

결국 이러한 선거 절차는 감독이사회의 의사결정 과정에서 주주 측의 입장이 더 강하게 수용될 가능성을 높인다. 이는 관리직 대표가 일반노동자의 이해보다는 주주 측의 입장에 찬성하는 경향이 강하기 때문이다.

또한 감독이사회가 노사 동수로 구성되기 때문에, 표결에서 가부동수가 발생할 수 있는데 이 경우 2차 투표를 실시하고, 이때도 가부동수가 발생하면 감독이사회 의장이 결정권을 행사한다. 이 결정권한은 의장의 개인적 특권이며, 부의장 등 다른 사람이 대리로 행사할 수 없다(Adamy and Steffen, 1993, 70쪽).

이 점에서 의장을 선출하는 것은 중요한 의미가 있다. 원칙적으로 의장과 부의장은 감독이사회 구성원의 3분의 2 이상의 지지를 얻어 선출된다. 만일 두 번의 선출 과정을 거쳐 3분의 2 이상의 지지를 얻지 못하면, 주주 측이 의장을 선출하고 노동자 측이 부의장을 선출한다. 그래서 의장은 주주 측의 입장을 대변하고, 부의장은 노동자 측의 입장을 대변하는 것이 일반적이다.

다른 한편 노동이사 또한 몬탄공동결정법의 규정과 일정한 차이를 보인다. 집행이사회의 이사는 감독이사회 3분의 2 이상의 지지를 얻어 선출된다. 감독이사회의 표결에서 확정하지 못하면 중재위원회를 소집한다. 중재위원회는 의장, 부의장, 노사 대표 각 1명, 모두 4명으로 구성된다. 중재위원회는 집행이사회 명단을 감독이사회에 제출하고, 감독이사회는 다수결에 의해 이를 최종 결정한다. 만일 가부동수가 발생하면 의장이 결정권한을 행사한다.

노동이사 역시 몬탄공동결정법과 달리, 다른 이사의 선출 절차와 동일한 과정을 거쳐 선출되며, 임명 또는 해임하는 경우에도 감독이사회의 노동자 대표들의 의사에 구애받을 필요가 없다. 이러한 규정 때문에 감독이사회의 노동자 대표가 노동이사의 선출은 물론, 해임에 대해 통제할 수단과 방법도 없다. 그러나 보통 노동이사는 인사관리 정책의 수립과 원활한 운영을 위해 노동자들에게 신뢰받을 만한 사람이 선출된다(Niedenhoff, 2002, 69쪽).

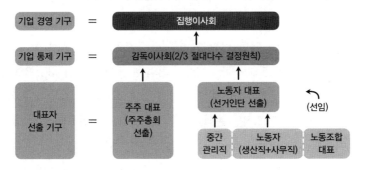

〈그림 6-2〉 1976년 공동결정법에 따른 기업의 의사결정 구조

자료: Niedenhoff, 2002, 538쪽.

2) 공동결정제도의 현실과 문제

현대 자본주의의 기업 규제, 운영 및 통제 메커니즘이 변하면서 독일에서도 '기업 지배구조의 통제'에 대한 논의가 새롭게 촉발되었다. 2001년 말 기업기본법이 개정된 후 이 논란은 기업 차원 공동결정제도에 대한 논쟁으로 발전했다. 논쟁은 주로 노동자 대표의 감독이사회 참여 문제에 집중되었지만, 실제로 노동자의 경영 참여 전반, 즉 사업장 차원과 기업 차원의 공동결정 문제까지 포함되었다(Höpner, 2004, 5쪽).

슈뢰더 정부가 들어서면서 구성된 공동결정위원회는 기업 차원의 공동결정을 사업장 차원 공동결정의 '연장된 팔'이라고 보았다. 여기서 공동결정은 집행이사회와 최고경영진의 의사결정에 대한 통제권은 물론, 노동자의 이해에 기반을 둔 사업장 차원의 경영 참여권까지 포함한다. 공동결정위원회의 개혁안은 특히 감독이사회에서의 노동자 공동결정에 대한 제한의 유무 및 그 수준에 집중되었다. 인사위원회에서 노동자 대표의 철수와 내부 노동자(종업원 대표)에 의한 노조 대표자의 대체, 노동자 대표의 축소와 감독이사회에서 노동자 대표의 완전한 철수, 통제권을 가지지 않는 '협의평의회'konsultationsrat로의 전환 등이 포함되었다.

공동결정제도에 대한 비판은 대부분 경영학(개별 기업)적 시각에서 출발한다. 개별적 경제주체인 기업의 효율성 저하는 기업 경쟁력을 떨어뜨리고 이는 결국 국가경제 및 국민후생의 저하라는 집합적 효과를 초래한다는 것이 대표적인 논리다. 이러한 비판은 공화주의적 헌법, 가톨릭과 사회주의 등 다양한 논리에 근거하지만, 대부분 도덕적 혹은 정치적 접근방식에 뿌리를 두고 있다. 하지만 이러한 논리는 기업 경영의 비효율성에 대한 증거를 뚜렷하게 제시하지 못하고 있다(Höpner, 2004, 9쪽).

사업장과 기업 차원의 공동결정제도가 기업의 추가 비용을 유발하는 것은 어쩌면 당연한 일이다. 여기에는 노동자 대표의 사무실 운영, 선거, 유급교육 및 회의, 사례비 등의 직접비용이 포함된다. 다른 한편 공동결정제도가 생산수단의 점유권을 제약하고, 주주의 입장에서 볼 때 소유권을 일정하게 침해한다는 사실 또한 포함될 수 있다. 결과적으로 그들은 공동결정제도가 비효율적인 경제효과를 초래한다고 주장하기에 이른다.

하지만 효율성 측면에서 오히려 소유권자에게 긍정적인 효과를 발휘한다는 주장도 있다. 공동결정제도는 노사 갈등을 해결하는 중요한 수단이 되며, 사업장과 기업에서 산업 평화를 유지하는 통합력을 발휘하고, 노사의 정보 교류를 원활하게 하는 효과를 내기도 한다. 또한 주주의 소유권을 일부 제약하는 반면, 기업 조직의 변화에 꼭 필요한 협력적 현대화라는 측면에서 유효한 전략적 선택이 되기도 한다는 사실을 직시해야 한다. 즉 경제적 효율성에 어떤 효과를 주는지, 더 나아가 공동결정제도의 경제적 효과가 지역, 업종, 기업 규모 등과 관련하여 어떤 특성을 발휘하는지는 다양하고 구체적인 분석을 통해 확인해야 할 문제다. 이러한 측면에서 볼 때, 독일의 공동결정제도는 자연스럽게 만들어진 것이 아니며, 비조절적인 경쟁구조에서 효율적인 조직 해법을 찾기 위한 경제적 합의 모델이기도 하다(Frick and Lehmann, 2004).

한편 프릭과 레만(Frick and Lehmann, 2004)에 따르면, 노동자의 동기 부여와 헌신을 극대화하기 위해서는 무엇보다 기업 경영에 대한 신뢰와 확신이 중요하다. 그래서 기업 경영에 있어 노사 양자의 공동 감시가 필요하고 기회주의적 태도를 줄이는 법제도가 요구된다. 바로 이러한 기회주의적 태도를 극복하기 위한 하나의 방법이 공동결정제도다. 해고 보호제도와 마찬가지로 공동결정제도는 노동자의 협력 태도를 유지하는 데 기여할 뿐만 아니라, 노동법적 규제를 넘어서는 효과를 발휘하기도 한다. 결국 유럽의 선진국가에서 공동결정제도가 더 발전하고 있다는 사실은 노동자의 경영 참여가 단순히 비효율적인 효과만 발휘한다는 주장이 얼마나 터무니없는지를 보여준다(Höpner, 2004, 11쪽).

더욱이 공동결정제도가 지난 몇십 년 동안 독일의 주요 기업 지배구조로 발전해왔다는 사실은 이 제도가 반기업적이라는 평가가 부적절하다는 것을 보여준다. 1976년 독일에서 기업 차원의 공동결정법이 제정된 후 극소수의 해당 기업만이 노동자의 동의가 의무화된 사업 영역을 줄이거나 없었다. 오스트리아와 달리 독일의 공동결정법은 노동자 대표의 동의 의무를 지닌 사항을 법적으로 강제하지 않았음에도 불구하고 해당 기업들은 감독이사회의 권한을 약화하는 정관 개정을 하지 않았다(Niedenhoff, 2002, 571쪽).

더 놀라운 사실은 독일에 존재하는 외국계 자회사의 경우 감독이사회의 동의권을 부여하는 사항을 가능한 한 축소한 반면, 독일계 회사는 정도의 차이는 있지만, 대기업의 경우 기업 변동, 투자 및 자금 계획, 더 나아가 인력 조정 조치와 인수·합병까지 노동자의 동의 사항에 포함시키고 있다. 이는 공동결정법의 적용을 받는 독일 회사들이 공동결정제도 자체를 회피하지 않았다는 것을 의미한다. 또한 감독이사회의 구성원을 보면, 기업 외부의 노동조합 대표자가 선임되는 경우도 많았는데, 이들은 기업의 소속 및 위계로부터 자유롭다는 점에서 더 강한 공동결정권을 행사할 수 있었다. 한편 법적으로 보장되지는 않았지만, 노동조합 대표자가 노동이사로 선임되는 경우가 생기면서 노동자 대표의 영향력은 더욱 강화되었다(Frick, Kluge and Streeck, 1999).

이와 같이 이론적 추론과는 달리 독일 공동결정제도는 재계, 특히 대기업으로부터 그 유효성을 인정받았다. 그렇기 때문에 법안 도입 초기 헌법소원까지 불사하며 반대하는 분위기와는 전혀 다른 태도 변화가 이후 전개되었다. 한편 사회과학적 시각에서 볼 때, 기업은 정치적 장이기도 하다. 독일 공동결정제도의 역사적 경험을 볼 때, 이 제도는 노사의 갈등 중재를 위한 효과적 수단인 동시에, 노사의 세력 관계, 자본(주주)의 노동에 대한 태도와 기업의 경영문화 등이 반영된 결과라고 평가할 수 있다. 하지만 공동결정제도는 여전히 다양한 압력을 받고 있으며, 실행 과정에서 많은 문제를 낳기도 한다. 그래서 기업과 노사관계의 변수에 따라 공동결정제도의 실질적 운영과 그 결과는 큰 차이를 보일 수밖에 없다. 여기서 가장 중요한 것은 노사 간의 신뢰에 기반을 둔 공동결정제도의 이익이 제도 도입으로 인한 비용보다 더 크다는 점을 노사가 인정하면, 공동결정제도의 효율성과 효과성이 극대화될 수 있다는 사실이다(Höpner, 2004, 13쪽).

3) 독일 공동결정제도의 경제적 효과

법제도의 경제적 효과를 분석하는 것은 참으로 어려운 일이다. 공동결정제도의 경제적 효과에 대한 분석은 주로 효율성 지표, 즉 생산성, 이윤, 임금 등에 미치는 영향을 중심으로 이루어졌다. 일반적으로 공동결정제도의 효율성에 대한 분석은 공동결정제도의 실행 유무에 따른 기업 성과 비교를 통해 이루어졌다. 수익성 효과에서는 별다른 차이를 확인하기 힘들지만, 성과지표는 공동결정제도를 실시하는 사업장에서 더 긍정적 효과가 발휘되었다(Sadowski, 1997; Frick and Lehmann, 2004). 주목할 점으로, 공동결정제도를 실행하는 기업에서 경영 사유에 따른 해고가 적을 뿐만 아니라, 노동자 개인 사유에 따른 해고도 더 적었다. 더욱이 공동결정제도를 실행하는 기업은 노동 이동이 적을 뿐만 아니라, 노동시간의 내적·기능적 유연화가 더 잘 운영되고 있었다. 이러한 효과는 기업 성과에 직접적인 영향을 미치지는 못하지만, 간접적으로 노동자의 몰입과 헌신을 높이고 창의적 활동을 촉진하는 것으로 보인다.

한편 감독이사회의 노동자 참여에 대한 경제적 효과 연구는 매우 드물다. 이는 기업 차원의 공동결정제도가 해당 기업의 성과에 어떤 영향을 미치는지를 확인하기가 쉽지 않기 때문이다. 다만 기업 차원의 노동자 경영 참여가 수익성과 주가에 미치는 효과를 분석한 조사 결과에 따르면, 수익성 감소 효과는 발견되지 않았으며, 주가 하락 효과도 확인되지 않았다. 오히려 기업 차원의 공동결정제도를 실시하고 있는 기업에서 이윤율이나 주가에 더 긍정적인 영향을 미치고 있는 것으로 나타났다. 한편 1974년부터 1995년까지의 주가 변동을 분석한 결과 공동결정제도를 실시하고 있는 기업이 오히려 수익성이 증가한 것으로 나타났다(Hauser-Ditz and Höpner, 2002).

다른 한편 공동결정제도의 기업 경영에 대한 효과는 기업인 스스로의 평가에서도 확인할 수 있다(Höpner, 2004, 13쪽). 1990년대 중반 공동결정위원회가 기업인을 대상으로 실시한 공동결정제도에 대한 설문조사에서, 기업인들은 공동결정제도에 대해 중립적인 입장을 표명했다. 현행 공동결정제도가 기업 경영진의 의사에 반하는가라는 질문에 대해 찬반 모두 절대다수를 획득하지 못했다. 대기업은 물론, 일반적으로 소유권과 경영권이 동일인에게 중첩되는 중소기업에서도 결과는 마찬가지였다.

한편 사용자 친화적인 독일경제연구소IW가 실시한 200대 대기업의 사업장평의회와 경영진에 대한 설문조사 결과도 마찬가지였다. 사업장 차원의 공동결정제도에 대해 모든 설문 대상자들은 의미가 있다고 답변했다. 더 놀라운 사실은 긍정적인 답변이 사업장평의회 위원보다 경영진에서 더 많이 나온 점이다. 약 83%의 경영진이 사업장 차원의 공동결정세도가 기업에 의미 있는, 더 나아가 매우 의미 있는 제도라고 답변한 반면, 같은 질문에 대해 사업장평의회 위원은 약 62%가 긍정적으로 응답했다. 사업장평의회와 경영진의 상호 협력에 대한 조사에서도 사업장평의회 위원보다 경영진에서 더 호의적인 평가가 나왔다. 경영진은 76%가 '좋다' 또는 '매우 좋다'고 응답한 반면, 사업장평의회는 70%가 동일하게 응답했다(Höpner, 2004, 14쪽).

또한 독일증권거래소DAX 상장기업의 최고경영진들에게 기업 차원의 공동결정제도 폐지에 대한 찬반 여부를 물었는데, 예상 밖의 대답이 나왔다. 기업 통제와 관련된 다른 질문에 대해 분명한 반대 입장을 보인 최고경영진들조차 18%가 폐지에 대해 무조건 반대, 53%는 조건부 반대 등 폐지를 반대하는 사람이 71%인 반면, 23%만이 공동결정제도를 폐지하는 데 찬성했다.

프랑크푸르트 미디어시장분석연구소MMA가 종업원 500인 이상 규모의 중견기업 경영진을 조사한 결과에 따르면, "공동결정제도를 과잉규제로 인식하는 것은 지나치며, 이러한 태도는 선입견에 지나지 않는다"라고 결론짓고 있다. 구조조정과 재구조화 과정에서 사업장평의회의 협력적 공조는 대기업에서 이미 일반화되었고, 소수 대기업만이 공동결정권을 반대하는 입장을 표명하고 있다. 사업장평의회로 인해 해고가 용이하지 않다는 점에서 기업에 유리하지 않다는 데 대해 4%만이 동의하고, 기업 외부 세력으로서 노동조합의 개입에 대해 비판하는 입장도 10%에 불과했다(Höpner, 2004, 14쪽).

한편 초국적 자본의 독일 자회사(대기업) 최고경영진 43명을 대상으로 실시한 설문조사 결과에 따르면, 최고경영진은 감독이사회의 존재에 대해 중립적인 태도를 보였다. 하지만 사업장평의회에 대한 평가는 7.3%만이 '갈등적'이라고 응답했고, 75.6%는 '협력적'이라고 표현했다. 특히 외국 자본의 낮은 현지 조응성을 보완하는 조치로서 기업 의사결정에 대한 노동자 참여가 중요한 완충 장치로 작용하고 있다는 의견이 지배적이었다.

이와 같이 공동결정제도의 경제적 효과, 특히 기업 성과에 미치는 영향에 대해서는 경영자들도 대체로 긍정적으로 평가하고 있다. 이는 1970년대 후반 기업 차원의 공동결정제도가 도입되었을 때 재계와 산업계가 반발했던 것은 이미 과거사가 되었음을 의미한다. 독일의 경영인과 기업가들은 사업장 차원의 노동자 경영 참여는 물론, 기업 차원의 최고 의사결정 기구에 대한 참여를 보장하고 있는 공동결정제도를 보편적 '경제 질서'로 받아들이고 있다는 것을 보여준다.

4) 지구화 시대의 독일 공동결정제도

1951년 몬탄공동결정법이 통과된 후 공동결정제도는 큰 변화를 겪어왔다. 특히 1990년대 이후 본격화된 '유럽화'와 '세계화' 과정에서 공동결정제도 또한 새로운 도전에 직면했다. 국내외 구조 환경의 변화는 기업의 국제화, 더 나아가 초국적화를 추동함으로써, 독일의 공동결정제도 또한 '세계화'의 과제 앞에 서 있다. 특히 유럽연합의 결성과 2000년대 들어 동구권 국가들이 신규 가입하면서 공동결정제도의 '유럽화'는 중요한 문제로 부각했다.

2005년 현재 유럽 차원에서 안착한 공동결정제도의 내용은 다음과 같다(FES, 2005, 7쪽). 유럽사업장평의회EBR는 국제적 노동자 조직으로서 노동자 대표를 선출하고 있으며, 초국적 기업의 이해에 대항하여 활동하고 있다. 또한 유럽의 주식회사는 1991년부터 각기 다른 국가별 공동결정 체계 속에서 서로 경쟁하는 것을 원칙으로 삼는 유럽공동체법에 따라 하나의 회사 형태를 지향하고 있다. 국경을 초월하는 인수·합병, 사업장 이전 등에 대한 유럽연합의 지침은 독일 공동결정제도의 미래 유용성에 대한 시험대가 되고 있다(FES, 2005, 8쪽).

이러한 이유로 공동결정제도는 어려운 상황에 봉착하고 있다. 그래서 독일의 공동결정제도는 어떻게 변화해야 하는지, 더 나아가 이러한 변화가 무슨 의미가 있는지를 다시 물어야 한다. 현재 독일은 사회경제 구조의 심각한 변동과 기업의 일상적 구조조정을 겪고 있다. 이 과정에서 발생하는 갈등과 문제를 사회적 협의 방식으로 해결해온 것이 독일이다. 독일의 공동결정제도는 노사 간 협력 관계를 더욱 굳건하게 만들었을 뿐만 아니라, 노사 간 힘의 균형을 조정하기도 했다. 바로 이것이 독일 공동결정제도의 사회정책적 성과다.

하지만 지구화 시대에 독일 공동결정제도의 이러한 긍정적 이미지는 변화했다. 생산과 시장의 지구화는 제도 변화의 방향타로 작용하고 있으며, 공동결정제도는 변화의 압력을 받고 있다. 이러한 상황에서 노동자 경영 참여의 현실은 국제적으로 커다란 차별성을 보이고 있다. 그래서 사회경제적 조건 변화에 대응하는 경영 참여의 모범적 방식이 무엇인지에 대한 논의는 지금도 계속되고 있다. 지구화, 그리고 유럽연합의 동유럽 확장은 독일 공동결정제도의 새로운 시험대가 되고 있다. 독일 공동결정제도를 둘러싼 논란은 노동자의 경영 참여에 대한 유럽의 역사적 경험을 새롭게 조명하도록 하고 있다. 이러한 상황에서 독일 공동결정제도에 대한 외부 평가가 다시 이루어지고 있으며, 사회경제적 의미를 국제적으로 재해석할 필요성이 대두되고 있다. 외부 시각에 기반을 둔 재조명은 지구화된 노동세계에서 독일 공동결정제도의 전망을 좀더 명확하게 제시해줄 것으로 기대되고 있다(FES, 2005, 21쪽).

유럽에서 노동자의 경영 참여 방식은 기업 차원의 최고 의사결정 기구에 대한 참여는 물론 생산 현장 차원에서 이루어지는 '참가 프로그램'에 이르기까지 다양하다. 유럽에서 노동자의 경영 참여가 어떤 조건에서 성공할 수 있는지를 결정짓는 핵심 변수는 유럽헌법에 규정된 노동자 경영 참여권의 내용이다. 한편 이러한 규정이 성공적으로 적용되려면 정보와 협의에 대한 노동기본권이 모든 유럽연합 국가들에서 실질적으로 보장되어야 한다. 그리고 노동자가 경영에 실질적으로 참여하고 결정권을 행사하기 위해서는 추가적인 조건이 필요하며, 이는 각국의 기업문화와 노사관계의 특성과 깊은 관련이 있다(IDWK, 2005).

실제로 유럽 통합은 초기 예상했던 것보다 훨씬 더 많은 시간이 소요되었다. 그러나 노동자의 경영 참여에 대한 기준을 마련하는 것은 다른 정책의제보다 쉽게 의견 일치를 볼 수 있었다. 사업장과 기업 차원의 공동결정제도가 독일뿐만 아니라, 많은 유럽 국가들에서 이미 시행되고 있었기 때문이다. 물론 기업 단위 최고 의사결정 기구에 노동자 대표(종업원 대표 혹은 노동조합 대리인)가 참여하여 중요한 사항을 주주와 함께 결정하는 공동결정제도가 유럽에서 보편화된 것은 아니다. 하지만 독일이 1976년 기업 단위 공동결정제도를 도입한 뒤 기업의 최고 의사결정 기구에 노동자 대표자(종업원 혹은 노조)가 참여하는 것을 법제도적으로 보장하는 나라가 늘어났다.

이러한 과정을 거쳐 2004년 현재 유럽주식회사법SE을 수용하고 있는 28개 유럽연합 국가 중에서 19개국이 이미 기업 차원의 최고 의사결정 기구에서 노동자의 이해를 대변할 수 있는 제도를 시행하고 있다.

물론 이들 국가의 공동결정제도는 독일의 수준과 범위에 미치지 못한다. 12개국은 공공 부문과 민간 부문에서 모두 노동자의 공동결정제도를 보장하고 있고, 7개국은 국유기업 및 민영화된 기업에서만 공동결정권을 부여하고 있다. 나머지 9개국은 노동자의 공동결정에 대한 법제도화가 전혀 이루어지지 않고 있다(FES, 2005, 22쪽). 다음의 〈표 6-1〉은 2004년 현재 유럽연합 국가들의 기업 단위 공동결정제도의 범위와 수준을 4등급으로 나누고 있다.

또한 대부분의 유럽 국가들은 사업장 차원의 노동자 경영 참여 제도를 가지고 있다. 국가의 법제도 혹은 단체협약을 통해 노동자의 경영 참여권을 보장하고 있다. 그러나 그 수준과 범위는 노동자의 이해 대변 구조와 대표 조직의 역량에 따라 큰 차이를 보인다. 대부분의 국가가 20~50명 이상인 사업장의 경우 노동자의 협의권을 부여하고 있다. 독일, 체코, 슬로바키아, 리투아니아가 이에 해당한다. 하지만 노동자 이해 대변 구조의 형태에서는 상당한 차이를 보인다. 독일과 같이 '순수' 노동자 대표로 구성된 사업장평의회가 있는 국가는 그리스, 오스트리아, 포르투갈, 슬로바키아, 스페인, 헝가리 등이다. 벨기에, 덴마크, 프랑스, 아일랜드, 룩셈부르크 등은 사업장평의회에 사용자 대표도 함께 참가하고 있다. 그래서 산하 위원회는 노사 대표 공동으로 구성되며, 제도적 차원에서 이 위원회에서 직접 노사교섭이 이루어지기도 한다. 이와 달리 순수 노동조합 대표로 사업장평의회를 구성하는 국가는 핀란드, 스웨덴, 영국, 아일랜드다. 한편 독일 등 몇몇 나라에서는 경영 의사결정 과정에 공동결정권을 행사할 수 있는 권한을 부여하고 있으며, 단지 사회적 사항에 대한 결정권만 부여하는 나라도 있다. 즉 노동자의 이해 대변 조직에 부여된 참여권과 결정권이 모든 경영 사항을 규율하지는 못하며, 무조건적으로 강제하지도 못한다. 다시 말해 유럽에서 노동자의 경영 참여는 동의권까지 행사하지 못하는 경우가 많으며,

기존 유럽연합 국가	등급	신규 유럽연합 가입 국가	등급
벨기에	1	에스토니아	1
덴마크	3	라트비아	1
독일	4	리투아니아	1
핀란드	3	폴란드	3
프랑스	2	슬로바키아	3
그리스	1	슬로베니아	3
영국	1	체코	3
아일랜드	1	헝가리	3
이탈리아	1		
룩셈부르크	3		
네덜란드	3		
오스트리아	3		
포르투갈	1		
스웨덴	3		
스페인	1		
기존 유럽연합 국가(15개국) 평균	2.07		
전체 유럽연합 국가(23개국) 평균	2.13		

주: 지표 1은 기업 단위 공동결정권이 존재하지 않는 경우, 2는 실질적인 결정권이 없는 상징적인 경우, 3은 경영평의회
(최고경영진)와 감독이사회가 3분의 1의 결정권을 가진 경우, 4는 3분의 1 이상의 결정권을 가진 경우를 나타낸다.
자료: Höpner, 2004, 40쪽.

오히려 정보 청구, 보고 의무 및 협의권 정도에 머물러 있다고 평가할
수 있다. 그럼에도 대부분의 나라에서 노동자의 경영 참여권을 법적으
로 보장하고 있으며, 벨기에, 덴마크, 핀란드, 스웨덴은 단체협약에 의
해서 규율되고 있다(FES, 2004).

이와 같이 대부분의 유럽 국가에서 노동자는 기업의 최고 의사결정

기구에 참여할 수 있는 권한을 보장받고 있다. 이사회에 대한 참여도 마찬가지다. 독일의 공동결정제도는 가장 강력한 형태를 대표하며, 스웨덴은 동반자적 경제문화와 높은 수준의 공동결정 체계를 가지고 있다. 독일은 이중적 의사결정 구조(집행이사회와 감독이사회)에서 공동결정이 이루어지고 있는 반면, 스웨덴을 비롯한 스칸디나비아 국가들은 일원적 이사회에서 노동자의 공동결정이 행사된다. 두 국가의 공동결정 모델이 상호 경쟁관계에 있는 것은 아니다. 감독이사회에 50%의 노동자 대표를 선임할 수 있는 독일과 일원적 이사회에 3분의 1의 노동자 대표를 선임하여 경영 참여권을 행사하는 스웨덴을 단순 비교하는 것은 의미가 없다. 그래서 노조 조직률의 차이, 노동권에 대한 법제도적 보장 수준 등 노사 간 힘의 역관계를 통해 노동자의 경영 참여 수준과 범위는 상당한 영향을 받는다. 하지만 다른 변수도 존재한다. 사회적 인정, 역사적 전통과 비공식적 변수 등이 노동자의 경영 참여에 중요한 영향력을 발휘하는 것으로 평가된다(FES, 2005, 24쪽).

이처럼 유럽에서 노동자의 경영 참여는 상당한 정도로 제도화되어 있지만, 일목요연하게 단순화하기란 어렵다. 다만 법제도적 차이에도 불구하고 상당히 넓게 보편화되어 있는 것은 분명하다. 숙련도가 높은 노동자의 복합적인 노동 과정에서 노사 간 의사소통과 동반자적 관계는 경제적 성공의 중요한 변수로 떠오르고 있기 때문이다. 유럽에서 노동자의 책임 있는 참여는 예외적 사례가 아니라, 중요한 전제조건이 되고 있다. 공동결정과 공동협의의 다양한 형태는 각국의 사회문화적 역사를 반영하며, 노동자의 경영 참여는 유럽 국가의 기업 지배구조의 핵심적 구성 요소가 되었다(Höpner, 2004).

4. 맺음말

지금까지 살펴본 바와 같이 독일 공동결정제도에 대한 논쟁에서 이론적 혹은 논리적 입장 차이는 드러나지만, 현실 속에서 확인되는 제도의 유효성에 대한 회의는 그리 크지 않다. 1970년대 도입 초기에 격렬한 찬반 논란이 일었던 것과 달리 현실적 적용 과정을 거치면서 독일 공동결정제도는 사업장 차원과 기업 차원에서 이루어지는 노동자의 경영 참여 제도 가운데 가장 의미 있는 방안으로 정착했으며, 그사이 이를 둘러싼 정치 담론적 논란은 그 의미를 상실했다. 전문가들 그리고 노사 간에 이견이 있을 수 있지만, 대체로 동의하는 공동결정제도의 발전 방향은 공동경영, 합의 지향, 전문화로 요약할 수 있다.

특히 공동경영이라는 개념은 기업의 재조직화 과정에서 발휘되는 공동결정제도의 적극적인 역할과 노동자 이해의 중재 기능을 잘 보여준다. 기업 재조직화에 대한 사전적 공동 형성의 경험을 통해 기업 경영의 핵심 사안인 인사 및 사회적 사항에 대한 노동자의 공동결정권은 더욱 확장되고 있는 것이다. 대부분의 조사 결과에 따르면, 독일의 경우 일반적으로 공동결정제도의 틀 안에서 노동자 조직의 동의 아래 국제화와 기업 역량의 집중화가 이루어지고 있으며, 이에 따라 공동결정제도의 재구조화 또한 지속적으로 전개되고 있다. 앞에서 살펴본 기업 비교 연구는 강한 공동결정제도 아래서 기업 재조직화의 현실적 적용이 더 효과적으로 발휘된다는 사실을 증명하고 있다. 공동결정제도를 통한 종업원의 참여가 재조직화에 성공하기 위한 전제조건이 되고 있다.

한편 독일의 공동결정제도는 기업 내 노사의 기득권 유지와 외부에 대한 비용전가 기제로 작용하지 않고 노사 간의 '생산적 연대'produktive solidarität를 강화하는 핵심적인 제도로 작용하고 있다. 뮐러엔치(Müller-Jentsch, 2005, 13쪽)에 따르면, 공동결정제도로 대표되는 노동자 경영 참여와 노사단체의 단체교섭을 통해 구체화되는 단체협약은 개별 사업장과 산업 차원에서 각각 발생할 수 있는 노사 갈등을 완충하는 역할을 수행하고 있다. 즉 노동자 이해 대변 조직의 이중적인 구조는 노사 간 이해관계를 각 영역에 맞게 연계해줌으로써, 산업 평화에 기여하는 것으로 평가된다. 이러한 노사관계의 안정성이 가능한 요인으로 먼저 단체교섭 영역에서 노동자의 이해 대변 조직이 단일화되어 있고, 하나의 산업에 하나의 노조라는 원칙에 따라 노-노 갈등의 가능성을 최소화할 수 있었다는 점을 들 수 있다. 그리고 사업장평의회의 공동결정권과 산입 평화 유지 의무는 기업 내 노사관계를 협력 관계로 이끄는 데 결정적인 영향을 행사했다. 이러한 동반자적 노사관계는 구조적 측면 외에 노사관계의 행위주체로서 기업 내 노사가 보여주고 있는 사회적 합의에 대한 높은 수용력에 기반을 두고 있다. 즉 기업 내 노사는 산업 수준에서 이루어지는 단체협약을 사회적 합의로 인식하고 그 내용에 근거하여 기업 협정을 체결하는 사회적 책임감을 보여주고 있다.

한편 기업 내 노사관계가 안정적으로 정착하는 데는 산업별 교섭 구조와 노동관계법을 통한 높은 수준의 법제화가 중요한 역할을 수행했다. 중앙집중적인 차원에서 진행된 단체교섭이 개별 사업장 단위의 노사 갈등을 사전적으로 걸러주는 기능을 담당했기 때문이다. 노사 간의 교섭 자율주의를 해치지 않는 범위 내에서 이루어진 높은 수준의 법제도화는 노사 갈등 및 노동쟁의로 인해 발생하는 사회적 외부효과를 차단했다. 즉 산업별 단체교섭과 기업 내 노동자의 경영 참여는 사용자에게 더 많은 교섭 비용을 부담시키지 않았으며, 노동조합의 현장 교섭력을 상실하게 만들지도 않았다. 오히려 독일 노사관계의 구조적 특성이 지닌 노사 갈등의 상호 완충 기능은 기업 내 노사가 생산성 향상과 노동의 인간화라는 두 마리 토끼를 잡을 수 있는 토대를 제공했다. 다시 말해 노사 갈등의 상호 완충 기능 덕분에 독일 노사관계 체계에서 높은 수준의 법제도화가 안정적으로 발전할 수 있었고, 이는 다시 노사 간 사회적 합의의 필요성과 그 역할을 강화시켜주었다.

한편 1990년대 중반 이후 독일 경제에 불어닥친 신자유주의 바람으로 인해 노동시장에 유입된 유연화 추세는 공동결정제도의 공동경영적 기능을 좀더 강화하는 계기로 작용한다. 실제로 독일 노동조합은 고용관계의 비정형화에 대해서는 반대 입장을 분명히 하고 있었지만, 노동시간의 유연화 방식에 대해서는 노사 간의 합의를 전제로 예전부터 적극적 활용 전략을 구사했다. 사용자 또한 해고와 같은 직접적인 고용 조정보다는 고용 유지를 전제로 한 노동시간 및 임금 유연화를 경기 침체 시 구조조정 압력에 대응하는 중요한 기제로 적극적으로 활용했다.

노사가 노동 유연화의 질적 적응 방식에 대해 이렇게 긍정적인 평가를 하는 이유는 바로 공동경영을 추구하는 공동결정제도를 통해 구조조정과 정리해고의 부정적 효과를 최소화하면서 기업 회생의 계기로 삼는 역사적 경험을 체득했기 때문이다. 대표적인 사례가 바로 1993년 폴크스바겐의 '노동시간 단축을 통한 고용안정 협정'이며, 이를 통해 자동차 산업은 물론, 다른 산업으로 확산된 사례가 바로 '고용안정과 산업 입지 역량 강화를 위한 노사 협정'이라고 볼 수 있다.

하지만 2000년대 중반 이후 노동시장의 규제 완화 조치가 본격화되면서 노동 유연화의 양상은 정형적 고용관계를 직접적으로 위협하게 된다. 단기고용, 파견노동 등이 합법화되면서 고용관계의 '불안정화'가 가속화되고, 비정규직 노동이 정규직 노동을 완충하거나 대체하는 경향이 강화되고 있다. 이러한 상황에서 독일의 공동결정제도는 고용관계에 대한 노사 간 조정 기제로서 자신에게 부여된 기능과 역할을 새로운 조건에서 어떻게 재규정할 것인지에 대한 논란의 중심에 서 있다. 이러한 상황이 독일 공동결정제도의 위기로 작용할지, 아니면 새로운 기회로 작용할지는 결국 독일 노사관계의 혁신 능력에 달려 있다.

7. 금융자유화에서 금융민주화로

유철규

1. 머리말

미국발 세계 경제위기 이후 금융 재규제re-regulation에 대한 사회적·정치적 요구가 거세졌다. 이는 단순히 금융시장과 금융 시스템의 안정을 회복하기 위한 시도에 그치는 것이 아니다. 동시에 1% 대 99%로의 양극화에 대한 지적이 말해주듯이 유례를 찾기 어려운 불공정, 불평등에 대한 문제를 제기하는 것이다. 월스트리트까지 확산된 시민적 저항은 말없이 금융자유화의 사회적 비용을 부담해온 다수의 절망을 보여준다. 자산 소유의 정도, 즉 담보 제공 능력에 따라 금융에 대한 접근성을 결정하는 논리는 중산층의 몰락과 더불어 빈곤층을 확산시키고, 보호받아야 할 취약계층까지 투기에 동원하는 결과를 낳았다. 금융은 생산, 고용, 투자의 지원이라는 순기능을 잃고 양극화와 빈곤의 확산, 그리고 중산층의 몰락을 촉진하는 기제로 전락했다. 이익과 혜택은 소수가 독점하고 그 사회적 수습 비용은 이에 직접적인 책임이 없고 이익에 참여하지도 못한 대다수의 납세자에게 돌아갔다. 이렇게 극심한 불공정, 불평등에 대한 저항이 금융에 대한 사회적·정치적 개입을 요구하게 된 시대적 배경이다.

이 가운데 금융민주화와 관련된 논의는 다른 영역에 비해 취약한 부분으로, 학계의 논의나 현실에서 모두 별다른 진전이 없다. 이는 한편에서는 금융시장을 '합리적 시장가설'의 핵심 영역으로 인식하는 경향이 강하고, 시장 외적인 논리(혹은 의식적인 사회적 관리)를 적용해서는 안 되는 자립적이고 전문적인 영역의 대표적인 것으로 인식하기 때문이다. 다른 한편으로는 서로 다른 비전과 이해관계를 가진 사회 세력들 간의 각축 과정에서 상대적으로 제도적 해법을 찾기 어려운 영역이기 때문이다. 즉 제도의 작동 방식과 지속 가능성, 그리고 사회적 의미와 파급 효과를 사전에 파악하기 어렵다.

그러나 오늘날 경제에서 금융 영역이 차지하는 비중과 영향력으로 볼 때 금융 영역에서의 민주주의 논의는 매우 중요한 일일 수밖에 없다. 통화 안정, 적절한 환율의 설정과 유지, 정부 예산 적자의 적정성, 국내 및 국제적 금융의 안정과 유지 등을 포함하는 금융적 기강(Armstrong, Glyn and Harrison, 1993, 5장·6장·133쪽)이 자본주의 운영에서 차지하는 역할은 일종의 제도적 조건으로서 자본축적의 성격을 규정하는 핵심 축이 되었다. 현재까지도 진행 중인 세계 금융위기 이후 기존의 국제금융 체제, 특히 일반적인 모델로까지 제시되었던 영미식 금융 시스템의 한계와 문제점에 대해 학계를 포함하여 사회 전반에 걸쳐 광범위한 공감대가 형성되고 있다. 이에 따라 국가별 혹은 국제기구별로 다양한 금융 개혁안이 모색되고 또 제출되었지만, 위기를 낳았던 구조는 여전히 유지되고 있다. 이 글의 과제는 금융민주화의 내용과 과제를 모색해보는 것이다. 금융민주화는 경제구조개혁의 한 영역이지만, 다른 영역과 구별되는 독자성을 가지고 있다.

먼저, 금융민주화의 개념적 이해를 돕기 위해 경제민주화에 대한 논의가 필요하다. 금융민주화는 경제민주화의 일부이기 때문이다. 그런데 경제민주화의 내용은 일의적이지 않으며, 그것을 규정할 수 있다고 해도 매우 추상적일 수밖에 없다. 민주주의라는 개념이 그렇듯이 말이다. 민주주의는 명확한 한 지점이 아니라 하나의 과정이기 때문에, 이 글에서는 '금융민주주의'를 '금융민주화'와 굳이 구분하지 않고 사용할 것이다.

더불어 금융 시스템이 수행해야 할 것으로 기대되는 사회적 역할과 금융시장의 특성을 살펴보고, 금융민주화의 대상인 금융권력이 어떻게 나타나는지 살펴볼 것이다. 이번 세계 금융위기는 금융의 바람직한 역할과 기능이 제대로 수행되지 못할 때 일어날 수 있는 한 가지 사례다.

다음으로 금융민주화를 위한 개혁의 대상과 방향을 검토할 필요가 있다. 세계 금융위기 이후 제기되고 있는 금융 개혁의 요구와 과제를 참고하여 금융민주화의 방향을 찾아볼 것이다. 거시적인 영역이든 미시적인 영역이든 금융민주화의 영역들은 독립되어 있는 것이 아니라 서로 영향을 미치며 많은 부분에서 겹쳐 있다. 이들 영역별 과제를 아우르는 주제는 '금융 규제와 정책'으로 묶어볼 수 있을 것이다. 다만 구체적인 규제와 정책의 내용을 나열하지는 않을 것인데, 금융민주화 자체가 특정 시대, 특정 사회의 구체적인 문제와 결부되지 않으면 큰 의미를 갖기 어렵기 때문이다.

2. 경제와 정치 그리고 시장경제와 민주주의

민주주의를 정치 이외의 다른 사회·경제 영역으로 확장하려는 시도를 가리키는 대표적 용어가 경제민주화다. 그리고 금융민주화는 금융 영역에서의 경제민주화를 의미한다. 그러므로 경제민주화에 대해서 먼저 살펴볼 필요가 있다. 경제민주화는 정치 영역에 국한되어 이해되곤 하는 민주주의의 원리를 경제 영역으로 확장하는 내용을 담게 되므로 정치 영역과 경제 사이의 관계를 먼저 생각해보는 것이 타당하다.

1) 정치와 경제의 관계

정치 영역과 경제 영역을 이분법적으로 분리하여 바라보는 것은 근대사회에 대한 극단적인 보수적 이해의 특징이다. 일반적으로 근대사회는 경제 영역을 주된 것으로 삼는 시민사회와, 정치 영역을 담고 있는 국가라는 두 분리된 영역으로 구성된다고 보는 경우가 많다. 그러나 이러한 견해는 현실사회가 실제로 시민사회와 국가 혹은 시장적 작동 원리와 관료적 작동 원리로 분리되었다는 의미에서가 아니라, 복잡한 근대사회의 작동 원리를 이해하기 위한 분석 방법으로 보는 것이 타당하다. 현실사회는 시장적 작동 원리와 관료적 작동 원리의 결합체로 존재한다. 이 분석적 또는 논리적인 방법을 현실에 문자 그대로 적용한 것이 '경제는 경제 원리로, 정치는 정치 원리로!'라는 이른바 신자유주의(혹은 극단적 보수주의) 정치구호다. 따라서 이러한 분리를 수용할 경우 현재 전 세계가 안고 있는 심각한 경제적 문제들을 정치적·사회적 과정과 개입을 통해 완화하고 개선하려는 시도는 받아들여지기 어렵다. 시장의 작동 원리에 의해 나타난 결과라면 아무리 곤란한 경제적 문제라 하더라도 어쩔 도리 없이 받아들여야 하는 것이다. 따라서 민주주의의 원리를 통해 경제적 문제에 개입하고자 하는 경제민주화는 아예 거론하지 말자는 이야기로 귀결된다. 자본주의 경제체제의 초기에는 경제민주화라는 것이 경제와 시장 영역을 국가권력(봉건적이고 독재적인 정치권력)으로부터 영향을 받지 않도록 하자는 의미[1]로 쓰일 수 있었지만, 현재의 사회 발전 수준에서는 그런 의미가 상당 부분 퇴색했다. 민주적인 정당성을 가진 정치권력이 경제에 대해 사회적 필요에 부합하는 규제와 조정을 할 수 있도록 허용하기 위해서는 정치와 경제의 이분법적 사고를 극복하는 것이 중요하다.

시장이 제대로 작동하기 위해서 필요한 제도가 무수히 많고, 이 제도의 많은 부분들이 기본적으로 정치적 개입(대표적으로 법률 같은)에 의해 만들어질 수밖에 없기 때문이다. 몇 가지 예를 들어보면 시장에서 거래가 원활하게 이루어지려면 계약의 절차와 방식을 마련해야 하고, 계약을 어겼을 때 이행을 강제하거나 보상하도록 하는 사법체계가 있어야 하며, 제3자가 계약을 방해하려고 할 때 보호해줄 공권력이 있어야 하고, 거래 대상이 되는 상품의 품질을 보증하는 제도도 필요하고, 거래에 사용할 통화를 정해 공급해주어야 하고, 소비자를 보호하는 제도도 필요하다. 따라서 정치적 개입이나 그것을 통해 만들어지는 제도 없이 생각할 수 있는 진공상태의 시장이라는 것은 존재할 수 없다. 그뿐만이 아니다. 소유권에 관한 제도, 아동 노동을 금지하는 제도, 최저임금제, 환경 파괴를 막는 제도, 정보통신의 표준화, 독과점을 처리하는 제도도 필요하다. 최근에 등장한 오염배출권 시장을 보면 제도와 정책에 의해 시장이 어떻게 만들어지는지, 그리고 그럴 수밖에 없다는 것을 알 수 있다. 예를 들어 장기臟器 매매 문제를 보더라도 어떤 것이 시장거래 대상이 될 수 있는지 아닌지는 시장이 스스로 정하지 못한다. 이렇듯 시장경제가 돌아가기 위해서는 제도적 틀과 규제를 마련해야 하는데, 이 조건들은 시장 바깥에서 만들어진다.

국가 개입은 최소화할수록 좋다는 고전경제학의 명제나 이를 잇고 있는 오늘날의 주류 신고전학파 경제학의 입장에서도 독과점과 외부성 externality 문제에 대해서는 국가 개입이 필요하다는 점을 인정한다. 독

---

1. 이러한 의미에서는 경제민주화보다는 자율화 혹은 자유화라는 용어가 많이 사용된다. 즉 정부의 역할을 완화시키거나 철폐하는 것을 의미하고, 이를 통해 자원 배분에 대한 정부 개입을 축소하고 금융시장의 역할을 제고하는 것을 뜻한다. 경제 운영의 중심을 정부로부터 시장기구로 이양한다는 것이다. 김인철, 1989; 학현 변형윤 박사 정년퇴임기념논문집 간행위원회, 1992 참조.

과점은 자유로운 시장이 스스로 만들어내는 문제이며, 개별 경제주체의 자유로운 경제행위가 타 경제주체의 경제활동에 영향을 미치는 외부성은 시장경제가 발전하고 경제주체 간에 사회경제적 연관이 깊어질수록 더 확대된다. 시장이 스스로 만들어낼 뿐만 아니라 스스로 해결할 수 없는 문제들이 커짐에 따라 국가 개입의 범위와 정도도 확대되는 것이 자연스럽다. 오늘날 일반적으로 경제가 더 발달한 선진국에서 공공부문의 지출과 같은 정부의 역할이 더 커지는 이유도 이런 원리에 따른 것이다. 원활한 시장경제를 운영하는 데 필요한 시장 외부적 조건을 만들고 독과점 및 외부성 문제를 다루는 존재가 시장 바깥에 있어야만 한다. 때에 따라 이 존재는 협동조합이나 협회와 같은 자발적인 조직이 될 수도 있다. 그러나 그 가운데 가장 대표적인 존재는 국가다.

정치적 민주주의 원리를 통해 경제 문제를 개선하려는 시도에 반대하는 입장은 보통 "국가 개입이 없는 자유로운 시장이 효율성을 보장한다"는 신념이 강하다. 그러나 앞에 설명한 이유로 국가 개입이 없는 자유 시장경제는 본래 존재하지 않는다. 더구나 경제에 대한 국가 혹은 정치적 개입은 시대와 사회의 발전 단계에 따라 그 의미가 변해왔으며 어떤 절대적 기준이 있는 것도 아니다. 자주 언급되듯이 아동 노동의 경우를 예로 들어보자. 요즈음도 개발도상국에서는 다수의 고용주들이 아동 노동을 금지하려는 국가 개입에 대해 시장의 효율성을 저해하는 나쁜 국가 개입과 규제라는 논리로 저항하곤 한다. 그런데 유럽에서도 19세기에는 많은 자본가들이 인위적으로 노동시장의 진입을 막는 부당한 국가 개입이라고 주장했다. 지금은 유럽 어디에서도 아동 노동 금지를 자유시장의 효율성을 해치는 국가 개입이라는 주장을 받아들이지 않을 것이다. 환경 규제나 독과점 규제, 최저임금제 모두 유사한 방식으로 발전해왔다. '자유 시장경제'에 대한 이념이 가장 강하다는 미국의 클린턴 정부는 IT 산업의 발전을 촉진하고 유도하기 위해 1993년

정보고속도로 프로그램을 마련했다. 관념적으로만 보면 시장에 대한 명백한 국가 개입이고 정경유착이다. 그러나 미국의 어떤 완고한 시장주의자도 이것을 시장의 효율성을 저해하는 인위적인 개입이며 정경유착의 폐해라고 말하지 않을 것이다.

따라서 시장의 효율성을 억압하는 국가 개입이 무엇인지는 시대나 지역, 사회의 발전 정도에 따라 달리 정의된다. 그리고 이것을 정하는 것은 그 사회의 정치적 결정이다. "국가 개입 없는 자유시장이란 있을 수 없다"는 것은 시장경제는 본질적으로 정치와 경제의 결합에 의해 유지된다는 뜻이다. 시장경제가 정치와 경제의 결합체라는 사실을 부정하는 견해에 따르면, 정치와 경제의 결합은 정경유착이라는 부정적인 말로 표현된다. 그리고 정경유착은 부패와 비효율을 뜻하므로 무조건 나쁜 것이다. 그러나 정경유착이라 부르건 아니면 다른 용어로 부르건 상관없이 중요한 것은 부정적인 경제 현상에 대해 국가나 정치가 개입하는 것이 어떻게 정당성을 가지느냐 하는 문제다. 그리고 그 정당성을 부여하는 것이 바로 민주주의다.

2) 자본주의적 시장경제와 정치적 민주주의

경제민주화와 그 일부인 금융민주화를 이해하기 위해서는 자본주의적 시장경제와 민주주의의 관계를 살펴보는 것이 도움이 된다. 크게 두 가지 견해가 대립하는데, 하나는 "민주주의와 자본주의 시장경제는 정합적이다"라는 견해이고, 다른 하나는 "(진정한) 민주주의는 자본주의와 양립할 수 없다"는 견해다. 전자에 따르면, 민주주의와 자본주의는 개인의 자유, 자율, 경쟁 같은 기본 원칙을 공유하므로 서로가 서로를 이끄는 상호보완 관계다. 이 경우 민주주의는 각 개인의 자유로운 정치적 아이디어가 서로 (시장에서처럼) 경쟁하는 절차이자 장소가 된다. 그리고 이 경쟁이 자유롭고 공정하고 주기적인 선거 등의 형태로 반복된다면 민주주의다. 이를 위해 표현의 자유, 언론의 자유, 집회결사의 자유가 중요하다. 반면 후자에 따르면 민주주의는 인권과 평등을 추구하지만, 인권은 자본주의가 추구하는 재산권과 충돌하며, 평등은 시장경제가 초래할 수밖에 없는 불평등과 충돌한다. 특히 독점자본주의가 성립하면 양자 사이에는 함께 공존할 수 없는 요인들이 누적된다. 개인이나 집단의 경제적 차이가 사회적 특권을 발생시킬 뿐만 아니라 그 특권을 인정하게 만드는 힘이 된다. 그리고 그 특권이 다시 정치경제적 권력을 형성하고 강화할 수 있기 때문이다.

따라서 시장경제와 정치적 민주주의 간에 존재하는 체계적 친화성이나 일관성 혹은 체계적인 충돌과 모순을 한 번에 깔끔하게 정리해줄 논리나 개념 틀을 사회과학, 특히 경제학에서 찾기는 어렵다고 할 수 있다. 시장경제와 정치적 민주주의 사이에는 공존 가능한 부분과 서로 충돌하고 긴장하는 부분이 함께 존재하고, 그 양태는 자본주의의 발전에 따라 시기적으로나 지역적·국가적으로 다양하기 때문이다.

경제민주주의의 또 다른 영역인 복지국가(이를 뒷받침하는 금융제도를 포함)를 예로 들어보더라도 문제는 그리 간단하지 않다는 것을 알 수 있다. 주류적인 견해는 민주주의가 발전하면 자본주의 시장경제가 초래하는 불평등을 완화하기 위한 국가의 개입, 즉 복지국가를 낳는다는 것이다. 그러나 민주주의에는 국가마다 다양한 유형이 있다는 점과 자본주의에도 다양한 유형이 있다는 점을 깨닫게 되면 이야기는 크게 달라진다. 다양한 민주주의 유형과 다양한 자본주의 시장경제 유형이 서로 만나 이루는 조합은 굉장히 많을 것이고, 어느 조합에서는 민주주의와 자본주의가 서로 조응하고 다른 조합에서는 그렇지 않을 수 있기 때문이다.

논리적으로 민주주의 정치체제는 자본주의 이외의 경제체제와도 공존할 수 있다. 자본주의의 특징을 상품생산, 임노동, 생산수단의 사적 소유로 요약할 수 있다면 이것을 민주주의라는 정치적 과정과 직접 관련지어야 할 근거는 약하다. 노동 과정의 조직 방식으로 자본주의를 정의할 경우, 그것만 가지고는 정치 형태에 대해 말할 수 없기 때문이다. 자본주의는 유럽의 사회민주주의 정부, 미국식 민주주의 정부제도와 함께 갈 수도 있고, 히틀러나 박정희의 정부와 함께 갈 수도 있다. 유럽의 경우 사회민주주의 정부와 보수당 정부의 교체 속에서도 자본주의는 여전히 자본주의다.

민주주의의 '특징'을 권력(행사)의 책임성, 시민적 자유에 대한 존중, 개인 선택의 보장, 사회 구성원의 효과적인 정치 참여를 위한 균등한 기회로 요약한다면, 민주주의의 '원리'는 자본주의 경제를 지배하는govern 원리들과 다를 것이다. 예를 들어 노동자 등 기업의 구성원이나 공동체가 기업의 의사결정자나 대표를 선출elect하지 않는다. 주식회사의 경우 각 소유자는 그들이 소유한 주식 수만큼의 투표권을 가진다. 정치 영역에서 보장되는 언론의 자유나 다른 시민적 자유는 작업장에서 제약된다. 민주주의와 자본주의의 두 원리가 서로 상충하는 가운데 현실의 시장경제는 존재한다. 따라서 민주주의와 시장경제의 친화성은 저절로 보장되지 않으며, 의식적이고 정치적인 개입과 노력을 필요로 한다.

경제민주주의는 상충하는 원리를 가진 민주주의와 시장경제 간의 조응과 공존을 추구한다. 따라서 경제민주화 논의는 타협적이고 실용적이며 실사구시적인 경향을 띠게 된다. 경제민주화는 어떤 특정 시기, 특정 국가나 지역의 특정 문제와 집중적으로 관련을 맺어야만 의미를 가진다. 또 같은 시대 같은 사회 안에서도 계층별, 계급별로 느끼는 문제가 다를 수 있다. 이 때문에 경제민주화가 무엇을 의미하는지에 대해 의견이 분분하고 사회적 합의가 쉽게 이루어지지 못하는 것은 당연하다. 이렇게 보면, 신자유주의 복지체제도 가능하고, 신자유주의 경제민주화 및 금융민주화도 가능하다. 현재의 경제민주화는 지난 30~40년간 세계 경제를 이념적으로 지배해왔고, 2008년 미국발 금융위기를 통해 그 영향력이 크게 약화된 신자유주의에 대한 대응물로 받아들여지고 있는데, 이 때문에라도 신자유주의가 뭐냐는 문제가 모호한 만큼 경제민주화 문제도 꼭 그만큼 모호할 수밖에 없다.

끝으로 신자유주의 경제민주화의 내용과 특징을 간단히 짚어보기로 하자. 이는 정치권력이 시장에 개입하는 것을 원칙적으로 반대하고 시장 기능을 정상화하는 데 필요한 최소한의 개입만을 요구한다. 독과점과 외부효과 등 시장의 실패를 억제할 수 있는 제도적 장치를 마련하는 데 소홀하고, 독점적 대기업(또는 기업집단)에 의한 경제력 집중이 시장 경쟁 자체를 왜곡하는 것을 막아야 하는 과제에는 눈을 감는다. 앞에서도 이야기했듯이 가장 큰 특징은 경제와 정치를 이분법적으로 분리한다는 것이다. "정치는 정치 논리로, 경제는 경제 논리로!"라는 낡은 이념이 다시 부활하여 신자유주의의 중요한 표어가 되었다. 이렇게 함으로써 민주주의를 관념적으로 구분된 정치적 영역에 가두어둔다. 이러한 이분법은 현실과 괴리된 가공의 세계에나 적용할 수 있을 뿐이다.

3. 경제민주화와 금융민주화의 일반적 특성

어떤 종류의 권력이든 민주주의 사회에서는 그 권력이 사회적으로 정당성을 얻으려면 민주적 의사결정 과정에 따르는 방법밖에 없을 것이다. 민주적 정당성을 가진 정치권력이 민주주의 절차와 원칙에 따라 사회적 폐해를 줄이기 위해 경제에 개입해서 시장을 규제하고 조정하는 과정이 바로 시장경제와 민주주의가 결합되어가는 중요한 방식이다. 이것이 경제민주화의 발전 과정이다. 사회 구성원의 민주적 의사결정에 의해 정당화되는 국가 개입은 사실상 국가 개입이 아니며, 정당성을 얻지 못하면 정경유착이 되고 만다. 물론 다양한 사회계급이나 계층에 따라 판단이 달라지겠지만, 이 다른 판단을 조정할 길도 현재로서는 민주주의밖에 없다. 의사결정과 개입 과정의 투명성과 책임성은 정치의 민주주의를 시장경제에 결합하는 일이 정당한가를 판단하는 또 다른 중요한 요소다.

앞에서 경제민주화는 민주주의와 자본주의 시장경제 간의 조응과 공존을 추구하는 것이며, 매우 실용적이고 실사구시적인 경향을 가진다고 했다. 그리고 신자유주의 경제민주화도 가능하다고 했다. 그렇다면 이와 달리 지난 수십 년간 시장의 힘을 강화(탈규제와 시장자유화)해온 결과 현재 전 세계적으로 나타나고 있는 치명적인 사회 문제, 즉 양극화, 갈수록 심화되는 소득과 자산 소유의 불균형, 가계소득의 위축, 사회적 격차와 차별의 확대, 청년실업과 노년층의 빈곤, 일자리 질의 저하와 노동 빈곤working poor, 대기업과 중소기업 간의 불공정거래, 지역 갈등 같은 문제들을 완화하고 해소하는 데 기여할 수 있는 경제민주화는 어떤 것이어야 할까.

단순히 시장에 민주주의의 영역을 확대하는 것을 넘어 시장경제 체제에 민주주의를 결합하려는 것이기 때문에 경제민주화의 구체적인 개념과 내용을 한두 마디로 이야기하기는 어렵다. 시장경제 자체에 민주주의 원칙인 힘의 균형과 견제의 원칙, 책임의 원칙이 작동하도록 해야 하는 것이다. 예를 들면 중소기업과 대기업 간에 힘의 균형과 견제, 대등한 파트너로서 자본과 노동 간의 힘의 균형과 견제, 소비자와 생산자 간 힘의 균형과 견제, 주주(투자자)와 노동자 간의 힘의 균형과 견제, 지역 주민과 기업 간의 힘의 균형과 견제 등 시장경제의 모든 영역에서 이 민주주의 원칙이 지켜지도록 하는 것이 중요하다. 시장 실패를 초래하는 독과점 문제를 국가의 규제를 통해 억제할 수도 있지만, 경제민주화는 단순히 여기에 그치지 않고 더 나아가 독과점 기업에 대항할 수 있는 힘을 시민사회 내부에 만들고 육성해야 한다. 뒤에 다시 다루겠지만 은행과 개별 금융소비자 간의 관계를 보더라도, 은행은 그 규모와 압도적인 정보력으로 인해 개별 금융소비자의 이득을 침해해서 자기 이득을 챙길 유인과 능력이 있다. 이를 막기 위해 소비자 보호를 담당하는 감독기구를 만들어 은행을 감시하게 하는 방법도 있고, 은행 내부에 소비자의 이득을 지키는 임무를 가진 이사회 위원이나 감사를 둘 수도 있다. 이 방식들이 모두 경제민주화나 금융민주화의 내용이 될 수 있지만 후자로 갈수록 좀더 발전된 형태라고 하겠다.

많은 경제학자들이 금융시장을 국가 개입 없이도 가장 잘 작동할 수 있는 시장으로 보기(효율적 시장 가설)도 하지만, 현실적으로 금융시장만큼 정치와 시장경제의 결합이 뚜렷이 나타나는 곳도 없다는 사실이 자주 드러난다. 가장 기본적인 경제변수인 금리는 시장에서 자금에 대한 수요와 공급에 의해 결정되는 것 같지만, 그 기준이 되는 금리는 대부분의 국가에서 중앙은행이 정하는 기준금리다. 그리고 중앙은행의 기준금리 결정은 경제의 필요에 부응하고 따르는 것 같지만, 동시에 정책 목표와 관련한 정치적인 결정이다. 또 다른 기본 경제변수인 환율도 그렇고, 심지어 물가도 그렇다. 세계 환율의 기준인 달러의 가치는 1970년대 초 닉슨 대통령 시기 달러의 금태환이 정지된 이래 미국의 정치적 결정에 의해 변동하게 되었다. 또 어떤 국가든지 물가에 대해 정치적인 결정에 바탕을 둔 정책적 목표를 설정하고 있으며, 그 목표 달성을 위해 다양한 수단과 제도를 갖추고 있다. 이 수단과 제도를 만들어내는 것이 권력이고, 그것은 경제적이지만 동시에 정치적일 수밖에 없다.

일반적으로 민주화라고 하면 독재권력에 대항해서 시민과 국민에게 그 권력을 돌려주는 과정을 가리키듯이, 경제민주화 혹은 금융민주화도 경제권력 혹은 금융권력을 대상으로 한다. 실물경제에서는 대부분 시장 지배력을 갖는 대기업 혹은 대기업집단들이 경제권력의 중심이다. 이와 함께 기준금리를 결정하고 상품 가격의 등락 정도를 목표로 설정하는 힘도 바로 권력이다. 따라서 경제민주화의 가장 발전된 형태는 금리, 환율, 물가 같은 가장 기본적인 경제변수가 결정되는 방식과 과정을 투명하게 하고 민주화하는 과제까지 포함하게 된다. 금융시장은 여타 일반 상품의 시장과 공통되는 성격을 갖기도 하지만 특별한 성격도 가진다. 일반 상품시장에서는 경제권력의 기초가 되는 것이 개별기업(혹은 기업집단)의 규모이고 경제력 집중이다. 그러나 금융시장에서 금융권력의 핵심은 개별 은행의 규모라기보다는 은행 시스템이다. 뒤에서 다시 설명하겠지만, 화폐의 중요한 부분인 은행권을 발행하는 힘(신용창조의 능력)은 개별 은행의 힘이라기보다는 은행들의 집합체인 시스템이기 때문이다.

경제민주화는 시장경제를 계획경제처럼 다른 경제체제로 대체하자는 것이 아니다. 금융민주화도 금융시장이 만들어내는 여러 가지 모순과 문제를 민주주의에 의해 정당성을 가지는 정치적 개입을 민주주의 절차에 따라 행사함으로써 수정해나가자는 것이다. 이 수정을 통해 사회적 필요에 좀더 부합하는 방향으로 시장이 움직이도록 하려는 것이다. 시장이 발생시키는 문제와 모순은 시대와 사회의 발전 단계에 따라 다양하므로 경제민주화와 금융민주화는 시대를 초월하는 체계적 내용을 갖기보다는 실용적인 성격을 띤다.

자본주의 역사에서 민주주의와 자본주의 시장경제의 공존 또는 결합이 가장 많이 진행된 시기와 지역은 각각 전후 황금기(브레턴우즈 시기, 2차 세계대전 이후부터 1970년대 초)이며, 사회민주주의 정책 노선을 택한 서유럽이라고 할 수 있다. 여기에는 뉴딜 개혁 이후의 미국이 포함된다. 수정자본주의 또는 혼합경제라고 불렸던 시기이며 지역이다. 다수의 연구가 이 시기에 서구 전반에 걸쳐 정책과 제도에서 사회민주주의 경향이 나타난다는 결론을 내리고 있다.[2] 패전 이후 연합군 사령부에 의해 단행된 일본의 경제민주화 정책도 이 범위에 포함시킨다.

이런 시기와 지역은 현재 그대로 적용될 수 없다 해도 경제민주화와 금융민주화의 중요한 사례다. 1970년대 이후의 신자유주의라 불리는 커다란 전환이 있기 이전의 시기로, 자본주의 시장경제에서 나타나는 시장 실패를 인정하고, 경제 계획과 국공유기업, 그리고 정부의 시장 개입이 허용되었다. 독점기업의 강력한 시장 지배력과 경제권력에 대항할 수 있는 시민사회 및 시장경제 내부의 힘으로서 노동조합 결성 등 노동자의 권리가 인정되었다. 정부는 복지서비스를 제공하고 완전고용을 유지할 책임이 있다는 사회적인 합의가 이루어졌다. 사회적 목표로서 복지국가를 지향했기 때문에 의료, 건강, 교육, 육아 등 사회복지 서비스가 오늘날처럼 사적이거나 시장 논리(혹은 상품 논리)에 따르기보다는 공적이고 정치 논리로 다루어지는 경향이 강했다. 정치적 민주주의뿐만 아니라 경제적 민주주의도 중요한 사회적 가치를 갖는 것으로 받아들여졌다. 실업률 감소와 같은 사회적 목적을 달성하기 위해 기간산업을 국유화하는 일도 드물지 않았고, 노동자 지주제나 노동자 경영 참여 제도도 국가별로 나타났다. 노동자의 이해를 대변하는 것을 목표로 하는 정당이 제도적으로 허용되었고, 제한적이지만 친노동자 정책이 실행되는 경우도 많았다. 금융시장은 금리 통제에서부터 금융기

---

2. "50년대와 60년대의 대호황은 자본주의의 전성기였다. 정치적인 견해 차이는 단일한 사회민주주의적 합의social democratic consensus 속으로 가라앉았다. 이 합의를 좌우파 정당들은 대체로 적극적으로 받아들였다."(Armstrong, Glyn and Harrison, 1993, 16~17쪽) "1950년대와 1960년대에는 심지어 보수주의 정권이라고 해도 사회민주주의적 경향을 띠었다. 이와 마찬가지로 1980년대 이후에는 대부분의 사회민주주의 정권들이 시장자유주의로 전환했다."(Dullien, Herr and Kellerman, 2012, 64쪽)

관의 업무 영역 규제에 이르기까지 사회적 통제를 받았다. 환율은 고정 환율 체제에서 움직였고, 무엇보다도 국경을 넘는 자본의 자유로운 이동이 통제되었다. 이러한 금융 규제는 각국이 국제 금융시장의 변덕스러운 불안정이나 과도한 자본 유출입을 걱정하지 않고 국내의 민주주의적 결정에 따른 경제적 목표(대표적으로 완전고용)를 우선적으로 추구할 수 있는 조건을 만들어주었다. 무엇보다도 오늘날과 같은 금융시장의 투기적 행위가 발생할 토양을 약하게 했다.

금융자본과 산업자본 그리고 노동 사이에 사회민주주의적 합의가 가능했던 요인은 두 번의 세계대전과 사회주의권의 성립, 1930년대 내 공황과 전후 호황 등의 여건에서 급성장한 노동운동과 그것에 밀린 자본가 계급의 양보였다. 약한 규제 속에서 자유로운 시장이 초래한 경제적 독점과 그로 인한 불평등, 실업, 불안정한 경제 상황 등이 사회적 위기감을 심화시킨 것이 중요한 배경이었다. 하지만 1970년대 이후에 이러한 사회적 합의는 파기되었다(유철규, 2002 참조).

4. 화폐 및 금융의 기능과 특성 그리고 금융권력

1) 화폐 발행과 관리의 독점권, 은행 시스템의 권력

여전히 논쟁이 되고는 있지만, 오늘날의 자본주의 시장경제가 물물교환 경제와는 다른 '화폐경제'라는 데는 상당한 정도로 동의가 이루어져 있다.[3] 화폐시장도 화폐에 대한 공급과 수요를 연결해주는 것으로 이해할 수 있지만, 현대의 은행권 및 중앙은행권(중앙은행권도 특수한 은행권의 하나다)을 바탕으로 하는 불환지폐 체제에서는 일반적인 시장과 다른 현상이 나타난다. 대표적인 것이 화폐의 공급이다. 실물적 상품화폐

(예를 들어 금이나 은 같은 귀금속 화폐)는 생산하는 데 제약이 있기 때문에 공급량을 제한하지만, 현대경제의 화폐는 사실상 공급에 제약이 없다. 이 사실은 중앙은행권이 종이에 인쇄만 하면 되는 것에서 자명해 보이지만, 더 중요한 것은 신용창조 과정으로 알려진 일반 상업은행 시스템이 만들어낼 수 있는 화폐다.

어떤 은행이 대출을 해주고, 그 대출금 액수를 예금통장에 찍어주는 과정을 생각해보자. 분명히 대출을 해주었는데 은행은 여전히 대출 능력이 그대로 남아 있다. 물론 대출금을 찾아서 다른 은행으로 옮기면 최초의 대출 은행은 대출 여력이 줄겠지만, 은행 시스템 전체에서 보면 대부분의 대출금은 은행 시스템 안에서 어느 은행인가에 예금 형태로 다시 들어와 있다. 그래서 은행 시스템은 엄청난 규모의 대출을 반복할 수 있다. 이것이 신용창조 과정이며 현대금융의 중요한 특징이다. 대출의 증가는 화폐의 공급이 되며, 대출 증가는 부채 증가와 같은 말이다. 그리고 예금은 은행이 지고 있는 부채다. 즉 신용창조 과정을 통한 화폐의 공급은 대출을 받는 사람의 부채와 은행이 지는 부채가 축적되는 과정이기도 하다.

화폐 공급은 귀금속 화폐와 같은 생산의 제약이 없기 때문에 현대경제에서는 화폐 공급을 통제하기 위한 별도의 방법이 필요하다. 그 방법은 법규와 규칙, 규범 등의 금융제도로 구성된다. 세계 금융위기에

3.　애덤 스미스 이래 고전학파와 그 맥을 잇는다는 오늘날의 주류 신고전학파 경제학에서는 화폐를 상품 교환이 활발하도록 윤활유 역할을 해주는 중립적인 교환의 매개수단으로 보는 경향이 강하다. 경제의 실체는 실물경제 생산요소들의 상호 작동이고 교환인 것이며, 화폐는 영화 스크린에 사물이 비춰지듯 이것들이 비춰지는 하나의 장막veil이다. 화폐 자체는 먹을 수도 입을 수도 없기 때문에, 화폐를 가지고 있는 것은 비생산적이며, 합리적인 개인이라면 화폐는 쥐고 있는 것이 아니라 즉시 소비하거나 투자해야 하는 대상이다. 그러나 케인스가 잘 지적했듯이, 이러한 인식은 자본주의 시장경제를 물물교환 경제와 비슷한 방식으로 이해하는 것이다. 자본주의 경제를 화폐가 중립적 역할을 담당하는 물물교환 경제와는 질적으로 다른 무한대의 이윤 축적을 목적으로 하는 '화폐경제' 혹은 '화폐적 생산경제'라고 보는 견해는 마르크스, 슘페터, 케인스 등에서 공통적으로 나타난다.

대응하는 과정에서 대부분의 주요 국가가 평상시에는 상상도 못할 규모의 통화를 발행했다. 통화의 발행은 은행 시스템의 대차대조표의 자산과 부채 양변에 그만한 크기의 자산과 부채를 쌓는다.[4] 따라서 화폐는 교환을 매개하는 자연적이고 중립적인 어떤 것이 아니라 정치적·정책적 판단에 의해 그 공급량과 가치가 결정되는 존재다. 그리고 그 결정을 내릴 수 있는 힘이 바로 권력이다. 이 권력은 법정화폐legal tender, 法定貨幣로서의 중앙은행권과 일반 상업은행의 신용창조 과정에서 나타나는 예금과 은행권의 발행 및 관리를 둘러싸고 국가와 중앙은행 그리고 일반 상업은행 시스템이 연결되는 제도적 장치에 의해 행사된다. 이렇게 해서 현대의 화폐제도는 생산을 극한까지 확장할 수 있는 능력을 갖지만, 동시에 그 경제가 지속 가능한 정도를 넘어 거품의 붕괴를 일으킬 수도 있다.

한편 역사적으로 화폐의 발행과 관리에 관련한 영토적 독점권은 각국 정부의 특권으로 받아들여졌다. 그래서 화폐는 부와 권력의 배분에 관련되는 문제가 될 수밖에 없다. 세계화와 함께 진행되고 있는 국경을 넘는 각 통화권의 형성(국경을 넘는 달러의 세계적 유통, 유럽연합의 통화 통합, 엔블록, 위안의 국제화)과 관련된 국가 간 긴장과 갈등은 화폐의 이러한 성격을 잘 보여준다. 화폐의 발행과 관리에 관한 권력은 국가경제 운용을 통제하는 강력한 도구이기 때문에, 통화의 국제적 사용과 외국 통화의 자국 유통은 어떤 국가에는 정부의 의사결정이 제대로 실행될 수 없게 됨을 의미한다. 정부의 의사결정이 제대로 작동할 수 없다면 그것은 곧 민주주의를 위협할 수 있다. 그래서 세계화와 각국의 민주주의가 상충하는 현상을 어떻게 다루어야 하는지가 금융민주화의 주제가 될 수밖

---

4. 예를 들어 연방준비은행의 총자산은 2008년 9월 3일 9,070억 달러에서 2008년 11월 12일 2조 2,140억 달러로 급증했다(정운찬·김홍범, 2012, 528쪽 참조). 최근에 관심을 끌고 있는 아베노믹스는 무한 통화 공급을 공언했다.

에 없는 것이다.[5]

2) 금융의 기능, 금융시장의 특성, 금융권력

금융의 목적 혹은 기능은 저축을 투자로 연결시켜 동원하고, 가능한 한 적은 거래비용으로 위험을 관리하며 (화폐)자본을 배분하는 것이다.[6] 결국 자금의 융통을 통해 경제 발전의 효율성과 안정성을 높이는 것이 금융의 가장 중요한 기능이라고 할 수 있다. 경제 발전의 핵심은 투자와 고용의 증진과 실물경제의 지속 가능하고 안정적인 성장이 될 것이므로 금융의 핵심 기능은 실물경제를 뒷받침하는 것이다. 자금 중개를 담당하는 금융의 기능이 제대로 작동하는 경우 금융 부문은 실물 부문이 필요로 하는 화폐자본을 적절히 제공하여 성장에 기여한다. 그러나 금융 부문은 언제든지 제대로 작동하지 않을 가능성(시장 실패의 가능성)을 내재하고 있다. 실물경제와 괴리된 금융의 과도한 팽창은 예외 없이 결국은 거품과 금융위기를 불러들였다. 이번에 겪고 있는 세계 경제위기는 많은 국가들에서 금융 부문이 사회적 필수 기능을 제공하는 데 실패했음을 보여주는 대표적인 사례다.

시장 실패를 초래하는 금융시장의 내재적 불완전성은 금융 규제와 감독이 필요한 핵심적인 근거다. 금융시장의 완전성을 주장하는 견해가 경제학에서는 여전히 지배적이지만, 현실에서 금융시장이 다른 시장에 비해 더 복잡하고 다양한 규제와 감독을 받는다는 사실이 금융시장의 불완전성을 역설적으로 보여준다. 금융시장의 실패를 낳는 요인으로 일반적인 금융 교과서는 정보의 비대칭성, 외부효과, 자연독점을

---

5. 로드릭(Rodrik, 2011)이 수행한 연구의 핵심 주제다.
6. 교과서식으로 표현한다면 투자 기회의 발견과 평가 기능, 기업의 감시 기능, 위험 관리 기능, 저축의 동원 기능, 실물거래를 원활하게 하는 기능들이다.

지적하곤 한다.

　정보 비대칭성은 상품을 구매하기 전에 품질에 대한 완전한 정보를 갖지 못하거나 구입한 후에도 실제로 상당 시간 사용해보아야 그 품질을 알 수 있는 것과 관련되어 있다. 이때 공신력 있는 기관이 품질 검사를 대신해준다면 정보의 비대칭성은 많이 줄어들 것이다. 금융시장의 경우 금융상품의 품질과 사후관리에 대해 공신력 있는 기관이 챙기는 것이 금융 규제와 감독이 된다. 예를 들어 은행에 예금하고자 하는 예금주는 그 은행이 건전한지 아닌지를 스스로 알아내기 힘들고, 가능하다고 해도 개인이 감당하기에는 비용과 시간이 많이 든다. 여기서 정보 비대칭성이 발생한다. 또 금융기관이 예금을 가지고 제대로 운용하고 있는지도 알기 어렵다(자산 운용에 대한 정보의 비대칭성). 이 때문에 금융기관은 금융 소비자를 속일 유인과 능력을 모두 갖게 된다. 결국 정보 비대칭성을 완화하는 것은 금융 소비자를 보호할 필요성으로 연결된다.

　개별 은행은 하나의 시스템 안에서 다른 은행과 묶여 있기 때문에 한 은행의 유동성 부족이나 도산은 즉시 다른 은행의 예금 인출 사태를 초래할 수 있다. 이것이 금융시장에서 외부효과가 강하게 나타나는 중요한 이유 중 하나다. 그런데 언제든지 인출이 가능해야 하는 예금을 받아 단기간에 회수하기 어려운 대출에 운영하는 은행업은 본질적으로 불안정할 수밖에 없다. 예금 인출에 대비해 은행은 예금의 일부만을 준비금으로 두고 나머지를 운용하게 된다. 이렇듯 예금의 일부만을 예금 인출 준비금으로 두는 부분 지불 제도를 운용하는 경우 어떤 이유로든 예금 인출이 쇄도하면 은행은 도산할 수밖에 없다.

　앞에서 언급했듯이 화폐를 창출하고 관리하는 힘이 중앙은행과 일반은행으로 구성된 은행 시스템에 독점되어 있으며, 은행은 중앙은행권에 접근할 수 있는 특권을 가진다[7]는 것이 기본적인 현대 시장경제의 특성이다. 이 때문에 은행 시스템은 지급결제 시스템이기도 하다. 그런데 지급결제 기능은 자연독점의 경향이 강하다.[8] 즉 지급 시스템이 통합되어 규모가 커질수록 시스템 운영의 비용(화폐적 채권·채무 관계의 상각과 청산에 필요한 비용)이 낮아진다. 규모의 경제와 네트워크 외부성[9]이 강하다는 뜻이다.

금융시장은 정보의 불완전성과 비대칭성, 외부효과 등의 문제가 다른 상품시장에 비해 더 심각한 것으로 알려져 있다. 한편 케인스가 일찍이 주장했듯이 금융시장, 특히 자본시장은 투기적 자금흐름에 노출되기 쉬워서 기업의 생산활동에 배분되어야 할 자본이 낭비될 수 있다. 이와 관련해서 시장 참여자들이 떼 지어 몰려다니는 군집행동의 경향이 나타나고 사소한 일에도 민감하게 반응하는 과잉 반응의 경향이 있다는 점도 지적할 수 있다. 금융시장 참여자들은 투자 시계視界가 상대적으로 짧다는 점도 주목되는 특성이다. 이는 금융시장에서는 유동성(현금화하기가 쉬운 정도)이 매우 높은 상품이 거래된다는 성질과 관련이 있으며, 특히 투자자들의 근시안적 행태는 주주자본주의의 특성을 다룰 때 자주 지적되는 문제다.

금융시장의 권력도 다른 시장과 마찬가지로 일차적으로 독과점에서 찾아볼 수 있다. 상업은행은 공적인 성격을 가지며 일반적으로 엄격한 감독과 규제를 받기 때문에 독과점의 폐해가 잘 드러나지 않으며, 상업은행업의 자연독점적 성격이 크게 문제가 되는 경우도 많지 않다.

그러나 지난 수십 년간 급팽창했다가 이번 세계 금융위기 속에서 무너진 월스트리트의 투자은행들의 경우는 달랐다. 투자은행은 시장

---

7.   중앙은행은 일반 기업을 대상으로 해서는 은행업을 수행하지 않고 은행만을 대상으로 한다. 이를 두고 중앙은행을 '은행의 은행'이라고 부른다.
8.   이로 인해 지급결제 시스템의 독점화 경향이 나타나는데, 지급결제 시스템을 어떤 사적 주체가 독점적으로 운영하게 되면, 그는 독점력을 남용할 유인을 가진다.
9.   어떤 재화가 널리 보급되어 사용될수록 그 재화의 가치가 증대하는 경우 네트워크 외부성이 작용한다고 한다.

거래의 판매자와 구매자 쌍방 모두를 고객으로 삼아 조언consulting하므로 이해관계가 어긋나는 두 당사자로부터 정보를 모두 얻는 셈이다. 더구나 그들 스스로가 판매자나 구매자가 될 수 있다. 잉햄(Ingham, 2008)은 월스트리트의 투자은행들이 과점체제 속에서 누린 권력의 남용을 지적하면서, "경매인이 경매를 수행하는 동시에 호가呼價까지 하는 이상한 경매장", 혹은 "한 사람이 다른 이들이 쥐고 있는 패를 모두 들여다볼 수 있는 이상한 카드게임"이라고 표현했다(Ingham, 2013, 237쪽). 독과점적 지위와 거기서 발생하는 정보우위에서 나오는 권력을 사적으로 남용함으로써 얻는 이익은 미국 금융산업의 급팽창을 설명하는 데 중요한 역할을 한다.

지난 30여 년간 금융 부문의 성장은 개별 국가 차원에서나 세계적 차원에서나 모두 엄청난 것이었다. 예를 들어 1980년부터 2005년까지 글로벌 금융자산의 크기는 전 세계 GDP의 109%에서 316%로 증가했으며, 이 기간 미국에서 금융기업들이 벌어들인 이윤 크기는 제조업과 같은 비금융기업들의 전체 이윤 크기의 20%에서 50% 수준으로 증가했다(Glyn, 2006, 52쪽 참조). 1975년 이후 25년간 미국의 증권산업은 25배로 커졌다. 또 모토야마 요시히코는 서브프라임 모기지론 사태를 다루는 가운데, 신용평가 기관이 기업의 생사여탈권을 쥘 정도의 권력을 행사한 것을 금융권력의 실체의 하나로 중시했다(本山美彦, 2008, 1장 4절 참조).

한편 지난 수십 년간 월스트리트와 IMF(국제통화기금), 그리고 워싱턴의 정치세력들은 세계 여러 국가들에 대해 자본의 자유로운 이동과 금융 규제 철폐가 경제를 번영시킨다는 신념을 확산시키는 데 한목소리로 앞장섰다. 이 한목소리는 종종 '워싱턴 컨센서스'라고 불렸으며, 1980년대 라틴아메리카 위기, 1990년대 아시아 금융위기, 2008년 세계 금융위기 등 세계적 규모의 위기가 반복되면서, 많은 국가들이 IMF

를 앞세운 이들의 현실적 힘(권력)에 굴복해 금융자유화와 시장화를 추구하는 획기적인 제도 변화를 겪었다.

3) 금융제도의 차이와 금융민주화

자본주의 국가별로 금융제도가 차이 나는데, 이 역시 금융의 민주화와 관련해서 중요한 주제가 된다. 기업이 화폐자본을 조달하는 방법으로는 주식 발행을 통한 방식과 은행 대출을 통한 방식이 기본적인데, 주식시장과 은행 대출이 어떤 방식과 비중으로 구성되는지가 금융제도의 차이를 가르는 기준으로 사용되곤 한다. 금융제도 혹은 금융시스템은 고객과 금융기관의 관계를 기준으로 보면 관계 중심 시스템relationship-based system과 거리 두기 시스템arms-length system으로 분류할 수 있고, 기업의 자금 조달의 원천을 기준으로 보면 은행중심제도bank-based system와 시장중심제도market-based system로 나누는 경향이 있다. 관계 중심 시스템과 은행중심제도가, 그리고 거리 두기 시스템과 시장중심제도가 겹치는 경우가 많다.[10] 은행중심제도를 택한 나라로는 독일 등 유럽 대륙의 자본주의 국가들과 일본이 꼽히며, 미국과 영국은 (주식)시장중심제도를 취하는 대표적인 나라로 인식된다. 물론 최근에는 세계화의 진전과 함께 주식시장에 기초한 금융 시스템과 은행에 기초한 금융 시스템의 차이가 줄어든다는 견해(Froud and Williams, 2007)도 있으나, 이 두 가지 기본적인 금융제도는 각기 서로 구별되는 기업 소유 및 지배구조와 조응하는 것으로 알려져 있다. 따라서 투자자(주주), 대출자(은행), 기업 내부 이해당사자(경영자와 노동자 등) 및 외부 이해

---

10. 경제제도와 모델의 다양성과 관련해서 미국식 경제 모델, 일본·스웨덴·독일 모델 등 각국 모델의 특징에 대해서는 전창환·조영철(2001)을 참조할 수 있다.

당사자(하청업체, 납품업체 등) 사이에 생산된 경제 잉여의 분배를 둘러싼 갈등과 그 결과도 달라진다. 경제 잉여 분배의 방식과 결과적인 크기는 결국 이들 간 권력의 분배와 배치의 차이를 보여준다. 주식시장에 기초한 금융 시스템에서는 권력이 주주에게 집중되는 경향이 있는 반면, 은행에 기초한 금융 시스템은 일반적으로 주주 등의 이해당사자, 채권자, 노동자와 노동조합, 경영진 등 훨씬 더 다양한 이해집단 사이에 권력이 분산된 시스템으로 알려져 있다. 따라서 은행 중심 금융 시스템이 좀더 금융민주화에 친화적이라고 할 수 있다.

5. 금융민주화와 금융 개혁의 조건 및 방향

1) 금융 규제의 필요성

자유은행주의free banking school[11]의 주장은 금융민주화와 관련해서 작지 않은 시사점을 제공한다. 이들은 일반 상품과 마찬가지로 화폐 역시 중앙은행이 독점적으로 공급하는 것보다는 은행들의 상호 경쟁에 의해 공급하는 것이 바람직하다고 주장한다. 화폐 발권업을 법적 규제에 의해 중앙은행이 독점하는 것은 인위적인 규제를 통해 경쟁을 제한하는 것이며, 금융업이라고 해서 자유시장 원리가 적용되지 못할 이유가 없다고 보는 것이다. 금융 규제를 없애는 것이 바람직하다는 관점의 극단적인 형태인데, 인위적인 독점권을 해소하자는 주장은 형식상 금융민주화에 부합하는 것처럼 보인다. 그런데 거꾸로 민주주의와 정치가 경제권력의 지배를 극복하고 활성화되기 위해서는 오히려 금융 규

---

11. 하이에크Hayek, 캐머런Cameron 등이 20세기의 주요 논자들로 알려져 있다.

제가 필요하다고 주장하려면 그 근거는 무엇일까.

자유시장을 진정으로 신봉한다는 것은 규제의 폐지만 주장하는 것이 아니다. 동시에 한 금융기관의 실패가 생겼을 때 구제를 하지 않는다는 것을 의미해야 한다. 즉 규제도 없고 구제도 없어야 한다. 그런데 구제가 없으려면 그 금융기관의 실패가 실물경제에 큰 해악을 끼치지 않아야 한다. 만약 고용 등 실물경제에 심각한 해악을 끼친다면 민주주의라는 조건 속에서 구제에 대한 정치적 압력을 피할 방법은 없을 것이다. 실제로 대형 금융기관의 파산을 수수방관할 수 있는 정부는 없다. 개별적으로는 규모가 작은 금융기관이라고 해도 여러 개가 연쇄적으로 영향을 미친다면 구제하지 않을 수 없다. 따라서 금융민주화는 금융 규제와 실패한 금융기관의 구제 사이에 균형을 맞추는 일이다. 지금의 문제는 규제가 옳으냐 그르냐가 아니라, 어떤 규제 정책을 실행해야 기업의 사적 이윤 동기와 사회적 필요를 합치하는 방향으로 이끌 수 있느냐 하는 것이다. 금융 규제를 풀수록, 즉 금융에서 사적 시장이 강화될수록 효율과 안정이라는 경제적 성과를 이루지 못했다는 점은 의심할 여지가 없다. 사적 이윤 동기가 시장 실패를 통해 사회적 필요를 충족시키는 데 장애가 된다면 당연히 규제되어야 한다.

2) 세계화에 대한 통제

지난 30여 년 동안 세계 경제 변화는 투자의 자유를 필두로 한 자본 활동의 자유와 자본의 세계적 이동성mobility 증가를 특징으로 진행되어왔다. 이로 인해 각 국가별로 정도는 다르지만 국민경제 단위로 발전해온 근대 민주주의에 상당한 정도의 긴장이 초래되었다. 이른바 시장 원리의 확대가 민民의 통제와 민의 평등이라는 민주주의의 기본 원칙과 서로 충돌하는 현상이 확대되었기 때문이다. 이에 따라 절차 위주의 형식적인 민주주의 제도가 경제적 불안정과 불평등에서 발생하는 사회적 갈등을 해결하는 데 부딪히는 어려움도 분명해졌다.

국제 금융시장에 대한 완전한 개방이 완전고용과 복지의 보장을 위태롭게 할 수 있다는 점은 일찍이 케인스가 누차 강조했다.[12] 단기적 사적 이윤을 추구하는 투자자들이 더 높은 실질 이자율을 좇아서 전 세계를 마음대로 돌아다닐 수 있는 상태에서는 완전고용을 추구하고 복지를 보장하겠다는 사회경제적 민주주의의 정치적 목표를 달성할 수 없다. 세계적 거버넌스에 대한 논의가 활발한 편이지만, 로드릭(Rodrik, 2011, 344~346쪽)이 적절히 지적했듯이 가까운 미래에 민주적 세계정부를 기대하기는 어렵다. 당분간 민주적 거버넌스와 정치 공동체는 국민국가 내에서 조직될 수밖에 없을 것이며, 우리는 여전히 국민국가와 함께 살아야 할 것이다. 그렇다고 세계화를 거부하고 지역화만을 추구하는 것도 설득력 있는 대안이 아니다. 시민과 노동자의 자유로운 이동과 세계적 연결 및 통합을 생각해보면 세계화를 부정하기는 어려울 것이다. 그렇다면 문제는 자본에만 압도적인 자유가 허용된 현재의 세계화(신자유주의적 세계화)를 어떤 세계화로 바꾸고 관리할 것인가를 질문해야 한다. 어떻게 하면 일방적으로 자본 편향적인 세계화를 노동과 자본에 대한 균형 있는 세계화로 바꾸어 관리할 수 있는가가 금융민주화에 부합하는 질문이다.

이 균형을 맞추기 위해서는 노동의 세계화를 확대하는 방안과 자본의 세계화를 억제하는 방법이 있을 터인데, 국민국가와 함께 살아야 하는 현재의 조건에서 전자는 기대하기 힘들다. 그래서 후자의 길이 남는다. 자본의 세계화를 억제하는 것이 금융민주화에 부합할 여지가 있

---

12. "전체 국내 경제를 관리할 수 있는지의 여부는 세계 여러 나라의 이자율에 제약받지 않고 적절한 국내 이자율을 정할 수 있느냐에 달려 있다. 이것의 논리적 결론이 자본 통제다"(Keynes, 1980, 149쪽).

는 것은 정치적 공동체로서 국민국가 내에서 민주적 의사결정의 여지를 넓혀주기 때문이다. 현재의 세계화는 깊어지면 깊어질수록 국민국가에 기반을 둔 민주주의와 충돌할 수밖에 없다. 세계화의 심화는 국민국가 내 민주적 의사결정과 실행의 공간을 점차 없앤다. 국가 간 투자협정이 민주적 국민국가의 입법권을 심각하게 제약할 수 있다. 이는 계층 간 갈등을 민주적 해법을 통해 풀어갈 수 있는 여지를 억압한다. 현재의 신자유주의 세계화의 핵심은 자본 이동의 자유화이고, 그 정점에 투기자본의 이동이 자리 잡고 있다. 이 이동 가능성이 민주주의를 위협하고 권력이 된다. 외국 자본 유치를 위한 투자자 권한 확대, 노동 기준 악화 경쟁, 법인세 인하 경쟁, 보건과 안전기준 완화 경쟁, 산업정책에 대한 제약 등이 모두 민주적 의사결정을 위협하는 것들이다. 이 때문에 케인스 시대의 거의 완전한 자본 통제는 불가능하다 하더라도 적절한 타협적 수준의 자본 이동 통제가 필요하다.

이런 방식, 즉 최소한의 민주주의 공간을 열어두는 정도로 제한을 두는 세계화를 생각하는 것은 대안이 될 수 없다거나, 현재의 세계화와 투기자본의 폐해가 초래하는 문제를 근본적으로 해결하지 못한다고 생각할 수 있다. 그러나 경제민주화는 민주주의와 자본주의 시장경제의 결합을 추구하는 것이고, 우리 사회에서 수용할 수 있는 민주주의는 어떤 형태로든 그 결과물로 사회적 타협을 내놓아야 한다.

3) 고용과 복지에 부합하는 금융 규제와 금융정책

대부분의 금융 개혁 논의가 규제를 강조한다. 그러나 형식적 규제만으로는 부족하며 규제의 영역 이상으로 금융정책도 중요하다. 금융정책은 규제를 포괄하며, 그 규제의 실재적 운용까지 포함한다. 규제를 통해서 사적 금융기관의 이윤 동기를 사회적 동기와 좀더 가깝게 만드는 데는 근본적인 한계가 있다. 금융정책은 그 규제의 한계를 넘어서서 공적 금융이라는 영역을 포괄해야 한다. 예를 들어 금융 소외의 문제는 사적 금융기관에 대한 규제와 공적 금융을 통한 해결책을 결합하여 접근해야 한다. 금융시장 참여자들이 추구하는 단기자본 이득을 장기적인 사회적 개발 효과와 병행시켜야 한다. 주택 문제에 대한 금융적 해법은 시장적 해법과 공공 주택 정책의 결합에서 찾아야 한다.

구체적인 금융 규제와 정책의 내용을 채우는 일은 각국이 처한 조건과 시대에 따라 고안해야 할 문제이긴 하나, 관심을 가져야 할 영역을 나열해볼 수는 있다. 소비자와 일반 소액투자자에 대한 철저한 보호, 생산과 산업을 중시하는 금융 기준 확립, 장기적 시계를 갖는 금융 행위 육성, 지역 밀착형 금융기관의 육성과 보호, 개별 금융기관의 건전성과 안정성에 우선하는 금융 시스템의 안정성 확보, 금융시장의 독과점 억제와 불가피한 독과점에 대한 균형 잡힌 관리와 통제, 금융 소외계층의 궁극적 해소, 금융정책·감독·규제 당국, 특히 중앙은행의 책임성과 투명성 확립 등이 그것이다. 그리고 금융정책의 궁극적 목표는 완전고용과 복지를 확립하는 데 맞추어야 한다.

6. 맺음말

2008년의 미국발 세계 경제위기는 시장근본주의에 입각한 맹목적인 세계화의 한계를 드러내면서 그 파탄의 계기가 되었다. 고용과 생산적 투자에 사용해야 할 사회적 자원을 엄청난 규모로 흡수해서 낭비해버렸다. 그리고 끝에 가서는 수습을 위한 천문학적 비용까지 납세자에게 전가했다. 그러나 여전히 시장과 개방, 세계화에 대한 기존의 지배적 신념은 꺾이지 않고 있다. 금융시장을 정비하고, 규제를 강화하고 무한한 탐욕을 조장하는 경제 및 금융구조를 고치겠다는 정치적 약속은 지켜지지 않고 있다. 위기를 낳은 금융시장의 실패가 다시 반복될 수 있는 구조적 요인이 해소되지 않고 있다. 이에 비례해서 경제의 핵심 부분들에 대해 민주적인 사회적 영향력을 확대할 필요성과 요구는 커지고 있다.

이 글에서는 구체적인 대안적 규제와 정책의 내용을 제시하기보다는 민주적 의사결정을 통한 경제 개입의 공간을 확보하는 일이 더 중요하다는 점을 강조했다. 현재의 대의제 민주주의는 훨씬 더 개방되고 확대되어야 하며, 그 공간 속에서 권리를 회복한 이해당사자들의 민주적 숙고와 합의를 거쳐 대안이 나올 수 있을 것이다. 중요한 점은 전문가의 영역이라는 이름 아래 민주주의와 결별한 채, 이해당사자의 참여를 배제하고 규제와 정책의 권한이 독점되는 상황을 타파하는 것이다. "금융 시스템(은행 시스템)이 사적으로 돈을 찍어내는 권한을 폐지하라" (Stalker, 2012, 161쪽)는 급진적인 요구도 얼마든지 가능하지만, 어떤 요구나 대안이든 그것이 민주적 원리와 국민이 수긍할 수 있는 참여의 과정을 통해 만들어지는 것이 중요하다.

경제민주화의 개념과 범위가 불확정적인 것과 마찬가지로 금융민주화도 고정된 것이 아니라 하나의 과정이라는 점을 명확히 하고자 했다. 그 개념과 범위는 특정 사회의 구체적인 문제와 결부될 때에만 확정될 수 있을 것이다.

개혁이 필요한 여러 가지 지점들을 언급하기는 했지만, 가장 중요한 영역을 꼽으라면 두 가지로 요약할 수 있다. 하나는 금융정책 결정의 권력을 개혁하는 것이고, 다른 하나는 시장에서 나타나는 독과점적 의사결정과 지배력의 구조를 개혁하는 것이다.

8. 재정의 공공성과 개혁 과제

오건호

1. 머리말

한국에서 재정이 국민의 관심사로 등장한 것은 근래의 일이다. 재정의 운용 주체가 정부인 까닭인데, 정부에 대한 불신이 그대로 재정에 대한 무관심 혹은 체념으로 표현되어왔다. 국민들은 정부가 재정을 정의롭게 사용하지 않고 있다고 여겨 가급적 재정의 역할을 축소하기를 바랐고, 이것이 조세 저항으로 이어졌다. 그 결과 우리나라 재정 규모는 OECD 국가에 비해 상당히 작고, 과세 인프라도 불완전하다.

그런데 근래 들어 재정에 관심을 갖는 국민이 많아졌다. 그 이유를 살펴보면 대략 세 가지다. 첫째, 2008년 이명박 정부 임기 첫해에 이루어진 대대적인 감세 조치의 영향이 컸다. 경제 활성화를 핵심 공약으로 내세웠던 이명박 대통령은 자신의 공약대로 기업의 투자 촉진과 상위 계층의 소비 진작을 위해 감세를 단행했다. 하지만 이미 조세체계가 상위계층에 유리하게 되어 있다고 느끼는 일반 시민들은 감세가 사회 양극화를 심화시킨다고 여겼다. 이명박 정부 임기 내내 '부자 감세' 논란이 끊이지 않았고, 이것이 시민들에게 재정에 대한 관심을 촉발한 계기가 되었다.

둘째, 복지에 대한 시민들의 요구가 증대하면서 이를 구현하기 위한 재정 방안이 활발하게 논의되기 시작했다. 복지재정을 늘리는 방안으로 토목이나 국방비를 줄이는 지출 혁신, 지하경제 양성화와 세금 감면 축소 등 간접 증세, 세율 인상이나 세목 신설 등 직접 증세가 있다. 박근혜 정부는 기존 지출 혁신과 간접 증세로 공약 실현을 위한 재정을 모두 마련할 수 있다고 강조하지만, 복지 수요에 필요한 재정 규모를 감안할 때 시민사회와 야권에서는 직접 증세도 불가피하다는 주장을 제기하고 있다.

셋째, 국제적으로 진행되는 재정위기에 대한 우려가 커지고 있다. 2008년 시작된 세계 금융위기로 서구 국가들이 정부의 개입을 확대하면서, 이는 오히려 재정위기로 번졌고, 여러 국가들에서 재정수지 적자가 심화되고 국가부채도 빠른 속도로 늘어나고 있다. 시장경제가 위기에 직면할 때마다 국가 재정이 소방수 역할을 해왔는데, 이제는 국가 재정 자체가 위기 징후를 보이고 있어 이를 바라보는 사람들의 걱정이 크다.

비록 재정에 대한 염려가 불러온 관심이지만 뒤늦게나마 우리나라에서 재정이 중요한 논의 주제로 등장한 것은 바람직한 일이다. 서구 선진국 경험에서 확인하듯이, 자본주의 시장경제에서도 재정이 차지하는 역할이 매우 크고, 향후 우리나라가 복지국가로 나아가려면 대대적인 재정 개혁이 필요하다는 점에서 이러한 관심은 전향적인 일로 여겨진다. 이제부터 재정의 역할이 무엇인지, 재정이 재정다우려면 어떠한 개혁이 필요한지를 논의할 필요가 있다.

이 글은 위와 같은 문제의식에서 재정의 공공적 역할과 개혁 방향을 다룬다. 우선 재정의 정의와 역할을 정리하고, 서구 복지국가에서 재정구조가 지닌 특징을 살펴본 후 이어 재정의 공공성과 민주주의를 강화하기 위한 개혁 과제를 제시할 것이다. 이는 향후 한국의 재정 개혁을 본격적으로 다루기 위한 전초 작업의 의미도 지닌다.

2. 재정의 정의, 역할, 논점

1) 재정의 정의와 현황

재정은 한 나라에서 공적 주체가 사용하는 돈에 관한 여러 가지 일을 말한다. 그러면 재정을 사용하는 공적 주체는 누구인가? 보통 중앙정부, 지방정부를 떠올리지만 국제 기준에서 재정의 주체는 공공 부문의 일부까지 포함한다. 공공 부문은 공공당국의 통제를 받거나 주로 재정 지원을 받는 여러 기관으로 구성되어 있다.

〈그림 8-1〉에서 보듯이, 공공 부문은 중앙정부와 지방정부로 이루어진 정부 부문과 비정부 부문인 공공기관으로 구성된다. 이때 구분이 애매한 영역이 공공기관이다. 공공기관은 나라마다 정의 방식과 역할이 다양한데, 일반적으로 공공기관은 정부의 역할을 대행하는 비시장적 공공기관과 사실상 시장의 역할을 담당하는 시장적 공공기관, 즉 공기업으로 구성된다.

공공 부문이 공공의 역할을 수행하는 주체를 다소 넓게 잡은 것이라면, 재정 측면에서 비교적 엄격하게 정해지는 주체가 일반정부general government다. 일반정부는 '정부 스스로 공급하지 않으면 편리하게, 그리고 경제적으로 생산될 수 없는 공공서비스 영역'을 담당하는 주체다. 즉 공무원이 일하는 정부 부문에 추가적으로 공공 부문의 비시장적 활동까지 포함한다. 제공 주체로 보면, 중앙정부, 지방정부, 비영리 공공기관(준정부기관, 기타 공공기관)이 해당한다.

국제 기준에서 일반정부가 바로 재정의 주체다. 보통 우리나라에서

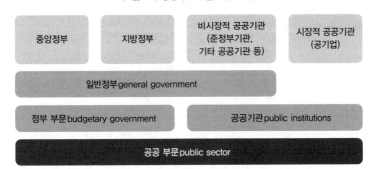

〈그림 8-1〉 공공 부문과 일반정부 구성

| 중앙정부 | 지방정부 | 비시장적 공공기관 (준정부기관, 기타 공공기관 등) | 시장적 공공기관 (공기업) |

일반정부 general government

정부 부문 budgetary government | 공공기관 public institutions

공공 부문 public sector

재정, 예산 수치를 말할 때는 중앙정부만 주체로 삼는 경우가 많은데, OECD, IMF를 비롯해 국제적으로 통용되는 재정 통계는 일반정부의 돈이다. 당연히 국가 재정 규모, 국가부채 등도 일반정부의 총지출 크기, 일반정부가 지닌 빚을 의미한다.

이때 공기업은 공공서비스를 직접 국민에게 판매하여 일정한 수입을 올리는 시장적 활동을 하기에 일반정부에 포함되지 않는다. 따라서 공기업의 재정, 부채 등도 일반정부 재정 통계에 계산되지 않는다. 하지만 공기업 역시 공공기관으로 정부의 관리 통제 영역 안에 있고, 공기업 재정의 궁극적인 책임자가 정부라는 점에서 공기업의 재정과 부채 수치를 관리하는 일이 중요하다. 특히 일반정부의 부채를 축소하기 위해 정부의 부채를 공기업이 맡도록 하는 편법도 가능하기에 주의를 요한다. 대표적인 예로, 4대 강 사업에 소요된 부채가 한국수자원공사라는 공기업에 전가되기도 했다. 그만큼 국가 재정 통계 수치는 엄밀한 검증이 필요하다.

일반정부를 기준으로 주요 나라의 국가 재정 규모는 어느 정도일까? 〈그림 8-2〉를 보면, 2013년 OECD 국가의 평균 국가 재정 규모는 GDP 41.7%이고, 유로 지역 국가는 평균 48.5%로 거의 GDP 절반에

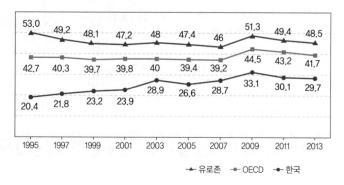

〈그림 8-2〉 GDP 대비 국가 재정 규모 비교(단위: %)

자료: OECD, Economic Outlook, no. 91, 2012년 5월.

달한다. 유로 국가들의 경우 한 해 국민들이 만들어낸 부가가치의 약 절반을 일반정부가 사용하고 있다는 이야기다. 비록 자본주의 시장경제이지만 부가가치의 사용량을 보면 비시장적 역할을 담당하는 공적 주체의 영역이 상당히 크다는 것을 알 수 있다.

이에 비해 한국의 국가 재정 규모는 GDP 29.7%에 머문다. 약 20년 전인 1995년의 GDP 20.4%에 비하면 빠른 속도로 증가했으나 절대적 수준에서 보면 OECD 국가 평균에 크게 뒤처진다. 이는 한국에서 새로운 복지 재정을 마련하고자 할 때, 기존 재정 지출을 개혁해 만들어낼 수 있는 한도가 애초에 그리 크지 않다는 점을 시사한다.

2) 재정의 역할: 사용 분야와 정책 목표를 기준으로

재정은 어떤 역할을 할까? 초기 자본주의에서는 애덤 스미스의 고전이론에 따라 '최소 정부'가 주창되었다. 시장의 활동에 가능한 한 개입하지 않는 야경국가다. 20세기 들어 시장경제가 대공황을 거치며 자기조정 능력을 의심받고, 국가에 대한 시민들의 요구가 증대함에 따라 '큰 정부'가 등장했다. 큰 정부론을 지지한 이론이 케인스 경제이론이다. 자본주의 시장경제는 주기적으로 구조적 위기에 봉착했고, 그때마다 정부가 경제 활성화뿐만 아니라 복지 확대를 통한 유효수요 증대에 나섰다. 결국 시장경제의 내재적 위기가 큰 정부를 만들어왔던 것이다.

재정의 역할은 재정이 사용되는 '분야'와 재정의 '정책 목표'를 기준으로 정리할 수 있다. 우선 분야를 중심으로 재정의 역할을 살펴보자. 20세기 이후 서구 나라들을 살펴보면, 정부의 역할은 초기 국방 지출에서 점차 복지를 비롯한 사회 지출로 옮겨가고 있다. 20세기 초에 정부가 국방에 치중한 것은 세계대전 때문이다. 1·2차 세계대전이 이어지면서 나라마다 국방 역할을 중시하는 일종의 '국방국가'로 성장한 셈이다.

이후 2차 세계대전이 끝나고 사회 분야가 정부의 핵심 영역으로 떠올랐다. 사회민주주의 계열의 진보정당의 영향력이 커지고 보수정당과의 조합주의적 정치체제가 구축되면서 복지를 중심으로 국가의 역할이 계속 확장되었다. 이에 20세기 중반을 지나서는 복지 지출이 국가의 핵심 역할을 차지하는 복지국가가 등장했다. 학문적으로도 서구에서 복지국가의 형성이 일반화되면서 복지국가론이 전후 자본주의를 분석하는 이론 틀의 하나로 자리 잡아 복지국가 체제welfare state regime로 격상되기도 했다(Esping-Andersen, 1990). 복지국가는 정부가 비시장적 또는 탈상품화 지출을 담당하는 만큼 막대한 재정이 필요하다. 당연히 국민에게 세금을 요청하고 이를 얼마나 성공적으로 마련하느냐가 중요한 과제로 대두한다. 국가의 재정 역할이 커지면서 이를 감당하기 위해 국민부담률(조세와 사회보장기여금이 GDP에서 차지하는 비중)이 높은 조세국가tax state가 자리 잡은 것이다(Obinger and Wagschal, 2010).

〈표 8-1〉을 통해 OECD 주요 국가들의 재정 지출 분야를 살펴보자. 2008년 기준 OECD 국가들은 복지 분야에 재정의 33.5%, 건강 분야

<표 8-1> 국가 재정의 분야별 지출 비중(2008, 단위: %)

분야\국가	일반행정	국방	공공질서안전	경제	환경보호	주거공동체	건강	문화종교	교육	복지
호주	10.1	4.2	4.8	11.4	1.9	2.4	18.1	2.2	14.1	30.8
캐나다	18.6	2.6	4.0	8.6	1.4	2.3	18.7	2.3	18.3	23.4
프랑스	13.6	3.3	2.4	5.4	1.6	3.6	14.8	2.9	11.1	41.4
독일	13.6	2.4	3.6	7.6	1.0	1.7	14.3	1.4	9.3	45.1
그리스	19.8	6.2	3.4	11.4	1.3	0.7	11.4	1.2	8.3	36.5
이탈리아	18.3	2.9	3.8	7.8	1.8	1.5	14.6	1.7	9.3	38.5
일본	12.8	2.5	3.9	10.0	3.3	1.6	20.1	0.3	10.5	35.0
한국	14.1	8.9	4.4	21.8	3.2	3.6	13.0	2.5	16.3	12.4
포르투갈	16.1	2.8	4.5	6.5	1.5	1.6	14.4	2.4	14.3	35.9
스페인	11.3	2.5	4.9	12.6	2.2	2.6	14.7	4.1	11.2	33.9
스웨덴	14.8	2.8	2.6	8.2	0.7	1.5	13.3	2.2	13.2	40.7
영국	9.5	5.4	5.5	10.2	2.0	2.5	15.8	2.3	13.5	33.5
미국	12.7	11.9	5.8	10.6	0.0	1.8	20.5	0.8	16.6	19.4
OECD 31	13.1	3.8	4.0	11.4	1.7	1.9	14.7	2.7	13.1	33.5

자료: OECD, Government at a glance 2011, 2012.

에 14.7% 등을 지출했는데, 두 분야에 재정의 거의 절반을 사용한 셈이다. 주거·문화·교육 분야를 포함하면 넓은 의미의 사회 지출이 재정의 3분의 2를 차지한다. 선진국을 보면 국가 재정 규모가 클수록 복지 재정도 크다. 국가 재정 규모가 늘어나는 만큼 국가의 사회적 역할도 증대해왔다는 사실을 알 수 있다.

재정의 역할은 재정이 추구하는 정책 목표를 중심으로도 정의해 볼 수 있다. 보통 주류경제학에서는 재정의 역할을 자원 배분의 효율성efficiency, 소득 재분배의 형평성equity, 경제의 안정 및 성장 기능 economic stabilization and growth 등 세 가지를 꼽는다(박기영, 2012).

첫째, 자원 배분의 효율성은 시장 실패가 드러나는 영역에 정부가 개입해 문제를 해결하는 것을 의미한다. 자연독점적 혹은 공공 부문 재화와 서비스가 여기에 해당한다. 일반적으로 주류경제학은 시장경제가 자연스러운 영역이고, 국가 부분은 시장 영역의 한계를 보완하는 부수적인 영역으로 판단한다. 시장이 제대로 작동할 수 없는 자연독점적 또는 공공 부문 재화 생산과 분배에 국가가 나서는 것이 전체 자원 배분에 효율적이라는 것이다.

하지만 국가 재정의 자원 배분 효율성은 평가 기준을 두고 항상 논란이 되었다. 진보 세력은 정부의 역할을 중시하는 반면, 시장 중심 세력은 가능한 한 공공 부문을 축소하고 시장 영역을 확대하는 것이 자원 배분의 효율성에 기여한다고 믿는다. 1980년대 이후 등장한 신자유주의 추세가 후자의 전형적인 예다.

둘째, 소득 재분배의 형평성은 시장의 소득 격차를 조세 수입과 재정 지출 과정을 통해 줄여나가는 것이다. 시장경제는 불가피하게 계층 간 격차를 낳고 이는 사회적 갈등의 주요 진원지가 된다. 이에 시장에서는 경쟁에 따른 승패가 생길 수밖에 없지만 국가가 재정을 통해 시장이 낳은 격차를 완화하는 역할을 담당하게 된다. 20세기 중반 이후 복지 지출이 증가함에 따라 세금과 사회보장 기여금을 합한 국민부담률이 지속적으로 상승했다. 1960년대 OECD 국가들의 평균 국민부담률은 GDP 25%였으나 2000년 즈음에는 35%에 이르고, 현재 스웨덴·덴마크 같은 복지국가는 GDP의 절반에 이르렀다.

연구 결과를 보면, 국민부담률이 높은 선진국일수록 조세를 통한 소득 재분배 효과를 크게 거두고 있다. 〈그림 8-3〉을 보면, 2000년대 후반 OECD 국가들은 조세를 통해 지니계수를 평균 31.3%로 낮추고 있다. 핀란드·독일 등은 감소율이 40%대에 이르고, 미국·캐나다 등은 20%대에 머무는데, 한국은 8.7%에 불과하다.

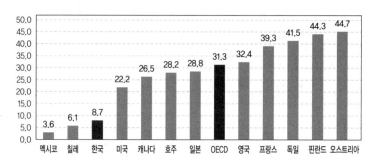

〈그림 8-3〉 OECD 주요국의 세전 대비 세후 지니계수 감소율(2000년대 후반, 단위: %)

자료: OECD. Statistics(http://stats.oecd.org/). 김재진,
소득세제 개편 방안(조세정의를 위한 시민사회포럼 발표문, 2013. 6. 27) 재인용, 2013.

소득 재분배의 형평성 효과에 대해서도 다양한 시각 차이가 존재한다. 진보 세력은 재정의 공적 소득 이전 효과를 중시하는 반면, 시장 중심 세력은 재정 비용 부담, 시장 기능을 왜곡할 개연성을 우려한다. 2차 세계대전 이후 1970년대까지는 전자의 평가가 우세했으나, 1980년대 이후 신자유주의가 득세하면서 재정의 형평성 효과보다는 경기 부양 효과가 주목받아왔다. 이에 소득세, 법인세를 중심으로 전반적인 감세 경쟁이 진행되었다.

셋째, 경제의 안정 및 성장 기능은 시장경제의 변동성을 제어하는 재정의 자동 안정화 효과를 의미한다. 정부는 시장이 불황일 때는 확대 재정을, 호황일 때는 긴축 재정을 통해 시장의 변동성을 완화하며 경제의 지속성을 도모한다.

〈그림 8-4〉에서 보듯이, 재정이 민간경제 부문과 같은 방향으로 동행하면 경기 호황 시에는 더 걷힌 세금만큼 다음 해에 지출하고, 반대로 경기 불황 시에는 세금이 줄어든 만큼 지출을 축소해 시장의 경기순환 변동성을 제어하기보다는 증폭시키게 된다. 이에 재정은 시장의 흐름과 거꾸로 가면서 자기안정화 효과를 발휘하게 된다. 호황일 때 지

<〈그림 8-4〉 재정의 경기 안정화 역할>

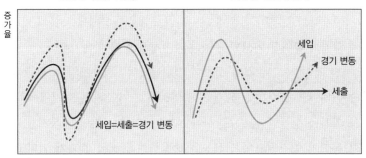

주: ➡가 재정 지출.
자료: 기획예산처, '국가 재정법(안) 주요 내용', 2004 재구성.

출을 자제해 경기 안정에 기여하고, 불황일 때는 재정 적자를 감수하
면서도 재정 지출을 늘려 경기 부양을 도모하는 것이다. 이는 독일·영
국·캐나다·스웨덴 등 대부분의 선진국에서 운용하는 재정의 역할이
며, 우리나라도 2006년 국가재정법 제정으로 중기 재정 운용 전략을 도
입하면서 재정에 자동 안정화 역할을 부여했다(오건호, 2010, 80~81쪽).

3) 재정을 둘러싼 핵심 논점: 경제 성장과 복지 지출의 관계

국가 재정은 재정 운용 과정에서 부담자와 수익자가 뚜렷이 구분되
기 때문에 어느 국정 영역보다도 계급적 성격이 강하다. 그래서 전통적
으로 선진국에서 정당 간 정책 차이를 판가름하는 주요 기준의 하나로
재정이 자리 잡아왔다. 이때 자본주의 시장경제의 사회안전망으로 세
금과 복지 지출이 필요하다는 것은 어느 세력도 부정할 수 없지만, 그
규모를 둘러싸고 진보진영은 큰 정부와 큰 복지, 보수진영은 작은 정부
와 작은 복지를 지지해왔다.

두 진영이 충돌하는 핵심 논점은 경제 성장과 복지 지출의 관계다. 2차 세계대전 이후 서구에서 복지국가 체제가 정착했지만 1980년대 이후 신자유주의 흐름이 새롭게 등장하면서 보수진영에서는 복지 지출이 경제 성장의 동력을 가로막고 있다는 주장을 강하게 제기했다.

정말 강한 복지는 경제 성장의 걸림돌일까? 보수진영은 복지 지출이 늘어나면 노동자는 근로 동기가 약해지고 기업은 높은 세율 때문에 투자 의욕을 상실한다고 주장한다. 이에 대해 진보진영은 복지를 통해 사회 통합이 증진되기에 생산성을 증진하는 긍정적 효과가 있다고 기대한다.

두 주장 모두 논리적 근거를 가지고 있으나 실제 진행된 역사를 보면 복지 지출이 경제 성장을 가로막는 일은 일어나지 않았다. 선진국가들을 대상으로 복지 지출과 경제 성장의 관계를 실증 분석한 결과를 보면 복지 지출이 많은 국가들이 순조로운 경제 성장을 보여주었다 (Lindert, 2004). 이는 세율이 높지만 기업 투자와 저축을 독려하는 다양한 공제제도를 결합한 성장 친화적 조세정책, 육아와 보육을 지원하는 여성 일자리 확대 정책, 실업자의 재취업을 지원하는 적극적 노동시장 정책 등이 어우러진 정책 조합의 결과다.

스웨덴의 사례를 보면, 1991년 조세 개혁으로 법인세율이 인하되기 이전까지 법인세 최고한계 세율이 57%에 이르렀다. 하지만 이러한 높은 법인세율은 다양한 투자공제를 지닌 세제 패키지의 한 부분이었다. 기업의 수익이 주주 이윤으로 구현되지 않고 기업에 재투자되는 게 가장 바람직하다는 이유로 다양한 재투자에 대해 세금 공제 혜택을 제공했고, 그럼에도 이윤으로 실현되는 소득에 대해서는 높은 세율을 매긴다는 취지다. 법인세를 매기는 과정에서도 기업의 투자 확대를 유도해 세금과 성장의 선순환을 이루려는 의도가 돋보인다(Agell, 1996, 644쪽).[1]

반면 1980년대 이후 추진된 감세가 애초 취지대로 성장을 뒷받침했

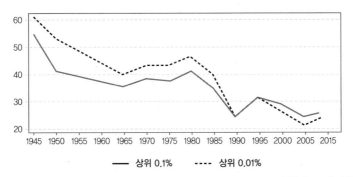

〈그림 8-5〉 미국 최상위 소득계층의 평균 소득세율(단위: %)

—— 상위 0.1%   ---- 상위 0.01%

자료: Hungerford, 2012.

다는 증거는 찾기 어렵다. 오히려 소득 재분배가 악화되는 부작용을 확인할 수 있다. 가장 대표적인 국가는 미국이다. 〈그림 8-5〉를 보면 상위 0.1%와 0.01% 계층의 평균 소득세율이 1980년 40%대에서 2000년대 중반에는 20%대까지 낮아졌다. 레이건 정부와 부시 정부가 추진한 감세 정책의 결과다. 최근 미국 의회조사국Congressional Research Service의 보고서에 따르면, 1965년부터 2010년까지 이루어진 감세 조치는 경제 성장률과 아무런 상관관계가 없는 것으로 밝혀졌다. 감세가 기업의 투자를 촉진하고 이것이 생산성 향상, 고용 확대로 이어진다는 신자유주의 재정 논리가 현실에서 입증되지 못한 것이다(Hungerford, 2012).

최근에는 그리스, 이탈리아 등 남부 유럽 국가들의 재정위기가 과도한 복지 지출 때문이라는 비판이 등장했다. 이 나라들이 1990년대 이

---

1. 1980년대 후반 이러한 '넓은 투자 공제, 높은 세율' 방식이 다양한 조세 회피를 낳는 부작용이 커진다는 비판이 제기되자 1991년 '투자 공제 축소, 세율 인하' 방향으로 조세 개혁을 단행했다. 당시 미국을 시작으로 진행된 신자유주의 감세 정책의 영향도 받았지만 스웨덴 자체 조세체제의 합리화 과정으로 이해된다. 스웨덴의 1991년 조세 개혁에 대해서는 오건호(2013b), 「스웨덴 조세 들여다보기: 20세기 조세의 역사, 구조, 변화」(글로벌정치경제연구소 워킹페이퍼, 2013년 3월)를 참조하라.

후 복지 지출이 급격히 늘어났고 현재 재정위기에 시달리고 있다는 점에서 그럴듯한 지적으로 들린다. 하지만 복지 지출이 재정위기를 부른 핵심 원인이라면 남부 유럽 국가들보다 더 많은 복지재정을 지출하는 북유럽 국가에서도 재정위기가 발생해야 한다. 반증 사례가 너무나 분명하다. 2008년 이후 남부 유럽 국가들이 재정위기를 겪고 있는 근본 원인은 과다한 복지 지출 때문이 아니라 유럽경제통화동맹EMU에 가입함에 따라 통화정책을 사용할 수 없고 기존 재정 운용 시스템이 부실했기 때문이다. 2008년 세계 금융위기 이후 경기가 침체되고 민간은행들이 부실화되면서 국가가 대규모 재정 투입으로 이 비용을 떠안은 결과다(박형준, 2013).

3. 서구 복지국가 재정구조의 특징

재정의 역할이 돋보이는 나라는 재정 규모가 큰 선진국들이다. 〈그림 8-2〉에서 보았듯이, OECD 국가는 국가 재정의 규모가 1990년대 중반에 GDP 43%, 유로 지역 국가들은 GDP 53%에 이른다. 이 나라들에서 재정 규모가 큰 것은 그만큼 복지 지출이 많다는 것을 시사한다. OECD 국가들은 대부분 재정의 절반을 복지에 사용하고 있다. 서구 복지국가 재정구조에서 확인할 수 있는 특징과 최근 재정위기 상황에서 주목할 점을 살펴보자.

1) 국민들의 조세 동의 형성 배경

서구 선진국들은 2차 세계대전 이후 복지국가의 골격을 갖추어갔다. 이는 높은 복지 지출과 이에 상응하는 과세가 함께 이루어졌음을 의미한다. 전통적으로 세금은 국민들의 불신과 저항의 대상이었다. 선진 복지국가들은 어떻게 이러한 장벽을 극복할 수 있었을까?

〈표 8-2〉 주요 유럽 국가 국민부담률 추이(단위: GDP %)

연도 \ 국가	스웨덴	덴마크	핀란드	영국	독일
1925	16.0	19.6	21.6	22.6	17.8
1933	18.9	20.1	20.1	25.2	23.0
1950	21.0	19.8	27.8	33.1	30.1
1960	28.7	25.3	27.5	27.3	33.9
1970	39.8	40.4	32.5	37.0	32.9
1980	47.5	43.9	36.2	35.2	33.1
1990	53.6	47.1	44.7	35.9	32.6
2000	54.2	48.8	46.9	37.4	37.9

자료: Swedish Tax Agency, 2005.

〈표 8-2〉를 보면, 1950년에 핀란드, 영국, 독일 등은 국민부담률이 30% 안팎에 도달해 있다(한국 2011년 25.9%). 당시 영국, 독일에 비해 낮았던 스웨덴, 덴마크는 1950년대 이후 빠른 속도로 증가해 1960년대를 마치면서 선두 그룹에 올랐다.

이렇게 선진 복지국가에서 2차 세계대전 후부터 국민부담률을 높일 수 있었던 배경에는 진보와 보수진영의 협력 체제, 즉 조합주의 정치가 있었다. 당시 정치세력들은 20세기 전반부의 대공황과 세계대전이라는 인류사적 재앙을 겪고 나서 조정 시장경제와 복지국가를 지향해왔다. 여전히 진보진영과 보수진영 사이에 정책 차이와 논쟁이 존재함에도 큰 틀에서 복지와 과세 확대를 위한 정치가 이루어졌다. 2차 세계대전 이후 전개된 경제 호황도 국민들로부터 세금 동의를 이끌어내는 데 우호적인 환경이 되었고, 사회주의권과 치렀던 냉전도 자본주의 내부

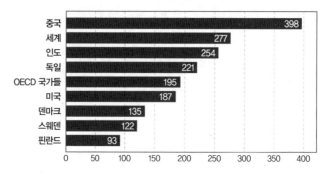

〈그림 8-6〉 법인세, 사회보험료, 부가가치세, 세 가지 세금 납부에 소요되는 연간 시간

자료: Kommune Kredit, Kommuninvest, MuniFin, 2012(원자료: World Bank, Doing Business Project).

의 복지국가 체제를 이끄는 정치적 환경으로 작용했다.

앞에서 다루었던 성장 친화적 재정정책도 증세에 대한 비판을 완화했다. 복지를 위해 높은 세율이 도입되었지만, 투자활동에 대해 다양한 공제제도를 제공해 세금 과세 이전에 투자와 성장을 중요시한다는 점을 보여주었다. 스웨덴에서 보듯이, 투자 촉진형 법인세제, 기업 구조 조정을 독려하는 연대임금 정책 등은 세금이 더 통합되고 생산적인 나라를 만드는 영양소로 받아들여진 셈이다.

다음 절에서 살펴보겠지만, 모든 시민에게 복지를 제공하는 보편주의 복지도 중상위계층의 조세 저항을 완화하는 데 기여했다. 저소득계층에만 집중되는 선별주의 복지체제는 복지 수혜자와 재정 부담자가 일치하지 않아 조세 동의를 이끌어내기가 어렵다. 이와 비교해 보육·의료·주거 등 사회서비스와 실업·연금 등 사회수당 복지를 모두에게 제공하는 보편주의는 '모든 아이는 모두의 아이'라는 국민적 복지 개념을 형성하는 데 적극적인 효과를 냈다.

또한 선진 복지국가일수록 과세 행정이 제대로 구축되어 있는 것도 조세 순응을 이끌어낸 요소였다. 어느 나라든 세금 회피가 존재하게 마련이라 국민들의 조세 동의를 확보하기 위해서는 '내가 내는 만큼 다른 사람도 낸다'는 과세 정의가 구축되어야 한다. 〈그림 8-6〉을 보면 조세 부담률이 높은 복지국가일수록 조세행정이 효율적임을 알 수 있다. 법인세, 사회보험료, 부가가치세, 세 가지 세금 납부에 소요되는 연간 시간을 비교 조사한 연구를 보면 핀란드, 스웨덴, 덴마크 등 북유럽 국가들이 짧다.

2) 복지 지출 증가와 경제위기 관계

현재 복지국가로 불리는 나라들은 20세기 중반부터 복지 지출을 늘려왔다. 〈그림 8-7〉을 보면, 1960년 당시 OECD 국가들의 평균 복지 지출은 8.3%에 불과하지만, 1971년 GDP 11.6%, 1980년 15.5%, 1990년대에는 19%대로 꾸준히 증가해왔다. 하지만 신자유주의가 본격화된 1990년대 이후 복지 지출 비중은 더 늘지 않고 19%대를 유지하다, 2008년 금융위기 이후 다시 증가해 2009년부터 22%대를 보이고 있다.

그런데 OECD 국가들의 복지 지출 증가 경로를 유심히 살펴보면 흥미로운 점이 보인다. 1970년대 OECD 국가들의 복지 지출 비중은 GDP 10%대에서 점진적으로 증가하는데 세계 경제가 위기를 맞은 시점마다 GDP 2~3% 포인트가량 도약하고 다시 점증하는 양상을 보여준다.

첫 번째 반등은 1970년대 초반 1차 오일쇼크 시기에 진행되었다. 이어 1970년대 말에서 1980년대 초반 2차 오일쇼크가 발생한 시기에 다시 복지 지출 비중이 늘어났고, 1990년대 초반 경제 침체기에 또다시 2% 포인트 상향한다. 이 시점부터는 신자유주의가 본격화된 시점인데, 약 20년간 복지 지출 비중이 정체 국면을 보이다가 2008년 금융

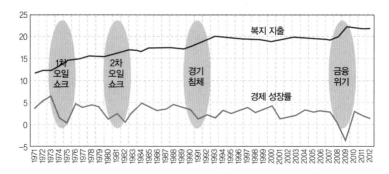

〈그림 8-7〉 경제 성장률과 복지 지출 비중의 관계(단위: GDP %)

자료: OECD, Social Expenditure database(www.oecd.org/els/social/expenditure),
Economic Outlook 2012 May(no. 91)을 토대로 재구성.

위기를 맞아 다시 GDP 3% 포인트 증가하여 2012년 현재 GDP 22%
대에 이르고 있다. 이는 보통 복지의 불가역성 명제를 보여주는 지표이
기도 하지만, 나라마다 경제위기 시 재정 어려움을 겪음에도 불구하고
실업과 빈곤에 대응하기 위한 국가 개입을 확대했음을 말해준다.

물론 여기서도 주의 깊게 보아야 할 지점이 있다. OECD 평균 수치
가 주는 착시현상이 존재한다. 먼저, 신자유주의가 본격화된 1990년대
이후에도 복지 지출 비중이 GDP 19%대를 유지한 사실이 복지 축소가
없었다는 것을 의미하지 않는다. 같은 시기 고령화와 빈부 격차가 심화
되어 복지에 대한 사회적 수요가 늘었다는 점을 고려하면 복지 수요 대
비 충족도는 하락한 것이 분명하다. 실제 많은 나라에서 복지제도가 후
퇴했다. 복지 총량이 절대 규모에서 줄지 않았을 뿐, 늘어난 복지 수요
에 비하면 복지 수준은 저하된 셈이다.

또한 신자유주의 시기에 평균 복지 지출 비중이 모든 나라에서 동
일하게 유지된 것은 아니다. 스웨덴·핀란드 등 복지 지출 비중이 오
히려 감소한 나라가 있고, 독일·영국 등 유지한 나라가 있으며, 그리

스·이탈리아·일본 등 빠르게 증가한 나라도 있다. 같은 시기 복지 지출 비중의 변화가 없었다기보다는 나라별로 큰 변화가 생겼는데, 서로 진행 방향이 달라 증감이 상쇄됨에 따라 우연히 평균 수치가 비슷하게 유지되었을 뿐이다.

예를 들어 스웨덴은 1990년 이후 복지 지출 비중과 국민부담률이 함께 하락하고 있다. 이 때문에 '복지국가 위기' 논란도 생겼지만 여전히 OECD 국가 중에서 고부담 고복지 체제에 속한다는 점에서 경제위기, 고령화에 대응하는 복지 합리화 조치로 이해된다(오건호, 2013a). 반대로 그리스, 이탈리아 등은 후발 복지국가군으로 1990년 이후 복지비중 증가 속도가 빠른 편이다. 최근 이 나라들이 재정위기를 겪자 '과도한 복지 지출'이 원인으로 지목되고 있는데, 2008년 금융위기 발발 이전까지 복지 지출에 맞추어 국민부담률도 상승해왔다는 점에서 이러한 비판은 설득력이 낮다.

3) 복지재정 확충을 위한 과세 방식

서구에서 복지를 늘릴 수 있었던 것은 그만큼 재정이 조달되었기 때문이다. 즉 세금, 사회보험료 형태의 증세가 이루어진 것이다. 서국 선진국들은 2차 세계대전 이후 정부 역할을 세금으로 충당하는 세금 국가tax state를 형성해왔다. 비록 나라마다 세입 구조와 규모가 다르긴 하지만 전반적인 증세 정치의 성공은 주목할 만한 일이다.

OECD 국가들의 세입 역사를 보면 세 가지 특징을 발견할 수 있다. 첫째, 보편주의 방식의 복지 지출과 연동해 점진적으로 세금을 인상해 왔다. 1965년 이후 세입 증가 현황을 보면, 개인소득세 비중이 증가했고, 사회보험이 내실화됨에 따라 사회보장 기여금도 빠르게 늘어났다. 특히 사회보장 기여금은 사회보험 방식 복지 급여를 충당하기 위해 설계된 세목이다. 복지 지출 확대를 위한 증세가 이루어지는 '복지 증세'였던 셈이다.

예를 들어, 스웨덴 복지 모델의 강점은 '모든 아이는 모두의 아이', '국민의 집' 슬로건에서 대표되는 보편주의 복지제도다. 현재 스웨덴의 조세구조는 다른 선진국에 비해 누진도가 약하고 직접세 세율 구간이 평탄한 편이며 간접세 비중도 높다. 이러한 모델의 강점은 누가 얼마나 더 내느냐는 부담의 진보성보다는 사회 구성원이라면 누구에게나 기본적인 서비스를 제공하는 재정의 보편주의적 사용 방식에 있고, 이러한 환경일수록 국민들의 조세 순응도는 높아진다(고경환 외, 2012, 119~120쪽).

이러한 보편주의가 재정의 재분배 효과를 더 거둔다는 점도 주목할 만하다. 코르피와 팔메의 연구에 따르면 저소득계층에게만 제공되는 선별주의가 재분배 효과가 클 것으로 기대되지만, 실제로는 모든 사회 구성원에게 복지를 제공하는 보편주의가 더 높은 재분배 효과를 낳고 있다. 비록 예산 단위당 재분배 효과는 선별복지가 높을 수 있으나 이는 재정 총량이 작다는 한계를 지닌다. 대신 재분배 효과가 작을 것으로 추정되는 보편복지가 복지재정 총량이 훨씬 크기에 재분배 효과를 더 거두는 재분배의 역설paradox of redistribution이 발생한다는 것이다(Korpi and Palme, 1998).

둘째, 사회 구성원 다수가 세금 책임을 공유하고 있다. 소수 상위계층만이 복지재정을 충당하는 것이 아니라 가능한 한 다수 사회 구성원이 세금 의무를 이행하고 있다. 〈표 8-3〉은 스웨덴 시민들이 소득 수준별로 소득세를 얼마나 내는지 보여준다. 중하위계층에 속하는 15만~30만 크로나 소득자의 경우 실효세율이 10~16% 수준이다. 평균 소득 수준인 35만~40만 크로나를 버는 노동자들은 17~18%를 내고 있다(참고로 우리나라 상시노동자 평균 소득자는 자녀가 2명 있을 경우 소득세 실효세

〈표 8-3〉 소득별 세금 부담 현황(2012, 단위: 크로나, %)

	임금 수준									
	5만	10만	15만	20만	25만	30만	35만	40만	50만	100만
소득세 실효세율	0.0	6.2	10.5	13.2	14.9	16.0	17.2	18.1	23.7	39.7

자료: Swedish Tax Agency, 2012, 131쪽, 세율은 필자 계산.
2012년 스웨덴 상시노동자 평균 임금은 38만 7,000크로나(1크로나는 170원).

율이 약 2%다).

셋째, 소비세 비중이 상대적으로 높은 편이다. 〈표 8-4〉를 보면, OECD 국가들의 평균 소비세 비중이 GDP 11%에 달한다. 이는 전체 조세(조세부담률 24.6%)의 45%를 차지한다. 세금의 거의 절반을 간접세인 소비세에서 확보하고 있다는 이야기다. 우리나라 간접세가 높다고 알려졌지만 절대적 규모에서 보면 우리나라는 GDP 8.5%로 OECD 평균보다 낮다.

특히 북유럽 복지국가들에서 소비세 비중이 높아, 스웨덴의 경우 GDP 13.4%에 달한다. 구체적으로 부가가치세율을 살펴보자. 〈그림 8-8〉을 보면, 2012년 OECD 국가들의 평균 부가가치세율이 18.7%에 달한다. 북유럽 복지국들의 경우 스웨덴·덴마크·노르웨이가 25%, 핀란드가 23%로 모두 20%를 넘는다. 이들 나라에서는 1960년대에 복지 지출이 크게 늘어나자 이를 감당하기 위해 상당히 높은 부가가치세를 도입했다. 소비세는 간접세로서 조세 역진성을 지닌다는 비판이 제기되지만 보편주의 복지를 통해 이러한 문제를 완화해나간 것이다.

4) 2008년 금융위기 이후: 복지 지출과 국민부담률의 역행

앞에서 서구 복지국가들이 2차 세계대전 이후 점진적으로 복지 지

〈표 8-4〉 OECD 국가 주요 세목 비교(2010, 단위: GDP %)

| | 소득세 | 법인세 | 자산세 | 소비세 | 기타* | 사회보장 기여금 | | | | 조세 부담률 | 국민 부담률 |
						고용주	피고용자	기타**	계		
스웨덴	12.7	3.5	1.1	13.4	2.4	8.7	2.7	0.0	11.4	34.1	45.5
영국	10.0	3.1	4.2	10.7	0.2	3.8	2.6	0.2	6.6	28.2	34.9
독일	8.8	1.5	0.8	10.6	0.3	6.7	6.3	1.1	14.1	22.0	36.1
미국	8.1	2.7	3.2	4.5	0.0	3.2	2.8	0.4	6.4	18.5	24.8
룩셈부르크	7.8	5.7	2.7	10.0	0.1	4.7	5.0	1.1	10.8	26.3	37.1
일본	5.1	3.2	2.7	5.2	0.1	5.2	5.2	1.0	11.4	16.3	27.6
한국	3.6	3.5	2.9	8.5	0.8	2.5	2.4	0.8	5.7	19.3	25.1
OECD	8.4	2.9	1.8	11.0	0.5	5.3	3.2	0.6	9.1	24.6	33.8

자료: OECD, Revenue Statistics 1965-2011, 2012. OECD 통계사이트(http://stats.oecd.org/index.aspx).
OECD 조세분류 6개 항목(소득 이윤세, 사회보장 기여금, 고용세, 자산세, 소비세, 기타) 중 규모가 크지 않은 고용세
와 기타 세금을 '기타'*로 묶었다. 사회보장 기여금의 기타**에는 자영자, 국가 몫 등이 포함된다.

출을 늘려왔다는 사실을 살펴보았다. 특히 경제위기마다 복지 지출 비
중을 한 단계씩 높임으로써 시장경제의 위기를 조정하는 국가의 역할
을 확대해왔다. 이는 선진국에서 시장과 국가가 유기적으로 조화를 이
루어왔음을 시사한다.

그런데 2008년 금융위기 이후 나라마다 복지 지출 비중은 늘었지만
재정에 대한 걱정이 커지고 있다. 시장의 금융위기가 정부의 재정위기
로 전환되어가는 양상이다. 이번 경제위기에는 재정이 소방수 역할의
한계를 넘어 위기에 직면해 있다. 지난 경제위기 국면과 어떤 차이가
있는 것일까?

지금까지 경제위기 때마다 복지 지출 비중을 늘려도 재정에 큰 문
제가 발생하지 않았던 이유는 그만큼 세입이 증가해왔기 때문이다. 오
히려 경제위기에 대응하여 재정 역할이 확장되면서 케인스주의 복지국
가 체제가 더 공고화되었다. 그런데 2008년 금융위기 이후 복지 지출

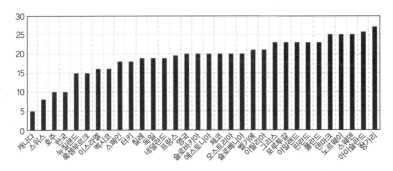

〈그림 8-8〉 OECD 국가들의 부가가치세율 현황(단위: %)

자료: OECD, Consumption Tax Trends 2012.

과 국민부담률 사이에 심상치 않은 괴리가 나타나고 있다.

〈그림 8-9〉를 보면 OECD 국가들의 국민부담률이 1970년 들어 꾸준히 증가해 2000년대 초중반에는 35%대에 이르고 있다. 신자유주의 시대에도 국민부담률 수준은 떨어지지 않고 유지되어왔다. 재정의 역할이 정권 교체, 경제정책 기조의 변화에도 불구하고 불가역적 특성을 지닌다는 평가가 나올 정도다(오건호, 2012).

그런데 2008년 금융위기 이후 양상이 달라지고 있다. 경제위기를 맞아 국가 개입이 확대되면서 복지 지출 비중은 늘어났지만 국민부담률은 오히려 낮아지고 있다. 이에 따라 국가부채가 빠른 속도로 증가하고 있으며, 나라마다 재정 건전성을 걱정하는 목소리가 커지고 있다. 일정한 지출 한도를 정하여 재정 지출을 통제하는 재정준칙 논의가 힘을 얻고 있다.

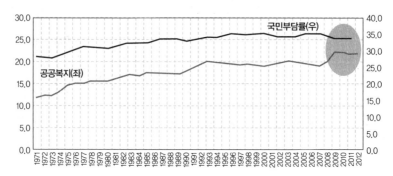

〈그림 8-9〉 복지 지출 비중과 국민부담률 추이(단위:GDP %)

자료: OECD, Social Expenditure database(www.oecd.org/els/social/expenditure),
Revenue Statistics 1965-2011. 2012 등을 재구성.

4. 재정의 공공성을 위한 개혁 과제

지금까지 살펴본 서구 자본주의 나라의 역사는 국가 재정의 역할이
꾸준히 강화되어온 과정이었다. 국가 재정은 시장경제의 불안정성을
보완하는 조정 기제로 작동하며, 복지국가 체제에서 계층 간 격차를 완
화하는 소득 재분배를 추진해왔다. 앞으로도 재정의 역할은 강화될 것
으로 예상된다. 고령화는 계속 진행되고 시장경제의 불안정성이 증폭
돼 어느 때보다 재정 역할에 대한 요구가 크기 때문이다. 그만큼 재정
이 지닌 공공성이 중요하다. 이를 위한 개혁 과제를 정리해보자.

〈표 8-5〉 재정의 공공성 분야와 개혁 과제

분야	내용
재정 정책 목표	재정 건전성 대 재정 건강성
세입 공공성	수평적·수직적 형평성
지출 공공성	지출 규모 확보/지출 분야 사업 타당성 및 시민 참여

1) 재정의 목표 확립: 재정 건전성을 넘어 재정 건강성으로

2008년 이후 국제적으로도 금융위기에 대응하는 과정에서 재정의 역할이 커지고 있는 추세다. 동시에 금융위기가 재정위기로 전화되고, 미래 고령화로 인한 재정 지출 수요가 늘어나고 있어 재정 건전성에 대한 논의가 커질 것으로 예상된다. 이미 나라마다 재정준칙을 통해 재정 지출을 엄격히 통제하는 경향이 두드러지고 있다.

재정 건전성은 재정 세입과 지출을 맞추는 일이다. 그런데 재정 균형을 이루기 위한 정책 목표를 어디에 두느냐에 따라 상이한 정책 경로가 도출될 수 있다. 우선 지출 통제를 통해 재정 균형을 이루는 길이 있다. 이는 최근 서구에서 진행되고 있는 추세로서 재정준칙이 대표적인 프로그램이다. 반면 재정 균형은 세입 확대를 통해서도 추구할 수 있다. 재정 지출 확대가 경제위기 대응 과정에서 불가피할 경우 국민부담률을 어떻게 상향할 것인가가 중요한 과제로 떠오른다. 전자가 소극적 균형 재정이라면, 후자는 적극적 균형 재정으로 부를 수 있다. 재정의 역할을 존중한다면 재정 지출 통제보다는 재정 수입 확대를 통한 적극적 균형 재정을 모색하는 것이 바람직하다.

이러한 적극적 균형 재정 정책은 '재정 건전성' 프레임과 대비해 '재정 건강성'으로 부르고자 한다. 이는 재정의 공공적 역할을 주변화하기보다는 오히려 재정의 역할을 확장하는 특징을 지닌다. 여기서 관건은 국민부담률 상향에 달려 있다. 최근 나라마다 부자 증세 움직임이 진행되고, 국제적으로는 토빈세 성격의 금융거래세를 도입하는 논의도 전개되고 있다. 각국이 협력하여 지난 20년간 아래로 향한 감세 경쟁에서 벗어나 조정 시장경제를 위한 전반적인 증세 작업에 나설 필요가 있다.

2) 재정 세입의 공공성

국가를 운영하기 위해서는 과세가 필요하다. 과세는 납세자의 동의가 있어야 하고, 현재 법률에 의해서만 과세할 수 있다는 '조세법률주의'가 정착되어 있다. 이 원칙은 1200년대 국왕의 임의적인 과세를 제어하기 위한 수단으로 영국에서 처음 도입되었고 근대 입헌국가에서 정착된 논리다. 그런데 근대 법체계와 시민 민주주의가 정착된 현대사회에서 세입 공공성이 단순히 '조세법률주의'만을 따진다면 이는 형식적 논의에 그칠 수 있다. 이미 조세법률주의가 정착해 있는 상황에서는 과연 세입이 형평에 맞게 이루어지고 있는가가 중요하다.

세입 공공성은 조세체계의 형평성(수직적·수평적 형평성)을 확보하는 일이다. 수직적 형평성은 조세 부담률, 누진율 등 평가의 가치에 따라 다양한 주장이 제기되는데, 이는 종종 보수, 진보 담론을 가르는 기준이 되기도 한다. 수평적 형평성은 근로자, 자영자 등 직능별 과세체계의 형평성이다. 동일한 직능일지라도 모두에게 공정하게 과세하는 과세 인프라 확보가 중요하다.

선진국의 사례를 보면, 복지국가일수록 세입 공공성이 잘 이루어져 있다. 1980년 이후 상위계층 세율은 인하되기는 했지만 넓은 세원 원칙에 따라 대다수 사회 구성원들이 납세에 참여하고, 이 과정에서 수평적·수직적 형평성이 확보되어 있다(Obinger, 2010, 348쪽).

3) 재정 지출의 공공성

재정의 궁극적 목표는 사용하는 데 있다. 이 사용이 투명하고 정당해야 세입도 순조롭게 이루어질 수 있다. 재정 지출의 측면에서 주목할 공공성은 다음과 같다.

첫째, 재정 지출의 일정한 규모를 확보하는 것이 중요하다. 1980년대 이후 신자유주의 기조가 부상하면서 작은 정부론이 세력을 얻었다. 1970년대 세계 경제위기의 원인이 케인스 이론이 가정하는 수요 부족이 아니라 공급 부족이라는 공급주의 경제학이 득세하면서 감세를 통한 시장경제 지원이 강조되었다. 이에 따라 기업활동을 제한하는 규제의 완화와 상위계층 대상의 감세, 재정 건전성 확보를 위한 지출 통제 등 재정 개혁 조치가 이어졌다. 이는 20세기 중반부터 등장한 케인스주의 재정 역할에 대한 근본적인 도전이었다. 하지만 앞으로 고령화가 더 진전될 예정이어서 재정 지출 수요는 증가일로에 있다. 이에 맞추어 재정 지출 규모를 유지하는 게 중요하다. 그만큼 세입 분야에서 국민부담률이 뒷받침되어야 하는 과제가 놓여 있다.

둘째, 재정 지출의 공공성은 예산 편성 분야에도 적용되어야 한다. 민간 시장주체를 지원하는 경제 분야, 지속 가능성에 위배되는 토목 지출, 인류 평화를 위협하는 국방 지출을 지양하고 공동체 토대를 강화하는 사회 지출을 늘려야 한다. 또한 각 분야마다 소수의 목소리를 대변하는 예산 편성이 요청된다. 일반적으로 기존 권력자원이 불평등하게 분배됨에 따라 주류와 비주류의 영역이 존재하게 되는데, 만약 예산 편성이 현행 사회적 관계를 그대로 반영해 이루어질 경우 재정 운용이 주류 흐름을 강화하여 사회적 불평등을 심화할 수 있다. 이에 등장한 개념이 '사회적 인지' 예산이다. 한국에서도 2007년 국가재정법 제정 때 성性 인지 예산제가 도입되었는데, 점차 사회적 약자 인지 예산, 장애 인지 예산, 환경 인지 예산, 지역 균형 인지 예산 등 다양한 논의로 확대되고 있다.

셋째, 예산 편성에서 사업의 타당성을 실질적으로 평가해야 한다. 개별 사업마다 나름의 목표가 있겠지만 해당 사업이 비용 대비 효용을 구현할 수 있을지에 대한 타당성 검토는 필수적이다. 특히 대규모 토목

사업은 여러 이권이 작용하여 투명하지 않다는 의구심이 제기되고 있다. 우리나라에서도 일정 규모 이상의 예산사업에 대해서는 예비 타당성 조사를 의무화하고 있지만 행정권력의 이해관계에 따라 형식적으로 이루어지는 경우가 발생하고 있다.

넷째, 재정 지출이 애초 정한 기준에 따라 이루어졌는지, 목표한 성과를 거두었는지를 평가해야 한다. 공식적 감사 및 결산으로 감사원의 감사, 국회의 결산심사 등이 있고, 공식체계 외부 감사로, 시민단체의 예산 감시 활동, 언론의 비판 보도, 국민들의 납세자 소송 등이 가능하다. 특히 실질적인 시민 참여가 요청된다. 대표적인 것이 주민 참여 예산제다. 우리나라에서도 일찍이 일부 지방자치단체에서 도입했고, 2011년부터는 지방재정법에 의해 의무제도로 확정되어 현재 서울시를 비롯해 전국적으로 주민 참여 예산제를 의욕적으로 도입하고 있다. 주민 참여 예산은 제도의 효율성도 중요하지만 실제 운영 과정에서 '주민 참여'가 제대로 이루어지고 있는지를 평가하는 것이 가장 중요하다.

5. 맺음말

지금까지 재정의 정의, 특징, 개혁 방향 등을 살펴보았다. 재정은 비영리 공공기관까지 포함하는 일반정부가 사용하는 돈이다. 재정의 사용 분야를 기준으로 살펴보면 19세기는 야경국가, 20세기 초반은 국방국가, 20세기 중반 이후는 복지국가로 구분할 수 있다.

재정이 추구하는 정책 목표를 기준으로 보면, 자원 배분의 효율성, 소득 재분배의 형평성, 경제의 안정·성장 기능 등이 있다. 정치세력에 따라 이 목표를 둘러싸고 다양한 입장을 제시한다. 신자유주의가 등장하기 전까지는 재정의 역할을 긍정적으로 강조하는 입장이 주류였다면, 이후에는 재정의 시장 개입이 초래하는 부작용을 주목하는 입장이 강해졌고 이에 따라 작은 정부, 감세 정책 등이 이어졌다.

재정을 둘러싼 핵심 논점은 경제 성장과 복지 지출의 관계다. 신자유주의가 득세하면서 강한 복지가 경제 성장의 발목을 잡는다는 비판이 제기되었지만 실제 진행된 역사를 보면 이러한 일은 발생하지 않았다. 오히려 복지국가들이 성장 친화적 재정정책을 통해 복지와 성장의 선순환을 성공적으로 추구해왔음을 확인할 수 있다.

서구 복지국가 재정에서 발견되는 특징은 대략 네 가지로 요약할 수 있다. 이 나라들은 복지 지출을 충당하기 위한 세입을 확충하는 데 필수적인 국민 동의를 이끌어왔고, 경제위기마다 복지 지출을 한 단계 늘리는 동행 개혁을 성사시켰으며, 복지재정을 마련하기 위해 보편주의 복지, 다수 시민의 보편과세, 소비세 상향 등 다양한 노력을 기울여왔다. 그런데 2008년 금융위기 이후 복지 지출 확대와 국민부담률 하향, 즉 복지 지출과 국민부담률의 역행 흐름이 나타났다. 이는 경제위기에 따른 재정 지출 확대가 불가피하다면 국민부담률을 높이는 세입 확충이 중요한 과제로 등장했음을 시사한다.

재정은 납세자와 수혜자가 동일하지 않기에 계급 간 이해관계 상충이 뚜렷하게 드러나는 영역이다. 그만큼 시대마다 제기되는 개혁 과제도 다르게 마련이다. 이 장에서는 근래 국제적으로 등장한 재정위기 국면을 주목해 재정 개혁의 방향을 정리했다. 우선 재정의 목표에선 재정 본연의 역할을 축소하는 재정 건전성 담론을 넘어 지금 필요한 세입을 확충하는 재정 건강성을 제안했고, 재정 세입과 재정 지출의 측면에서 공공성을 강화하는 구체적 개혁 방향을 정리했다.

근래 한국에서 재정에 대한 시민들의 관심이 높다. 복지에 대한 시민들의 요구가 커졌고 고령화에 따른 지출 수요도 늘어나고 있다. 지금 한국은 이를 충당하기 위한 재정을 마련해야 하는 시대적 과제를 안고 있다. 서구 선진국 역시 2008년 금융위기 이후 늘어나는 지출을 감당하기 위해 국민부담률을 높여야 하는 과제에 직면해 있다. 그런데 우리에게는 무거운 과제가 하나 더 있다. 한국은 과세 정의가 어느 정도 구축되어 있는 서구 나라와 비교하면 아직도 재정 지출, 과세 형평성이 매우 취약하다. 기존 재정구조의 정의를 세우는 일과 함께 국민부담률도 높여야 하는 이중의 과제를 안고 있다.

9. 복지국가의 다양성과 발전 동인:
논쟁과 함의

윤홍식

1. 머리말

몇 년 전만 해도 한국 사회에서 보편적 복지국가를 주장하는 것은
진보정당과 학자들의 세상물정 모르는 이상주의라는 비판이 주류를 이
루었다. 그러나 지난 2010년 6·2 지방선거에서 무상급식이 선거 쟁점
으로 떠오른 후 보편적 복지국가는 한국 사회에서 가장 중요한 담론 중
하나가 되었다. 너나없이 보편적 복지국가를 외쳤다. 하지만 조금 냉정
하게 현실을 돌아보면, 보편적 복지국가에 대한 한국 사회의 기대가 한
국 사회의 현실과는 너무나 동떨어져 있음을 실감한다. 복지국가를 만
들어가야 할 조직된 주체는 물론 정치사회의 제도적 여건 또한 갖추어
져 있지 않다. 더욱이 세계화는 가뜩이나 강력한 자본의 힘을 더욱 강
하게 만들어놓았다. 자본권력은 현재 한국 사회에서 아쉬운 것 없이 모
든 것을 누리고 있다. 자신의 부를 지키기 위해 양보할 필요를 느끼지
않는다. 도대체 이러한 조건에서 어떻게 보편적 복지를 실현할 수 있는
지를 되묻지 않을 수 없다.

이러한 문제의식에 근거하여 이 글은 서구 복지국가를 둘러싼 논란
을 정리했다. 이 장은 크게 두 부분으로 구성되는데, 먼저 산업화된 서

구 복지국가체제의 유형을 검토한다. 이어지는 절에서는 이러한 산업화된 복지체제의 출현과 관련된 이론을 비판적으로 검토한다. 다음은 뚜렷한 이론적 체계를 갖춘 것은 아니지만 복지체제의 특성과 관련된 선거체제와 종교정당의 역할에 대해 살펴본다. 마지막으로 이 논의가 한국 사회에 주는 함의를 정리한다.

2. 복지국가의 다양성

복지국가는 전간기(1차 세계대전과 2차 세계대전 사이)를 지나 2차 세계대전 이후 산업화된 서유럽 국가들을 중심으로 발전했다. 그러나 서유럽 국가들은 상대적으로 유사한 산업화와 민주화 과정을 거쳤음에도 복지국가의 모습은 상이했다. 여기서 우리는 서구 복지국가들의 다양한 모습에 접근해볼 것이다.

1) 세 가지 복지체제 유형

전후 복지국가에 대한 대부분의 비교 연구는 주로 복지국가의 사회지출 규모를 비교했다. 이러한 연구는 사회 발전(복지국가의 발전)이 경제 발전으로부터 기원한다는 전제에 근거한 것이다. 실제로 윌렌스키(Wilensky, 1975)는 경제 발전과 복지국가 발전의 관계를 규명함으로써 복지국가들을 분류할 수 있다고 주장했다. 그러나 이러한 접근은 지출 규모가 유사한 복지국가들이 왜 상이한 복지체제의 모습(예를 들어 빈곤과 불평등)을 띠고 있는지를 설명하지 못한다는 비판을 받아왔다.

이러한 비판으로부터 제도적 특성을 중심으로 복지국가를 유형화하는 연구들이 등장하게 된다. 두 개의 고전적 연구가 있는데, 하나는 리처드 티트머스에 의한 유형화이고, 다른 하나는 에스핑-앤더슨의 복지체제 유형화다. 티트머스의 초기 유형화는 복지국가를 잔여적 모델과 제도적 모델로 구분했고(Titmuss, 1958), 이후 산업 성취형 모델(Titmuss, 1974)을 추가함으로써 에스핑-앤더슨의 세 가지 복지체제 유형의 근간을 제시했다. 잔여적 모델은 가족과 개인이 스스로 복지 욕구를 충족시키지 못할 경우 자산 조사(소득 조사)를 통해 저소득층에 대해서만 국가가 개입하는 유형이다. 산업 성취형 모델은 노동시장에서 자신의 기여(사회보험료를 납부하는 등)에 따라 사회보장 급여를 제공받는 방식을 중심으로 복지국가를 제도화한 유형이다. 제도적 모델은 시민권에 기반해 모든 시민들에게 보편적 소득과 사회서비스를 보장해주는 모델이다.

에스핑-앤더슨의 복지체제 유형화는 이러한 논의들을 계승해 지금까지 이론적 논의에 그친 복지체제 유형을 경험적으로 실제화했다는 데 중요한 의미가 있다. 에스핑-앤더슨(Esping-Andersen, 1990)은 복지국가는 단순히 권리의 측면으로만 이해할 수 없으며, 국가-시장-가족 간의 관계 속에서 탈상품화decommodification와 계층화stratification의 모습을 파악함으로써 이해할 수 있다고 주장했다. 여기서 탈상품화란 시민이 자신의 노동력을 시장에 팔지 않아도(임금을 받고 고용되지 않아도) 적절한 수준의 생활을 유지할 수 있는 정도를 의미한다.[1] 계층화는 노동시장에서 가지는 지위에 따라 시민이 받는 복지급여의 상이함을 설명하는 개념이다.

이러한 탈상품화와 계층화로 산업화된 서구 복지국가들을 분류했을 때 에스핑-앤더슨은 자유주의, 조합주의(보수주의), 사회민주주의 세

---

1. 탈상품화는 있고 없음의 문제가 아닌 수준의 문제로 이해된다. 다시 말해 대부분의 국가들은 모든 국민 또는 특정한 국민을 위한 소득보장 프로그램을 제도화했다는 점에서, 탈상품화 기제를 갖고 있지만 그 수준은 상이하다는 것을 의미한다.

가지 복지체제 유형이 도출된다고 주장한다. 자유주의 체제는 탈상품화가 낮으며, 복지의 이중구조(시장을 통해 자신의 복지를 구매할 수 있는 집단과 공공부조에 의존해야 하는 집단)를 특징으로 한다. 미국과 영국이 자유주의 체제의 대표적 유형이다(일반적으로 대부분의 영미권 국가들이 포함된다—영국, 미국, 호주, 뉴질랜드, 캐나다, 아일랜드). 조합주의 복지체제는 탈상품화가 일정 수준에서 실현되지만 사회보장제도는 노동시장에서의 지위(예를 들어 사회보험의 기여금 수준)에 따라 상이한 급여를 제공하는 계층화된 체제를 갖고 있다. 프랑스, 독일, 오스트리아, 벨기에 등이 여기에 속한다. 마지막으로 사회민주주의 복지체제는 탈상품화 수준이 높고, 보편적인 탈상품화 제도의 도입에 따라 계층화 수준이 낮은 것이 특징이다. 스웨덴, 덴마크, 노르웨이 등이 대표적이다.

많은 비판이 있긴 하지만 1990년 이후 복지국가를 둘러싼 거의 모든 시도는 직간접적으로 에스핑-앤더슨의 유형화 논의에 기반을 두고 있다고 하겠다. 다음은 에스핑-앤더슨의 유형화에서 촉발된 복지국가 유형화 논의를 에스핑-앤더슨의 유형화에 대한 비판적 논의를 통해 검토해보자(〈표 9-1〉 참고).

2) 제4의 복지체제 유형의 가능성

현존하는 산업화된 자본주의 국가들의 복지체제 특성은 에스핑-앤더슨이 주장한 것과 같이 사회민주주의, 조합주의(또는 보수주의), 자유주의라는 세 가지 복지체제로 유형화할 수 있을까? 1990년 에스핑-앤더슨의 세 가지 복지체제가 모습을 드러낸 후 수많은 비판이 제기되었다. 그중 추가적인 복지체제와 관련해 주목할 논의는 크게 세 가지로 압축된다.

첫째는 남부 유럽 복지체제의 독자성이다. 에스핑-앤더슨은 이탈

〈표 9-1〉 산업화된 자본주의 복지국가의 유형화: 국가 분류

연구자	유형 구분			
에스핑 – 앤더슨 (1990) (탈상품화 지수 기준)	자유주의	보수주의	사회민주주의	
	호주, 캐나다, 미국, 뉴질랜드, 아일랜드, 영국	이탈리아, 일본, 프랑스, 독일, 핀란드, 스위스	오스트리아, 벨기에, 네덜란드, 덴마크, 노르웨이, 스웨덴	
루이스 (1992)	강한 남성 생계부양자	온건한 남성 생계부양자	약한 남성 생계부양자	
	아일랜드, 영국	프랑스	스웨덴	
캐슬스, 미첼 (1993)	자유주의	보수주의	비우파 헤게모니	급진적
	아일랜드, 일본, 스위스, 미국	서독, 이탈리아, 네덜란드	벨기에, 덴마크, 노르웨이, 스웨덴	호주, 뉴질랜드, 영국
사이어로프 (1994)	개신교 사회민주주의	발전된 기독교 민주주의	개신교 자유주의	후발 여성 동원
	덴마크, 핀란드, 노르웨이, 스웨덴	오스트리아, 벨기에, 프랑스, 독일	호주, 캐나다, 뉴질랜드, 영국, 미국	그리스, 아일랜드, 이탈리아
페레라(1996)	앵글로색슨형	비스마르크형	스칸디나비아형	남부 유럽형
	영국, 아일랜드	오스트리아, 벨기에, 프랑스, 독일, 룩셈부르크, 스위스	덴마크, 핀란드, 노르웨이, 스웨덴	그리스, 이탈리아
보놀리 (1997)	영국형	대륙형	노르딕형	남부 유럽형
	영국, 아일랜드	네덜란드, 프랑스, 벨기에, 독일, 룩셈부르크	스웨덴, 노르웨이, 핀란드, 덴마크	이탈리아, 스위스, 스페인, 그리스, 포르투갈
코르피, 팔메 (1998)	기본 보장	조합주의	포괄 모델	표적화 모델
	캐나다, 덴마크, 네덜란드, 뉴질랜드, 스위스, 아일랜드, 영국, 미국	오스트리아, 벨기에, 프랑스, 독일, 이탈리아, 일본	핀란드, 노르웨이, 스웨덴	호주
라이트너 (2003)	선택적 가족주의	명백한 가족주의	탈가족주의	암묵적 가족주의
	벨기에, 덴마크, 프랑스, 스웨덴, 핀란드	오스트리아, 독일, 이탈리아, 룩셈부르크, 네덜란드	아일랜드, 영국	그리스, 포르투갈, 스페인

리아를 독일, 오스트리아 등과 같이 보수주의(조합주의) 체제로 분류했다. 그러나 1990년 이후 다수의 학자들은 남부 유럽이 대륙 유럽(보수주의)의 복지체제와는 상이한 특성을 가지고 있다고 주장했다(Ferrera, 1996). 왜냐하면 남부 유럽 복지체제는 강력한 가족주의(가족 또는 친족 네트워크가 복지국가를 대신해 개인과 가족의 복지를 담당하는 방식), 분절된 복지급여 구조(노동시장 내부자와 외부자의 명확한 구별), 취약한 사회서비스와 과도한 소득보장(내부자에 대해), 후견주의(정당이 정치적 지지를 대가로 특정 지역에 복지급여를 제공하는 방식) 등의 독특한 특성을 가지고 있는데, 이는 대륙 유럽과는 명확히 구별되는 특징이라는 것이다.

두 번째는 앤티퍼디언Antipodean(호주와 뉴질랜드를 지칭) 복지체제에 대한 주장이다. 아츠와 겔리센(Arts and Gelissen, 2002)은 에스핑-앤더슨이 호주와 뉴질랜드를 자유주의 복지체제로 분류한 것은 오류라고 주장한다. 에스핑-앤더슨이 호주와 뉴질랜드를 미국과 영국으로 대표되는 자유주의 복지체제로 분류한 이유는 호주와 뉴질랜드의 소득보장 제도가 자산 조사에 근거한 사회부조를 중심으로 제도화되었기 때문이다. 그러나 호주와 뉴질랜드의 자산 조사에 의한 사회부조 프로그램은 자유주의 복지체제의 잔여적 소득보장 정책과는 그 포괄성에서 큰 차이를 보인다. 사회부조의 대상자는 단순히 빈곤층만이 아니라 중산층을 포괄하며, 상위소득 계층 일부를 수급 대상에서 배제하고 있기 때문이다(Hill, 1996). 이러한 관점에서 캐슬스와 미첼(Castles and Mitchell, 1993)은 호주와 뉴질랜드를 영국과 함께 급진적 모델로 분류하여, 자유주의 복지체제(아일랜드, 일본, 스위스, 미국)와 구분했다. 코르피와 팔메(Korpi and Palme, 1998)는 복지국가의 제도적 특성에 따라 뉴질랜드를 캐나다, 덴마크, 미국, 영국 등과 함께 기본 소득보장 모델로 분류하고, 호주를 표적화 모델targeted model로 독자 유형화했다. 그러나 여전히 다수의 복지체제 분류에서 호주와 뉴질랜드는 자유주의 복지체제로 분류되고 있다.

　마지막으로 동아시아 복지체제에 대한 논의다. 그동안 복지체제 유형화를 둘러싼 논의는 주로 서구의 관점에서 진행되었다. 비서구 국가 중 기존 복지체제 논의에 포함된 국가는 일본이 유일하다. 일본은 에스핑-앤더슨의 유형화에서는 보수주의 복지체제로, 캐슬스와 미첼의 분류에서는 자유주의 체제로, 사이어로프의 분류에서는 후발 여성 동원 모델late female mobilization, 코르피와 팔메(Korpi and Palme, 1998)의 분류에서는 대륙 유럽 국가들과 함께 조합주의로 분류된다. 동아시아의 독자성을 강조하는 논의가 있기는 하지만(Jones, 1993; 김연명, 2009), 방법론과 이론에서 여전히 제한적이다.

　존스(Jones, 1993)는 일본과 함께 최근 동아시아 국가들의 경제적 성공이 동아시아 국가들만의 복지체제를 만들 것이라는 논지를 펼친다. 존스는 동아시아 국가들(한국, 일본, 대만, 홍콩, 싱가포르)이 복지자본주의라는 것은 분명하지만, 티트머스의 분류에도, 에스핑-앤더슨의 분류에도 맞지 않는다고 주장한다. 왜냐하면 동아시아의 복지는 노동자의 참여 없는 보수적 조합주의, 교회에 의한 복지의 부재, 평등이 없는 연대, 자유주의 없는 자유방임주의, 유교주의 유산으로 특징지을 수 있기 때문이다. 또한 가족이 구성원의 복지에 대한 일차적 책임을 지고, (최근에는 달라지고 있지만) 사회서비스에 대한 욕구가 발달하지 않았다는 점에서 남부 유럽과 유사하다고 할 수 있다. 이러한 특징에 근거해 존스는 동아시아를 (대륙 유럽의 기독교 복지체제에 대응하는 개념으로) 유교주의 복지체제 또는 가구경제 복지국가로 분류할 수 있다고 주장한다.

　한국 복지국가의 특성을 둘러싼 논란도 주목할 필요가 있다. 최근에는 단순히 에스핑-앤더슨의 세 가지 유형을 기준으로 분류하기보다는 독자적인 유형화가 필요하다는 논의가 제기되지만(김연명, 2009), 한국 복지체제를 둘러싼 논란은 주로 에스핑-앤더슨의 세 가지 유형 중

한국이 어떤 유형에 가장 근접한지를 둘러싸고 진행되었다. 김대중 정부 이후 확대되기 시작한 복지 지출과 (한계가 있지만) 직역으로 분리되어 있던 건강보험의 통합과 보편적 확대, 연금과 고용보험 대상자의 확대 등을 고려하면 복지에 대한 국가의 책임이 강화되고 있다는 주장에서부터, 연금 등 사회보험이 외부자와 내부자로 구별되는 방식으로 계층화되고,[2] 가족이 구성원의 복지와 관련해 중요한 역할을 담당하고 있다는 점에서 보수주의 유형에 가깝다는 주장까지 다양한 논의가 전개되고 있다(김연명 편, 2002; 정무권 편, 2009). 또한 최근의 세계적인 신자유주의적인 경향 속에서 한국을 (공공부조가 사회 지출에서 차지하는 높은 비중 등을 들어) 자유주의 복지체제로 분류하는 주장도 제기되고 있다. 그러나 한국은 남부 유럽과 같이 건강보험에서는 사회민주주의적인 특성을, 사회 보호(부조)와 관련해서는 잔여주의적인 특성을, 사회보험과 관련해서는 조합주의적인 특성을 가진다는 점에서 존스(Jones, 1993)가 지적한 것과 같이 에스핑-앤더슨의 유형으로 분류하기는 어려워 보인다.

그러나 새로운 (추가적인) 복지체제 유형을 제기한 주장들은 에스핑-앤더슨이 사용한 유형화 지표에 근거하지 않아 새로운 복지체제가 존재하는지에 대해 명확한 답을 내놓기가 어렵다. 예를 들어 독립적인 남부 유럽 복지체제의 유형을 주장한 페레라(Ferrera, 1996)는 자격 조건, 급여 방식, 재원 규제, 행정을 둘러싼 문제를 중심으로 남부유럽의 독자성을 주장했고, 보놀리(Bonoli, 1997)는 복지제도가 비스마르크 모델이 중심인지, 베버리지 모델이 중심인지에 따라 복지국가를 구분하면서 남부 유럽을 독자적 유형으로 분류했다. 또한 젠더에 기반을 둔 유형화도, 탈상품화와 계층화가 아닌 여성의 독립성의 문제를 중

---

2. 한국 사회보험에서 여전히 존재하는 공무원연금, 사립학교 교직원연금, 군인연금 등 특수직 연금, 민간보험의 높은 비중, 실질 대상자의 협소함 등을 의미한다.

심으로 복지체제를 유형화했다(Lewis, 1992: Sainsbury, 1996). 만약 에스핑-앤더슨의 세 가지 유형이 현재 산업화된 복지국가(한국, 일본, 대만 등 산업화된 동아시아 국가를 포함해서)들의 다양한 복지체제를 반영하지 못한다면, 에스핑-앤더슨의 유형화의 방법론를 비판했던 학자들처럼, 방법론(이론과 개념화 등을 포함해서)에 대한 비판을 통해 대안적 지표를 제시하는 것이 적절해 보인다.

3) 남성 중심의 유형화에 대한 비판: 젠더 복지체제의 유형화

젠더 관점의 주된 비판은 에스핑-앤더슨의 유형화가 복지 제공과 관련해 가족과 여성의 역할을 간과했으며, 사회 계층화의 형태로 젠더에 대해 적절히 인식하지 못했다고 주장한다(Lewis, 1992). 다시 말해 탈상품화는 상품화를 전제하며, 상품화는 유급노동을 의미하는데, 유급노동을 전제로 복지국가를 유형화한다는 것은 가구 내에서 이루어지는 가사나 돌봄 같은 무급노동을 분석에서 제외한다는 것을 의미한다. 젠더 관점에서 이는 곧 여성을 복지국가 논의에서 배제하는 것과 다르지 않은 것이다.

이러한 비판에 입각해 루이스(Lewis, 1992)는 남성 생계부양자 모델의 강도에 따라 복지체제를 약한 남성 생계부양자 체제(스웨덴), 온건한 남성 생계부양자 체제(프랑스), 강한 남성 생계부양자 체제(영국, 아일랜드)로 구분했다. 코르피(Korpi, 2000)는 2인 생계부양자 모델, 일반적인 가족 지원 모델, 시장 중심 모델로 구분했다. 라이트너(Leitner, 2003)는 아동과 노인 돌봄을 누가 책임지는지에 따라(가족주의 특성) 복지국가를 구분했다. 핵심은 이렇게 무급노동(돌봄노동)을 고려한 복지국가의 유형화는 단순히 탈상품화에 근거한 복지국가 유형화와 상이한 모습을 보인다는 것이다. 그러나 에스핑-앤더슨은 여성의 가족에 대한 의존과 돌봄의 사회화 정도에 따라 개념화한 탈가족화를 기준으로 복지국가를 유형화해도(Esping-Andersen, 1999), 결국은 사회민주주의, 자유주의, 보수주의라는 세 가지 복지체제로 귀결된다고 주장하면서 세 가지 유형의 유효성을 견지했다.

3. 왜 복지국가들은 상이한 모습을 띠고 있나?

이제 산업화된 서구 국가들에서 왜 복지국가가 출현했으며, 앞서 정리한 것과 같이 왜 상이한 복지체제로 구분되는지를 살펴보자. 이번 절에서는 서구 복지국가의 기원과 다양성을 설명하는 중요한 이론들을 개략적으로 검토한다.

1) 기능주의적 접근

산업화 이론은 복지국가를 산업사회의 대두에 따른 기능적 필요의 결과로 접근한다. 산업화 과정에서 가족, 교회, 지역사회와 같이 재생산을 담당하던 전통적 기제들이 해체되면서 국민국가가 재생산(복지) 기능을 담당하게 되었다는 것이다(Esping-Andersen, 1990). 이러한 산업화 논리는 구조기능주의 이론의 핵심적 기반이 된다. 구조기능주의는 복지국가의 발전을 박애, 혁신, 정치보다는 근대화, 산업화, 도시화, 인구 증가로 인한 변화에 대한 사회적 적응으로 이해하고 있다(Olsen and O'Connor, 1998, 5쪽). 그렇기 때문에 가장 발전한 국가에서 가장 높은 수준의 복지 지출이 이루어진다고 주장한다.

그러나 복지국가의 출현과 확대를 산업화의 필요에 따른 것으로 설명하는 구조기능주의적 접근은 왜 산업화가 이루어진 지 한참이나 지난 후에 복지국가가 나타나게 되었는지를 설명하지 못한다(Olsen and O'Connor, 1998, 8쪽). 가장 먼저 산업화의 길을 걷기 시작한 영국도 18세기 중반부터 본격적으로 산업화의 길을 가게 되고, 이후 19세기까지 서구 유럽 국가들이 산업화의 과정을 거치게 된다. 그런데 가장 먼저 산업화에 들어선 영국에서 산재보험은 1897년, 상병수당은 1911년, 연금은 1908년, 실업보험은 1911년, 가족수당[3]은 1945년이 되어서야 제도화된다. 산업화가 18세기 중반에 진행되었음을 감안하면 그로부터 거의 150년에서 200년이 지나고 나서야 복지국가의 핵심 정책들이 제도화된 것이다(Esping-Andersen, 1990).

물론 독일, 스웨덴 같은 후발 산업국의 경우 그 간격이 영국보다 짧기는 하지만 산업화와 제도 도입은 적어도 50~100년의 격차가 있다. 물론 반론도 있다. 경제가 일정한 수준으로 발전해야 분배할 잉여가 발생하기 때문에 산업화 이후 즉각적으로 분배적 복지정책을 제도화하기 어려웠다는 주장이다(Esping-Andersen, 1990). 특히 윌렌스키(Wilensky, 2002)는 복지국가 발전과 관련해 정치나 이념보다는 고령화, 제도 성숙과 함께 경제 발전이 핵심적 요인이라고 지적한다. 다시 말해 경제가 일정 수준으로 발전하지 않은 상태에서는 복지국가의 출현을 기대할 수 없다는 것이다. 그러나 지난 반세기 동안 경제 수준은 복지국가의 성장을 설명하는 변수가 되지 못했다(Esping-Andersen and Korpi, 1987).

네오마르크스주의도 복지국가를 자본주의를 유지하기 위한 필요의 산물로 이해했다는 점에서 산업화론자와 다르지 않다(Korpi, 1998, 55쪽). 왜냐하면 이들에게 국가는 자본가와 같은 경제적 지배계급의 이해에 복무하는 도구에 지나지 않기 때문이다. 풀란차스(Poulanzas, 1986,

---

3. 서유럽 복지국가들에서 산재보험, 상병수당, 연금은 대부분 1차 세계대전 이전에 제도화되고, 실업급여는 전간기에, 가족수당은 2차 세계대전 이후에 제도화된다.

441쪽)에 따르면 국가는 독점자본의 헤게모니를 유지하기 위한 정치 조직가의 역할을 담당한다. 국가가 독점자본의 이해를 대변한다면, 복지국가 또한 독점자본의 이해를 대변하는 것이 당연할 것이다. 국가의 '상대적 자율성'을 주장한 풀란차스의 견해 또한 국가가 단기적으로는 자본의 이해에 반하는 행위를 할 수 있지만, 장기적으로는 자본주의의 확대 존속이라는 자본의 이해에 복무한다는 점에서 이해할 필요가 있다(O'Connor, 1973).

네오마르크스주의의 신구조주의적 견해는 에스핑-앤더슨이 적절히 비판하고 있다. 에스핑-앤더슨(Esping-Andersen, 1990)은 복지국가가 자본의 이해에 복무한다면 왜 자원의 상당 부문이 재분배에 배치되어야 하는지를 설명하지 못한다. 더불어 복지국가가 자본주의를 유지하기 위한 도구적 기능을 수행한다면 왜 자본주의 사회가 아닌 국가들(과거의 동유럽 국가들)에서도 재분배 정책이 이루어지는지를 설명하지 못한다. 복지국가를 자본주의 사회의 모순에 대한 필연적인 반응으로 이해한 네오마르크스주의 접근 또한 구조기능주의 접근의 한계를 벗어나지 못하고 있다(O'Connor, 1973).

2) 다원주의와 엘리트주의

다원주의를 주장하는 대표적 이론가는 로버트 달이다. 달은 미국 동부 코네티컷에 위치한 뉴헤이븐 시의 사례를 통해 정책 결정 과정에 지배적인 집단과 개인이 존재하지 않았다는 사실을 지적한다(Dahl, 2005). 이러한 경험적 사례를 통해 달은 정책 결정은 특정한 집단이나 개인에 의해 좌우되기보다는 다양한 집단이 쟁점에 따라 이합집산하면서 정책 결정 과정에 관여한다는 다원주의 이론을 발전시켰다. 시장市長으로 대표되는 시정부 또한 정책과 관련한 쟁점에 적극적으로 참여하기보다는 중립적 위치를 고수했다는 사실에서 정부로 대표되는 국가의 (특정 계급 이해를 떠난) 중립성을 주장한다. 다시 말해, 다원주의에서는 국가란 전체 사회의 필요에 의해 조직된 것이기 때문에 특정 집단이 아닌 다양한 집단들의 이해에 복무한다고 가정한다(Korpi, 1998). 이러한 관점에서 복지국가 또한 인구사회학적 변화와 산업사회의 필요에 대한 대응으로 만들어졌다고 할 수 있다.

그렇다고 다원주의가 정책을 결정하는 권력이 모든 사람들에게 평등하게 배분되어 있다고 주장하는 것은 아니다. 코르피(Korpi, 1998a)의 주장과 달리 다원주의는 권력이 모든 사람에게 평등하게 분포되어 있기보다는 불평등하게 분포되어 있다는 점을 인정한다(Polsby, 1980). 다원주의는 모든 개인과 집단이 나름의 권력을 갖고 있다는 점에서 권력이 다양하게 분포되어 있음을 강조하는 것이다. 만약 누구나 권력을 갖고 있다면 그들이 정책 결정 과정에 정치적 영향력을 행사하는 것은 너무나 당연하다. 이러한 의미에서 다원주의는 특정 집단이나 개인이 권력을 지배하고 있지 않다는 점을 강조한다. 뉴헤이븐의 사례에서처럼 각각의 개인과 집단이 특정 영역에서 지배적인 위치를 점한다는 것이 곧 다른 영역에서도 지배적인 위치를 점할 수 있다는 것을 의미하지 않기 때문이다. 이 점에서 권력은 단선적으로 분포하지 않고 (사안에 따라) 다차원적으로, 다양한 방식으로 불평등하게 분포한다는 점을 강조하고 있다. 특히 사회적 행위자들은 자본과 노동이라는 단일한 이해관계에 근거한 대립구도에 있기보다는 사안에 따라 중층적 이해관계를 갖는 것으로 해석한다(하연섭, 1999).

실제로 가족정책과 관련해 독일과 스위스에서 나타난 연대는 계급에 기반을 둔 전통적 연대와는 상이했다(Häusermann, 2006).[4] 시기에 따라 연대의 대상 또한 상이했다. 이러한 경험적 사실은 다원주의에서 주장하는 것과 같이 (생산수단 소유 여부에 근거한) 계급을 매개로 단일한 이해집단의 분포가 성립할 수 있다는 주장을 반박하는 근거가 된다. 엘리트주의도 권력의 원천이 아닌 권력의 행사에 주로 관심을 둔다는 점에서 다원주의와 다르지 않다. 그러나 엘리트주의는 다원주의와 확연히 구별되는 차이가 있다. 다원주의와 반대로 엘리트주의는 권력이 다양한 집단에 분포되어 있다는 명제를 거부하고, 권력이 소수집단에 집중되어 있다고 강조한다(Korpi, 1998). 고전적 엘리트주의에 따르면 정치 엘리트들은 물리력과 경제적 자원의 독점을 통해 지배력을 확보한다(Bottomore, 1993; 류지성, 2007, 123쪽 재인용). 이들에게 권력의 원천은 관료, 부, 기술전문가, 지식 등이다. 네오마르크스주의에서 자본가를 자본주의 사회의 지배계급으로 상정하며, 국가는 지배계급의 이해를 대변한다는 주장 또한 엘리트주의의 맥락에서 해석할 수 있다(Olsen and O'Connor, 1998). 이렇게 보면 복지국가의 출현은 자본주의의 지배계급이 자신들의 이해를 국가를 통해 담보하기 위한 목적의식적인 선택의 결과로 이해할 수 있다. 권력의 소재를 둘러싼 다원주의와 엘리트주의의 논쟁은 누가 복지국가를 만들었고, 확대 또는 축소했는지를 둘러싼 이후의 논쟁에 중요한 이론적 함의를 던져주고 있다.

3) 권력자원론

1950년대 사회과학자들의 핵심 논쟁은 권력의 소재를 둘러싸고 벌어졌다(Korpi, 1998). 앞에서 언급했듯이 다원주의는 권력이 모든 사회 주체들에게 분포되어 있다고 보는 반면, 엘리트주의는 권력이 한 사회의 특정 개인과 집단에 집중되어 있다고 보았다. 다원주의자들의 주장

---

4. 독일에서 사민당SDP은 적녹연합을 통해 일하는 어머니들을 위한 정책을 지지함으로써 그들의 전통적 지지기반인 (남성 중심의 제조업) 노동조합과 일정한 거리를 두게 된다(Häusermann, 2006).

처럼 권력자원론도 권력자원이 특정한 집단에 의해 독점적으로 지배되고 있지 않다고 본다(Korpi, 1998). 그러나 권력자원론이 다원주의자들과 다른 점은 권력 분포가 집단 간에 불균등하게 분포되어 있다고 주장한다는 점이다.[5] 또한 코르피(Koripi, 1998)는 다원주의와 엘리트주의 모두 권력의 행사에만 관심을 가질 뿐 권력이 어디에서 기원하는지에 대해서는 특별한 관심을 두지 않았다고 비판했다.[6] 권력자원론은 권력의 행사보다는 권력의 원천에 더 관심을 두기 때문이다. 코르피(Korpi, 1998, 42~45쪽)에 따르면 권력자원론은 권력자원을 개인 또는 집단이 다른 행위자를 처벌하거나 보상할 수 있는 능력 또는 수단으로 정의한다. 이러한 관점에서 보면 서구 사회에서 가장 기본적인 권력자원은 폭력적 수단, 자산, 인간의 노동력이 된다. 이 세 가지 권력자원 중 폭력적 수단을 합법적으로 행사할 수 있는 유일한 주체는 (근대)국가로 제한된다(Weber, 1919)는 점을 고려하면 복지체제의 상이성을 직접적으로 설명할 수 있는 권력자원은 자산과 노동력으로 국한된다. 주목할 점은 두 권력자원이 상이한 특성을 가지고 있다는 점이다. 생산수단으로 대표되는 자산은 축적이 용이한 반면 인적 자본으로 대표되는 노동력은 축적과 보존이 어려울 뿐만 아니라 일반적으로 희소한 자원으로 분류되지도 않는다.

권력자원론은 노동계급과 자본계급의 권력자원이 동등한 권력을 가지고 있지 않다고 인식한다. 일반적으로 신고전학파 경제학에서는 완전경쟁이 보장되는 자본주의 체제에서 권력은 균형 상태를 이룬다고

5. 다원주의도 권력이 불평등하게 분포되어 있다는 점을 인정한다. 그렇지만 다원주의는 권력의 불평등이 각각의 영역에서 상이하게 나타나기 때문에 일관되게 권력을 가지지 않은 사람은 없다고 주장한다. 정리하면 다원주의의 불평등은 사람들이 각각 자신의 영역에서 권력을 가지고 있으므로 사회 전체적으로는 권력이 평등하게 분포되어 있다는 주장으로 전환된다.
6. 그러나 이는 사실이 아닐 수 있다. 다원주의와 엘리트주의 모두 권력의 원천이 어디에서 기원하는지를 이야기하고 있기 때문이다.

가정한다(Korpi, 1998). 완전경쟁 아래 놓여 있는 것은 기업뿐만 아니라 노동력을 파는 노동계급도 마찬가지이므로, 사람들 사이에 권력의 불균형은 존재하지 않는다고 본다. 그러나 이러한 주장에 대해서는 자유주의 경제학의 시조라고 할 수 있는 애덤 스미스(Smith, 1976, 74~75쪽)[7]조차 동의하지 않았다. 스미스는 자본주의 사회에서 노동자가 보유한 자원이 자본가에 비해 구조적으로 불리한 위치에 있음을 명확하게 지적한다.

권력자원론은 스미스의 지적과 같이 자본주의 사회에서 상대적으로 축적과 집중이 용이한 자본과 그렇지 못한 노동력 간에는 힘의 불균형이 발생할 수밖에 없다고 본다. 권력자원론은 만약 노동계급이 이러한 힘의 불균형을 완화하고자 한다면 노동계급의 동원이 필요하다고 주장한다. 그렇기 때문에 노동계급의 성공적인 권력자원의 형성(자본과 균형을 유지하거나 자본을 압도할 수 있는 수준의 권력자원)은 높은 노조 조직률과 잘 조직된 노동운동으로 대표된다(Esping-Andersen, 1990; Korpi, 1998; Korpi and Palme, 2003). 권력자원론은 개별 국가들에서 노동계급의 상이한 권력자원이 (노동계급과 자본계급 간의 권력자원의 차이) 상이한 복지체제를 만들었다고 주장한다(Korpi, 1998; 2003; Korpi and Palme, 1998; 2003).

그러나 노조의 조직률이 높고, 노동운동이 잘 조직화되어 있다고 해서 모두 유사한 복지체제를 형성하는 것은 아니다. 호주, 뉴질랜드, 덴마크, 스웨덴, 노르웨이 등은 강력한 노동운동과 높은 노동조합 가입

---

7. "자본가masters와 노동자workmen 중 누가 더 유리한 위치에서 상대방으로 하여금 자신의 조건에 합의하도록 할 수 있는지를 예상하는 일은 어렵지 않다. 고용주들은 수적으로 더 적기 때문에 쉽게 단결할 수 있고, 법과 정부 또한 자본가들의 연합combine을 법률로 금지하지 않는다. 자본가들이 임금을 낮추기 위해 연합하는 것을 금지하는 법률은 없지만 노동자가 임금을 올리기 위해 단결하는 것을 금지하는 법률은 많다. 모든 쟁의에 자본가들은 훨씬 더 오래 버틸 수 있다. (……) 그러나 노동자들은 일을 하지 않으면 한 주간을 버틸 수 있는 사람이 많지 않고, 한 달간 버틸 수 있는 사람은 거의 없으며, 1년 동안 버틸 노동자는 아무도 없다."

률을 특징으로 하고 있다(Castles and Mitchell, 1991). 하지만 (에스핑-앤더슨의 유형에 따르면) 이들 국가들은 각각 자유주의 복지국가와 사회민주주의 복지국가로 구분된다. 차이는 결국 조직된 노동을 정치적으로 동원할 수 있는 좌파 정당(사민당 또는 노동당)의 존재 여부이며, 이들의 집권 여부와 밀접히 관련된다. 사실 호주, 뉴질랜드와 스칸디나비아 국가들의 차이는 좌파 정당의 집권 여부(및 기간)와 밀접한 관련이 있다(Castles and Mitchell, 1991). 강력한 노동조합과 좌파 정부의 결합이 노동친화적인 복지국가에 강력한 영향력을 미쳤다고 할 수 있다(Busemeyer, 2011).

다른 하나는 노동계급의 권력자원은 노동계급과 비노동계급의 연대를 통해 강화된다(Esping-Andersen, 1990; Korpi, 1998; Korpi and Palme, 2003). 실제로 스칸디나비아 복지국가들과 대륙 유럽 복지국가들의 차이는 노동계급의 권력자원의 양과 함께 노동계급이 농민 같은 비노동계급과 얼마나 잘 연대하는지에 달려 있다. 1930년대 스웨덴에서 좌파 정당(사민당)은 농민계급과 연대하여 집권 및 보편적 복지국가의 확대를 이루어냈다. 한편 독일에서 농민계급은 보수진영(종교정당인 기독교민주당)의 정치적 영향력 아래 놓이게 된다(박근갑, 2009). 이후에도 유사한 양상을 보이는데 스웨덴 좌파는 비노동계급과의 연대를 성공적으로 이룬 반면 독일에서는 성공적인 연대를 이루었다고 할 수 없다. 바로 이러한 차이가 현재 독일과 스웨덴의 상이한 복지체제의 중요한 원인이다. 물론 노동계급의 이해를 대변하는 정당의 입장에서 비노동계급과 연대하는 것이 쉬운 일은 아니다. 왜냐하면 비노동계급과 연대하는 과정에서 노동계급의 당파성이 훼손될 수 있기 때문이다(Przeworski, 1980, 27~28쪽). 이처럼 계급을 가로지르는 연대는 노동계급이 자본주의 정치체제를 인정하고, 노동자 당으로서 당파성과 혁명노선을 포기해야 한다는 것을 의미할 수도 있다.

그럼에도 권력자원론은 서구 복지국가들의 상이한 모습을 노동과 자본 간 권력자원의 차이로 설명함으로써 복지국가를 단순히 자본주의나 산업화에 따른 기능적 필요로 설명하는 구조기능주의의 한계를 극복하는 것처럼 보인다. 왜냐하면 산업화는 어떤 특정 사회만의 고유한 경험이 아니기 때문이다. 산업화나 자본주의의 기능적 필요에 의해 복지국가를 설명하게 되면, 상이한 복지체제가 갖는 고유한 특성을 온전히 설명할 수 없다. 이러한 의미에서 피어슨(Pierson, 2000)은 권력자원론을 1980년대의 가장 두드러진 연구라고 평가했다. 그리고 권력자원론의 핵심은 경제적 문제가 아닌 정치적 문제를 통해 복지국가를 이해하고 있다는 점이다(Harrits, 2006).

4) 자본주의의 다양성: 자본의 역할과 생산체제

1990년대 들어서면 복지국가와 관련해 자본의 역할에 주목하는 논의가 제기된다(Korpi, 2006). 스웬슨(Swenson, 1991)은 지금까지 있었던 논의(권력자원론)는 복지국가의 발전과 관련된 자본의 역할을 간과했다고 비판한다. 우리가 자본주의 체제에서 살고 있다는 현실을 인식한다면 자본의 동의 없이 자본가들에게 지속적인 부담을 지우는 복지국가가 어떻게 존속 가능하겠는가라는 의문을 제기한다(Iversen and Stephens, 2008; Iversen and Soskice, 2009; Iversen, 2009). 사실상 자본주의에서 경제적 성과를 얻는 것이 자본의 협력(동의 또는 공조) 없이는 불가능한 것처럼(Przeworski, 1980), 복지국가의 확대 발전 또한 자본의 역할이 핵심적이라는 것이다. 스웬슨(Swenson, 1991, 513쪽)은 사회민주적 정치경제학(권력자원론을 지칭)이 자본을 노동의 물리력에 정치적으로 길들여진 수동적 존재로 묘사하고 있다고 비판한다. 그리고 노동의 권력 행사는 자본의 희생에 기반을 둔 것이 아니라 노동과 자본의 연대에 기반을 둔 것이라고 주장한다. 실제로 덴마크와 스웨덴에서 좌파의 안정적 집권은 좌파 정당과 고용주의 연대가 이루어졌기 때문에 가능했다고 주장한다. 1930년대 스웨덴에서 농민과 노동의 대타협과 산업관계에서 중앙 단위의 임금 교섭이 이루어진 것도 자본이 핵심적 참여자로서 역할을 수행했기 때문에 가능했다는 것이다. 마레스(Mares, 2003)도 스웬슨(Swenson, 1991)과 같이 복지국가 발전에 고용주의 역할이 중요하다고 강조한다. 마레스(Mares, 2003)는 고용주가 사회정책에 반대하기보다는 초기 사회정책을 제도화하는 데 적극적인 역할을 했다고 주장한다. 왜냐하면 위험에 노출된 기업은 자신의 비용과 위험을 분산할 수 있는 사회보험 체계를 선호하고, 이러한 이유로 고용주들은 보편적인 실업보험과 산재보험을 국가가 제도화하도록 압력을 가했다는 것이다.

스웬슨(Swenson, 1991)과 마레스(Mares, 2003)의 비판이 복지국가 형성과 발전 과정에서 자본의 역할을 간과한 권력자원론을 비판하면서 고용주(자본)의 역할을 강조한 것이라면, 생산체제production regime론은 복지국가 형성과 발전에 대한 근본적인 의문을 제기한다. 권력자원론은 자본주의 체제에서 어떻게 대규모 재분배 정책이 번창하게 되었는지를 적절히 설명하지 못한다고 비판한다(Iversen and Soskice, 2009). 좌파의 힘과 복지 확대는 권력자원론의 주장과 같이 밀접한 관련이 있는 것이 사실이지만, 그러한 관련성이 왜 특정한 국가에서 좌파의 힘이 강력하고, 다른 국가에서는 그렇지 못한지를 설명하는 것은 아니라는 얘기다. 더욱이 생산체제론을 주장하는 일단의 학자들은 평등한 소득 분배와 높은 수준의 재분배는 산업화와 (권력자원론이 이야기하는) 참정권이 (보편적으로) 확대되기 이전에 이미 조직화되었다고 주장한다. 권력자원론이 복지국가를 정치의 문제로 이해했다면, 생산체제론은 복지국가를 경제의 문제로 접근했다고 할 수 있다. 생산체제론은 현재의 복지국가는 생산체제에 따라 구분할 수 있으며, 복지국가는 생산체제의 기능적 보완물이라고 주장한다(Korpi, 2006). 이러한 생산체제론의 핵심은 복지국가 발전은 노동이 아닌 자본의 목적의식적인 선택의 과정이었다는 점을 강조한다.

신제도주의에 입각한 생산체제론의 핵심은 자본주의 체제에서 모든 제도는 다른 제도와의 관계 속에서 이해해야 하며, 이러한 제도적 상보성은 하나의 제도는 다른 제도에 의존한다는 것이다(Iversen, 2009). 생산체제론은 이러한 관점에서 (코르피의 주장처럼 명시하지는 않았지만) 경제체제가 재분배를 둘러싼 정치체제를 결정하는 것으로 이해한다. 다시 말해 자본주의 체제의 다양성이 복지국가의 다양성을 결정한다는 것이다. 자본주의 체제의 다양성을 설명하는 몇 가지 접근이 있지만 여기서는 주로 경제주체들의 조정을 중심으로 자본주의 체제를 유형화한 시도를 살펴보고자 한다(권력자원론자들의 비판도 주로 여기에 집중되어 있다).

아이버슨과 소스키스(Iversen and Soskice, 2009)에 따르면 자본주의 생산체제는 크게 조정 시장경제coordinated market economies와 자유 시장경제liberal market economies로 구분된다. 조정 시장경제 체제에서 기업과 노동자는 기업-특화된 기술에 투자하고, 고용주는 노동자가 기업-특화된 기술에 투자할 때 직면할 수 있는 위험을 보호하기 위해 복지국가를 적극적으로 확대한다는 것이다(Iversen, 2009). 일반적으로 조정 시장경제에서는 기업-특화된 기술에 투자하는 노동자들을 위해 임금, 고용, 실업에 대한 세 가지 보호장치를 제도화한다(Estevez-Abe, Iversen and Soskice, 2001).

반면 자유 시장경제에서는 기업이 일반적 기술에 대한 투자를 장려하고, 노동자에 대한 제도적 보호 수준이 낮은 특징이 있다. 다만 노동자들이 기업-특화된 기술이 아닌 일반 기술에 인적 자본을 투자함으로써 이동 가능성이 높고, (일반적 기술을 보유함으로써) 직장을 옮길 수 있는 이동 가능성이 노동자들에게는 최상의 보험이 되는 구조를 갖고 있다(Iversen, 2009). 특히 이러한 자유 시장경제 체제에서는 일반적으로 노동자들이 기업-특화된 기술에 대해 투자하는 것을 지원하지 않는 다(Hall and Soskice, 2001; Iversen and Stephens, 2008; Iversen and Soskice, 2009).[8]

그러면 왜 산업화된 서구 국가들은 서로 상이한 생산체제로 분화되었을까? 아이버슨과 소스키스(Iversen and Soskice, 2009)는 그 역사적 기원을 찾아 19세기로 거슬러 올라간다. 여기서는 선거제도에 대한 논의를 제외하고 생산체제와 관련된 논의를 중심으로 개략해보자. 조정 시장경제 체제와 자유 시장경제 체제로의 분화는 슈텐데슈타텐 ständestaaten(영어 corporate state)이라는 조합주의 국가라는 역사적 경험으로부터 시작된다. 스웨덴, 독일 등 조정 시장경제로 분류되는 국가들은 일반적으로 조합주의 국가라는 역사적 유산이 존재하는 데 반해 미국, 영국 같은 자유 시장경제 체제는 이러한 역사적 경험이 없다는 점을 지적한다. 구체적으로 보면 자유 시장경제 체제에서는 조정에 대한 역사적 경험과 길드 전통이 취약하다는 공통점이 있다. 농업은 대규모 농장주들에 의해 지배되고, 농업노동자들은 대부분 소작농이었다. 이러한 특성이 지역적 조정과 협력을 어렵게 만들었다는 것이다.

또한 미국, 영국, 호주 등 자유 시장경제 체제 국가들은 종교에 의한 사회적 분리가 존재했고, 이러한 분리가 협력적인 틀을 만드는 데 장애물로 작용했다.[9] 반면 조정 시장경제 체제는 북유럽과 대륙 유럽형으로 구분되는데, 양자의 상이성은 농촌 지역과 도시 지역의 결합 정

---

8. 조정 시장경제는 자유 시장경제에 비해 공적 교육과 직업훈련에 대한 사회적 투자 수준이 높은 것이 특징이다. 또한 조정 시장경제는 다시 전국적 조정 시장경제와 산업별 조정 시장경제로 구분되는데, 스웨덴과 노르웨이는 전자를 대표하는 국가들이고, 독일과 오스트리아는 후자를 대표하는 국가들이다.
9. 영국은 성공회 대 반성공회, 미국은 성공회 대 가톨릭 대 루터교, 호주는 가톨릭 대 성공회 (Iversen and Soskice, 2009).

도와 관련된다. 상대적으로 도시와 농촌의 관계가 긴밀하지 않았던 스웨덴에서 농업의 불안정성은 전국적 차원의 보편적 사회보장 체제를 만드는 데 유리한 조건으로 작용했다. 한편 대륙 유럽의 경우 농촌 지역은 도시 지역과 (북유럽 국가보다 더) 긴밀히 통합되어 있었기 때문에 (Hechter and Brustein, 1980; Herrigel, 1996; Iversen and Soskice, 2009 재인용) 지역에 기반을 둔 (이후 산업에 기반을 둔) 조정 시장경제의 토대가 되었다고 할 수 있다. 이렇듯 자본주의 체제의 다양성을 통한 접근은 경제적 필요에 의해 복지체제가 상이하게 구축되었다는 점을 논증함으로써 권력자원론의 정치 중심적 접근은 시후적 설명에 지나지 않는다고 비판한다. 그렇지만 자본주의 체제의 다양성 접근(고용주 중심 접근과 생산체제론적 접근)에 대한 반론도 만만치 않다. 이는 코르피(Korpi, 2006)의 저작에 잘 기술되어 있다. 코르피는 자본주의 체제의 다양성 논자들의 주장과 달리 고용주는 사회권 확대에 결코 우호적이지 않았다고 주장한다.

5) 신정치론과 복지국가 축소를 둘러싼 논란

폴 피어슨(Pierson, 1995)으로 대표되는 신정치론New politics은 복지국가의 존속(및 지속)과 관련된 논의를 전개하고 있다. 피어슨(Pierson, 1995: 2000)에 따르면 권력자원론은 복지국가의 형성과 발전을 묘사하는 데는 탁월한 능력을 보였지만, 1970년대 중반 이후 복지국가가 축소된 것을 설명하는 데는 적절하지 않다는 것이다. 복지국가의 지속과 관련해 여전히 정치의 역할을 강조한다는 점에서 신정치론은 생산체제론과 상이한 입장이지만, 정치행위의 주체가 계급과 정당에서 복지국가의 수혜자라는 새로운 이해집단으로 대폭 교체되었다는 주장은 행위주체를 계급에 기초해 이해하는 권력자원론의 입장과 큰 차이를 보인다.

코르피와 팔메(Korpi and Palme, 2003)가 정리한 내용에 따르면 신정치 이론의 핵심 주장은 크게 세 가지로 구분할 수 있다. 첫째, 생산 체제와 고용주 중심 관점에서와 같이 권력자원론은 복지국가와 관련해 자본의 긍정적인 역할을 간과했다는 점이다(Pierson, 2000). 둘째, 연금, 건강보험, 복지국가가 고용하는 공공 부문의 노동자 등은 복지국가의 새로운 이해집단을 형성했다. 새로운 이해집단은 복지급여의 수혜자(새로운 유권자)와 정부 급여 및 서비스 확대(유지)와 이해관계를 가지는 정부 관료들이다(Brooks and Manza, 2006). 마지막으로 복지 축소 과정의 정치적 내용은 복지 확대의 정치적 내용과 상이하다는 점이다. 이러한 주장은 복지국가의 제도적 유산이 유권자와 이해 조직의 선호 및 기대를 변화시켜 정책 결과에 관한 (계급에 기반을 둔) 당파적 효과를 감소시켰다고 주장한다(Häusermann, Picot and Geering, 2010). 정당은 (계급 정치에 기반을 둔) 기존 정당 이론과 달리 행동함으로써 궁극적으로 정부의 (이념적) 색깔은 더는 중요한 문제가 되지 않는다는 것이다(Huber and Stephens, 2001). 복지국가와 관련된 신정치론의 논쟁은 역사적 제도주의를 탄생시킴으로써 복지국가의 축소와 지속을 둘러싼 논쟁에서 정책과 제도적 유산과 정치구조의 중요성을 강조했다(Häusermann, Picot and Geering, 2010).

이제 신정치론의 복지국가 축소와 관련한 논의를 좀더 구체적으로 살펴보자. 앞서 언급했듯이 복지국가와 관련한 신정치론이 관심을 갖는 것은 복지국가의 출현과 확대가 아니라 축소 또는 지속의 문제다. 이로 인해 신정치론을 둘러싼 논쟁은 "1970년대 중반 이후 복지국가의 축소 여부"를 중심으로 진행되고 있다(Pierson, 1995; Korpi, 2003; Korpi and Palme, 2003; Green-Pedersen, 2004; Brooks and Manza, 2006; Häusermann, Picot and Geering, 2010). 폴 피어슨(Pierson, 1995)의 핵심 문제의식은 이런 것이다. 복지국가의 출현과 확대가 좌파의 권력자원과 관련된다면, 1970년대 이후 좌파의 권력자원이 감소하고 있는데도, 어째서 복지국가는 쇠퇴하지 않는가. 피어슨(Pierson, 1995)은 복지 축소를 단순히 복지 지출로 접근하는 것은 적절하지 않지만, 권력자원도 더는 유용한 설명을 하지 못하고 있다고 지적한다. 대신 피어슨은 자산 조사 복지정책의 확대, 민영화, 수급 자격의 변화를 통해 복지국가의 축소를 이해할 필요가 있다고 주장한다. 단순한 지출 변화가 아닌 제도의 변화를 통해 복지국가 축소의 문제에 접근해야 한다는 것이다. 특히 권력자 원론은 개별 정책들의 차이에 주목하지 못함으로써 단순히 보편적 프로그램이 잔여적 프로그램보다 지속성이 높다는 일반적 설명에 그치고 있다는 점을 지적한다. 즉 권력자원론은 개별 프로그램을 둘러싼 복지 정치를 설명할 수 없다는 것이다(Pierson, 1995).

하지만 복지제도의 변화를 통해 복지국가의 축소를 이해하려는 피어슨의 접근에 대한 반론도 있다. 예를 들어 피어슨은 민영화를 복지 축소의 중요한 지표로 제시하지만 실제로 민영화가 복지 축소를 의미하지 않을 수도 있고, 반대로 공영화 또한 복지를 축소하는 제도적 변화가 될 수 있음을 간과한다는 것이다. 그린-피더슨(Green-Pedersen, 2004)에 따르면 1996년 덴마크에서 상병수당이 민영화되었지만 급여 수준에는 변화가 없었다(Van der Veen and Trommel, 1999; Green-Pedersen, 2004, 10쪽 재인용). 반대로 장애연금은 연금 지급 권한을 (연금과 관련한 재정적 이해가 없는) 독립적인 기관에서 (비용을 줄이려는 재정적 이해를 가지는) 지방정부로 이전해 공영화했지만 결과는 장애연금 수급자의 축소로 나타났다(Christiansen, 2000, 11쪽; Green-Pedersen, 2004 재인용). 핵심은 (적어도 단기적으로는) 제도적 변화가 반드시 축소를 의미하지 않을 수도 있으며, 국가 책임을 강화하는 것 또한 복지 확대와 일치하지는 않는다는 것이다.

한편 코르피와 팔메(Korpi and Palme, 2003)는 복지국가의 축소는 완전고용의 달성 여부로 평가해야 한다고 주장한다. 그들의 주장에 따르면 케인스주의 복지국가의 핵심은 발달한 사회보험 및 사회서비스와 함께 완전고용을 실현하는 것이기 때문이다. 실제로 복지국가의 황금기였던 1955년부터 1973년까지 유럽 복지국가들의 실업률은 완전고용 수준[10] 이하인 2%에 그쳤다. 더욱이 좌파 정부에게 완전고용은 복지국가가 추구해야 할 핵심 가치였다. 그러나 1973년 이후 실업률은 이전의 5배나 증가했고, 높은 실업률은 재정 부담의 증대, 세수 기반의 축소를 야기하여 복지국가의 재정을 압박하는 요소가 되었다. 실업을 둘러싼 정치적 충돌을 고려할 때 피어슨의 주장과 달리 계급정치는 여전히 중요한 역할을 하고 있다는 것이 코르피와 팔메의 핵심 주장이다.

6) 그 밖의 문제들

(1) 비례대표제와 복지국가

먼저 선거제도를 둘러싼 논란을 살펴보자. 논란의 핵심은 비례대표제와 복지국가 간의 친화성을 둘러싼 주장이다. 비례대표제는 보편적 복지체제와 밀접한 관련이 있는 것으로 보고된다(Iversen and Soskice, 2009). 또한 비례대표제는 좌파 정당에게 유리한 정치 환경을 제공해준다는 점에서 비례대표제-좌파 정권-보편적 복지국가라는 등식이 성립한다는 주장이 제기된다(Alesina and Glaeser, 2004; Korpi, 2006; Iversen, 2009; Iversen and Soskice, 2009). 실제로 강력한 노동계급 연합이 존재하면서, 비례대표제를 실시하고 있는 스칸디나비아 국가들에서는 보편적 복지체제가 일반적이다. 반면 다수대표제를 실시하고 있는 영미형 국가들의 경우 복지체제는 잔여적 수준에 머물고 있다(Iversen and Soskice,

---

10. 전후 베버리지는 자유사회에서 완전고용은 실업률이 3% 이하면 달성된 것으로 보았다(Korpi and Palme, 2003, 428쪽).

2009). 비례대표제에서는 중위 투표자 명제가 작동하지 않기 때문에 제계급 간의 연합정치가 가능해지고, 이러한 연합정치가 계급을 가로지르는 보편적 복지제도의 발전을 가능하게 하는 것이다(윤홍식, 2012). 아이버슨과 소스키스(Iversen and Soskice, 2002)에 따르면 정당들이 각각 다른 계급의 이해를 대표한다면 집권을 위해서 계급 연대는 필수적이고, 비례대표제는 이러한 연대를 용이하게 한다는 것이다. 특히 비례대표제에서 중간계급은 부자에 대항해 저소득층과 함께 공동전선을 형성하는 것으로 알려져 있다. 반면 다수대표제(주로 양당정치)에서 중간계급은 저소득층으로부터 공격받을 가능성이 높기 때문에 고소득층과 연대하는 경향이 있다.

여기서 논쟁의 핵심은 누가 비례대표제를 제도화했는지다. 복지국가의 출현과 확대를 둘러싸고 권력자원론과 자본주의 체제의 다양성 접근이 각각 노동계급과 고용주의 역할을 강조한 것과 같이 비례대표제와 관련해서도 동일한 전선이 형성되고 있다. 아이버슨(Iversen, 2009)으로 대표되는 생산체제론자들은 비례대표제와 생산체제의 상호 관련성은 우연한 사건의 결과가 아닌 경제적 이해를 가진 집단(자본=고용주)에 의해 정치제도가 설계된 결과라고 주장한다. 이들은 좌파의 정치적 힘 또한 1920년대 고용주와 우파의 (생산체제와 조응하는) 제도적 선택의 결과라고 주장한다(Iversen and Soskice, 2009). 우파와 자본의 목적의식적 선택에 의해 비례대표제가 제도화되고, 비례대표제와 생산체제가 조응함으로써 조정 시장경제 체제가 탄생했다는 것이다. 중도와 우파는 비례대표제가 가지는 재분배 효과에도 불구하고 비례대표제를 선택했다. 그리고 이러한 조정 시장경제 체제에서 분배와 재분배가 확대되었으므로, 결국 복지국가는 우파와 자본의 목적의식적인 선택의 결과라는 것이 이들의 주장이다.

그러나 알레시나와 글레이저(Alesina and Glaeser, 2004)는 다양한 역사적 연구를 인용하면서 비례대표제는 좌파와 노동계급의 투쟁으로 얻은 결과라는 반론을 제기한다. 마르크스가 자본가, 성직자, 지주의 천국이라고 불렀던 벨기에는 1886년 노동자 반란, 1893년 노동자 총파업 등을 거치면서 노동운동이 중요한 정치세력으로 등장했다. 투쟁의 결과로 1894년 남성 참정권이 확대되었고, 1899년 유럽 국가 최초로 전국적 차원의 비례대표제를 도입했다. 러시아의 자치령이었던 핀란드에서도 1905년 총파업 이후 비례대표제가 제도화되고, 포르투갈에서는 좌파의 강력한 군사적 위협이 비례대표제를 도입하는 데 큰 역할을 하게 된다. 유일하게 우파에 의해 비례대표제가 추진된 스웨덴도 그 내용을 보면 우파가 최소한의 정치적 지분을 확보할 목적으로 비례대표제를 도입했다(Steinmo, 1993). 따라서 비례대표제가 복지국가를 확대했다는 주장은 적절하지 않다. 핵심은 좌파의 정치적 힘이 성장했고, 이러한 정치적 힘이 비례대표제를 제도화할 수 있었던 것이다. 그러므로 보편적 복지국가와 비례대표제가 조응한다면 이는 결국 좌파의 권력자원에 의한 결과라고 할 수 있다. 이러한 결과는 비례대표제가 보편적 복지국가를 위한 충분조건이 아니라는 사실을 이야기해준다. 비례대표제는 앞서 언급한 것처럼 1899년 벨기에를 시작으로 20세기 초에 이르면 대부분의 대륙 유럽 국가들이 도입하는데(Alesina and Glaeser, 2004), 비례대표제를 제도화한 국가들이 모두 보편적 복지국가로 나아간 것은 아니기 때문이다.

(2) 종교정당의 역할[11]

복지국가를 둘러싼 정치는 '좌-우'라는 일차원적인 설명으로는 충분하지 않다. 아이버슨(Iversen, 2009)에 따르면 처음으로 다차원적 분배 정치의 중요성을 인식한 사람은 에스핑-앤더슨이다. 에스핑-앤더슨(Esping-Andersen, 1990)은 복지국가의 급여구조는 상이한 사회적 영역 및 정치적 행위와 관련되어 있다고 주장한다. 자산 조사 방식에서는 빈곤층과 중간계급이 대립하며, 보수주의 체제에서는 내부자와 외부자가 대립 축을 형성하고, 사회민주주의 체제에서는 공적 영역과 사적 영역이 대립한다는 것이다. 이처럼 복지체제는 단순히 좌우 이념의 일차원적 분포로 설명하기에는 너무나 많은 행위주체가 존재한다. 여기서는 다양한 행위주체 중 '좌우'로는 설명되지 않는 종교정당confessional party(주로 기독교민주당을 의미한다)과 복지국가의 관계를 개략하고자 한다.

사람들의 선택과 선호는 자신들의 계급 정체성에만 의존하기보다는 종교, 인종 같은 귀속적 지위에 기반을 둔 본능적 선호가 있다고 알려져 있다(Roemer, 1997: 2001; Iversen, 2009 재인용). 선호가 일차원적이라면 좌-우 이념 분포에 따른 모델이 적용될 수 있겠지만 선호가 다차원적이라면 좌-우 이념(또는 계급) 이외에 다른 차원을 고려해야 한다. 만약 종교가 하나의 차원으로 추가되면 종교정당은 노동자와 고용주 모두로부터 지지를 얻을 수 있을 것이다. 이러한 측면에서 종교정당과 복지국가의 관련성을 이해하는 것은 다차원적인 복지국가의 특성을 이해하는 데 도움이 된다. 일반적으로 사회보험과 관련한 종교정당의 역할은 좌파 정당과 유사한 기능을 수행하는 것으로 알려져 있다(Korpi and Palme, 2003). 유럽에서 계급에 기반을 둔 사회주의 운동에 대한 대항은 우파 정당만이 아닌 종교정당과 종교적 노동조합의 역할이 컸다(Korpi, 2006).

---

11. 인종도 종교와 마찬가지로 복지체제에 중요한 역할을 한다. 알레시나와 글레이저(Alesina and Glaeser, 2012, 227~237쪽)의 연구에 따르면 미국과 유럽 복지국가 주된 차이 중 하나는 인종적 분리인 것으로 나타났다. 미국에서 우파는 두 번의 복지국가 확대 국면에서 인종 문제를 제기함으로써 복지국가 확대를 무력하게 만들었다. 첫 번째는 1890년대 남부의 가난한 사람들에 기반을 둔 인민당의 출현을 인종 문제를 제기함으로써 무력화했고, 1930년대 뉴딜 시기에도 남부 출신 정치가들의 반대에 직면했다. 실제로 복지 지출과 인종 분할 정도는 강한 부의 상관관계가 있는 것으로 나타난다(Alesina and Glaeser, 2012, 237쪽).

종교정당은 계급을 가로지르는 지지기반을 확보함으로써 노동계급에 대한 좌파 정당의 헤게모니를 약화시켰다(Häusermann, Picot and Geering, 2010 재인용). 종교정당은 고용주와 노동자의 협력 아래 기존 사회질서를 유지하는 전략을 통해 노동자들로부터 지지를 얻어내고, 고용주들의 선택을 제한하는 역할을 했다. 에스핑-앤더슨(Esping-Andersen, 1990)이 지적했듯이, 종교정당은 자본주의가 추구하는 인간 노동력의 상품화가 기존 사회질서를 파괴하는 것에 동의하지 않았고, 이러한 종교정당의 역할이 대륙 유럽에서 복지국가의 확대에 기여했다고 평가할 수 있다. 다만 종교정당이 비례대표제가 제도화된 국가에서만 (정치적으로 유의미하게) 존재한다는 것은 종교정당이 조합주의 체제에서만 정치적 영향력을 발휘할 수 있음을 의미한다(Korpi, 2006). 즉 종교정당의 역할은 비례대표제라는 선거제도의 결과라고 이야기할 수 있다. 물론 독특한 역사적 맥락 또한 존재한다. 독일과 같이 국가사회주의를 경험한 사회에서 전후 비종교적인 우파는 거의 괴멸에 가까운 타격을 받았고(Alesina and Glaeser, 2004), 이를 대신한 것이 종교정당이었다.

4. 맺음말: 한국 사회에 주는 함의

지금까지 우리는 서구 복지국가들의 유형화와 복지국가를 둘러싼 다양한 논쟁을 살펴보았다. 앞서 언급한 수많은 논의와 예에서 보듯이, 한 사회의 복지체제의 특성은 일면적이기보다는 다면적인 성격을 가진다. 이러한 문제의식에 기반을 둔다면 한국에서 복지국가에 대한 전망, 그것도 보편적 복지국가에 대한 전망을 내놓는 것은 그리 간단한 과제가 아니다. 마지막 절에서는 한국 사회가 보편적 복지국가를 추구할 때 반드시 검토해야 할 논쟁 지점들을 정리한다. 이를 통해 지금까지의 논의가 한국 사회에 주는 함의를 검토해본다.

먼저, 주체의 문제다. 복지체제의 특성은 주체의 성격과 밀접하게 연관되어 있다. 최근 한국 복지국가의 전망을 논하면서 누가 한국 복지국가의 주체가 되어야 하는지를 둘러싸고 많은 논란이 벌어졌다. 일부는 한국은 서구와 같이 강력한 노동조합과 좌파 정당이 없기 때문에 보편적 복지국가는 불가능하다고 주장했다. 다른 일부는 조직된 강력한 노동계급이 없다는 점은 보편적 복지국가를 만들어가는 데 장애 요인이 되겠지만 한국은 서구와 달리 반독재투쟁을 통해 길러진 역동적 시민사회가 존재한다고 주장한다. 특히 후자는 조직노동이라는 경성권력자원 대신 비조직화된 시민과 전문가라는 연성권력을 통해 한국 사회를 복지국가로 전환하는 것이 가능하다고 주장한다.

실제로 하리츠(Harrits, 2006)는 후기 산업사회의 권력자원으로서 계급이 아닌 교육, 지식, 기술 등을 새로운 권력자원으로 규정하고 있다. 그러나 이러한 주장은 권력자원론을 지나치게 도식적으로 해석한 것으로 보인다. 권력자원론의 담론을 생산해낸 핵심 연구자 중 한 명인 코르피(Korpi, 2006)의 주장을 보면 복지국가의 주체가 반드시 제조업 노동계급이어야 한다고 말하는 것이 아니다. 인생 주기에서 직면하는 사회적 위험이 가장 큰 집단이 권력자원을 구성하는 핵심 주체가 된다고 주장하고 있기 때문이다. 1920년대 이후 제조업 노동자가 복지국가의 주체가 된 것은 당시 그들이 사회적으로 가장 취약한 집단이었기 때문이지, 복지국가의 주체가 반드시 제조업 노동자가 되어야 한다는 것을 의미하지는 않는다.

이러한 논의를 한국 사회에 적용해보면 결국 한국 복지국가를 위한 핵심 주체는 한국 사회에서 사회적 위험에 노출된 집단들이 될 것이며, 이는 한국 복지국가의 주체가 반드시 서구의 전통적 노동계급(제조업 노동자)이어야 할 필요는 없다는 해석이 가능하다. 또한 연성권력 자원의 핵심 권력자원으로 시민과 전문가를 언급하고 있지만 조직되지 않은 주체가 복지국가의 지속성을 담보한 역사는 없다. 단기적으로 의료보장, 보육서비스, 수당 등을 보편적으로 도입할 수 있을지 몰라도, 이러한 제도가 확대 발전하고 유지되기 위해서는 강력한 조직된 힘이 뒷받침되어야 한다. 더욱이 조직된 주체들이라고 하더라도 자신들의 이해와 요구를 직접 반영하는 것은 불가능하기 때문에 이들을 대표할 수 있는 정당이 필수적이다.

이렇게 보면 계급을 가로지르는 다양한 계급의 시민들을 조직하는 것 자체가 어렵기도 하지만 이들의 정치적 이해를 대변하는 정당을 만들기는 더더욱 요원한 일이다. 설령 정당이 만들어진다고 해도, 해당 정당은 현재 한국이나 미국의 정당과 같이 계급적 이해에 기반을 둔 정당이 아니라는 점에서 복지국가의 확대는 물론 지속 가능성을 담보할 수 있을지 단언하기 어렵다. 영국의 사례는 조직된 강력한 주체들과 조응하는 정치제도와, 주체를 대변하는 정당들의 연대 없이는 보편적 복지국가가 지속 가능하지 않다는 현실을 보여준다. 그렇기 때문에 주체와 관련된 한국 사회의 과제는 볼드윈(Baldwin, 1990)의 지적처럼 전통적 계급의 문제가 아니라 한국 사회에서 위험 집단이 누구인지를 분명히 하는 것이고, 이들을 조직화하는 것이 요구된다. 물론 그 주체는 전통적 노동일 수도 있고, 아닐 수도 있다. 조직화의 방식이 산업화 시대의 전통적 방식을 따라야 하는지, 아니면 후기 산업사회에서 새로운 조직 형태가 요구되는지를 판단할 필요가 있다.

두 번째는 정치제도의 개혁이다. 앞서 언급했듯이 조직된 주체가 존재한다고 해도 이들의 이해를 대변할 수 있는 정치제도를 만들지 못한다면, 보편적 복지국가의 길은 요원할 수밖에 없다. 다양한 계급이 존재하는 만큼 그들의 이해를 대변할 수 있는 정치제도를 마련하는 것이 필수적이다. 불행히도 지금까지 나온 논의를 종합하면 현재 한국의 선거제도인 다수대표제의 방식으로는 다양한 계급과 계층의 이해를 담보하기 어렵고, 계급 및 계층 간 연대가 어려워 미국 같은 잔여적 복지체제로 귀착할 가능성이 높다. 호주, 뉴질랜드의 사례를 보면 초기에 강력한 조직된 노동계급이 존재했지만 다수대표제라는 정치제도에서 복지체제는 잔여적 복지체제로 귀착되었다(Castles and Mitchell, 1991).[12] 다시 말해 한국 사회에서 주체를 잘 조직화해도, 조직된 주체를 담을 정치제도의 변화가 없다면 보편적 복지국가는 요원하다는 것이다. 잘해야 미국이나 호주와 같은 자유주의 복지체제를 넘어서지 못할 것이다. 이러한 문제의식에 근거해 일부에서는 선거제도를 비례대표제로 개혁할 필요가 있다고 주장한다(최태욱, 2011). 그 필요성에는 동의한다.

그러나 비례대표제의 역사를 보면 비례대표제가 보편적 복지국가를 만든 것이 아니라, 비례대표제를 제도화할 수 있는 강력한 주체들이 존재했을 때 비례대표제가 보편적 복지국가와 밀접한 상관관계를 가진다는 것을 알 수 있다. 다시 말해 강력한 주체의 존재가 비례대표제를 제도화하고, 이러한 제도적 변화가 있을 때 보편적 복지국가로 발전할 수 있었다는 것이다. 실제로 남미 국가들의 사례를 보면 비례대표제와 GDP 대비 사회 지출은 (약한) 부의 상관관계를 가지는 것으로 나타난다(Alesina and Glaeser, 2012, 144~145쪽). 비례대표제가 보편적 복지국가를 위한 필요조건일지는 몰라도 충분조건이 될 수 없음을 말해준다. 그렇다면 한국에서 비례대표제로의 전환은 주체의 강력한 조직화를 전제로 고민해볼 필요가 있다.

---

12. 호주와 뉴질랜드로 대표되는 앤티퍼디언 복지체제는 복지국가 축소기로 불리는 1980년대에 들어서면 자유주의 복지국가로 수렴되었다고 평가된다(Castles and Mitchell, 1993).

10. 연금과 사회연대:
시장 대 공공성

주은선

1. 머리말

연금은 사회 구성원이 노령, 장애, 사망 등 소득 상실의 위험에 처했을 때 소득을 보장하는 제도다. 이 가운데 공적연금public pension은 사회 구성원 상호 간의 집단적 부양 장치로서 계층 간 연대와 세대 간 연대에 기반을 둔다. 공적연금에 존재하는 저소득층과 고소득층 사이의 재분배 장치와 이를 통한 최저 수준 이상의 보장은 공적연금 이면의 계층 간 연대를 반영하며, 과거, 현재, 미래로 이어지는 세대 간 연대는 공적연금제도를 지탱하는 버팀목이다. 세대에서 세대로 이어지는 연대의식은 연금제도 도입기 극심한 빈곤 문제에 처한 노인들에게 재정적 기여 없이도 보장을 제공하는 근거이기도 하다. 반면 사적연금private pension이 추구하는 연대의 범위는 기업, 노동조합, 협동조합으로 좁아지거나 개인연금의 경우처럼 연대보다는 개인의 책임과 선택의 자유를 강조한다.

선진 자본주의 국가에서 20세기에 연금제도는 거의 전 국민을 포괄하는 노후보장제도로 발전했고, 급여 수준 역시 꾸준히 높아졌다. OECD 국가에서 공적연금 지출은 GDP의 6~13%를 차지하는 등, 공적연금제도는 단일 사회보장 프로그램으로는 규모가 가장 크다. 복지국가에서 연금은 재분배와 노후보장에 큰 역할을 해온 것이 사실이다. 연금제도 발전은 산업화 시기 고질적인 사회 문제였던 노인 빈곤을 완화하는 데 상당한 기여를 했고, 노인기 삶에 안정을 제공하여 우리 시대 삶의 모습에 큰 영향을 미쳤다.

그러나 연금제도는 발달부터 최근의 개혁에 이르기까지 사회연대와 시장(개인 책임) 사이의 근본적인 대립 위에 존재했다. 간단히 말하면 공적연금과 사적연금 사이의 긴장이다. 사회연대를 통한 보장을 추구하는 공적연금의 발전은 개인연금과 기업연금 같은 사적연금 가입 유인incentives을 줄여 사적연금 시장의 팽창을 억제했다. 19세기 말 사적연금 운영자들이 공적연금제도 도입에 반대했던 것은 그런 이유에서다. 그러나 대공황과 2차 세계대전 이후 금융 부문이 관리, 억압된 복지국가 발전기에 공적연금제도는 팽창했고, 사적연금 시장은 억제되었다.

사적연금 시장의 발전을 도모하는 입장에서 공적연금은 도입부터 경계의 대상이었고, 지금도 가능한 한 낮은 수준으로 억제해야 하는 대상이다. 요컨대 연금제도를 둘러싼 사회연대에 초점을 맞춘다면 연금제도 발전과 변화에서 공적연금과 사적연금의 역할 경계의 변화는 중요한 논의 대상이다. 이 글에서는 연금제도의 존립 근거이자 본질이라 할 수 있는 사회적 연대의 문제를 중심에 놓고 연금제도의 발전 과정과 역할, 그리고 최근의 변화를 살펴보고자 한다.

최근 인구 고령화와 노동시장 구조 변화를 배경으로 각국의 연금제도는 큰 변화를 겪고 있다. 이러한 연금제도의 변화 역시 사회연대의 관점에서 조망한다. 인구 고령화로 인해 공적연금제도가 미래에 지속 가능하지 못할 것이라는 위기론이 대두하는 가운데, 사적연금의 팽창은 연대적 노후보장 체계를 흔들어놓고 있다. 또한 고용의 불안정성 증가 등 노동시장 변화로 인해 주로 기여에 의해 작동하는 공적연금제도가 궁극적으로 노동시장에서의 격차를 좁히지 못하고, 다수 노동자의 노후보장에 실패할 것이라는 주장도 제기되고 있다. 이는 공적연금의 존재 의의를 근본적으로 침식하며, 복지국가의 긍정적 측면을 무력화한다.[1]

그러나 연금 개혁에 더욱 직접적인 동력이 된 것은 금융 부문의 규제 완화와 금융자본 중심의 자본축적으로의 전환, 즉 신자유주의 시대의 개막이다. 대표적인 글로벌 신자유주의 이데올로그 중 하나인 세계은행은 연금재정의 지속 가능성에 대한 회의적 전망을 내세워 연금 개혁을 복지국가 개혁의 주요 어젠더로 삼았다. 세계은행이 추구한 연금개혁은 단순히 공적연금 수입을 늘리고 급여 지출을 줄여 균형을 이루는 것이 아니었다. 공적연금 축소와 동시에 사적연금을 확대하여 연금 및 연기금과 금융자본주의의 연관성을 강화하는 것이었다. 1980년대와 1990년대 초 세계은행은 남미와 동유럽에서 공적연금의 (부분) 민영화와 연기금 금융화를 추구하는 연금 개혁을 주도했고, 1990년대 후반부터는 선진 산업국가 전반에서 연금 개혁이 이루어졌다. 노동자들의 연금 기여금이 금융시장에 지속적으로 유입될 수 있는 장치를 만들어 연금이 세계 금융시장의 팽창을 지탱하도록 한다는 점에서 연금 개혁은 연금제도의 재정적 지속 가능성에 그치는 이슈가 아니었다고 할 수 있다. 다양한 형태로 이루어진 연금 개혁은 세대 간 소득 이전의 고리와 사회연대적 보장과 개인 책임 비중의 변화를 통해 연금제도의 버팀목인 사회연대의 모습을 크게 바꿔놓았다.

---

1. 한국의 국민연금은 다른 나라에 비해 매우 늦은 시기인 1988년에 도입된 까닭에 공적연금 일반의 재정위기론과 함께, 제도 도입 초기의 낮은 보장성 문제가 제기되고 있다. 2013년 현재 400조 원이 넘는 기금 규모에 비해 국민연금 위기론은 지나치게 확산되어 있는 반면에, 국민이 공적 노후소득 보장을 경험하는 범위는 좁기 때문에 국민연금에 대한 국민의 신뢰 기반은 취약하다. 이는 국민연금이라는 사회보장제도의 정치적 기반을 약화시키고 있다.

따라서 인구 고령화로 인한 불가피한 선택으로 여겨진 연금 개혁이 정말로 이러한 위기를 해결하는 방안이었는지 다시 생각해볼 필요가 있다. 기존의 연금 개혁 방향은 공적연금 축소, 사적연금, 특히 개인연금 확대, 연기금 팽창과 금융시장 투입의 증가였다. 과연 이것이 공적노후소득 보장의 재정적 가능성을 높였는지, 사회연대의 고리를 약화시키는 연금 개혁이 연금제도의 지속성sustainability을 높이는 역할을 했는지 다시 생각해볼 일이다.

이 글에서는 먼저 공적연금제도의 발전 과정과 역할을 살펴봄으로써 공적연금제도의 본질이 사회적 연대에 있음을 설명한다. 이어서 공적연금 위기론과 이어진 연금 개혁을 사회연대의 변화라는 측면에서 설명한다. 또한 연금 개혁은 연기금과 금융시장의 관계 측면에서 큰 의미를 갖는 만큼 이를 연금기금에 대한 의미라는 면에서도 살펴본다. 이를 통해 공적연금의 본질인 사회연대를 중심에 놓고, 공적연금에 대한 다양한 위기론과 소위 연금 개혁의 실체와 의미를 살펴보고자 한다.

2. 복지국가와 연금제도

1) 사회연대의 관점에서 바라본 연금제도의 역사적 전개

19세기 말 20세기 초 공적연금제도 시작기에 연대는 생산직 남성 노동자들끼리의 연대였다. 공적연금이 도입되기 전인 18~19세기에 일부 직종 공제조합에 노령, 장애, 질병 등에 대한 사적 보장 장치가 있었는데 이 역시 마찬가지였다.[2] 공적연금의 시작인 1889년 비스마르크의 연금보험은 주로 철강, 석탄산업의 생산직 노동자를 대상으로 했다. 재원은 노사의 기여와 정부 보조금이었고, 70세 이상이 되면 퇴직과 무관하게 일정한 급여를 지급하는 제도였다. 당시 후발 산업국이었던 독일에서 영국보다 먼저 국가가 관할하는 강제 가입 방식의 연금제도를 도입한 것은 획기적인 일이었지만, 급여 수준은 최저생계비를 밑돌 정도로 매우 낮았다. 이렇게 초기 공적연금의 연대는 매우 협소했다.

공적연금제도는 공업화 과정에서 '은퇴'와 대규모 노인 빈곤의 발생, 그리고 급진적인 사회주의 운동을 배경으로 등장했다. 우선 분업화된 공장제 생산으로 이행하면서 노인은 생산에서 체계적으로 배제되었고, 생산에서 밀려난 이후 대책 없는 빈곤 상태에 빠지면서 고질적인 사회 문제가 되었다. 또한 19세기 말 20세기 초 잦은 공황으로 자본주의의 모순이 야만적 형태로 드러나면서 빈곤과 실업 대책을 위한 대중의 요구가 거세지고, 사회주의 운동이 전 세계를 뒤흔들게 되었다. 이뿐만 아니라 사회보장을 요구하는 자생적인 운동과 시위 역시 무시할 수 없는 규모였다. 자본주의 국가가 대중을 순치하고 통제할 필요성이 커진 것이다. 이런 배경에서 기획된 비스마르크 사회보험은 국가 단위의 공적연금을 도입하고 상당한 비용을 투입하여 이전에 공제조합이나 노동조합 단위에서 이루어지던 자발적인 보장을 공적연금이 대체하도록 함으로써, 정치적으로 급진적인 계급적 연대를 국가 중심의 연대로 바꾸고자 했던 것임을 이해할 수 있다.

독일에 이어 20세기에 대부분의 국가에서 공적연금제도를 속속 도입했고,[3] 2차 세계대전 이후 복지국가 발전 과정에서 공적연금제도의 대상도 사무직과 전문직을 포함하는 전체 노동자로 확대되었다. 일례

2. 18~19세기에 일부 직종에서 노동자들이 공제조합을 결성하여 노령, 장애, 질병 등에 대비하여 기여금을 모아 소득을 보조하기도 했으나, 자발적인 민간제도이자 낮은 수준의 정액급여를 지급하는 데 그쳤기 때문에 이를 현대 공적연금의 기원으로 보기는 어렵다.

3. 뉴질랜드(1898), 아르헨티나(1904), 호주(1908), 영국(1908), 프랑스(1910), 스웨덴(1913), 이탈리아(1919), 네덜란드(1919), 캐나다(1927), 남아프리카공화국(1928), 미국(1935), 일본(1941), 중국(1951) 등이 공적연금제도를 도입했다(김성숙 외, 2008).

로 독일은 도입 초기 노동자의 40% 수준이던 적용 대상이 1950년대에 이르러 3분의 2 수준으로 늘었고, 1980년대 중반에 이르면 대다수 노동자를 포괄하게 되었다(김성숙 외, 2008). 기여에 비례하여 연금 급여를 제공하는 전형적인 사회보험 방식 연금이 포디즘Fordism하에서 대부분의 경제활동 인구를 포괄하는 연금제도로 성장한 것이다.

스웨덴, 노르웨이, 덴마크, 핀란드 같은 북유럽 국가에서는 공적연금을 둘러싼 사회적 연대의 범위가 초기에 가능한 한 광범위하게 설정되었다. 이들 국가들은 기여를 요구하지 않는, 전체 노인을 대상으로 하는 기초연금제도를 도입하면서 상당히 일찍부터 일부 노동자가 아닌 전체 국민을 공적연금에 포괄했다. 소위 보편주의 원칙에 따른 기본적 노후보장이다. 영미권 국가인 영국, 호주, 캐나다 등에서도 기초연금제도는 중요한 역할을 했다. 물론 기초연금을 도입한 경우에도 스웨덴, 핀란드, 노르웨이, 덴마크, 영국, 캐나다 등 많은 국가들이 사회보험 방식의 소득 비례 연금을 추가로 도입하여 운영하고 있다.

최근에는 사회보험 방식의 공적연금을 보완하는 장치로서 기여가 어려운 생애 국면과 집단 등을 대상으로 하는 크레딧[4] 제도가 발달하고 있다. 예를 들어 양육 등에 대한 크레딧은 20세기 자본주의 노동시장에서도 불평등한 지위에 있는 여성을 포함함으로써 공적연금 대상 범위를 넓히는 효과를 의도한다. 일례로 스웨덴과 독일에서는 아동 양육에 대해 아동 1인당 3년의 연금 수급 이력을 인정한다.

이러한 과정을 거치며 선진 산업국가의 공적연금이 대부분 노인을 포괄하게 된 결과, 많은 나라에서 노인의 공적연금 수급자 비율이 90%를 넘어서게 되었다. 요컨대 공적연금제도를 둘러싼 사회연대는 복지

---

4. 크레딧 제도란 실제 연금 기여를 하지 않은 경우에도 일정 기간의 연금 기여 이력을 인정하는 제도다.

국가 발전 및 공적연금제도 발전 과정에서 남성 노동자들끼리의 협소한 연대에서 자영자, 무급노동 여성을 포함하는 전 국민으로 대상 범위가 확장되었다.[5]

복지국가 발전기에 정착한 대부분의 공적연금제도는 부과방식pay-as-you-go으로 재정조달이 이루어지는 확정급여식defined-benefit 연금제도다.[6] 부과방식은 현 노동세대에게 당해연도 노인들에게 지급할 연금 급여 비용을 부담하도록 하는 것이다. 이 경우 향후에 지급할 급여를 모두 연기금으로 적립해놓고 급여를 지급하는 것이 아니기 때문에, 연기금이 있다고 해도 많게는 3~5년, 적게는 2~3개월 연금 급여 지급이 가능한 규모로서, 급격한 경기 변동 등의 충격에 대비하는 완충기금buffer fund에 불과하다. 이러한 부과방식에서는 현재 기여하는 노동세대가 노인이 되면 다음 세대로부터 연금 기여금을 받아 연금 급여를 지급하는 세대 간 부양의 고리가 작동한다. 부과방식 연금은 연기금을 미리 조성하여 투자해야 하는 위험 부담을 덜어준다. 또한 인플레이션 위험(화폐가치 하락)으로부터 연금 급여 가치가 떨어지지 않도록 보호할 수 있다. 이렇게 부과방식 공적연금은 사적연금이 미리 기여금을 적립하여 그 운용 수익을 통해 연금 급여를 지급하는 것과 대조된다.

이는 현대 복지국가의 공적연금제도는 앞 세대의 노력을 통해 형성된 경제적 기반 위에서 생산활동을 하는, 현 생산 세대가 앞 세대를 집단적으로 부양하는 제도다. 현 노동세대가 앞 세대를 부양하는 이유는

---

5. 그 밖에 복지국가 발전 과정에서 공적연금 급여 수준 역시 독자적인 생계 유지가 가능한 수준으로 높아졌고 수급 연령 기준도 60세로 낮아졌다.

6. 확정급여는 노동자가 기여하는 시점에 향후 받을 연금 급여 수준이 미리 확정된다는 것이다. 이는 사적연금이 대부분 연기금 투자 수익에 따라 급여액을 변동시켜 급여액을 미리 확정하지 않는 확정기여 방식인 것과 대조된다. 예를 들면, 40년 가입 시 평생 평균 소득의 60% 등과 같이 근로시기 소득의 일정 몫을 정해 퇴직 이후에 제공하는 것은 노인기 소득 보장의 안정성을 높인다. 물가연동을 통해 연금 급여 가치를 보장하므로 급여 안정성은 더 높아진다.

현 노동세대가 누리는 생산력과 부는 역사적으로 누적된 성과이기 때문이다. 일례로 2013년 한국 사회에서 창출되는 부는 산업화 시기 앞 세대의 노력에 의한 산업기반과 생산성에 기초한다. 지금 노인세대를 부양하는 것은 세대 간 부양의 약속을 이어간다는 것을 의미하며, 현 노동세대는 이런 약속을 통해 노인이 되었을 때 후세대로부터 부양을 받게 될 것이다. 이런 식으로 노인 부양에 대한 약속의 고리가 이어진다.

공적연금제도는 이렇게 기여와 연금 급여를 받는 시점 사이에 시간의 차이가 발생한다. 따라서 사회 구성원이라면 소득이 있는 경우 누구나 가입하고, 누구나 보장을 받는다는 원칙, 즉 의무 가입 원칙을 적용하여 해당 사회의 부의 일부를 보험료 수입으로 지속적으로 확보하는 구조는 세대 간 연대에 지속성을 부여한다. 강제 가입 구조로 인해 공적연금제도는 특정 계층이나 사회 일부의 변화가 아닌 사회의 평균적인 변화를 반영하게 된다. 이것이 공적연금제도 작동의 본질이 세대 간 연대에 있다고 말하는 이유다. 공적연금제도의 소득 보장 기능, 즉 돼지저금통 기능welfare state as a piggy bank은 개인 단위가 아닌 집단적인 세대 간 연대를 통해 수행된다.

따라서 세대 간 재분배, 재정적 연대를 추구하는 공적연금제도는 개인이 적립하는 기금에 투자 수익을 덧붙여 그 대가로 연금을 지급하는 개인연금과는 발상부터가 다르다. 장기적인 생산력 발전에 기반을 둔다는 점에서 공적연금제도에서 세대 간 수익비 차이를 그대로 비교하는 것은 적절하지 않다. 또한 강제 가입 구조의 지속은, 미래 특정 시점에 제도가 종료된다는 가정을 가지고 재정 문제를 바라보는 방식이 적절하지 않음을 의미한다. 공적연금 재정 안정은 현세대와 다음 세대 사이의 중기적 균형을 중심으로 바라보는 것이 더 적절하다. 요컨대 전 국민에 대한 노후소득 보장이라는 유례없는 국가 역할은 세대에서 세대로 이어지는 세대 간 연대의 기반 위에서 작동할 수 있다.

2) 연금제도의 유형

각국 연금제도의 유형은 주요한 공적연금 형태가 무엇인가, 그리고 공적연금과 사적연금의 결합 방식은 어떠한가를 기준으로 구분할 수 있다. 앞서 연금제도 발전 과정에서 언급했듯이, 기여에 비례하여 급여를 제공하는 사회보험 방식의 공적연금을 통해 기본적인 보장 이상의, 적절한adequate 수준의 상당한 연금 급여를 제공하는 연금제도의 기원은 독일 비스마르크 시대에 도입된 연금제도다. 따라서 이런 연금제도 유형을 비스마르크형이라 부르기도 한다. 이들 국가들의 연금 급여는 남성 생계부양자가 노후에도 배우자를 부양한다는 가정에서 부부의 생계를 유지한다는 기준에 부합한다. 이 급여 수준과 대상 포괄 면에서 사회보험 방식의 공적연금의 역할이 발달한 국가는 독일, 프랑스, 개혁 이전 이탈리아, 벨기에 등 유럽 대륙의 국가들이다.

이렇게 노후소득 보장에서 공적연금의 역할이 큰 경우에 기업연금이나 개인연금 같은 사적연금은 그다지 발달하지 않았다. 특히 개인연금에 대한 필요도가 낮다. 그러나 최근 들어 개인연금 시장의 발달을 촉진하기 위한 정책적 노력이 이루어진 바 있다. 독일의 경우 2000년대에 연금보험료 일부를 의무적으로 개인연금 계정에 투입하도록 하는 법 개정이 이루어졌다. 특히 저소득층에게는 개인연금 보험료를 정부가 보조하도록 되어 있다. 공적연금이 연금 급여 보장에 상당한 역할을 하는 비스마르크형 연금제도에서도 개인연금의 역할이 일부 확대되기 시작한 것이다.

다른 한편 모든 노인에게 일정한 액수 이상의 연금을 보장하는 기초연금 형태의 공적연금이 존재하는 국가들이 있다. 모든 노인에게 시민권에 따라 같은 액수의 연금을 보장하는 것은 보편적이고 포괄적인 보장이라는 베버리지의 이상에 부합하는 면이 있다. 이러한 보편적 기초연금 중심의 연금체계를 베버리지형이라고 부르기도 한다. 앞서 본 바와 같이 북유럽 사회민주주의 복지국가들과 영미권의 자유주의 복지국가들 가운데 다수가 기초연금 형태의 공적연금제도를 운영하고 있다. 지출 수준과 공공복지의 역할 등에서 대조적인 특징을 가진 국가들이 이러한 공통점을 갖고 있다는 점은 상당히 흥미롭다.

그러나 기초적인 보장제도의 발달 형태는 물론, 이것이 어떤 제도와 결합하는지에 따라 그 의미는 달라진다. 먼저 보편적 기초연금이 공적연금의 핵심으로, 기초연금과 기업연금(퇴직연금)이 결합한 형태가 있다. 이 경우 퇴직연금 가입은 거의 의무화되어 대부분의 노동자를 포괄하며, 재분배 기능은 없지만 (준)공적연금과 같은 기능을 한다. 호주, 네덜란드 등이 여기에 속하는데, 예를 들어 네덜란드에서는 1인에게 최저임금의 70%에 해당하는 기초연금을 제공하며, 노동자들은 대부분 산업별 또는 기업별 연금에 가입하여 기여와 투자 실적에 비례한 연금 급여를 받는다. 이 경우 퇴직연금에는 유족연금과 장애연금 급여도 있다.

다른 한편 보편적 기초연금에 사회보험 방식의 공적 소득비례 연금을 결합한 공적연금이 노후소득 보장에 중심적인 역할을 하는 유형이 있다. 스웨덴 등의 북유럽 복지국가들과 영국, 캐나다, 일본 등이 여기에 속한다. 스웨덴의 경우 기초연금과 퇴직연금이 이미 존재하는 상황에서, 1960년에 소득비례 방식의 공적연금을 도입하여 양분된 노후소득 보장 역할의 중심을 재분배적인 공적연금으로 기울게 한 바 있다. 이런 국가들에서 사적연금의 발달, 특히 개인연금 시장의 발달은 요구되지 않았다. 다만 퇴직연금의 역할은 여러 나라에서, 특히 고소득층에게 중요하다. 급여 수준은 네덜란드나 호주에 비해 낮지만, 북유럽 국가들의 경우 퇴직연금 가입자 범위는 거의 보편적이다. 반면 기초연금과 소득비례 연금이 모두 존재하지만 공적연금 급여 수준이 그다지 높지 않은 영국과 일본에서, 사적연금인 퇴직연금은 노동시장에서 상위 소득계층 임노동자들에게 중요한 차별적인 보상 기제다.

한편 보편적 기초연금은 최근 들어 몇몇 국가에서 변화를 겪었다. 호주, 캐나다, 네덜란드에서 보편적인 정액 방식의 기초연금이 유지되고 있는 반면, 최근 스웨덴, 노르웨이, 핀란드에서 기초연금은 연금액이 일정액 수준 이하인 경우에 기본 금액을 보장해주는 최저보장 연금 guaranteed minimum으로 바뀌었다. 다만 이 경우에도 소득에 따라 노인들에게 차등적 급여를 제공하는 공공부조 방식이 아니라, 노인 모두에게 최소한의 연금 급여를 제공하는 방식이라는 점에서 보편성을 완전히 상실한 것은 아니다. 그럼에도 시민권에 의해 모든 노인에게 같은 수준의 급여를 보장한다는 의미의 기초연금이 변형된 것은 사실이다. 스웨덴의 경우 상대 빈곤 기준 노인 빈곤율이 6%대로 매우 낮다는 점, 대부분 노인이 상당한 수준의 소득비례 연금을 수령하고 있다는 점이 연금의 보장 수준 축소를 가능하게 했다. 최근 기초연금이 기초연금과 최저보장 연금으로 분화된 사실은 연금체계 유형론의 수정을 요구한다. 앞서 살펴본 연금체계 유형 구분과 최근의 기초연금 변화 경향은 각국의 연금제도가 특정 유형의 전형이라기보다는 각자 고유한 방식으로 여러 연금제도들의 결합과 변형을 추구하고 있다는 것을 보여준다.

3) 공적연금과 재분배 그리고 평등

공적연금제도의 목적은 자본주의 시장경제의 소득 불균형과 빈곤 문제가 노후에 심각해지지 않도록 하는 것이다. 공적연금이 사적연금과 구분되는 가장 중요한 특징은 의무 가입을 통해 소득 재분배의 범위를 넓히고, 소득계층 간 재분배를 통해 평등을 추구한다는 것이다. 공적연금제도가 계층 간 재분배 장치를 두는 이유는 노령, 장애, 사망 같은 사회적 위험social risks이 발생했을 때 저소득층을 포함한 전체 가입자에게 상실된 시장 소득을 적절한 수준에서 보장해주기 위해서다. 완전 소득비례 연금에 비해 하위 소득계층의 연금 급여액을 연금 기여금으로 납부한 금액보다 상대적으로 높이고 상위 소득계층의 연금 급여액을 기여금보다 낮추도록 설계함으로써 공적연금 보장액이 사회적으로 적절한 범위를 벗어나 지나치게 높거나 낮아지지 않도록 한다.[7]

계층 간 소득 재분배는 의무 가입 규정을 통해 고소득층이 계속 공적연금제도에 기여하게 함으로써, 즉 가능한 한 광범위한 연대를 조성함으로써 지속될 수 있다. 예외적으로 영국의 공적 소득비례 연금SERPs이 공적연금 대신 사적연금에 가입할 수 있도록 허용한contract-out 적이 있다. 그 결과 영국에서 상위 소득계층은 주로 기업연금에, 중간층은 개인연금에, 그 이하 소득계층은 공적 소득비례 연금에 가입하여 소득계층별로 가입 연금이 차별화되는 양상을 보였다. 이러한 소득계층별 연금제도의 분화를 제어하기 위해 대부분 공적연금은 강제 가입 규정을 유지하고 있다. 물론 어떤 경우에도 상위 소득계층에게는 사적연금의 역할이 중요하다.

복지국가의 중추적 사회보장제도로 자리 잡은 공적연금제도는 광범위하고 적절한 수준의 보장을 추구함으로써 사람들의 삶을 크게 변화시켰다. 가입자 범위를 넓히고, 전반적인 연금 급여 수준을 높여 급여 적절성을 추구하고, 소득계층 간 재분배를 통해 공적연금제도는 산업화 과정에서 극대화된 노인 빈곤 문제를 완화했다. 〈표 10-1〉에 따르

---

7. 공적연금을 통한 소득 재분배 추구 방식과 추구 정도는 국가마다 매우 다양하다. 일례로 우리나라 국민연금의 절대적 급여 수준은 보험료를 많이 낸 고소득층이 더 높지만, 소득대체율은 저소득층이 훨씬 높으며 수익비 역시 더 높다. 국민연금의 50만 원 소득자의 수익비는 2008년 가입자의 경우 3.7배지만 360만 원 소득자의 수익비는 1.3이다. 공적연금 급여 수준이 어느 수준일 때 적절하다고 할 수 있는지는 대답하기 쉽지 않은 문제다. 그러나 여러 학자들이 제시하는 수준이 다음과 같이 수렴되는 것은 흥미롭다. 먼넬(Munnell, 1977)은 소득세 감소 및 퇴직에 따른 생활비 감소 등을 고려할 때 퇴직 전 생활수준을 유지하기 위한 소득대체율은 평균적으로 퇴직 이전 가처분소득의 72% 수준이라고 한다(김성숙 외, 2008). 적절한 소득대체율은 계층별로 다소 차이가 있을 수밖에 없다.

면 OECD 국가의 노인 빈곤율은 2000년대 중반 기준 평균 13.5%이며, 캐나다, 뉴질랜드, 네덜란드, 아이슬란드, 스웨덴, 오스트리아, 독일 등은 노인 빈곤율이 10% 이하다. 노인이 노동시장에서 필연적으로 배제되는 경제체제에서 노인 빈곤 문제를 완전히 해소하기는 어려운 일인만큼 복지국가에서도 노인은 빈곤 위험이 높은 집단이지만, 〈표 10-1〉은 연금제도를 통해 노인 빈곤 문제를 어느 정도 완화할 수 있음을 보여준다.

노인 빈곤율의 국가 간 차이는 상당히 크다. 뉴질랜드는 높은 수준의 기초연금에 힘입어 노인 빈곤율이 가장 낮은 1.5%인 반면, 미국의 노인 빈곤율은 22.4%, 한국은 45.1%에 달한다. 기초연금보장의 존재 여부, 공적 소득비례 연금의 범위와 보장 수준 등 공적연금 체계 구성과 급여 수준, 대상 범위는 노인 빈곤율에 큰 영향을 미치는 것으로 보인다. 한국은 공적연금제도가 1988년에야 도입되어 공적연금 수급률이 30% 미만인 상황이고, 미국은 공적연금이 있기는 하나 그 수준이 낮아 기업연금을 통한 연금 보장이 강조되는 국가다. 다시 말하면 노후소득 보장에서 공적연금의 역할과 사적연금의 역할을 어느 정도로 설정하고 있는지, 공적연금 내에 전체 노인을 대상으로 최저 소득을 보장하는 장치를 두고 있는지, 최저보장 수준이 어느 정도인지, 공적연금의 대상 범위와 급여 수준이 어떠한지 등에 따라 노인 빈곤 해소라는 연금제도의 성과도 차이가 날 수 있다. 또한 공적연금이 추구하는 평등은 공적연금의 가입률, 급여 수준, 재분배적 요소 등에 따라 그 실현 정도가 달라질 수 있다.

4) 연기금과 사회연대

연금기금은 연금제도 운영 과정에서 조성된 기금으로, 사적연금 기

〈표 10-1〉 65세 이상 노인 빈곤율의 국제 비교(빈곤 기준: 중위 소득의 50% 이하. 단위: %)

	노인 전체	연령별		성별		가구 유형		전체 연령대 인구
		65~75세	75세 이상	남성	여성	독신	부부	
호주	26.9	26.1	28.3	24.6	28.9	49.9	17.7	12.4
오스트리아	7.5	5.3	10.2	3.6	10.1	16.4	3.9	6.6
벨기에	12.8	10.5	16.0	12.7	12.9	16.7	10.0	8.8
캐나다	5.9	5.2	6.8	3.1	8.1	16.2	3.9	12.0
체코	2.3	2.0	2.6	1.4	2.9	5.6	2.0	5.8
덴마크	10.0	6.9	13.7	8.0	11.5	17.5	3.8	5.3
핀란드	12.7	8.2	19.5	6.5	16.9	28.0	3.9	7.3
독일	8.4	6.5	11.1	5.1	10.8	15.0	4.7	11.0
그리스	22.7	19.2	27.8	20.4	24.5	34.2	17.6	12.6
헝가리	4.6	4.2	5.5	1.8	6.6	11.1	0.8	7.1
아이슬란드	5.0	5.0	5.0	5.8	4.3	9.8	2.3	7.1
아일랜드	30.6	25.8	37.1	24.6	35.3	65.4	9.4	14.8
이탈리아	12.8	11.2	15.2	8.1	16.1	25.0	9.4	11.4
일본	22.0	19.4	25.4	18.4	24.7	47.7	16.6	14.9
한국	45.1	43.3	49.8	41.8	47.2	76.6	40.8	14.6
룩셈부르크	3.1	3.4	2.6	4.0	2.4	3.6	2.9	8.1
멕시코	28.0	26.3	31.2	27.6	28.5	44.9	20.9	18.4
네덜란드	2.1	2.2	2.0	1.7	2.4	2.6	2.3	7.7
뉴질랜드	1.5	1.6	1.4	2.1	0.9	3.2	1.1	10.8
노르웨이	9.1	3.8	14.6	3.5	13.1	20.0	1.2	6.8
폴란드	4.8	5.4	3.8	2.6	6.1	6.0	5.9	14.6
포르투갈	16.6	14.4	19.9	16.0	17.0	35.0	15.7	12.9
슬로바키아	5.9	3.2	10.6	2.0	8.4	10.4	2.9	8.1
스페인	22.8	20.0	26.4	20.1	24.7	38.6	24.2	14.1
스웨덴	6.2	3.4	9.8	4.2	7.7	13.0	1.1	5.3
스위스	17.6	16.6	19.3	15.2	19.3	24.3	14.6	8.7
터키	15.1	14.9	15.6	14.6	15.6	37.8	17.3	17.5
영국	10.3	8.5	12.6	7.4	12.6	17.5	6.7	8.3
미국	22.4	20.0	27.4	18.5	26.8	41.3	17.3	17.1
OECD 30	13.5	11.7	16.1	11.1	15.2	25.0	9.5	10.6

자료: OECD Income-Distribution Database; OECD, Growing Unequal, 〈표 5-3〉,
2008(이용하·안종범, 2011에서 재인용).

금은 사전 적립과 투자 결과에 따라 개별적인 소득 보장을 하는 반면에 공적연금 기금은 연대적 노후보장을 위한 사회보장 기금으로서 예측 불가능한 사회경제적 변화에 대해서도 공적연금제도가 안정성을 갖도록 하는 것이 목적이다. 즉 공적연금 기금의 존재 이유는 장기적인 연금재정 안정에 기여하는 것이다. 중요한 점은 공적연금 기금은 각 개인의 노후 대비 저축액의 총합이 아니라는 것이다. 공적연금 가입은 사적 계약이 아닌 사회적 계약이고, 공적연금 기금은 사회적 계약의 소산이기에 공적연금 기금은 일반적인 신탁펀드와는 본질과 기능이 다르다.[8] 공적연금 급여에 대한 약속은 개인에게 재산권을 약속하는 것이 아니다. 공적연금 기금이 사회연대 원리에 따르기 때문에 이는 철저하게 기여에 비례하여 배분되지 않는다.

공적연금은 완전적립을 추구하지 않으며, 공적연금 기금은 미래에 지급해야 할 연금액까지 현재 시점에서 모두 감당하도록 설계되지 않았다. 이것이 사적연금제도와 결정적인 차이다. 대부분 공적연금제도 재정 방식은 부과방식이기에 공적연금제도에 대규모 연기금이 적립되는 사례는 많지 않다. 부과방식으로 전환한 이후 독일의 공적연금 기금은 불과 2~3개월 연금 급여 지급분을 연기금으로 보유해왔으며, 적립을 늘려도 약 1년 지급분에 불과하다. 향후 40년 이후의 급여 지급분까지 적립하지 않아도 연기금 고갈론이 제기되지 않는다. 이것이 의미하는 바는 공적연금 기금 규모가 공적연금 재정 안정의 절대적인 목적이자 기준이 아니라는 것이다. 기금 적립도는 재정 안정의 유일한 지표가 아니다. 공적연금에서 세대 간 연대의 고리가 지속적으로 작동하기에 연금기금은 공적연금 재정을 안정화하는 여러 수단—출산율과 노동시

---

8. 이는 공적연금에 소득 재분배 장치와 크레딧 같은 사회적 목적을 가진 다양한 지원 제도를 두는 근거이기도 하다. 국민연금 기금 같은 사회보장제도에서 비롯된 적립기금의 이익에 대한 법적 소유자는 개인이 아니라 사회보장제도 그 자체인 것도 마찬가지 의미다.

〈표 10-2〉 공적연금 기금이 큰 몇몇 국가의 공적연금 기금 규모(2011년 기준)

구 분	연금자산 규모(A)	GDP(B)	A/B(%)
한국 국민연금(조 원)	348.9	1,237.1	28.2
미국 OASDI(10억$_{USD}$)	2,677.9	15,094	17.7
일본 GPIF(10억$_{JPY}$)	113,611.2	468,257.6	24.3
캐나다 CPPIB (10억$_{CAD}$)	152.8	1,266.6	12.1
스웨덴 AP1~AP4, AP6, AP7(10억$_{SEK}$)	1267.0	3,492.5	36.3
네덜란드 ABP(10억$_{EUR}$)	214.1	602.1	40.9

주: 일본과 스웨덴은 익년 3월 결산이나, 2011년 말 기준으로 작성.

자료: 이용하, 안종범, 2011에서 재인용. 연금 규모는 각 기금별 연차보고서.

장 참여율 제고, 국민소득 증대 등—중 하나다.

한국의 국민연금과 같이 큰 규모의 공적연금 기금을 적립하고 있는 예외적인 사례는 미국, 일본, 노르웨이 정도다.[9] 스웨덴과 캐나다의 연금기금은 베이비부머에 대한 안정적 급여 보장을 위한 것으로서, 베이비부머 은퇴 시기가 지나면 점차 감소하도록 설계되어 있다. 절대적 기금 규모로 보면 미국, 일본, 노르웨이 연기금이 한국의 국민연금 기금보다 크지만, 국민경제 규모 대비 비중인 GDP 대비 공적연기금 비율로 보면 국민연금 기금은 GDP 대비 28.2%로 상당히 큰 편이며, 공적연기금으로 GDP 대비 비율이 한국 국민연금기금보다 높은 것은 스웨덴의 AP기금이 유일하다. 일본 GPIF는 24.3%, 미국 OASDI는 17.7%다. 네덜란드 연금기금은 퇴직연금 기금으로 사적연금 기금이다.

이렇게 공적연금 기금은 제도의 안정성을 제고하는 수단이기 때문

9. 우리나라 국민연금 기금은 2013년 3월 기준 400조 원을 넘어섰다. 이 증가세는 더욱 커져서 2014년에는 440조 원을 넘고, 2043년에는 2,465조 원에 도달할 것으로 추정되며, GDP 대비 비중은 50%를 훌쩍 넘어설 것으로 예측된다. 국민연금 기금 규모는 2012년 중앙정부 예산(안)이 325조 원인 것과 비교할 만하다.

에 연기금이 과도한 위험을 감수하며 수익률을 추구하는 것은 적절하지 않다. 수익률 제고에 기대 연금 재정 문제를 해결한다는 논리는 연기금의 지나친 적립과 고수익 추구 과정에서 제기될 수 있는 다양한 문제를 간과하는 것이다. 특히 수익률 제고 논리는 오히려 연기금 운용 위험을 높일 수도 있다. 수익률 제고를 위해 공적연금 기금이 부동산 투자에, 사모펀드에, 공항 민영화에, 천연자원 개발에, 파생상품 투자에 나선다고 할 때 새로운 위험을 떠안게 된다.

이에 더해 수익률 패러다임에 의한 공적연금 기금 투자는 공적연금 기금의 본질에 부합하지 않는 다양한 문제점을 노정하고 있다. 딘 베이커(Baker, 1999) 같은 여러 학자들은 연기금이 금융시장 투자에 나서게 되면서 연금보험료를 내는 노동자들의 이익을 근본적으로 침해한다고 지적한 바 있다. 연기금이 주식 투자에 나서서 정리해고, 구조조정 등을 통한 주주가치 실현에 기대는 것은 결국에는 연금제도의 기반이자 원천인 노동자들의 이익과 상충한다는 것이다. 연기금의 단기 수익에 대한 집착이 구조조정, 기업의 해외 이전, 인수·합병을 수반하고, 이것이 대량 해고의 상시화를 가져올 수 있다. 또한 금융시장 투자가 대중화된 상황에서 특히 국민연금 기금 같은 거대 기관투자가들의 수익은 사실상 개인투자자, 즉 국민 개개인의 손실에 다름 아니다. 연기금 수입이 생산 부문이 아닌 금융 부문에 기대게 되면, 노후보장을 위한 기금 투자가 오히려 고용률을 줄이거나 소득을 불안정하게 만든다. 요컨대 국민연금 기금의 자산시장 투자의 수익은 고용, 임금, 투자 면에서 국민들이 치르는 비용을 대가로 한다.

따라서 공적연금 기금은 사회보장제도의 요구에 부응하여 운영하는 것이 우선적이다. 공적연금제도의 장기적 안정성은 연기금 수익률에만 기대는 것이 아니다. 공적연금 기금은 애초부터 연금제도의 미래 부채까지 감당하도록 설계되지 않았고 수익률 제고를 통해 완전적립을 도모하는 것은 적절하지 않다. 사회적 기금으로서의 성격과, 금융시장 중심 투자의 문제점들에 비춰볼 때 공적연금 기금은 개인연금 기금 등 여타 기금과는 다르게 운용될 필요가 있다. 우선 공적연금 기금 운용의 최대 목표는 수익률이 아닌 장기적 안정성이며, 해당 연금제도의 특성을 고려하여 급여 지출이 집중적으로 필요한 시기마다 유동성을 확보할 수 있는 방식으로 투자될 필요가 있다. 또한 대중이 주인인 기금이기에 일부 대기업이 투자 혜택을 독점하는 투자가 아니라 국민 모두가 투자의 직접적 편익을 누리는 투자로 확대될 필요가 있다. 공적연금 기금이 공공 주택, 공공 보육 시설, 공공 병원, 공공 노인요양 시설 등 공공 사회서비스 투자 및 교육 투자를 수행하는 것은 이러한 사회적 편익social benefit을 강조한 투자다. 핀란드 연기금의 발전소 투자, 스웨덴 연기금의 공공 주택 건설, 독일의 재활병원 건립 등이 이러한 사례다.

공공 사회서비스 투자는 국민연금 기금이 연금제도를 둘러싼 연대 주체인 현 노동세대와 노인세대 다수에게 기여할 수 있는 방안이다. 연기금의 사회적 투자는 광범위한 인구 집단에 혜택을 제공하여 세대 간 연대를 강화하는 방편이 될 수 있다. 특히 보육, 의료, 노인요양 부문 투자는 사회적 편익을 직접 누리는 사람의 범위가 넓기에 연금제도를 둘러싼 연대와 지지 범위를 넓힐 가능성이 있다. 또한 연기금 사회투자의 사회적 편익은 현세대뿐만 아니라 여러 세대에 걸쳐 나타난다. 또한 공적연기금이 사회서비스의 공급체계에 투자함으로써 노동력 재생산 비용을 낮추어 경제 성장, 고용률·출산율 제고에 기여하는 사회적 편익을 창출해낸다면, 이는 세대 간 연대를 본질로 하는 노후소득 보장제도의 장기적 안정성을 높인다. 금융 부문에 투자해 연기금의 단기 수익률을 높이는 것보다 실물경제 성장을 가능하게 하고 사회의 질을 높여 출산율을 높이는 것이 연금의 지속성에 근본적으로 더 중요할 수 있다.

공공 사회서비스 부문에 대한 공적연기금 투자는 사회의 지속성을 높이는 투자, 사회의 질을 높이는 투자로 취급할 필요가 있다. 보건의료, 보육, 노인요양 부문의 서비스 확충 및 공공성 제고로 인한 건강 수준 향상, 출산율, 경제 성장률, 노동시장 참여율 향상이라는 사회적 효용은 사회 구성원들의 삶의 질을 높인다. 이는 사회의 지속 가능성을 높인다. 이러한 공적연기금의 투자 수익은 단순히 경제적 수익률로 포착할 수 없는 사회적 편익으로 장기적으로 실현된다. 사회의 지속 가능성 제고는 결국 연금제도의 기반을 강화하는 효과를 가진다. 연금기금의 안정성은 건강한 노동인구를 확충하는 데 달려 있기 때문이다.

3. 연금의 위기, 사회적 연대의 위기

인구 고령화와 노동시장의 변화는 연금제도가 기반을 두고 있던 복지국가 전성기의 보편적 사회연대를 시험대에 올려놓았다. 인구 고령화와 노동의 불안정성 증가는 공적연금 위기론의 배경이 되고 있으며, 동시에 연금 소득 격차를 확대하는 요인이 될 수 있다.

1) 인구 고령화와 연금의 지속성

공적연금제도는 부과방식이든 적립방식이든 근본적으로 근로세대가 노령세대를 부양하는 체계다. 어떤 형태건 연금제도 지속성에 가장 중요한 것은 현재와 미래의 근로세대가 창출하는 부의 양, 생산활동에 종사하는 인구수, 보험료를 납부하는 근로자 수와 은퇴자 수의 균형이다. 구체적으로는 공적연금제도의 안정성과 지속 가능성을 근본적으로 규정하는 것은 출산율, 노동시장 참여율, 경제 성장률의 장기적 추이다 (Barr, 2000).

앞서 말한 바와 같이 단순히 연기금이 많이 쌓여 있다거나 기여와 급여 사이의 보험수리적 공평성이 존재한다고 해서 연금제도가 안정적인 것이 아니라, 사회적·경제적 발전과 안정성이 전제될 때 공적연금의 지속성이 확보된다는 것을 의미한다. 경제 성장률이 떨어지고 고용률이 감소하면, 부과방식의 경우 노동자들의 소득 능력이 떨어지게 되어 높은 보험료를 부과하기 어렵다. 반면 적립방식을 선택한 경우 대규모 연금자산을 집중적으로 팔아 치우기 위해서는 이 자산을 구매할 만한 부유한 미래 세대를 필요로 한다. 이 조건이 충족되지 않으면 연기금이 보유한 자산의 가치는 급속히 하락하여 결국 미래 노인세대에게 연금 급여를 지급하기 어려워지는 등 연금제도의 안정성에 문제가 발생한다. 즉 실질적 성장 없이 연금자산의 적립만으로는 연금재정 안정에 기여할 수 없다.

요컨대 사회적 지속성social sustainability이 국민연금의 재정적 지속성의 전제이자 핵심이다. 공적연금 재정의 안정성은, 각 개인의 적립된 연금 기여에 따른 지출 예상액과 기여액 사이의 균형을 의미하는 사적연금의 수지 균형과는 달리 사회적 지속성과 직접적인 관련을 가진다 (〈표 10-3〉 참조).

현재 전 세계적으로 사회의 지속성을 위협하면서 공적연금제도의 존립에 가장 큰 도전을 하는 것은 인구 고령화다. 지속적인 연금보험료 수입이 발생하도록 되어 있는 공적연금 기금은 어느 단절된 시점에서 연금제도 부채를 모두 감당하도록 설계되지 않았다. 그렇다고 하더라도 인구 고령화는 연금제도에 내재된 세대 간 부양 관계가 유지되는 데 어려움을 야기한다. 기대수명과 출산율의 안정이 확보되지 않는다면 보험료 수입과 급여 지출은 불균형 상태에 빠진다. 즉 인구 고령화로 보험료 수입이 줄어들면 보험료율 상승이 요구되고, 기대수명 증가로 요구되는 만큼 보험료 수입이 증가하지 않으면 재정적 불균형이 발

〈표 10-3〉 국민연금 재정에 영향을 미치는 요소

	요소	수입 측면	지출 측면
경제	성장률	가입자와 임금 수준	급여 수급 자격과 수급자 수
	고용률	가입자 수	급여 수급자 수
	임금 몫, 임금 수준	보험료 부과 대상 소득	급여 총량
인구	초기 인구구조	기여자에서 수급자로의 전환관계	기여자에서 수급자로의 전환관계
	사망률 변화	잠재적 기여자 수 변화	수급자 수 및 평균 수급 기간 변화
	출산율 증가	(장기적) 기여자 수	(장기적) 수급자 수
제도	설계	기여자 수와 규모	수급자 수와 급여 수준
	조정	기여 대상 소득의 상한	급여 수준
	관리 비용		총지출
	제도 순응	(단기적) 부과 대상 소득	(장기적) 급여 수급자 수
	임금 순응	(단기적) 부과 대상 소득	(장기적) 급여 수준

자료: 정해식·주은선, 「한국의 공적연금과 세대 간 계약의 재구성」, 2012.

생한다. 근로 인구수를 결정하는 출산율이 같이 하락하면 상황은 더욱 어려워질 수밖에 없다.

부과방식 확정급여형 공적연금제도는 안정적인 인구구조, 남성 생계부양자 노동 중심의 제조업 발전, 그리고 폐쇄적 국민경제라는 전제 조건에서 성립하여 발전해왔다. 특히 인구 고령화는 생산 가능 연령대의 인구를 감소시켜 경제 성장을 둔화시키는 효과가 있고, 연금 급여와 노인 의료비, 노인 복지서비스 등의 재정 지출 규모를 크게 증가시키게 되며, 나아가 공적연금제도의 부양비(기여자 대비 수급자 비율)를 악화시켜 연금 보험료 수입이 감소한다. 또 노인 인구 증가는 상대적으로 소득이 적은 인구의 증가를 의미하므로 분배 상태를 악화시킨다. 이는 인구 고령화가 공적연금을 둘러싼 세대 간 연대와 계층 간 연대 모두에 나쁜 영향을 미칠 수 있음을 의미한다.

2010년 현재 65세 이상 고령인구 비율은 OECD 평균 14.8%인데, 일본이 23.1%로 가장 높고, 이탈리아는 20.5%이다. 한국은 11.0%로 아직까지는 고령인구 비율이 낮은 국가에 속하지만 2026년에는 20.8%, 2037년이 되면 30.2%에 이를 것으로 예상된다(OECD, 2010).

인구 고령화 수준과 공적연금 지출을 연결지어보면, OECD 국가 1990~2007년의 사회복지 지출Social Expenditure Database(이하 SOCX)에 따르면, OECD 평균 공적연금 지출은 1990년 5.6%에서 2007년 현재 6%로 그 증가폭은 크지 않다. 그런데 국가별 공적연금 지출 추세의 차이는 상이하다. 고령인구 비율이 크게 증가한 국가에서 공적연금 지출액이 증가했다. 예를 들어 고령인구 비율이 1990년부터 2007년까지 17%대에서 거의 변화가 없는 스웨덴의 공적연금 지출액은 7% 수준에서 거의 변화가 없다. 반면 이탈리아와 일본의 경우 고령인구 비율이 1990년 각각 14.9%, 12.1%에서 2007년 현재 20.0%, 21.5%로 증가했는데, 이들의 공적연금 지출액은 1990년 기준 각각 8.2%, 4.0%에서 2007년 현재 11.6%, 7.5%로 급격하게 증가했다. 따라서 고령인구 증가가 연금 지출액 증가의 핵심 요인이라는 것을 알 수 있다.

그러나 다른 한편, 여러 나라에서 20세기 내내 고령인구가 증가했음에도 공적연금이 확대되고 발전했던 경험을 보면 인구 고령화가 바로 연금 재정 악화로 이어진다는 논리를 펴는 데는 주의가 필요하다. 또한 여러 선진국의 경우 점진적인 고령화가 이루어지다가 베이비붐으로 인한 급격한 인구 고령화 이후 안정기로 접어들면 균형을 유지할 것으로 전망된다. 이에 이들 국가의 재정 안정화 조치는 급격한 인구구조 변화로 인한 영향을 완화하는 데 초점을 맞추고 있다.

	도달 연도			소요 기간
	고령화(7%)	고령(14%)	초고령(20%)	7→20%
한국	2000	2017	2026	26년
일본	1970	1994	2006	36년
프랑스	1864	1979	2018	154년
미국	1942	2015	2036	94년

게다가 앞서 강조한 바와 같이 연금 재정 수입에 GDP, 고용률, 노동 소득 규모, 근로자 수와 은퇴자 수 등 다양한 요인이 영향을 미치는 것으로 볼 때, 여성의 경제활동 참가율 증가는 고령화의 영향을 상쇄할 수 있다. 특히 한국과 같이 여성의 경제활동 참가율이 50%를 계속 밑도는 상황에서 이는 적어도 인구 고령화로 인한 연금보험료 수입 감소를 어느 정도 메울 수 있다. 이에 더해 생산력 발전에 의한 사회적 부의 증대, 노동시간 단축을 통한 일자리 창출 및 고용률 증가, 연금보험료 부과의 기반이 되는 노동 소득 증가 역시 보험료 수입을 늘리는 효과가 있다. 다만 고령화, 즉 연금 수급 시점에서의 기대여명 증가는 연금 급여 지출을 크게 늘리기 때문에 보험료 수입 증가가 이를 상쇄하는 데는 한계가 있다. OECD 국가의 평균 연금보험료율은 이미 약 20%에 달하는데, 이는 심리적 상한까지 올라간 상태라 할 수 있다. 따라서 연금보험료 추가 인상은 쉽지 않으며, 오히려 세대 간 연대감을 낮추는 역효과를 가져올 수 있다(〈표 10-5〉 참조).

2) 노동시장 불안정화와 노후보장의 격차

시장에 대한 국가 개입 최소화를 부르짖는 신자유주의 시대에 노동시장에서도 역시 불안정한 형태의 고용이 크게 증가했다. 문제는 노동

〈표 10-5〉 OECD 국가의 공적연금 보험료율과 보험료 수입 규모(단위: %)

	연금보험료율(총소득 대비)				공적연금 보험료 수입(2006)			
					GDP 대비 비율			전체 조세 대비
	1994	1999	2004	2007	피용자	사용자	전체	
호주	사적연금에만 보험료 적용				0.0	0.0	0.0	0.0
오스트리아	22.8	22.8	22.8	22.8	3.5	3.7	7.9	18.9
벨기에	16.4	16.4	16.4	16.4	2.2	2.0	4.6	10.4
캐나다	5.2	7.0	9.9	9.9	1.3	1.3	2.7	8.1
체코	26.9	26	28.0	32.5	1.7	1.3	2.7	21.2
덴마크	사적연금에만 보험료 적용				0.0	0.0	0.0	0.0
핀란드	18.6	21.5	21.4	20.0	1.6	6.9	8.9	20.5
프랑스	21.5	24.0	24.0	24.0				
독일	19.2	19.7	19.5	19.5	2.6	2.7	5.8	16.4
그리스	20.0	20.0	20.0	20.0	2.9	3.5	7.5	23.9
헝가리	30.5	30.0	26.5	26.5	1.0	4.8	5.8	15.7
아이슬란드	통합 사회보험료 부과							
아일랜드	통합 사회보험료 부과							
이탈리아	28.3	32.7	32.7	32.7	2.2	7.3	9.4	22.4
일본	16.5	17.4	13.9	14.6	2.9	2.9	5.9	21.0
한국	6.0	9.0	9.0	9.0	1.6	1.0	2.6	9.8
룩셈부르크	16.0	16.0	16.0	16.0	2.5	2.2	4.8	13.3
멕시코	사적연금에만 보험료 적용				0.0	0.0	0.0	0.0
네덜란드	33.1	37.7	28.1	31.1				
뉴질랜드	보험료 부과 없음				0.0	0.0	0.0	0.0
노르웨이	통합 사회보험료 부과							
폴란드		32.5	32.5	35.0	4.3	3.7	8.1	24.0
포르투갈	통합사회보험료 부과							
슬로바키아	28.5	27.5	26.0	24.0	1.3	2.3	5.2	17.4
스페인	29.3	28.3	28.3	28.3	1.3	6.6	8.5	23.3
스웨덴	19.1	15.1	18.9	18.9	2.5	3.6	6.2	12.7
스위스	9.8	9.8	9.8	10.1	2.8	2.7	6.0	20.4
터키	20.0	20.0	20.0	20.0	1.1	1.1	2.2	8.8
영국	통합 사회보험료 부과							
미국	12.4	12.4	12.4	12.4	2.3	2.3	4.6	17.2
OECD	20.0	20.7	20.2	21.0	1.8	2.9	5.0	14.1

자료: OECD, Pensions at a Glance, 2009, 137쪽.

시장의 이중화가 근로시기 보상의 격차로 끝나는 것이 아니라 은퇴, 장애, 실업 등의 위험 발생 국면에서 꼭 필요한 사회보장의 격차를 가져온다는 것이다. 이는 공적연금을 비롯한 사회보장의 이중화라고 할 수 있다.

한국을 비롯한 여러 나라에서 불안정 고용의 증가, 노동력 사용의 유연화는 생산량 변화에 따른 노동력 사용의 조정과 배치를 용이하게 하는 수단으로만 사용되지 않았다. 이보다는 오히려 '노동비용 줄이기'의 일환이라는 의미가 더 강하다. 그 결과 불안정한 고용 지위에 있는 노동자의 공적연금 가입률이 현저하게 낮은 것으로 나타났다. 즉 고용 지위에 따른 사회보험 전반, 특히 공적연금 가입률의 격차가 현저하다.

이렇게 노동시장에서의 지위 혹은 고용 형태에 따른 공적연금 가입률 격차가 나타나면 공적연금제도가 다양한 위험군과 소득계층을 하나로 묶어 위험을 분산risk pooling하고, 대다수에게 적절한 보장을 한다는 목표를 수행하기 어렵다. 사적연금이 아닌 공적연금조차 노동시장 내부자의 연금, '그들만을 위한 연금'이 될 수 있다.

특히 우려할 점은 노동시장에서 고용안정성 격차를 가져오는 성, 인종, 계층 등에 따른 분할이 노후소득 보장에서도 재생산될 수 있다는 것이다. 대표적으로 노동시장에서 불리한 상황에 있는 여성은 경제활동에 참여할 기회가 적고 육아와 가사를 집중적으로 수행하므로 근속 가능성이 더 낮다. 게다가 여성의 비정규직 비율은 남성보다 훨씬 높다. 이는 여성이 남성에 비해 공적연금 수급률이 낮고, 급여액 역시 낮은 원인 중 하나다. 여성과 하위 소득계층에게는 노동 시기 빈곤이 노후 빈곤으로 이어질 뿐만 아니라 더욱 심화될 가능성이 크다. 즉 안정적인 노동 기회의 감소를 의미하는 노동시장 불안정성의 심화는 많은 경우 공적연금의 격차를 더 벌려놓는다. 이는 가입자 기여로 재정이 조성되는 사회보험 방식의 공적연금이 최근 노동시장의 변화로 인해 겪

는 대표적인 딜레마라 할 수 있다.[10]

노동자들을 광범위하게 포괄하는 노동조합이 불안정한 고용 지위에 있는 노동자들의 동등한 사회보장권을 위해 교섭할 수 있다면 문제가 완화될 수 있다. 파트타임 고용을 통해 노동 유연성을 확보하는 대신 유럽 여러 나라에서 파트타임 노동자의 임금률과 사회보장 가입의 동등성을 보장하는 협약들이 대표적인 예다. 한국의 비정규직 노동자들이 공적연금 가입을 회피하는 것과 달리, 파트타임 노동자 비율이 높은 네덜란드 같은 나라에서 기업별, 산업별 퇴직연금 가입을 기피하는 현상을 찾아보기 어려운 것은 이 때문이다.

그러나 노동조합 가입률이 10% 전후에 불과하고, 노동운동이 정당정치에서의 영향력은 물론 사회적 대화social dialogue에서조차 영향력을 발휘하지 못하는 상태에서 고용 지위의 불안정성은 그대로 실업, 노령, 장애 발생에 대한 사회보장의 부재로 이어지게 된다. 이는 공적연금을 비롯한 사회보장의 대상이 노동시장 내부자로 국한되고 가장 취약한 집단을 배제하는 역설을 낳게 된다. 대표적인 사례가 한국의 국민연금이다. 고용 형태에 따른 공적연금(국민연금) 가입률 격차는 한국에서 특히 두드러진다. 고용 지위 및 임금 수준에 따른 국민연금 가입률은 체계적인 차이를 보인다.

〈표 10-6〉을 보면 사회보장제도의 보호 및 노후보장이 안 될 위험이 가장 높은 소기업, 저임금, 비정규직 노동자의 국민연금 가입률이 현저히 낮은 것을 알 수 있다. 특히 소기업, 비정규직 노동자, 특수고용직 노동자는 국민연금에 가입해 있더라도 고용주가 보험료 기여를 회피하는 경우 사업장 가입자가 아니라 지역 가입자로서 연금보험료 전

---

10. 공적연금이 보편적 정액급여 방식인 경우는 이에 해당하지 않는다. 네덜란드, 덴마크는 공적연금이 비교적 높은 수준의 기초연금이기 때문에 파트타임 노동자에게 이는 동등 처우의 이슈가 되지 않는다. 이들 국가에서 파트타임 노동자들의 동등 처우의 관심사는 퇴직연금이다.

사업장 규모	정규직			비정규직		
	미가입	직장 가입자	지역 가입자	미가입	직장 가입자	지역 가입자
1~4인	7.0	85.7	7.3	73.7	13.0	13.4
5~9인	2.5	96.8	0.8	59.2	27.1	13.8
10~29인	1.1	98.5	0.4	47.4	41.6	11.0
30~99인	1.0	98.7	0.3	36.9	52.3	10.9
100~299인	0.5	99.5	0.0	30.5	63.4	6.1
300인 이상	0.1	99.9	0.0	25.1	70.0	5.0
전체	1.3	98.0	0.7	54.4	33.8	11.8

액을 개인이 부담해야 한다. 이 때문에 보험료 미납 비율이 높다. 고용
지위에 따른 연금 가입과 적용의 구조적 차이는 한국에서 연금제도를
둘러싼 탄탄한 사회적 연대와 지지가 형성되지 않은 이유를 일부 설명
해준다.

탈계급 시대, 탈산업화 사회가 도래했다는 주장에도 불구하고 강력
한 노동조합의 힘과 조정 의지를 가진 국가의 역할이 있을 때 고용 형
태에 따른 사회보장의 차별을 줄일 수 있다. 여러 국가의 사례들은 여
전히 공적연금의 적용에서 노동과 자본의 역관계, 그리고 국가기구의
태도와 역할이 중요하다는 것을 보여준다. 요컨대 신자유주의 시대에
공적연금을 통한 사회연대적 노후보장은 노동정치에서의 연대 형성 없
이는 지속되기 어렵다.

4. 신자유주의 시대 연금 개혁[11]

1) 연금 개혁의 내용과 특징

복지국가 발전기에 공적연금 수준을 높이고 가입 범위를 확대함으로써 사적연금의 확대를 억제했던 국가가, 복지국가 재편기에 다시금 공적연금을 축소하면서 상품화된 노후보장 시장을 확대하고 있다. 최근 20여 년 동안 이루어진 전 세계 연금 개혁의 가장 뚜렷한 특징은 공적연금의 축소다. 여러 나라에서 연금 급여 축소와 은퇴 연령 및 연금 수급 연령 상향 조정 등 축소 지향의 공적연금 개혁이 이루어졌다. 이러한 개혁은 1990년대 이후 연금 지출비율(GDP 대비)이 10%를 넘는 프랑스, 이탈리아 등은 물론, 연금 지출 부담이 상대적으로 낮은 국가들에서도 공통적으로 나타났다(Martin and Whitehouse, 2008).[12]

공적연금 축소는 공적연금의 공백을 메우기 위한 두 가지 조치를 수반했다. 하나는 사적연금 확대로서 사적연금 가입이 의무화되거나 사적연금 보험료 등에 대한 세제지원을 확대했다. 이는 사회연대적 공적연금의 축소에 대해 '개인 책임 강화' 혹은 '개별화'individualization로 반응하는 것이다. 또 하나는 공적연금 축소로 인한 연금 급여 수준 하락이 치명적인 영향을 미치는 저소득층에 대한 소득 보완 조치다. 이는 공적연금 급여의 적절성은 희생시키되, 최저보장을 위한 다양한 장치를 고안하는 결과를 낳았다. 이는 공적연금을 둘러싼 사회적 연대의 형

---

11. 이 절은 주은선, 「신자유주의 시대의 연금 개혁: 노후보장의 시장화, 개별화, 금융화」, 『경제와 사회』, 84호, 2009의 내용을 상당 부분 인용한 것이다.
12. 2007년 기준 OECD 국가의 GDP 대비 노령연금 지출 비율(유족연금 제외)은 평균 6.0%이며, 한국은 아직 연금제도 미성숙으로 인해 1.4%에 불과하여 OECD 국가 중 멕시코(1.1%)에 이어 최하위권에 있다.

태를 축소하되, 저소득층의 이탈을 최소화하여 노인 빈곤과 사회 통합을 저해하는 부작용을 줄이려는 것이다. 이 두 가지 형태의 대응은 언뜻 반대되는 것처럼 보이지만, 동시에 추구되기도 한다. 예를 들어 스웨덴에서는 프리미엄 연금premium pension을 도입하여 2.5% 보험료의 개인계정 적립을 의무화하는 동시에, 무연금자에 대한 최저보장 연금 수준을 크게 상향 조정했고, 양육 크레딧은 3년으로 확대했다. 따라서 최근 공적연금 개혁의 방향과 특징을 포착하는데, 공적연금 축소만큼이나 이와 함께 이루어진 이 두 가지 변화에 고루 시선을 보낼 필요가 있다.

2000년 전후에 이루어진 연금 개혁의 테마는 무엇보다도 재정적 지속 가능성을 높이는 것이었다. 연금 재정의 지속성을 위한 수단으로 흔히 떠올리는 것은 연금 급여 삭감과 연금 수급 연령을 늦추는 조치이지만 실제로는 연금 개혁에서 다양한 수단이 활용되었다. 첫째, 한국, 일본, 미국, 영국, 스위스 등에서 완전 노령연금 수급 연령을 상향 조정했고, 조기 노령연금을 받을 경우 급여 삭감 폭을 높여 연금을 가능한 한 늦게 받도록 유도했다. 주로 고령자의 고용률을 높여 기여를 늘리고, 급여 지급을 미루고자 하는 것이다.[13] 둘째, 연금보험료를 일정 수준에서 억제하는 대신 국가의 일반 재정을 통한 연금 재정 보조를 확대하는 것이다. 일본, 독일, 스웨덴, 프랑스 등은 보험료 수준을 20% 정도에서 억제하고 있는데, 이 수준 이상의 연금보험료 인상이 불가능하다는 판단 때문이다. 특히 정부 보조금을 보험료율 상승에 연계하는 제도를 채택하고(독일), 부가가치세와 특별소비세 인상(스위스, 일본) 등을 통해 연금 재정에 대한 일정한 국가 책임을 강제하고 있다. 셋째, 연금 급여의

---

13. 유럽연합 회원국의 경우 고령자 고용률을 현재 약 39%에서 2010년에 50% 이상으로 높이는 것을 목표로 설정한 바 있다.

삭감이다. 일단 급여산식을 조정하여 급여를 삭감하거나 프랑스와 같이 수급 요건을 강화하여 삭감 효과를 보는 방법이 있다. 주목할 점은 기존에 확정급여 방식이었던 공적연금 급여액이 고령화나 경제 성장률 등에 따라 변동하도록 하여 실질적으로 상당한 급여 삭감 효과를 보는 것이다. 스웨덴, 이탈리아, 폴란드 등에서 이루어진 명목확정기여 방식 NDC 도입이 그 예다. 명목확정기여 방식이란 보험료율을 일정 수준에서 고정하고 연금 급여 수준을 인구구조 변화와 경제 성장률 등에 연동하여 조정하는 것으로서 고령화 국면에서 이는 실질적으로 자동적인 급여 인하 효과를 가진다. 독일, 일본 등은 급여 결정 방식의 큰 틀을 바꾸지 않고서도 연금 급여의 결정 요소로 인구 요인 슬라이드제(일본)와 지속성 변수[14]를 도입하여 역시 고령화에 따라 자동적으로 연금 급여가 조정되도록 했다. 확정기여 방식과 같은 공적연금 급여 결정 방식의 변화는 인구 및 사회경제적 변화가 미치는 영향을 반영하는 것으로 급여 인하를 확정하는 것은 아니지만, 실질적인 급여 삭감으로 이어지기 때문에 노인 빈곤 위험이 더 커지는 것은 사실이다.

공적연금 급여 삭감의 당연한 결과로 예상되는 연금 급여 감소를 보완하기 위해, 각국이 노인의 최저생활 보장 장치를 도입하고 강화했음을 간과해서는 안 된다. 연금 급여 수준을 억제할 경우 취약 계층의 노후소득 하락을 막기 위한 보완 조치가 병행된 것이다. 이는 한편으로 연금 급여의 강화, 다른 한편으로는 연금 가입 지원으로 나타났다.

우선 연금 급여 강화를 위해 스웨덴은 종래의 기초연금을 저소득층

---

14. 지속성 변수는 가입자 중 수급자 수의 변화율의 역수다. 연금 수급자 비율은 다음과 같은 의미에서 인구구조 변화와 경제 상황 변화에 동시에 반응한다. 고령화에 따른 수급자 비율이 상승하는 경우 지속성 변수는 하락하게 되며, 각종 고용정책으로 취업자 수가 증가하면 수급자 비율은 하락하고, 지속성 변수는 상승하게 된다. 독일의 지속성 변수는 인구 상황뿐만 아니라 경제 상황 또한 반영하는 것으로서 연금제도의 재정적 안정성은 이 두 가지를 모두 고려해야 한다는 사고에 바탕을 두고 있다.

에게 제한되는 최저보장 연금으로 대체하면서 수급권이 없는 사람들에 대한 급여를 대폭 인상했다. 독일은 기존 공공부조와 구별되는 대응책으로 노인, 장애인 기초보장제를 도입했다. 캐나다는 기초연금을 실시하고 있지만, 고소득층에게는 소득 수준별로 감액하는 환수 장치를 마련하고 저소득층에게는 보장성 소득보조금GIS을 추가 지급하기로 했다. 영국 역시 대처 집권기 기초연금 급여 인하 조치로 노인 빈곤율이 급증하면서 2000년대 중후반에 기초연금 인상과 노인에 대한 소득 보조 등을 강화했다. 한편 저소득층에게 보험료를 보조하여 연금 급여 수준을 유지하기 위한 조치로 스위스는 저소득 자영자의 보험료를 경감해주었고, 최근에 우리나라에서 실행한 영세사업장 저임금 노동자에 대한 사회보험 가입 지원 조치 역시 마찬가지 사례라 할 수 있다. 한편 노동이 아닌 양육 기간을 보험료 기여 없이 연금 가입 및 보험료 납부 기간으로 인정해주는 제도(양육 크레딧)의 확충과, 양육 기간 동안 계속 소득활동을 하는 경우 연금 가입 소득의 상향 조정(독일, 스웨덴, 스위스, 일본) 등도 가입 기간이 짧을 가능성이 높은 집단에 대한 보완책의 역할을 한다. 전체적인 급여 수준을 떨어뜨리는 대신에 선별적인 최저보장 제도를 강화한 것이다. 앞서 살펴본 공적연금 부문의 변화를 통해 소위 복지국가들의 공적연금 지출에는 〈표 10-7〉과 같은 변화가 있을 것으로 예측되었다.

최근 연금 개혁의 핵심적인 변화 중 하나는 역시 사적연금 강화를 통해 공적연금과 사적연금의 역할 경계를 새로이 설정한 것이다. 소위 다층체계multi-pillar system 도입이다. 다층체계 모델이 전 세계적으로 확산되도록 이끈 것은 세계은행이다. 세계은행의 제안은 1994년 보고서 「노년의 위기 방지」Averting the Old Age Crisis 에서 3층 모델three-pillar system로 정식화되었다. 1층은 강제 적용 방식의 공적연금으로서 조세를 재원으로 하며 급여 수준은 낮게 억제된다. 2층은 기업연금이

〈표 10-7〉 OECD 국가의 공적연금 지출 추이(2000~2050년 예측치, 단위: %)

구분	연금 개혁 이전				연금 개혁 이후			
	2000년		2050년 지출 비중	증가율 ('00→'50)	2004년 지출 비중	2050년		증가율 ('04→'50)
	지출 비중	65세 이상 인구				지출 비중	65세 이상 인구	
영국	5.4	15.8	8.4	+3.0	6.6	8.6	24.1	+2.0
스웨덴	9.2	17.3	13.9	+4.7	10.6	11.2	23.6	+0.6
미국	5.9	12.4	10.7	+4.8	6.2	5.9	23.5	-0.3
덴마크	6.3	14.8	11.2	+4.9	9.5	12.8	25.3	+3.3
아일랜드	3.7	11.2	8.9	+5.2	4.7	11.1	26.3	+6.4
네덜란드	4.5	13.6	10.1	+5.6	7.7	11.2	23.5	+3.5
벨기에	7.6	16.8	13.9	+6.3	10.4	15.5	27.7	+5.1
핀란드	7.7	14.9	15.5	+7.8	10.7	13.8	27.6	+3.1
헝가리	7.6	15.1	14.1	+8.5	10.4	17.1	26.9	+6.7
프랑스	11.0	16.1	19.9	+8.9	12.8	14.8	26.2	+2.0
체코	7.7	13.8	19.9	+12.2	8.5	14.1	31.2	+5.6
포르투갈	8.2	16.2	20.9	+12.7	11.1	20.8	31.6	+9.7
스페인	8.4	16.8	21.8	+13.4	8.6	15.7	31.7	+7.1
슬로바키아	6.3	11.4	19.8	+13.5	7.2	9.0	30.1	+1.8
일본	7.0	17.4	21.0	+14.0	10.1	13.7	39.6	+0.6
오스트리아	11.7	15.4	27.6	+15.9	13.4	12.2	27.4	-1.2
독일	10.3	16.4	26.2	+15.9	11.4	13.1	31.5	+1.7
이탈리아	13.6	18.3	32.0	+18.4	14.2	14.6	33.6	+0.5
폴란드	10.3	12.2	31.3	+21.0	13.9	8.0	29.6	-5.9
OECD 평균	7.89	15.1	17.5	+9.8	9.9	12.8	30.3	+3.2
한국	1.4	7.2	7.0	-	1.5	9.84	38.2	-

자료: 김연명, 2011.

나 개인연금인데 강제 적용 방식을 통해 대규모의 사적연금 기금 적립이 이루어지도록 한다. 3층은 임의 적용 방식의 기업연금 또는 개인연금으로서 중산층 이상에게 적절한 소득 보장 기능을 하도록 한다(World Bank, 1994).[15] 이는 각국 상황에 따라 다양한 방식으로 변형될 수 있지만 핵심은 기초보장은 공적연금이 담당하되, '적절한'adequate 수준의 노후보장은 사적연금이 맡는다는 것이다. 다시 말하면, 공적연금을 기초보장 기능을 중심으로 재편하여 빈곤 노인만을 대상으로 하는 최저보장 연금이나 공공부조로 축소할 수 있다. 한편 공적연금 급여 하락으로 인한 공백을 메우는 주된 수단은 적립형 기업연금 체계, 특히 확정기여형 연금 체계, 개인연금 계정 등이다(World Bank, 1994).

다층모델은 1990년대에는 세계은행의 집중적인 지원 아래 체제 전환 중인 동유럽과 남미를 중심으로 도입되었고, 1990년대 말부터는 유럽 연금 개혁에서도 채택되었다. 대표적인 것이 의무적인 개인연금 가입제도인 스웨덴의 프리미엄 연금 도입과 독일의 국고 보조 매칭 방식의 개인연금 도입이다. 이는 국민들에게 사적연금 가입을 의무화한 획기적인 조치다. 공적연금의 축소로 인해 나타날 수 있는 노후소득의 감소를 개인연금 가입을 통해 장기적으로 보완하려는 것이다. 스웨덴과 독일은 전형적인 공적연금 중심의 복지국가인 만큼 이러한 조치는 매우 낯선 것이었다. 또한 영국이 스테이크홀더 연금stakeholder pension 도입을 통해 공적소득비례연금 가입을 대신할 수 있는 기업연금, 적격 개인연금의 범위를 계속 확대한 것은 주목할 만하다. 이러한 사적연금

15. ILO의 제안은 「공적연금의 발전과 개혁」The Development and Reform of Social Security Pension에 정리되어 있는데 세계은행안에 비해 공적연금의 역할을 강조하고 있으며, 조금 더 복잡한 형태를 띤다. 1층에는 조세 재정의 최저소득 보장 성격의 연금이 존재하며, 2층에는 조세 재정의 공적 기초연금 혹은 보험료 재정의 부과방식 연금이 존재한다. 2층 부문의 소득대체율을 40~50%로 삼아 공적연금 급여 수준이 세계은행안보다 높게 설정되어 있다. 3층에는 강제 적용 방식의 사적연금이, 4층에는 임의 적용 방식의 사적연금이 존재한다(ILO, 2000).

가입 의무화 이외에 사적연금 가입에 대한 직접적인 재정적 지원 조치
도 확대되었다. 한국의 개인연금에서와 같은 세제 지원은 물론 저소득
층에 대한 개인연금 보험료 지원 조치까지 포함한다.[16] 사적연금제도에
대한 다양한 세제 지원 및 의무화 조치 등은 기존의 소득 상층뿐만 아
니라 중간층에게도 사적연금을 확대하는 효과를 의도한다.

　최근 연금 개혁은 서구 복지국가에서 사적연금 시장을 억제하면서
형성된 공적연금 중심성을 약화했다. 특히 중간층 이상의 노후보장에
서 개인 책임을 강조하여 사적연금제도의 역할을 확대하고자 한다. 이
는 사적연금 확대 조치보다 공적연금의 축소를 통해 먼저 진행되었다.
조세 혜택부터 보험료 지원까지 다양한 방식으로 사적연금을 지원하
고 있다. 그 결과 공적 노후보장제도의 연대적 기능 및 사회 통합 기능
은 약화되었고, 국가의 책임은 훨씬 가벼워진 반면에 개인의 자기책임
요소는 더욱 커졌다. 이 경우 시장에 맡겨진 노후소득 비중이 커지면서
퇴직 시점 등에 따른 연금 급여 편차 확대, 노후소득 불안정성과 불평
등 심화가 예상된다. 특히 여성 노인의 빈곤이 우려된다. 사적연금 확
대는 최저보장 예산 증가와 같은 국가 역할의 확대를 요구한다. 소위
복지국가의 연금 개혁 내용은 단순히 연금 급여 수준과 복지국가의 역
할을 줄이는 것으로 국한되지 않는다. 국가 역할은 최소 수준의 보장을
유지하면서 사적연금 시장을 지원하고 활성화하는 것으로 조정된다.

　다층 노후소득 보장 체계 구축은 국가의 사회보장 기능 축소와 사
적연금을 통한 소득 보장 확대, 특히 연금시장 발전을 의미한다. 공적

---

16. 사적연금 확대 강화는 사적연금 상품에 대한 철저한 요건 지정과 지속적인 감시감독을 필요로
한다. 1980년대 영국의 불완전판매 사건mis-selling scandal은 이를 보여준다. 최근 영국과 독일이
제시한 적격 사적연금 상품에는 많은 요건이 지정되어 있으며, 특히 독일의 경우는 연금 지급 기간 및
연금액 등에 대해 적극적으로 개입하고 있는 사례다. 사적연금제도의 강화는 지원 대상인 적격 상품
에 대한 엄격한 제한을 수반해야 한다.

연금 기능을 기초보장 수준으로 축소하고, 적절한 수준의 노후보장 역할은 기업연금이나 개인연금이 수행하도록 하는 모델이기 때문이다. 고령화와 공적연금 보험료 수준이 이미 한계에 다다라 공적연금에 대한 추가적 자원 투입이 어렵다는 것이 공적연금을 축소하는 이유에 대한 주류적 설명이다. 그러나 비용에 초점을 두는 경우, 국가의 비용 부담 역시 각종 크레딧의 확대, 저소득층에 대한 소득 보장 강화, 그리고 무엇보다도 사적연금 시장에 대한 세제 혜택 증가로, 총량으로 보면 크게 감소하지 않는다. 또한 개인연금 및 기업연금에 대한 보험료 투입 증가를 고려하면 전체적인 연금보장에 대한 비용 부담, 즉 연금보험료율이 감소했다고 보기는 어렵다. 자본 측은 공적연금 보험료 증가를 회피하는 반면, 주식시장 등 전 세계 금융시장에 유입되는 기업연금 등의 사적연금 보험료에 대한 지원 및 부담 증가에는 동의하고 있다. 이에 연금 개혁의 주요한 효과로 연금시장의 확대와 연기금 유입 등을 통한 연금과 금융시장의 결합에 주목할 필요가 있다.

2) 연금 개혁과 금융자본주의

최근 연금 개혁의 의미를 읽어내는 데 핵심은 시장과 노후소득 보장이 점점 결합하고 있는 현상이다. 부과방식 연금 대신 적립식 연금의 역할을 확대하면서 연기금 규모가 크게 증가했고, 사적연금 시장의 발달과, 연기금의 금융시장 투입 확대는 사회보장제도라는 공적연금의 정체성과 자본주의의 관계에 영향을 미친다.

사적연금 시장의 팽창과 공적·사적 연기금 운용에 대한 규제 완화로 연기금의 금융시장 투입이 증가했고, 국내외 주식시장 및 다양한 금융상품 투자 등과 관련한 규제가 완화되었다. 연기금이 그 자체로 전 지구적으로 자유롭게 이동하는 금융자본의 일부를 이루게 되면서 노후보장을 위한 사회보장 기금과 투기자본의 경계는 모호해지고 있다.

연기금 운용의 이러한 변화를 초기에 선도한 것은 미국의 퇴직연금으로, 드 브뤼노프(De Brunoff, 1999)에 따르면 종업원퇴직소득보장법(ERISA법) 제정[17]과 같은 미국의 기업연금 투자 자유화 조치가 이미 1970년대부터 금융자본 주도의 축적체제로 진전하는 데 결정적으로 기여했다. 1998년에 이미 미국 연기금은 미국 상장기업 주식의 45%를 소유한 것으로 알려졌다(Hebb, 2001).

미국뿐만 아니라 유럽에서도 연기금은 가장 큰 단일한 자본 원천이 되고 있다.[18] 여러 나라에서 다층 연금체계는 이러한 연기금 금융화와 밀접하게 연관되어 있다. 1990년대 중후반 유럽 연기금 규모의 증가는 1990년대 유럽에서 일련의 공적연금 및 기업연금 개혁이 이루어진 후의 일이다. 횡단적으로 보아도 사적연금 가입을 의무화하고 있거나 사적연금으로 공적연금을 대체할 수 있도록 허용하는 나라들은 연기금 규모가 크다. 스위스, 네덜란드, 호주, 영국 등이 이에 해당하는데, 이 나라들은 연기금 규모가 2008년 기준 각각 GDP의 119.2%, 113.7%, 115%, 91.8%, 58.4%로 다른 국가들보다 월등히 크다(OECD, 2009). 다시 말하면 다층체계로의 진전을 통해 사적연금의 역할이 커질수록 연기금 규모도 커지는 것이다.[19] 전 세계적으로 연금 개혁이 진행

17. 1974년에 제정된 ERISA법(Employee Retirement Income Security Act)은 기업연금의 보장성을 강화하기 위해서, 연금 수탁자들에게 연금 재정에 대한 책임을 강화하는 동시에 이들 생명보험 회사나 연기금의 주식 투자 한도와 같은 연금자산 운용에 대한 규제를 철폐했다. 이에 따라 기업연금 기금들은 주식, 정크본드, 벤처 등 위험도가 높은 주식과 채권에 포트폴리오의 상당 부분을 투입했다 (전창환, 2006).
18. 2000년 기준 연기금은 당해에 형성된 펀드 총 가치의 24%를 차지했다. 연기금 다음으로 비중이 큰 경로는 은행으로, 펀드 총 가치의 22%를 차지한다.
19. 스웨덴이 프리미엄 연금을 도입한 것은 1998년이다. 그만큼 아직 연기금 대부분은 공적연금기금으로서, GDP 대비 사적연금 비중은 30%를 약간 상회하는 정도에 머무른다(OECD, 2000). 그러나 장기적으로 공적연금은 소진되고 프리미엄 연금 기금 적립 규모는 급격하게 증가할 것으로 전망된다.

되면서 연기금 적립은 영미권 국가를 넘어서는 전 지구적인 현상이 되고 있다. 그 결과 연기금 규모는 2008년 기준 OECD 평균이 GDP 대비 63.4%(2007년에는 75.5%)에 달한다.

최소 수준으로 유지되어온 공적연기금이 획기적으로 증가하고, 기금을 운용하는 데 제약이 적은 사적연금의 역할이 커지면서 연기금의 기능과 성격이 변화하고 있다. 과거에 공적 연기금은 주로 경기 변화에 대비하여 공적연금 지급의 지속성을 보장하는 완충 장치 역할을 했다. 이에 기금 규모는 크지 않았고, 운용에 대한 사회적 규제, 연기금의 해외 투자 및 주식 투자에 대한 제한은 매우 일반적이었다. 공적연기금은 국내 자본 조달이나 정부 재정 조달에 일부 사용되었는데, 해외 투자 및 주식 투자에 대한 제한은 이를 위해 필요한 조치로 인식되었다. 투자 제한은 연기금의 안정성을 제고한다는 명분에서도 정당화되었다. 복지국가 발전기에 공적연기금이 주식 투자에 쓰여서는 안 된다며 이에 대한 규제를 강하게 주장한 것은 좌파가 아닌 우파 진영이었다. 집합적 기금인 연기금이 일정 규모 이상의 주식을 보유하게 될 경우 사적 소유 질서를 교란할 수 있다는 우려 때문이었다. 이는 소위 연기금 사회주의pension fund socialism에 대한 우려인데, 연기금이 대주주가 되어 민간기업을 실질적으로 소유하게 되는 경우에 집합적 소유로의 이행이 이루어질 수 있다는 것이다.

그러나 연금 개혁을 통해 연기금 상당 부분이 가입자 개인 자산의 성격을 띠게 되고, 집합적 기금으로 형성된 연기금도 기관투자가들에게 위탁되면서 그 성격이 달라진다. 연기금이 사회적 기금으로 단일하게 관리되지 않으면서 집합적 소유권 행사 가능성은 낮아졌고, 연기금 주식 투자가 우파 진영에 유발한 바 있는 집합적 통제에 대한 우려는 사라졌다. 이제 연기금에 대한 핵심적인 고민은 투자 방식과 이윤 확보에 대한 문제로 전환했다. 결국 사적연금 기금의 비중이 커지고 공적연기금 운영 방식이 바뀌면서 연기금은 투자 수익을 지향하는 금융자본의 일부로 전환될 수 있게 되었다.

연기금의 이러한 변화를 강조하면서 셰네(Chesnais, 1997) 등은 연기금 금융화가 자본주의를 금융자본 주도의 축적체제로 전환 및 유지하는 도구가 된다고 보았다.[20] 신자유주의 시대 노동 배제적 축적을 이끄는 것은 금융자본이다. 케인스주의가 쇠퇴하면서 수요 압박으로 인해 생산자본의 투자 전망이 불투명해지고, 자본의 유동성이 높아지면서 투자처를 찾지 못하는 과잉 자본은 국내외 금융 부문에서 투기적 이득을 목적으로 하는 자본으로 전화되고 있다는 것이다(김미원, 2001; Chesnais, 1998). 금융자본은 어느 단계까지는 시장 팽창 자체로부터 이윤을 창출할 수 있다. 고용을 창출하는 신규 투자 없이, 금융기술을 통해 수익을 창출할 수 있다는 것이다. 연금제도는 기존 공적연금의 특징인 부과방식의 틀에서 벗어나는 경우 대량의 기금을 쌓을 수 있게 된다. 이에 연금기금은 금융시장 팽창과 금융자본의 투기적 이윤 창출의 원천이 될 수 있다. 연금제도는 노동으로부터 정기적으로 소득 일부를 금융시장으로 유입시키는 기제, 즉 노동소득 일부를 지속적으로 금융자본으로 전환시키는 기제라는 것이다.

민스(Minns, 2001)에 따르면 1990년대 이후 OECD 국가의 연금자산 총액은 연평균 10.9% 이상 급속하게 증가했다. 이중 상당 부분은 뮤추얼펀드, 보험회사, 투자회사 등의 기관투자를 통해 금융시장에 투입되어 자본시장의 팽창을 뒷받침했다. 1990년대 중반에 이미 연금자본은 OECD 국가의 전체 주식시장 자산 중 40% 이상을 차지했다(Minns,

---

20. 이런 의미에서 연기금은 자본의 과잉 축적 위기로 인해 형성된 금융 주도 축적체제를 지탱하는 장치가 된다(Minns, 2001; 최원탁, 2004). 결국 연기금의 금융화는 자본주의의 장기적이고 근본적인 국면 변화, 특히 신자유주의 시대의 자본의 생존전략이 된다. 연기금이 전 지구적으로 금융자본 중심의 새로운 축적체제를 구축하고 발전시키는 동력이 된다(Minns, 2001).

2001). 연기금이 금융시장에서 대량의 주식과 채권을 소유함으로써 이미 금융자본화되었고, 강력한 지배력을 행사하고 있는 금융자본은 사실상 대부분 연기금을 원천으로 한다는 것이다.[21]

연기금의 금융화, 즉 연기금 적립 확대와 운영의 탈규제화는 연금 개혁에 부수되는 현상이 아니라, 오히려 핵심적으로 추구되는 바다. 달리 말하면 연금 개혁은 노동자, 특히 저소득 노동자의 복지를 담보로 진행되는 자본시장 개혁이자(Ghilarducci and Liebana, 2000; 송원근, 2002), 사회보장기금을 금융자본화하려는 신자유주의적 재편 전략의 일환이 된다(주은선, 2006).

문제는 이러한 최근의 변화가 정작 연기금을 조성한 노동자들의 이익에는 반한다는 것이다. 우선 금융자본이 주도하는 축적, 즉 고용 창출 없는 성장은 소득 분배를 악화시킨다. 이는 노동 배제적인 자본축적을 가능하게 함으로써 노동조합의 정치력을 약화하는 효과가 있다. 또한 금융시장에서 벌어들이는 투자 수익이 관심사가 되면서 상시적인 구조조정 및 인수·합병을 통한 주식가치 증대, 노동시장 유연화를 통한 기업 수익 증가는 연기금 입장에서도, 간접투자자인 노동자 입장에서도 긍정적인 가치를 가진다. 나아가 베이커(Baker, 2001)와 펑(Fung, 2001)에 따르면 연기금 금융화를 통한 주식 투자, 특히 단기적 주식 거래 증가와 고위험 파생상품에 대한 연기금 투자 증가 등은 연금 수혜자가 감수해야 하는 노후소득 보장의 위험을 증가시킨다. 그럼에도 이 과정에서 이익을 보는 것은 금융기관과 펀드매니저들이다. 문제는 제도가 성숙하여 연금 급여 지출 부담이 커질수록 유동성에 대한 요구가 커져서 연기금의 단기적 투자 경향이 더욱 강해진다는 것이다(Engelen,

21. 특히 연금 민영화 및 연기금 탈규제화는 주식시장 발달에 대한 요구가 커질 때, 즉 은행 중심의 자본 조달 경제에서 영미형 주식시장 중심의 자본 조달 경제로 전환하는 시기에 부각되는 경향이 있다.

2003). 게다가 기존에 퇴직연기금뿐만 아니라 공적연기금 운영에 국가, 노동, 자본이 함께 관여했던 것에 비해 연기금 운영의 중심이 금융시장으로 옮겨가게 되면 연기금 운영의 금융적 전문성이 강조된다. 이 경우 연기금 지배구조는 점점 더 노동을 배제하게 된다.

이로 인해 발생하는 심각한 문제 중 하나는 노후소득 보장에 새로운 위험과 불안정성이 출현한다는 것이다. 연금 급여 중 많은 부분이 금융 부문의 투자 성과에 따라 결정되면서 금융시장이 안고 있는 위험성이 개인의 노후에 결정적인 영향을 미친다. 금융시장과 노후보장이 결합하면서 금융시장의 위험 또한 본질적인 것이 된다. 연금상품이 시장의 등락을 반영하는 확정기여형일 경우에 이러한 위험이 현실화되는데, 고용주와 연금상품 판매자들은 금융시장 위험을 개인에게 떠넘기는 확정기여형 상품을 당연히 더 선호한다. 왜냐하면 확정기여형에서 위험을 감수하는 것은 바로 가입자이기 때문이다. 연기금 투자의 이러한 위험성은 멀게는 대공황기 미국의 소규모 연기금들이 파산한 사례에서부터 가깝게는 2008년 대규모 금융위기로 인해 전 세계적으로 퇴직연금이 큰 타격을 입은 사례를 들 수 있다.[22] 이들 연기금이 손해를 입게 되면 당장 가입자의 기여금을 올리거나 적절하지 못한 수준의 연금 급여를 지급하게 된다. 2000년대 초 네덜란드 기업연금들이 금융위기로 인해 기금 규모가 3분의 1가량 줄어들면서 노사 협상 테이블에 기

---

22. IMF도 국제금융안정보고서GFSR에서 금융위기로 인해 세계 금융기관들의 손실 규모가 2010년 말 4조 1,000억 달러에 이를 것이며, 이중 약 3분의 1은 연기금펀드와 비은행 금융기관이 떠안게 될 것이라고 했다. 이번 금융위기로 인해 전 세계 연기금들은 기금 규모가 약 20% 줄어든 것으로 집계되었다. 전 세계 운용자산 규모 2위인 캘퍼스 기금 규모도 2009년 6월 기준 전년동기 대비 23.4% 감소한 것으로 보고되었다. 이는 최근 3개월간의 세계 주식시장 반등을 고려한 것이다(『주간금융브리프』, 18권 30호, 2009). 캘퍼스는 특히 주식, 사모투자, 부동산 투자 부문에서 30% 이상의 손실을 기록했다. 미국 주식시장 규모가 3분의 1가량 줄어들면서 기금의 60% 이상을 주식시장에 투입하고 있는 미국 기업연금도 같은 상황에 처한 바 있다. 이러한 손실은 위기 이후 상승 국면으로 돌아선 금융시장의 상황에 따라 달라질 수 있다.

여금 인상과 노동자의 기여금 부담이 의제로 등장한 것이나, 2009년 캘퍼스CalPERS(캘리포니아 공무원퇴직연금)가 공무원들과 주정부의 연금보험료율을 2~4% 포인트 인상하는 것을 의제화한 것이 그 예다.

또한 공적연금의 작동조차도 금융시장의 성과에 기대게 만드는 연기금의 금융화는 연금 가입자들의 정체성을 투자자로 재구성하는 효과를 가진다. 물론 공적연금 부문에서 연기금이 팽창하는 데는 한계가 있기 때문에 이런 경향은 어느 수준에서 억제되지만 사적연금 부문에서는 연금 가입자를 개별 투자자로 구성해낸다. 고령화에 대한 공포와 공적연금 축소로 인해 사적연금에 가입하는 사람이 늘어나면서 사적연금은 햄스(Harmes, 1998)가 말한 소위 대중 투자 문화의 주축이 되는 것이다. 사적연금은 특히 노동자 계급보다는 중간계급을 겨냥한 것으로 중간층을 금융시장으로 포섭하는 주요한 수단이 될 수 있다.

연기금 운용에 대한 규제 완화는 단순히 연기금 투자 방식의 변화에 그치는 것이 아니라 연금제도와 자본주의의 결합 양상까지 바꿔놓았다. 게다가 공적연금 기금의 금융시장 투자 확대는 공적연금의 존립이 사회적 연대보다는 금융시장에서 거둔 성과에 기대도록 만드는 결과를 낳았다. 즉 복지국가의 근간인 사회적 연대는 점점 추상적이 되고, 노후소득 보장에 대한 시장의 역할과 개인 선택의 논리는 점점 커지고 구체화된다.

3) 연금 개혁과 사회연대

소위 다층체계화를 지향하는 공적연금 개혁은 그동안 복지국가 발전의 핵심이었던 연금제도를 통한 사회연대의 범위를 변화시켰다. 이는 노후소득 보장의 개별화를 통한 사회적 연대의 축소와 개인 책임의 확대를 가져왔다. 기존에 국가 단위로 운영되던 공적연금은 가입자들 사이, 주로 소득계층 간의 연금소득 재분배를 통해 사회적 연대를 실현하고자 했으나,[23] 다층체계 구축 과정에서 시민들의 노후소득 보장에 대한 사회적 책임은 축소되고 연금제도의 집합적 계약의 성격은 현저히 약화된다. 이러한 집합적 계약, 사회적 연대의 공백을 메우는 것은 시장에서 개별적으로 맺어지는 계약이다. 이제 노후소득 보장은 사회적 책임이라기보다는 개인이 미리 대비해야 하는, 개인 책임의 성격이 강해지는 것이다. 개인이 노후를 대비하는 주요한 수단은 결국 금융상품의 구매다.

사회적 연대에 기반을 둔 노후보장의 악화가 가져오는 중요한 결과는 소득계층별 노후소득의 격차 확대와 노후보장 수단의 차별화다. 우선 소득 재분배를 수반하는 공적연금 축소로 인해 연금액 격차가 커지는 현상을 쉽게 예측할 수 있다. 기여와 투자 성과에 따라 연금 급여액이 결정되는 사적연금 부문이 확대된다는 것은 사실상 소득 보장의 계층 차이가 확대된다는 것을 의미한다. 특히 노동시장 이력이 대체로 짧고 임금이 낮으며, 평균 수명이 길어 시장에서 불이익을 받는 여성들이 더욱 불리할 것으로 보인다. 복지국가의 가장 큰 성과 중 하나는 노인들 사이의 소득 불평등을 축소하고, 노인 빈곤율을 상당히 낮춘 것이다. 그러나 공적연금의 역할이 축소될수록 경제활동 시기의 빈곤이 노후에 확대 재생산될 가능성이 높아진다.

또한 사적연금의 역할이 커지고 노후소득 보장이 개별화되는 과정은 소득계층별로 다르게 진행된다. 개별화된 책임 영역이 커진다고 할지라도 노동시장에서의 분할이 심화되는 상황에서 저소득층에 대한 사

---

23. 프랑스 등과 같이 직업집단별로 별도의 '금고'caisse를 구성하여 연금제도를 운영하는 경우 수직적 소득 재분배 효과는 크지 않지만 연금 금고들 사이의 재정 이전과 각각에 대한 일반조세의 재정 지원이 매우 활발하게 이루어지고 있다. 이는 직업집단을 넘어서는 사회적 연대 개념에 기초해서만 작동할 수 있는 기제다.

적연금의 역할도 커질 것으로 보기는 어렵다. 독일에서 리히터 연금이 도입된 이후 저소득층의 개인연금 가입을 촉진하기 위한 정부의 보험료 지원이 이루어진 것은 이러한 맥락에서다. 대부분 소득계층의 노후소득의 주요 원천은 공적연금이었으나, 신자유주의적 연금 개혁을 거치면서 고소득층은 기업연금과 개인연금이, 중간층은 공적연금과 함께 주로 개인연금이, 저소득층은 공공부조와 기초연금 혹은 최저보장 연금 등 공적 보장체계가 노후소득의 주요 원천이 된다.[24] 즉 계층별로 차별화된 다층체계화가 진행된다.

이로 인해 소득계층별 연금 급여 수준의 격차가 날로 커지게 된다면, 국가는 저소득층에 대한 최저보장을 강화하는 데 나설 것을 요구받는다. 이에 따라 국가의 보장 역할의 수준과 초점에 많은 변화가 나타난다. 연금 개혁 과정에서 스웨덴이 전체 노인을 대상으로 한 기초연금을 폐기하고 연금 수급액이 낮은 노인에 대한 최저보장 연금을 도입하면서 최저보장 수준을 대폭 올린 것이 좋은 예다. 스웨덴의 최저보장 연금액 수준은 2011년 기준 독신일 경우 월 7,597SEK이며, 부부일 경우 1인당 월 6,777SEK에 달하고, 수급자 규모는 제도 시행 이후 연금 수급자의 약 절반에 달한다(NOSOSCO, 2008).

연금 개혁에 수반된 이러한 국가의 역할 변화가 가져온 중요한 결과는 공적연금의 축소와 사적연금의 확대에 따라 시민들이 노후소득 보장에 대해 가지는 사회적 권리 내용이 변화했다는 것이다. 사회적 연대를 통해 제공하는 소득 보장의 범위와 개인 단위의 개별 계약, 자기 책임 중심의 소득 보장의 범위와 경계가 변화했다. '시민임'으로부터

---

24. 공적연금이 인구 변화 및 경제 성장률에 연금 급여가 연동되는 것에 비해 기업연금은 금융시장에서의 기금투자 결과에 따라 급여 수준이 달라지기 때문에 사적연금이 어느 정도로 노후소득 보장 기능을 수행할지를 가늠하는 것은 사실상 불가능하다. 기업연금이 어떠한 기능을 수행하게 될지는 추후 경제 사정 및 금융시장의 상황에 따라 달라질 수밖에 없다.

나오는 연금소득에 대한 권리가 축소되었고, 동시에 사회보험료 기여를 통해 발생하는 권리 역시 축소되었다.

본질적인 문제는 우선 공적 사회보장제도의 역할이 기초보장 혹은 최저보장으로 집중됨에 따라, 공적 사회보장제도는 사회적 연대를 구축하고 실현하는 수단이 되기보다는 저소득층을 보호하는 문제에 관한 것으로 그 의미가 변하고 있다는 것이다. 또한 중간층 이상에게는 시장을 통한 노후소득 보장이 강조되면서 개인의 노후 대비를 위한 행동방식이 근본적으로 변화하며, 정체성 또한 달라진다. 즉 부과방식의 공적연금제도가 작동하는 시대에 개인의 연금 기여금은 적어도 같은 연금체계 안에서는 세대 간, 계층 간 소득 재분배를 위한 재원으로 쓰이며, 공동체 일원으로서의 역할을 하게 된다. 그러나 연금 기여금 중 상당 부분을 개인연금에 투입해야 한다면 연금 기여금은 자신의 노후를 위해 투자하는 자금이고, 개인은 연금시장의 소비자로서 경제적 수익을 기준으로 합리적 선택을 해야 한다. 복지국가 발전기의 정치적 기초, 사회적 연대의 기반을 형성하는 데 전 국민을 포괄하는 공적연금이 중요한 기여를 했다면, 최근의 연금 개혁은 노후보장 수단을 계층별로, 또 개인별로 나눔으로써 복지국가의 정치적 기반을 근본적으로 뒤흔들어놓고 있다.

5. 맺음말

지난 20여 년 동안 공적연금제도는 변화의 흐름 한가운데에 있었다. 세대 간, 계층 간 연대를 통해 노인 빈곤을 줄이는 데 기여한 공적연금제도의 계층 간 연대와 세대 간 연대의 고리에 많은 변화가 있었다. 특히 연금 개혁은 사적연금 및 연금시장 확대를 통해 연금제도를 자본시장 확대와 금융자본 이윤 제고의 수단으로 만들었다. 노동자 소득의 일부를 금융시장에 끊임없이 투입하는 흐름을 만듦으로써 연금제도가 노동 배제적인 금융자본 중심의 축적체제를 뒷받침하게 된 것이다. 또한 연금구조의 변화는 노후보장의 시장화, 개별화를 통해 사람들의 정서와 인식을 바꾸고 있다. 노후보장에 대한 개인 책임의 확대를 통해 노인기의 삶과 노후에 대한 인식과 행동을 바꾸어놓기도 한다. 즉 연금 개혁은 연대하기보다는 각자가 개인 책임으로 노후를 대비하는 미래 지향적 인간이 될 것을 권한다.

신자유주의 시기에 집중적으로 이루어진 연금 개혁은 격차를 확대하고 노후보장을 개별화함으로써 연대 기반을 파괴했다. 연금 개혁은 인구 고령화로 인한 위기를 완화하지 못했다. 애초의 목적 자체가 이러한 위기를 해결하는 것도 아니었다.

사회연대의 가치, 연금제도 성립의 본질을 회복하지 않고서는 공적연금의 위기에 대한 적극적인 대처는 물론 궁극적으로 제도의 존립마저 어렵다. 서구의 연금 개혁들은 연금제도에서 사회적 연대의 요소를 약화시켰지만 최저보장 강화 등 여러 형태로 이를 유지하고 있기도 하다. 즉 시장과 연대, 평등을 절충하고 있다. 노후보장에 대해 연금시장의 역할이 강화되었음에도 평등과 연대에 기초한 노후보장 역시 여전히 현실에서 작동하고 있다. 이런 의미에서 연금은 시장 대 공공성이 대립하는 치열한 투쟁의 영역이라 할 수 있으며, 시장과 복지가 빠르게 결합하고 있는 영역이기도 하다. 이러한 국면에서는 누가 연금 개혁과 연금기금 운영의 주도권을 확보하느냐가 매우 중요한 정치적 의미를 가진다.

일례로 한국의 노동운동은 국민연금제도와 국민연금기금 운영에 대한 주도권을 가진 적이 없다. 2007년 연금 개혁부터 최근 연금 개혁 논의에도 별다른 영향력을 미치지 못했다. 연금기금 운영의 민주주의 회복이 그래서 중요하다. 또한 인구 고령화에 대한 연금제도의 재정적 지속성과 동시에 연금제도에 대한 사회적 책임성과 연대 수준을 높이기 위한 근본적인 해법으로 은퇴 연령 조정, 노동시간 단축과 고용률 제고 등을 고려할 필요가 있다.

3부

중점 주제 연구

11. 다시 유연안정성 모델을 생각한다:
덴마크의 경우

정준호

1. 머리말

덴마크의 유연안정성flexicurity 모델 성공 사례는 노동시장과 복지 국가에 대해 새로운 시각을 부여하는 것으로 인식되어왔다. 유연성과 안정성을 조합한다는 것은 자본에게는 노동시장의 유연성을, 근로자에게는 적극적 노동시장 정책을 통해 사회적 차원에서 조건부 복지를 제공한다는 것을 시사한다. 하지만 현실에서는 유연성이 더욱더 강조되는 반면에, 사회적 안정성은 뒷전으로 밀리는 양상이 나타난다. 따라서 유연안정성 개념은 상당히 매력적으로 들릴 수 있지만 덴마크라는 공간을 벗어나면 귤이 탱자가 될 수도 있다(전병유, 2011). 이는 무엇보다 유연안정성이 뿌리내린 역사적 배경과 그 형태, 그리고 시장·제도적 환경에 대한 천착 없이 그러한 담론을 도입한 조급증에 기인하는 바가 크다.

이 글은 덴마크라는 역사적 공간을 배경으로 유연안정성의 개념과 유형, 덴마크 모델의 특성과 최근의 변모 과정을 살펴보려는 것이다. 이를 통해 유연안정성 모델이 덴마크의 생산과 복지체제의 결합에서 나온 것이며, 노사 간의 대립과 협력의 역사적 산물이라는 점을 보여주고자 한다. 특히 장인 지향의 소생산자 경제구조에 따른 자유주의적인 자기규제 논리와 집합적 구성collective construction의 논리가 교차하면서 노사 간의 견제와 균형이 이루어지는 덴마크의 경제적 현실을 드러내고자 한다. 이를 통해 유연안정성 모델은 노사 간 세력다툼의 산물이고, 이러한 권력관계의 변동은 두 논리 간의 편향bias을 야기할 수 있다는 점을 유연안정성 모델의 최근 변화를 통해 보여줄 것이다. 따라서 유연안정성 모델은 특정 맥락에서 나타난 역사적 산물이며, 이러한 모델의 벤치마킹은 상이한 맥락을 잘 고려하지 않으면 의도하지 않은 결과를 낳을 수 있다는 점을 제시하고자 한다.

2. 유연안정성 개념과 그 유형

1970년대 중반 이후 서구 선진 자본주의 국가들은 높은 경제 성장과 완전고용이라는 전후 황금기를 마감하고 고물가 저성장 저고용의 시대로 접어들게 되었다. 높은 실업률과 장기적인 실업의 지속뿐만 아니라 개인주의의 확대에 따른 생활양식의 다양성이 심화되면서 고용 문제가 심각한 경제적·사회적 문제로 대두되고 있으며 기존의 표준적인 고용계약을 벗어나는 다양한 유형의 고용계약 형태가 등장하고 있다. 이러한 고용 문제를 해결하기 위해서는 노동시장의 규제 완화를 통해 자본의 유연성을 강화하는 것이 해법이라고 신자유주의자들은 주장한다. 하지만 이러한 유연성의 강화는 노동 내부의 숙련 단절을 야기하여 심각한 소득 격차를 유발함으로써 사회적 안정성을 해치고 노동의 숙련 형성과 노동시장으로의 지속적인 통합을 저해할 수 있다. 세계화에 따른 자본 및 노동의 지역 간 경쟁의 심화에 대처하고 저성장 구도에서 벗어나기 위해서는 노동시장의 유연성과 사회적 안정성 모두를 충족시키는, 즉 신자유주의의 일방적 유연화 전략과는 달리 양자의 조화와 타협을 추구하는 것이 낫다는 주장이 특히 1990년대 초반 이후 덴마크 노동시장의 개혁 사례를 경험적 논거로 제기되었는데, 그것이 바로 유연안정성 모델이다(Viebrock and Clasen, 2009).

유연안정성 모델은 노동시장에서 유연성과 안정성의 관계가 서로 모순적인 것이 아니라 보완적 관계라고 가정하여 영미형 노동시장의 유연성과 유럽형 직장안정성job security 간의 제3의 전략으로 각광받고 있다. 환언하면, 이는 자유 시장경제의 노동유연성과 전통적인 북유럽 복지국가의 사회안정성을 결합한 혼성모델hybrid model이다(Campbell and Pedersen, 2007).

이 용어는 네덜란드 사회학자 한스 아드리안센스Hans Adriaansens가 1990년대 중반 네덜란드의 '유연성과 안정성에 관한 법안', '중재를 통한 노동자 배분에 관한 법안'을 설명하면서 처음 사용한 것으로 알려져 있다(Wilthagen and Tros, 2004). 하지만 이 용어가 널리 대중화된 것은 바로 덴마크의 경험, 즉 1993년 덴마크 사민당 정부가 채택한 노동시장 개혁의 성공 사례와 관련되어 있다.

유연안정성의 개념을 협의로 사용할 경우 논자에 따라 상이하여 널리 합의된 바는 아직까지 없다. 하지만 광의로 사용하면 이는 유연성과 안정성 사이의 새로운 균형balance, 노동시장의 유연성과 사회적 배제 간의 조정을 통한 유연한 노동의 안정성, 노동시장의 유연성과 안정성을 동시에 제고하려는 통합 전략 등을 일컫는다(Viebrock and Clasen, 2009). 이 같은 광의의 개념에 따르면, 유연안정성은 노동시장의 조건과 정부 정책 양자를 포괄한다.

노동시장의 조건 측면에서 이에 대해 개념화를 시도한 빌타겐과 트로스(Wilthagen and Tros, 2004)의 논의는 유연안정성의 개념과 유형을 이해하는 데 유용하다. 〈표 11-1〉에서 보는 바와 같이, 그들은 유연성에 대한 기존의 논의를 정리하여 내·외부의 수량적 유연성, 기능적 유연성, 임금 유연성 등 네 가지 유연성을 제시한다. 외부-수량적 유연성은 근로자의 해고와 채용이 용이하고, 유연한 근로계약의 형태를 활용할 수 있는 정도를 나타낸다. 내부-수량적 유연성은 초과 노동, 유연 노동, 파트타임 노동, 임시 노동, 비정규직 노동, 하청 등을 통해 시장 수요의 변동에 대처하는 능력을 의미한다. 이는 우리나라 대기업에서 흔히 볼 수 있는 노동 유연화 방식이다. 기능적 유연성은 직무 조건의 변동에 대처하기 위해 근로자의 숙련을 조정하고 사용할 수 있는 기업의 능력을 일컫는다. 마지막으로 임금 유연성은 기업이 성과 또는 결과에 따른 조건부 임금 지급 방식을 도입할 수 있는 능력을 가리킨다.

〈표 11-1〉 유연성과 안정성의 유형과 그 조합

구분	직장안정성	고용안정성	소득안정성	조합안정성
외부-수량적 유연성		○	○	
내부-수량적 유연성				
기능적 유연성				
임금 유연성				

주: ○는 덴마크의 초기 유연안정성 모델에서 나타나는 전형적인 유연성과 안정성 간의 조합을 보여준다.

자료: Wilthagen and Tros, 2004.

반면에 안정성은 직장job, 고용 및 임금 보장의 정도에 따라 유형화가 가능하다. 직장안정성은 고용 보호 법제를 통해 동일한 사용자와 특정 직무가 유지될 수 있는 보장성을 의미한다. 고용안정성은 반드시 동일 직무와 동일 사용자에 의해서 고용이 보장되는 것이 아니라 훈련과 교육을 통해 노동시장에서 높은 수준의 고용이 보장될 수 있는 정도를 의미한다. 임금 또는 소득안정성은 고용계약이 종결되거나 중단되는 경우 적정하고 안정적인 수준의 소득을 보장하는 정도를 가리킨다. 조합combination안정성은 일과 여가의 균형work-life balance처럼 일과 기타(예를 들어 가족) 책임성과 헌신을 조합할 수 있는 능력을 일컫는다.

이처럼 다양한 유연성과 안정성이 존재하며, 이들 간의 조합 또는 상충trade-offs, 예를 들면 직장안정성이 고용안정성과 맞교환된다고 가정하는 정책 조합이 바로 유연안정성 정책의 골자다. 유럽연합의 경우 덴마크의 성공 사례를 벤치마킹하여 외부-수량적 유연성과 고용/임금(소득)안정성 간의 특정 조합에 정책의 초점을 두고 있다(EU, 2007). 이처럼 유연안정성 정책은 추상적인 유연성과 안정성 사이의 맞교환이 아니라 이들 간의 특정 조합을 의미하기 때문에 상황에 따라 차별적일 수밖에 없다. 이러한 유연안정성 정책의 다양성에도 불구하고 유럽연합(EU, 2007)은 핵심적인 유연안정성 정책으로 '유연하고 신뢰할 만한 고용 보호', '종합적인 평생학습 전략', '효과적인 적극적 노동시장 정책', '현대적인 사회보장 시스템' 등을 들고 있다. 덴마크의 경험에 토대를 둔 유연안정성은 제도와 정책 사이의 상호작용으로 이해되며 통합적인 정책적 접근을 지향한다. 또한 통상적으로 유럽연합이 압축적으로 요약 제시한 정책적 조합을 통해 유연성과 안정성의 조화라는 정책 목표를 달성하고자 한다(Viebrock and Clasen, 2009). 따라서 유연안정성이라는 취지의 노동시장 개혁은 좀더 유연한 고용 보호를 고임금의 보상과 적극적인 노동시장 정책과 맞교환하여 실업자의 사회적 권리를 제고하는 것으로 요약된다.

하지만 이러한 유연성과 안정성 간의 조합은 관련 경제주체들 간의 정치적·경제적 균형으로, 즉 협력과 갈등을 수반하는 정치권력의 기하학으로, 사전에 기획되는 것이 아니라 사후적으로 인정되는 정치경제적 균형으로 이해해야 한다(Boyer, 2008). 따라서 유연안정성 모델의 벤치마킹이나 모방과 이식은 쉽지 않다. 이러한 정책 조합의 효과는 각기 다른 정치적·경제적 환경과 만났을 때 상이하게 나타난다. 그럼에도 사전적인 정교한 경제 모델의 구축과 유럽연합 국가들에 대한 실증연구를 통해 보에리 외(Boeri, Conde-Ruiz and Galasso, 2003)는 정규직의 고용 보호 수준을 낮추어 노동시장의 유연성을 추구하는 것은 정치적으로 힘든 전략이지만 임금구조의 압착compression이 덜한, 즉 고숙련 노동력을 보유한 국가에서 유연안정성 정책이 나타날 수 있다는 점을 보여준다. 고숙련은 유연안정성이라는 노동시장 개혁의 성공 이면에 숨어 있는 가정이자 요인으로, 개혁을 달성하는 데 가장 중요한 필요조건 중의 하나다.

3. 생산-복지체제의 한 유형으로서 유연안정성 모델

이와 같이 유연안정성 모델은 노동시장의 유연성과 사회적 보장의 특정 조합이다. 그 기저에는 이를 작동하게 하는 생산체제가 자리 잡고 있지만 기존 논의는 이러한 측면을 깊이 들여다보지 않는다. 하지만 에스테베즈-아베와 아이버슨, 소스키스(Estevez-Abe, Iversen and Soskice, 2001)의 생산(혁신)-복지체제에 대한 논의는 생산과 복지를 연계시키기 위해 노동시장 동학dynamics의 근간을 이루는 숙련을 다룬다는 점에서 유연안정성과 생산-복지체제의 논의를 연결해주는 실마리를 제공한다. 물론 이들의 논의는 생산과 복지체제의 특정 조합에 대한 사후적인 기능주의적 설명에 치우치고 있어 이러한 조합이 형성케 하는 역사적 맥락과 경제주체들의 정치적 권력관계를 보여주지 못하는 한계가 있다.

이들은 생산(혁신)-복지체제를 "기업의 제품시장 전략, 숙련 형성, 그리고 이를 지원하는 사회·경제·정치제도들의 집합"이라고 규정하고 있다. 개별 기업의 시장 전략과 사회·정치 및 경제제도 간의 상호작용에 의해 숙련이 형성되기 때문에 숙련(형성)은 이들의 논의에서 중요한 의미를 가진다. 이들은 숙련을 '기업특수적', '산업특수적', '일반적 숙련'으로 구분하고, 이러한 유형의 숙련과 특정 유형의 사회정책 사이에 제도적 보완성이 존재한다고 주장한다. 환언하면, 특정 생산 전략과 관련하여 기업이 합리적으로 행동하면 이러한 특정 숙련 투자를 보호하기 위해 특정 사회복지 정책(예: 고용과 실업보호제도)을 지지하게 된다는 것이다(〈그림 11-1〉 참조).

예를 들면, 다각화된 대량생산 전략을 구사하는 일본 기업들은 기업특수적 숙련을 필요로 하고, 이에 따라 높은 수준의 고용 보호와 낮은 수준의 실업 보호 장치가 결합되고, 일본식 직무교육, 연공서열, 평생고용이 이를 뒷받침한다. 반면에 고품질의 틈새시장 전략을 추구하는 중소기업 중심의 덴마크의 기업들은 산업특수적 숙련을 요구하며, 높은 수준의 실업 보호와 낮은 수준의 고용 보호 장치들이 결합된다. 이는 유연안정성 모델로 알려진 것으로서 개별 기업은 고용유연성을 발휘하는 대신에 사회적 차원에서 적극적 노동시장 정책과 보편적 복지정책을 통해 이를 보완한다.

단체교섭과 공동결정codetermination에 기반하여 '품질 다변화 생산' diversified quality production을 추구하는 독일이나 기업 내 숙련을 활용하여 '다각화된 대량생산'을 구사하는 일본의 경우 대기업을 중심으로 높은 직장안정성을 가정하기 때문에 사용자는 근로자의 숙련 형성에 투자해야 하는 유인 구조를 가지지만 이러한 직장안정성은 내부자와 외부자 간의 구획화와 이중화를 초래한다(Thelen, 2004). 특히 1980년대 전성기를 구가했던 일본식 생산체제는 덴마크와 다른 방식으로 계열(게이레츠) 내에서 이미 고용안정성을 추구했던 것으로 볼 수 있다. 일본식 노동시장 제도는 높은 고용 보호(예: 평생고용), 낮은 직무 보호(예: 직무순환제도job rotation), 높은 소득 보장(예: 연공서열제), 즉 높은 수준의 외부 경직성과 내부 유연성을 가지고 있었던 것이다(Auer, 2010). 따라

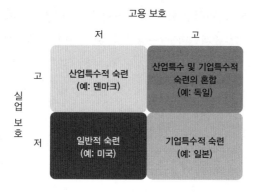

자료: Estevez-Abe, Iversen and Soskice, 2001, 154쪽.

서 덴마크의 유연안정성 모델은 사회적 안정성을 바탕으로 외부 노동시장을 가정하는 중소기업 중심의 외부적 고용안정성을 추구한 것이지만, 일본식 유연경직성 모델은 이중 노동시장을 기반으로 계열 내에서 내부적 고용안정성을 용인한 것이다.

덴마크는 중소기업 중심의 생산체제를 가지고 있으며, 숙련은 산업특수적이다. 이러한 중소기업 중심의 생산체제는 대기업과 중소기업 간의 긴밀한 연계를 가지는 독일이나 일본과 달리 이중 노동시장을 가정하지 않는다. 독일처럼 덴마크의 산업특수적 또는 직종별 숙련은 사회 내에서 집합적으로 형성되고 인증된다. 중소기업 기반의 산업특수적 숙련의 형성은 산업 클러스터의 그것과 유사하며, 이는 다수의 중소기업들로 구성되는 '아래로부터의 산업화'를 가정한다. 다수 중소기업들의 공간적 집중을 통해 수익체증이 가능하다는 마셜(Marshall, 1890)의 논거가 '아래로부터의 산업화'와 이에 기반을 둔 경제 성장의 방식을 제시하지만 이는 이론적·현실적으로 쉬운 경제 발전의 경로가 아니다.

예를 들어 스라파(Sraffa, 1926)는 현실적으로 기업 수준의 수익체증과 경쟁시장의 존재가 양립할 수 없다고 지적한다. 수익체증을 경험한 기업들은 그 이상의 수익을 증대하기 위해 규모를 확대할 것이고, 이는 다수의 소기업으로 구성되는 경쟁의 가정과 배치된다는 것이다. 그렇다면 어떻게 수익체증이 발생하는 상황에서 경쟁적인 소기업체제가 유지될 수 있는가? 마셜은 '산업에 내부적이고 기업에 외부적인 경제'(예: 산업 클러스터)가 장기 수익체증, 즉 경제 성장의 요인으로 간주될 수 있다고 생각했다. 바꾸어 말하면, 경제 성장에서 외부경제에 의한 수익체증을 고려하면, 경쟁은 필요한 제약조건이 되는 것이다.

케인스(Keynes, 1992, 24~25쪽)는 은행과 관련하여 이와 유사한 상황을 다음과 같이 지적한 바 있다.

여러 은행이 **보조를 맞추어 전진하기만 한다면**, (······) 균형에서 어느 한 은행도 약화되지 않는다. (······) 각 은행의 행동은 전체 은행의 평균적 행동에 의해서 지배된다—그러나 그 평균에 대하여 크든 작든 그의 몫만큼 기여할 수 있다(강조—필자).

생산체제에서 이러한 상황이 연출되기 위해서는 사회적 분업의 전문화가 요구된다. 수익체증이 발생하는 상황에서 기업이 독점으로 귀결되지 않으려면 기업들이 사회적 분업을 통해 지속적으로 분리·신설되어 서로 보조를 맞추어야 한다. 프렌더개스트(Prendergast, 1993)가 지적했듯이, 이러한 생산체제가 경제적으로 지속 가능하기 위해서는 사회적 분업의 심화가 이루어져 한 기업의 생산방식에서의 동일한 변화를 다른 기업들이 도입하지 않으면 산업의 확대가 규모의 경제로 이어질 수 없다. 하지만 문제는 기회주의와 집단행동 때문에 다수의 중소기업들이 보조를 맞추는 게 쉽지 않다는 점이다. 이러한 문제에 대처하기 위해서는 비시장적인 집합적인 제도와 관습(예: 협회, 포럼, 길드, 조정기구

등)이 요구된다.

요약하면, 중소기업 중심의 산업특수적 숙련을 기반으로 경제 성장을 지속하기 위해서는 기업들 간의 유기적인 사회적 분업이 지속적으로 관철되어야 하고, 이를 위해 이들 간에 비시장적인 조정 기제가 필연적으로 요구된다는 것이다. 따라서 중소기업 기반의 덴마크 경제가 지속 가능하기 위해서는 사회·경제주체들 간의 지속적인 협상과 조정이 수반되어야 한다. 덴마크는 공식적·비공식적 조정과 협상에 기반하여 경제를 운용한다는 점에서 이를 '협상경제'negotiated economy라고 일컫는다(Pedersen, 2006).

생산-복지체제에서 중요한 요소 중의 하나가 제품이다. 독일은 고품질의 다변화 생산방식을 통해 자동차·기계·화학산업 등에서 비교우위를 구가하고 있으며, 일본은 다각화된 대량생산 방식을 통해 자동차·기계·전자 등의 산업에서 비교우위를 구축했다. 반면에 덴마크는 고품질의 제품(예: 독일)이나 저비용·첨단혁신 제품(예: 미국)을 생산하는 것이 아니라, 중간 또는 고숙련과 점진적 혁신을 요구하는 돼지고기, 치즈, 가구, 풍력터빈, 제약(예: 인슐린) 등의 산업영역에서 비교우위를 차지하고 있다. 이러한 산업은 시장 수요와 가격 경쟁력에 민감하지만, 디자인과 브랜드 등 고객의 취향에도 민감하다. 다품종 소량생산이나 장인적 생산방식을 채택하면 고부가가치를 창출할 수 있는 산업의 영역이기도 하다.

캠벨과 피더슨(Campbell and Pedersen, 2007)이 지적하는 바와 같이, 이러한 제품들은 고도의 자산 특수성, 대규모 생산시설, 고숙련 노동자를 필요로 하지 않는다. 그렇다고 저비용에 기반을 둔 마케팅을 요구하지도 않는다. 중소기업들이 하나의 세계를 이루어 집합적인collective 생산체제를 구성하고 이를 통해 숙련과 기술을 공유할 경우 경쟁우위를 구축할 가능성이 크며, 앞서 말한 산업 클러스터의 논리가 잘 적용되는 제품의 영역이다. 하지만 이러한 중소기업의 세계에는 협력만 존재하는 것이 아니라 경쟁 또한 존재한다. 즉 경쟁과 협력이 동시에 공존하며 서로를 배척하지 않는다(Piore and Sable, 1984). 이는 소생산자의 요먼yeoman 민주주의(요먼은 영국에서 봉건사회의 해체기에 출현한 독립 자영농을 일컫는다)가 펼쳐지는 산업세계와 같다. 덴마크가 여기에 부합한다. 이러한 산업세계에서 자유주의적 시장경쟁과 비시장적 협력이 공존하며, 소생산자들의 자율적 질서와 사적 자치가 강조된다.

4. 덴마크의 유연안정성 모델

1) 덴마크의 사회경제적 특성

(1) 경제적 특성

덴마크는 농업과 중소자본가 등 소생산자가 주인인 국가다(Campbell, Hall and Pedersen, 2006). 〈표 11-2〉에서 보는 바와 같이, 농업이 고용구조에서 차지하는 비중이 많이 감소했지만 덴마크의 주요 산업이며, 덴마크의 산업화는 농업 현대화와 긴밀하게 연결되어 있다. 제조업의 비중도 줄어들고 있지만 기계, 섬유, 식품, 가구, 풍력터빈 등과 같은 틈새 제조업에서 세계적인 경쟁력을 유지하고 있다. 이러한 산업들은 소비자의 수요와 사용자의 혁신에 민감하다. 이러한 산업들의 고부가가치화를 위해 교육에 대한 막대한 투자를 지속적으로 하고 있다.

덴마크의 산업화는 상대적으로 늦게 시작되었지만 기술 혁신은 주로 소규모 장인 지향의 숙련 집약적인 산업 부문에서 일어났다. 예를 들어 식품, 섬유, 가구, 엔지니어링 등은 대표적인 산업이다. 소생산자들은 은행, 학교, 협동조합을 세웠으며, 이것이 '국가 내에서 하나의 국

〈표 11-2〉 덴마크의 고용구조(단위: 명, %)

구분 \ 연도	1997	2000	2005	2010
농림어업 및 광업	120,590 (4.5)	107,877 (3.9)	92,228 (3.4)	79,056 (2.9)
제조업, 전기가스수도 및 건설업	650,457 (24.4)	648,012 (23.5)	584,391 (21.6)	489,447 (18.2)
도소매, 관광, 운송, 정보 및 통신	656,585 (24.6)	686,476 (24.9)	660,267 (24.4)	723,949 (27.0)
금융, 부동산 및 보험	296,343 (11.1)	344,225 (12.5)	382,021 (14.1)	388,748 (14.5)
공공행정, 교육, 보건 및 여가	931,801 (34.9)	962,198 (34.9)	979,560 (36.1)	989,353 (36.8)
기타	13,882 (0.5)	10,520 (0.4)	11,995 (0.4)	14,439 (0.5)
계	2,669,658 (100.0)	2,759,308 (100.0)	2,710,462 (100.0)	2,684,992 (100.0)

자료: Bredgaard and Daemmrich, 2012 수정 보완.

가, 즉 혁신체제에 기반을 둔 산업 클러스터를 형성했는데, 소생산자는 이를 그 자체로 생각했다(Kristensen and Sabel, 1997). 이처럼 소생산자는 국민경제의 핵심적인 구성원이다.

〈표 11-2〉에서 보듯이 농업, 광업, 제조업, 건설업의 고용 비중이 감소하고 있다. 유연안정성 모델에서 중심적인 역할을 수행한 직업교육은 이러한 산업 부문의 생산성 증가에는 기여했지만 고용 규모의 증가에는 기여하지 못했다. 그러나 이들 산업은 세계적인 경쟁력을 가진 틈새 제품들(예: 풍력터빈)을 생산하고 있다. 반면 다른 선진 자본주의 국가들과 마찬가지로 서비스산업의 고용 비중은 증가하고 있다.

덴마크는 개방소국이다. 인구는 약 550만 명이고, 국토 면적은 약

구분 국가	소득불평등 (지니계수)	사업개시 소요일수	법인세율 (%)	소득세율 (%)	노조 조직률(%)	단체교섭 적용 범위(%)	GDP대비 무역비중(%)
덴마크	0.25	6	25	55	69	85	54
프랑스	0.33	7	33	41	8	92	28
독일	0.28	24	33	45	19	61	44
일본	0.25	31	41	50	18	16	17
네덜란드	0.31	8	25	52	19	84	73
스웨덴	0.25	15	26	56	69	91	51
영국	0.36	13	28	50	27	31	30
미국	0.41	6	35	35	11	13	15

자료: Bredgaard and Daemmrich, 2012; ICTWSS Database(http://uva-aias.net/207).

4만 3,000제곱킬로미터에 이른다. 1인당 GDP(2011년 구매력 평가 기준)
는 약 3만 7,000달러로 경제적으로 부유하다. 〈표 11-3〉에서 보듯이
GDP 대비 무역 비중이 매우 높은 개방적인 국가인 만큼 대외경제 충
격에 민감한 편이다. 기업 법인세율이 낮지만 개인 소득세율은 매우 높
은데, 이는 북유럽 국가의 일반적인 특성이다. 스웨덴과 마찬가지로 사
회적 파트너로 중요한 역할을 수행하는 노동조합(이하 노조)의 조직률이
상당히 높다. 단체교섭의 적용 범위가 상당히 넓어 노조가 사회적 대표
로서 역할을 수행하고 있다. 또한 미국과 마찬가지로 창업에 대한 진입
규제가 매우 낮다. 이는 소생산자 중심의 경제구조를 반영하는 것이며
창업을 통해 경제적 시민권을 행사하고 있다고 볼 수 있다. 소득 불평
등도를 나타내는 지니계수도 매우 낮아 평등주의적인 사회구조를 보여
주고 있다.

덴마크의 유연안정성 모델과 실업률 간의 인과관계가 명확하지
는 않지만 2008년 세계 금융위기 전까지 실업률이 1990년 7.2%에서

2008년 3.4%로 하락했다(〈표 11-4〉 참조). 이에 따라 유연안정성 모델에 대한 평가는 일단 호의적이다. 하지만 세계 금융위기의 여파로 실업률이 2010년에는 7.4%로 급격히 상승하여 덴마크 모델에 대한 재평가가 제기되고 있다. 이처럼 최근 경제 상황이 좋지 않은 것은 분명하지만, 1990년대 초반 이후 최근까지 실업률이 크게 하락한 것도 부정할 수 없는 사실이다. 특히 미국과 같은 노동시장의 유연성을 가지고 있음에도 노동시장에서 근로빈곤층을 상당히 줄여, 유연성의 강화가 소득 분배의 악화로 이어지지 않았다는 점은 주목할 만하다.

〈표 11-4〉 실업률의 국제 비교(단위: %)

연도 국가	1990	1995	2000	2005	2008	2010
덴마크	7.2	6.8	4.3	4.8	3.4	7.4
프랑스	8.4	11.4	9.0	9.3	7.8	9.8
독일	4.8	8.0	7.5	10.6	7.3	7.1
일본	2.1	3.2	4.7	4.4	4.0	5.1
네덜란드	5.9	6.6	2.8	4.7	2.8	4.5
스웨덴	1.7	8.8	5.6	7.3	6.2	8.4
영국	6.9	8.5	5.4	4.8	5.6	7.8
미국	5.6	5.6	4.0	5.1	5.8	9.6

자료: OECD, 2011.

(2) 숙련형성체제

유연안정성 모델은 직업교육 훈련을 바탕으로 근로자의 숙련 향상을 목표로 하고 있으며, 이는 노동시장의 역동성을 담보하는 중요한 매개고리다. 〈표 11-5〉에서 보듯이, 숙련형성체제는 초기 직업훈련에 대한 기업의 참여 정도와 직업훈련에 대한 국가 개입의 정도에 따라 네 가지 유형으로 구분할 수 있다. 이는 협소한 사내교육on-the-job-

〈표 11-5〉 숙련형성체제의 다양성: 선진국의 사례

구분		초기 직업훈련에 대한 기업의 참여	
		고	저
직업훈련에 대한 공공 개입	고	집합적 숙련형성체제 (예: 독일, 덴마크 등)	국가주의 숙련형성체제 (예: 스웨덴, 프랑스 등)
	저	분절주의 숙련형성체제 (예: 일본 등)	자유주의 숙련형성체제 (예: 미국 등)

자료: Busemeyer and Trampusch, 2012.

training에 의존하는 자유주의 숙련형성체제, 자기규제적인 분절주의 segmentalist 숙련형성체제, 국가가 훈련을 제공하는 국가주의 숙련형성체제, 그리고 숙련의 제공과 재정 지원에서 사용자·노조·국가 간 삼자가 협력하는 집합적collective 숙련형성체제 등이 바로 그것이다 (Busemeyer and Trampusch, 2012).

덴마크의 숙련체제는 집합적인 숙련체제에 속하며, 커리큘럼을 포함하여 직업훈련 이슈들이 사용자와 노조 간의 단체협상을 통해 논의되고 결정되며, 국가가 이에 대한 재정 비용을 부담하고 있다. 1890년대로 소급되는 고등학교 학생을 위한 광범위한 도제 시스템과 각종 훈련 프로그램은 지속적으로 노동자의 숙련을 향상시키는 데 기여했다.

1862년 덴마크에서 길드가 폐지되자 소생산자들은 길드 전통을 따르는 장인협회라는 사용자 단체로 통합되었으며, 국가가 이들에게 노동시장을 규제하는 권한을 부여한 도제법을 1889년, 1921년, 1937년에 제정, 개정했다. 덴마크의 산업조직이 중소기업으로 이루어져 있어 사용자 단체는 비교적 수월하게 조직의 통합성과 이해관계를 조정할 수 있었다. 이에 따라 숙련 인력의 가로채기poaching를 줄이기 위한 기업 간 경쟁이 규제되기 때문에 기업의 숙련 투자에 대한 용의가 높을 수 있다(Busemeyer, 2009).

요인	주요 내용
사용자 단체들 간의 균열	수출 주도형 중소기업 중심의 강력한 사용자 단체 기존 길드체제와 밀접한 연관을 가지는 고숙련 중소기업
노조들 간의 균열	고숙련 중심의 강력한 장인노조crafts unions 중심 미숙련 · 반숙련 중심의 산업노조industrial unions와 이해관계 충돌
자본과 노동 간의 전반적 인 권력 균형	강한 사용자 단체 대 강한 노조: 자율적인 단체교섭 협상을 통한 훈련 규제
정당 간의 경쟁과 국가구조	상대적으로 약한 사민당, 자유주의와 보수주의 계열 정당의 강한 견제 / 상대적으로 개입주의적인 국가

자료: Nelson, 2012; Busemeyer and Trampusch, 2012 등의 논의를 정리.

또한 1899년 9월 타협을 통해 노조는 사용자 단체교섭의 파트너로 인정되어 노사 간의 단체협상이 일찍부터 시작되었다. 당시 핵심적인 노조는 장인노조였으며, 독일과 마찬가지로 도제의 전제조건으로 노조 가입이 요구되었으며(Thelen, 2004), 비노조원은˙고용에서 아예 배제되었다. 사용자 단체가 이를 용인한 것은 노조 대응의 두려움과 노동의 과잉공급에 대한 기대 때문이었다. 또한 사용자는 노조의 힘을 두려워하여 노조가 운영하는 겐트Ghent 방식의 실업보험제도를 수용했다. 특히 이러한 제도는 고소득 숙련 노동자로 구성된 장인노조를 특권화했다. 장인노조는 고숙련과 저숙련 노동자의 리스크를 풀링pooling하는, 즉 기업과 산업 부문의 리스크를 집합화하는 의무적인 공적 실업보험의 도입을 강하게 반대했다. 그렇게 되면 노조 가입에 따른 인센티브가 더는 제공되지 않을 것이라고 생각했기 때문이다. 이처럼 노조는 숙련과 미숙련 노동자 간의 경쟁을 규제하는 수단으로서 훈련 제공과 실업보험을 활용했다. 노조의 조직 구축 수단으로 활용된 훈련과 복지(예: 실업보험)가 계급정치와 맞물려 진화했다는 사실은 덴마크에서만 나타난다(Busemeyer and Trampusch, 2012).

노사 간의 단체협상에 자유주의적인 자기규제의 논리가 적용되는 가운데 훈련은 단체협상의 주요 의제가 되었다. 중앙적인 단체교섭을 통해 커리큘럼, 표준화, 자격인증 등 훈련에 관련한 이슈들이 논의되고 결정되었다. 국가는 이러한 결정을 존중하고 훈련에 대한 재정을 지원했다. 이러한 의미에서 노조와 사용자 단체 간의 계급적 연합이 덴마크의 집합적인 숙련형성체제에 지렛대로 작용했다(Trampusch, 2010).

통상적으로 사민당은 학교 기반 직업훈련 교육을 선호한다. 덴마크의 경우에도 학교와 작업장 기반 직업훈련이 모두 가능하기는 하다. 하지만 사민당 정부가 학교 기반의 훈련 시스템의 확대를 시도했으나 자유주의자와 보수주의자, 사회적 파트너의 저항에 부딪혀 실패했다(Nelson, 2012). 덴마크에서 반숙련·미숙련 노동자로 구성된 덴마크일반근로자노조General Workers' Union in Denmark(SID)는 학교 기반 훈련을 선호하지만, 고숙련자로 구성된 최대 노조 덴마크노동조합총연맹Danish Confederation of Trade Unions(LO)은 도제 시스템을 방어하는 경향이 있다.

(3) 복지국가 체제

덴마크의 복지체제는 1708년 구빈법Poor Laws의 제정으로 거슬러 올라갈 수 있지만, 산업화에 따른 도시 노동자 계급의 등장과 사회적 갈등을 치유하고, 덴마크 제국의 붕괴에 따라 축소된 국민과 영토를 보호하기 위한 영역 방어의 논리로 점차 구축되어왔다(Campbell, Hall and Pedersen, 2006). 예를 들어 노령보험(1891), 질병금고(1892), 실업보험(1907), 장애자보험(1921) 등이 순차적으로 도입되었다. 또한 1956년에 퇴직연금이 도입되었으며, 1973년에는 의무적인 건강보험이 질병금고sickness fund를 대체했다.

덴마크는 1890년대 이후 네 차례의 주요 복지 개혁을 단행했다.

1890~1900년대 1차 개혁, 1933년 2차 개혁, 1967~1974년 3차 개혁, 1993년 4차 개혁이 이루어졌다(Christiansen and Petersen, 2001). 이중에서 1933년에 있었던 2차 개혁은 사민당이 주도한 것으로, 사회개혁법이 통과되어 사회적 권리로서 복지 개념이 정립되고 기존의 사회복지 제도가 체계화되고 확장된 것을 일컫는다. 이 복지 개혁은 덴마크 복지국가의 초석이 되었다. 3차 개혁은 1974년 사회지원법 제정으로 복지국가의 전체 골격을 완성했다. 이는 소득 보장, 사회적 예방, 보편주의, 개인적 필요와 사회적 안정성의 개념에 기반을 두고 있다. 특히 실업보험을 제외하고 사회보장제도가 조세에 의한 보편적인 사회적 권리로서 재편되었다. 그리고 1993년 4차 개혁으로 복지국가의 양상이 달리 전개되고 있다. 유연안정성 모델이 여기서 제시되는데, 이는 시민들에게 교육과 훈련을 통해 권능을 부여하는 적극화activation와 자기-권능self-empowerment 부여 개념에 기반한다. 이는 노령연금을 제외하고 복지 제공 기준의 엄격한 관리와 기간 단축을 통해, 즉 사회 규율을 강화하여 사회적 안정성을 도모하겠다는 발상이다.

덴마크는 북유럽 최초로 구빈법의 굴레를 벗어던지고 종합적인 사회정책을 채택한 국가다(Christiansen and Petersen, 2001). 그리고 농업 부문의 발전에 의해 근대화가 이루어졌기 때문에 복지정치에서 벤스트레 Venstre, 라디칼레 벤스트레Det Radikale Venstre 등과 같은 자유주의 정당의 영향력이 크다. 복지국가의 초석과 골격을 완성한 사민당은 두 차례의 세계대전 동안에 핵심 세력으로 부상했다. 이러한 정치적 지형으로 말미암아 덴마크 복지에는 자유주의적인 자기부조의 원리와 조세에 의한 국가의 보편주의 원리가 교차하고 있다. 초기에는 전자의 논리가 깊이 침투했지만, 1930~1950년대 사민당이 주요 세력으로 등장하면서 후자의 논리가 지배하게 되었다. 자조와 국가 보호라는 논리가 복지정치 전반에서 대립하지만, 실업보험의 경우 후자의 지원 아래 전자의 논리가 관철되고 있으며, 앞서 기술한 바와 같이 이는 노조 영향력의 확대로 이어졌다. 자유주의 영향으로 자율적인 노사 협상이 중시되지만, 높은 노조 조직률은 개인과 집단 간의 균형을 유지하려는 덴마크의 전통을 반영하고 있다(Christiansen and Petersen, 2001).

2) 초기 유연안정성 모델

(1) 유연안정성 모델의 구성 요소 및 시장·제도적 조건

덴마크는 1980년대 후반 이후 줄곧 실업률이 높았으며 1993년에 12.4%로 최고점에 이르렀다. 따라서 당시 실업 문제는 가장 큰 사회적 현안이었다. 1992년 노·사·정 대표로 구성된 제우덴 위원회Zeuthen Commission는 높은 실업률로 인한 노동시장의 구조적 실업 문제를 처음으로 정치적 영역에서 논의했다. 제우덴 위원회는 실업 문제의 해법으로 적극적 노동시장 정책에 대한 실업자의 의무적 참여, 즉 자율적인 영역으로 간주되던 노동시장 영역에 사회규율적인 요소의 부가를 제안했으며, 1993년에 집권한 사민당 정부는 이러한 노동시장 개혁안을 수용했다.

개혁안의 핵심은 실업자에게 노동시장으로 복귀할 수 있는 동기를 제공하기 위해 실업급여 기간을 단축하고 훈련 프로그램 참가를 조건부로 실업급여 수급권을 부여하는 것이었다. 또한 실업자의 숙련 향상을 도모하기 위해 개인 실천 계획의 작성과 (재)교육 프로그램의 도입을 통해 학습 연계learning-fare를 지향했다. 거시경제적으로 개혁안은 민간 소비를 활성화하고 노동수요를 증대하기 위해 확장적인 재정정책을 용인하는 것이었다. 노동수요 증대를 위해 몇 가지 수단이 강구되었는데, 예를 들어 적극적인 노동시장 정책 프로그램에 참가하는 실업자는 더는 실업자로 등록되지 않았으며, 유급휴가(예: 육아, 교육, 안식년 등)

가 도입되었다. 유급휴가 프로그램의 대중화는 단기간에 노동 공급을 줄이는 데 기여했다. 하지만 이는 1990년대 후반 이후 실업률이 감소하면서 점차 폐지되었다(Bredgaard and Daemmrich, 2012).

1993년에 사민당 정부가 도입한 덴마크의 유연안정성 모델은 유연한 노동시장, 관대한 실업급여, 적극적 노동시장 정책이라는 3자의 조합—이를 황금삼각형이라 한다—으로 이루어져 있다(〈그림 11-2〉 참조). 이는 고용 보호 수준이 낮지만 직장과 지리적 이동성의 제고, 관대한 실업급여, 적극적인 노동시장 정책 3자를 통해 숙련 향상과 실업자의 노동시장 복귀를 도모한다. 앞의 〈표 11-1〉에서 보았듯이, 덴마크의 유연안정성 모델은 해고에 대한 낮은 고용 보호를 수반하는 '외부-수량적 유연성', 재훈련의 권리와 평생교육 체제에 기반을 둔 적극적 노동시장 정책을 통한 '고용안정성', 그리고 관대한 실업급여를 통한 '임금안정성' 3자의 조합으로 이해할 수 있다(Viebrock and Clasen, 2009).

유연안정성 모델의 첫 번째 구성 요소는 유연한 노동시장이다. 이는 모델의 핵심을 이루는 요소로, 직장안정성 대신에 고용안정성을 보장하겠다는 것을 함의한다. 덴마크 노동시장의 경우 채용과 해고에 대한 규제가 매우 느슨하여 직장 및 지리적 이동성이 강하게 나타나는데, 이는 영미형 노동시장과 유사하다.

그렇다면 다른 북유럽 국가와 달리, 덴마크에서 직장안정성이 이렇게 낮은 이유는 무엇일까? 이에 대한 설명으로 관대한 실업급여와의 맞교환 및 중소기업 위주의 산업조직이 거론된다(Estevez-Abe, Iversen and Soskice, 2001; Madsen, 2005). 전자는 다분히 경제주의적 설명으로, 관대한 실업보험과 직장안정성 규제 간의 맞교환이 노·사·정 사회 파트너들 사이의 계획적이고 합리적인 타협의 산물이라는 것을 가정한다. 후자는 중소기업은 대체로 비용에 민감하고 외부 노동시장에 의존하기 때문에 비용을 수반하는 사회정책을 지지하지 않는다는 사후적이

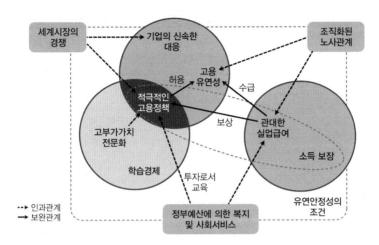

〈그림 11-2〉 덴마크의 유연안정성 모델

세계시장의 경쟁

기업의 신속한 대응

조직화된 노사관계

고용 유연성

허용

수급

적극적인 고용정책

고부가가치 전문화

보상

관대한 실업급여

소득 보장

학습경제

투자로서 교육

정부예산에 의한 복지 및 사회서비스

유연안정성의 조건

··▶ 인과관계
⟶ 보완관계

자료: Boyer, 2008.

고 기능주의적인 설명이다.

반면 에메네거(Emmenegger, 2010)는 스웨덴과 덴마크의 비교를 통해 1960~1970년대 결정적 국면에서 전반적인 사회적 압력, 노조 자원 및 정치적 동원의 차이로 인해 스웨덴에서는 직장안정성에 대한 규제가 강화되었지만 덴마크에서는 이러한 시도가 실패했다고 설명한다. 덴마크의 경우, 자유주의적인 노사 자율 협상의 중시, 장인과 산업 노조 간 이해관계의 균열에 따른 노조의 권력자원 동원의 한계, 사민당 및 좌파 정당 내부의 분열, 1973년 선거 이후 의석 과반수를 넘어서는 안정적인 좌파 연립정권의 무산 등으로 인해 해고와 채용 등 사용자 경영권의 제한을 수반하는 산업민주화 이슈가 정치적 의제가 아닌 단체 협상의 의제로 축소되었으며, 결과적으로 사민당은 직장안정성의 규제 강화를 입법화하는 데 실패했다는 것이다.

두 번째 요소는 소득안정성이다. 이는 실업급여와 사회 지원이 관대한 것을 의미한다. 높은 소득대체율과 장기의 실업급여 기간은 근로자의 위험 감수도를 증가시켜 직장 이동성을 촉진하는 것이다. 현재 실업급여 기간은 2년이고, 소득대체율은 이전 소득의 최대 90%에 달한다. 하지만 실업자는 직업 탐색, 구직센터의 제안 수용, 적극적 고용정책 프로그램에 참가해야만 실업급여를 받을 수 있다. 이러한 조건부 수급은 엄격하고 점차 강화되는 추세다. 앞서 서술했듯이, 소위 낮은 직장안정성과의 맞교환으로 근로자는 소득안정성을, 반면에 사용자는 유연한 노동을 확보할 수 있게 된 것이다.

마지막으로 적극적인 노동시장 정책이다. 이러한 정책은 별도의 추가적인 지원이 없더라도 근로자에게 직업 탐색의 동기를 부여하는 동시에, 그 자체로 취업이 힘든 실업자들에게 재훈련을 통해 자격 qualification을 부여하는 것을 목표로 한다. 또한 근로자의 숙련 향상을 위해 직업훈련과 평생교육 체제가 한몫을 하고 있다. 특히 적극적 노동시장 정책이 학습경제와 연계되도록 설계하여 근로자의 고용 가능성을 높이고 있다. 이를 통해 사용자는 수량적·기능적 유연성을 활용할 수 있는 여지를 갖게 되었다.

유연안정성의 모형을 둘러싼 시장 및 제도적 조건으로는 세계화, 노·사·정 조합주의 전통, 그리고 복지국가를 들 수 있다(Boyer, 2008). 덴마크는 농업, 섬유, 기계, 제약, 가구 등 소비자의 취향과 비용경쟁력에 민감한 경공업에 특화되어 있다. 1980년대 이후 아시아의 신흥공업국NICs과 중국의 생산공장으로의 부상은 이러한 산업에서 덴마크와의 경쟁이 심화되는 것을 의미했으며, 이러한 경쟁 심화에 대처하기 위해서는 비용경쟁력을 확보하는 것도 중요하지만 고숙련에 기반을 둔 혁신의 창출이 요구되었다. 고객의 민감한 취향에 대처하기 위해 사용자 중심의 혁신체제를 구축하고 근로자에 대한 지속적인 훈련과 재교육을 통해 사용자는 고숙련의 유연한 노동으로 이러한 세계화의 압력에 신

속하게 대처했던 것이다. 이처럼 유연성과 안정성 간의 성공적인 조합
은 전통적인 북유럽 복지국가를 세계화 시대의 흐름에 맞게 재조정한
것으로 평가받고 있다.

덴마크는 강한 사용자와 노조를 가지고 있으며 이들은 잘 조직화되
어 있다. 사용자 단체와 노조 간의 중앙적인 단체교섭 과정을 통해 사
회적 갈등을 조정하고 사회적 협력을 이루고 있다. 이는 노사 간의 역
사적인 대타협으로 일컬어지는 '1899년 9월 합의'를 기반으로 형성된
것이다. 이 합의에 따라 해고와 채용의 권리를 포함한 사용자의 경영권
을 노조가 인정하고 그 대신에 사용자는 노조 가입과 쟁의권을 수용했
다. 노사의 자율적인 합의를 중시하는 자유주의적 전통이 강하게 뿌리
박혀 있어 노사 간의 단체협상은 대부분의 노동시장의 조건들을 다루
고 있지만, 이러한 과정에 국가가 개입하여 조정하거나 정치적 의제로
전환되는 일은 다른 국가에 비해 적은 편이다. 사용자 단체는 기존의
길드 전통을 계승한 만큼 응집력이 강하며, 노조 역시 장인노조의 영향
을 받았다. 특히 실업보험이 기업과 산업 부문 간의 위험을 풀링pooling
하는 의무적인 공적 체계가 아니라 정부의 재정 지원을 받아 노조에 의
해 운영되며, 노조와 실업보험 가입이 사실상 서로 연계되어 있어 노
조 조직률이 매우 높다. 특히 덴마크는 국가권력과 긴밀히 협력하여 사
용자와 노조 간의 상호 인정을 통해 노동시장의 조직화, 즉 단체교섭을
최초로 도입한 국가다(Christiansen and Petersen, 2001; Nelson, 2012).

덴마크는 여느 북유럽의 국가들과 마찬가지로 보편적 복지국가다.
북유럽 복지국가의 특징인 국가 개입, 보편주의, 조세에 의한 복지급여
와 서비스 제공 등을 공유하고 있다(Christiansen and Petersen, 2001). 덴
마크는 거시경제적 계획과 미시경제적 자유화의 이중 전략을 추구했
다. 소생산자가 지배하는 사회인 만큼 자유주의적 전통이 강했지만 거
시적인 차원에서 이루어지는 국가 개입은 용인되었다. 스웨덴과 마찬

가지로 덴마크 복지국가는 전통적인 평등과 재분배만을 겨냥한 것이
아니라 모두를 위한 사회적 안정성을 추구함으로써 경제 성장과 사회
적 개혁을 결합하려고 노력했다. 노조의 정치적 영향력의 근간을 이루
는 실업보험을 제외하고 국가가 조세에 의해 거의 모든 복지급여와 서
비스를 제공하고 있다. 복지국가의 건설을 통해 덴마크의 평등주의적
전통은 사회적 시민권을 구성하는 토대가 되었으며, 사회적 안정성은
사회적 권리가 되었다.

(2) 유연안정성 모델의 특성

덴마크 유연안정성 모델은 무엇보다 자유 시장경제와 조정 시장경
제를 혼합한 것이다. 이러한 혼성 형태는 제도적 보완성의 불일치로 사
회경제적인 성공을 거두기 어렵기 때문에 결국 양자택일로 갈 수밖에
없다는 홀과 소스키스(Hall and Soskice, 2001)의 논의와는 상반되는 경험
적 증거다. 덴마크의 성공은 시장과 비시장제도 간의 역동적인 상호작
용에 기인한다. 이러한 제도 이외에 안정적인 환율, 엄격한 금융정책,
저평가된 통화, 재정 적자 감소, 부채에 의존한 소비자 수요 증가 등이
덴마크의 경제적 성공에 기여했다(Campbell and Pedersen, 2007).

유연안정성 모델은 낮은 수준의 고용 보호, 조건부 적극적 노동시
장 정책의 엄격한 시행, 작업 스케줄과 직업훈련 프로그램에 대한 단체
교섭의 분권화 등의 신자유주의적 요소들을 포함하고 있으며, 이는 근
로연계workfare 국가의 모델에 부합하는 요소들이다. 〈그림 11-3〉에서
보듯이 복지국가의 모델에서 실업은 거시경제적 리스크이기 때문에 사
회적 책임으로 다루고, 소득안정성을 보장하기 위해 소득의 재분배가
용인된다. 하지만 근로연계 국가 모델에서 실업은 미시경제적 리스크
이기 때문에 개인의 책임에 국한되고, 근로와 연계된 잔여적인 복지 제
공만을 인정할 뿐이다.

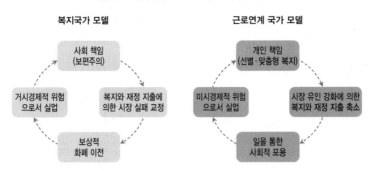

〈그림 11-3〉 복지국가 모델과 근로연계 국가의 모델 비교

자료: Boyer, 2008.

부아예(Boyer, 2008)는 조세에 의한 국가의 재분배 정책, 관대한 실업급여, 저숙련 근로자와 실업자에 대한 소득안정성 보장 등에서 보듯이 유연안정성 모델은 복지 일반의 축소가 아니라 복지에 대한 차별적인 조정으로 사회적 연대를 재구성하기 때문에 은폐된 근로연계 모델로 바라보고 있지 않다. 유연안정성 모델이 근로연계 모델로 기울지 않고 혼성 모델로 나타난 것은, 무엇보다 조직화된 노동이 강력하게 버티고 있었으며, 이러한 기반 위에서 지역 단위의 노·사·정 기구의 설치와 직업훈련에 관한 단체교섭의 분권화가 각 지역 실정에 맞는 적극적 노동시장 정책의 실행과 기술학교들 간의 경쟁에 따른 실업자 교육의 질의 향상을 수반했기 때문이다(Campbell and Pedersen, 2007).

이처럼 유연안정성 모델은 사전적으로 정교하게 의도된 전략의 결과가 아니라, 갈등과 시행착오의 과정을 거쳐 얻게 된 사후적인 결과라는 점을 이해할 필요가 있다. 즉 고용유연성과 소득안정성 간 특정 조합의 역사적 산물로 이해해야 한다(Wilthagen and Tros, 2004; Boyer, 2008). 노사 간의 타협이 이러한 모형의 기저를 형성하지만, 노조는 개별 근로자의 유연성이 아닌 근로자 전체를 위한 유연성을 주장하면서 정부가 근로연계 모델을 추진하려는 시도들에 대해 강력히 저항한 바 있다. 따라서 사후적으로 예측되지 않는 적극적인 노동시장 정책의 결과들이 나타났던 것이다.

유연안정성 모델은 세계화에 따른 노동 이동성의 강화, 기술 혁신의 가속화, 경쟁의 심화 등을 수용하는 네오슘페터적인 성장체제를 가정하고 있다(Boyer, 2008). 이러한 특성은 기존의 연구에서 잘 지적되고 있지 않지만, 유연안정성 모델은 암묵적으로 학습경제를 통한 숙련 향상을 목표로 내생적 성장 전략을 내부에 장착하고 있다. 교육과 재교육은 신기술 습득을 수반하기 때문에 신규 기술의 도입이라는 인센티브가 기업에 부여되고, 이에 따라 생산공정과 경영 전략이 부단히 갱신되었다. 따라서 기업의 성장과 숙련 향상은 동행하고 있으며, 이를 통해 기업들은 풍력터빈과 같이 전문화된 틈새시장에서 고부가가치의 제품을 생산하고 경쟁우위를 창출할 수 있게 되었다.

3) 유연안정성 모델의 변동

(1) 근로연계 모델의 강화

에스테베즈-아베(Estevez-Abe, Iversen and Soskice, 2001)의 가설에서 기대하는 바와 같이, 덴마크는 2사분면에 위치해 있다. 즉 고용 보호 수준은 상대적으로 낮고 실업 보호 수준은 상대적으로 높다. 하지만 2000년대 후반에 접어들면서 실업 보호 수준이 점점 낮아지는 양상을 띠고 있다. 이는 기존 유연안정성 모델의 중대한 변화를 시사한다. 관대한 실업급여나 사회 지원이 사라진다면 사회적 연대가 실종되므로 이는 근로연계 모델과 다를 바 없는 것이다(〈그림 11-4〉 참조).

2001년 자유-민주당 정부가 집권한 이후, 실업급여 기간이 1993년의 7년에서 지금은 2년으로 단축되었으며, 적극적 노동시장 정책에 참

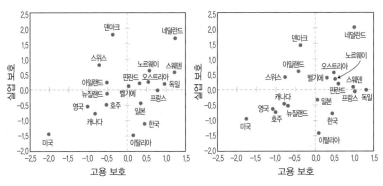

〈그림 11-4〉 생산-복지체제의 변동: 주요 OECD 국가들을 중심으로

2000년대 초반의 생산-복지체제 · **2000년대 후반의 생산-복지체제**

자료: 정준호, 2012.

여하지 않거나 이를 제대로 이행하지 않을 경우 취해지는 제재sanction
가 대폭 강화되었다(Kananen, 2012). 적극적 노동시장 정책의 기조가 실
업자의 자격을 향상하기보다는 동기유발 효과를 강화하는 방향으로 나
아간 것이다. 이는 실업자의 교육과 훈련 참여의 기회가 적다는 것을
의미한다. 또한 단기간 훈련과 직업 탐색을 지원하고 이를 따르지 않을
경우 제재를 가했다. 이러한 일련의 정책 변화는 적극적 노동시장 정책
이 인적 자본의 투자에서 '일 우선'work first으로 방향을 선회했다는 것
을 보여준다.

2008년 세계 금융위기를 거치면서 근로자들의 직장안정성에 대
한 요구가 증가하고 있다. 실업률이 증가하면서 고용안정성이 떨어졌
기 때문이다. 2009년 봄 단체협상에서 노조는 퇴직수당severance pay
을 요구했다. 이처럼 경기가 악화되어 실업이 증가하면 유연성과 안정
성 사이의 새로운 균형을 요구하는 압력이 거세질 수 있으며, 이는 해
고에 대한 규제 강화로 이어질 수 있다는 것을 보여준다(Bredgaard and
Daemmrich, 2012).

또한 소득안정성이 감소하고 있다. 저소득자의 순보상률은 높지만, 고소득자의 경우에는 그렇지 않다. 현재 복지급여는 평균 임금 -0.3% 공제, 연금 분담금의 제외 등을 고려해 해마다 산정되는데, 1980년대 중반 이후 이러한 공제와 제외가 복지급여에서 크게 감소해왔다. 실업급여 기간도 2년으로 단축되었다(Bredgaard and Daemmrich, 2012).

2000년대 이후 직업훈련 체계에서도 변화가 감지되고 있다. 동기유발 효과를 강조함에 따라 미숙련 실업자가 직업훈련에 덜 참여하게 되었다. 또한 기술집약적인 산업이 일반적 숙련을 요구하고, 창조적이고 동기유발이 강한 근로자를 선호하는 경향이 대두하면서 교육과 취업 사이의 미스매치 현상이 나타나고 있다(Jørgensen and Schulze, 2012).

(2) 노·사·정 협력적 조합주의의 약화: 노조의 역할 축소
노·사·정 3자의 협력적인 대화와 타협은 유연안정성 모델을 떠받치는 중요한 기반이다. 하지만 실업급여의 단축과 조기퇴직제도의 도입을 둘러싸고 노조와 자유-보수당 연합정부 간에 상호 신뢰가 무너졌다. 최근에 집권한 사민당 정부는 2012년 새로운 3자 협의체의 제안을 통해 이를 회복하고자 노력하고 있다.

1993년 유연안정성 모델을 준비하는 과정에서 노조는 적극적으로 참여했다. 이 과정에서 개혁안의 일부로 단체교섭의 분권화가 제출되었다. 정부는 이를 뒷받침하기 위해 14개 노·사·정 지역 노동시장 위원회를 구성했으며 지역 단위의 조합주의가 강화되었다. 하지만 1996년 2차 개혁안의 준비 과정에 노조를 참여시키지 않고 관료가 개혁안을 작성했다. 자유-보수당 연합정부가 준비한 2002년과 2006년 개혁안에 노조의 참여는 배제되었으며 단지 검토 의견을 요구했을 뿐이었다. 이처럼 1990년대 중반 이후 노조는 정치적 조합주의의 영향력을 상실하기 시작했다. 이는 노조가 노·사·정의 대등한 사회적 파트너

로서 그 지위를 상실하고 있음을 보여준다(Jørgensen and Schulze, 2012).

2001년에 집권한 자유−보수당 정부는 노조의 권력자원을 위협했다. 앞에서 본 것과 같이, 국가가 규제하고 일부 재정 지원을 하지만 실업보험은 노조에 의해 운영되고 있다. 실업보험은 덴마크에서 '노조 조직화의 국가 재정 지원 체제'state-financed system of union recruitment로 기능해왔다(Scheuer, 1998). 하지만 노조 가입률이 여전히 높은 수준이기는 하나 1995년 77%에서 2005년 70%로 감소하고 있다(Visser, 2006). 노조 가입과 실업보험 가입이 상호 연계되어 있음에도 자발적인 실업보험 가입이 줄어들고 있다. 이처럼 실업보험기금과 노조 가입률이 감소함에 따라 덴마크의 자발적인 유연한 노동시장 규제의 정당성이 위협받고 있으며, 실업보험을 공적인 체계로 전환하기 위한 국가 입법에 대한 정치적 압력이 거세지고 있다(Bredgaard and Daemmrich, 2012). 2001년 우파 정부는 실제로 국가가 운영하는 실업보험기금 설립안을 제안했으나 입법에는 실패했다. 하지만 정부는 범직종cross-occupational 실업보험기금의 설립안을 입법하는 데는 성공했다. 이는 노조의 힘이 약화하고 있음을 보여준다.

다른 한편으로, 2000년대에 정부는 지역별 노·사·정 위원회를 개편하여 적극적 노동정책의 실행을 자치 시로 이관했다. 이에 따라 지역별 노·사·정 위원회가 자문기구로 전환함에 따라 노조는 행정적 조합주의의 영향력마저 상실하게 되었다. 또한 1960~1970년대에 노조는 53개 위원회에 대표를 참가시켜 발언권을 행사했으나, 2000년대에는 단지 18개의 위원회에 참여했을 뿐이다. 노조에게 사회적 대화와 파트너십은 이제 '피해 대책'damage control의 기제로 인식되고 있다 (Jørgensen and Schulze, 2012). 노조는 사회적 파트너이기보다는 로비스트로 기능하는 모습을 보여주고 있다. 이처럼 2001년 우파 정부가 집권한 이후 유연안정성 정책 형성의 과정에서 노조의 영향력은 배제되어 정책 생산의 방식이 바뀌게 되었다.

단체교섭의 분권화는 조합주의의 지역화를 수반하면서 기존의 노·사·정 파트너 외에 환경주의자, 학계 전문가, 전문협회 대표자, 지역의 대표자들을 조합주의에 광범위하게 포섭했다. 이러한 형태의 조합주의는 정책에 대한 집합적인 공유를 촉진하고 조정의 메커니즘이 덜 집중화되고 좀더 포괄적이 되는 데 기여했다. 그리고 복지와 노동시장, 직업교육 등 정책 영역 간의 비시장 조정이 강화되었다(Campbell and Pedersen, 2007). 하지만 이러한 새로운 유형의 정책 생산은 노조를 다수의 파트너 중의 하나로 인식하게 만들었다.

(3) 이중화

유연안정성 모델은 저소득 실업자의 소득 보장과 숙련 향상에 기여하기는 했지만, 고숙련 근로자에게 좀더 유리한 모델이다. 보에리 등(Boeri, Conde-Ruiz and Galasso, 2003)은 고숙련 근로자는 대체 가능성이 낮고 실업 시 수령하게 되는 기대 복지급여의 수준이 높기 때문에 관대한 실업급여를 더욱더 지지하고 고용안정성을 선호하지만, 저숙련 근로자는 대체 가능성이 높기 때문에 직장안정성의 규제 강화를 선호한다고 주장한다. 사실상 고용안정성은 고용 가능성을 의미하므로 고숙련 근로자가 선호할 수밖에 없다.

다른 한편으로, 작업 일정에 대한 단체교섭의 분권화는 고숙련 근로자에게 유리하게 작용한다. 유연한 노동시간에 대한 단체협약의 분권화가 1995년 이후 도입되었다. 이는 고용자에게 거대한 노동력 풀을 제공하고, 근로자에게는 더 많은 고용의 기회를 제공한다. 작업 일정에 관한 단체교섭의 분권화가 일어나면서 숙련 근로자와 미숙련 근로자 간의 간극이 벌어지고 분절화가 발생하고 있다. 사용자는 다수의 숙련된 근로자를 고용하여 이를 활용함으로써 해고와 채용을 줄이는 수단으로 삼을 수 있다. 내부-수량적 유연성과 직장안정성의 조합을 활용하는 것이다. 그리고 근로자는 근로시간을 조정할 수 있다는 점에서 직장안정성에 더하여 조합안정성도 누릴 수 있다. 따라서 유연안정성에 관한 단체협상의 분권화는 외부-수량적 유연성-고용안정성의 조합을 바꾸어놓고 있다(Ilsøe, 2011). 작업 일정에 관한 단체협상의 분권화가 가능한 것은, 숙련된 인력이 많아 기업이 이를 활용할 유인을 가지며, 또한 높은 노조 조직률, 단체협상의 넓은 적용 범위, 많은 작업장에서의 노조 대표의 상주 등으로 근로자의 교섭력이 높기 때문이다.

덴마크는 2010년 현재 550만 인구 중 10%가 이민자로 구성되어 있다. 이민자는 주로 이슬람계다. 동질성이 재분배 정책의 대중적 지원을 이끌어내는 데 핵심적이지만, 이질성의 증가는 이러한 복지정치를 동원하기가 힘들다는 것을 시사한다(Campbell and Hall, 2009). 따라서 이민자를 덴마크의 모형에 통합하기 쉽지 않은 상황이다. 이는 새로운 사회적 연대의 문제를 제기하고 있다.

5. 맺음말

덴마크의 유연안정성 모델은 외부-수량적 유연성을 발휘하는 대신에 고용안정성과 소득안정성을 보장하는 특정 조합의 역사적 산물이다. 이는 사전적으로 기획된 것이 아니라 노사 간의 대립과 협력이라는 권력관계 역학의 사후적인 결과물이다. 이는 소생산자 생산체제와 부합하는 내생적 성장 전략을 내부에 장착하고 있으며, 숙련 향상을 통해 기업의 투자와 혁신을 추동하고, 이것이 다시 생산성 제고와 고용 증가로 이어지는 것을 가정하고 있다.

하지만 이러한 유연안정성 모델은 시장적 요소와 비시장적 요소가 노사 간의 역학관계를 매개로 결합되어 있기 때문에 몇 가지 딜레마에 빠질 수 있다. 먼저, 적극적인 노동시장 정책의 동기유발 효과와 자격 효과 간의 우선순위 설정에 따라 상이한 결과가 나타날 수 있다. 이러 한 정책의 효율성은 시간이 갈수록 떨어지기 때문에 새로운 정책적 재 조합이나 혁신이 필요하다. 가령, 보수 정부는 실업급여의 관대성을 줄 이려는 경향이 있다. 그리고 이민자들을 유연안정성 모델에 통합하기 가 쉽지 않다.

유연안정성 모델이 직장안정성을 고용안정성으로 대체했다는 것이 정책의 혁신으로 수용되고 있지만, 이러한 시도는 1980년대 일본에서 이미 수행된 바 있다. 따라서 아우어(Auer, 2010)에 따르면, 직장안정성 에서 노동시장 안정성으로 전환하는 획기적인 정책이 필요하다. 여기 서 노동시장 안정성은 고용안정성에 부가하여 노동시장 정책과 사회적 권리를 통한 이동성의 보호를 의미한다. 좀더 포괄적인 고용안정성이 요구된다는 것이다.

덴마크의 유연안정성 모델은 외부적 조정에 기대고 있다. 아무리 관대한 실업보험이 유지된다고 하더라도 이에 지나치게 의존하면 단기 적인 실업의 급속한 증가와 장기적 실업의 지속이라는 악순환에 빠질 수 있다. 사회적 보호가 유지되는 한, 이러한 유연안정성의 제도적 배 치는 유지할 수 있지만 정부의 재정 부담은 엄청날 것이다. 최근의 세 계 금융위기와 관련하여 고용 보호의 엄격한 규제 아래 내부 조정을 사 용한 국가(예: 독일)는 다른 국가보다 부정적 효과가 적었다. 이 점에서 아우어(Auer, 2010)는 이러한 조합을 외부적 조정에 대한 대안으로 적극 고려할 필요가 있다고 주장한다. 하지만 이 주장은 필연적으로 내부자 와 외부자의 이중화 문제를 수반하게 된다.

유연안정성 모델은 시간이 지남에 따라 근로연계 모델로 기울기도 하고 최근에는 초기 모델의 변용이 빠르게 나타나고 있다. 그렇기는 하지만 유연안정성 모델이 가지는 중요한 함의는 고부가가치 성장체제로 경제를 구조조정하기 위해서는 사회적 안정성을 확보해야만 가능하다는 것이다. 이는 조세에 의한 복지가 비용이 아니라 경쟁력의 원천이 될 수 있음을 말해준다.

12. 미국 뉴딜 개혁과 그 함의:
금융 뉴딜을 중심으로[1]

전창환

1. 머리말

1929년 10월 24일 목요일, 뉴욕 증권시장NYSE에서 주식가격이 대폭락great crash한 것을 계기로 미국 경제는 전대미문의 대공황(1929~1933)에 빠져들었다. 주가 대폭락에 이은 산업생산의 대폭적인 감소, 실업률의 급상승, 도산 은행의 급증, 그리고 대대적인 은행 인출 사태에 따른 전국은행 공휴일National Bank Holiday(은행 일시 강제 폐쇄) 선포가 그 끔찍했던 대공황의 단편들이다. 대공황의 최고 절정기에 미국의 주가는 대폭락 직전인 1920년대 최고치를 기록했을 때에 비해 무려 86%나 떨어진 수준이었다. 공식 집계된 실업률만 무려 25%에 달했으며, 15%대 이하로 떨어진 해가 별로 없었다.

위기의 양상은 실물경제 영역에만 국한되지 않았다. 한때 은행 수가 무려 3만 개에 달했지만 1930~1932년 대공황기에는 매년 1,700개 은행이 파산했다. 은행 파산이 좀처럼 수그러들 조짐이 보이지 않자,

1. 이 장은 전창환, 「1930년대 미국의 금융 뉴딜」, 『동향과 전망』, 89호, 2013에서 상당 부분 인용한 것이다.

은행 예금자들의 예금 인출이 동시다발적으로 확산되었다. 설상가상으로 은행 고객들의 자금 및 금 인출이 해외 유출로 이어지면서 미국의 국제수지도 급속히 악화되었다.

이처럼 사태가 악화되어가고 있음에도 허버트 후버 대통령은 별다른 조치를 내놓지 못했다. 당시 후버 대통령은 주가 급락에도 불구하고 작은 정부와 균형 재정 정책 기조를 유지했다. 그뿐만 아니라 그는 1차 세계대전 이후 부활한 금본위제를 계속 고수했다. 한마디로 말해 후버 대통령은 빈약한 감세를 제외하면 이렇다 할 경기부양책을 거의 실시하지 못했다.

후버 대통령의 이런 태도는 이미 등을 돌린 미국 국민들의 마음을 다시 사로잡기에는 역부족이었다. 결국 1932년 11월에 실시된 대통령 선거에서 후버 대통령은 재선에 실패하고 민주당 출신의 프랭클린 루스벨트가 당선되었다.

루스벨트 대통령에게 부여된 책임과 의무는 실로 막중했다. 무엇보다도 시급히 해결해야 했던 과제는 은행의 연쇄도산과 고객들의 은행자금 인출, 나아가 국외 자금 유출 등 은행·금융위기banking and financial crisis를 진정시키는 것이었다. 하지만 이런 비상위기 사태를 수습한다는 것은 쉽지 않았다. 1929년 10월 주가 대폭락 이후 연이어 발생한 은행 위기와 이를 반영한 1932~1933년 초 극도의 금융 불안이 과연 어떻게 진정되었을까? 바로 여기서 우리는 1932년 대통령 선거에서 승리하여 1933년 3월부터 정식 집권한 루스벨트의 긴급 경제대책과 그 후속 구조개혁정책(뉴딜New Deal)에 접하게 된다.

2008년 미국발 금융위기, 세계 금융위기가 발발하기 전까지만 하더라도 뉴딜정책의 주요 핵심 내용과 관련해서는 공공사업 추진을 통한 일자리 및 유효수요 창출, 농업 및 제조업에서 과잉생산 공황에 따른 가격 폭락 사태를 막기 위한 정부의 적극적인 개입과 계획인 농업조정법Agricultural Adjustment Act(AAA)과 전국산업부흥법National Industry Recovery Act(NIRA), 노사관계 개혁[전국노사관계법National Labour Relation Act(NLRA)의 제정], 사회보장Social Security제도의 도입 등에 주로 관심이 집중되었다.

중요한 것은 루스벨트의 뉴딜에 이런 구조개혁정책 이외에 금융 뉴딜financial new deal이 존재한다는 사실이다. 1933년 은행법Glass-Steagall Act of 1933, 1933년 증권법Securities Act of 1933, 1934년 증권거래소법 Securities Exchange Act of 1934, 1935년 은행법Banking Act of 1935 등의 금융 규제 개혁financial regulatory reform이 바로 그것이다. 일부 논자들 (Morrison and Wilhelm, 2007, viii)은 뉴딜의 핵심은 금융시장 규제라고 주장하기까지 한다. 이 금융 뉴딜은 은행 부문 개혁Banking Reform과 증권 부문 개혁에만 그치지 않고 예금보험제도의 도입, 그리고 연준의 강화와 현대화에 기초한 전국 차원의 자기완결적인 금융 시스템의 확립 등을 포함한 금융 시스템 전반에 걸친 포괄적인 금융 개혁이었다.

더 놀라운 것은 공적 주택금융기관의 설립(Fannie Mae, 1938), 1940년의 투자회사(뮤추얼펀드)법Investment Company Act of 1940, 1940년 투자자문가법Investor Advisor Act of 1940 등 금융의 주요 영역을 아우르는 총괄적이고 종합적인 제도 개혁도 바로 이 뉴딜의 일환이었다는 점이다. 우선 패니메이Fannie Mae(Federal National Mortgage Association: 연방주택저당공사)의 설립은 주택 자가보유home-ownership의 확산을 가능케 함으로써 미국 노동자 및 중산층의 아메리칸드림이 실현되는 데 결정적으로 기여했다. 1940년에 이미 증권거래위원회SEC에 등록되어 규제를 받아온 미국의 투자회사는 타의 추종을 불허할 정도로 일찍 발달해 지금은 전 세계에서 독보적인 지위를 차지하고 있다. 블랙록, 피델리티, 뱅가드 등 미국의 주요 뮤추얼펀드들이 21세기 미국 자본주의에서 주요 기업의 최대 주주로 부상함(Davis, 2012)과 동시에 전 세계 뮤추얼펀드 산업을 주도하게 된 것도 1930년대 뉴딜하에 이루어진 관련 제도 개혁과 정비에 힘입은 바 크다고 하면 과도한 생각일까?

루스벨트 정부하에서 실시된 각종 금융 개혁에 대해서는 (금융)경제학, (금융)경제사, 금융법, 나아가 역사학 영역에서 지금까지 헤아릴 수도 없을 정도로 많은 연구와 분석이 쏟아져 나오고 있다. 본 연구에서는 이러한 연구 성과들을 기반으로 하여 1930년대 루스벨트 대통령하에서 확립된 일련의 금융 뉴딜이 어떤 정책자문 집단에 의해 주도적으로 마련되었는지, 그들 개혁의 철학과 논리는 무엇이었는지, 그리고 정책 제안을 둘러싼 치열한 경쟁과 갈등이 어떻게 귀결되었는지 등에 주목해 다음과 같은 연구 과제를 설정했다.

우선 본 연구에서는 루스벨트 정부하에서 추진되었던 금융 뉴딜이 뉴딜의 성격을 특징짓는 핵심 요소라고 보고, 그 구체적 내용과 21세기 현대적 의미를 집중적으로 살펴볼 것이다. 2절에서는 루스벨트 정부에서 주요 뉴딜정책을 제안했던 주요 정책자문 집단의 성격, 각 집단이 지향하는 핵심적인 정책 방향과 개혁 논리를 비교 평가해본다. 다음으로 이것이 1930년대 뉴딜정책의 전개 과정에서 어떻게 실현되었는지를 살펴본다. 끝으로 1930년대 금융 뉴딜을 은행 부문과 증권 부문 그리고 연준 부문으로 나누어 살펴보면서 각 개혁안들이 궁극적으로 무엇을 지향했는지를 추적한다.

2. 1930년대 뉴딜의 정책적 토대와 이념

프랭클린 루스벨트는 1933년 3월 4일 혹독한 대공황기에 대통령으로 취임했다. 루스벨트는 대통령 선거에서 취임까지 4개월 동안 아무런 준비가 없었다고 해도 틀리지 않을 정도로 이렇다 할 경제회복 계획이 없었다(Badger, 2012, 104쪽). 실제 대공황을 타개할 해법이나 경제회복 대책을 구체적으로 준비하고 실행할 수 있을 정도의 역량을 갖춘 경제 참모가 그다지 많지 않았다. 이런 상황에서 루스벨트 대통령과 그의 보좌관들은 기존 재무부와 연준 관료들에게 도움의 손길을 요청하지 않을 수 없었다. 그 결과 루스벨트 집권 초기 100일 동안 이루어진 비상대책은 실로 엉망이었고 급조된 부실 정책이었다. 초기 각료 중에는 반케인스주의자, 심지어 월스트리트 투기꾼도 포함되어 있었다(Hiltzik, 2011). 그럼에도 루스벨트 대통령이 뉴딜을 추진할 수 있었던 데는 그의 주변에 존재했던 주요 정책자문 집단의 역할이 컸다.

여러 영역에서 10여 년에 걸쳐 이루어진 루스벨트의 뉴딜정책을 전체적으로 아우르고 관통하는 공통의 끈은 과연 존재했는가? 만약 존재했다면 그것의 본질은 무엇인가? 이 질문을 던지는 주된 이유는 여러 부문에서 실시된 루스벨트의 뉴딜정책이 매우 다종다기했을 뿐만 아니라 심지어 개혁 원리와 철학에서 서로 상충하는 요소들도 있었기 때문이다. 이제 루스벨트의 뉴딜정책을 제시한 핵심 세력은 누구이며, 이들의 정치·경제적 개혁 원리와 철학이 무엇이었는지 살펴보기로 하자.

바일스(Biles, 1991)가 적절히 지적했듯이, 뉴딜 입법정책은 우연한 정책들의 혼합이 아니라 질서정연하고 상호 관련된 논리적 요소들의 결합이다(Biles, 1991, 134~135쪽).[2] 루스벨트의 뉴딜정책은 크게 네 집단에 의해 제공되었다. 첫째, 브랜다이스Louis D. Brandeis라는 반독점 개혁 인사를 중심으로 하는 브랜다이스 추종 법조계 인사들이다. 브랜다이스는 유대인 출신의 법조계 인사로서 우드로 윌슨 정부에서 왕성한 활동을 했다. 뉴딜 정부에서 그는 대법원 판사를 역임하기도 했다. 브랜다이스는 진정한 제퍼슨주의자(Pape, 1935, 229쪽)로 거대 기업과 거대

---

2. 이론적으로는 베블런Veblen과 커먼스Commons의 영향이 컸다(Tilman, 1988).

금융기관으로의 경제력 집중에 대해 뿌리 깊은 적대감과 거부감을 가지고 있었다. 그의 모든 관심은 거대 기업과 거대 은행의 폐해를 최소화하는 데 있다고 해도 과언이 아니었다. 거대 기업과 은행들의 민주적 책임성 강화, 경영·회계 투명성 강화, 반독점 시정 조치 발동 등이 그의 활동의 산물이었다.

브랜다이스 주변에는 펠릭스 프랑크푸르터, 올리버 홈스, 제임스 랜디스, 토머스 코코런, 제롬 프랭크, 윌리엄 올리버 더글러스, 벤저민 코언 등이 포진해 있었다. 이들 모두 하버드 법대 출신의 법조계 전문가였다. 이중에서도 프랑크푸르터가 루스벨트 대통령과 긴밀한 관계를 유지하면서 시의적절한 정책과 제도를 틈틈이 제안했다. 이들이 집중적으로 자문한 분야는 금융 부문, 그중에서도 증권 및 증권시장과 관련한 분야였다. 특히 증권법과 증권거래소법 제정에 크게 기여했다. 랜디스는 프랑크푸르터의 휘하에서 1933년 증권법을 만드는 데 큰 기여를 했다. 그뿐만 아니라 이들이 1934년 증권거래소법을 제정하는 데 집단적으로 참여했다. 이런 활동의 결과 1930년대 중후반에는 이들이 증권거래소법에 따라 설립된 증권거래위원회SEC의 위원장 자리를 거의 독차지하게 되었는데 당시 증권거래위원회가 시행했던 제반 정책은 거의 이들이 만들었다고 해도 과언이 아니다(Nicholas, 2004, 214~217쪽)

이들은 노동·사회 문제에까지 관심을 넓혀 자신들의 세력을 넓히고자 했다. 일례로 프랑크푸르터는 퍼킨스Frances Perkins[3]라는 여성 사회사업가를 내각의 일원(노동부장관)으로 추천했는데 루스벨트 대통령

---

3. 퍼킨스는 1909년 생물학을 가르치는 것을 포기하고 뉴욕에서 사업사회가로 활동했다. 그 후 루스벨트 대통령 재임 시절 12년간 노동부장관직을 수행했다. 이 기간 동안 사회보장법과 와그너법 외에도 1938년 공정노동기준법, 1935년 실업보험법, 아동노동법 제정에도 깊이 관여했다. 퍼킨스는 미국의 사회보장제도를 설립하는 데에도 결정적으로 기여함으로써 사회보장제도의 어머니로 불린다. 퍼킨스는 20세기 초 미국의 사회정책을 수립하는 데 기념비적 역할을 담당했다(Cobble, 1988, 225~229쪽).

이 이를 흔쾌히 수락했다. 이로써 퍼킨스는 미국 최초의 여성 내각의 일원이 되었다. 전국노사관계법, 일명 와그너법도 바로 퍼킨스가 노동부장관으로 있을 때 제정된 개혁법이다. 상당히 진보적이고 개혁적이며, 특히 급진 좌파 세력과도 친분이 두터웠던 퍼킨스 노동부장관은 노동 부문 개혁에만 그치지 않고 해리 홉킨스 등과 함께 1935년 사회보장제(실업보험 포함)를 도입하는 데 결정적인 역할을 했다.

둘째는 렉스퍼드 터그웰(뉴딜 초기 농무차관), 레이먼드 몰리(국무차관), 아돌프 벌(부흥금융공사 특임이사, 1938년 몰리에 이어 국무차관 역임)을 중심으로 한 브레인트러스트brain trust[4]다. 헨리 월리스(뉴딜 초기 농무장관)도 브레인트러스트와 거의 유사한 정책 방향을 유지했던 것으로 평가된다. 이들이 주목한 미국 경제의 가장 주요한 특징은 거대 기업의 출현에 따른 독과점화와 독과점 기업들에 의한 가격 지배력의 형성이었다. 이들은 이런 경제구조 특성에서 미국 정부가 취할 수 있는 가장 합리적인 정책은 정부 주도의 민주적 공공계획planning이라고 믿었다. 터그웰은 당시 소련의 신경제NEP하에서 이루어지고 있었던 소련의 계획 모델에 크게 감동받아 많은 관심을 보이기도 했다.

20대에 일찍 컬럼비아 대학 교수직을 맡았던 터그웰이 루스벨트 대통령과 만날 수 있었던 것은 몰리의 적극적인 소개와 주선 덕분이었다. 루스벨트 대통령은 이들 집단의 정책 대안과 아이디어를 과잉생산과 가격 폭락으로 막대한 타격과 손실을 보고 있던 농업 부문, 나아가 제조업 부문에 적용함으로써 미국 전역 차원에서 과잉생산의 해소와 경기부양을 꾀했다.

브랜다이스 그룹이 거대 기업의 폐해를 집중적으로 부각하여 반독

---

4. 터그웰을 중심으로 한 브레인트러스트들의 경제사상에 대해서는 니시카와 준코(西川純子, 1999, 185~217쪽)를 참조. 바버(Barber, 1996)는 이들을 구조주의적 개혁가 집단으로 칭했다.

점정책을 수립·강화하려고 했던 데 비해 터그웰 등의 브레인트러스트는 독과점화의 장점을 인정하고 정부 주도의 주도면밀한 계획을 통해 대공황에서 벗어날 수 있을 것으로 보았다. 뒤에서 설명할 루스벨트 집권 초기 100일 안에 실시된 농업조정법, 전국산업부흥법 등은 바로 이 그룹이 주도적으로 마련한 것이었다.

셋째, 금융 뉴딜의 핵심이라고 해도 과언이 아닌 1933년의 은행법 중 글래스-스티걸 조항Glass-Steagall Provisions of Banking Act of 1933, 1935년 은행법 등을 주도적으로 제정했던 글래스Carter Glass 뉴딜 당시 버지니아 주 출신 민주당 상원의원과 그의 핵심 자문관이었던 윌리스H. Parker Willis 등에 주목해야 한다. 특히 글래스 의원의 문제의식과 개혁 방안이 아주 중요했다.

카터 글래스는 20세기 초 진보주의 시대Progressive Era 이래 루스벨트의 금융 뉴딜에 이르기까지 미국의 금융구조 개혁에 절대적인 영향을 미친 정치가이자 당대 최고의 금융 전문가였다(Perino, 2010, 60쪽). 그는 이미 윌슨 대통령 정부에서 재무부장관을 역임한 바 있었다. 흥미롭게도 루스벨트가 1932년 대통령 선거에서 이기면서 제일 먼저 재무부장관직을 맡기려고 했던 사람이 바로 카터 글래스였다. 루스벨트의 간곡한 요청에도 불구하고, 글래스 의원은 재무부장관직을 사양했다(Smith and Beasley, 1939).

앞에서 지적한 대로 글래스는 뉴딜 이전에 이미 미국 금융사에 굵직한 획을 긋는 개혁을 단행한 바 있다. 무엇보다도 중요한 것은 그가 1913년 연준 설립법을 제정하는 데 주도적 역할을 했다는 점이다. 당시 글래스는 버지니아 주 민주당 하원의원이었다. 그로부터 정확히 20년이 지난 후 1933년 은행법의 글래스-스티걸 조항의 입안에 결정적인 역할을 했으며, 1935년 은행법 등에 직간접적으로 관여했다. 이렇게 볼 때, 글래스가 20세기 초 미국의 금융 시스템과 그것을 뒷받침하는 금융 규제의 틀을 확립했다고 해도 과언이 아니다. 이 점에서 글래스와 그의 측근 및 추종세력들이 뉴딜 시기에 추진했던 각종 금융 개혁은 여러모로 중요한 의미를 가진다. 글래스와 그의 핵심 자문관이었던 윌리스[5]가 1930년대 뉴딜 개혁시대에서 추진했던 여러 시도(은행법의 글래스-스티걸 조항)가 결정적으로 중요한 이유는 그것이 당시 개혁 담론의 틀을 근본적으로 바꾸는 것이었기 때문이다.

뉴딜 이전 진보주의 시대의 핵심 개혁 담론은 거대 금융기관 및 거대 기업에 대한 깊은 불신(거대 금융기관은 자유와 민주주의에 대한 위협)에 기초하여 금융자본 세력과 그 주도하에 형성된 거대 기업 네트워크를 사회적·공공적·민주적으로 통제할 수 있는 제도적·정책적 틀을 확립하는 것이었다. 이에 비해 글래스와 윌리스, 그리고 글래스-스티걸법 지지세력들의 핵심 논리는 거대 금융기관과 거대 기업의 탐욕을 억제한다(금융권력에 대한 통제 또는 제어)는 도덕화되고 민주화된 담론보다는 은행업과 증권업의 분리(상업은행과 투자은행의 분리)를 통한 상업은행과 투자은행 간의 이해 상충 억제, 비생산적 투기의 억제를 통한 경제적 생산성 제고, 나아가 생산적인 경제활동의 강화와 촉진이 훨씬 더 중요하다는 것이었다(Rahman, 2012, 615~635쪽).

즉 진보주의 시대의 개혁 세력(19세기 말 20세기 초 미국의 포퓰리스트와 진보주의자들)이 거대 금융기관(과 거대 기업)의 집중화된 권력을 억제하고 이들에게 민주적 책임성democratic accountability을 강력하게 요구한 데 비해, 글래스와 윌리스는 거시경제의 안정적 관리와 생산성 제고를 통한 경제 성장에 더 관심을 집중했다. 요컨대 글래스는 금융 개혁의 목표를 투기speculation와 이해 상충을 억제함으로써 생산적인productive

---

5. 윌리스는 은행활동이 공동체와 밀접히 연관되어 있다고 보고, 은행이 공익에 봉사해야 한다고 강력히 주장했다.

시장경제market economy를 확립·강화하는 데 두었다(Rahman, 2012). 전자를 민주적 개혁 담론이라고 한다면 후자는 기술관료적technocratic 개혁 담론이라 할 수 있을 것이다.

불행히도 글래스-스티걸법의 제정과 이를 통한 금융 개혁은 현대 경제와 정책 목표에 대한 기술관료적 이해가 좀더 급진적 개혁가들의 민주적·진보적 틀을 대체하는 역사적 계기라는 것을 잘 보여준다. 글래스-스티걸법 통과를 계기로 진보적·민주적 개혁 담론이 투기 억제를 통한 건전한 경제 성장, 소비자 후생 증대 등을 위한 기술관료적 관리를 중시하는 기술관료적 정책 담론으로 이전하게 된 것이다. 금융 개혁 담론에서 금융 규제의 동기가 권력에 대한 견제와 책임성 강화에서 경제적 생산성 제고로 방향을 전환함에 따라, 글래스-스티걸 금융 개혁법(금융 뉴딜)은 규제 완화의 여지를 훨씬 더 넓히는 계기로 작용했다.

이상과 같은 점에서 글래스 주도의 은행 개혁은 브랜다이스주의자들이 주도한 증권 개혁과는 상당한 차이를 보일 수밖에 없게 된다. 뒤에서 다시 언급하겠지만, 1935년 은행법에서 연준 강화 또는 현대화를 둘러싸고 브랜다이스주의자들과 글래스-윌리스 그룹 간에 커다란 견해 차이가 존재했다. 브랜다이스주의자들이 1933년 증권법과 1934년 증권거래소법에서 공시disclosure와 투명성 강화를 핵심적인 사안으로 보았던 데 비해 글래스와 윌리스는 브랜다이스적 접근에서 벗어나 거대한 법인기업들과 금융기관으로의 경제력 집중 문제보다 비생산적인 투기 억제와 경제적 생산성 향상에 모든 관심을 집중했다.

글래스와 윌리스는 금융 부문의 과잉과 비생산적인 투기를 억제함으로써 경제적 생산성 향상을 도모하려면 전국은행 시스템과 연방금융 규제가 필수불가결하다는 결론에 다다랐다. 글래스가 보기에, 브랜다이스와 반독점 개혁가들이 주장하는 분권화된 지방은행 시스템으로는 현대 미국 경제의 요구를 충족시킬 수 없었다. 글래스는 지방과 주의 중소 지방은행 시스템으로는 미국 경제를 뒷받침할 수 없다고 보고, 국법은행National Bank 지점망을 확대하여 전국은행 시스템을 복원할 것을 제안했다. 결국 글래스 의원에게 진정으로 중요한 것은 상업은행과 투자은행의 분리보다는―물론 이것도 중요하지만―집중화된 연방금융 규제를 통해 완결된 금융 시스템을 확립하는 것이었다.

연방금융 규제 강화(연준의 강화)와 국법은행 지점망 확대를 통한 전국은행 시스템 복원이라는 글래스의 개혁안에 대해 브랜다이스주의자들은 당연히 비판적이었다. 왜냐하면 이들에 따르면 정부든 기업이든 거대함bigness은 늘 많은 부작용과 폐해를 낳기 때문이다(Rahman, 2012, 634~635쪽). 특히 연준에 과도한 권한과 권력이 집중되면, 결국 국민 전체의 이익보다는 은행가들의 이익을 더 많이 대변하게 된다. 이런 면에서 글래스-스티걸법이 브랜다이스주의자들에게는 월스트리트에 대한 항복으로 비쳤다. 브랜다이스주의자들이 제퍼슨의 분권화와 민주적 자치를 철두철미하게 신봉하는 이상, 연준의 권한을 더 강화하는 방안은 도저히 수용할 수 없었다. 또한 그것은 엘리트 은행가라는 특수계급에 제공된 독점의 면허를 더 강화하는 것으로 결국은 헌법의 정신을 위배하는 셈이 된다. 브랜다이스주의자들과 같은 반독점주의자들이 글래스-스티걸 조항에 최종 동의한 것은 은행업-증권업(상업은행-투자은행) 분리가 그나마 독점을 완화하는 데 기여할 것이라고 판단했기 때문이다.

끝으로 뉴딜의 초기와 중기에 일자리 창출과 경제회복을 위한 공공구호 사업을 주도했던 사회사업가들이 있다. 해럴드 이키스, 해리 홉킨스, 오브리 윌리엄스 등이 이 분야 업무를 주도했으며, 공공사업청PWA, 토목사업청CWA, 공공사업촉진청WPA 등을 이끌었다. 특히 뉴딜 초기 내무장관을 지낸 이키스는 인프라 투자 등 대형 공공투자를 관장했다. 이들의 공공구호 사업들은 대공황으로 일자리를 잃은 수많은 실업자들에게 상당한 도움을 주었다. 이들 중 홉킨스는 프랑크푸르터가 루스벨트 대통령에게 노동부장관으로 추천한 퍼킨스 노동부장관과 함께 당시 사회보장위원회를 주도했으며, 마침내 사회보장 및 사회정책 전반에 대해 정책 제언을 보고서로 제출했다. 1930년대 중반 미국의 사회보장제도 및 각종 노동 및 사회정책의 대부분이 이들에 의해 제시되었다. 1935년 사회보장위원회의 보고서에는 전 국민을 대상으로 하는 의료보험제도의 실시도 채택되었으나 루스벨트 대통령이 의료계의 강력한 반대를 수용해 보고서에서 이 안을 삭제·폐기할 것을 요청했다.

3. 공황 타개책에서 노동·사회복지 개혁으로

혹독한 경기 침체와 은행 파산이 좀처럼 진정되지 않은 상태에서 루스벨트가 취임하자마자 긴급은행법을 전격적으로 실시하면서 전국 은행 강제휴업 조치를 발동했다. 또한 루스벨트는 금본위제의 폐지 등 긴급조치를 단행하여 가까스로 초유의 대파국을 면할 수 있었다. 이렇게 미국 경제가 최소한의 안정을 되찾자, 루스벨트 정부는 유효수요 진작과 공공사업 확대를 통한 경기회복 정책에서부터 시작하여 본격적인 구조개혁에 나섰다.

루스벨트의 뉴딜정책은 크게 1933~1934년의 1차(단계) 뉴딜, 1935~1938년의 2차(단계) 뉴딜로 구분된다(Tilman, 1988, 166쪽). 일부에서는 1938년 이후 루스벨트 대통령이 역점을 둔 중앙정부의 행정권한 강화와 이를 위한 정부조직 구조조정을 3차 뉴딜로 간주할 것을 제안(Jeffries, 1996, 387~388쪽)하지만 이는 여전히 소수 견해로 남아 있는 듯하다. 1930년대 말 루스벨트가 중앙행정부의 권한 강화를 노린 것은 국가계획과 통제를 더욱 강화하여 국가계획을 제대로 실행하기 위해서였다.

1차 뉴딜과 관련해서, 루스벨트는 취임하자마자 우선 공공사업청 Public Works Administration(PWA)을 설립해 공공사업 지출 확대를 통해 실업자에게 일자리를 제공함과 동시에 경기를 회복하고자 했다. 이는 1933년에 루스벨트 취임 100일 이내에 실시된 경기부양책이었다. 1차 뉴딜의 가장 중요한 목표는 공황을 퇴치하고, 실질생산과 고용의 급격한 감소를 막는 것이었다. 이는 초기 루스벨트의 최측근 자문가이자 내무장관을 맡았던 이키스에 의해 주도적으로 이루어졌다. 공공사업청은 뒤에서 다시 설명할 전국산업부흥법NIRA의 제정으로 탄생한 뉴딜 핵심 기관이었다.

그러나 당시 경기 침체가 워낙 심각한 데다 실업자가 대량으로 발생해 공공사업청만으로 대량실업자를 흡수하는 데 한계가 있었으며 설상가상으로 출범도 아주 늦어졌다. 루스벨트는 실업자의 동요를 막기 위해 공공사업청 보완책으로 토목사업청Civil Work Administration(CWA)을 추가로 설립했다(1933년 11월 9일). CWA는 홉킨스에 의해 주도적으로 운영되었으며 이 사업 운영에 책정된 4억 달러의 자금은 공공사업청으로부터 조달되었다. 당시 최대 공공 고용 프로그램이었던 토목사업청 사업은 5개월 동안 지속되면서, 공공구호 사업을 가장 잘 수행했던 것으로 평가된다. 1933년부터 1934년까지 5,200만 노동인구 중 410만 명에게 일자리가 제공되었다(Harvey, 2012, 93~94쪽).

토목사업청의 사업이 종료되자, 해리 홉킨스[6]와 오브리 윌리엄스가 2차 뉴딜에서도 이를 계승할 목적으로 공공사업촉진청Work Progress Administration(WPA)을 설립했다. 공공사업촉진청은 1935년 2차 뉴딜 시

---

6. 루스벨트 대통령은 1933년 공공사업 확대를 추진하는 관청으로 연방임시부흥청Federal Emergency Relief Administration(FERA)을 설립했다. 루스벨트는 대통령 취임 이전 뉴욕 주지사로 일할 때 알게 된 사회구호사업 전문가 해리 홉킨스에게 이 일을 주도하도록 했다. 여기에 오브리 윌리엄스가 가세했다.

실업자에게 꽤 많은 일자리를 제공한 것으로 평가된다. 이로써 실업자들이 상당히 많은 도움과 지원을 받았던 것으로 보인다(Tilman, 1988).

농업과 제조업 부문 과잉생산 공황과 가격 폭락을 막기 위해 루스벨트가 도입한 핵심 정책은 농업조정법과 전국산업부흥법[7]이었다. 이 두 뉴딜법은 1933년 5월 12일과 1933년 6월 16일, 즉 모두 루스벨트 취임 후 100일 이내에 통과되었다. 중요한 것은 농업조정법과 전국산업부흥법을 추진한 핵심 세력은 터그웰, 몰리, 벌 등을 중심으로 한 브레인트러스트였다는 사실이다. 특히 농무차관이었던 터그웰과 농무장관이었던 월리스, 몰리가 큰 역할을 수행했다. 이들은 연방정부 주도의 민주적 계획, 나아가 대기업 내의 효율적 계획을 정책 운영에서 아주 중요한 축으로 사고했다. 이들은 산업마다 계획기구를 두고 여기에 노사 대표뿐만 아니라 소비자도 참여시켜 민주주의와 계획을 조화시키려 했다(西川純子, 1999, 196~198쪽). 이들은 정부의 개입과 거대 기업에 의한 효율적 생산을 높게 평가한다는 점에서 뉴딜정책의 또 다른 축인 반독점주의자=브랜다이스주의자들과 늘 부딪혔다. 초기에는 양자의 갈등이 그다지 노출되지 않았지만 뉴딜정책이 진행되면서, 특히 1935년 2차 뉴딜정책이 추진되면서 양자의 정책 대립이 최고조에 이르렀다. 흥미롭고 중요한 대목은, 시간이 갈수록 루스벨트 대통령이 터그웰 중심의 브레인트러스트의 정책 조언에 등을 돌렸다는 점이다. 그 후 2차 뉴딜 시기(1935~1938)에는 브레인트러스트들이 거의 루스벨트의 정책 자문 세력에서 밀려남으로써 이들의 영향력이 급격히 약화되었다.

브레인트러스트들이 가장 중시했던 것은 민주적 계획democratic planning이었다. 루스벨트가 1932년 대통령 선거에서 승리하자 터그웰

---

7. 네오마르크스주의적 관점에서 전국산업부흥법NIRA을 체계적으로 분석한 연구로는 스카치폴(Skocpol, 1980) 참조.

은 루스벨트에게 아주 친밀하고 적극적으로 상담과 조언을 했다. 터그웰이 루스벨트 정부에 헌신하여 각종 뉴딜정책을 입안할 수 있었던 것은 루스벨트 대통령이 계획에 대해 결코 문외한이 아니었기 때문이다 (西川純子, 1999).

터그웰 등은 농산물 가격이 폭락한 원인이 농업 부문의 과잉생산에 있다고 보고, 궁극적으로 생산 제한과 조정을 통해 과잉생산을 해소할 것을 제안했다. 결국 농업 부문에서 정부 주도의 철저하고 합리적인 계획만이 대공황으로부터 농업을 살릴 수 있다는 게 터그웰의 핵심 생각이었다. 이런 취지에서 만들어진 농업조정법의 주목적은 농산물 가격 및 농민 소득 지원 정책으로 농산품 생산 감축을 위한 인센티브를 제공하는 것이었다. 이와 함께 기존 수확물 폐기에 대한 보상 지불, 농업생산 용지 축소 등이 시행되었다. 터그웰은 정부에 각종 사업을 제시함으로써 많은 정부 지출을 요청했지만, 재정보수주의자인 헨리 모겐소 주니어 재무장관이 자금 집행에 제동을 걸면서 자금 지출을 보류시키기도 했다(Zelizer, 2000, 345쪽).

제조업 분야에서 농업조정법과 유사한 성격을 갖는 개혁법이 바로 1933년 5월 17일에 제정된 전국산업부흥법이었다. 기본적으로 이 법은 공황에 직면한 자본(기업)들을 직접적으로 지원하는 2년 한시법이었다. 다시 말해 1935년 의회에서 이 법의 지속 여부를 결정해야 하는데 전반적으로 이 한시법에 대한 평가가 좋지 않았다. 독과점 기업과 노동조합(이하 노조) 세력의 입지를 일시적으로 강화하는 내용을 담은 이 법은 민주적 계획을 산업 부문에 적용하여 과잉생산을 막고 고용 창출과 산업 재편을 달성하고자 했다. 요컨대 1920년대 과잉생산 공황하에서 파괴적인 경쟁적 가격 인하로 인해 생산자들이 극심한 타격을 받고 있어 출혈 가격 경쟁을 억제 또는 자제하도록 하는 것이 급선무였다. 이외에도 루스벨트는 미국노동총연맹AFL으로부터 뉴딜에 대한 지지를 이끌어내기 위해 노조를 전국노사관계법NLRA의 제정에 끌어들였다 (Hurd, 1976, 33~35쪽). 전국노사관계법의 7a 조항은 최소한의 고용 조 건을 확립했을 뿐만 아니라 노조 결성 권한과 교섭권도 인정해주었다.[8] 끝으로 이 법은 이 업무를 총괄 책임지는 기구로 전국부흥청National Recovery Administration(NRA)을 설립했다.

뉴딜 초기 농업과 제조업이 대공황으로 인한 파괴적 영향으로부터 조기에 벗어나 생산과 고용을 회복할 수 있도록 루스벨트는 브레인트 러스트들의 조언에 의거해 연방정부 및 거대 기업 중심의 긴급구제 조 치를 취했던 것이다. 연방정부가 직접 공공사업과 일자리를 창출하거 나 그렇지 않으면 산업별로 사용자와 종업원 간의 협력과 양보를 이끌 어내 과잉생산으로 인한 피해에서 벗어나고자 했다.

그러나 브레인트러스트 주도의 농업조정법과 전국산업부흥법에 대해서는 유달리 브랜다이스 추종자들이 비판적이었다(Urofsky, 2009, 698~699쪽). 이들은 대공황 및 당시 주요 경제 문제가 모두 거대 기업과 거대 은행에서 기인한다고 보고, 거대 기업과 은행들의 폐해를 철저하 게 구조적으로 불식 또는 혁파할 수 있기를 바랐다. 거대 기업과 은행 들을 규제하고 감시하기는커녕 이들을 활용하고 더 나아가 이들을 육 성하고자 하는 브레인트러스트들의 주장[9]을 브랜다이스주의자들은 도 저히 받아들일 수 없었다. 이 점에서 전국산업부흥법만큼 브랜다이스 의 신념에 정면 배치되는 것도 없었다(Urofsky, 2009, 700쪽). 브랜다이 스 추종세력들은 해가 갈수록 전국산업부흥법에 대해 비우호적인 입장

---

8. 전국노사관계법이 제정되기 이전 미국의 노사관계가 노동자에게 얼마나 반인권적이고 비인간적 이었는지에 대해서는 니에미와 플랜트(Niemi and Plante, 2011, 423~426쪽) 참조.
9. 터그웰은 독점이 불가피하지만 대량생산의 장점을 유발한다고 보았다. 따라서 그는 독점에 따른 경제적 불균형을 어떻게 해소할 것인지를 가장 중요한 문제로 보고, 독점을 억제하기 위해서는 강한 정부가 필요하다고 주장했다.

을 취했다. 마침내 1935년 미국 대법원은 전국산업부흥법에 대해 위헌 판결을 내렸다. 그동안 다소 무덤덤했던 루스벨트 대통령도 법원의 보수적인 판결에 별다른 이의를 제기하지 않은 채 위헌 판결을 수용했다. 전국산업부흥법에 대한 대법원의 위헌 판결은 곧 브레인트러스트들의 영향력에 치명타를 가하는 계기가 되었다.

애초부터 브랜다이스주의자들은 정부 기능의 확대에 강한 거부감을 가지고 있었다. 이 점에서 브랜다이스주의자들은 재정보수주의자＝균형 재정론자들과 유사한 입장을 취했다. 즉 브랜다이스주의자들과 균형 재정론자들은 뉴딜정책에 깔려 있는 자유주의의 요소를 공유하고 있었다(Zelizer, 2000). 바로 이 때문에 정부 개입의 확대를 통해 대공황을 극복하고자 하는 일련의 조치가 브랜다이스 추종세력들에게는 좋게 평가될 리 만무했다. 오히려 브레인트러스트들은 후기 미국화된 케인스주의자들과 함께 케인스와 유사한 정책 마인드를 갖게 되었다. 브레인트러스트와 케인스주의자들은 재정보수주의자들을 아주 싫어했다.

브레인트러스트들이 네 정책 집단 중에서 가장 먼저 루스벨트 대통령으로부터 외면받은 데는 몇 가지 이유가 있다. 첫째, 루스벨트가 가장 총애한 정책자문 집단은 뭐니 뭐니 해도 브랜다이스주의자들이었음을 부정하기 어렵다. 둘째, 정부의 적극적 역할과 개입을 강조하는 브레인트러스트들은 강경한 재정보수주의자인 루스벨트 대통령, 그를 떠받치고 있던 예산처장 더글러스, 그리고 10여 년 이상 재무장관직을 수행했던 모겐소[10]와 근본적으로 대립하고 있었다. 공공사업 확대 및 일자리 창출을 위해 터그웰 등 브레인트러스트들이 요구한 재정 지출 확대는 더글러스 예산처장과 모겐소 재무장관에 의해 철저하게 거부되었

---

10. 모겐소는 루스벨트 대통령의 친구였다. 그는 신용화폐 정책 통제를 둘러싸고 에클레스와 자주 다투었다. 모겐소는 1945년에 재무장관직을 사임했다.

다. 그 대신 에클레스Marriner Eccles 연방준비제도이사회 의장과 그의 지휘 통제 아래 있던 연준이 이들의 요구를 일정하게 수용했다. 에클레스와 터그웰은 루스벨트의 정책 보좌진으로 만나 꽤 오랫동안 호의적인 관계를 유지했던 것으로 전해진다. 터그웰의 각종 제안들이 균형 재정주의자들에 의해 좌절되거나 거부될 때, 이를 음으로 양으로 지원해 준 사람이 바로 에클레스였다. 연준이 1930년대 중후반 재정의 기능을 상당 정도 떠맡을 수 있었던 것도 미국화된 케인스주의자[11]로 알려진 에클레스 의장 덕분이었다.[12]

루스벨트 대통령이 1935년 1월 4일 의회 연설에서 구조개혁정책의 좌선회를 명시적으로 선언한 것을 시작으로 루스벨트 정부의 2차 뉴딜이 시작되었다. 1934년 톨레도, 미니애폴리스, 샌프란시스코 등에서 대대적이고 격렬한 총파업이 전개되자(Kramer, 2012), 루스벨트 대통령도 자본가 계급과 재계에 대한 노동자 계급의 계급의식 고양과 적극적인 연대행동을 방관할 수만은 없었다. 2차 뉴딜 시기에 뉴딜정책 중 가장 진보적인 개혁정책이 쏟아져 나온 것도 이와 무관하지 않다.

2차 뉴딜정책의 최고 핵심은 1935년 전국노사관계법(일명 와그너법)과 사회보장법Social Security Act이었다. 둘 다 퍼킨스 노동부장관 시절에 완성된 개혁법이다. 이외에도 2차 뉴딜 끝 무렵 1938년 공정노동기준법이 제정되었는데 여기에는 아동 노동 금지, 노동시간 및 임금 등 작업조건에 대한 표준 마련 등이 포함되어 있었다. 미국노동총연맹을 중심으로 한 노동진영이 루스벨트 민주당의 한 축을 이루는 이상, 노조

---

11. 바버(Barber, 1996)는 에클레스, 앨빈 핸슨, 커리 등을 1930년대 말 미국화된 케인스주의자로 보았다. 에클레스는 미국에서 케인스적 경제정책을 도입하는 데 가장 중요한 인물로 평가된다(Israelson, 1985, 357쪽).
12. 1930년대 연준 의장의 위상은 화폐 문제에서 재무부차관 수준에 버금갔다. 혹자는 에클레스를 일관성 없는 약한 의장이라고 낮게 평가하지만, 사실은 실용적 정책 입안가에 가까우며 절대 교조적인 중앙은행 독립성 주창자는 아니었다(Moe, 2013, 59~60쪽).

에 활력을 불어넣어 노동운동을 일정하게 활성화하는 것이 루스벨트 대통령과 민주당의 입장에서도 나쁠 것은 없었다.

전국노사관계법은 사용자의 불공정 고용 관행을 금지하는 친노동 입법이다. 우선 노조가 노동자를 대표하는지 여부를 결정하는 선거를 실시하도록 했는데, 특히 미국노동총연맹이 이를 지지했다. 또한 낭비적이고 불모적인 경제 투쟁을 억제하기 위해 노동자 스스로 노조 설립에 대해 결정하도록 민주적 투표를 실시했다. 전국노사관계법의 가장 중요한 제도적 성과 중 하나는 노동 관련 법규의 준수를 감독하는 전국노사위원회National Labour Relation Board(NLRB)를 설립한 것이다. 노동자에게는 집권 초기 1933년 전국산업부흥법NIRA에서보다 훨씬 더 강력한 단체교섭권을 부여했다.[13]

끝으로 1935년의 사회보장법에 주목할 필요가 있다.[14] 퍼킨스 등 노동·사회복지 정책 입안가들은 일정 연령 이상의 노인에게 노후생활에 필요한 자금을 부과방식pay-as-you-go의 공적 퇴직연금[15]으로 제공하기로 했다. 이와 동시에 실업보험이 도입되었다. 사회보장제도의 경우 제도 설계 초기에는 농업노동자와 가사노동자가 배제되었는데 이는 결과적으로 남동부의 흑인들이 대거 배제되었다는 것을 의미했다. 이뿐만 아니라 미국의 사회보장제OASDI는 사회보장세social security tax의 납부에서 누진세보다는 역진세 방식을 적용함으로써 처음에는 매우 보수적인 제도로 출발했다.

---

13. 전국노사관계법이 제정된 1935년만 하더라도 노조 가입률은 7% 미만이었다. 그 후 노조 가입률이 꾸준히 상승하여 1947년에는 25%, 1970년대에는 23%에 달했다. 하지만 1980년 이후 노조 가입률이 10% 이하의 한자리 수 수준으로 떨어졌다.
14. 이외에도 1935년 부유세wealth tax 도입, 공익지주회사법(공익회사 관리) 등 수많은 법과 제도들이 도입되었다.
15. 일명 OASDI(Old Age, Survivors, Disabilities Insurance)로 불린다. 전 국민을 대상으로 하는 미국의 공적연금제도인 OASDI의 기원과 현재의 제도 운영 방식에 대해서는 전창환(2012)을 참조.

루스벨트의 이런 경제 안정화 조치와 뉴딜의 구조개혁에도 불구하고 미국 경제는 2차 세계대전 이후에 비로소 대공황 직전의 경제 수준을 회복했다.[16] 2차 뉴딜이 진행되던 1936~1937년의 미국 경제는 완만한 경기 상승을 나타내 공황 탈출의 희망이 보였지만 1938년에 또다시 불황에 빠져들었다. 1937년에만 하더라도 미국의 산업생산은 1929년 수준에도 못 미쳤다(Shughart, 2011, 527쪽). 당시 실업자가 1,039만 명에 달했으며 실업률도 19%로 여전히 높은 수준이었다.

대공황 이후 미국 경제의 회복은 1939년 9월 3일에 개시된 2차 세계대전과 밀접한 관련이 있다. 2차 세계대전이 발발했을 때 미국은 전쟁에 직접 참가하지 않았다. 하지만 전쟁이 격화됨에 따라 서유럽 국가들의 군수품 생산과 조달이 아주 중요해졌는데, 바로 이때 미국이 군수품을 생산해 서유럽으로 수출하여 막대한 이윤을 벌어들였다. 마침내 미국은 1941년 12월 2차 세계대전에 참가하기로 결정했다. 1941년 실업률이 10% 안팎에 머물러 미국 경제가 본격적 회복을 맞이하기에는 역부족이었지만 2차 세계대전 참전에 따른 전시수요의 증대와 미국 정부의 막대한 군비 지출·적자 재정에 힘입어 마침내 대공황으로부터 탈출하는 데 성공했다. 미국 경제는 2차 세계대전이 끝나고 나서야 비로소 대공황 직전의 경제 수준을 회복할 수 있었다. 대공황 직전(1929년 9월 3일) 최고 정점을 기록했던 뉴욕 증시의 주가지수(다우존스지수)를 회복하는 데에는 무려 25년이 걸렸다. 미국의 주가지수는 1954년에 비로소 1929년의 주가지수 수준을 만회할 수 있었다.

---

16. 연방정부에 의한 전비戰費 지출이 대공황을 종식시킨 결정적인 요인이었다. 2차 세계대전 발발로 미국 연방정부의 전비 지출은 95억 달러에서 무려 927억 달러로 증가했다. 이 규모는 공식적으로 측정된 GNP의 44%에 달하는 것으로 추정된다.

4. 금융 뉴딜

1) 은행 부문 개혁

(1) 1933년 긴급은행법The Emergency Banking Act of 1933 March 15th

1933년 3월 4일 루스벨트 대통령이 집무를 시작하자마자 국가비상조치와 다름없는 굵직한 조치를 취했다. 루스벨트는 1933년 3월 5일 긴급의회를 소집하여 전국은행 공휴일을 선포했다(Perino, 2012). 그는 은행 파산을 막기 위해 3월 6일부터 금을 포함한 귀금속 국외 유출과 외환 거래의 전면 금지, 4일간 은행의 강제휴업을 실시했다(1933년 3월 9일 목요일까지 지속).

루스벨트는 전국은행 강제휴업 조치를 실시하는 과정에서 은행 영업 개시 및 중단에 대한 권한을 주에서 연방으로 이전했다. 이 조치와 선언으로 외환 거래 등 모든 은행 거래가 중단되었다. 은행 준비금 유출과 개인의 화폐 및 금 축장을 억제하기 위해, 루스벨트는 금 수출과 인출을 금지했다. 또한 통화를 금으로 전환하는 것을 금지함으로써 궁극적으로 금본위제에서 공식적으로 이탈했다. 루스벨트의 금본위제 이탈 선언은 경제정책이 금의 제약에서 벗어남과 동시에 금융·재정정책에서 정책 당국의 재량이 이전보다 훨씬 커지는 것을 의미했다(秋元英一, 2009, 53~54쪽). 모든 법안이 1933년 3월 9일에 의회로 넘어왔지만 별 토론 없이 통과되었다(Badger, 2012).

1933년 3월 12일 일요일에는 루스벨트 대통령이 그 유명한 라디오 연설을 통한 노변대화fire chat를 가졌다. 여기서 루스벨트는 공황에 빠진 국민을 진정시키기 위해, 은행이 어떻게 운영되는지, 또 어떻게 업무를 재개할 것인지를 쉽고 상식적인 용어로 차분하게 설명했다. 또한 그는 페코라 청문회에 기대어 거대 은행들이 다른 사람(국민)의 돈을 취급하는 과정에서 여러 가지 부정misconduct과 무능을 보인 점을 조목조목 지적했다. 이로써 거대 금융기관들이 국민의 돈을 투기와 비생산적인 대부에 사용했다는 것이 만천하에 드러났다(Perino, 2012, 12쪽).

그렇다고 루스벨트 대통령이 거대 금융기관의 비리만 부각한 것은 결코 아니었다. 오히려 그는 금융 시스템의 동요를 막고 금융기관에 대한 국민들의 신뢰를 회복하기 위해 금융기관의 비리 및 부정이 극소수의 금융기관에 국한하여 발생한 것이라는 점을 강조했다. 그는 이런 전제하에 좀더 노골적으로 국민들에게 돈을 담요 밑에 두지 말고 영업을 재개한 은행에 맡길 것을 촉구했다.

루스벨트 대통령이 금융 시스템의 안정화와 금융기관에 대한 신뢰 회복을 위해 다각도로 노력하는데 연준이 수수방관할 수만은 없었다. 연준은 금융 감독기관답게 축장한 사람들의 명단을 국민들에게 공개하겠다는 협박성 성명도 서슴지 않았다. 루스벨트 대통령과 연준이 이렇게까지 나선 것은 1929년 10월 주가 대폭락 이후 금융 공황에 따른 화폐 축장이 미국 경제에 얼마나 치명적인 피해를 미치고 있는지를 단적으로 보여주었다. 결국 당시 미국 금융 시스템의 안정과 금융기관의 신뢰 회복은 정책 당국이 국민들로 하여금 유동성에 대한 맹목적이고 집단적인 선호를 어떻게 하면 최대한 자제하도록 할 수 있을 것인지에 달려 있었다.

놀랍게도 이런 조치들이 일정한 효과를 거두면서 은행을 위시한 금융기관에 대한 신뢰가 서서히 회복되기 시작했다. 그러자 고객들이 다시 은행에 돈을 맡기기 시작했다. 이와 동시에 금 유출이 중단됨으로써 최악의 위기는 피할 수 있었다. 루스벨트의 신속하고도 확신에 찬 대응의 결과 금융 시스템이 어느 정도 안정을 되찾자, 집권 초기부터 루스벨트는 비교적 빨리 국민들로부터 지지와 호응을 얻을 수 있었다. 당시 이런 지지와 호응은 전혀 예상치 못했던 결과다. 뉴딜 행정부와 의회가 본격적으로 뉴딜 구조개혁에 착수할 수 있었던 것은 루스벨트 집권 이후 일련의 긴급 비상조치로 미국 경제가 아주 빠른 시간 내에 파국적 상황을 피할 수 있었기 때문이다.

(2) 1933년 은행법과 글래스-스티걸 조항

긴급은행법이 통과된 지 이틀 후, 글래스 상원의원과 스티걸 하원의원[17]이 이전 의회에서 계류되었던 법안을 재도입했다. 이렇게 해서 통과된 법이 바로 1933년 은행법이다. 흔히 1933년 은행법을 글래스-스티걸법이라 부르는데 엄격히 말하면 이 명명법은 틀린 것이다. 우리가 흔히 알고 있는 글래스-스티걸법은 은행법 중 제16조, 제20조, 제21조, 제32조 4개 조항만을 의미한다. 따라서 통상 알려진 글래스-스티걸법은 은행법 중 아주 적은 부분에 불과하다. 따라서 글래스-스티걸법은 전체 은행법 중 글래스-스티걸 조항으로 이해하는 것이 옳다. 글래스-스티걸 조항을 포함한 1933년 은행법은 루스벨트 정부가 출범한 지 100일 이내(1933년 6월 16일)에 이루어진 최초의 금융 개혁이었다.

1933년 은행법 제16조는 상업은행의 증권 발행 및 인수를 금지한 조항이다. 둘째, 제20조는 상업은행이 증권자회사를 보유하지 못하도록 한 조항이다. 셋째, 제21조는 투자은행이 일반고객으로부터 예금을 수취·유치할 수 없도록 한 조항이다. 마지막으로 제32조는 상업은행과 투자은행의 임원 겸직을 금지한 조항이다.

1998년 그램-리치-블라일리법Gramm-Leach-Bliley Act(GLBA)에 의해 폐지된 것은 글래스-스티걸 조항 중 제20조와 제32조였고, 제16조

---

17. 1933년 당시 글래스는 버지니아 주 출신 상원의원이었으며, 20년 전 윌슨 정부에서 재무장관을 역임했다. 이에 비해 스티걸은 앨라배마 출신 하원의원으로 하원 은행 및 통화위원회House Banking and Currency Committee 위원장이었다.

와 제21조는 그대로 남아 있다. 요컨대 은행 본체는 증권의 발행·인수 업무를 겸업할 수 없으며, 다만 은행지주회사, 금융지주회사, 국법은행의 증권자회사를 통해서만 영위할 수 있게 되었다.

상업은행이 보험업무를 겸업하지 못하도록 한 것은 1864년 국법은행법의 제24조로 거슬러 올라간다. 이를 계기로 상업은행은 비은행업non-banking으로서 보험업을 하지 못하게 되었다(Carow and Heron, 2002, 457쪽). 하지만 이보다 더 중요한 것은 상업은행과 투자은행의 분리 문제였다. 당시 소수의 거대 상업은행과 투자은행 업무를 수행했던 상업은행의 증권자회사Securities Affiliates[18] 간의 이해 상충과 내부거래가 1920년대 주식거품 형성과 1929년 주가 대폭락의 주범으로 밝혀졌다.

상업은행과 투자은행의 분리 제안은 20세기 초 민간 거대 금융 집단에 대한 푸조 청문회(1912~1913)까지 거슬러 올라간다. 이미 이때부터 상업은행이 보유하던 증권자회사의 투자은행 업무 수행에 따른 각종 폐해가 학계, 언론, 정치 차원에서 빈번히 지적되곤 했다.

상업은행과 투자은행 분리의 이론적 토대를 제공한 사람은 글래스 상원의원이었다. 특히 글래스의 진성어음주의real bill doctrine라는 사고가 아주 중요했다. 진성어음주의란 대부와 신용거래는 생산과 판매에 기초해서만 이루어질 수 있게 한 것이다. 글래스는 진성어음주의를 신봉함으로써 신용을 불필요하게 팽창시키는 독일식 겸업은행 모델을 정면으로 거부했다(Ramirez and de Long, 2001, 96~103쪽).

이 글래스-스티걸 조항이 실시되면서, 상업은행은 증권자회사로부터 1년 이내에 철수해야만 했다. 우선 상업은행은 정부채권을 예외로 하여 자기계정의 증권 매매·인수, 자기계정의 주식을 보유할 수 없게

---

18. 당시 최대 상업은행 중의 하나로 퍼스트 내셔널 시티뱅크가 있었는데, 이 상업은행의 증권자회사가 바로 내셔널 시티 컴퍼니였다. 이 증권자회사는 2,000명에 달하는 브로커를 보유하고 있었다. 이들이 증권 매각과 남미 대출의 재편성 등을 주도했다.

되었다. 또한 상업은행은 증권 업무를 영위하는 손회사나 자회사를 설립할 수 없게 되었다. 끝으로 상업은행은 증권업을 영위하는 회사의 임원을 겸임하지 못하게 했다. 이에 비해 투자은행에 대해서는 고객으로부터 예금을 받지 못하게 했다.

이 법에 따라 사실상 겸업 업무를 수행했던 금융기관들은 1934년 6월 16일까지 둘(상업은행, 투자은행) 중 하나를 선택해야 했다. 개인은행의 3분의 2는 투자은행으로 남았지만, JP 모건, 브라운 브라더스, 해리만 상회 등은 투자은행을 포기하는 대신 상업은행 업무에만 전념하기로 했다. 특히 JP 모건 상회는 상업은행으로 전환하기로 결정함과 동시에 다른 한편으로 앞으로 영위할 수 없게 된 투자은행(증권) 업무는 새로 신설하는 투자은행 모건 스탠리로 넘겼다. 이와 대조적으로 골드만 삭스 사와 리먼 브라더스 사는 상업은행 업무를 포기하고, 투자은행 업무만 계속하기로 했다.

하지만 2008년 세계 금융위기를 계기로 기존 5대 투자은행의 운명은 또 한 차례 변화를 겪게 되었다.[19] 리먼 브라더스 사는 파산해 완전히 사라졌고, 메릴린치 사는 상업은행 기반 금융지주회사인 뱅크 오브 아메리카BoA 사에 인수되었으며, 베어 스턴스 사도 상업은행 기반 금융지주회사인 JP 모건 체이스 앤드 컴퍼니에 인수되었다. 마지막으로 투자은행 기반 금융지주회사였던 골드만 삭스 사와 모건 스탠리 사는 2007~2009년의 세계 금융위기 때 연준과 재무부로부터 유동성 지원과 공적 자금을 지원받는 과정에서 산업융자회사Industrial Loan Corporation(ILC)를 중심으로 하여 상업은행 기반 금융지주회사로 변신했다. 두 투자은행이 언제 다시 본래의 모습으로 돌아올지는 현재로서는 예측하기 어렵다.

19. 이에 대해 더 자세한 내용은 전창환(2009, 125~129쪽) 참조.

1933년 글래스-스티걸 조항이 도입되었을 때, 금융계의 저항과 반대가 만만치 않았을 것임을 충분히 짐작할 수 있다. 특히 JP 모건 주니어는 글래스-스티걸 조항이 미국 기업에 대한 금융기관의 자금 제공 능력을 현저히 제약할 것이라고 맹비난하면서 저항했다. 당시 주요 금융자본가들의 반발과 저항을 잠재운 핵심 주역은 바로 청문회 조사관이었던 퍼디넌드 페코라 검사였다.

1933년 은행법(상업은행과 투자은행의 분리)의 통과가 투자은행과 상업은행에 어떤 영향을 미쳤는지에 대해서는 몇 가지 점을 확인할 필요가 있다. 우선 거대 투자은행과 명성이 높은 투자은행에는 글래스-스티걸 조항이 커다란 선물이자 혜택이 아닐 수 없었다. 왜냐하면 경쟁 대상에서 상업은행, 특히 상업은행의 증권자회사가 제거되었을 뿐만 아니라 거대 상업은행의 증권자회사의 주요 경쟁우위가 사라졌기 때문이다(Mahoney, 2001, 25쪽). 그렇다고 상업은행이 글래스-스티걸의 일방적 피해자이자 희생자라고 보기는 어렵다. 쿤앤드룁 사Kuhn, Loeb & Co 글래스-스티걸법 이전만 하더라도 양자 업무를 다 영위했지만 법통과 이후에는 증권(인수)업과 투자은행업만 영위할 수 있게 되었다(Mahoney, 2001).

1933년 은행법 중 글래스-스티걸 조항을 제외할 경우 가장 논쟁적인 조항은 연방예금보험공사FDIC의 설립이었다(Perino, 2012, 12쪽). 동부의 거대 은행들은 연방예금보험공사의 설립을 강력하게 반대했는데, 연방예금보험공사의 설립이 중소은행에 보조금을 제공하는 셈이 되어 건전한 은행 경영을 위협한다는 이유에서였다. 중요한 것은 글래스 상원의원과 루스벨트 대통령도 초기에는 연방예금보험공사 설립안에 아주 적대적이었다는 사실이다. 심지어 루스벨트는 이 안을 거부할 생각까지 했다. 이에 비해 많은 수의 단점은행unit bank을 가진 주의 입법가들은 예금보험공사의 설립을 강력히 주장했다. 이들의 요구를 집약적으로 대변한 사람이 바로 스티걸 하원의원이었다.

단점은행이 많았던 대부분의 주들이 중서남부 농업 기반 주였으며 포퓰리즘 전통이 강했다. 이들은 연방예금보험공사가 설립되면 지방 중소은행들의 존립 가능성이 확대 또는 강화될 것으로 기대했다. 특히 스티걸 하원의원이 예금보험공사 도입을 가장 적극적으로 주장했는데, 그 이유는 그가 당시 농촌 포퓰리스트들의 이해와 요구를 최대한 반영하고자 했기 때문이다. 양 진영의 이견이 좁혀지지 않아 입법에 이르기까지 교착상태가 상당히 오래 지속되었다. 반대 의견을 좀처럼 굽히지 않았던 글래스 상원의원과 루스벨트 대통령이 서로 일정하게 양보하는 선에서 연방예금보험공사 설립안을 최종적으로 수용했다. 요컨대 1933년 은행법은 연방예금보험공사의 창설을 준비한 것이다.[20]

끝으로 1933년 은행법 중 글래스-스티걸 조항과 연방예금보험공사 설립안 못지않게 중요한 것이 연준 시스템의 개혁안이었다. 1933년 은행법을 글래스-스티걸법과 완전히 동일시하는 잘못된 명명법 때문에, 1933년 은행법 내에 연준 시스템의 강화안이 포함되어 있다고 하면 다소 의아해할지 모른다. 하지만 은행법 내 연준 시스템 강화 조항은 아주 중요하다. 그렇다면 뉴딜 개혁에서 연준 시스템의 강화가 중요한 이유는 무엇이었을까?

글래스-스티걸법 조항이 제 기능을 발휘하여 의도했던 대로 금융 시스템을 개혁하려면 일관되고 통합된 금융 시스템이 필수불가결한데 그것은 제대로 확립된 연준에 의해서만 가능하다. 하지만 당시 연준은 설립된 지 20년밖에 되지 않아 연준이 중앙은행으로서의 기능을 온전히 수행하기에는 여러 가지 제약과 결함이 있었다. 따라서 중앙은행이

---

20. 1934년 1월부터 연방예금보험공사가 잠정적으로 업무를 개시하기로 했다. 1억 5,000만 달러의 운영 자금을 연방 자금과 예금보험 가입은행의 예금보험료로 조달하기로 했다.

본연의 임무를 충실히 수행하기 위해서는 이런 결함과 걸림돌을 제거할 필요가 있었다.

1933년 은행법에 담겨 있는 연준 구조개혁의 기본 방향은 주로 글래스 상원의원에 의해 설정되었다(Perino, 2012). 글래스 상원의원이 설정한 방향이란 워싱턴 DC에 소재한 연방준비제도이사회의 역할을 강화하는 대신 지역regional 연방준비은행Federal Reserve Bank의 힘을 약화시키는 것이었다(Perino, 2012, 13~14쪽). 특히 12개 지역 연방준비은행 중에서도 유달리 막강한 권한과 영향력을 행사하고 있던 뉴욕 연방준비은행의 힘을 약화시키는 것이 결정적으로 중요했다(Westerfield, 1933, 727~728쪽). 그렇다면 1933년 은행법에 담겨 있는 연준 강화의 구체적 내용은 무엇일까?[21]

우선 글래스-스티걸은 연방준비제도이사회가 해외의 중앙은행과 교섭할 수 있는 배타적 권한을 보유하도록 함과 동시에 공개시장 조작open market operation에 대해 더 많은 권한을 부여했다. 원래 공개시장위원회는 지역 연방준비은행 간의 활동을 조정하기 위해 1923년 연준 이사회에 의해 설립되었지만, 공개시장위원회의 법적 지위는 1933년 은행법에 의해 비로소 확립되었다. 또 하나 중요한 사실은 공개시장위원회가 전부 지역 연방준비은행 총재로 구성되었다는 점이다. 이런 구성에서는 지역 연방준비은행이 공개시장위원회가 설정한 방향에 이의를 제기하거나 반대할 경우 얼마든지 공개시장위원회 참여를 거부함으로써 공개시장위원회를 압박할 수 있었다(Bradford, 1935, 665쪽).

둘째, 연방준비제도이사회 이사들의 정치적 독립성을 강화하기 위해 임기를 10년에서 12년으로 연장했다(Westerfield, 1933, 729쪽). 이 밖에 연방준비제도이사회는 은행지주회사에 대한 감독권한을 가지고 있

---

21. 이에 대해서는 웨스터필드(Westerfield, 1933, 727~734쪽) 참조.

었으며 회원 은행들의 투기적 대출에 대해 더 많은 통제권을 갖게 되었다(Perino, 2012, 15쪽). 루스벨트 대통령은 글래스-스티걸법의 연준 강화 방안이야말로 연준을 통한 통합되고 일관된 금융 은행 시스템을 확립하는 길—진정한 의미의 중앙은행을 확립하는 길—이라고 생각했다.

(3) 1935년 은행법: 연준의 현대화

연준 설립 당시만 하더라도 연준이 정부의 강력한 영향력 아래 놓여 있었기 때문에 금융정책의 독립성을 보장받지 못했다. 1913년 연준법에 의해 설립된 연방준비제도는 대공황을 맞아 대수술을 겪게 되는데, 이것이 바로 뉴딜 금융 개혁의 한 요소였다. 1933년 은행법에 연준 강화 방안이 포함되어 있다는 것은 이미 앞에서 지적했는데, 1935년에 추가적으로 은행법을 제정하면서까지 연준을 더욱 강화—연방준비제도이사회의 강화—한 이유는 무엇일까?

1935년 은행법의 입법 취지와 핵심 내용을 이해하려면 1933년 은행법 제정 이후 생긴 일련의 정치경제적 변화를 이해할 필요가 있다. 우선 1933년 글래스-스티걸 조항을 포함한 은행법이 통과된 후 은행 위기가 다소 진정되자, 민간 금융기관들이 다시 결집하여 워싱턴 DC의 연방준비국에 권력을 집중하는 금융 시스템 개혁에 불만을 제기하면서 저항했다. 자칫 민간 금융기관의 반발과 저항을 방치할 경우, 그동안 추진해왔던 금융 개혁이 수포로 돌아갈 가능성도 배제할 수 없었다.

두 번째, 더 중요한 정세 변화는 1934년 11월 유타 주 출신 은행가이자 재무부 보좌관인 매리너 에클레스가 의회 비회기에 연방준비국 총재로 임명된 사실이다. 에클레스는 글래스 의원보다 훨씬 더 워싱턴 DC의 연방준비국의 권력을 강화해야 한다고 생각하는 중앙은행가였다. 그가 특히 경계했던 대상은 역시 뉴욕 연방준비은행이었다. 그는 어떻게 해서든 지역 연방준비은행의 권한을 약화시켜야만 중앙은행이 실질적으로 화폐 공급에 대한 통제력을 확보할 수 있다고 생각했다. 에클 레스의 연준 개혁안에 가장 강력하게 반기를 든 사람이 공교롭게도 이 제는 글래스 상원의원과 뉴욕 지역 연준, 뉴욕 소재 금융기관들이었다.

에클레스가 연방준비국 총재로 임명된 과정도 흥미롭다. 우연하게 에클레스가 1934년 연준 개혁안을 만들어 루스벨트 대통령에게 제안 서로 제출하자, 이에 감동받은 루스벨트 대통령이 그를 의회 비회기를 틈타 전격적으로 연방준비국 총재로 임명했다. 특히 1935년 은행법의 기본 틀은 에클레스가 제시했다고 해도 과언이 아니다. 에클레스의 은 행법의 기본 틀이 최종 법안에 100% 다 반영되지 못한 이유는 글래스 상원의원이 에클레스 안에 격렬하게 반대했기 때문이다.

에클레스는 터그웰과의 긴밀한 인연으로 재무부 정책보좌관, 연방 준비국 총재에 오른 독특한 경력을 가진 사람이다.[22] 앞에서 잠시 언급 한 것처럼 그는 연방준비국 총재이면서도 경기 침체일 때에는 적자 재 정을 실시해 경기를 부양하고 일자리를 창출해야 한다는 입장이었다. 그래서 그는 일명 미국화된 케인스주의자로 불리는 이단적 중앙은행가 였다.

그렇다면 일거에 루스벨트 대통령의 마음을 사로잡았던 에클레스 의 연준 개혁안은 도대체 어떤 내용이었을까? 연준과 관련하여 에클레 스의 가장 중요한 문제의식은 뉴욕 출신 민간은행의 이해가 연방준비 국을 좌지우지함으로써 연준이 공적이고 일관된 통화 관리를 하는 데 어려움이 많다는 점, 둘째, 연방준비국이 공개시장 조작을 제안할 수 있으나 지역 연방준비은행이 여기에 따르지 않아 시의적절하고 일관된 통화신용 정책을 취하지 못하는 일이 발생할 수 있다는 점이다. 이에

---

22. 에클레스는 1934년 9월 15일에 취임하여 1948년 1월 31일까지 연준 의장직을 수행했다. 루스벨 트 대통령과 거의 함께 움직였다고 해도 과언이 아니다. 대공황 탈출을 위한 공공사업 확대 및 일자리 창출 등 국가가 적자 재정을 편성할 필요가 있을 때, 에클레스는 연준을 통해 적자 재정을 뒷받침했다.

따라 에클레스는 연방준비국이 확실하게 화폐정책에 대한 공공적 통제권을 확보해야 한다고 보았다. 12개 지역 연방준비은행도 연방준비국의 통제를 받아야 한다는 것을 1935년 법안에 기필코 반영하고자 했다. 요컨대 통화신용 정책에 대한 책임과 권한은 워싱턴 DC의 연방준비국으로 집중하는 것이 바람직하다는 주장이다. 그렇게 되면 자연스럽게 뉴욕 연준의 역할이 약화된다. 12명의 지역 연방준비은행 총재들로 구성되었던 기존의 연방공개시장위원회 구성에 대해서도, 12개 지역 연방준비은행 총재가 모두 위원이 되는 방식 대신 연방준비국이 12명의 연방공개시장위원회 위원을 뽑을 수 있도록 하고자 했다.

에클레스의 연준 개혁안에 대해 글래스 의원의 반응은 실로 적대적이고 냉담했다(Moe, 2013, 21~23쪽). 글래스 의원이 에클레스 연준 개혁안을 반대한 가장 큰 이유는 에클레스 안이 지역 연방준비은행의 힘을 너무 약화시킨 대신 중앙권력인 연방준비국의 권한을 극단적으로 비대하게 한다는 것이다. 체이스 국법은행 등 주요 거대 은행들도 에클레스의 연준 개혁안에 대해 일제히 반대성명을 냈다. 뉴욕 지역 연방준비은행의 주주가 민간은행들이기 때문에, 뉴욕 지역 연준의 힘을 약화시키는 에클레스의 안에 대해 거대 민간은행이 강력하게 반대한 것은 지극히 자연스러운 반응이었다. 흥미롭게도 뉴욕 이외 지역의 은행들과 지역 연방준비은행들은 에클레스 안에 찬성했다. 에클레스와 글래스의 의견이 팽팽히 맞서 조정안 또는 타협안을 도출해내지 못할 경우 루스벨트 대통령이 나서 정리를 했다. 이런 논쟁과 조정 과정을 거쳐 탄생한 법이 1935년 은행법이다.

1935년 은행법[23]의 주요 내용은 다음과 같다. 우선 1장에서 연방예금보험공사의 설립을 항구적인 것으로 재확인했다. 그동안 잠정적으로

---

23. 1935년 은행법의 구성 및 장별 주요 내용에 대해서는 브래드퍼드(Bradford, 1935)를 참조.

운영되어왔던 연방예금보험공사가 1935년 7월 1일부터 정식으로 운영을 개시할 수 있도록 한다는 것이었다. 1935년 은행법 2장에서 주로 다루는 핵심 내용은 연방준비국(1935년 은행법 제정 이후 연방준비제도이사회로 변경)이 화폐정책에 대한 공공적 통제를 확보하고 발휘한다는 취지다. 이를 위해 우선 7명의 연방준비제도이사회 이사에서 그동안 당연직 이사였던 재무부장관과 통화감독청 감독관을 배제하기로 했다(Johnson, 1999, 46쪽). 이는 연준이 정부(재무부)로부터의 독립성을 강화해가는 신호탄이었다. 그다음으로 1935년 은행법에서 연방준비국을 폐지하고 연방준비제도이사회Board of Governors of Federal Reserve System로 대체하기로 했다. 이를 계기로 미국 연방준비은행제도Fed는 연방준비제도이사회FRB, 연방공개시장위원회FOMC, 12개 지역의 연방준비은행으로 구성되는 지금의 틀을 갖추게 되었다.

결국 1935년 은행법(연준법 개정을 포함) 제정으로 연방준비제도이사회의 권한과 위상이 대폭 강화되었다. 일례로 그전까지 재무부장관의 동의를 필요로 했던 예금준비율의 변경이 FRB의 재량에 맡겨졌다.

이 밖에 연방공개시장위원회FOMC는 7명의 연방준비제도이사회 이사와 5명의 지역 연방준비은행 대표로 구성되도록 했다(Perino, 2012, 18~19쪽).[24] 이 법이 도입되기 전까지만 하더라도 연방공개시장위원회 위원이 모두 12개 지역 연방준비은행 총재로 구성되었던 점을 감안한다면, 1935년 은행법 제정에 따른 연방공개시장위원회 위원 구성의 변경은 획기적인 조치임에 틀림없다. 에클레스는 연방준비제도이사회를

---

24. 연방준비은행 총재 5명의 구성을 보면, 뉴욕 연방준비은행 총재와 여타 지역 연방준비은행 총재 4명으로 구성된다. 여기서 특기할 점으로, 뉴욕 연방준비은행 총재는 당연직이므로 고정적으로 참석하지만 나머지 4명은 돌아가면서 선출된다. 나머지 7개 지역 연방준비은행 총재도 연방공개시장위원회의 논의에는 참가하지만 의결권은 갖지 않는다. 연방공개시장위원회 의장은 FRB 의장이 담당하고, 부의장은 뉴욕 연방준비은행 총재가 맡는다.

강화하고 지역 연준을 약화하기 위해 연방공개시장위원회 12명을 모두 연방준비제도이사회에서 임명하려 했으나 지역 연방준비은행의 반발과 글래스의 반대 등으로 7명은 연방준비제도이사회에서 충원하고 나머지 5명은 12개 지역 연방준비은행 총재 가운데서 선임하기로 한 것이다. 결국 이 조치는 지역 연방준비은행의 권한을 대폭 축소 또는 박탈하는 의미를 지녔다. 동시에 이는 연방공개시장위원회의 운영에서 연방준비제도이사회의 권한을 대폭 강화하는 결과를 초래했다. 이상을 통해 연방준비제도이사회는 통화정책에 대한 최종적인 통제권을 확보할 수 있게 되었다. 이 점에서 1935년 은행법은 연준을 현대화하는 데 필수불가결한 경로였던 것으로 평가된다.

앞에서 지적한 바와 같이, 1933년 은행법 제정 시에 거대 은행과 글래스 상원의원이 연방예금보험공사 설립안에 반대했던 것도 글래스 의원이 도시의 거대 민간은행의 이해를 철저하게 대변했기 때문이다. 글래스 의원은 에클레스의 연준 개혁안에 의해 공개시장 조작에 대한 민간 통제력이 상실되고 그 대신 연준의 정치적 통제력이 과도하게 강해지고 적자 재정이 심각하게 커질 수 있다고 우려한 것이다.

하원에서는 스티걸 의원 등을 비롯한 대부분의 의원들이 에클레스 안에 대해 호의적이었지만 글래스 의원이 버티고 있는 상원에서는 분위기가 완전히 달랐다. 결국 에클레스는 글래스의 요구를 일정하게 반영하기 위해 원안의 몇몇 사소한 부분은 삭제했다. 그럼에도 불구하고 좁힐 수 없는 양자 간의 입장 차이는 루스벨트 대통령에 의해 최종 조율되었다.

중앙은행의 업무를 수행하는 것은 연방준비제도이사회 산하 12개의 지역 연방준비은행이다. 각 지역 연방준비은행은 주식을 발행하며, 발행된 주식은 각 연방준비은행이 관할하는 개별 금융기관에 의해 보유된다. 따라서 이 민간 금융기관이 지역 연방준비은행의 출자자가 된다. 특기할 점은 정부나 비금융법인, 나아가 개인은 이 주식을 보유할수 없다는 것이다. 개별 금융기관에 의한 출자액은 금융기관의 자본 규모에 비례하지만, 연방준비은행 이사를 선출할 때 투표권은 자본 규모와 관계없이 1표만 부여된다. 이 때문에 자본 규모가 큰 거대 은행이라도 주도권을 장악하기는 어렵게 되어 있다. 주주의 영향력은 극히 미미하고 그 역할도 상당히 제한되어 있었다. 실제 주주는 9명의 이사 중6명의 이사를 선출할 수 있을 뿐, 나머지 3명은 연방준비제도이사회가임명하도록 했다. 6명의 이사 중 3명(A클래스 임원)은 가맹 은행의 대표자 자격으로 선출되었으며, 나머지 3명(B클래스)은 은행 이외의 민간기업 대표자 자격으로 선출되었다.

2) 자본시장 및 증권 관련법 개혁

(1) 1933년 증권법

1920년대 증권 거래가 활성화되는 차원을 넘어 과열 양상을 보이자, 증권 관련 사기·주가 조작 등 금융 비행에 대한 규제 감독을 요구하는 목소리가 커졌다. 하지만 후버 대통령 시대만 하더라도 본격적인증권 규제의 목소리가 큰 힘을 받았다고 보기는 어렵다. 1933년 증권법Securities Act of 1933은 1933년 은행법이 통과되기 3주 전인 1933년5월 27일에 통과되었다. 그렇다면 왜 연방 차원에서 증권법이 도입되었을까?

대공황 이전 증권업에서는 연방 차원의 규제가 전무했다. 증권거래업자의 자율 규제가 대부분이었다. 만의 하나 증권 관련 규제가 있었다면 주 차원의 규제였다. 블루스카이법Blue-Sky Law[25]이라는 주 차원의 법은 주마다 달랐지만 크게 증권 거래에서의 반反사기법Antifraud Act과 증권발행인허가법Liscensing Act으로 범주화될 수 있었다(Keller, 1988,

331쪽). 반사기법에 따르면, 증권판매에서 사기가 저질러졌다는 증거가 확인되지 않으면 반사기법이 적용되지 않는다. 다음으로 증권발행인허가법과 관련해서는 주정부 관리들에게 증권 거래에 대한 통제를 맡겼는데, 이들이 발행자가 제공한 정보를 심층 조사하여 증권공모의 건전성에 대한 판단을 내리기 전까지는 증권 판매를 금지한다. 증권들이 법정 요구 조건을 충족하면, 발행자가 증권을 주 내에서 팔 수 있다. 하지만 블루스카이법은 증권 거래에서 사기를 금지하고 투명하고 공정한 거래를 유도하는 데는 충분하지 않았다. 왜냐하면 주 관리의 감시 및 통제 능력이 현저히 취약했을 뿐만 아니라 가 주들이 증권 발행을 유지하기 위해 증권 발행 관련 규제를 앞다투어 관대하고 느슨하게 하려고 했기 때문이다. 결국 주 차원의 증권법은 전혀 효력을 발휘하지 못했다.

1930년대 전만 하더라도 공개기업의 정보는 거의 기업 내 소수 내부자에 의해 독점되었다고 해도 과언이 아니다. 즉 공개기업 정보는 경영자, 이사, 투자은행, 자본 공급자 등 내부자들만 접근할 수 있었고 그 외에는 접근이 불가능했다. 이에 따라 1930년대 이전 미국 증권(자본)시장의 최대 문제는 법인기업의 주요 정보가 투자자 다수에게 제대로 공개(공시)되지 않았다는 점이다. 증권시장에 상장되어 거래되는 해당 주식의 기업은 주요 기본 정보를 정기적으로 공표하지 않았다. 설사 기본 정보가 공표된다고 하더라도 그 자료의 신빙성에 심각한 문제가 있었다. 요컨대 일반투자자들이 이용할 수 있는 믿을 만한 정보가 거의 부재했으며 설사 정보가 공개되었다고 하더라도 허위 정보가 많았다.

이에 비해 JP 모건은 주식을 상장해 거래하는 기업들에 대한 자세한 정보를 거의 독점적으로 보유했다. 국민 대다수가 극히 불충분한 정

---

25. 주 차원의 증권규제법이 얼마나 느슨하고 무기력했던지, 이런 규제하에서는 금융 해적이 주의 '푸른 하늘'blue sky을 제외하고 주 시민들의 모든 것을 다 내다팔아 처분했을 정도라는 의미다.

보를 보유한 상태에서 JP 모건을 위시한 소수의 투자은행은 효율적으로 정보를 생산하고 보유했기 때문에 막강한 영향력을 발휘했다. 다시 말해 투자은행은 건전한 금융 결정에 필요한 정보를 독점하고 있는 데 비해 일반인들이 보유한 정보는 양과 질에서 모두 불완전하고 불충분했다. 1933년 연방정부 차원에서 증권법을 도입한 것도 바로 이런 배경에서였다.

1933년 증권법 제정의 일차적인 추동자는 루스벨트 대통령이었고, 페코라의 조사청문회가 증권법 도입을 위한 대중 여론을 조성하는 데 크게 기여했다. 그리고 증권법의 실질적인 기안자들은 프랑크푸르터, 코언, 프랭크, 랜디스, 코코런 등으로 구성된 브랜다이스 사단 멤버들이었다. 이중 세부 지침을 마련한 주역은 제롬 프랭크였고, 법안의 핵심 기초자는 제임스 랜디스였다(Mahoney, 2001). 이들은 영국의 공시철학이 철저하게 반영된 1908년과 1929년의 영국회사법British Company Act을 벤치마킹했다.

1933년 증권법은 기본적으로 신규증권 발행을 규제하기 위해 마련되었다. 즉 신규로 증권을 발행하는 기업에 대해 대차대조표, 손익계산서 등 기업의 주요 세부 정보를 일반투자자들에게 정확히 공시하도록 함과 동시에 공시된 세부 재무 정보를 독립적인 감사에 의해 확증하도록 했다.[26] 이에 따라 독립적인 회계사가 해당 법인기업의 재무제표를 확증해야만 했다. 이 밖에 신규증권 발행에 대한 감독 업무는 연방거래위원회FTC가 담당하도록 했다. 이 업무는 1934년 증권거래소법이 제정된 이후 신설된 증권거래위원회로 이관되었다. 전체적으로 볼 때, 회계법인(회계사)이 규제 시스템에서 핵심이라고 해도 과언이 아니었다.

1934년 증권거래소법에 따라 신설된 SEC는 금융공시를 개선·강화

---

26. 이런 면에서 1933년 증권법은 '증권법에서의 진리'truth in securities law로 알려졌다.

하기 위해 통일적 회계 기준을 권장했다. 법인기업 고객으로부터 회계 법인(社)이 독립적이어야 함은 두말할 필요가 없다. 하지만 이후 지금 까지 많은 회계법인(社)들이 법인기업 고객과의 이해 상충 때문에 완전 히 독립적으로 제 기능을 하고 있다고 보긴 어렵다.[27] 어쨌든 이런 한계 와 결함에도 불구하고 증권법의 제정을 통해 JP 모건의 정보 독점과 이 에 기초한 전횡을 어느 정도 제어할 수 있었다. 이런 면에서 증권법은 아주 유용한 사회적 목적을 달성했다.

1933년 증권법에서 제시된 증권 개혁은 매우 온건했다. 증권 개혁 의 주된 방향은 진실 고지, 즉 공시를 강화하는 쪽으로 가닥이 잡혔다. 뉴딜 정부는 브랜다이스가 증권시장에서 최고의 규제 수단이라고 강조 해왔던 공시 강화를 곧바로 정책에 반영했다. 바로 이런 측면에서 뉴딜 증권 개혁의 기본 방향은 자유시장 자본주의의 폐해를 공격하기보다는 금융시장의 효율성을 제고하는 것이었다(Kennedy, 2009). 증권법의 궁 극적인 목적은 기존 미국 경제 질서, 특히 자본시장 질서에 대한 신뢰 를 회복하여 아메리칸 드림을 지속적으로 유지하고 존속시키는 것이었 다(Merino and Mayper, 2001, 507쪽). 1933년의 증권법은 뉴딜 금융법 중 가장 성공적인 사례 중의 하나로 손꼽힌다.

(2) 1934년 증권거래소법

1933년 증권법이 제정된 지 1년이 조금 지난 시점에서 연방 차원의 증권 규제법인 증권거래소법이 추가로 제정되었다. 연방 차원의 증권 규제법이 연이어 입안된 이유는 무엇일까? 먼저 앞에서도 잠깐 지적 했듯이 1933년 증권법은 아주 짧은 시간에 급하게 만들어졌다. 그렇다 보니 허점과 공백이 군데군데 발견되었다. 우선 1933년 증권법은 증권

27. 증권거래위원회가 통일적 회계 기준을 확립하는 데에도 별로 성공적이지 못했다.

의 신규발행에 관해서만 정보 공개와 공시를 규정했을 뿐, 이미 증권이 발행되어 거래되는 회사의 정보 업데이트에 대해서는 아무런 규정이 없었다. 다시 말해 1933년 증권법은 공모 중인 투자에 대한 정보를 투자자에게 고지하도록 하는 공시를 지향한 것일 뿐, 증권 발행자의 현재 및 미래 정보를 지속적으로 제공하도록 한 것은 아니었다(D'Alimonte et al, 2001, 54~55쪽). 따라서 증권법에 따르면 일단 공모가 끝나면 더는 추가 공시를 할 필요가 없다. 이런 문제를 해결하기 위해 추가적인 연방 입법이 필요했다. 더 중요한 것은 1933년 증권법을 시행하고 감독하는 독립적인 기구를 설립할 필요성이 생겼다는 점이다. 루스벨트와 하원은 연방거래위원회가 그 임무를 수행해야 한다고 생각했지만 상원은 신설 기구를 만들어야 한다고 주장했다.

1934년 6월 6일 서명된 증권거래소법Securities Exchange Act of 1934은 시세 조작 거래 관행을 엄격하게 금지하는 동시에 1933년 증권법의 공시철학을 기존에 거래소에 등록한 기업으로까지 확대하여 세부 정보를 주기적으로 공시하도록 했다. 다시 말해 1933년 증권법에서 명시했던 등록과 공시의무를 신규 거래소 상장기업뿐만 아니라 이미 증권을 발행한 기존의 상장기업에 대해서도 확대 적용하기로 했다(Acharya et al., 2011). 즉 상장기업에 연간 재무제표(대차대조표와 손익계산서)와 분기별 실적보고서를 제출하도록 했다. 또한 이 정보가 표준 회계 절차를 사용하는 독립 감사에 의해 인증되도록 의무화했다. 이외에 의결권 대리행사 그리고 이사와 임원들의 주식 거래에 대해서도 연방법으로 규제하기로 했다. 1934년 증권거래소법의 초점 역시 투자자 보호에 맞춰져 있었다.

1934년 증권거래소법이 현재까지 큰 영향력을 미치고 있는 조항이 바로 의결권 대리행사proxy rule 제도의 개혁을 다룬 증권거래소법 제14조다. 제14조는 의결권 대리행사 제도를 개혁함으로써 법인기업 내에서 주주(소액주주)들이 자신들의 제안을 좀더 적극적으로 행사할 수 있도록 했다. 당시만 하더라도 소유와 통제가 분리된 전문경영인 체제에서는 CEO 등이 소액주주의 제안이나 의견에 거의 귀를 기울이지 않았다. 대부분의 제조업 법인기업, 투자은행, 증권거래소 등 증권 관련 업계 모두 주주 제안 룰의 강화에 반대했다. 하지만 다행스럽게 후기 뉴딜 시기의 증권거래위원회 직원들은 주주 제안=적극적 의결권 행사를 강화하는 방향으로 제도를 개혁했다. 결국 강력한 회계 기준의 권장과 주주 권한의 강화를 위한 증권거래위원회의 일련의 조치는 경제력 집중을 완화하는 수단으로 간주되었다. 이런 면에서 주주 제안 룰의 강화는 최후반기 뉴딜의 주요 성공 사례로 평가된다. 중요한 점은 이 때 만들어진 의결권 대리행사 규칙이 이후 주주-경영진 관계에 항구적인 영향을 미쳤다는 것이다. 요컨대 증권거래소법 제14조는 관련 업계의 반대를 무릅쓰고 소액주주가 적극적으로 발언할 수 있는 제도적 틀을 정비했다는 점에서 주주민주주의의 기틀을 마련했다고 평가된다(Nicholas, 2004).

1934년 증권거래소법의 최대 성과는 루스벨트가 궁극적으로 새로운 규제기관으로 증권거래위원회SEC를 신설했다는 점이다. 자본시장 및 증권과 관련하여 새로운 규칙 제정 권한은 증권거래위원회 소관이 되었다. 하지만 우리가 절대 놓쳐서는 안 될 점은 1933년 증권법, 1934년 증권거래소법의 제정으로 연방 차원의 규제법과 연방 감독기관이 신설되었음에도 미국 증권산업의 기본적인 거버넌스 틀인 업계 중심의 자율 규제 틀Self- Regulatory Organization(SRO)에 근본적인 변화가 생긴 것은 아니라는 것이다. 1934년 증권거래소법을 개정한 1938년의 맬로니Maloney법에 따르면 전미증권업협회National Association of Securities Dealers(NASD)를 이 산업의 최대 자율 규제 조직으로 확립하고 이를 증권거래위원회 감시 아래 두기로 한 것이다(Szyliowicz, 2012,

139쪽).

끝으로 1934년 증권거래소법에서는 1990년대 기업들의 주가 부양 수단으로 광범위하게 이용되었던 자사주 매입을 주가 조작으로 간주해 금지했다는 점이 흥미롭다. 자사주 매입이 주가 극대화 수단으로 비일비재하게 사용되기 시작한 계기는 1982년 증권거래소법의 개정이었다. 1982년 개정법에 따르면 1일 공개시장 매입액이 주식의 1일 평균거래량의 25%를 넘지 않을 경우 그리고 최초 거래일과 최종 거래일에는 자사주 매입을 자제하도록 했다. 1982년에 개정된 증권거래소법 18b-10은 자사주 매입을 주가 조작 혐의 없이 더 용이하게 했다.

1930년대 월스트리트 사람들은 1933년 증권법 및 1934년 증권거래소법 등 증권 관련 개혁법을 몹시 싫어했다. 증권업계는 증권법의 통과를 끔찍한 패배로 생각했으며, 행정소송을 통해 이 제한과 규제를 철폐할 기회를 추구했다. 하지만 장기적으로 볼 때 증권 및 자본시장 개혁은 월스트리트에 큰 혜택이자 축복이었다. 왜냐하면 이 법들은 금융·자본시장에 대한 신뢰를 회복하는 데 크게 기여했기 때문이다. 종합적으로 볼 때, 1930년대 금융 뉴딜을 계기로 투자은행의 지위가 19세기 말~20세기 초에 비해 현저히 약화되었다. 폴 스위지가 1930년대 뉴딜이 1920년대까지의 투자은행의 전성시대를 종식시켰다(Sweezy, 1981, 248쪽)고 본 것도 바로 이런 측면을 주목했기 때문이다.

5. 맺음말

뉴딜의 구조개혁, 특히 금융 뉴딜이 1930년대 대공황 탈출에 직접적·가시적인 영향을 미쳤다고 보는 사람은 별로 없는 듯하다. 예외적으로 1933년 루스벨트가 집권하자마자 실시한 긴급은행법은 은행 파산 및 은행 예금 인출 쇄도 등 최악의 경제 상황에서 벗어나는 데 적지 않은 기여를 했다. 미국이 1930년대 대공황에서 탈출하게 된 가장 결정적인 계기는 1930년 말~1940년대 초 미국의 2차 세계대전 참전과 그에 따른 전시경제 수요였다.

그렇다면 금융 뉴딜이 무용지물이었던가? 전혀 그렇지 않다. 기본적으로 뉴딜은 대공황 시기에 경제회복을 위한 고정된 정책 틀이라기보다는 민주적 정치경제를 뒷받침하는 일련의 새로운 제도적 장치다(Niemi and Plante, 2011, 420쪽). 전체적으로 뉴딜은 전후 30년 미국 경제의 황금기와 금융 시스템의 안정을 이끄는 데 결정적으로 기여했다. 대공황 이전의 미국식 금융자본주의는 뉴딜에 의해 단명으로 끝남과 동시에 금융자본가의 영향력은 급격히 쇠퇴했다(Davis, 2008). 뉴딜을 계기로 큰 정부, 상대적으로 강력해진 노조, 제조업 분야의 전문경영인들이 이들에 대한 길항력으로 작용하면서 미국 경제는 전후 사반세기 동안 탄탄대로를 걸어왔다.

더 중요한 사실은 1930년대 금융 뉴딜이 1970년대 미국의 전성시대가 종언을 고한 이후 신자유주의적 금융화 시대에 미국이 주도적 역할을 하는 데 큰 역할을 했다는 것이다. 이로써 21세기 미국 자본주의에서는 금융 부문의 변화가 다른 제도 영역에서 변화를 추동하는 주요인으로 작용함으로써 미국 자본주의 모델을 결정하게 되었다(Deeg, 2012, 1249~1286쪽).

뉴딜 전체로 볼 경우, 19세기 말 20세기 초 포퓰리즘 운동과 진보주의 운동이 지향했던 반독점주의=분권주의=제퍼슨주의=일종의 자유주의 정신이 큰 영향을 미쳤다. 브랜다이스, 프랑크푸르터, 프랭크, 랜디스 등을 중심으로 한 반독점·분권적 자유주의가 1930년대 증권 부문 개혁의 기본 틀과 방향을 틀어쥐고 있었다. 균형 재정론자 또는 재정보수주의자였던 루스벨트 대통령이 처음부터 끝까지 가장 오랫동안 지속적으로 기댔던 정책자문 집단이 바로 브랜다이스 추종세력이었다.

뉴딜 금융 부문 개혁 중 1933년의 은행 개혁은 연방예금보험공사의 설립 등과 같이 포퓰리스트들의 요구가 반영되기도 했지만 이보다더 중요한 것은 글래스와 윌리스 등 금융관료·금융전문가들이 제시한개혁 방향이다. 1933년 은행법에는 상업은행·투자은행의 분리와 같이반독점 정신이 부분적으로 녹아 있지만, 오히려 이보다는 연준을 중심으로 한 연방금융 규제 강화와 일관되고 자기완결적인 금융 시스템의확립이 더 중요했다. 글래스는 이를 통해 투기적 금융 및 투기경제 억제, 생산성 제고를 통한 생산적 시장경제의 확립이 가능하다고 보았다.

뉴딜 개혁을 뒷받침했던 또 다른 핵심 자문 집단은 브레인트러스트로서, 이들의 핵심 정신은 민주적 계획이었다. 농업과 제조업 분야의가격 폭락과 과잉생산을 해결하기 위해서는 큰 정부와 대기업 주도의민주적 계획이 결정적으로 필요하며 경기부양, 일자리 창출을 위해서는 적극적인 정부 개입과 적자 재정 지출을 통한 공공구호 사업의 추진이 필수불가결했다. 농업조정법, 전국산업부흥법이 브레인트러스트들이 주도적으로 추진했던 핵심 뉴딜이었다. 균형 재정론자이자 반독점자유주의자에 가까운 루스벨트 대통령, 모겐소 재무장관 등이 적자 재정을 야기하고 대기업을 활용하는 개혁안을 호의적으로 수용할 리 없었다. 루스벨트가 이들을 부담스럽게 여기면서 양자 관계는 점점 더 소원해졌다. 이에 따라 뉴딜 개혁의 한 축을 담당했던 브레인트러스트의존재 가치는 점점 약화되었다.

마지막으로 뉴딜 개혁정책을 뒷받침했던 정책자문 집단은 주로 사회사업가로 구성되었는데 이들은 경기부양과 일자리 창출을 위해 적극적인 공공구호 사업을 추진할 것을 제안했다. 이들은 공공사업청PWA, 토목사업청CWA, 공공사업촉진청WPA을 중심적으로 이용하여 각종 공공구호 사업을 추진했다. 공황 탈출과 관련하여 이들 부문의 뉴딜정책이 기여한 바를 깡그리 무시할 수는 없지만 뉴딜의 전체 구도에서 본다면 그리고 21세기 현재적 관점에서 보다면 그 영향력은 상대적으로 미미했던 것으로 생각된다.

1930년대 금융 뉴딜 중 아메리칸 드림의 실현을 위한 각종 주택 복지 금융제도, 뮤추얼펀드, 각종 연기금 등의 포트폴리오 투자 관련 1940년 투자회사법, 투자자문법 등 증권자본시장 개혁법은 80년이 지난 현재 시점에서 미국의 금융화=증권화 등을 통한 21세기판 금융자본주의로 가는 길에 결정적으로 유리한 제도적 토대를 제공한 것으로 판단된다.

13. 워싱턴 컨센서스와 새로운 발전 모델의 모색

이강국

1. 머리말

한국의 경우 2012년 대선 과정에서 경제민주화에 관한 논의가 활발하게 진행되면서 사회경제적 민주주의에 관한 관심이 크게 높아졌다. 이는 1997년 경제위기 이후 도입된 IMF의 구조조정 이후 나타난 한국 경제의 구조적 변화와 관련이 있다. 위기 이후 한국 정부가 도입한 신자유주의 경제 구조조정과 금융 개방은 경제의 성장 동력과 정부의 경제관리 능력을 약화시킨 반면, 경제적 불안정과 불평등 그리고 빈곤을 심화시켰던 것이다. 이와 동시에 상위 재벌 대기업의 경제력 집중은 더욱 심해졌고 이들의 정치적 권력도 강화되었다. 이러한 변화는 민주주의의 사회경제적 기반을 약화시켜 많은 국민들이 정의와 연대가 실현될 수 있는 경제민주화와 복지국가를 희망하게 되었다.

다른 여러 개도국들은, 소위 '워싱턴 컨센서스'Washington Consensus라는 이름 아래 국제기구의 정책 제언을 받아들여 신자유주의적인 경제 구조조정과 금융 개방을 이미 1980년대부터 도입한 바 있다. 따라서 경제민주화라는 시각에서 이들 개도국들의 경험을 검토하는 것은 한국의 현실에도 커다란 의의가 있을 것이다.

이 글의 목적은 워싱턴 컨센서스로 대표되는 개도국의 경제 발전정책의 경험을 경제 성장뿐 아니라 사회경제적 민주주의라는 관점에서 비판적으로 분석하고 대안적인 발전 모델에 대해 고민하는 것이다. 먼저 2절에서는 신자유주의 세계화라고 하는 세계 경제의 변화 그리고 주류경제학자들과 국제기구들이 제시하여 많은 개도국들이 따랐던 워싱턴 컨센서스의 내용에 관해 살펴본다. 3절에서는 경제 성장이라는 관점에서 워싱턴 컨센서스의 공과를 평가하고 포스트 워싱턴 컨센서스 등 최근에 진행되고 있는 개도국의 경제 발전 모델에 관한 새로운 논의들을 검토한다. 4절에서는 경제적 불평등과 사회적 통합이라는 관점에서 워싱턴 컨센서스가 사회경제적 민주주의에 미친 영향을 논의하고, 2000년대 이후 전개되고 있는 개도국들의 경제민주화 노력에 관해 살펴본다. 5절에서는 세계 금융위기 이후 새로이 나타나고 있는 세계 경제의 변화를 검토하고 워싱턴 컨센서스를 넘어서는 대안적인 개도국의 발전 모델에 관해 전망한다.

1980년대 이후 IMF와 세계은행 등의 국제기구들은 금융위기와 구조조정 과정에서 시장근본주의적인 경제이론에 기초하여 경제자유화, 개방, 민영화와 규제 완화 등의 경제정책을 개도국에 제시했다. 그러나 라틴아메리카와 아프리카 등지의 대부분의 개도국들이 경제 성장에 실패해 워싱턴 컨센서스에 대한 비판의 목소리가 높아졌다. 따라서 최근에는 국제기구들과 경제학자들 사이에서 워싱턴 컨센서스를 극복하는 새로운 경제 발전 모델에 관한 논쟁이 진전되고 있다. 한편 2007년 이후 세계 금융위기로 주류경제학과 신자유주의가 약화된 반면, 중국과 브라질 등의 국가들이 신자유주의와 다른 방식으로 경제 발전에 성공하여 대안적인 경제 발전 모델을 모색하려는 노력이 전개되고 있다. 이러한 역사적 경험은 워싱턴 컨센서스의 주된 실패 원인이, 그것이 개도국의 사회경제적 민주주의와 모순되었기 때문이며, 시민들의 반대에 직면한 신자유주의 세계화는 지속 가능하지 않음을 보여준다. 따라서 시장의 문제점을 극복하면서 사회경제적 민주주의를 강화하고, 장기적으로 평등한 소득 분배와 안정적인 성장이 선순환을 이루는 새로운 경제 발전 모델이 요구되고 있다. 이 글은 워싱턴 컨센서스와 개도국의 경제 발전의 경험에 대한 비판적 분석에 기초하여, 지속 가능한 발전을 위해 민주적이고 평등한 새로운 발전 모델이 필요함을 지적할 것이다.

2. 신자유주의 세계화와 워싱턴 컨센서스

1) 신자유주의 세계화와 개도국의 경제 발전

2차 세계대전 이후 제국주의에서 해방된 많은 개도국들은 경제 발전 전략으로서 국가의 강력한 경제 개입에 기초한 유치산업 보호와 수입대체 공업화에 기초하여 경제 성장을 추진했다. 이는 경제 성장을 위해 정부나 대외원조 등의 대규모 투자가 필요하다는 기존의 빅푸시big push 이론 그리고 제3세계 국가들은 국제무역을 늘릴수록 선진국에 종속되고 경제 성장에 실패할 것이라는 라틴아메리카 학자들의 종속이론을 배경으로 한 것이었다. 이러한 시각은 시장의 불완전성 그리고 수출과 대외의존의 문제점에 대한 인식에 기반했다(Rodrik, 2005). 많은 주류 경제학자들은 이러한 입장에 비판적이지만 흥미롭게도 실제로 당시 경제 성장의 성과는 1980년대에 비해 나쁘지 않았다. 그러나 정부의 제도적 역량이 취약하고 국제경쟁력이 약했던 라틴아메리카의 여러 개도국들은 거시경제의 불안과 지대 추구와 부패, 그리고 경상수지 적자와 대외부채 증가 등의 문제에 직면했다. 이러한 문제들이 심화되고 1980년대 초 이후 미국의 금리 인상으로 인해 여러 개도국들이 부채위기에 직면하자, 정부 개입과 수입대체 공업화에 기초한 발전 모델은 몰락하고 말았다.

이들 국가와 달리 1960년대와 1970년대에 수출 주도적 공업화를 도입한 동아시아 국가들의 경제적 성과는 매우 뛰어났다. 이들이 개방과 자유화를 전면적으로 실시한 것은 아니었지만, 많은 학자들은 라틴 아메리카의 실패를 이들의 성공과 대비하며 경제 발전을 위해 시장자유화와 개방이 필요하다고 주장했다. 1982년 남미 국가들의 부채위기 이후, 여러 개도국들이 금융위기에 빠져들게 되자, IMF와 세계은행은 이들 국가에 '구조조정 차관'structural adjustment loan이라 불리는 구제금융을 제공하며 구조조정 정책을 실시하도록 권고한다. 국제기구의 구조조정 프로그램의 내용은 주로 국가의 경제 개입을 축소하고 시장의 기능을 확대하는 신자유주의 기조와 개도국의 세계시장과의 통합을 강조하는 세계화의 흐름을 배경으로 한 것이었다. 이론적으로도 1980년대 이후 거시경제학에서 통화주의와 새고전파 거시경제학이 주류가 되었으며, 발전경제학에서도 시장근본주의에 기초한 무역과 금융의 개방 그리고 시장자유화의 흐름이 지배적이 되었다.

개도국에서 나타난 이러한 변화는 선진국에서부터 나타난 세계 자본주의의 구조적인 변화, 즉 신자유주의 세계화를 반영하는 것이었다. 1970년대의 구조적 경제위기 이후 선진 자본주의 국가들에서는 케인스주의 복지국가의 해체와 신자유주의로의 전환이 나타났다. 신자유주의는 금리 인상을 통한 인플레이션 억제, 정부의 복지 지출 축소, 민영화와 규제 완화, 노조의 억압과 노동시장의 유연화 등 다양한 영역에서 국가 역할을 축소하고 시장에서 자본의 자유를 최대화하는 정책들로 구체화되었다. 신자유주의와 상호작용하며 나타난 세계 경제의 중요한 구조적 변화는 세계화의 진전이었다. 세계화는 무역자유화를 배경으로 한 국제무역의 발전, 그리고 국제적 자본 이동으로 대표되는 금융세계화의 진전으로 나타났다. 이러한 세계화는 각국의 신자유주의와 개방 정책에 의해 더욱 진전되었고, 동시에 세계화의 발전은 자본의 세력과 신자유주의를 더욱 강화했다. 이러한 세계 경제의 구조적 변화 속에서 개도국들은 국제기구의 제언 및 압력과 함께 그들의 발전 모델을 전환시켰던 것이다.

2) 워싱턴 컨센서스의 등장

워싱턴 컨센서스는 경제학자 존 윌리엄슨이 처음 만들어낸 단어로서 1980년대 이후 개도국의 구조조정 프로그램 과정에서 IMF와 세계은행 등의 국제기구들이 개도국들에게 조언한 여러 경제정책의 패키지를 일컫는 개념이다(Williamson, 1990). 그 구체적인 내용은 ① 재정긴축, ② 정부 지출 우선순위의 친성장 지원 방식으로 재조정, ③ 세율은 낮추되 세원을 넓히는 조세 개혁, ④ 이자율의 자유화, ⑤ 경쟁적 환율 제도의 도입, ⑥ 무역자유화, ⑦ 해외 직접투자 유입의 자유화, ⑧ 민영화, ⑨ 안전, 환경, 가격 등에 대한 규제의 완화, ⑩ 재산권 제도의 강화 등 열 가지를 포함한다. 결국 이 개념은 거시적으로는 긴축과 안정정책, 미시적으로는 시장의 작동을 확대하는 구조조정 그리고 대외적으로는 무역과 금융 등의 경제 개방을 포괄한다.

실제로 워싱턴 컨센서스를 가장 적극적으로 도입한 라틴아메리카의 사례를 보자. 1990년대 내내 이 지역 국가들은 IMF의 구제금융과 안정화 프로그램하에서 국제기구들의 강력한 지지를 받으며 워싱턴 컨센서스 정책들을 대대적으로 도입했다. 로라(Lora, 2001)는 국제무역, 외환, 조세, 금융자유화, 민영화, 노동정책 등을 포괄하는 구조개혁 지수를 계산했는데, 라틴아메리카는 1990년대 초반 이 지수가 크게 높아졌다. 라틴아메리카 지역의 평균 관세는 1980년대 초 50%에서 1990년

33%로 하락했고, 1999년에는 약 10%까지 축소되었다. 많은 국가들에서 국내적으로 그리고 대외적으로 금융 부문에서 자유화와 개방이 이루어졌다. 이자율이 자유화되고 금융 부문의 통제가 약화되었으며 외국인 투자와 외환 거래 그리고 자본계정의 거래에 관한 통제도 철폐되었다. 한편 거시경제적 안정화 프로그램은 핵심적인 개혁 과제였다. 재정 지출의 축소와 함께 중앙은행을 정부로부터 독립시키고 재정 적자의 지원을 금지했으며, 강력한 인플레이션 목표제를 실시하여 1990년대에는 라틴아메리카의 인플레이션이 진정되었다. 또한 공기업과 국유은행의 민영화가 이루어져, 라틴아메리카에서만 1988년에서 1997년 사이 800개가 넘는 기업이 민간에 매각되었다(Birdsall, de la Torre and Caicedo, 2010). 라틴아메리카뿐 아니라 아프리카 국가들도 금융위기와 구제금융 과정에서 거시경제의 안정화 정책과 유사한 구조조정 정책을 실시했다. IMF와 세계은행 등은 동유럽과 아시아의 개도국들에게도 동일한 기조의 정책을 조언했고, 1997년 동아시아 금융위기 이후에는 한국과 태국 등도 워싱턴 컨센서스를 따르는 신자유주의 경제 구조조정과 경제 개방정책을 실시했다.

워싱턴 컨센서스의 이론적 기반은 시장에 맡겨야 경제 발전을 더욱 촉진할 수 있다는 시장근본주의 사상이다. 따라서 정부의 통제를 줄이고 시장의 가격을 바르게 하는getting prices right 자유화 정책이 핵심이었다. 이는 거시적으로 안정화 정책의 추구, 미시적으로 규제 완화와 자유화, 그리고 대외적으로는 금융 개방으로 나타났고, 워싱턴 컨센서스의 개혁정책들은 이를 포괄하는 것이었다. 그러나 이 개념은 일관된 개혁정책의 틀이라기보다는 당시 공통적으로 수용되던 정책들의 나열이었고, 주로 라틴아메리카를 대상으로 제시되었지만 다른 지역에도 무분별하게 적용되어 비판을 받았다.[1] 정치경제학적인 관점에서 보면 워싱턴 컨센서스는 외국 자본이나 국제기구의 이해가 상대적으로 강하게 반영된 것이며, 도입 과정에서 시장에 개입하던 관료나 기존에 보호받던 산업, 그리고 기득권을 지닌 노동조합 등의 이해는 약화되었다고 할 수도 있다.

한편 경제민주화의 관점에서 볼 때 워싱턴 컨센서스는 시장주의적인 정책에 기초한 성장의 촉진에만 매몰되어 정책 결정 과정에서 대중의 참여나 소득 분배와 빈곤 등 사회경제적 민주주의 영역에 대한 고려는 거의 없었다고 할 수 있다. 실제로 워싱턴 컨센서스를 추진했던 국제기구와 주류경제학자들은 빈곤 문제는 분배의 변화 없이 경제 성장의 촉진으로 해결할 수 있다는 믿음을 지니고 있었다.

3. 워싱턴 컨센서스의 실패와 미래의 전망

1) 워싱턴 컨센서스와 경제 성장의 실패

IMF와 세계은행의 구조조정 프로그램을 받으며 워싱턴 컨센서스에 기초한 경제정책을 도입했던 라틴아메리카나 아프리카 등 개도국들의 경제 성장의 성과는 성공적이지 않았다. 1980년대 이후 개도국 경제는 1980년대 이전 시기에 비해 전반적으로 경제 성장률이 하락했고, 라틴아메리카와 아프리카 국가들의 경제 정체는 특히 심각하여 선진국과 격차가 더욱 벌어졌다. 경제 성장뿐 아니라 절대적·상대적 빈곤의 측면에서도 유사한 결과가 나타났다.

〈그림 13-1〉이 보여주듯이, 라틴아메리카는 1980년대에 1인당 실

---

1. 윌리엄슨 자신도 워싱턴 컨센서스의 금융자유화는 협소하게 정의되었고, 국제기구들이 외국 단기자본에 대한 금융 개방을 무리하게 밀어붙였다고 비판했다.

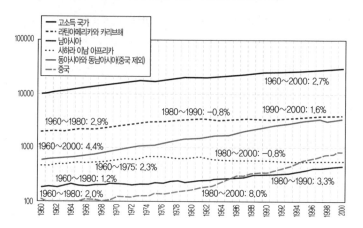

〈그림 13-1〉 국가그룹별 1인당 GDP(1995년 달러 기준)

자료: Rodrik, 2005.

질 GDP가 -0.8%의 마이너스 성장, 1990년대는 1.6%의 성장을 기록
했는데, 이는 약 3%에 달하는 1960~1980년의 성장률에 비하면 훨
씬 낮은 수치다. 아프리카도 1980년대 이후 마이너스 성장을 기록하여
2%가 넘는 1960년대와 1970년대의 성과에 비해 크게 악화되었다. 따
라서 이들 지역의 많은 개도국들은 지속적인 경제 성장에 성공한 선진
국과 고도성장에 성공한 동아시아에 비해 더욱 뒤처지게 되었다. 이스
털리(Easterly, 2001)에 따르면 1980년에서 1998년 사이 개도국의 1인당
소득증가율의 중간값median은 제로로, 1960~1979년의 2.5%에 비해
크게 낮아졌다. 그는 또한 여러 거시적인 정책변수들이 개선되었음에
도 1980년대 이후 성장률이 하락했는데 이는 기존의 계량분석 모델로
설명하기 어려우며 워싱턴 컨센서스에 실망스러운 결과라고 강조한다
(Easterly, 2001). 1980년대에 잃어버린 10년을 보내고 가장 적극적으로
워싱턴 컨센서스를 도입한 라틴아메리카는 1990년대에는 성장률을 약
간 회복했지만, 생산성의 성장은 이루어지지 못했고 선진국과의 격차

를 줄이는 데 실패했다(Jomo, 2005).

워싱턴 컨센서스의 실패는 1990년대 이후 개도국들의 금융 불안정이 더욱 심각해진 사실에서도 뚜렷이 나타난다. 1980년대 초 외채위기를 겪은 개도국들은 워싱턴 컨센서스의 제언에 따라 금융자유화와 금융 개방을 통해 외국인 투자와 금융자본을 적극적으로 받아들였다. 그러나 대부분의 개도국들은 금융 감독이나 금융 발전 그리고 제도적 역량이 미약하여 금융 개방 및 세계화의 진전과 함께 외부 충격에 쉽게 노출될 수 있었다. 정보 문제 등으로 인해 국제 금융시장의 시장 실패가 심각하여, 개도국에 대한 외국인의 증권 투자와 단기차입의 흐름은 매우 불안정했고 작은 충격에도 쉽게 유출될 수 있었다. 이로 인해 1994년 멕시코, 1997년 동아시아, 1998년 러시아, 2000년 터키, 2001년 아르헨티나 등 여러 개도국들에서 연속적으로 외환금융위기가 발생했다. 금융위기는 이들 국가의 경제 성장과 소득 분배 그리고 빈곤 문제를 크게 악화시켰고 워싱턴 컨센서스에 대한 정치적 반대로 이어지기도 했다.

한편 몇몇 경제학 연구들은 좀더 엄밀한 국가 간 계량분석 모델을 사용하여 국제기구의 구조조정 프로그램이 경제 성장에 미치는 영향을 실증적으로 분석했는데, 그 결과는 역시 부정적이었다. 배로와 리(Barro and Lee, 2005)는 IMF의 차관이 경제적 이유보다는 IMF의 쿼터를 더 많이 보유하고 미국과 더 긴밀한 국가들에게 제공되었으며, 경제 성장에 부정적인 영향을 미친다고 보고했다. 이스털리(Easterly, 2005)는 IMF의 차관 자체가 경제 성과에 영향을 받을 것이므로 계량 모델의 내생성을 극복하기 위해 미국의 세계 전략과 관련된 변수들을 도구변수로 사용하는 계량분석을 수행했다. 그러나 이 연구의 결과도 IMF의 구조조정 차관이 경제 성장에 뚜렷한 영향을 미치지 않는다는 결과를 보여주었다. 결국 학계의 실증연구는 IMF의 차관이나 구조조정 정책이 경제 성장을 촉진하는 증거를 찾지 못한 것이다.

한편 로드리게스(Rodriguez, 2006)는 더 비판적인 관점에서 워싱턴 컨센서스 같은 정책 제언은 각국의 특수성과 상황을 무시하기 때문에 효과적일 수 없다고 강조한다. 그는 기존 계량분석의 가정과 달리 변수들과 성장률의 관계는 단선적이지 않으며, 워싱턴 컨센서스 정책이 성장에 미치는 효과가 국가마다 같지는 않을 것이므로 실증연구에도 한계가 있을 수밖에 없다고 지적한다. 워싱턴 컨센서스를 대표하는 정부 소비, 인플레이션, 암시장환율, 무역자유화 등을 종합한 지표를 사용한 로드리게스의 실증분석도 워싱턴 컨센서스가 개도국의 성장에 미치는 영향이 뚜렷하지 않다고 보고한다. 특히 1990년대의 경험을 보면, 실제로 비슷한 경제구조를 지니고 관세 인하 등 유사한 경제자유화 정책을 도입한 개도국들 사이에도 성장의 성과가 상이하여 이러한 주장을 뒷받침해준다.

그 밖에도 1990년대 이후 발전된 경제 성장에 관한 실증연구들은 다양한 기법을 동원하여 워싱턴 컨센서스에 포함되는 정책들이 경제 성장을 촉진했는지 검토했다. 인플레이션과 재정 적자 혹은 정부 소비의 비중 등은 전반적으로 경제 성장에 악영향을 미친다고 보고되지만 이러한 변수도 경계치threshold를 넘기 전까지는 성장과 뚜렷한 연관이 없었다. 또한 많은 연구들은 국제무역이 성장을 촉진한다고 보고하지만 경제 성장으로 무역이 촉진된다는 사실을 고려하여, 관세율 인하 등 무역자유화 정책만 검토하면 성장 효과가 뚜렷하지 않다(Rodriguez and Rodrik, 2001). 한편 금융 개방과 국제적 자본 이동이 개도국의 경제 성장을 촉진한다는 실증적 근거는 없음을 IMF도 인정하며, 외국인 직접투자도 교육 등의 적절한 조건 없이는 성장 효과가 미약하다(Kose, Prasad, Rogoff and Wei, 2006). 이러한 결과는 특히 외국 자본의 유입과 금융 개방의 촉진을 통한 경제 성장을 강조한 워싱턴 컨센서스의 주장을 반박하는 것이다.

반면 1997년 금융위기 이전까지 몇몇 동아시아 국가들은 워싱턴 컨센서스와는 다른 발전 전략에 기초하여 라틴아메리카나 아프리카와 대조적으로 급속한 경제 성장을 이루는 데 성공했다. 한국, 대만 등은 특히 수출과 외국인 투자의 이점을 활용하면서도, 국내적으로는 적극적인 산업정책과 금융 통제 그리고 대외적으로는 수입 보호와 자본 통제 등 전략적인 개방과 관리되는 세계화에 기초한 성장 전략을 폈다 (Rodrik, 2005). 동남아 국가들은 이들보다는 좀더 개방적이었지만, 이들 대부분은 경제위기와 국제기구의 압력을 배경으로 한 강도 높은 경제 구조조정을 1997년까지는 겪지 않았다. 이러한 동아시아의 경험은 워싱턴 컨센서스의 실패와 대비되는 것이라 할 수 있다.

2) 워싱턴 컨센서스의 문제와 포스트 워싱턴 컨센서스

워싱턴 컨센서스의 문제점은, 먼저 이론적으로 정부보다 무조건적으로 시장의 우위성을 강조하는 잘못된 관점에 기초해 있다는 점이다. 다양한 국가의 실패state failure 이론들이 제시되었지만 이것들은 일률적으로 적용될 수 없으며 발전 지향적인 정부의 긍정적인 역할과 국가의 민주적인 통제의 가능성을 무시한다. 게다가 차선의 정리에 따르면 한 시장의 왜곡의 교정이 전체 경제의 후생에 미치는 영향은 다른 시장들의 왜곡과 초기 조건에 따라 매우 다르기 때문에 몇몇 구조조정이나 자유화 정책의 결과도 각국의 상황에 따라 다르게 나타난다. 따라서 발전경제학에서도 시장의 한계와 국가 혹은 제도의 핵심적인 역할을 강조하는 새로운 흐름이 나타났으며, 특히 시장의 정보비대칭 문제를 극복하는 데 효과적이었던 동아시아의 발전국가가 재조명되었다(Stiglitz, 1996). 1993년 세계은행의 보고서 「동아시아의 기적」과 이후의 연구들

은 경제 발전에서 정부의 적극적인 역할과 제도의 중요성을 강조하는
데, 이는 신제도주의 경제학의 발전과 맥락을 같이하는 것이다(World
Bank, 1993; Aoki, Kim and Okuno-Fujiwara, 1997).

현실에서 나타난 워싱턴 컨센서스의 실패에 관해서는 서로 다른 입
장이 존재한다(Birdsall, de la Torre and Caicedo, 2010). IMF 등은 개혁이
불충분했다고 주장하지만, 대부분의 비판자들은 워싱턴 컨센서스 개
혁의 설계와 순서 그리고 전제의 문제를 지적한다. 특히 성급하게 이루
어진 금융 규제 완화와 자본자유화가 경제 불안정을 낳았으며, 따라서
개방 이전에 법적인 틀과 규제 시스템 등의 제도를 먼저 확립해야 한
다는 것이다. 그러나 전제조건이 갖추어진다 해도 동일한 개혁이 모든
국가에서 성공할 것이라는 주장은 현실적이지 않으며, 각국에 따라 서
로 다른 정책을 도입할 필요가 있다. 세 번째 입장은 워싱턴 컨센서스
는 경제 변동, 기술 혁신, 제도의 발전과 불평등 같은 개혁 과제를 포함
하지 못하는 한계가 있었다고 주장한다. 예를 들어, 경제 변동성은 인
프라 구조와 인적 자본 투자에 악영향을 미쳐 빈곤과 불평등을 악화시
키므로, 수출 다변화와 금융시장 발전 등의 노력이 필요하다는 것이다.
특히 경제적 평등은 그 자체로 경제 발전의 중요한 목표이지만, 워싱
턴 컨센서스에서는 전혀 강조되지 못했다. 경제 개혁이 불평등을 심화
시킨다면 개혁의 정당성이 약화되고 반발에 직면할 수 있으며, 개혁의
이득이 소수에 집중되면 성장 자체를 가로막을 수도 있다. 결국 경제민
주화라는 중요한 차원을 무시한 것이 워싱턴 컨센서스가 실패한 주요
한 배경이 되었던 것이다. 실제로 워싱턴 컨센서스를 적극적으로 추진
했던 라틴아메리카의 개도국들은 전통적으로 소득과 재산, 교육 등에
서 불평등이 심각했지만, 개혁정책이 불평등 문제를 고려하지 못하여
정치적 지지를 받는 데 실패했다. 이제 세계은행조차 이들 국가에 진보
적인 조세, 기본적인 공공서비스의 보장, 교육의 민주화와 토지의 재분

배, 그리고 포용적 노동시장의 확립을 통한 자산 분배의 민주화가 필요하다고 결론짓는다(World Bank, 2004).

결국 워싱턴 컨센서스가 실패한 요인은 잘못된 개혁 과제의 설정 그리고 경제민주화 같은 중요한 개혁 과제의 간과라 할 수 있다. 예를 들어 아프리카에서 워싱턴 컨센서스는 이중경제, 사회적 자본, 국가의 역할 등 아프리카 고유의 문제에 주의를 기울이지 못했다(Manuel, 2003). 또한 워싱턴 컨센서스는 인플레이션 억제와 재정 지출 축소 등 거시적 안정을 협소하게 강조했고, 투자와 성장을 진작할 수 있는 생산 부문에 대한 정책 개입에 대해서는 충분히 고려하지 못했다. 오캄포에 따르면 워싱턴 컨센서스는 경제 분야의 정책만을 강조하여 경제민주화와 사회 통합 등 사회정책을 간과했고, 특히 경제적·사회적 제도를 결정하는 시민들의 민주적 참여를 전혀 고려하지 않았다는 심각한 한계가 있었다(Ocampo, 2004).

워싱턴 컨센서스가 실망스러운 성과를 보인 이후, 소위 포스트 워싱턴 컨센서스에 관한 논의도 다양하게 전개되고 있다. 스티글리츠는 1998년 지속 가능하고 민주적인 경제 발전의 목표들을 위해 안정적인 금융 규제와 소득 분배의 개선 등을 개혁 과제에 포함해야 한다고 주장했다(Stiglitz, 1998). 세계은행도 재산권을 넘어서는 제도의 중요성을 강조했고(World Bank, 1998), 2000년대 들어서는 빈곤층을 위한 성장pro-poor growth을 강조했으며 반부패, 기업 지배구조 개선, 사회적 안전망, 조심스러운 자본계정 자유화 등 다양한 정책을 추가로 제언했다(World Bank, 2005 ; CGD, 2008). 그러나 이러한 변화는 기존의 워싱턴 컨센서스에 몇 가지 원칙을 더하여 확대한 것이며 현실에서 효과적이지 않다는 비판이 높다(Rodrik, 2006). 각국에 따라 어떤 구체적인 제도의 설계가 필요한지 모호하며, 개도국의 제한적인 역량을 고려할 때 해결해야 할 가장 중요한 제약 조건을 지적하지 않고 이상적인 정책을 모두 나열하

는 것은 현실적이지 않다는 것이다.[2]

위싱턴 컨센서스 실패 이후의 컨센서스에 관한 학자들과 국제기구들의 논의는 최근에도 이어지고 있다(Kanbur, 2008; Marangos, 2008). 유엔은 신자유주의에 반대되는 정책 제언들을 계속해왔고, 세계은행은 최근 개발위원회를 설립하고 '포용적 성장'inclusive growth이라는 개념을 제시했다(CGD, 2008; Saad-Filho, 2010). 오캄포(Ocampo, 2004)는 위싱턴 컨센서스를 넘어서는 새로운 컨센서스를 위해 사회적 목표와 경제적 목표를 통합하는 새로운 의제 설정과 함께, 발전 정책의 구상과 집행 과정에서 적절히 구조화된 민주적 제도를 통한 시민의 수권 회복과 참여가 필수적임을 강조한다. 오니스와 센시스(Onis and Senses, 2005)는 포스트 위싱턴 컨센서스 논의들이 국가 내의 계급들 사이와 세계 경제에서 국가들 사이의 비대칭적인 권력관계를 간과한다고 비판한다. 이렇게 여러 논의들이 제기되고 있지만 위싱턴 컨센서스를 넘어서는 새로운 발전 모델에 관한 합의는 아직 나타나지 않고 있다.

4. 경제민주화와 워싱턴 컨센서스

1) 워싱턴 컨센서스와 사회경제적 민주주의

워싱턴 컨센서스의 문제 중 하나는 경제 개혁의 도입 과정이 비민주적이었다는 점이다. 개도국들이 국제기구로부터 구제금융을 받는 과정에서 자국 국민의 이해와 요구는 물론 비판적인 정부 관료의 의견조

2.　이러한 상황을 반영하여, 네임(Naim, 2000)은 경제학자들과 국제기구들 사이에 무역자유화와 국제금융 시스템 등을 둘러싼 의견 차가 너무 커서 포스트 워싱턴 컨센서스가 존재하지 않으며 오히려 혼란이 나타나고 있다고 비판했다.

차 반영되기 어려웠고, 몇몇 국제기구의 관료나 연구자들이 개혁정책을 결정했다. 많은 경우 개도국 관료들 스스로도 신자유주의 이데올로기에 사로잡혀 시장자유화와 개방을 추진했다. 게다가 러시아의 민영화 등의 사례에서 보이듯 구조조정 과정에서 정치인과 기업가 사이의 결탁을 배경으로 부정이 나타난 경우도 많았다. 따라서 동유럽에서는 워싱턴 컨센서스와 함께 불평등이 심화되었고 이는 지하경제의 확대를 가져왔다(Rosser and Rosser, 2001). 나아가 금융 개방과 함께 주식시장이나 은행 부문 등의 금융시장을 중심으로 여러 개도국에서 외국 자본의 영향력이 강화되어 대외종속의 문제도 제기되었다.[3] 이를 고려하면 워싱턴 컨센서스는 정책 결정 과정에서 정책의 영향을 받는 개도국 시민들의 참여가 부재했고 이들의 발언권이 무시되었다는 점에서 민주주의 원칙에 위배되었다고 할 수 있다. 많은 경우, 정치적인 민주주의뿐만 아니라 사회경제적 민주주의의 발전을 위해서도 필수적인 대중의 참여와 감시는 오히려 억압되었다.

사회경제적 민주주의의 관점에서 볼 때 워싱턴 컨센서스와 신자유주의 세계화의 가장 중요한 문제점은 여러 개도국에서 경제적 불평등을 심화시켰다는 것이다. 선진국에서는 1980년대 이후 신자유주의를 배경으로 노동자에 대한 억압과 사회복지의 축소, 금융 규제 완화 등으로 불평등이 심화되었다. 개도국에서도 경제 구조조정, 개방 그리고 자유화가 비슷한 결과를 낳았다. 워싱턴 컨센서스가 퍼져나간 1990년대 이후, 개도국들의 소득 분배와 빈곤의 변화를 살펴보면 사회경제적 민주주의의 발전은 제대로 이루어지지 못했음을 알 수 있다.

---

3. 예를 들어, 멕시코 같은 여러 개도국에서 금융 개방과 함께 외국 은행의 비중이 크게 증가했는데, 외국 은행들은 대기업에 대한 대출에 집중하는 크림-스키밍cream-skimming(단물 빨아먹기)의 행태를 보여서 외국 은행 비중의 증가가 개도국의 금융 발전에 부정적인 영향을 미쳤다(Detragiache et al., 2008).

〈표 13-1〉이 보여주듯, 하루 1달러 이하로 살아가는 인구의 비중이 중국을 중심으로 동아시아 개도국에서 급속히 감소했다. 그러나 1990년대 이후 워싱턴 컨센서스를 적극적으로 도입한 라틴아메리카와 사하라 이남 아프리카에서는 빈곤 인구 비중이 줄어들지 않았고 그 수가 오히려 증가했다. 특히 동유럽 개도국에서는 시장경제로의 급속한 이행이 실패해 빈곤 인구가 크게 증가했다. 결국 워싱턴 컨센서스는 경제 성장에도 실패했지만, 빈곤의 감소와 소득 불평등의 개선을 촉진하는 데에도 성공하지 못했던 것이다. 예를 들어, 라틴아메리카의 경우 사회적인 성과는 실망스러웠다고 지적된다. 경세 성장과 함께 빈곤이 감소할 것이라는 기대와 달리 1990년대에 1인당 GDP는 누적적으로 12% 증가했지만 빈곤율은 거의 감소하지 않았다.

워싱턴 컨센서스는 개도국들의 소득 불평등을 개선하는 데도 성공하지 못했다. 〈그림 13-2〉가 보여주듯, 1980년대 이후 대부분의 개도국들에서 지니계수는 하락하지 않았으며, 1970년대에 비해 더 높아진 국가도 많다. 이는 경제 개혁의 성과가 소수에게만 돌아갔고 빈곤층의 처지는 더욱 악화되어 소득 격차가 확대되었기 때문이다. 워싱턴 컨센서스를 적극적으로 도입한 라틴아메리카의 경우 소득 불평등을 나타내는 지표가 1990년대에도 하락하지 않아서 세계적으로 높은 소득 불평등이 지속되었다. 아프리카 국가들도 성장의 정체와 높은 불평등이 나타났고, 동유럽은 소득 불평등이 급증했다.

이러한 실망스러운 성과와 관련하여 여러 가지 분석이 제시되고 있다. 예를 들어, 개도국들에서 과도한 재정긴축은 빈곤층을 위한 의료나 공교육 지출까지 축소하도록 만들어 불평등과 빈곤에 악영향을 미쳤다. 또한 소말리아의 경우처럼 수출을 위한 농업의 시장화와 개방은 대외적인 충격에 직면한 가난한 농민들을 더욱 가난하게 만들었고, 결국 심각한 정치 불안과 내전, 나아가 국가의 붕괴로까지 이어졌다

〈표 13-1〉 하루 1달러 이하로 생활하는 인구의 비중과 수

지역	인구 비중(단위: %)								
	1981	1984	1987	1990	1993	1996	1999	2002	2004
동아시아와 태평양	57.73	39.02	28.23	29.84	25.23	16.14	15.46	12.33	9.05
중국	63.76	41.02	28.64	32.98	28.36	17.37	17.77	13.79	9.90
동유럽 +중앙아시아	0.70	0.51	0.35	0.46	3.60	4.42	3.78	1.27	0.94
라틴아메리카 +카리브해	10.77	13.07	12.09	10.19	8.42	8.87	9.66	9.09	8.64
중동 +북아프리카	5.08	3.82	3.09	2.33	1.87	1.69	2.08	1.69	1.47
남아시아	49.57	45.43	45.11	43.04	36.87	36.06	34.92	33.56	30.84
인도	51.75	47.94	46.15	44.31	41.82	39.94	37.66	36.03	34.33
사하라 이남 아프리카	42.26	46.20	47.22	46.73	45.47	47.72	45.77	42.63	41.10
총계	40.14	32.72	28.72	28.66	25.56	22.66	22.10	20.13	18.09
중국을 제외한 총계	31.35	29.69	28.75	27.14	24.58	24.45	23.54	22.19	20.70

지역	인구수(단위: 100만 명)								
	1981	1984	1987	1990	1993	1996	1999	2002	2004
동아시아와 태평양	796.40	564.30	428.76	476.22	420.22	279.09	276.54	226.77	169.13
중국	633.66	425.27	310.43	374.33	334.21	211.44	222.78	176.61	128.36
동유럽 +중앙아시아	3.00	2.27	1.61	2.16	16.94	20.87	17.90	6.01	4.42
라틴아메리카 +카리브해	39.35	50.90	50.00	44.60	38.83	42.96	49.03	48.13	47.02
중동 +북아프리카	8.81	7.26	6.41	5.26	4.53	4.38	5.67	4.88	4.40
남아시아	455.18	445.05	471.14	479.10	436.74	452.91	463.40	469.55	446.20
인도	363.72	359.41	368.60	376.44	376.14	378.91	376.25	377.84	370.67
사하라 이남 아프리카	167.53	199.78	222.80	240.34	252.26	286.21	296.07	296.11	298.30
총계	1470.28	1269.56	1180.73	1247.68	1170.17	1087.81	1108.61	1051.46	969.48
중국을 제외한 총계	836.62	844.29	870.30	873.35	835.96	876.37	885.83	874.85	841.12

자료: Chen and Ravallion, 2007.

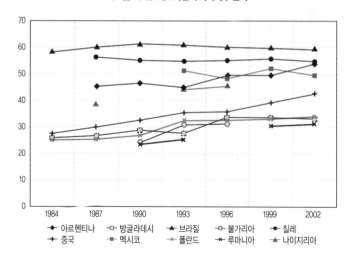

〈그림 13-2〉 개도국들의 지니계수 변화

자료: World Development Indicators.
주: 해당 연도 혹은 가장 가까운 연도의 데이터를 표시.

(Chossudovsky, 1997). 한편 대외개방과 외국인 투자의 증가는 국내의 소득 격차를 전반적으로 확대하는 효과를 가져왔다. 개도국의 수출산업과 직접투자 산업의 노동자들은 개도국 내에서는 상대적으로 더 숙련되고 고임금을 받는 노동자인 반면, 가장 가난한 사람은 농민이나 비숙련 노동자들이기 때문에 세계화가 개도국의 소득 분배를 악화시키는 효과가 큰 것이다(Goldberg and Pavcnik, 2007).

또한 노동시장의 유연화 등 신자유주의 정책이 도입되고 외국 자본의 영향력이 강화됨에 따라 개도국에서도 노동자의 처지가 악화되었다 (Rama, 2003). 반 더 호벤(Van der Hoeven, 2000)에 따르면 1980년대 이후 2000년까지 많은 개도국에서 임금몫이 하락하고 고용은 비공식적 informal이 되었으며, 숙련과 비숙련 노동 사이의 임금 격차도 확대되었다. 이는 최저임금 인하, 노조의 협상력 억제, 고용 보호의 축소, 공공

고용의 축소 등 워싱턴 컨센서스의 노동시장 경제 개혁과 함께 나타났다. 라틴아메리카에서도 무역과 금융자유화 그리고 노동시장 개혁 등이 노동자들의 임금 격차를 확대시켰다(Behrman, Birdsall and Szekely, 2003). 또한 무엇보다도 금융 개방으로 인한 금융 불안정과 위기는 소득 분배를 크게 악화시키는 효과를 미쳤다.[4] 국제시장과 투자 유치에서 개도국 사이의 경쟁 격화 그리고 이전에 보호받던 노동집약적 산업의 개방 등도 개도국 소득 분배 악화의 배경으로 지적된다. 물론 워싱턴 컨센서스와 세계화가 개도국의 소득 분배에 미치는 효과는 복잡하며, 여러 다른 요인에 의해 영향을 받는다. 최근에는 세계적으로 심화되고 있는 소득 불평등의 원인을 분석하기 위해 실증연구들이 발전하고 있다. 이에 따르면 교육이나 경제의 발전 수준이 낮은 경우, 무역 개방이 불평등을 악화시키고, 특히 외국인 직접투자의 증가는 상대적인 소득 격차를 심화시킨다. 특히 소득 재분배를 위한 정부의 역할이 미약한 경우 이러한 악영향은 더욱 커질 수 있다(Milanovic, 2005; Harrison, 2007).

이러한 변화를 고려하면, 워싱턴 컨센서스는 사회경제적 민주주의의 발전과 모순되었다고 할 수 있다. 사회경제적 민주주의는 경제력 독점의 억제와 공정한 시장 질서의 확립, 소득과 기회의 불평등의 개선을 필요로 한다.[5] 이를 위해서는 또한 정치적 과정에서 대중의 참여와 발언권의 강화가 필수적으로 요구된다. 따라서 민주적 정책 결정 과정 없이 국제기구와 관료들에 의해 주도적으로 도입되어 불평등을 악화시킨 워싱턴 컨센서스와 신자유주의 세계화는 개도국의 사회경제적 민주주

---

4. 세계화와 개도국의 소득 분배 악화에 관한 여러 연구들의 검토는, 이강국(2007)을 참조.
5. 불평등은 경제력과 정치권력을 소수에 집중시켜 정치적 민주주의의 기반을 해칠 것이고 정치적으로 민주주의가 작동하지 않는다면 대중의 요구에 기초한 사회경제 차원의 민주주의의 실현이 어려울 것이므로, 사회경제적 민주주의와 정치적 민주주의는 서로 강화하며 상호작용한다고 볼 수 있다. 이는 2000년대 이후 라틴아메리카의 사례에서 잘 드러난다.

의의 기반을 해쳤다. 문제는 이러한 변화가 결국 장기적으로 경제 성장도 저해할 수 있다는 점이다(Aghion et al., 1999; World Bank, 2005b). 불평등이 경제 성장에 미치는 효과는 복잡하지만 최근의 여러 연구들은 장기적인 경제 성장이 불평등과 음의 관계를 맺고 있다고 지적한다. 사회내의 불평등이 높으면, 사회 갈등과 정치적 불안이 높아져 투자가 저해되며, 금융시장이 불완전한 현실에서 부와 소득의 불평등은 인적 자본의 발전을 가로막는다. 그리고 불평등과 갈등이 심한 사회에서는 부와 권력을 집중한 기득권층이 대중적인 교육과 참여민주주의 등 바람직한 제도의 발전을 가로막을 수 있다. 나아가 워싱턴 컨센서스와 신자유주의의 실패가 불평등의 심화와 불안정 그리고 저성장과 민주정치의 위기라는 악순환으로 이어지기도 했다. 1990년대 라틴아메리카에서는 경제 성장의 실패, 불평등의 악화, 정치적 민주주의의 후퇴 등이 동시에 나타났다(Lechini, 2008). 여러 국가들에서 정치적 불안이 높아졌으며 에콰도르나 베네수엘라 같은 경우에는 쿠데타를 포함한 극단적인 불안정이 나타나기도 했다.

3) 개도국의 경제민주화 노력

워싱턴 컨센서스의 실패 이후, 2000년대 이후 여러 라틴아메리카 국가들에서는 좌파 정부가 집권하고 개혁적인 정책들이 도입되었다(Kaltwasser, 2010).[6] 〈그림 13-3〉에서 보이듯 2000년대 이후 아르헨티나,

---

6. 이들 국가에서는 신자유주의에 대한 반성을 배경으로 경제민주화를 촉진하기 위한 여러 노력이 이루어지고 있으며, 이와 함께 최근 소득 분배의 개선이 이루어져 많은 학자들이 관심을 기울이고 있다(Birdsall, Lustig and McLeod, 2011; Lopez-Calva and Lustig, 2010). 이러한 경향은 1997년 금융위기 이후 워싱턴 컨센서스와 유사한 방향의 신자유주의 구조조정과 함께 최근 소득 불평등이 증가한 동아시아와 흥미롭게 대비된다.

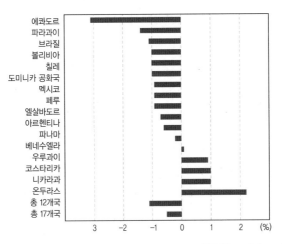

〈그림 13-3〉 라틴아메리카 국가들의 지니계수 변화(2000~2006)

자료: Lopez-Calva and Lustig, 2010.

브라질, 페루 등 여러 라틴아메리카 국가들에서 역사적으로도 가장 낮은 수준으로 불평등이 개선되었다.

　이러한 불평등의 개선은 주로 교육에 대한 숙련 프리미엄의 하락과 함께 정부의 적극적인 사회복지 정책에 기인한 것으로 지적된다. 우선 기술 변화와 함께 지속적인 교육의 확대를 위한 정부의 노력이 성과를 이룬 것으로 지적된다. 또한 이들 국가의 정부는 서민과 빈곤층에 대한 지원 프로그램을 적극적으로 시행했다(Birdsall, Lustig and McLeod, 2011). 멕시코는 1990년대 후반부터, 국민의 3분의 2를 포괄하는, 프로그레사 Progresa라 불리는, 빈곤층을 대상으로 한 대규모 소득보조 정책을 실시했고, 이러한 정책은 2000년대 들어서 다른 라틴아메리카로 퍼져나갔다. 브라질은 2003년 대통령 선거에서 노동자당의 룰라가 승리하여 이전에 브라질리아 지역에서 시행되던 볼사 파밀리아Bolsa Família 정책을 전국적으로 확대했다. 4,500만 명에 달하는 저소득층에게 자녀교육과 예방접종 등의 조건으로 생계비를 지원하는 이 정책이 실시되면서 2001년부터 2006년 사이 빈곤층에서 탈출한 인구가 2,000만 명이 넘는다고 추계된다. 워싱턴 컨센서스에 대한 반대를 배경으로 한 좌파 정부의 집권은 라틴아메리카에서 이러한 변화를 촉진했다.[7] 여러 국가들에서 워싱턴 컨센서스의 실패가 대중의 저항을 불러일으켰고, 베네수엘라 시민의 자발적인 저항과 아르헨티나의 대규모 시위 등에서 보이듯 다양한 집단들의 수평적 연대가 신자유주의에 대한 반대로 발전했다(Kaltwasser, 2010). 라틴아메리카에서는 특히 사회민주주의 정부하에서 중산층의 소득 증가, 사회복지의 확충 그리고 거시경제적 안정과 성장 사이에 선순환이 나타났다고 보고된다.

다른 개도국들도 소득 분배의 개선과 빈곤 해소 등 경제민주화를 위한 다양한 노력을 기울이고 있다. 중국에서도 개방과 자유화, 수출 촉진을 위한 임금 억제 등을 배경으로 소득 분배의 불평등과 지역 간 격차가 크게 심화되고 있다. 통계에 따르면 상위 10%의 가구가 하위 10%에 비해 23배나 더 많은 소득을 벌고 있으며, 지니계수는 1985년 0.3 미만이었으나 현재는 약 0.5를 넘는 수준이다(Ravallion and Chen, 2004). 이에 대응하여 중국 정부는 농업세의 폐지, 의료보험 개선, 저소득층을 위한 주택 건설 등을 추진했다. 또한 노동자들의 반발에 대응하여 최저임금을 2011년부터 매년 15% 인상하여 2015년까지 2배 수준으로 높이고 평균 임금도 2배 이상 높일 계획이다. 경제민주화의 발전을 위한 사회정책 확대의 중요성은 아프리카의 개도국들에서도 인식되고 있다. 빈곤이 지속된 아프리카는 사회적 보호를 위한 정부의 역할이 미약했지만, 최근에는 아프리카의 여러 정부들이 안정적인 경제 성

---

7. 1999년 베네수엘라에서 차베스의 좌파 정부가 출범한 이후, 2000년 칠레, 2003년 아르헨티나와 브라질에서 좌파 정부가 집권했고, 2006년 이후에는 우루과이, 볼리비아, 에콰도르, 니카라과, 파라과이, 엘살바도르 등에서도 신자유주의에 반대하는 정치세력이 정권을 잡았다.

장과 빈곤 해결을 위한 중요한 요인으로 사회적 보호를 강조하고 있다. 몇몇 국가들은 사회 보호 프로그램을 위한 지출을 확대했고, 2009년에 는 아프리카연합이 사회 발전을 강조하는 사회정책 프레임워크social policy framework를 승인하기도 했다.[8] 남아프리카공화국은 지니계수가 0.7에 이를 정도로 세계에서 불평등이 가장 심각한 국가이지만 정부의 적극적인 노력으로 1990년대 후반 이후 고령자·장애자·아동 등 보조 금을 받는 인구가 급증했다(Leibbrandt, Wegner and Finn, 2011). 이러한 노력은 빈곤을 감소시키고 빈곤층의 교육 기회를 확대하는 효과를 낳 았다. 세계은행은 최근 보고서에서 아프리카에서 사회 보호의 확대가 총수요를 확대하고 경제 개혁을 촉진하여 생산성을 높이며 불평등을 완화하고 사회적 통합을 강화하여 경제의 안정적 성장에 도움이 된다 고 강조한다(World Bank, 2012a).

이러한 변화는 소득 분배의 개선과 사회경제적 민주주의의 발전이 개도국의 지속 가능한 성장의 핵심적인 기반이라는 인식에 기초하고 있다(World Bank, 2005a). 앞서 지적했듯 불평등의 심화는 장기적으로 성장을 억제할 수 있고, 불평등이 심각한 국가들은 단기적으로도 경제 불안에 직면하여 어려움을 겪을 수 있다(Rodrik, 1999). 해외시장이 불 황이고 경제 변동이 심한 상황에서는 사회복지의 확충과 소득 재분배 가 내수 확대에 도움이 될 수 있다. 또한 불평등한 국가는 경제위기와 구조조정의 과정에서 사회집단들 간의 이해 조정이 어려우므로 위기를 극복하는 데도 더 큰 어려움을 겪는다. 결국 세계화와 개방으로 경제적 불안정의 가능성이 커지는 상황에서 개도국들은 사회경제적 민주주의 의 확대를 통한 경제 성장과 안정을 추구하고 있는 것이다.

8. 아프리카연합의 사회정책 프레임워크는 사회 보호, 기본적 인프라, 교육, 건강 등 다양한 영역 을 포괄하는 사회정책의 틀로서, 사회 보호는 기본적인 의료 보장, 아동·비공식 노동자·실업자·노 인·장애인 등에 대한 지원을 최소한 포함해야 한다는 합의에 기초하고 있다.

이러한 관점에서 볼 때 최근 한국의 경제민주화 논의는 개도국의 경제민주화와 관련하여 시사하는 바가 크다. 한국은 급속한 경제 발전 과정에서 대기업에 경제력이 집중되었고 중소기업과 노동자들은 상대적으로 소외되었다. 1997년 금융위기 이후 재벌 구조조정에도 불구하고 상위 재벌들의 경제력은 더욱 강화되었고 과도한 계열사 확장과 불법적인 상속은 국민의 분노를 불러일으켰다. 이를 배경으로 2012년 대선에서는 경제민주화가 주요 의제가 되었다. 그러나 한국의 경제민주화 논의는 주로 재벌에 대한 비판에 집중되어 있다는 한계가 있으며, 사회경제적 민주주의의 전반적 실현이라는 관점이 부족하다. 즉 불평등의 개선을 위해 소득 재분배와 사회복지 정책의 확대가 강조되어야 하며, 정책 결정에 대한 시민의 참여와 감시, 노동조합과 사회민주주의 정치의 발전 등의 정치적 변화가 요구된다. 한편 한국의 경제민주화 논의는 다른 개도국에게, 경제민주화의 성공을 위해 대기업의 과도한 경제력 집중을 억제해야 하며 이들과 정부의 유착을 막는 것이 필수적임을 보여준다.

4. 금융위기 이후 새로운 경제 발전 모델의 모색

2007년 이후 미국에서 시작된 세계 금융위기는 세계 경제를 대공황 이후 최대 규모의 장기 불황에 빠뜨렸다. 세계 금융위기 이후 시장 근본주의와 금융과두제의 강화 그리고 신자유주의 세계화의 모순이 주된 원인이라는 반성이 높아지고 있다. 위기로 인해 1980년대 이후 세계 경제의 주된 흐름이 되었던 정부의 경제 개입 축소, 개방과 자유화 그리고 규제 완화에 기초한 소위 신자유주의 경제 질서에 대한 회의론이 높아진 것이다. 이에 따라 최근에는 금융시장을 규제하고 경제를 관리하기 위한 정부의 적극적인 역할이 더욱 강조되고 있다. 경제 발전 분야에서도 미국과 주류적 입장이 약화되는 경향이 뚜렷하며, 많은 개도국들에서도 정부의 경제적 역할 강화를 촉구하는 목소리가 높아지고 있다.

세계 금융위기 이후에는 IMF와 세계은행으로 대표되는 경제 분야의 글로벌 거버넌스에도 상당한 변화가 나타날 전망이다. 위기에 빠진 선진국에 비해 신흥국의 경제는 성장을 지속하고 있고, 신흥개도국들 사이의 경제 협력이 더욱 발전하고 있다. 이를 배경으로 선진국의 역할과 기존 국제기구들의 지위가 약화되고 있으며, 국제기구 내부에서도 신흥국의 목소리가 강화되고 있다(El- Erian and Spence, 2010). 이렇게 글로벌 거버넌스에서 이들의 목소리가 더욱 높아진다면 워싱턴 컨센서스를 넘어서는 개도국의 새로운 발전 모델에 관해서도 국제적인 논의가 진전될 가능성이 높다.

새로운 발전 모델의 상은 아직 확실하지 않지만 적어도 금융세계화와 글로벌 금융자본의 규제와 관련해서는 뚜렷한 변화가 나타나고 있다. 금융세계화가 경제 성장을 촉진한다는 증거는 없으며 금융 불안정과 통화의 평가절상 등 금융세계화의 악영향을 지적하는 주장이 세계 금융위기로 인해 더욱 강화되었다(Rodrik and Subramanian, 2009). 한편 2009년 이후에는 선진국의 확장적 통화정책으로 인한 핫머니의 유입이 신흥경제에 여러 가지 문제를 던져주었다.[9] 이에 대응하여 여러 개도국들은 자본 통제 조치를 도입하고 있다. 브라질은 2009년 10월 주식이나 채권에 투자하는 단기성 해외자금에 대해 2%의 세금을 부과하는 금융거래세를 도입했고, 2011년 1월에는 금융기관들에게 무이자 사

9. 급속한 단기자본의 유입은 국내의 자산거품을 심화시켜 국내 경제를 취약하게 만들 수 있고, 국외로 유출될 경우 금융 불안정을 낳을 수 있다. 또한 급속한 자본 유입은 환율을 절상시켜 수출과 성장에 악영향을 미칠 수 있다.

전예치제도Unremunerated Reserve Requirement(URR)를 실시했다. 인도네시아는 2010년 7월 금융기관의 해외 차입과 채권 발행을 규제하는 자본 통제 정책을 도입했고, 태국도 10월 외국 자본의 국내 채권 투자의 이득에 대한 15% 과세를 실시했다. 전통적으로 자본 통제를 실시해온 중국과 인도에서도 단기자본에 대한 규제를 더욱 강화해야 한다는 목소리가 높다. 국제기구들에는 이단적이었던 자본 통제 정책에 대해서는 세계 금융위기 이후 IMF조차도 입장을 바꾸었다. IMF는 2010년 보고서에서 세계 금융위기 시기 자본 통제를 도입한 신흥경제 국가들의 경제가 더욱 안정적이었다고 보고하며 자본 통제의 유효성을 인정했다(Ostry et al., 2010; Ostry et al., 2011). 자본 통제의 확산은 워싱턴 컨센서스의 실패와 세계 금융위기 이후 새로운 경제 발전 모델의 모색을 그대로 반영하는 것이다.

이와 함께 중국, 러시아, 브라질 등의 대규모 신흥경제 국가들이 정부의 역할을 강조하는 소위 신개발주의neo-developmentalistm에 기초한 경제정책을 펴고 있다는 점도 주목할 만하다. 『이코노미스트』는 국유기업과 국유은행 등 국가의 강력한 역할과 산업정책과 자본 통제 등 적극적인 경제 관리에 기초하여 워싱턴 컨센서스와 반대되는 길을 지향하는 발전 모델을 국가자본주의state capitalism라 부르기도 했다(*Economist*, 2012. 1. 21). 또한 금융위기 이후 정치적 자유화 없이 시장경제를 발전시킨 중국식의 독특한 경제 발전 모델인 소위 베이징 컨센서스Beijing Consensus에 대한 관심도 높아지고 있다(Ramo, 2004). 베이징 컨센서스는 생산성을 높이는 혁신에 기초한 발전, 소득만이 아닌 평등과 지속 가능성으로 측정되는 경제 성과 그리고 자결의 원칙 등을 기초로 하며, 점진적 개혁, 혁신과 실험, 수출 주도적 성장, 국가자본주의, 권위주의 등의 특징을 가진다. 이제 베이징 컨센서스로 대표되는 권위주의에 기초한 국가 주도적인 자본주의 발전이 개도국에게 더욱 효과적이며 수용 가능한 모델이라는 주장이 제기되고 있다(Halper, 2010).

그러나 베이징 컨센서스가 워싱턴 컨센서스에 대항하는 발전 모델이 될 가능성은 적다. 베이징 컨센서스는 신자유주의에 대한 비판으로는 의미가 있지만 비민주적인 정치 상황을 외면하고 정책 결정에 대한 대중의 참여를 억압하며 독재정부와 기업 간의 결탁과 부패 등을 간과한다는 문제가 있다.[10] 또한 중국의 경제 발전도 무역 개방과 직접투자의 자유화 그리고 시장 진입 장벽 완화 등에 기초한 것으로 이 부분은 워싱턴 컨센서스와 크게 다르다고 말하기도 어렵다(Yao, 2010).[11] 무엇보다도 사회경제적 그리고 정치적 민주주의의 부재와 심화되고 있는 소득 불평등이나 정치적 억압으로 인한 불안 가능성 등이 베이징 컨센서스의 지속 가능성을 의문스럽게 만들고 있다.

개도국의 대안적인 경제 발전 모델을 구상하기 위해서는 먼저 개도국 경제 발전의 경험으로부터 역사적인 교훈을 배워야 할 것이다. 새로운 발전 모델은 사회경제적 민주주의의 원칙에 기초하여 기존의 부패한 정부 주도의 경제 발전 모델과 워싱턴 컨센서스의 신자유주의 모델 모두를 극복해야 한다. 먼저 동아시아의 성공에서 보듯이 시장에 모든 것을 맡기는 무조건적인 자유화와 개방 대신 능력 있는 정부의 적극적인 경제 관리에 기초해야 할 것이다. 그러나 이 과정에서 정부와 기업 간의 유착과 부패를 막고 성장의 성과가 소수 기득권층에 집중되지 않도록 하는 정치적 노력이 필수적으로 요구된다. 이를 위해서는 무

10. 최근에는 윌리엄슨도 베이징 컨센서스는 국유기업의 순기능에 대한 과도한 강조와 민주주의의 부재라는 난점을 안고 있어서 다른 개도국이 따를 모델이 아니라고 비판한다(Williamson, 2012). 중국식 발전 모델의 성과와 미래를 둘러싼 비판과 논쟁에 관해서는 케네디(Kennedy, 2010)와 황(Huang, 2011) 등을 참조.
11. 중국의 개혁파 관료들과 세계은행이 함께 작성하여 2012년에 발표한 보고서 「중국 2030」도 앞으로 중국 경제의 성장을 위해 민영화와 금융자유화 등 시장 지향적 개혁이 더욱 필요하다고 강조하고 있다(World Bank, 2012b).

엇보다도 정부에 대한 민주적 감시와 정책 결정 과정에서 시민의 참여를 촉진하는, 형식적 민주주의의 한계를 넘어서는 실질적 참여민주주의의 발전이 필요할 것이다. 즉 베이징 컨센서스나 기존의 동아시아 발전 국가의 한계를 극복하는, 참여에 기초한 민주화된 발전 국가 모델을 구상해볼 만하다. 민주화가 부족했던 동아시아의 발전국가가 성장 과정에서 경제력의 집중과 정경유착이라는 심각한 구조적 문제를 낳았다는 점을 고려할 때, 발전국가의 민주화는 지속 가능한 발전이라는 측면에서 볼 때 핵심적이다. 높은 투자 등 요소 투입에 기초한 경제 성장은 민주주의의 발전 등 포용적인 제도의 확립 없이도 어느 정도 가능할 수 있다. 그러나 지속적인 성장을 위한 창조적 파괴와 혁신, 인센티브 제공을 위해서는 정치제도의 민주화가 필수적으로 요구되고 있다 (Acemoglu and Robinson, 2012).

따라서 정부는 이러한 새로운 발전 모델을 확립하기 위해 먼저 경제력과 정치권력의 집중을 막기 위해 노력해야 할 것이다. 동아시아 국가에 발전국가의 기초가 되었던 평등한 분배 상황은 예외적인 것이었으며, 현재 많은 개도국에서 불평등이 심화되고 있다. 이러한 상황은 사회복지와 토지개혁 등을 통한 소득과 자산의 재분배에 기초하여 경제민주화를 적극적으로 촉진하는 정부의 노력을 요구하고 있다. 이와 함께 정부는 공교육과 인프라에 대한 투자를 통한 기회의 확대와 불안정한 금융자본 유출입에 대한 규제 등 개방의 관리를 통해 소득 격차를 줄이기 위해 노력해야 한다. 이를 통해 사회경제적 민주주의가 강화된다면 실질적인 민주정치의 작동이 촉진되고 장기적인 경제 성장에도 도움이 될 것이다. 소득 분배의 개선은 경제가 과도한 개방과 수출 의존 대신 안정적인 내수에 기반하도록 만들고 교육과 친성장적 제도의 발전을 촉진하여 장기적으로 지속 가능한 평등주의적인 성장을 촉진할 수 있다. 이를 위해서는 역시 대기업과 지주 등 기득권 세력의 강력한 권력을 억제하고 정부의 정책이 국민 대다수의 정치경제적 이해를 대변하도록 만드는, 노동자와 서민의 정치적 조직화를 위한 노력이 필수적이다. 평등과 안정적 성장을 추진하는 사회민주주의 정당의 발전과 함께 다양한 영역에서 시민사회의 조직과 운동이 발전할 필요가 있다.

한편 최근 이집트 등 여러 개도국에서 나타난 대중시위와 민주화의 물결은 세계 금융위기에서 비롯한 재정긴축과 투기로 인한 국제 곡물 가격 급등이 독재정권에 대한 대중의 분노와 저항을 심화시켰음을 보여준다. 이는 새롭고 대안적인 발전 모델이 개도국만의 문제가 아니며 투기적인 금융자본과 시장을 규제하기 위한 전 세계적인 노력과 함께 나타나야 함을 함의한다. 즉 새로운 컨센서스는 새로운 글로벌 거버넌스의 발전에 기반을 둔 대안적인 세계 경제 질서의 확립과 함께 추진되어야 하며, 글로벌 거버넌스의 개혁과 신흥개도국 사이의 협력은 대안적인 발전 모델의 발전을 촉진할 것이다.

결국 미래의 새로운 발전 모델의 컨센서스는 경제민주화를 적극적으로 추진하는 민주적 발전국가에 기초한 평등주의적 발전 모델로 요약할 수 있을 것이다. 물론 워싱턴 컨센서스의 실패와 달리, 새로운 컨센서스는 각국이 처한 조건과 상황에 맞게 유연하게 적용되어야 할 것이다. 각각의 경제정책과 모델의 선택 역시 개도국 국민 스스로의 민주적인 논의와 결정에 따라야 할 것이다. 이 과정에서 선진국과 국제 금융자본의 일방적 이해가 관철되지 않는 호혜적인 국제 협력과 글로벌 거버넌스의 확립이 필요하며 이를 위한 시민들의 국제적 연대를 위한 노력이 요구되고 있다.

5. 맺음말

이 글은 1980년대 이후 미국의 압도적 영향 아래 있는 국제기구들이 개도국들의 경제 성장을 위해 제언한 워싱턴 컨센서스에 관해 사회경제적 민주주의의 관점에서 비판적으로 검토했다. 워싱턴 컨센서스는 신자유주의에 기초하여 정부의 개입을 축소하고 시장의 작동을 확대하는 경제 개혁정책들로서 거시경제의 안정과, 경제적 자유화와 개방, 민영화와 규제 완화 등을 포괄한다. 이러한 제언에 기초하여 많은 개도국들은 기존의 국가 주도적 발전 모델 대신 개방되고 자유화된 시장 지향적인 발전 모델을 도입하여 경제적 효율성을 제고하고 경제 성장을 촉진하고자 했다. 그러나 워싱턴 컨센서스의 성과는 실망스러웠다. 1980년대 이후 워싱턴 컨센서스를 추진했던 개도국들의 경제 성장은 성공적이지 않았고, 소득 불평등과 빈곤도 개선되지 못했다. 워싱턴 컨센서스는 거의 무조건적으로 시장이 효율적이라는 시장근본주의에 기반을 두고 있어서 경제 발전 과정에서 제도의 중요성과 국가의 적극적인 역할을 간과했다. 또한 각국의 차이점을 고려하지 않고 거시경제적 안정화 정책을 중심으로 동일한 경제 개혁정책을 적용했다는 심각한 문제를 지니고 있었다. 현재는 이를 넘어서서 새로운 경제 발전 모델을 고민하는 포스트 워싱턴 컨센서스에 관한 논의들이 학계와 국제기구들 내부에서 나타나고 있다.

사회경제적 민주주의의 관점에서 볼 때도 워싱턴 컨센서스는 부정적이었다고 할 수 있다. 자유화와 개방을 지향하는 경제 개혁 자체가 국제기구와 몇몇 관료들에 의해 도입되었고 그 과정에서 시민들의 민주적인 참여와 감시는 간과되었다. 특히 워싱턴 컨센서스 그리고 세계화와 함께 많은 경우 소득 불평등이 더욱 커졌고 노동자와 빈곤층을 비롯한 사회적 약자들의 처지는 상대적으로 악화되었다. 이에 따라 라틴아메리카를 비롯한 여러 개도국에서는 워싱턴 컨센서스와 신자유주의를 반대하는 목소리가 높아졌고 경제민주화에 대한 요구가 커졌다. 2000년대 이후 라틴아메리카의 많은 국가들에서는 신자유주의에 비판적인 좌파 정부가 집권했고, 경제민주화와 사회복지의 확충을 위한 정부의 적극적인 노력에 힘입어 소득 분배도 개선되고 있다. 또한 여러 개도국에서 과도한 경제력 집중을 억제하고 사회경제적 민주주의를 확대해야 한다는 인식이 발전하고 있다.

2007년 이후 전개된 세계 금융위기 이후에는, 전 세계에서 신자유주의가 퇴조하고 새로운 경제 모델을 찾으려는 모색이 이루어지고 있다. 세계 경제에서 선진국 대신 신흥개도국의 힘이 강화되고 남남협력이 발전하고 있으며, 경제정책에서도 자본 통제 등 국가의 역할을 강조하는 정책들이 현실에서 도입되고 있다. 개도국의 경우에도 이러한 변화를 배경으로 워싱턴 컨센서스의 실패를 넘어서기 위한 새로운 경제 발전 모델에 대한 논의가 활발하게 이루어지고 있다. 그러나 중국의 경제 발전 모델인 베이징 컨센서스는 많은 한계가 있으며, 대안적인 경제 발전 모델의 상은 아직 뚜렷하지 않은 상황이다. 한편 동아시아의 성공과 신자유주의의 실패 등 역사적인 경험은 새로운 발전 모델을 고민하는 데 중요한 교훈을 던져준다. 이를 고려할 때, 부패한 국가 주도적 발전 모델과 실패한 워싱턴 컨센서스 모델을 모두 넘어서, 평등주의적 성장을 추구하는 민주적인 발전국가 모델이 하나의 대안이 될 수 있을 것이다. 이러한 발전 모델에서는 경제민주화와 사회경제적 민주주의의 발전이 핵심적인 요소일 것이며, 이의 실현을 위해 시민들의 적극적인 참여와 정치적 노력이 필수적으로 요구된다. 개도국들은 시민들의 참여에 기반을 둔 민주정부의 노력에 기초하여, 워싱턴 컨센서스를 넘어서 평등한 소득 분배와 안정적인 경제 성장이 선순환을 이루는 발전 모델을 추진해야 할 것이다.

참고문헌

서장: 역사적 자본주의와 사회경제 민주주의 경제학 — 이병천·전창환

옥우석 외,『유럽지역 경제론』, 한국방송통신대 출판부, 2012.

전창환·조영철 편,『미국식 자본주의와 사회민주적 대안』, 당대, 2001.

Crouch C. and Streeck W. eds., *Politicd Economy of Modern Capitalism: Mapping Comvergence and Diversity*, Sage Publications, 1997.

Dullien et al., *Decent Capitalism: A Blueprint for Reforming Our Economies*, Pluto Press, 2011(홍기빈 역,『자본주의 고쳐쓰기』, 한겨레출판, 2012).

Gombert, T. et al., *Foundations of Social Democracy*, Friedrich-Ebert-Stifung, 2009(한상익 역,『사회민주주의 기초』, 한울, 2012).

Vaut, S. et al., *Economics and Social Democracy*, Friedrich-Ebert-Stifung, 2009(김종욱 역,『경제와 사회민주주의』, 한울, 2012).

1부: 사회민주주의 경제학의 기초

1. 소유, 통제, 축적: 자본주의와 민주주의의 화해와 불화 — 이병천

고세훈,『영국노동당사』, 나남, 1999.

_____,『복지국가의 이해』, 고려대 출판부, 2000.

김명환,『영국사회주의의 두 갈래 길』, 한울, 2006.

_____,『영국의 위기 속에서 나온 민주주의』, 혜안, 2009.

김수행·신정완 편,『현대 마르크스 경제학의 쟁점들』, 서울대 출판부, 2002.

김수행 외, 『제3의 길과 신자유주의』, 서울대 출판부, 2003.

김영순, 『복지국가의 위기와 재편』, 서울대 출판부, 1996.

김학노·김인춘 외, 『서유럽의 변화와 탈근대화』, 아카넷, 2011.

남기윤, 「기업자체 사상에 관한 연구 서설」, 『경영법률』, 12, 2001.

선학태, 『사회협약 정치의 역동성』, 한울, 2006.

송호근 외, 「계급타협의 비교정치경제―전후 서유럽의 민주자본주의」, 『사상』, 봄, 1994.

신정완, 「사회주의의 어제, 오늘 그리고 내일」, 김수행·신정완 편, 『현대 마르크스 경제학의 쟁점
        들』, 서울대 출판부, 2002.

_____, 「1990년대 초 스웨덴의 금융위기」, 『스칸디나비아 연구』, 10, 2009.

_____, 『복지자본주의냐 민주적 사회주의냐』, 사회평론, 2012.

이병천·김주현 편역, 『사회민주주의의 새로운 모색―스웨덴의 경우』, 백산서당, 1993.

이병천, 「세계자본주의 패권모델로서의 미국경제」, 『사회경제평론』, 15, 2000.

_____, 「칼 폴라니의 제도경제학과 시장사회 비판」, 『사회경제평론』, 23, 2004.

_____, 「공화국과 자본주의―무책임자본주의에서 시민자본주의로」, 『시민과 세계』, 6(하반기),
        2004.

_____, 「우노코조의 단계론과 현대자본주의론」, 『사회경제평론』, 35, 2011.

_____, 『한국경제론의 충돌』, 후마니타스, 2012.

_____, 「어떤 경제/민주화인가―시장사회/경제에서 시민사회/경제로」, 『시민과 세계』, 22(상반
        기), 2013.

이성형, 『사회민주주의 연구 1』, 새물결, 1991.

이원석, 「기업자체의 사상과 현대주식회사법」, 『사회과학논총』, 1, 1982.

이우진, 「사회민주주의적 이행전략의 검토」, 『경제와 사회』, 11, 1991.

장석준, 『신자유주의의 탄생』, 책세상, 2011.

장하준, 『국가의 역할』, 부키, 2006.

장하준 외, 『쾌도난마 한국경제』, 부키, 2007.

장하준 외, 『무엇을 선택할 것인가』, 부키, 2011.

전창환·조영철 편, 『미국식 자본주의와 사회민주적 대안』, 당대, 2001.

정태인, 『협동의 경제학』, 레디앙, 2013.

조돈문, 『베네수엘라의 실험』, 후마니타스, 2013.

조영철, 『금융세계화와 한국경제의 진로―민주적 시장경제의 길』, 후마니타스, 2007.

주성수, 『사회민주주의와 경제민주주의』, 인간사랑, 1992.

최배근, 『협력의 경제학』, 집문당, 2013.

한국 사회민주주의연구회 편, 『세계화와 사회민주주의』, 사회와연대, 2002.

홍기빈, 「권력으로서의 자본―금융화 시대의 베블런」(홍기빈 역, 소스타인 베블런-『자본의 본성
    에 관하여』, 책세상, 2009).

_____, 『자본주의』, 책세상, 2010.

_____, 『비그포르스, 복지국가와 잠정적 유토피아』, 책세상, 2011.

홍영기, 「일본기업집단의 소유지배구조적 특성에 관한 연구」, 고려대 박사학위 논문, 1994.

Adler-Karlsson, Gunnar, *Functional Socialism*, Prisma, 1967.

Aglietta, Michel and Antonie Reberioux, *Corporate Governance Adrift: a Critique of
    Shareholder Value*, Edward Elgar, 2005.

Aglietta, Michel, *A Theory of Capitalist Regulation: the US Experience*, Verso, 1987.

Altvater, Elmar, *Das Ende des Kapitalismus*, Westfälisches Dampfboot, 2005(엄정용 역, 『자
    본주의의 종말』, 동녘, 2007).

Andrew, Henley and Euclid Tsakalotos, *Corporatism and Economic Performance: a
    Comparative Analysis of Market Economies*, Edward Elgar, 1993.

Aoki, Masahiko, *Corporations in Evolving Diversity: Cognition, Governance and
    Institutions*, Oxford University Press, 2010.

Bardhan, Pranab and Isha Ray, *The Contested Commons-Conversations between
    economics and anthropologists*, Oxford University Press, 2008.

Beck U, *Risk Society: Towards a New Modernity*, Sage Publications, 1992(홍성태 역, 『위험
    사회』, 새물결, 2006)

Berle, Adolf A. and Gardiner C. Means, *The Modern Corporation and Private Property*, Macmillan, 1932.

Meyer H. and Rutherford J., *The Future of European Social Democracy: Building the Good Society*, Palgrave Macmillan, 2011.

Blackburn, Robin, "Crisis 2.0", *New Left Review*, 72, 2011.

Bowles, Samuel and Herbert Gintis, *Democracy and Capitalism: Property, Community and the Contradictions of Modern Social thought*, Basic Books, 1986(차성수 역, 『민주주의와 자본주의』, 백산서당, 1994).

Boyer, Robert, *Regulation Theory*, Columbia University Press, 1990.

Boyer, Robert, *Finance et Globalization: La crise de l'absolutisme du marche*, Roneotype, 2011(山田銳夫 外 譯, 金融資本主義の崩壊, 藤原書店).

Brenner, Neil and Nik Theodore, "Cities and geographies of 'actually existing neoliberalism'", *Antipode*, 34, 2002.

Brown, Douglas, *Towards a Radical Democracy: the Political Economy of the Budapest School*, Unwin Hyman, 1988.

Carlsson, Ingvar and Anne-Marie Lindgren, *What is Social Democracy: a Book about Social Democracy*, Stockholm, 1998(윤도현 역, 『사회민주주의란 무엇인가』, 논형, 2009).

Carnoy, Martin and Derek Shearer, *Economic Democracy: the Challenge of the 1980s*, M. E. Sharpe, 1980.

Commeons J. R., *Legal Foundations of Capitalism*, The Macmillan, 1924.

_____, *Institutional Economics*, The Macmillian, 1934.

_____, *The Economics of Collective Action*, The Macmillian, 1950.

Crosland, Anthony, *The Future of Socialism*, Cape, 1964.

Crotty, James, "Neoclassical and Keynesian Approaches to the Theory of Investment", in P. Davidson ed., *Can the Free Market Pick Winners?: What Determines Investment*,

M. E. Sharpe, 1993.

Crotty, James, "Rethinking Marxian Investment Theory: Keynes-Minsky Instability, Competitive Regime Shifts and Coerced Investment", *Review of radical political economics*, 25, 1993.

Davidson, Paul ed., *Can the Free Market Pick Winners?: What Determines Investment*, M.E. Sharpe, 1993.

Dumenil, Gerad and Dominique Levy, *The Crisis of Neoliberalism*, Harvard University Press, 2011.

Esping-Andersen, Gosta, *Politics against Market*, Princeton University Press, 1985.

Furniss, Norman, "Property Rights and Democratic Socialism", *Political Studies*, 26(4), 1978.

Glyn, Andrew, *Capitalism Unleashed: Finance, Globalization and Welfare*, 2006(김수행·정상준 역, 『고삐 풀린 자본주의』, 필맥, 2008).

Gorz, Andre, *Strategy for Labour: a Radical Proposal*, Beacon Press, 1967.

Hall, Peter A. ed., *The Political Power of Economic Ideas*, Princeton University Press, 1989.

Hardin, Garrett, "The Tragedy of the Commons", *Science*, 162, 1968.

Harvey, David, *A Brief History of Neoliberalism*, Oxford University Press, 2005(최병두 역, 『신자유주의―간략한 역사』, 한울, 2007).

_____, "The Future of the Commons", *Radical History Review*, 109(Winter), 2011.

Heller, Agness, "The Declaration of Independence and the Principle of Socialism-contribution to a Discussion", *Social Praxis*, 6(3-4), 1979.

Hilferding, Roudolf, *Das Finanzkapital*, Dritter Band, Wiener Volksbuchhandlung, Wien, 1923(김수행·김진엽 역, 『금융자본』, 새날, 1994).

Hudson, Michael, "Financial Capitalism v. Industrial Capitalism", Contribution to The Other Canon Conference on Production Capitalism vs. Financial Capitalism, Oslo, September 3-4, 1998.

Ingham, Geoffrey, *Capitalism, Polity*, 2008(홍기빈 역, 『자본주의 특강』, 삼천리, 2013).

Kaldor, Nicholas, "Public or Private Enterprise: the Issues to be Considered", in *Public and Private Enterprise in a Mixed Economy*: Proceedings of a Conference held by the International Economic Association in Mexico City, ed. by William Baumol, St. Martin's Press, 1980.

Kalecki, Michal, "The Marxian Equation of reproduction and modern economics", in *Collected Works of Michal Kalecki*, vol. 2, 1968.

_____, "Political Aspects of Full Employment", in Michal Kalecki, *Selected Essays on the Dynamics of the Capitalist Economy 1933-1970*, Cambridge University Press, 1971.

Katzenstein, Ithaca, *Corporatism and Change: Austria, Switzerland and the Politics of Industry*, Cornell University Press, 1984.

Kocka, Jurgen, 『組織資本主義か國家獨占資本主義か』, 1974(H. A. ヴィンクラー 編, 『組織された資本主義』, 名古屋大學出版部).

Lazonick, William, *Competitive Advantage on the Shop Floor*, Harvard University Press, 1990.

_____, "The Innovative Enterprise and the Developmental State: Toward an Economics of Organizational Success", The Academic-Industry Research Network and University of Massachusetts, April 2011.

Marshall, Thomas Humphrey, *Citizenship and Social class: and Other Essays*, Cambridge University Press, 1950.

Meidner, Rudolf, *Employer Investment Funds: an Approach to Collective Capital Formation*, George Allen and Unwin, 1976(English edition 1978).

Merkel, Wolfgang, Alexander Petring, Christian Henkes and Christoph Egle, *Social Democracy in Power*, Routledge, 2008.

Meyer, Henning, and Jonathan Rutherford eds., *The Future of European Social*

Democracy: Building the Good Society, Palgrave Macmillan, 2012.

Michaelides, Panayotis and John Milios, "Hilferding's Influence on Schumpeter: a First Discussion", European Association for Evolutionary Political Economy, 2004.

Murray, Robin, "Ownership, Control and the Market", *New Left Review*, 164, 1987.

Ostrom, Elinor, *Governing the Commons: the Evolution of Institutions for Collective Action*, 1990(윤홍근·안도경 역, 『공유의 비극을 넘어』, 랜덤하우스코리아, 2010).

Peck, Jamie, Nik Theodore and Neil Brenner, "Neoliberalism Resurgent", *The South Atlantic Quarterly*, 111(2), 2012.

Przeworski, Adam, *Democracy and Market*, Cambridge University Press, 1991(임혁백·윤성학 역, 『민주주의와 시장』, 한울, 1993).

_____, *Capitalism and Social Democracy*, Cambridge University Press, 1988(최형익 역, 『자본주의와 사회민주주의』, 백산서당, 1995).

Reinert, Erik and Sophus A. Reinert, "Mercantilism and Economic Development", in K. S. Jomo and E. S. Reinert eds., *The Origins of Development Economics*, Zed Books, 2005.

Reinert, Erik, *How Rich Countries Got Rich and Why Poor Countries Stay Poor*, Carroll & Graf Publishers, 2007(김병화 역, 『부자 나라는 어떻게 부자가 되었고 가난한 나라는 왜 여전히 가난한가』, 부키, 2012).

Reinert, Erik and Arno M. Daastol, "Production Capitalism vs Financial Capitalism: Symbiosis and Parasitism. An Evolutionary Perspective and Bibliography", Working paper in Technology Governance and Economic Dynamics no. 36, The Other Canon Foundation, 2011.

Rodrik, Dani, *One Economics, Many Recipes: Globalization, Institutions, and Economic Growth*, Princeton University Press, 2009(제현주 역, 『더 나은 세계화를 말하다』, 북돋움, 2012).

Roe, Mark J., *Political Determinants of Corporate Governance: Political Context,*

Corporate Impact, Oxford University Press, 2003.

Scott, John, *Corporate Business and Capitalist Classes*, Oxford University Press, 1997.

Screpanti, Ernesto, *The Fundamental Institutions of Capitalism*, Routledge, 2001.

Sebastiani, Mario, *Kalecki and Unemployment Equilibrium*, St. Martin's Press, 1994.

Stephens, John, *The Transition from Capitalism to Socialism*, Macmillan, 1979(이성형, 『사회민주주의 연구』 1, 새물결, 1991).

Stiglitz, Joseph, *Economics*, W. W. Norton & Company, 1997(이병천 외 역, 『경제학원론』, 한울, 2002).

_____, *Price of Inequality: How Today's Divided Society Endangers our future*, Penguin, 2013(이순희 역, 『불평등의 대가』, 열린책들, 2013).

Stjerno S., *Solidarity in Europe: The History of an Idea*, Cambridge University Press, 2004.

Streeck, Wolfgang, "The Crises of Democratic Capitalism", *New Left Review*, 71, 2011.

Tilton, Timothy A., "Why Don't Swedish Social Democrats Nationalize Industry?", *Scandinavian Studies*, 59(2), 1987.

Unger R. M., *The Left Alternative*, Verso, 2006.

Veblen, Thorstein, *Absentee Ownership: Business Enterprise in Recent Times*, New Brunswick: Transaction, 1923.

Whyman, Philip, *Sweden and the Third Way: a Macroeconomic Evaluation*, Ashgate, 2003.

White S. and D. Leighton, *Building a Citizen Society: The Emerging Politics of Republican Democracy*, Lawrence & Wishart Ltd, 2008.

Wright, Erik Olin, *Envisioning Real Utopias*, Verso, 2010(권화현 역, 『리얼 유토피아』, 들녘, 2012).

宮本光晴, 『企業システムの經濟學』, 新世社, 2004(정안기 역, 『일본 기업시스템의 경제학』, 한울, 2005).

大隅建一郎, 『(新版)株式會社法變遷論』, 有斐閣, 1987.

宇澤弘文, 『社會的共通資本』, 岩波書店, 2000(이병천 역, 『사회적 공통자본』, 필맥, 2008).

2. 시장과 계획: 이론과 경험 — 전용복

백영현, 「일반균형모델과 탈중앙적 자유경제 체제와의 관계: 비판적 검토」, 김균 외, 『자유주의 비판』, 풀빛, 1996.

이준구, 『미시경제학』, 제5판, 법문사, 2008.

Albert, Michael, *Parecon: Life After Capitalism*, Verso, 2003(김익희 역, 『파레콘: 자본주의 이후, 인류의 삶』, 북로드, 2003).

Amsden, Alice, *Asia's Next Giant: South Korea and Late Industrialization*, Oxford University Press, 1989.

Baker, Dean, Gerald Epstein and Robert Pollin, *Globalization and Progressive Economic Policy*, Cambridge University Press, 1998.

Bramall, Chris, *Sources of Chinese Economic Growth, 1978-1996*, Oxford University Press, 2000.

Brandt, Loren and Thomas G. Rawski ed., *China's Great Economic Transformation*, Cambridge University Press, 2008.

Brenner, Robert, "Turbulence of the World Economy", *New Left Review*, 1998(전용복·백승은 역, 『혼돈의 기원』, 이후, 2001).

Cornwall, John and Wendy Cornwall, *Capitalist Development in the Twentieth Century: An Evolutionary-Keynesian Analysis*, Oxford University Press, 2001.

Devine, Pat, *Democracy and Economic Planning: The Political Economy of a Self-governing Society*, Boulder, Westview Press, 1988.

Eckstein, Alexander, *China's Economic Revolution*, Cambridge University Press, 1977.

Engels, Friedrich, "Herr Eugen Dühring's Revolution in Science", in Marx/Engels Collected Works Vol. 5, International Publishers, 1877.

Epstein, Gerald A. and Herbert M. Gintis ed., *Macroeconomic Policy After the Conservative Era*, Cambridge University Press, 1995.

Glyn, Andrew, Philip Armstrong and John Harrison, *Capitalism Since 1945*, Blackwell,

1991(김수행 역, 『1945년 이후의 자본주의』, 두산동아, 1993).

Gray, John, *False Dawn: The Delusion of Global Capitalism*, Granta Books, 1998(김영진 역, 『거짓된 새벽: 전지구적 자본주의의 환상』, 창, 1999).

Harvey, David, *A Brief History of Neoliberalism*, Oxford University Press, 2005.

Hayek, Friedrich A., *Individualism and Economic Order*, Routledge and Kegan Paul, 1949.

Ioannides, Starvos, *The Market, Competition, and Democray: A Critique of Neo-Austrian Economics*, Edward Elgar, 1992.

Jeon, Yongbok, *Economic Growth in China, 1978-2004: A Kaldorian Approach*, Unpublished Ph. D. Thesis, University of Utah, 2008.

Johnson, Chalmers A., *MITI and the Japanese Miracle: The Growth of Industrial Policy, 1925-1975*, Stanford University Press, 1982.

Kelly, Gavin, Dominic Kelly and Andrew Gamble ed., *Stakeholder Capitalism*, Palgrave Macmillan, 1997.

Kornai, János, *Economics of Shortage, Volume A & B*, North-Holland Publishing Company, 1980.

_____, *The Socialist System: The Political Economy of Communism*, Princeton University Press, 1992.

Lardy, Nocholas R., *China's Unfinished Economic Revolution*, Brookings Institution Press, 1998.

Lavoie, Don, *Rivarly and Central Planning: The Socialist Calculation Debate Reconsidered*, Cambridge University Press, 1985.

Lenin, Vladimir I., *The State and Revolution: The Marxist Theory of the State and the Tasks of the Proletarian in the Revolution*, International Publishers, 1918(박영철 역, 『국가와 혁명』, 논장, 1988).

Lin, Justin Y., Fang Cai and Zhou Li, *The China Miracle: Development Strategy and Economic Reform*, Chinese University Press, 2003.

Marglin, Stephen and Juliet B. Schor, *The Golden Age of Capitalism: Reinterpreting the Postwar Experience*, Oxford University Press, 1990.

Mises, Ludwig von(1921), "Economic Calculation in the Socialist Commonwealth", in Hayek ed., *Collectivist Economic Planning*, Routledge, 1935.

Naughton, Barry, *The Chinese Economy: Transition and Growth*, MIT press, 2007(전용복·이정구 역, 『중국경제: 이행과 성장』, 서울경제경영, 2010).

Nolan, Peter, *China and the Global Economy: National Champions, Industrial Policy and the Big Business Revolution*, Palgrave, 2001.

Nove, Alec, *The Economic History of the USSR : 1917-1991*, 3rd edition. Penguin Press, 1993.

Oi, Jean C., *Rural China Takes Off: Institutional Foundations of Economic Reform*, University of California Press, 1999.

Rajan, Raghuram G., *Fault Lines: How Hidden Fractures Still Threaten the World Economy*, Princeton University Press, 2010(김민주·송희령 역, 『폴트라인: 보이지 않는 균열이 어떻게 세계 경제를 위협하는가』, 에코리브르, 2011).

Roubini, Nouriel and Stephen Mihm, *Crisis Economics: A Crash Course in the Future of Finance*, Penguin Press, 2010(허익준 역, 『위기경제학』, 청림출판, 2010).

Stiglitz, Josep E., *Whither Socialism?*, Cambridge, MIT press, 1994.

_____, *Globalization and Its Discontents*, Norton & Company, 2002(송철복 역, 『세계화와 그 불만』, 세종연구원, 2002).

Wade, Robert, *Governing the Market: Economic Theory and the Role of Government in East Asian Industrialization*, Princeton University Press, 1990.

Whiting, Susan H., *Power and Wealth in Rural China: The Political Economy of Institutional Change*, Cambridge University Press, 2001.

Xia, Ming, *The Dual Developmental State: Development Strategy and Institutional Arrangements for China's Transition*, Aldershot, Ashgate, 2000.

3. 공유와 협력: 지속 가능한 경제와 제3민주주의 — 최배근

고세훈, 『영국노동당사: 한 노동운동의 정치화 이야기』, 나남, 1999.

최배근, 「지식정보사회의 재산권: 화두는 다원화」, 『철학연구』, 72집, 철학연구회, 2006.

_____, 『시장경제, 진화와 위기』, 집문당, 2008.

_____, 『협력의 경제학』, 집문당, 2013.

황경식, 「소유권은 절대권인가? —사유재산권과 분배적 정의」, 『철학연구』, 27집, 철학연구회,

    2006.

Adler-Karlsson, Gunnar, *Reclaiming the Canadian Economy*, Anansi, 1970.

Beaudry, Paul, David A. Greeny and Ben Sand, *The great reversal in the demand for skill

    and cognitive tasks*, NBER Working Paper No. 18901, 2013.

Corrado, Carol, Charles Hulten and Daniel Sichel, "Intangible Capital and Economic

    Growth", *Review of Income and Wealth*, 55(3), 2009.

Dawes, Robin, "The Commons Dilemma Game: An N-Person Mixed-Motive Game with a

    Dominating Strategy for Defection", *ORI Research Bulletin*, 13, 1973.

_____, "Formal Models of Dilemmas in Social Decision Making", *Human Judgement and

    Decision Processes: Formal and Mathematical Approaches*, M. Kaplan and S.

    Schwartz eds., Academic Press, 1975.

Fenoaltea, Stefano, "Transaction costs, Whig history and the common fields", in Bo

    Gustafsson ed., *Power and Economic Institutions*, Edward Elgar, 1991.

Gneezy, Ayelet, Uri Gneezy, Leif D. Nelson and Amber Brown, "Shared Social

    Responsibility: A Field Experiment in Pay-What-You Want Pricing and Charitable

    Giving", *Science*, 329(5989), 2010.

Marrano, Mauro G., Jonathan Haskel and Gavin Wallis, "What Happened to the

    Knowledge Economy? ICT, Intangible Investment and Britain's Productivity

    Record Revisited", Working Paper no. 603, Queen Mary University of London,

    2007.

Kay, John, *The Kay Review of UK Equity Markets and Long-term Decision Making*, The
 Kay Review, 2012.

Macfarlane, Alan, *The Origins of English Individualism: The Family, Property and Social
 Transition*, Basil Blackwell, 1978.

McKinsey Global Institute, *An economy that works: Job creation and America's future*,
 McKinsey & Company, 2011.

_____, *Manufacturing the future: The next era of global growth and innovation*,
 McKinsey & Company, 2012.

Menger, Carl, *Investigations into the Method of the Social Sciences With Special Reference
 to Economics*, New York University Press, 1985.

Olson, Mancur, *The Logic of Collective Action: Public Goods and the Theory of Groups*,
 Harvard University Press, 1965.

Ostrom, Elinor, *Governing the Commons*, 1990(윤홍근·안도경 역, 『공유의 비극을 넘어』, 랜
 덤하우스코리아, 2010).

Polanyi, Karl, *The Great Transformation*, Beacon Press, 1957.

Posner, Richard, "Why There Are Too Many Patents in America", *The Atlantic*, July 12,
 2012.

Rifkin, Jeremy, *The Third Industrial Revolution: How Lateral Power Is Transforming
 Energy, the Economy, and the World*, Palgrave Macmillan, 2011.

Fortune, "Here's how to make money", November 8, 1999.

4. 사회적 경제와 경제민주주의 — 정태인

정태인, 「경제대안의 출발점, '사회 경제'」, 『리얼진보』, 레디앙, 2010.

정태인·이수연, 『협동의 경제학』, 레디앙, 2013.

Alchian, Armen A. and Harold Demsetz, "Production, information costs, and economic organization", *American Economic Review*, 62, 1972.

Bowles, Samuel and Herbert Gintis, "Social Capital and Community Governance", *The Economic Journal*, 112, 2002.

Birkholzer, Karl, "Development and Perspectives of the Social Economy or Third Sector in Germany", in Matthies, A.-L. ed., *Nordic Civic Society Organisations and the Future of Welfare Services*, Nordic Council of Ministers, 2006.

Chantier De Leconomie Sociale, "Social Economy and Community Economic Development in Canada: Next Step for Public Policy", 2005.

Craig, Ben and John Pencavel, "The behavior of Worker Cooperatives: the Plywood companies of Pacific North-East", *American Economic Review*, 82(5), 1992.

Dow, Gregory, "Allocating Control Over Firms: Stock Market versus Membership Markets", Simon Fraser University Department of Economics, Discussion Paper #00-3, 2000.

_____, *Governing the Firm, Worker's Control in Theory and Practice*, Cambridge University Press, 2003.

Ellerman, David, *The Democratic Firm*, The World Bank, 1997.

_____, "Whither Self-Management? Finding New Path to Workplace Democracy", Keynote Address for 12th Annual Conference International Association for the Economics of Participation, Halifax, Canada, 2004.

Gintis, Herbert, "Financial Markets and the Political Structure of the Enterprise", *Journal of Economic Behavior and Organization*, 11, 1989.

Hansmann, Henry, "When Does Worker Ownership Work? ESOPs, Law Firms, Codetermination, and Economic Democracy", *The Yale Law Journal*, 99(8), 1990.

Jensen, Michael C. and William H. Meckling, "Rights and Production Function: An Application to Labor-Managed Firms and Codetermination", *Journal of Business*, 52, 1979.

Kremmer, Michael, "Why are Worker Cooperatives So Rare?", NBER Working Paper 6118, National Bureau of Economic Research, 1997.

Kruse, Douglas, "Profit Sharing: Does It Makes A Difference?", Kalamazoo, MI: W. E.. Upjohn Institute for Employment Research, 1993.

Laville, Jean-Louis, Benoît Lévesque and Marguerite Mendell, "The Social Economy, Diverse Approaches and Practices in Europe and Canada", Journal of Rural Cooperation, 33(1), 2005.

Navara, Cecilia, "Collective Accumulation of Capital in Italian Worker Cooperatives: an Empirical Investigation on Employment Stability and Income smoothing", AISSEC XVII Conference, 2009.

Ninacs, William A. and Michael Toye, "A Review of the Theory and Practice of Social Economy in Canada", SRDC Working Paper Series, 02-02, 2002.

Meade, James, *Agathopia: The Economics of Partnership*, The David Hume Institute, 1989.

Nowak, Marin, "Five Rules for the Evolution of Cooperation", *Science*, 314(5805), 2006.

_____, "Evolving Cooperation", *Journal of Theoretical Biology*, 299, 2012.

Ostrom, Elinor, "Beyond Markets and States: Polycentric Governance of Complex Economic System", *American Economic Review*, 100(3), 2010.

Pejovich, Svetozar, "Why Has Labor-Managed Firm Failed", *Cato Journal*, 12(2), 1992.

Porta, Pier Luigi ed., *Economia Civile, a debate on L. Bruni and S Zamagni*, Working Paper Series, Department of Economics, University of Milan-Bicocca, 2004.

Putterman, Louis, "On Some Explanations of Why Capital Hires Labor", *Economic Inquiry*, 22, April 1984.

_____, "Ownership and Nature of the Firm", *Journal of Comparative Economics*, 17, 1993.

Salamon, Lester and Helmut Anheier, "Social Origins of Civil Society: Explaining the Nonprofit Sector Cross-Nationally", presented at the ARNOVA Conference, November 2000.

Salamon, Lester M., S. Wojciech Sokolowski and Regina List, "Global Civil Society, an Overview", The Johns Hopkins Comparative Nonprofit Sector Project, 2003.

Soots, Lena and Michael Gismondi, "Sustainability, the Social Economy, and the Eco-Social Crisis: Traveling Concepts and Bridging Fields", BC-Alberta Social Economy Research Alliance(BALTA), 2008.

Williamson, Oilver, "Corporate Finance and Corporate Governance", *The Journal of Finance*, 43(13), 1988.

Zamagni, Stefano, "Towards an Economics of Human Relations: on the Role of Psychology in Economics", *Group Analysis*, 37(17), 2004.

_____, *A Civil Economic Theory of the Cooperative Firm*, University of Bologna, 2005.

Zamani, Stefano and Vera Zamani, *Cooperative Enterprise: Facing the Challenge of Globalization*, 2009(송성호 역, 『협동조합으로 기업하라』, 북돋움, 2013).

Zhao, Li, "A Start for Mild Liberalization? Building Civil Society through Co-operative Dynamics in China", Working Papers on Social and Co-operative Entrepreneurship WP-SCF, 09-04, 2009.

2부: 주요 분야별 비교·분석

5. 기업집단 개혁과 경제민주화: 미국, 독일, 일본의 비교 — 송원근

권우현, 「버블 붕괴 이후 기업 지배구조의 변화」, 『동향과 전망』, 75호, 2009.

권혁욱, 『일본의 산업조직 재편과 정책대응이 한국에 주는 시사점』, 한일산업기술협력재단 일본 지식정보센터, 2012.

김두진, 『공정거래법상 경제력 집중 규제 연구』, 한국법제연구원, 2006.

김병권, 「재벌 독식의 산업 생태계를 개혁하자」, 정태인·새사연 편, 『리셋코리아』, 미래를 소유한 사람들, 2012.

김상조, 『유럽의 기업집단법 현황 및 한국 재벌개혁에의 시사점』, 민주정책연구원 용역보고서,
　　2012.

박경로, 「공정경쟁과 복지의 제도화: 미국의 경우」, 『황해문화』, 가을호, 2012.

박노영, 「독일과 한국의 기업집단 비교」, 『사회과학논총』, 10호, 충남대학교 사회과학연구소,
　　1999.

송원근, 『재벌개혁의 현실과 대안 찾기』, 후마니타스, 2008.

＿＿＿, 「경제민주화를 위한 재벌개혁의 과제」, 한국경제발전학회 추계학술대회 발표문, 2012.

윤창호·장지상·김종민 편, 『한국의 경쟁정책』, 형설출판사, 2011.

이상승, 「재벌규제 정책의 새로운 패러다임 모색: 경쟁법 집행의 강화 및 "기업집단에 관한 회사
　　법"의 도입」, MS IT 포럼 발표문, 2008.

이재형, 『지주회사의 본질과 정책 과제』, 한국개발연구원, 2000.

＿＿＿, 『일본의 일반집중 규제 제도』, 한국개발연구원, 2007.

전창환, 「90년대 일본경제시스템의 위기와 금융빅뱅」, 『입법조사연구』, 제254호, 1998.

홍종학, 「미국과 영국의 기업집단 개혁과 시사점」, 한국경제연구학회 발표문, 2008.

Amihud, Y. and B. Lev, "Risk reduction as a managerial motive for conglomerate
　　mergers", Bell Journal of Economics, 12, 1981.

Amsden, Alice and Takashi Hikino, "Borrowing Technology or Innovating: an Exploration
　　of the Two Paths to Industrial Development", in Thomson, R. ed., Learning and
　　Technical Change, St. Martin's Press, 1993.

Aoki, Masahiko, "Unintended Fit: Organizational Evolution and Government Design of
　　Institutions in Japan", in Aoki, M., Kim, H. K and M. Okuno-Fujuwara ed., The
　　Role of Government in East Asian Economic Development, Clarendon Press, 1997.

Atkinson, Robert D. and David B. Audretsch, "Economic Doctrines and Approaches to
　　Antitrust", The Information Technology and Innovation Foundation Research
　　Paper no. 2011-01-02, 2011. (http://ssrn.com/abstract=1750259)

Becht, Marco and J. Bradford DeLong, A History of Corporate Governance around the

World: Family Business Groups to Professional Managers, University of Chicago Press, 2005.

Benston, George J., *Conglomerate Mergers: Cause, Consequences and Remedies*, American Enterprise Institute for Public Policy Research, Washington, D.C. AEI studies, 1980.

Bicker, Eike T., "Creditor Protection in the Corporate Group", 2006.(http://papers.ssrn. com/sol3/papers.cfm?abstract_id=920472)

Chandler, Alfred D. Jr., *Scale and Scope: The Dynamics of Industrial Capitalism*, Harvard University Press, 1990.

_____, "What is a Firm?: a Historical Perspective", *European Economic Review*, 36, 1992.

Claessens, Stijn, Joseph P. H. Fan and Larry H. P. Lang, "The benefits and costs of group affiliation: Evidence from East Asia", *Emerging Markets Review*, 7, 2002.

Coase, Ronald, "The Nature of the Firm", *Economica*, 4(16), 1937.

Colpan, Asli M., Takashi Hikino and James R. Lincoln eds., *The Oxford Handbook of Business Groups*, Oxford University Press, 2010.

Deeg, Richard, "The Comeback of Modell Deutschland? The New German Political Economy in the EU", *German Politics*, 14(3), 2005.

Eichengreen, Barry, *The European Economy Since 1945: Coordinated Capitalism and Beyond*, Princeton University Press, 2007.

Eucken,Walter, *This Unsuccessful Age or The Pains of Economic Progress*, Hodge, 1951.

Gerlach, Michael L., "Twilight of the Keiretsu?: a Critical Assessment", *Journal of Japanese Studies*, 18, 1992.

Hall, Peter A. and David Soskice eds., *Varieties of Capitalism: Institutional Foundations of Comparative Advantage*, Oxford University Press, 2001.

Hopt, Klaus Jürgen, "European Company Law and Corporate Governance: Where does the Action Plan of the European Commission Lead?", *ECGI Working Paper Series in Law*, 52, European Corporate Governance Institute, 2005.

Jensen, Michael C., "The Modern Industrial Revolution, Exit, and the Failure of Internal Control Systems", *Journal of Finance*, 48, 1993.

Johnson, Simon, Peter Boone, Alasdair Breach and Eric Friedman, "Corporate Governance in the Asia Financial Crisis", *Journal of Financial Economics*, 58, 2000.

Johnson, Simon, Rafael La Porta, Florencio Lopez-de-Silanes and Andrei Shleifer, "Tunneling", *American Economic Review: Papers and Proceedings*, 90, 2000.

Khanna, Tarun and Yishay Yafeh, "Business groups in Emerging markets: Paragons or Parasites?", ECGI Financial Working Paper no. 92/2005, 2005.

Lazonick, William, "The innovative business organization and transaction cost theory", in Williamm Lazonick, *Business Organization and the Myth of the Market Economy*, Cambridge University Press, 1994.

Marshall, Alfred, *Principles of Economics*, Macmillan, 9th (variorum) edition, 1962(백영현 역, 『경제학 원리』 1·2, 한길사, 2010).

Markides, Constantinos C. and Peter J. Williamson, "Relateddiversification, core competenciesand corporate performance", *Strategic Management Journal*, 15, 1994.

Morck, Randall, "How to Eliminate Pyramidal Business Groups: the Double Taxation of Inter-corporate Dividends and other Incisive Uses of Tax Policy", Working Paper no. 10944, National Bureau of Economic Research, 2004.

O'Sullivan, Mary, *Contests for Corporate Control: Corporate Governance and Economic Performance in the United States and Germany*, Oxford University Press, 2000.

Pitofsky, Robert T., "The Political Content of Antitrust", *University of Pennsylvania Law Review*, 127(4), 1979.

_____, "Antitrust at the Turn of the Twenty-first Century: a View from the Middle", *St. John's Law Review*, 76(3), 2002.

Polanyi, Karl, *The Great Transformation*, Beacon Press, 1957.

Porta, R., Florencio Lopez-de-Silane, Andrei Shleifer and Robert W. Vishny, "Legal determinants of external finance", *The Journal of Finance*, 52, 1997.

Reich-Graefe, Rene, "Changing Paradigms: The Liability of Corporate Groups in Germany", *Connecticut Law Review*, 37, 2005.

Roe, Mark J., *Strong Managers, Weak Owners: The Political Roots of American Corporate Finance*, Princeton University Press, 1994.

_____, "From Antitrust to Corporate Governance? The Corporation and the Law: 1959~1994", in C. Kaysen ed., *The American Corporation Today*, Oxford University Press, 1996.

Sandel, Michael, *Democracy's Discontent*, Harvard University Press, 1996(안규남 역, 『민주주의의 불만』, 동녘, 2012).

Shleifer, Andrei and Robert W. Vishny, "A Survey of Corporate Governance", *The Journal of Finance*, 52(2), 1997.

Stiglitz, Joseph, "Markets, Market Failures and Development", *American Economic Review*, 79(2) (Papers and Proceedings), 1989.

Vitols, Sigurt, "The Reconstruction of German Corporate Governance: Reassessing the Role of Capital Market Pressure", A background paper for the debate "Hopner vs. Vitols vs. Zugehor: Do financial markets matter?", Wissenschaftszentrum Berlin fur Sozialforschung, 2002. (http://medea.wz-berlin.de/vitols.htm/)

_____, "Negotiated Shareholder Value: the German Variant of an Anglo-American practice", *Competition and Change*, 8(4), 2004.

Williamson, Oliver E., *The Economic Institutions of Capitalism*, Free Press, 1985.

Windbichler, Christine, "Corporate Group Law for Europe: Comments on the Forum Europaeum's Principles and Proposals for a European Corporate Group Law", *European Business Organization Law Review*, 1, 2000.

Windolf, Paul and Jürgen Beyer, "Co-operative capitalism, corporate networks in

Germany and Britain", *British Journal of Sociology*, 47(2), 1996.

6. 노동자 경영 참여와 노동민주화: 독일을 중심으로 — 이상호

고양곤·임반석, 『경제민주주의와 산업민주주의』, 법문사, 1992.

고준기, 『근로자의 공동결정에 관한 연구-독일법을 중심으로』, 한양대 박사학위 논문, 1990.

김영두, 『경제민주주의와 노동조합운동』, 한국노동사회연구소 & 프리드리히 에버트 재단, 2002.

박해광, 「산업민주주의와 경영 참가」, 『민주주의와 인권』, 7권 1호, 2006.

유정식, 「한국형 노사관계와 노조의 경영 참가」, 『한국협동조합연구』, 30권 1호, 2012.

이상호, 『독일의 공동결정제도의 현실과 그 사회경제적 효과』, 연세대 석사학위 논문, 1995.

이주희·이승협, 『경영 참가의 실태와 과제』, 한국노동연구원, 2005.

조우현 편, 『세계의 노동자 경영 참가』, 창작과비평사, 1995.

Adamy, Wilhelm and Johannes Steffen, *Co-determination in the Federal Republic of Germany*, 1988(아다미·슈테판, 『독일의 공동결정제도』, 한국노사발전연구원·프리드 리히 에버트 재단, 1993).

Briefs, Ulrich, "Co-determination in the Federal Republic of Germany-an Appraisal of a Secular Experience", in Paul Blyton, Chris Cornforth and György Széll eds., *The State, Trade Unions and Self-Management*, Walter De Gruyter Inc., 1984.

Dahl, Robert A., *A Preface to Econmic Democracy*(안승국 역, 『로버트 다알의 경제민주주의』, 인간사랑, 1995).

FES, *Die EU-Osterweiterung: Eine Herausforderung für die betriebliche Inter-essenvertretung? Ein grenzüberschreitender Erfahrungsaustausch von Praktikern*, Reihe Wirtschaftspolitische Diskurse Nr. 157, Friedric-Ebert-Stiftung, 2004.

_____, *Mitbestimmung in Zeiten der Globalisierung*, Friedric-Ebert-Stiftung, 2005.

Frick, Bernd and Dieter Sadowski, "Works Councils, Unions, and Firm Performance", in the Fech Buttler et al. Hrsg., *Institutional Frameworks and Labor Market Performance. Comparative Views on the U. S. and German Economies*, Routledge, 1995.

Frick, Bernd, Norbert Kluge and Wolfgang Streeck Hrsg., *Die wirtschaftlichen Folgen der Mitbestimmung*, Expertenberichte für die Kommission Mitbestimmung der Bertelsmann Stiftung und der Hans-Böckler-Stiftung, Campus, 1999.

Frick, Bernd and Erik Lehmann, "Corporate Governance in Germany: Ownership, Codetermination and Firm Performance in a Stakeholder Economy", in the Howard Gospel, Andrew Pendelton and Gregory Jackson Hrsg., *Corporate Governance and Human Resource Management*, Cambridge University Press, 2004.

Gohde, Hellmut, Artikelserie "Unternehmenskontrolle in der EU", in *Die Mitbestimmung. Teil 5: Niederlande: Erneuerung durch Kooperation*, Heft 5/2003, 2003.

Grebing, Helga, *Geschichte der deutschen Arbeitsbewegung*, Nymphenburger Verlagshandlung GmbH, 1966(박경서 역, 『독일노동운동사』, 한벗, 1985).

Hauser-Ditz, Axel and Martin Höpner, "Bewertung der Unternehmen am Neuen Markt. Gibt es einen Mitbestimmungsdiscount?", in Bertelsmann Stiftung und Hans-Böckler-Stiftung Hrsg., *Mitbestimmung in der New Economy — Ein Widerspruch? Kooperative Unternehmensführung und Mitarbeiterbeteiligung im neuen Mittelstand*, Verlag Bertelsmann Stiftung, 2002.

HBS, *Zur aktuellen Kritik der Mitbestimmung im Aufsichtsrat*, Hans-Böckler-Stiftung, 2004.

Höpner, Martin, *Wer beherrscht die Unternehmen? Shareholder Value, Managerherrschaft und Mitbestimmung in Deutschland*, Campus, 2003.

Höpner, Martin, "Unternehmensmitbestimmung unter Beschuss: Die Mitbestimmungsdebatte im Licht der Sozialwissenschaftlichen Forschung", *MPIFG*

Discussion Paper, 04/8. Max-Planck-Institute für Gesellschaftsforschung Köln, 2004.

IDWK, Pressemitteilung Nr. 16/2005, Institut der deutschen Wirtschaft Köln, 2005.

Kissler, Leo, *Die Mitbestimmung in der Bundesrepublik Deutschland-Modell und Wirklichkeit*, Marburg. Schueren, 1992.

Müller, Werner, "Die Gründung des DGB, der Kampf um die Mitbestimmung, programmisches Scheitern und der Uebergang zum gewerkschaftlichen Pragmatismus", in Hans-Otto Hemmer and Kurt Thomas Schmitz, *Geschichte der Gewerkschaften in der Bundesrepublik Deutschland*, Bund-Verlag, 1990.

Müller-Jentsch, Walter, "Auf dem Prüefstand. Das Deutsche Modell der Industriellen Beziehungen", in *Industrielle Beziehungen*, Jg. 2-1, 2005.

Niedenhoff, Horst-Udo Hrsg., *Die Zusammenarbeit mit dem Betriebsrat—erfahrungen und Anregungen für den partnerschaftlichen Umgang*, 1990.

Niedenhoff, Horst-Udo, *Mitbestimmung in der Bundesrepublik Deutschland*, Deutscher Institute-Verlag, 2002.

Nutzinger, Hans G., *Codetermination: A Discussion of Different Approaches*, Springer, 1989.

Rebhahn, Robert, Unternehmensmitbestimmung in Deutschland—Ein Sonderweg im Rechtsvergleich, in Volker Rieble Hrsg., *Zukunft der Unternehmensmitbestimmung*, Rainer Hampp Verlag, 2005.

Sadowski, Dieter, *Mitbestimmung-Gewinne und Investitionen*, Expertise für das Projekt "Mitbestimmung und neue Unternehmenskulturen", der Bertelsmann Stiftung und der Hans-Böckler-Stiftung, Verlag Bertelsmann Stiftung, 1997.

Schneider, Michael, "Höhen, Krisen und Tiefen", Die Gewerkschaften in der Weimarer Republik 1918 bis 1933, in Ulrich Borsdorf Hg., *Geschichte der deutschen Gewerkschaften von den Anfängen bis 1945*, Bund-Verlag, 1987.

_____, *Kleine Geschichte der Gewerkschaften*, Bundeszentrale für politische Bildung, 2000.

7. 금융자유화에서 금융민주화로 ─ 유철규

금융감독원, 『위기이후의 금융감독과제』, 2009.

김인철, 『경제민주화와 금융통화정책』, 한국경제연구원, 1989.

유철규, 「신자유주의」, 김수행·신정완 편, 『현대마르크스경제학의 쟁점들』, 서울대학교 출판부, 2002.

정운찬·김홍범, 『화폐와 금융시장』, 율곡출판사, 2012.

전성인, 「금융규제완화와 가계부채」, 『황해문화』, 겨울호(73호), 2011.

전창환·조영철 편, 『미국식 자본주의와 사회민주주적 대안』, 당대, 2001.

학현 변형윤 박사 정년퇴임기념논문집 간행위원회, 『경제민주화의 길』, 비봉출판사, 1992.

Armstrong, Phil, Andrew Glyn and John Harrison, *Capitalism since 1945*, 1991(김수행 역, 『1945년 이후의 자본주의』, 동아출판사, 1993).

Dullien, Sebastian, Hansjörg Herr and Christian Kellermann, *Decent Capitalism*, 2011(홍기빈 역, 『자본주의 고쳐 쓰기』, 한겨레출판, 2012).

Froud, Julie and Karel Williams, "Private equity and the culture of value extraction", *New Political Economy*, 12(3), 2007.

Glyn, Andrew, *Capitalism Unleashed*, Oxford University Press, 2006.

Ingham, Geoffrey, *Capitalism*, 2008(홍기빈 역, 『자본주의 특강』, 삼천리, 2013).

Keynes, J. Maynard, *Collected Writings of John Maynard Keynes*, vol 25, Cambridge University Press, 1980.

Minushkin, Susan, "Financial Globalization, Democracy, and Economic Reform in Latin America", *Latin American Politics and Society*, 46(2), 2004.

Ransom, D. and V. Baird eds., *People First Economics*, 2011(김시경 역, 『경제민주화를 말하

다』, 위너스북, 2012)

Rodrik, Dany, *The Globalization Paradox: Why Global Markets, States, and Democracy Can't Coexist*, 2011(고빛샘·구세희 역, 『자본주의 새판 짜기: 세계화의 역설과 민주적 대안』, 21세기북스, 2011).

Shiller, Robert, *The Subprime Solution*, 2008(정준희 역, 『버블경제학』, 랜덤하우스코리아, 2009).

Stalker, Peter, "Starting Afresh", D. Ransom and V. Baird eds., *People First Economics*, 2011(김시경 역, 「은행의 무능함」, 『경제민주화를 말하다』, 위너스북, 2012).

UN, "Report of the Commission of Experts of the President of the United Nations General Assembly on Reforms of the International Monetary and Financial System", 2009.

本山美彦, 『金融權力』, 2008(김영근 역, 『금융권력: 글로벌 경제와 리스크 비즈니스』, 전략과 문화, 2008).

8. 재정의 공공성과 개혁 과제 — 오건호

고경환 외, 『복지정책의 지속가능성을 위한 재정정책: 스웨덴, 프랑스, 영국을 중심으로』, 한국보건사회연구원, 2012.

국회예산정책처, 『소득세와 법인세의 유효세율 국제비교』, 2010.

기획예산처, 『국가 재정법(안) 주요내용』, 2004.

박기영, 『재정민주주의와 한국재정』, 대자, 2012.

박형준, 「유럽 재정위기의 원인 분석」, 글로벌정치경제연구소 연구보고서, 2013년 2월.

오건호, 『대한민국 금고를 열다』, 레디앙, 2010.

_____, 「글로벌 재정위기, MB 재정건전성, 그리고 보편복지 재정」, 글로벌정치경제연구소 이슈페이퍼, 2012년 2월.

_____, 「1990년대 이후 스웨덴 재정·복지 개혁 내용과 평가」, 글로벌정치경제연구소 워킹페이퍼, 2013년 1월(2013a).

_____, 「스웨덴 조세 들여다보기: 20세기 조세의 역사, 구조, 변화」, 글로벌정치경제연구소 워킹 페이퍼, 2013년 3월(2013b).

Agell, Jona, Peter Englund and Jan Sodersten, "Tax Reform of the Century-The Swedish Experiment", *National Tax Journal*, vol 49(4): 643-664. 1996.

Esping-Andersen, Gøsta, *The Three World of Welfare Capitalism*, Princeton University Press, 1990.

Hungerford, Thomas. L., "Taxes and the Economy: An Economic Analysis of the Top Tax Rates Since 1945", CRS Report for Congress, 2012. 9. 14.

Korpi, Walter and Joakim Palme, "The Paradox of Redistribution and Strategies of Equality: Welfare State Institutions, Inequality and Poverty in the Western Countries", *American Sociological Review*, 63, 1998.

Kommune Kredit, Kommuninvest, MuniFin, *The Nordic Model: Local Government, Global Competitiveness In Denmark, Finland and Sweden*, 2012(원자료: World Bank, Doing Business Project).

Lindert, Peter. *Growing Public: Social Spending and Economic Growth since the Eighteenth Century*, Cambridge University Press, 2004.

Obinger, Herbert and Uwe Wagschal, "Social Expenditure and Revenues", Francis G. Castles, Stephan Leibfried, Jane Lewis, Herbert Obinger and Christopher Pierson eds., *The Oxford Handbook of the Welfare State*, Oxford University Press, 2010.

OECD, Government at a Glance 2011, 2012.

_____, Consumption Tax Trends 2012, 2012.

_____, Economic Outlook no. 91, May 2012.

_____, Revenue Statistics 1965-2011, 2012.

_____, stat. database.

Swedish Tax Agency, Taxes in Sweden 2005, 2005.

_____, Tax Statistical Yearbook of Sweden, 2012.

9. 복지국가의 다양성과 발전 동인: 논쟁과 함의 — 윤홍식

김연명 편, 『한국복지국가 성격 논쟁 I』, 인간과 복지, 2002.

김연명, 「동아시아 복지체제론 재검토: 복지체제 유형 비교의 방법론적 문제와 동아시아 복지체제 유형화의 가능성」, 정무권 편, 『한국복지국가성격논쟁 II』, 인간과 복지, 2009.

류지성, 『정책학』, 대영문화사, 2007.

박근갑, 『복지국가 만들기: 독일 사민주의의 기원』, 책세상, 2009.

윤홍식, 「보편주의 복지를 둘러싼 논쟁의 한계, 성과, 전망: 무상급식에서 4.11총선까지」, 『사회보장연구』, 28(4), 2012.

정무권 편, 『한국복지국가성격논쟁 II』, 인간과 복지, 2009.

최태욱, 「복지국가 건설과 포괄정치의 작동을 위한 선거제도 개혁」, 『민주사회와 정책연구』, 19, 2011.

하연섭, 「역사적 제도주의」, 정용덕·권영주·김영수·김종완·배병룡·염재호·오시니유타카·최창현·하연섭 저, 『신제도주의 연구』, 대영문화사, 1999.

Alesina, Alberto and Edward Glaeser, *Fighting Poverty in the US and Europe*, 2004(전용범 역, 『복지국가의 정치학: 누가 왜 복지국가에 반대하는가?』, 생각의 힘, 2012).

Arts, Wilhelmus A. and John Gelissen, "Three Worlds of Welfare Capitalism or More?", *Journal of European Social Policy*, 12(2), 2002.

Baldwin, Peter, *The Politics of Social Solidarity: Class Bases of the European Welfare State 1875-1975*, Cambridge University Press, 1990.

Bonoli, Giuliano, "Classifying Welfare States: a Two-dimension Approach", *Journal of Social Policy*, 26(3), 1997.

Bottomore, Tom, *Elites and society*, Routledge, 1993.

Brooks, Clem and Jeff Manza, "Why Do Welfare States Persist?", *Journal of Politics*, 68(4), 2006.

Busemeyer, Marius, "Varieties of Cross-class Coalitions in the Politics of Dualization: Insights from the Case of Vocational Training in Germany", MPIfG Discussion

Paper 11/13, Max Planck Institute for the Study of Societies, Cologne, 2011.

Castles, Francis and Deborah Mitchell, "Three Worlds of Welfare Capitalism or Four?", LIS Working Paper no. 63, 1991.

_____, "Three Worlds of Welfare Capitalism or Four?", in F. Castles ed., *Families of Nations: Public Policy in Western Democracies*, Brookfield, Dartmouth University Press, 1993.

Christiansen, F., "Fortidspensionen: Okonomiske incitamenter og tilkendelser", Samfundsøkonomen, 2, 2000.

Dahl, Robert, *Who Governs? Democracy and Power in an American City* (2nd ed.), Yale University Press, 2005.

Esping-Andersen, Gosta, The three Worlds of Welfare Capitalism, Princeton, NJ: Princeton University Press, 1990.

_____, Social Foundations of Postindustrial Economics, Oxford University Press, 1999.

Esping-Andersen, Gøsta and Walter Korpi, "From poor relief to institutional welfare state", in R. Eriksson, E. Hanson, S. Ringen and H. Uusitalo, Scandinavian Model: Welfare States and Welfare Research, M E Sharpe Inc, 1987.

Estevez-Abe, Margarita, Torben Iversen, and David Soskice, "Social protection and the formation of skills: A reinterpretation of the welfare state", in P. Hall, and D. Sosckice eds., *Varieties of capitalism: The institutional foundations of comparative advantage*, Oxford University Press, 2001.

Ferrera, Maurizio, "The Southern Model of Welfare in Social Europe", *Journal of European Social Policy*, 6(1), 1996.

Green-Pedersen, Christofferm, "The dependent variable problem within the study of welfare state retrenchment: Defining the problem and looking for solutions", *Journal of Comparative Policy Analysis*, 6(1), 2004.

Hall, P. A. and D. Soskice, "An introduction to varieteis of capiatalism", in P. Hall and

D. Soskice eds., *Varieties of Capitalism: The Institutional Foundations of Comparative Advantage*, Oxford University Press, 2001.

Harrits, Gitte Sommer, "The Class Thesis Revisited: Social Dynamics and Welfare State Change", Paper Presented at the ESPAnet Conference, September 21-23, 2006, University of Germany, Bremen, 2006.

Häusermann, Silja, "Different paths of modernization in contemporary family policy", Paper Prepared for the 4th Annual ESPAnet Conference, Transformation of the Welfare State: Political regulation and Social Inequality, September 21-23, 2006 Bremen, 2006.

Häusermann, Silja, Georg Picot and Dominik Geering, "Rethinking Party Politics and the Welfare State: Recent Advances in the Literature", Paper Prepared for the 17th International Conference of the Council for European Studies, Montréal, April 15-17, 2010.

Hechter, Michael and William Brustein, "Regional Modes of Production and Patterns of State Formation in Western Europe", *The American Journal of Sociology*, 85(5), 1980.

Herrigel, Gary, *Industrial Constructions: The Sources of German Industrial Power*, Cambridge University Press, 1996.

Hill, Michael James, *Social Policy: a Comparative Analysis*, Prentice Hall, 1996.

Huber, Evelyne and John Stephens, *Welfare State and Production Regimes in the Era of Retrenchment*, School of Social Science, Institute for Advanced Study, 1999.

_____, *Development and Crisis of the Welfare State: Parties and Policies in Global Markets*, Chicago University Press, 2001.

Iversen, Torben, "Capitalism and Democracy", in R. Goodin ed., *The Oxford Handbook of Political Science*, Oxford University Press, 2009.

Iversen, Torben and David Soskice, "Electoral Institutions, Parties, and the Politics of

Class: Why Some Democracies Redistribute More than Others", Paper Presented at the Annual Meeting of the American Political Science Association, 2002.

_____, "Distribution and Redistribution: The shadow of the nineteenth century", World Politics, 61(3), 2009.

Iversen, Torben and John D. Stephens, "Partisan Politics, the Welfare State, and Three Worlds of Human Capital Formation", *Comparative Political Studies*, 41(4/5), 2008.

Jones, Catherine, *New Perspectives on the Welfare State in Europe*, Routledge, 1993.

Korpi, Walter, "Power Resources Approach vs Action and Conflict: on Causal and Intentional Explanations in the Study of Power", in J. O'Connor and G. Olsen eds., *Power Resources Theory and the Welfare State: a Critical Approach*, University of Toronto Press, 1998.

_____, "Welfare-state Regress in Western Europe: Politics, Institutions, Globalization", *Annual Review of Sociology*, 29, 2003.

_____, "Power Resources and Employer-centered Approaches in Explanations of Welfare States and Varieties of Capitalism: Protagonists, Consenters, and Antagonists", *World Politics*, 58, 2006.

Korpi, Walter and Joakim Palme, The paradox of redistribution welfare state institutions, inequality, and poverty in the Western countries, *American Sociological Review*, 63, 1998.

_____, "New Politics and Class Politics in the Context of Austerity and Globalization: Welfare State Regress in 18 Countries, 1975-95", *American Political Science Review*, 97(3), 2003.

Leitner, Sigrid, "Varieties of Familialism: the Caring Function of the Family in Comparative Perspective", *European Societies*, 5(4), 2003.

Lewis, Jane, "Gender and the Development of Welfare Regimes", *Journal of European*

Social Policy, 2(3), 1992.

Mares, Isabela, *The Politics of Social Risk: Business and Welfare State Development*, Cambridge University Press, 2003.

O'Connor, James, *The Fiscal Crisis of the State*, St. Martin's Press, 1973.

Olsen, Gregg and Julia O'Connor, "Understanding the Welfare State: Power Resources Theory and Its Critics," in J. O'Connor and G. Olsen eds., *Power Resources Theory and the Welfare State: a Critical Approach*, University of Toronto Press, 1998.

Pierson, Paul, *Dismantling the Welfare State? Reagan, Thatcher and the Politics of Retrenchment* (Cambridge Studies in Comparative Politics), Cambridge University Press, 1995.

_____, "Three Worlds of Welfare State Research", Comparative Political Studies, 33(6-7), 2000.

Polsby, N., *Community power and political theory: A further look at problems of evidence and inference*(2nd ed.), Yale University Press, 1980.

Poulanzas, Nelson,(「현대국가와 자본가 계급」, 박준식·한현옥 편역, 『계급분석의 기초이론』, 세계, 1986).

Przeworski, Adam, "Social Democracy as a Historical Phenomenon", *New Left Review*, 122, 1980.

Roemer, J., *Egalitarian Perspectives*, Cambridge Books, Cambridge University Press, 1997.

_____, "Value and Politics", Cowles Foundation Discussion Papers 1327, Cowles Foundation for Research in Economics, Yale University, 2001.

Sainsbury, Diane, *Gender, Equality, and Welfare States*, Cambridge University Press, 1996,

Siaroff, Alan, "Work, Welfare Fare and Gender Equality: a New Typology", in D. Sainsbury ed., *Gendering Welfare States*, Sage, 1994.

Smith, Adam, *An Inquiry into the Nature and Cause of the Wealth of Nations*, University of Chicago Press, 1976.

Steinmo, Sven, *Taxation and Democracy: Swedish, British, and American Approaches to Financing the Modern State*, Yale University, 1993.

Swenson, Peter, "Bringing Capital Back in, or Social Democracy Reconsidered: Employer Power, Cross-class Alliances, and Centralization of Industrial Relations in Denmark and Sweden", *World Politics*, 43(4), 1991.

Titmuss, Richard, *Essays on the Welfare-state*, Allen and Unwin, 1958.

_____, *Social Policy*, Allen and Unwin, 1974.

Van der Veen, Romke and Willem Trommel, "Managed Liberalization of the Dutch Welfare state: a Review and Analysis of the Reform of the Dutch Social Security System, 1985–1998", *Governance*, 12, 1999.

Weber, Max, *Politik als Beruf*, 1919(박상훈 역, 『소명으로서의 정치』, 후마니타스, 2011).

Wilensky, Harold, *The Welfare State and Equality: Structural and Ideological Roots of Public Expenditures*, University of California Press, 1975.

_____, *Rich Democracies: Political Economy, Public Policy and Performance*, University of California Press, 2002.

10. 연금과 사회연대: 시장 대 공공성 — 주은선

김미원, 「사회(복지)정책의 시장화 논리에 대한 비판적 고찰」, 『사회복지와 노동』, 현장에서 미래를, 2001.

김성숙 외, 『공적연금의 이해』, 국민연금연구원, 2008.

김연명, 『한국 노후소득 보장제도의 개편 방향, 재정법포럼 자료집: 지속가능한 사회보장정책과 국가재정 안정성을 위한 법적 과제』, 한국법제연구원, 2011.

송원근, 『연금제도 개혁과 기업연금』, 금융노련 원고, 2002.

이용하·안종범, 『인구 고령화와 소득 양극화에 대응하기 위한 노후보장정책의 추진방향』, 국민연금연구원, 2011.

전창환, 「연금지배구조의 정치경제학: 미국과 캐나다의 사례」, 『동향과 전망』, 66호, 2006.

정해식·주은선, 「한국의 공적연금과 세대 간 계약의 재구성」, 한국사회보장학회 추계학술대회 발표자료, 2012.

주은선, 『연금 개혁의 정치』, 한울, 2006.

_____, 「신자유주의 시대의 연금 개혁: 노후보장의 시장화, 개별화, 금융화」, 『경제와 사회』, 84호, 2009.

최원탁, 「신자유주의적 재편과 연금체계의 변화: 한국에서 국민연금제도 변화의 함의」, 『사회복지와 노동』, 3호, 2001.

통계청, 「경제활동인구 고용형태별 부가조사」, 2010년 3월.

한국금융연구원, 『주간금융브리프』, 18권 30호, 2009.

Baker, Dean and Mark Weisbrot, *Social Security: The Phony Crisis*, University of Chicago Press, 1999.

Barr, Nicholas, "Reforming Pensions: Myths, Truths, and Policy Choices", International Monetary Fund Working Paper, 434, 2000.

Chesnais, Françoise, "L'emergence d'un regime d'accumulation mondial a dominante financiere", *La Pensee*, 309, 1997(「금융지배적인 세계적 축적체계의 출현」, 이병천·백영현 편, 『한국사회에 주는 충고』, 삼인, 1998).

De Brunoff, Suzanne, "Which Europe Do We Need Now? Which Can We Get?", in Riccardo Bellofiore ed., *Global Money, Capital Restructuring and Labor*, Edward Elgar, 1999.

Engelen, Ewald, "The logic of funding European pension restructuring and the dangers of financialisation", *Environment and Planning A*, 35(8), 2003.

Fung, Archon, Tessa Hebb and Joel Rogers, *Working Capital*, Cornell University Press, 2001.

Ghilarducci, Teresa and Patricia Ledesma Liebana, "Unions' Role in Argentine and

Chilean Pension Reform", *World Development*, 28(4), 2000.

Ghilarducci, Teresa, "Small Benefits, Big Pension Funds and How Governance Reforms Can Close the Gap", in Archon Fung et al., *Working Capital*, Cornell University Press, 2001.

Harmes, Adam, "Institutional Investors and the Reproduction of Neoliberalism", *Review of International Political Economy*, 5(1), 1998.

_____, "Mass Investment Culture", *New Left Review*, 9, 2001.

Hebb, Tessa, "Introduction", in Archon Fung et al., *Working Capital*, Cornell University Press, 2001.

Holzmann, Robert, "Toward a Reformed and Coordinated Pension System in Europe: Rational and Potential Structure", in Robert Holzmann and Edward Palmer eds., *Pension Reform: Issues and Prospect for Non-Financial Defined Contribution (NDC) Schemes*, World Bank, 2005.

ILO, "The Development and Reform of Social Security Pension 2000", 2000.

Kangas, Olli E., "Pensions and Pension Funds in the Making of a Nation-State and a National Economy—The Case of Finland", Social Policy and Development Program Paper no. 25, UN Research Institute for Social Development, 2006.

Martin, John P. and Edward Whitehouse, "Reforming Retirement-Income Systems: Lessons from the Recent Experiences of OECD Countries", OECD Social, Employment and Migration Working Paper 66, 2008.

Minns, Richard, *The Cold War in Welfare State*, Verso, 2001.

Munnell, Alicia H., *The Future of Social Security*, The Brookings Institution, 1977.

OECD, Employment Outlook, 2006.

_____, Pensions at a Glance, 2009.

_____, Factbook, 2010.

_____, Society at a Glace, 2011.

_____, Pensions at a Glance, 2011.

World Bank, *Averting the Old Age Crisis*, Oxford University Press, 1994.

http://nososco-eng.nom-nos.dk/

3부: 중점 주제 연구

11. 다시 유연안정성 모델을 생각한다: 덴마크의 경우 — 정준호

전병유, 「노동-복지의 정합성: 유연안전성을 중심으로」, 『노동시장 구조와 사회보장체계의 정합성』, 장지연·황덕순·은수미·이병희·박제성·전병유 저, 한국노동연구원, 2011.

정준호, 「분배 친화적 성장을 위한 생산—복지체제와 신산업정책의 모색」, 유종일 편, 『경제민주화—분배 친화적 성장은 가능한가』, 모티브북, 2012.

Auer, Peter, "What's in a Name?: The Rise (and Fall?) of Flexicurity", *Journal of Industrial Relations*, 52(3), 2010.

Boeri, Tito, José Ignacio Conde-Ruiz and Vincenzo Galasso, "Protection against Labour Market Risk: Employment Protection or Unemployment Benefits?", IZA Discussion Paper 834, 2003.

Boyer, Robert, "Overcoming the Efficiency vs Equity Dilemma: the Flexicurity Model Revisited", EAEPE Conference, Rome, November, 6, 2008.

Bredgaard, Thomas and Arthur Daemmrich, "The Welfare State as an Investment Strategy: Denmark's Flexicurity Policies", mimeo, Centre for Labour Market Research, Department of Political Science, Aalborg University, 2012.

Bredgaard, Thomas, Flemming Larsen and Per Kongshøj Madsen, "The Flexible Danish Labour Market: a Review", Aalborg: CARMA Research Papers 2005(01), 2005.

Busemeyer, Marius, "Asset Specificity, Institutional Complementarities and the Variety of Skill Regimes in Coordinated Market Economies", *Socio-Economic Review*, 7(3),

2009.

Busemeyer, M. R. and C. Trampusch, "The Comparative Political Economy of Collective Skill Formation", in M. R. Busemeyer and C. Trampusch eds., *The Political Economy of Collective Skill Formation*, Oxford University Press, 2012.

Campbell, John L. and John A. Hall, "National Identity and the Political Economy of Small States", *Review of International Political Economy*, 16(4), 2009.

Campbell, John L. and Ove K. Pedersen, "The Varieties of Capitalism and Hybrid Success: Denmark in the Global Economy", *Comparative Political Studies*, 40(3), 2007.

Campbell, John. L., J. A. Hall and O. K. Pedersen eds., *National Identity and a Variety of Capitalism: The Case of Denmark*, McGill University Press, 2006.

Christiansen, Niels Finn and Klaus Petersen, "The Dynamics of Social Solidarity: The Danish Welfare State, 1900–2000", *Scandinavian Journal of History*, 26(3), 2001.

Emmenegger, Patrick, "The Long Road to Flexicurity: The Development of Job Security Regulations in Denmark and Sweden", *Scandinavian Political Studies*, 33(3), 2010.

Estevez-Abe, Margarita, Torben Iversen and David Soskice, "Social Protection and the Formation of Skills: a Reinterpretation of the Welfare State", in P. A. Hall and D. Soskice eds., *The Varieties of Capitalism*, Oxford University Press, 2001.

EU, *Towards Common Principles of Flexicurity: More and Better Jobs through Flexibility and Security*, 2007.

Hall, Peter A. and David Soskice, "An Introduction to Varieties of Capitalism", in P. A. Hall and D. Soskice eds., *The Varieties of Capitalism*, Oxford University Press, 2001.

Ilsøe, Anna, "Signs of Segmentation? a Flexicurity Perspective on Decentralized Collective Bargaining in Denmark", *Economic and Industrial Democracy*, 33(2), 2011.

Jørgensen, Henning and Micahela Schulze, "A Double Farewell to a Former Model? Danish Unions and Activation Policy", *Local Economy*, 27(5-6), 2012.

Kananen, Johannes, "Nordic Paths from Welfare to Workfare: Danish, Swedish and Finnish Labour Market Reforms in Comparison", *Local Economy*, 27(5-6), 2012.

Keynes, John Maynard, *A Treatise on Money*, 1930(신태환 역, 『화폐론(상)』, 비봉출판사, 1992).

Kristensen, Peer Hull and Charles Sabel, "The Small-Holder Economy in Denmark: The Exception as Variation", in C. F. Sabel and J. Zeitlin eds., *World of Possibilities. Flexibility and Mass Production in Western Industrialization*, Cambridge University Press, 1997.

Madsen, Per Kongshøj, "The Danish Road to 'Flexicurity': Where Are We? And How Did We Get There?", in T. Bredgaard and F. Larsen eds., *Employment Policy from Different Angles*, DJøF, 2005.

Marshall, Alfred, *The Principles of Economics*, Macmillan, 1890.

Nelson, Moira, "The Social Partners and the Social Democratic Party in the Continuation of a Collective Skill System in Denmark", in M. R. Busemeyer and C. Trampusch eds., *The Political Economy of Collective Skill Formation*, Oxford University Press, 2012.

OECD, *Employment Outlook*, 2010.

Pedersen, Ove K., "Corporatism and Beyond: The Negotiated Economy", in J. L. Campbell, J. A. Hall and O. K. Pedersen eds., *National Identity and a Variety of Capitalism: The Case of Denmark*, McGill University Press, 2006.

Piore, Michael J. and Charles F. Sabel, *The Second Industrial Divide*, Basic Books, 1984.

Prendergast, Renee, "Marshallian External Economies", *Economic Journal*, 103(417), 1993.

Scheuer, S., "Denmark: A Less Regulated Model", in A. Ferner and R. Hyman eds, *Changing Industrial Relations in Europe*, Oxford: Blackwell, 1998.

Sraffa, Piero, "The Laws of Returns under Competitive Conditions", *Economic Journal*, 36(144), 1926.

Thelen, Kathleen, *How Institutions Evolve*, Cambridge University Press, 2004.

Trampusch, Christine, "Co-evolution of Skills and Welfare in Coordinated Market Economies? a Comparative Historical Analysis of Denmark, the Netherlands and Switzerland", *European Journal of Industrial Relations*, 16(3), 2010.

Viebrock, Elke and Jochen Clasen, "Flexicurity and Welfare Reform: a Review", *Socio-economic Review*, 7(2), 2009.

Visser, Jelle, "Union Membership Statistics in 24 Countries", *Monthly Labor Review*, January 2006.

Wilthagen, Ton and Frank Tros, "The Concept of 'Flexicurity': a New Approach to Regulating Employment and Labour Markets", *TRANSFER*, 10(2), 2004.

12. 미국 뉴딜 개혁과 그 함의: 금융 뉴딜을 중심으로 — 전창환

박경로, 「계약의 사회화: 뉴딜의 재해석」, 『역사비평』, 86호, 2009년 2월호.

전창환, 「신자유주의적 금융화와 자본시장의 경쟁력 강화경쟁」, 『동향과 전망』, 73호, 2008.

_____, 「2008년 미국의 금융위기와 금융자본의 재편」, 『동향과 전망』, 76호, 2009.

_____, 「1997년 한국의 외환·금융위기 이후 구조조정과 증권화」, 『동향과 전망』, 81호, 2011.

_____, 「미국의 사회보장제도(OASDI를 중심으로)」, 『미국의 복지제도』, 보건사회연구원, 2012.

Acharya, Viral V. and Thomas Cooley, Matthew Richardson, Richard Sylla and Ingo Walter, "The Dodd-Frank Wall Street Reform and Consumer Protection Act: Accomplishments and Limitations", *Journal of Applied Corporate Finance*, 23(1), 2011.

Anderson, Gordon, "Democracy or Oligarchy? Regulating Financial Power?", *International Journal of the World Peace*, June 2005.

Badger, Tony, "The Lesson of the New Deal: Did Obama Learn the Right Ones", *History*, 97(325), 2012.

Barber, William, *Design within Disorder: Franklin D. Roosevelt, the Economists, and the Shaping of American Economic Policy*, Cambridge University Press, 1996.

Biles, Roger. *A New Deal for the American People*, Northern Illinois University Press, 1991.

Bradford, Frederick, "Banking Act of 1935", *American Economic Review*, 25(4), 1935.

Carow, K. and R. Heron, "Capital Market Reactions to the Passage of the Financial Services Modernization Act of 1999", *Quarterly Review of Economics and Finance*, 42, 2002.

Cobble, Dorothy, "A Self-possessed Woman: a View of FDR's Female Secretary of Labour, Madame Perkins", *Labour History*, 28(2), 1988.

D'Alimonte, John et al, "Securities Law in the New Millenium", *St. John's Law Review*, 75(1), 2001.

Davis, Gerald, "A New Finance Capitalism? Mutual Funds and Ownership Reconcentration in the United States", *European Management Review*, 5, 2008.

_____, "Re-imagining the Corporation", Prepared for American Sociological Association Annual Meetings: Real Utopias, Draft, April 24, 2012.

Deeg, Richard, "The Limits of Liberalization: American Capitalism at the Crossroad", *Journal of European Public Policy*, 19(8), 2012.

De Long, J. Bradford, "Did J. P. Morgan's Men Add Value?", in Peter Temin ed., *Inside the Business Enterprise: Historical Perspectives on the Use of Information*, University of Chicago Press for NBER, 1991.

Derbyshire, Jeff, "The Pecora Commission and the Political Fight for Financial Reform", Doctoral Thesis Submitted to the Faculty of Vanderbilt University, April, 2012.

Flandreau, Marc, "The Vanishing Banker", *Financial History Review*, 19(1), 2012.

Gomory, Ralph and Richard Sylla, "The American Corporation", *Daedalus*, 142, 2013.

Harvey, Philip, "Learning from the New Deal", *Review of Black Political Economy*, 39, 2012.

Hiltzik, Michael, *New Deal: a Modern History*, Free Press, 2011.

Hurd, Rick, "New Deal Labour Policy and the Containment of Radical Union Activity", *Review of Radical Political Economics*, 8, 1976.

Israelson, Dwight, "Marriner S. Eccles, Chairman of Federal Reserve Board", *American Economic Review*, 75, 1985.

Jeffries, John, "The Third New Deal?", *Journal of Policy History*, 8(4), 1996.

Johnson, Roger, "Historical Beginnings... The Federal Reserve", Federal Reserve Bank of Boston, 1999.

Keller, Elisabeth, "Introductory Comment: a Historical Introduction to the Securities Act of 1933 and the Securities Exchange Act of 1934", *Ohio State Law Journal*, 49, 1988.

Kennedy, David, "What the New Deal Did", *Political Science Quarterly*, 124(2), 2009.

Konings, Martijn, "American Finance and Empire in Historical Perspective", *American Empire and the Political Economy of Global Finance*, Edited by Leo Panitch and M. Konings, Palgrave Macmillan, 2008.

_____, "The Construction of US Financial Power", *Review of International Studies*, 35, 2009a.

_____, "Rethinking Neoliberalism and the Subprime Crisis: Beyond the Re-regulation Agenda", *Competition and Change*, 13(2), 2009b.

_____, "Neoliberalism and the American State", *Critical Sociology*, 36(5), 2010.

Kramer, Jacob, "Occupy Wall Street and the Strikes of 1933–34", *Socialism and Democracy*, 26(2), 2012.

Mahoney, Paul, "The Political Economy of the Securities Act of 1933", *Journal of Legal Studies*, 30(1), 2001.

Manza, Jeff, "Political Sociological Models of the U.S New Deal", *American Review of*

Sociology, 26, 2000.

Merino, Barbara and Alan Mayper, "Securities Legislation and the Accounting Profession in the 1930s: The Rhetoric and Reality of the American Dream", *Critical Perspectives on Accounting*, 12, 2001.

Moe, Thorvald, "Marriner S. Eccles and the 1951 Treasury-Federal Reserve Accord", Working Paper no. 747, Jerome Levy Institute, Bard College, 2013.

Morrison, Alan and William Wilhelm, *Investment Banking: Institutions, Politics, and Law*, Oxford University Press, 2007.

Nersisyan, Yeva and Landall Wray, "Global Financial Crisis and the Shift to Shadow Banking, Working Paper no. 587, Levy Economics Institutes, 2010.

Nicholas, Phil, "The Agency that Kept Going: the Late New Deal SEC and Shareholder Democracy", *Journal of Policy History*, 16(4), 2004.

Niemi, William and David Plante, "Great Recession, Liberalism and the Meaning of the New Deal", *New Political Science*, 33(4), 2011.

Pape, L, Book Review, "The Miscellaneous Papers of Justice Brandeis, The Curse of Bigness", by F. Osmond(1934), *The Annals of American Academy of Political and Science*, Viking Press, 1935.

Perino, Michael, "Crisis, Scandal and Financial Reform during the New Deal", Legal Studies Research Paper Series, St. John's School of Law, May 2012.

_____, *The Hellhound of Wall Street: How Pecora's Investigation of the Great Crash forever Changed American Finance*, Penguin Press, 2010.

Rahman, Sabeel, "Democracy and Productivity: The Glass Steagall Act and the Shifting Discourse of Financial Regulation", *Journal of Policy History*, 24(4), 2012.

Ramirez, Carlos and Bradford de Long, "Understanding America's Hesitant Steps toward Finance Capitalism: Politics, the Depression, Separation of Commercial from Investment Bank", *Public Choice*, 106, 2001.

Rana, Aziz, "Obama and the New Age of Reform", *Constellations*, 16(2), 2009.

Rauchway, Eric, *The Great Depression and the New Deal*, Oxford University Press, 2008.

Russell, Ellen, "Finance as Servant? Lesson from New Deal Financial Reform", *Review of Radical Political Economy*, 40(3), 2008a.

_____, *New Deal Banking Reform and Keynesian Welfare State Capitalism*, Routledge, 2008b.

Shughart, William, "The New Deal and Modern Memory", *Southern Economic Journal*, 77(3), 2011.

Skocpol, Theda, "Political Response to Capitalist State: Neo-Marxist Theories of the State and the Case of the New Deal", *Politics and Society*, 10, 1980.

Smith, Rixey and Norman Beasley, *Carter Glass: A Biography*, Longmans, Green and Co., 1939.

Sweezy, Paul, "Investment Banking Revisited", *The Antioch Review*, 39(1), 1981.

Szyliowicz, Dara, "Regime Theory and Development of Securities Industries", *Management and Organization History*, 7(2), 2012.

Tilman, Rick, "Thorstein Veblen and the New Deal: a Reappraisal", *The Historian*, vol. 50, no. 2, 1988.

Urofsky, Melvin, *A Life: Louis D. Brandeis*, Pantheon Books, 2009.

Westerfield, Ray, "Banking Act of 1933", *Journal of Political Economy*, 41(6), 1933.

Zelizer, Julian, "The Forgotten Legacy of the New Deal: Fiscal Conservatism and Roosevelt Administration 1933-1938", *Presidential Studies Quarterly*, 30(2), 2000.

西川純子,「Rexford Guy Tugwell と New Deal」,『アメリカ人の 經濟思想』, 田中敏洪編著, 日本經濟評論社, 1999.

度邊亮,「アメリカ 金融行政 100年の 歴史」,『證券經濟研究』, 79호, 2012.

秋元英一,「'ニューディール' 政策の 本質を 再考する」,『エコノミスト』, 2009년 5월 12일.

이강국, 『가난에 빠진 세계』, 책세상, 2006.

_____, 「세계화, 소득 분배 그리고 빈곤: 이론과 현실」, 이강국 외, 『세계화와 소득 불평등』, 경제 인문사회연구회 협동연구총서 07-17-06, 한국보건사회연구원, 2007.

Acemoglu, Daron and James Robinson, *Why Nations Fail*, Crown Business, 2012.

Aghion, Philippe, Eve Caroli and Cecilia Garcia-Penalosa, "Inequality and Economic Growth: the Perspective of the New Growth Theories", *Journal of Economic Literature*, 37(4), 1999.

Aoki, Masahiko, Hyung-Ki Kim and Masahiro Okuno-Fujiwara, *The Role of Government in East Asian Economic Development: Comparative Institutional Approach*, Clarendon Press, 1997.

Barro, Robert and Jong-Wha Lee, "IMF Programs: Who Is Chosen and What Are the Effects?", *Journal of Monetary Economics*, 52(7), 2005.

Behrman, Jere R., Nancy Birdsall and Miguel Szekely, "Economic Policy and Wage Differentials in Latin America", Center for Global Development Working Paper no. 29, 2003.

Birdsall, Nancy, Augusto de la Torre and Felipe Valencia Caicedo, "The Washington Consensus: Assessing a Damaged Brand", Center for Global Development Working Paper no. 211, 2010.

Birdsall, Nancy, Nora Lustig and Darryl McLeod, "Declining Inequality in Latin America: Some Economics, Some Politics", Center for Global Development Working Paper no. 1120, 2011.

Chang, Ha-Joon, "Breaking the Mould: an Institutionalist Political Economy Alternative to the Neo-liberal Theory of the Market and the State", *Cambridge Journal of Economics*, 26(5), 2002.

Chen, Shaohua and Martin Ravallion, "Absolute Poverty Measures for the Developing

World, 1981-2004", World Bank Policy Research Working Paper no. 4211, 2007.

Chossudovsky, Michel, *The Globalization of Poverty: Impacts of IMF and World Bank Reforms*, 1997(이대훈 역, 『빈곤의 세계화』, 당대, 1998).

Commission on Growth and Development(CGD), "The Growth Report: Strategies for Sustained Growth and Inclusive Development", World Bank, 2008.

Cornea, Giovanni Andrea ed., *Inequality, Growth and Poverty in an Era of Liberalization and Globalization*, Oxford University Press, 2004.

Detragiache, E., T. Tressel and P. Gupta, Foreign Banks in Poor Countries: Theory and Evidence, *The Journal of Finance*, 63(5). 2008.

Easterly, William, "The Lost Decades: Developing Countries' Stagnation in Spite of Policy Reform 1980-1998", *Journal of Economic Growth*, 6(2), 2001.

_____, "What Did Structural Adjustment Adjust? The Association of Policies and Growth with Repeated IMF and World Bank Adjustment Loans", *Journal of Development Economics*, 76(1), 2005.

El-Erian, Mohamed A. and Michael Spence, "Global Governance: Pre and Post Crisis", in S. Calessens, S. Evenett and Rebalancing Hekman eds., *The Global Economy : a Primer for Policymaking*, VoxEU.org Publication, 2010.

Evans, Peter, *Embedded Autonomy: States and Industrial Transformation*, Princeton University Press, 1995.

Goldberg, Pinelopi Koujianou and Nina Pavcnik, "Distributional Effects of Globalization in Developing Countries", *Journal of Economic Literature*, 45(1), 2007.

Halper, Stefan, *The Beijing Consensus: How China's Authoritarian Model will Dominate the Twentieth Century*, Basic Books, 2010.

Harrison, Ann ed., *Globalization and Poverty*, University of Chicago Press and the National Bureau of Economic Research, 2007.

Huang, Yasheng, "Rethinking the Beijing Consensus", *Asia Policy*, 11, 2011.

Jomo, K. Sundaram, "Economic Reform For Whom? Beyond The Washington Consensus",
Post-Autistic Economics Review, 35, 2005.

Kaltwasser, Cristóbal Rovira, "Moving Beyond the Washington Consensus: The
Resurgence of the Left in Latin America", *Internationale Politik und Gesellschaft*,
3, 2010.

Kanbur, Ravi, *The Co-Evolution of the Washington Consensus and the Economic
Development Discourse*, mimeo, 2008.

Kennedy, Scott, "The Myth of Beijing Consensus", *Journal of Contemporary China*, 19(65),
2010.

Kose, M. Ayhan, Eswar Prasad, Kenneth Rogoff and Shang-Jin Wei, "Financial
Globalization: A Reappraisal", IMF Working Paper WP/06/189, 2006.

Leibbrandt, Murray, Eva Wegner and Arden Finn, "The Policies for Reducing Income
Inequality and Poverty in South Africa", A Southern Africa Labour and
Development Research Unit Working Paper no. 64, 2011.

Lechini, Gladys ed., *Globalization and Washington Consensus, Its Influence on
Democracy and Development in the South*, CLASCO, 2008.

Lopez-Calva, Louis F. and Nora Lustig, *Declining Inequality in Latin America: a Decade
of Progress?*, Brookings Institution Press and UNDP, 2010.

Lora, E., "Structural Reforms in Latin America: What Has Been Reformed and How to
Measure It", IADB Research Department Working Paper no. 466, Washington,
D.C.: InterAmerican Development Bank, 2001.

Manuel, Trevor A., "Africa and the Washington Consensus: Finding the Path", *Finance
and Development*, September 2003.

Milanovic, Branko, "Can We Discern the Effect of Globalization on Income Distribution?",
World Bank Economic Review, 19(1), 2005.

Marangos, John, "The Evolution of the Anti-Washington Consensus Debate: From Post-

Washington Consensus' to 'After the Washington Consensus'", *Competition and Change*; 12(3), 2008.

Mlachila, Montfort and Misa Takebe, "FDI from BRICs to LICs: Emerging Growth Driver?", IMF Working Paper, WP/11/178, 2011.

Naim, Moises, "Washington Consensus or Washington Confusion?", *Foreign Affairs*, Spring 2000.

Ocampo, José Antonio, "Beyond the Washington Consensus: What Do We Mean?", *Journal of Post Keynesian Economics*, 27(2), 2004.

Onis, Ziya and Fikret Senses, "Rethinking the Emerging Post-Washington Consensus", Development and Change, 36(2), 2005.

Ostry, Jonathan, Atish Ghosh, Karl Habermeier, Marcos Chamon, Mahvash Qureshi and Dennis Reinhardt, "Capital Inflows: The Role of Controls", IMF Staff Position Note, SPN/10/04, 2010.

Ostry, Jonathan, Atish Ghosh, Karl Habermeier, Luc Laeven, Marcos Chamon, Mahvash Qureshi and Annamaria Kokenyne, "Managing Capital Inflows: What Tools to Use?", IMF Staff Position Note, SPN/11/06, 2011.

Rama, Martin, "Globalization and Workers in Developing Countries", World Bank Policy Research Working Paper no. 2958, 2003.

Ramo, Joshua Cooper, *The Beijing Consensus*, Foreign Policy Center, 2004.

Ravallion, Martin and Shaohua Chen, "China's (Uneven) Progress Against Poverty", World Bank Policy Research Working Paper no. 3408, 2004.

Rodriguez, Francisco, *Does One Size Fit All In Policy Reform? Cross-National Evidence and its Implications for Latin America*, mimeo, 2006.

Rodriguez, Francisco and Dani Rodrik, "Trade Policy and Economic Growth: A Skeptic's Guide to the Cross-National Evidence", NBER Chapters, in NBER Macroeconomics Annual 2000, vol. 15, 2001.

Rodrik, Dani, "Where Did All the Growth Go? External Shocks, Social Conflict, and Growth Collapses", *Journal of Economic Growth*, 4(4), 1999.

_____, "Growth Strategies", Handbook of Economic Growth, in P. Aghion and S. Durlauf ed., *Handbook of Economic Growth*, edition 1, volume 1, 2005.

_____, "Goodbye Washington Consensus, hello Washington Confusion?: a Review of the World Bank's 'Economic Growth in the 1990s: Learning from a Decade of Reform'", *Journal of Economic Literature*, 44, 2006.

Rodrik, Dani and Arvind Subramanian, "Why Did Financial Globalization Disappoint?", IMF Staff Paper 56, 2009.

Rosser Jr., Barkley and Marina Vcherashnaya Rosser, "Another Failure of the Washington Consensus on Transition Countries Inequality and Underground Economies", *Challenge*, 4(2), 2001.

Saad-Filho, Alfredo, "Growth, Poverty and Inequality: From Washington Consensus to Inclusive Growth", DESA Working Paper no. 100, 2010.

Stiglitz, Joseph E., "Some Lessons from the East Asian Miracle", *The World Bank Research Observer*, 11(2), 1996.

_____, "More Instruments and Broader Goals: Moving Toward the Post-Washington Consensus", the 1998 WIDER Annual Lecture, Helsinki, January 1998.

Van der Hoeven, Rolph, "Labour Markets and Income Inequality: What Are the New Insights after the Washington Consensus?", UNU/WIDER Working Paper no. 209, 2000.

Williamson, John, "What Washington Means by Policy Reform", in J. Williamson ed., *Latin American Adjustment: How Much Has Happened?*, Institute for International Economics, 1990.

_____, "What Should the World Bank Think about the Washington Consensus?", *The World Bank Research Observer*, 15(2), 2000.

_____, "Is the Beijing Consensus Now Dominant?", *Asia Policy*, 13, 2012.

World Bank, The East Asian Miracle: Economic Growth and Public Policy, 1993.

_____, Beyond the Washington Consensus: Institutions Matter, 1998.

_____, Inequality in Latin America and the Caribbean: Breaking with History?, 2004.

_____, Economic Growth in the 1990s: Learning from a Decade of Reform, 2005a.

_____, "Equity and Growth", World Development Report 2006, 2005b.

_____, Managing Risk, Promoting Growth: Developing Systems for Social Protection in Africa, 2012a.

_____, "China 2030: Building a Modern, Harmonious and Creative High-Income Country", The World Bank, Development Research Center of the State Council, the People's Republic of China, 2012b.

Yao, Yang, "The End of the Beijing Consensus: Can China's Model of Authoritarian Growth Survive?", *Foreign Affairs*, February 2010.

찾아보기